Sun Yatsen

before the Age of Thirty

三十岁前的孙中山

翠亨、檀岛、香港 1866—1895

黄宇和 著

生活·讀書·新知 三联书店

Sun Yatsen before the Age of Thirty
by Professor John Y. Wong, *D. Phil. Oxon, F. R. Hist. S., FASSA*
Professor of Modern History at University of Sydney, Australia

图书在版编目（CIP）数据

三十岁前的孙中山：翠亨、檀岛、香港，1866~1895 / 黄宇和著.
—北京 ：生活·读书·新知三联书店，2012.4
ISBN 978-7-108-03978-1

Ⅰ．①三… Ⅱ．①黄… Ⅲ．①孙中山（1866~1925）
－生平事迹 Ⅳ．①K827=6

中国版本图书馆CIP数据核字(2011)第274570号

责任编辑　徐国强
封扉设计　蔡立国
责任印制　卢　岳
出版发行　生活·讀書·新知 三联书店
邮　　编　100010
图　　字　01－2010－7042
经　　销　新华书店
印　　刷　北京市松源印刷有限公司
版　　次　2012年4月北京第1版
　　　　　2012年4月北京第1次印刷
开　　本　720毫米×1000毫米　1/16　印张　46
字　　数　725千字　图 132幅
印　　数　0,001－7,000册
定　　价　68.00元

Sun Yatsen

before the Age of Thirty

三十岁前的孙中山

翠亨、檀岛、香港 1866—1895

黄宇和 著

生活·讀書·新知 三联书店

Sun Yatsen before the Age of Thirty
by Professor John Y. Wong, *D. Phil. Oxon, F. R. Hist. S., FASSA*
Professor of Modern History at University of Sydney, Australia

图书在版编目（CIP）数据

三十岁前的孙中山：翠亨、檀岛、香港，1866～1895 / 黄宇和著.
——北京 ：生活·读书·新知三联书店，2012.4
ISBN 978-7-108-03978-1

Ⅰ．①三… Ⅱ．①黄… Ⅲ．①孙中山（1866～1925）
－生平事迹 Ⅳ．①K827＝6

中国版本图书馆CIP数据核字(2011)第274570号

责任编辑　徐国强
封扉设计　蔡立国
责任印制　卢　岳
出版发行　生活·讀書·新知 三联书店
邮　　编　100010
图　　字　01－2010－7042
经　　销　新华书店
印　　刷　北京市松源印刷有限公司
版　　次　2012年4月北京第1版
　　　　　2012年4月北京第1次印刷
开　　本　720毫米×1000毫米　1/16　　印张　46
字　　数　725千字　图132幅
印　　数　0,001-7,000册
定　　价　68.00元

Sun Yatsen

before the Age of Thirty

三十岁前的孙中山

翠亨、檀岛、香港 1866—1895

黄宇和 著

生活·讀書·新知 三联书店

Sun Yatsen before the Age of Thirty
by Professor John Y. Wong, *D. Phil. Oxon, F. R. Hist. S., FASSA*
Professor of Modern History at University of Sydney, Australia

图书在版编目（CIP）数据

三十岁前的孙中山：翠亨、檀岛、香港，1866～1895 / 黄宇和著.
—北京 ：生活·读书·新知三联书店，2012.4
ISBN 978-7-108-03978-1

Ⅰ．①三… Ⅱ．①黄… Ⅲ．①孙中山（1866～1925）
－生平事迹 Ⅳ．①K827=6

中国版本图书馆CIP数据核字(2011)第274570号

责任编辑　徐国强
封扉设计　蔡立国
责任印制　卢　岳
出版发行　生活·讀書·新知 三联书店
邮　　编　100010
图　　字　01－2010－7042
经　　销　新华书店
印　　刷　北京市松源印刷有限公司
版　　次　2012年4月北京第1版
　　　　　2012年4月北京第1次印刷
开　　本　720毫米×1000毫米　1/16　印张 46
字　　数　725千字　图 132幅
印　　数　0,001－7,000册
定　　价　68.00元

Sun Yatsen

before the Age of Thirty

三十岁前的孙中山

翠亨、檀岛、香港 1866—1895

黄宇和 著

生活·讀書·新知 三联书店

Sun Yatsen before the Age of Thirty
by Professor John Y. Wong, *D. Phil. Oxon, F. R. Hist. S., FASSA*
Professor of Modern History at University of Sydney, Australia

图书在版编目（C I P）数据

三十岁前的孙中山：翠亨、檀岛、香港，1866~1895 ／ 黄宇和著.
—北京 ：生活·读书·新知三联书店，2012.4
ISBN 978−7−108−03978−1

Ⅰ．①三… Ⅱ．①黄… Ⅲ．①孙中山（1866~1925）
－生平事迹 Ⅳ．①K827=6

中国版本图书馆CIP数据核字(2011)第274570号

责任编辑　徐国强
封扉设计　蔡立国
责任印制　卢　岳
出版发行　生活·讀書·新知 三联书店
邮　　编　100010
图　　字　01−2010−7042
经　　销　新华书店
印　　刷　北京市松源印刷有限公司
版　　次　2012年 4 月北京第1版
　　　　　2012年 4 月北京第1次印刷
开　　本　720毫米×1000毫米　1/16　　印张 46
字　　数　725千字 图 132幅
印　　数　0,001−7,000册
定　　价　68.00元

Sun Yatsen

before the Age of Thirty

三十歳前的孫中山

翠亨、檀岛、香港 1866—1895

黄宇和 著

生活·讀書·新知 三联书店

Sun Yatsen before the Age of Thirty
by Professor John Y. Wong, *D. Phil. Oxon, F. R. Hist. S., FASSA*
Professor of Modern History at University of Sydney, Australia

图书在版编目（CIP）数据

三十岁前的孙中山：翠亨、檀岛、香港，1866~1895 / 黄宇和著.
—北京 ：生活·读书·新知三联书店，2012.4
ISBN 978-7-108-03978-1

Ⅰ．①三… Ⅱ．①黄… Ⅲ．①孙中山（1866~1925）
－生平事迹 Ⅳ．①K827=6

中国版本图书馆CIP数据核字(2011)第274570号

责任编辑　徐国强
封扉设计　蔡立国
责任印制　卢　岳
出版发行　生活·讀書·新知 三联书店
邮　　编　100010
图　　字　01－2010－7042
经　　销　新华书店
印　　刷　北京市松源印刷有限公司
版　　次　2012年4 月北京第1版
　　　　　2012年4 月北京第1次印刷
开　　本　720毫米×1000毫米　1/16　　印张 46
字　　数　725千字　图 132幅
印　　数　0,001－7,000册
定　　价　68.00元

献给 王赓武先生

目　录

Sun Yatsen before the Age of Thirty

by

John Y. Wong

University of Sydney

图表目录

北京三联版序言

2011 年 4 月 21 日星期四，笔者任教的悉尼大学，为了庆祝复活节而准备在翌日开始放假时，悉尼市的中资机构及亲中团体已经如火如荼地展开了另一类庆祝活动——辛亥革命一百周年。作为历史工作者，笔者应该有何表示？于是毅然决定当天动笔撰写筹备多年的《三十岁前的孙中山》，承香港中华书局全力支持，苦战四个月，拙稿终于在 2011 年 8 月 19 日星期五付梓，2011 年 9 月 10 日举行新书首发式。赶上节日，为慰。

仓促成书，错漏不少，承蒙各方体谅，香港的《明报》、《信报》、《南华早报》、《苹果日报》、《亚洲周刊》等，澳门的《澳门日报》，以及大洋洲的《星岛日报》、《澳大利亚新报》、《澳大利亚日报》、澳大利亚有线电视明珠台、澳大利亚中文电台等，纷纷介绍。香港凤凰卫视的梁文道先生，更在庆祝辛亥革命一百周年高潮之际，把其〈开卷八分钟〉的全部时间用于评价本书；梁先生余兴未尽，翌日又把〈开卷八分钟〉的全部时间继续评论[1]，令笔者汗颜不已。

现承北京三联书店厚爱，中国新闻出版总署批准，本书得以在中国大陆出版简体字本。三联的徐国强编辑，半年以来，竭尽全力，假日周末皆工作如常，耐心细致，为本书的编辑质量更上一层楼，又增补图片，重绘地图，编制索引等。香港的林嘉明先生和陈剑光博士、广州大元帅府纪念馆的李兴国先生、作家卢洁峰女士，以及中山大学章文钦教授，纷纷热情帮忙纠正错字别字等，不胜感谢。

史学前辈王赓武先生，自笔者于 1974 年到澳大利亚任教以来，一直关心笔者的孙中山研究。特将此书献给王赓武先生，聊表感激之情。

顷接朋友发来一篇网络书评[2]，像梁文道先生的书评一样，署名叶锐洪的评论者很持平，让笔者受教良多；也存在不少误会，故笔者借此机会说几句话：

---

[1] 梁文道先生的两辑书评，可从下列网址观看：http://news.ifeng.com/history/videodetail_2011_10/13/9826667_0.shtml，http://news.ifeng.com/history/video/detail_2011_10/14/9860644_0.shtml。

[2] yrh：〈碎碎念〉，豆瓣读书，2012-02-03 20:11:58，http://book.douban.com/review/5291552/。

其一是把追踪史料及思考的过程也写进去：本人乐意为这些本来就不必要的啰嗦负全部责任。事缘笔者的英文原著《两广总督叶名琛》1984 年由北京中华书局出版汉语本后，不少大陆学者很不客气地对笔者说："你用过的叶名琛档案、英国外交部档案、怡和洋行档案等，全部存在英国，我们都看不到，天晓得你有没有作假！"有关孙中山的史料更是散落在世界各地，史学界激烈争议的地方也不少。故笔者三十年来按部就班地慢慢收集史料、细细思考各重大问题之余，最后决定把收集过程及所得全部写出来，希望借此营造一丝真实感，让暂时仍无法像笔者那样频频环球飞行的同行，也有亲临其境的错觉，聊胜于无。过去笔者为了研究《鸩梦：第二次鸦片战争探索》[3]，同样花了三十年时间，但由于用英语撰写，故虽然绝大部分原始史料都在英国，欧美学者仍可以随时飞英国追阅，不存在真实感的问题；所以，虽然笔者也曾频频飞英国各地，但没有把追踪史料甚至思考的过程也写进《鸩梦》。该书现由香港中华翻译，若汉语本面世时，仍有人问："天晓得你有没有作假！"则答案很简单："自从英文原著在 1998 年出版以来，已有不少学者追阅过有关史料，至今没人提出异议。"

关于 1897 年孙中山坐英国人还是葡国人的船而产生仰慕哪国文化的问题，书评者叶锐洪问："岂有是理！坐哪国的船就会产生仰慕哪国文化的心？"香港的梁文道先生也提出过同样的质疑。引起这些质疑的责任也全在笔者，若笔者不厌其详地重复其在第 175 页已经引用过的话，即孙中山惊叹"轮舟之奇，沧海之阔，自是有慕西学之心，穷天地之想"[4]，这句被学者广泛引用并认为有深远意义的话，就可能避免了这种误会。这句话被中外历史学家认为是孙中山革命性改革开放思想的开始——若中国早就广泛使用此种火轮船，孙中山习以为常，就没有他在人生第一次坐上火轮船从澳门开出后之惊叹。必有强烈的对比，才会引起像孙中山那般强烈的反应。但由于产生了上述误会，以至叶锐洪及梁文道先生均认

---

[3] *Deadly Dreams: Opium, Imperialism, and the Arrow War (1856-1860) in China* (Cambridge University Press, 1998).

[4] 孙中山：〈复翟理斯函〉，手书墨迹原件，藏中国国民党中央党史委员会，刊刻于《国父全集》(1989)，第二册，第 192—193 页。又载《孙中山全集》，第 1 卷，第 46—48 页；其中第 47 页。又见"孙中山学术研究信息网"〈国父的求学〉，http://sun.yatsen.gov.tw/content.php?cid=S01_01_02_03。

为拙著最大的问题之一是概念上的问题，现经笔者重复这一点，不知两位是否仍认为如此？

至于叶锐洪说拙著"说明了国外大学经费果然足够啊，整天飞来飞去的"，则大陆不少读者也曾对笔者说过类似的话。笔者任教的悉尼大学支持笔者研究的方式，是采取在大学放假期间，俯允笔者带薪出国研究：暑假三个月，寒假一个月，复活节假半月，秋假半月，一年总共五个月出国研究，一切费用自理，几十年如一日，同行羡慕不已。但引起上述误会的责任同样全在笔者，因为笔者只是在《谢辞》中压轴式地鸣谢"本书蒙香港卫奕信勋爵文物信托赞助部分研究经费"。实情是，笔者蒙该信托补助了研究经费共港币 40 万元整，就是说，在研究《三十岁前的孙中山》前后大约三十年的漫长岁月中，总共得到港币 40 万元的学术补助。至于澳大利亚国家研究基金则似乎与笔者无缘，无论是研究两次鸦片战争还是孙中山，几十年来都不曾拿到分文经费，命也。

又至于"神游冥想"，这是近世史学大师陈寅恪先生所提倡的治史方法。他说："古人著书立说，皆有所为而发。故其所处之环境，所受之背景，非完全明了，则其学说不易评论……吾人今日可依据之材料，仅为当时所遗存最小之一部，欲借此残余断片，以窥测其全部结构，必须备艺术家欣赏古代绘画雕刻之眼光及精神，然后古人立说之用意与对象，始可以真了解。所谓真了解者，必神游冥想，与立说之古人，处于同一境界，而对于其持论所以不得不如是之苦心孤诣，表一种之同情，始能批评其学说之是非得失，而无隔阂肤廓之论。"[5] 陈寅恪先生的话，给予笔者很大的启发。笔者对此话的理解是："对古人之立说"，是可以高攀到"真了解"之境界，而途径有二。第一，必须"与立说之古人处于同一境界"；第二必须"神游冥想"，以便明了其"持论之苦心孤诣"。关于第一点的"真实性"，则古训有云"读万卷书，行万里路"。故笔者着重实地调查，有必要时甚至做地毯式的搜索。至于第二点，即"神游冥想"的重要性，则牛津大学前皇家钦定近代史讲座教授（Regius Professor of Modern History）休·特雷弗—罗

[5]　陈寅恪，〈冯友兰中国哲学史上册审查报告〉，《金明馆丛稿二编》（上海：古籍出版社，1982），第 247 页。

珀 (Hugh Trevor-Roper) 说得更直截了当。他说："没有想象力的人不配治史。"[6] 陈寅恪先生是中国古代史的大家；特雷弗—罗珀教授是欧洲近代史的权威。可见，无论对古今或是中外的历史，若要达到"真了解"的境界，"神游冥想"是必经之路，故笔者也竭尽所能地在坚实史料的基础上神游冥想。曾有前辈认为治史必须"有一分证据说一分话"，神游冥想必然"走火入魔"。窃以为伽利略从未进入太空看到圆圆的地球，就在坚实数据的基础上宣布地球是圆的，结果被那些坚持"有一分证据说一分话"的建制派关起来一辈子。历史是社会科学，历史学家为何不能像科学家一样神游冥想？不神游冥想，何来突破？

　　书评者叶锐洪先生又说："黄宇和先生的中文似乎算不得好。"这也是实情。笔者从 1969 年在香港九龙华仁书院念小学六年级开始，所接受的全是英语教育，即所有科目都用英语讲授（国文及中国历史除外）。此后在香港大学历史系念本科，在牛津大学当研究生、研究员，1974 年开始在悉尼大学教书至今，几十年来甚至日常生活，都是用英语。故汉语词不达意之处，敬请读者见谅。

　　其他错漏自然还有不少，伫候国内同行进一步赐正。

黄宇和

2012 年 3 月 15 日星期三
于澳大利亚悉尼大学办公室

---

[6]　这是他在牛津大学退休演说会上所讲的话，可以说是总结了他一生教研历史的经验。演讲全文刊 Hugh Trevor-Roper, *History and Imagination* (Oxford: Clarendon Press, 1980)。

序 言

辛亥百年，笔者一直希望撰写一本书以兹纪念。至于题材，则探索孙中山革命思想的来源最是适合不过。鉴于孙中山尝言，其走上革命道路，是由于在香港念书时所受到的影响[1]，故本书之研究乃于此时前后展开。

首先谨向先后编写《国父年谱》和《孙中山年谱长编》的前辈们致以崇高敬意。他们不辞劳苦，把所有能搜集到的有关著作集中起来为中山先生编写日志，实为不容或缺的工具书，故笔者尊称其为"正史"。正因为他们走了第一步，笔者才能走第二步，按照他们所提供的线索，寻觅更多的史料和原始档案，来丰富我们对中山先生的认识，解决一些前人未解决的问题。本书错漏当然不少，伫候贤达指正；且长江后浪推前浪，学术滚滚向前，期待着后进盖过。

严格来说，本书所及时期，"孙中山"这个名字还未产生：本书主人翁乳名"帝象"，十岁开始读书时村塾老师为其取名"文"，1884年5月26日在翠亨村成亲，按照翠亨村惯例而举行上"字辈"仪式时，取字"德明"。1884年5月4日在香港领洗进入耶教（见本书第五章）时取名"日新"，盖取《大学》盘铭"苟日新、日日新、又日新"之义。"日新"用广东话拼写绝对可以成为 Yat Sen。孙中山领洗取名"日新"约三年后的1887年10月，西医书院开学不久，孙中山在康德黎医生主持解剖学测验的试卷上，就签上英文名字"Sun Yat Sen"。有谓"1883年11月，孙文十七岁时离开故乡广东香山县，到香港拔萃书室学习英文，课余又请香港道济会堂长区凤墀补习中文"[2]，并不准确，盖本书第五章已证明当时区凤墀并不在香港，而是在广州河南（按：指广州珠江以南）宣道。至于"'日新'的官话（当时还不称为普通话）拼音跟广东话相去甚远。所以 Sun Yat

---

[1] Sun Yat-sen's Public Lecture at the University of Hong Kong, *Daily Press* (Hong Kong), 21 February 1923, cols. 1-3: at cols. 2-3.

[2] 陈明远：〈先有 Sun Yat-sen，后有"孙逸仙"〉，新华每日电讯第11版，http://news.xinhuanet.com/mrdx/2010-01/15/content_12814278.htm。作者按：本书所用文献甚多，出处庞杂，为清晰起见，文章用单书名号，著作用双书名号，祈读者察之。

Sen 再由他的国学老师区凤墀改写为比较接近官话的'逸仙';这样在发音上面就可以两全其美了"[3],更是天方夜谭。区凤墀是广府人,说的是广府话,终身宣传基督教义,淡泊功名,哪来官话?倒是 1894 年孙中山被葡医逼迫离开澳门而转到广州行医,与区凤墀交往日深,后来更并肩策划乙未广州起义(详见本书第八章),若区凤墀在这个时候把 Yat Sen 倒过来拼写成逸仙,则大有可能。至于"中山"这个名字,全称"中山樵",而"中山樵"又源自日本人平山周与孙中山在 1897 年秋于日本最初交往的片段:"总理来京曰:'昨夜熟虑,欲且留日本。'即同车访犬养(全名犬养毅),归途过日比谷中山侯爵邸前,投宿寄屋桥外对鹤馆,掌柜不知总理为中国人,出宿泊帖求署名。弟想到中山侯爵门标,乃执笔书〔姓〕中山,未书名;总理忽夺笔自署〔名〕樵。曰:'是中国山樵之意也。'总理号中山,盖源于此。"[4] 由此可知在 1897 年之前,即本书所及时期,"孙中山"之名还不存在。所以,若本书称他为"孙中山",在学术上说不过去。但鉴于海峡两岸暨海外华裔都已经习惯了称他为"孙中山",而在辛亥百年之际,大家挂在口头的全都是"孙中山",故笔者决定随俗,万望读者见谅。

当初笔者为本书展开研究的时候,原来只计划探索孙中山在香港所受的教育。经过多年努力,尤其是发掘出孙中山在香港活动的有关细节并进行分析后,突有断层之感。理由有三:

第一,孙中山于 1883 年底到达香港时,虽仍不是基督教徒,但早已在夏威夷深受基督教教义影响,并随时准备领洗。终于他在香港接受了喜嘉理(Charles Robert Hager)牧师的施洗。[5] 至于孙中山在夏威夷是如何受到基督教影响的,则没有涉猎,以致给人一种断层的感觉。

第二,孙中山到达香港时,已经在夏威夷的意奥兰尼学校(Iolani School)及

---

[3] 陈明远:〈先有 Sun Yat-sen,后有"孙逸仙"〉,新华每日电讯第 11 版,http://news.xinhuanet.com/mrdx/2010-01/15/content_12814278.htm。

[4] 据《总理年谱长编初稿各方签注汇编》(中国国民党中央执行委员会党史资料编纂委员会编,油印本)。该文是平山周在"追怀孙中山先生座谈会"上的发言。后来全文收录在陈固亭编《国父与日本友人》(台北:幼狮,1977 年再版)。后来又转录于尚明轩、王学庄、陈崧编:《孙中山生平事业追忆录》(北京:人民出版社,1986),第 528—529 页。关于笔者对平山周〈追忆〉之考证,见本书第八章。

[5] 见本书第五章。

瓦胡书院（Oahu College）预备学校总共接受了近四年之教育。笔者进一步发觉，该等学校课程内容按照当时英美本土的学制来安排，就像当时香港学校的课程内容模仿英国学制一样。正因为如此，孙中山到达香港后，马上能进入拔萃书室、中央书院（后来改称皇仁书院）等校读书，1887年更考进香港西医书院肄业。准此，窃以为孙中山在夏威夷和香港的教育是一气呵成的。可惜孙中山在夏威夷读书的情况，未能兼顾，以致再一次给人以断层的感觉。于是笔者就决定向夏威夷的有关档案进军。

第三，笔者把孙中山在夏威夷读书的情况弄清楚后，仍不感满足，觉得必须把他到达夏威夷读书之前，在翠亨村的童年生活理出个头绪，以便找出其连贯性。于是又集中精力钻研这段历史。结果把孙中山的前半生——从1866年他出生之日到1895年广州起义失败后他离开香港之时——共约三十年这自成一个单元的时光，追踪发掘出来。准此，本书就命名为《三十岁前的孙中山：翠亨、檀岛、香港　1866—1895》。

本书经常用"耶教"以涵盖新教（基督教那数不清的流派）和旧教（天主教），目的是凸显大家都是信耶稣的教友，绝对不必像过去那样斗个你死我活，现在是握手言和甚至携手合作的时候了。君不见，孙中山在澳门行医时，他租用仁慈堂的物业——在其右邻的写字楼——做医馆，而仁慈堂是天主教的慈善机构。孙中山虽然身为新教徒，但于旧教却无门户之见，可见胸怀。又本书第七章、第八章的部分内容，与拙著《中山先生与英国》第二章的部分内容有相似的地方。事缘陈三井先生力邀笔者撰写《中山先生与英国》时，笔者已经展开《三十岁前的孙中山》之研究多时，并一边研究一边撰写底稿。为了节省时间，在撰写《中山先生与英国》时，就挪用了本书部分底稿，敬请读者留意。

第一章

辛亥百年：
孙中山革命思想来自何方？

天下為公

孫文

辛亥百年，举国庆祝。华人华侨，纷纷纪念。公认的事实是，没有孙中山就没有辛亥革命。那么，孙中山的革命思想来自何方？

孙中山本人曾公开宣称："Where and how did I get my revolutionary and modern ideas? I got my ideas in this very place; in the Colony of Hong Kong." [1] 香港凤凰卫视"开卷八分钟"节目主持人梁文道先生，曾谓孙中山此言不能完全当真，理由是当时孙中山在香港演说，自然要讲两句赞美香港的客套话。[2] 梁先生的评论很有见地也非常中肯；唯观诸当时听众的表现，则梁先生可不必过虑矣。该演讲是由香港大学学生会组织，主持人是该学生会会长爱德华·何东（按即何世俭，为何世礼将军之兄）主持，听众又绝大部分是香港大学的学生。该等学生的表现如何？笔者过去专题研究该演讲时曾述评如下：

> 孙中山乘坐罗伯特·何东爵士（按即爱德华·何东之父）的汽车到达香港大学正门时，已经有大批港大学生在那里恭候。同学们预先准备了一台轿椅，劝其坐上去。孙中山犹豫了好一阵子，终于觉得盛情难却，就坐上去了。然后就由一批主要是港大学生会前任主席组成的队伍扛着他走往大礼堂。后来孙中山解释他为何犹豫了好一阵子才坐上那台轿椅：作为一个推翻了满清帝制的人，自己却像皇帝般让人扛着，前呼后拥地前进，似乎不太妥当。但他显然被同学们的热情所深深感动。当他被扛着前进的时候，好像不

---

[1] Sun Yat-sen's Public Lecture at the University of Hong Kong, *Daily Press* (Hong Kong), 21 February 1923, cols.1-3:at cols.2-3.

[2] 梁文道："开卷八分钟"：评霍启昌《港澳档案中的辛亥革命》（香港：商务印书馆，2011），2011 年 10 月 21 日，网址为 http://phtv.ifeng.com/program/kjbfz/detail 2011 10/21/10041480 0.shtml。viewed 24 October 2011. 时值辛亥革命一百周年，梁文道既评霍书也评拙著，并交叉评论，即在评霍书时也兼评拙著，在论黄宇和时也兼评霍启昌。其评拙著的节目，见梁文道："开卷八分钟"：评黄宇和《三十岁前的孙中山》（香港：中华书局，2011），上辑 2011 年 10 月 13 日，下辑 2011 年 10 月 14 日；网址为 http://news.ifeng.com/history/video/detail 2011 10/13/9826667 0.shtml, http://news.ifeng.com/history/video/detail 2011 10/14/9860644 0.shtml。

晓得如何处理他的帽子。戴又不是，拿又不是，结果把它高高举起，就像中国人在游行时举起旗帜的样子。

当孙中山进入大礼堂的时候，全场的学生都站起来欢呼，并奋力挥动他们的帽子或敲桌子，孙中山明显地为之动容。他不断地鞠躬答礼……

当他站起来演讲时，全场再度掌声雷动。他共讲了 45 分钟，虽然放缓了速度，但是他用英语道来还是不太清楚。当他讲到他的革命思想孕育于香港时，同学们被逗得大乐。他又说，旧的房子已被拆掉，新的房子还未建起来。未来的快乐，要用当前的痛苦去争取。当他滔滔不绝地还要讲下去的时候，陈友仁就提醒他时间已到。于是他就以下面的话作结束："同学们：您和我都在这块英国殖民地、这所英语大学念过书，我们一定要学习英国人的榜样，把英国式的优良政治带到中国的每一个角落。"

国人均把注意力集中在孙中山的演讲词本身，并把记者所报道的各个演讲片段拼凑成文翻译刊登。笔者固然重视该演讲词，尤其是它的焦点：即他的革命思想孕育于香港。但鉴于英国驻广州总领事馆的报告认为中国的新兴力量诸如学生团体均对孙中山有着无穷的信任，又认为"他代表了新时代的曙光"[3]，则窃以为这次香港大学同学们的表现，就是活生生的例子。从同学们云集在大学正门欢迎他，由历届学生会会长扛着他从大学正门走到大礼堂，他入场时掌声如雷，他起立演讲时再次掌声雷鸣，当他讲到有意思时掌声又此起彼伏，在在证明了同学们对他的衷心敬仰。不要忘记，他们都是英国殖民政府精心调教出来的精英、"文革"期间被香港左派辱骂为奴化教育的成果。他们尚且如此公开地表示敬仰孙中山，当时中国大陆广大学生的思想感情，完全可以想象出来。

当时香港大学学生会应届会长爱德华·何东的欢迎词同样值得深思。他说：

"孙中山"这个名字，与"中国"是同义词。若把他的毕生经历撰写

---

[3] Intelligence Report: June Quarter 1922, enclosed in Sir James Jamieson (Consul-General, Canton) to Sir Beilby F Alston (Minister, Peking), Separate, 24 June 1922, FO228/3276, pp.428-446: at p.433.

成书的话，将会是最引人入胜的读物（鼓掌）。如果热爱自由是量度一个人是否伟大的标准、如果热爱自己的民族是量度一个人是否伟大的标准，那么孙中山与伟大这个名词就分不开了（掌声雷动）。他又说，孙中山是西医书院的毕业生，而香港大学又是从该学院的基础上建立起来的，所以，可以说香港大学出了一位伟人（鼓掌）。孙中山是一位伟大的中国人、一位真正的君子、一位胸襟广阔的爱国者（鼓掌）。[4]

置身其中，孙中山不必说些什么客套话来讨好这群热血青年，直说反显真情。

　　另一方面，无论是台湾出版的《国父全集》还是大陆出版的《孙中山全集》，甚至在网络上盛传的版本，都把这句话翻译如下："从前人人问我，你的革命思想从何而来？我今直答之：革命思想正乃从香港而来，从香港此一殖民地而来。"[5] 与英语原文比较，可知汉语本译漏了 modern ideas——现代化思想。这个错漏不比一般：革命所为何事？为了现代化！否则光是为了改朝换代，国家落后依旧，则绝对不是革命先烈的意愿。编写《全集》者，皆"正统"史学界的专家，这个错漏，是否属无心之失？若果真如此，则另一个错漏似乎是有意的。在谈到孙中山革命思想来源时，他们都极少提到孙中山这句话，反而提倡另一种说法：即一位逃回翠亨村老家的太平天国老兵启发了孙中山的革命思想。曾一度被广泛引用的胡去非编，吴敬恒校《孙中山先生传》说孙中山在翠亨村读书时之村塾："塾中教师皆洪杨中人，每从容演述洪杨历史，学童咸为所化。先生秉性灵敏，同学……乐与先生游，称为洪秀全第二。"[6] 据此，毕生致力研究太平天国的

---

[4] Anon, "Dr Sun YatSen's Address", *Daily Press* (Hong Kong), 21 February 1923. See also Anon, "Dr Sun Cheered and Chaired. Speech at University. My Revolutionary Ideas", *China Mail* (Hong Kong), Tuesday 20 February 1923.

[5] 孙中山：〈革命思想之产生〉，1923年2月20日，载秦孝仪主编：《国父全集》（台北：近代中国出版社，1989），第三册，第323—325页。孙中山：〈在香港大学的演说〉，1923年2月19日，载《孙中山全集》，第七卷（北京：中华书局，1985），第115—117页（据上海《民国日报》1923年3月7日〈补记孙先生在港演说全文〉）。为何两个版本竟然出现不同的演讲日期？据笔者考证，应为1923年2月19日。见拙著《中山先生与英国》（台北：学生书局，2005），第七章，第335—337页。至于网络的版本，可检索"孙中山先生1923年香港大学的演说"。

[6] 上海：商务印书馆，1928，第2—3页。

简又文先生又写道："先生以洪秀全第二自许……可见辛亥革命与太平天国乃中国近代革命运动延绵不断的两位一体，无瞬刻间断。"[7] 当代的"正统"历史工作者虽未像胡去非、简又文走得那么远，但是台湾出版的《国父年谱》[8] 与大陆的翠亨村孙中山纪念馆网络[9]，仍郑重强调太平天国老兵对孙中山的影响。

为何孙中山与中国史学界之间，竟然出现如此重大的分歧？这是本书探讨之主题。

所谓"革命〔与现代化〕思想来自香港"，孙中山所指乃其 1883—1886 年及 1887—1892 年这共约十年时光，他在香港读中学和大专时所受到香港正规教育与潜移默化的影响。此外，孙中山在香港所受到的教育，是他到达香港之前，在夏威夷（当时华侨普遍地泛称之为檀香山）[10] 所受教育（1879—1883）的延续。所以，夏威夷对他的影响亦不容忽视。又至于他抵达夏威夷之前，在翠亨村的童年生活（1866—1879）对他思想的形成，难道不留丝毫痕迹？最后，1892 年孙中山在香港西医书院毕业了，三年之后的 1895 年，就策动了广州起义。这三年之间究竟又发生了什么事，而促使他终于走上革命的道路？准此，本书探索的时间，是孙中山的前半生（1866—1895）；空间，就包括翠亨、檀岛、香港，以及近在咫尺的澳门和广州。至于他在这段时间和空间之中，具体受到什么影响，则除了上述那只言片语之外，世人至今所知甚少。为何如此？

如此种种，也是本书要探索的问题，而以孙中山大事日志开始：

---

[7] "[T]he Taiping Revolution and the National Revolution of 1911 formed a successive and continued nationalist movement, even in chronological order, without the gap of a single year." See Jen Yu-wen, "The Youth of Dr Sun Yat-sen", *Sun Yat-sen*: *Two Commemorative Essays* (Hong Kong: University of Hong Kong Centre of Asian Studies, 1977), pp. 1-22:at pp. 2-3.

[8] 罗家伦、黄季陆主编，秦孝仪增订：《国父年谱》（台北：中国国民党中央党史委员会，1985），第一册，第 34 页。

[9] http://www.sunyat-sen.org:1980/b5/192.168.0.100/cuiheng/100204.php，2010 年 3 月 23 日上网。

[10] 夏威夷群岛（Hawaii Islands），原名三明治群岛（Sandwich Islands），是英国航海家发现该群岛时，用三明治勋爵（Lord Sandwich）之名命名。群岛之中的一个岛屿称夏威夷岛，后来就以该岛之名称冠以群岛，而改名曰夏威夷群岛。同样地，华侨所说的檀香山，当初只是指火奴鲁鲁（Honolulu）这一城市，而火奴鲁鲁是三明治群岛当中瓦胡岛（Oahu Island）的首府。但是慢慢地，檀香山又变成了夏威夷群岛的泛称。有鉴于此，本书将夏威夷与檀香山交替使用。

表 1.1　孙中山关键大事日志

以下词句，若文法上无主语（subject），主语就是孙中山。

日期方面，首二数目代表年份（均为 19 世纪），次二数目代表月份，后二数目代表日子。若后二数目是 00，则代表该月某日。

420829　清朝由于在鸦片战争中被英国打败，被迫签订中国近代史上第一份丧权辱国的条约——《南京条约》：割地赔款，香港的港岛就是通过此条约割让给了英国。

501104　拜上帝会洪秀全等举事，进攻广西省桂平县思旺墟。

530319　洪秀全的太平军攻克南京，十天后正式建都，改名"天京"。

561008　英国驻广州代领事巴夏礼（Harry Parkes）刻意制造了"'亚罗'号（Arrow）事件"，趁清朝深受内战（太平天国起义）之苦，发动第二次鸦片战争。

601018　清朝由于在第二次鸦片战争中被英法联军打败，被迫签订中国近代史上第二份丧权辱国的条约——《北京条约》：割地赔款，香港的九龙半岛就是通过此条约割让给了英国。

601018　英法联军原意是要把北京紫禁城焚毁，以便尽扫清朝国威，但更属意在紫禁城强迫清朝签订"城下之盟"——《北京条约》，故改为大肆抢掠圆明园，然后把这"万园之园付之一炬"。

661112　孙中山诞生于广东省香山县翠亨村。乳名帝象，上村塾读书时取名文，成亲时取字德明。

691009　祖母黄氏去世。由于家穷，其兄孙眉（1854—1915）到邻乡南蓢的地主程名桂家当长工。

710903　妹秋绮（1871—1912）生。由于家计实在无法维持，孙眉赴檀香山当华工。

711112　童年的孙中山，与姐姐妙茜上山打柴，无论从金槟榔山山顶或犁头尖山山腰遥望珠江河口，都能看到金星门云集了大批走鸦片烟土的外国商船。

760000　〔日期酌定〕孙眉在檀香山做工汇款回家，家境慢慢好转，孙中山得以进入村塾读书。第一位老师是位瘾君子，烟瘾发作时就不来上课；由于老师烟瘾频频发作，孙中山也没法好好读书。

770609　孙眉回乡准备成亲。

770715　孙眉在翠亨村成亲。

770922　孙眉再度赴檀香山，孙中山拟随兄赴檀，未果。

790521　随母坐驳艇到澳门，坐英轮"格兰诺去"号（S. S. Grannoch）赴檀香山。

790900　〔日期酌定〕以孙帝象之名入读火奴鲁鲁意奥兰尼学校。

820727　毕业于意奥兰尼学校，获英文文法第二名，由国王加拉鸠阿（David Kalakaua）颁奖。

830000　火奴鲁鲁华裔知识分子何宽、李昌等组织中西扩论会。

830115　以孙帝象（Sun Tai-chu）之名入读火奴鲁鲁的瓦胡书院预备学校。

830331　美国纲纪慎会喜嘉理牧师在香港登陆。

830630　瓦胡书院学年结束，孙中山坐船回到孙眉在离岛所开的牧场。

830700　〔7月初〕迫不及待地求孙眉同意他领洗进入耶教，被孙眉勒令回国。

830700　〔7月初〕坐轮船到香港转坐淇澳岛的帆船回乡，抗议清朝官吏向该船乘客勒索。

830700　〔7月底〕回到翠亨村。

830800　〔8月中〕毁坏北帝像，经崖口、淇澳逃离家乡前往香港。

830818　喜嘉理牧师收留了孙中山在其香港中环的传道所寄宿。

830818　〔前后〕进入附近的拔萃书室（Diocesan Home and Orphanage [Boys]）读书。

831000　〔酌定为10月11日〕喜嘉理为宋毓林施洗，是其第一位教友。

831029　在喜嘉理牧师宿舍重逢檀香山传教士芙兰·谛文（Frank Damon）及其父母。

840415　转香港中央书院（Government Central School）读书。

840501　檀香山传教士芙兰·谛文在广州结婚。

840502　芙兰·谛文牧师等再次路过香港并住在喜嘉理牧师的传道所做客。

840504　在喜嘉理牧师的传道所受其洗礼，取名日新。

840526　奉父命回乡与同县外㙟村（今珠海市外沙村）卢慕贞成亲。

840727　喜嘉理牧师所设福音堂兼宿舍的厨子曹国谦（音译），和该福音堂主日学的主管宋毓林，共同坐在一张公共长椅上欣赏从军营里传出来的、当地驻军演奏的铜管乐。突然来了一位英国人查尔斯·邦德（Charles Bond），高举手杖，像赶狗般要赶他们离座。

841100　〔日期酌定〕奉孙眉急召赴檀，交还家产。芙兰·谛文为其筹募盘川。

850500　芙兰·谛文为其筹足盘川，自檀香山回到香港复课。

850600　〔日期酌定〕回到香港中央书院复课。

860731　〔日期酌定〕没毕业就离开中央书院。

860900　〔日期酌定〕入读美国传教士在广州开设的博济医院（Canton Hospital）学医。

861000　〔日期酌定〕认识英国伦敦传道会宣教师区凤墀，区凤墀为其改名逸仙。

871001　星期六：西医书院教务长孟生（Patrick Manson）医生在香港大会堂宣布该院成立。

871003　星期一：在西医书院正式上课，第一课是康德黎（James Cantlie）医生讲授的解剖学。

880324　父达成公在翠亨村病逝，孙眉对孙中山爱护备至，凡所需学费，均允源源供给。

900100　〔日期酌定〕介绍陈少白入读香港西医书院。

900000　〔日期酌定〕与陈少白、杨鹤龄、尤列等在西医书院附近，杨鹤龄杂货店名杨耀记处，高谈反满，被店伙称为"四大寇"。

900000　〔日期酌定〕上书郑藻如，建议禁烟及改良农业和教育等。

901230　陪康德黎夫妇往广州麻风村研究麻风病。

910327　与四十多名香港道济会堂年轻教友组织教友少年会。

911020　子孙科在翠亨村诞生。

920313　香港辅仁文社成立，举杨衢云为会长，谢缵泰为秘书。

920721　以优秀成绩毕业于香港西医书院。

920922　在恩师康德黎医生带领下，与同期毕业的江英华同赴广州。

920923　英国驻穗领事引见两广总督李瀚章，李命填写三代履历，拂袖而去。

920924　在恩师康德黎医生带领下，与江英华同返香港。

921218　与澳门镜湖医院签订〈揭本生息赠药单〉，贷款 2000 银元开设中西药局。

930716　之前不久，在澳门议事亭前地十六 A 号开设"孙医馆"。

930729　其澳门中西药局开业。

930926　在澳门刊登广告〈晋省有事〉，实质赴穗筹办医务所。

940100　借广州城外南关之圣教书楼悬壶，西关之洗基设东西药局。

940100　〔日期酌定〕在翠亨村写就〈上李鸿章书〉。

940725　甲午中日战争爆发。

940700　后来当选檀香山兴中会副主席的何宽，参加夏威夷人抵抗旅檀美人发动政变后成立的共和临时政府。

941124　在檀香山成立中国有史以来第一个现代革命团体——兴中会。

950221　在香港中环士丹顿街（Staunton Street）13 号成立兴中会，以"乾亨行"做掩护。

950221　香港兴中会与香港辅仁文社合并，仍称兴中会。会长（总办）一职未决。

950301　拜会日本驻香港领事中川恒次郎，请其援助起义，未果。

950318　《德臣西报》（China Mail）发表社论，指出革命党准备成立君主立宪政府。

950530　谢缵泰在《德臣西报》致光绪皇帝公开信，促请宪政改革。

951000　〔日期酌定〕10 月初，香港警方获线报，谓有三合会分子招募壮勇赴穗。

951000　〔日期酌定〕朱贵全偕兄朱某及邱四声言招募壮勇，每名月给粮银十元。

951010　兴中会选举会长，杨衢云志在必得，孙中山退让，杨当选。

951023　〔日期酌定〕朱贵全之兄招得四百苦力，自己先行他往，壮勇由朱贵全带领。

951024　穗南关咸虾栏张公馆有数十人在屋内聚集。是屋崇垣大厦，能容千人云。

951025　星期五：朱湘假其弟朱淇之名向缉捕委员李家焯自首。

951025　革命党人原定当天从香港乘夜轮去广州，因募勇不足，未能成行。

951026　重阳节：原定当天趁扫墓而出入广州人潮挤拥之际举义，未果（原因见上下条）。

951026　清晨6时，原定起义主力之所谓"决死队"三千人未从香港开到广州。

951026　晨8时许，接杨衢云电报说"货不能来"。

951026　晨8时许，忽有密电驰至，谓西南、东北两路人马中途被阻。

951026　晨8时后，决定取消起义，遣散埋伏水上及附近准备响应之会党。

951026　复电杨衢云曰："货不要来，以待后命。"

951026　黄昏，陈少白乘"泰安"号夜航返香港。孙中山留穗善后。

951026　黄昏，缉捕委员李家焯拟逮捕孙中山，向两广总督谭钟麟请示。

951026　黄昏，两广总督谭钟麟以孙中山为教会中人，着李家焯不可卤莽从事。

951026　晚，与区凤墀宣教师联袂赴河南王煜初牧师儿子王宠光婚宴。

951026　晚，李家焯探勇掩至婚宴，仍不敢动手，反被孙中山奚落一番。

951027　星期天，在河南（按：指广州珠江以南）宣教师区凤墀的福音堂与来自
　　　　　香港及在穗本土教众主日崇拜。

951027　礼成，扮女装在教众掩护下避过探勇坐自备小汽船赴唐家湾转乘轿子到
　　　　　澳门。

951027　李家焯突然掩至双门底王家祠农学会拿获陆皓东、程怀、程次三人。

951027　李家焯于咸虾栏屋内拿获程耀臣、梁荣二人，搜出洋斧一箱，共十五柄。

951027　守备[11]邓惠良在城南珠光里南约空屋内，搜出洋枪两箱及铅弹快码等。
　　　　　逮四人：其中二人身着熟罗长衫，状如纨绔；余绒衫缎履，类商贾中人。

951027　晚，番禺惠明府开夜堂提讯该四人，供称所办军火，因有人托其承办，
　　　　　并供开伙党百数十人，定翌日由香港搭附轮来省，或由夜火船而来。

951027　香港士丹顿探长获线报谓，会党已募得约四百人，将于当晚乘船赴穗。
　　　　　该探长亲往码头调查，发觉为数约六百名苦力，因无船票被拒登船。

951027　朱贵全等带了一袋银元来为苦力买船票。

951027　大批警员步操进现场搜查军火，既搜船也将各苦力逐一搜身，未发现
　　　　　武器。

---

[11]　守备是清军绿营的一种官阶，详见黄宇和著，区锃译：《两广总督叶名琛》（北京：中华书局，1984）。
　　　礼貌上守备称守戎，故有关文献称邓惠良为"邓守戎惠良"。

951027	大约二百名苦力怕事离去。
951027	黄昏，约四百名苦力登上"保安"号夜渡赴穗。
951027	杨衢云早已同船托运多只载有短枪的木桶，充作水泥。未被搜出。
951027	起航后，朱贵全给四百名苦力各五毫银；又对诸苦力说：船上藏有小洋枪，抵埠后即分发候命，苦力方知受骗。
951028	守备邓惠良于晨光熹微之际，即带兵勇驻扎火船埔头，俟夜轮船抵省。
951028	清晨6时，朱贵全等及四百名苦力抵穗，比原定时间迟来了两天。
951028	船甫靠岸，四百名苦力即发足狂奔，其中约五十名自首表示清白。
951028	朱贵全、邱四同时被捕，各指为头目。
951029	自澳门坐船抵香港。
951102	坐日本货船"广岛丸"号离开香港，前往日本神户。
951107	陆皓东、朱贵全、邱四在广州被处决。
951113	杨衢云离开香港，前往越南西贡，辗转流亡南非。
960304	香港政府下令驱逐孙中山、杨衢云、陈少白出境，五年内禁止在香港居留。
961011	孙中山被幽禁于清朝驻伦敦公使馆，康德黎获悉后奔走营救。
961023	孙中山终于获释。
961114	〔日期酌定〕复信剑桥大学翟理斯（Herbert Allen Giles）教授。
970900	〔日期酌定〕孙中山从英国再度访日，平山周为了隐蔽孙中山身份而为其改名中山，孙中山自己再加一"樵"字。

　　上述这个"表1.1　孙中山关键大事日志"，从鸦片战争开始，以孙中山改名换姓继续革命结束，显示鸦片战争与辛亥革命一脉相承的紧密关系。这种关系，直接影响到孙中山的童年生活、其思想的成长过程，以及他最终走上革命道路的基本动因。

第二章

家世源流：
孙中山祖先来自哪里？

一、导　言

关于孙中山家世源流的争论，有两大派长期以来相持不下，即"紫金说"和"东莞说"。由于居住在广东省紫金县的人绝大多数是客家人，而居住在广东省东莞县（现东莞市）的人绝大多数是广府人（又称本地人），故有关孙中山家世源流的争论，就变相成为孙中山是"客家人"还是"广府人"的争拗。

从宏观历史的角度来看，笔者彻查孙中山是广府人还是客家人这一微观事件之主要目的，是为了给其最初进行革命时的基本支持者是谁的问题找寻线索。由于当时的客家人，无论在海内还是海外，都是弱势社群；加上当时土客之间的敌对情绪，尽管是出洋华工之中的广府人和客家人，也壁垒分明，此点从夏威夷芙兰·谛文牧师父子间的文书就看得很清楚。若孙中山是客家人，他最初发动革命时，要得到广府人的支持，难矣哉。但是，正由于他是广府人，他从一开始就得到了海内外部分广府人的支持，这对于他的革命事业，不无影响。[1]

彻查孙中山家世源流这一微观细节，而牵涉到的另一个宏观问题，是孙中山是否贵胄后裔。盖"紫金说"坚称他是唐朝侯爵的后裔，耕读世家，"东莞说"则只谓他为农家子弟。贵胄后裔与贫穷的农家子弟，对于革命思想之萌芽，其脑袋提供了不同的土壤！

在开始探索之前，开宗明义，首先为"孙中山祖籍问题"一词做诠释：

1. 1866 年孙中山诞生于广东省香山县（即当今的中山市）翠亨村。对于这个史实，从来没有任何争议。

2. 孙中山的远祖，从北方迁移到广东生活。进入广东以后，蕃衍之余，几

---

[1]　诚然，1895 年的广州起义和 1900 年的惠州起义，很多基本战斗人员均为会党中人，而这些会党中人有不少更是客家人。但是，这些客籍会党中人都是通过客籍的郑士良去发动的，与孙中山并无直接关系。而且，他们参加起义的主要目的是"反清复明"，与孙中山以及他在夏威夷和香港那些受过西方教育的支持者建立共和的目标，也不一致。

经转折迁移。终于，孙中山的近祖那一支孙氏在广东省香山县翠亨村定居。对于这个史实，也从来没有任何争议。

3．有争议的，是孙中山的祖先进入广东之后，中途在什么地方停留过较长的时间；以至于最后，孙中山的近祖那一支孙氏，才定居于香山县翠亨村。

4．换言之，孙中山祖先进入广东之后，曾在什么地方停留过较长时间的争论，就成为所谓"祖籍问题"的争议。由是观之，所谓"祖籍"者，属"过渡性之祖籍"也。

5．有一派学者谓这个过渡性之祖籍是广东省的东莞县，是为"东莞说"。所谓"祖籍在东莞"者，具体来说，是指孙中山的祖先从江西大庾南移到广东南雄珠玑巷，之后迁东莞的圆头山村和上沙乡，再移居香山县。进入香山县后，先居左埗头，分支到涌口，再迁翠亨村。（见图2.1）据笔者到上述各地实地考证，发觉南雄珠玑巷再没孙氏后裔，因为当时的孙氏已经全部南迁。东莞的圆头山村和上沙乡目前仍有孙氏另支的后人在那里居住，并曾给予笔者热情接待与通力合作。[2]

6．另一派学者则认为这个过渡性之祖籍是广东省的紫金县，是为"紫金说"。所谓"祖籍在紫金"者，具体来说，是认为孙中山的祖先从北方南迁，先到福建，再从福建入广东，曾经在紫金县的忠坝乡（当今的忠坝镇）停留过较长时间。（见图2.2）据笔者实地考察，该镇的孙屋排附近目前还有孙氏后人在那里居住。紫金当局同样地曾给予笔者热情接待，并大力支持笔者的实地调查。[3]

7．无奈学术界自始至终把这个过渡性之祖籍称之为"祖籍"。本书姑且沿用之。

8．紫金忠坝的孙氏是客家人。因此，"紫金说"所衍生的结论是：孙中山乃客家人。

---

[2] 黄宇和：〈东莞圆头山孙家村实地调查报告〉（手稿），2008年12月19日；以及黄宇和：〈东莞上沙乡实地调查报告〉（手稿），2008年12月19日。感谢广东友协介绍；中山市翠亨村故居纪念馆萧润君馆长细致安排；东莞市长安镇上沙社区居民委员会党委孙锡明书记，以及茶山镇圆头山孙屋村村委孙旺根书记及同仁的热情接待。

[3] 黄宇和：〈紫金实地调查报告〉（手稿），2008年1月8—9日。感谢广东省档案局张平安副局长的精心安排，紫金县人民政府钟振宇副县长、紫金县档案局龚火生局长及同仁的热情接待，并介绍孙爱雄（1937年生）、孙建明（1953年生）等先生与笔者一起参观访问，又安排这两位孙先生在早、午、晚三餐都与笔者共桌细谈。两位孙先生都自称是孙氏第十八世后裔，与孙逸仙同辈。

9. 东莞圆头山村与上沙乡的孙氏皆本地人（又称广府人）。[4] 所以，"东莞说"所衍生的结论是：孙中山乃本地人（广府人）。

提到孙中山所诞生的 1866 年，以及 19 世纪中叶广东省的本地人和客家人，笔者马上联想到 1968 年初抵牛津大学当博士研究生时，笔者的一位师兄罗伯茨（J. A. G. Roberts）所写的博士论文 "The Hakka-Punti War"[5]，读来触目惊心。这位师兄用"客家本地战争"这样的词汇来形容中国人所通称的"土客械斗"，是因为他认为械斗之惨烈，已经达到欧洲国家对战争一词的定义。后来牛津大学人类学教授莫里斯·弗里德曼（Maurice Freedman）委托笔者找寻一批有关广东土客械斗的学术论文，笔者读后至今心神不安。[6] 随着笔者在自己的博士论文中对两广总督叶名琛的研究逐渐地深入，对叶名琛从巡抚到总督的治粤十年（1848—1858）期间之土客情况，也有了进一步认识。[7] 最近得阅刘平《被遗忘的战争——咸丰同治年间广东土客大械斗研究》，所取英语书名乃 "The Hakka-Punti War in Guangdong, 1854—1867"[8]。该书甚为倚重之《赤溪县志》，描述土客"仇杀十四年，屠戮百余万，焚毁数千村，蔓延六七邑"[9]。

上述中、英文著作均一致认为，土客之争主要是由于经济矛盾。

汉人南移到广东，早在唐代（618—907）已开始。早到的汉人，占领了珠江三角洲这片肥沃的土地，中央政府划为广州府，故他们又称广府人。后来更建立了著名的

---

[4] 英语称之为 Cantonese（广府人）。

[5] J. A. G. Roberts, "The Hakka-Punti War", Unpublished D.Phil. thesis, University of Oxford, 1968.

[6] 他们都是 20 世纪 30 年代广州市中山大学郎擎霄的研究成果，分别是：〈中国南方民族源流考〉，载《东方杂志》第三十卷（1933），第 1 期；〈中国南方械斗之原因及其组织〉，载《东方杂志》第三十卷（1933），第 19 期；〈清代粤东械斗史实〉，载《岭南学报》第四卷（1935），第 2 期。

[7] 笔者的博士论文后来由剑桥大学出版社出版，书名是 Yeh Ming-ch'en: Viceroy of Liang-Kuang, 1852-1858 (Cambridge: Cambridge University Press, 1976)。中文译本见区錝译，《两广总督叶名琛》（北京：中华书局，1984）。2004 年上海书店出版社出版了该书修订本，作为"黄宇和院士系列"之一。

[8] 上海：商务印书馆，2003 年出版。

[9] 王大鲁主编：《赤溪县志》（1921 年出版），第八卷，附编〈赤溪县开县记事〉，页 1a。编者皆客家人。感谢黄淑娉教授不辞劳苦，亲到中山大学图书馆为我查阅该书。又与我切磋该附编之中"屠戮百余万"句，及比较和参考附近各县之县志。最后双方同意，该句有夸大其词之嫌，但具体数字却无从查考。与真正的学者一起切磋学问，其乐融融。港澳学者郑德华对王大鲁、J. A. G. Roberts、刘平等的作品有中肯的评价。详见其〈关于咸同年间广东土客大械斗研究的历史回顾〉，《九州学林》，第 8 期：第 246—267 页。郑德华对该事件做过深入细致的研究，见其〈广东中路土客械斗研究（1856—1867）〉，香港大学 1989 年博士论文，未刊稿。更难得的是，他在博士毕业后仍长期到事发地点作实地考察，笔者期待着他更多作品面世。

都会广州。他们的口语称白话。他们的生活比较优越，大兴文教，科举亦甚为得意。同样是由于他们早到，慢慢地就成了变相的本地人，他们也很骄傲地自称为本地人。

客家人虽然同样是汉人，但由于他们晚到，剩下能供立足者，只有广东的东北山区，生活艰苦，更难谈得上兴文教，参加科举也极为困难。唯一兴旺发达的，是他们的人口。人口迅速增长，结果很快就资源严重短缺。为了拓展生存空间，广东惠、嘉、潮各属客家人，大量南下广东中西部那些早已是人烟稠密的、本地人聚居的地区。他们无法独立谋生之余，很多成为本地人的雇农，备受剥削歧视。更由于他们文化相对地落后，以致一些狂妄的广府人指"他们为'犵'、'獠'、'猺'[10]，或直接在'客'字上加上侮辱性的'犬'偏旁，以示客家为野蛮民族"[11]。其实，大家都是汉族人，"本是同根生，相煎何太急"[12]？

但是，在这残酷的历史背景面前，对于孙中山是本地人还是客家人的问题，笔者就不容忽视了，更加不敢怠慢，必须认真处理。

而且，关于孙中山祖籍问题的争论，在中国近代史上更是曾经引起过两次不大不小的政治风波以及一场官司。第一次风波与那场官司发生在 20 世纪 40 年代，第二次风波发生在 20 世纪 90 年代，两者相隔半个世纪，可见贻害之既深且远。

先谈第一次政治风波，发生在 1942 年 12 月罗香林的《国父家世源流考》刚出版不久。该书提出孙中山祖籍是广东省紫金县的说法，与中国国民党中央党史委员会[13] 历来所掌握的史料，以及根据这些史料而得到的结论，发生严重冲突，引起该会强烈反对。

---

[10]　"犵"、"獠"、"猺"都用"犬"偏旁，这是对南方一些少数民族的侮辱性称呼。

[11]　孔飞力（Philip A. Kuhn）的序言，载刘平：《被遗忘的战争——咸丰同治年间广东土客大械斗研究》（上海：商务印书馆，2003）。刘平把这些侮辱客家人的话，解释为"人种矛盾"（第 59—63 页），是不符合事实的，因为本地人和客家人都是汉人。黄淑娉等做过认真细致的实地调查和研究，皆证明了这一点，见黄淑娉：《广东族群与区域文化研究》（广州：广东高等教育出版社，1999），第 105—108 页。感谢黄淑娉教授赐我是书，让我深受教益。

[12]　曹植（192—233）《七步诗》："煮豆燃豆萁，豆在釜中泣。本是同根生，相煎何太急。"

[13]　该会原称中国国民党中央执行委员会党史史料编纂委员会，1930 年 5 月 1 日成立于南京，职司革命文献、文物之征集与典藏。见林养志：〈中国国民党中央党史委员会之资料简介〉，载《民国史研究丛书之八：中国国民党党史资料与研究》（台北：中华民国史料研究中心，1989），第 375—405 页；其中第 375 页。

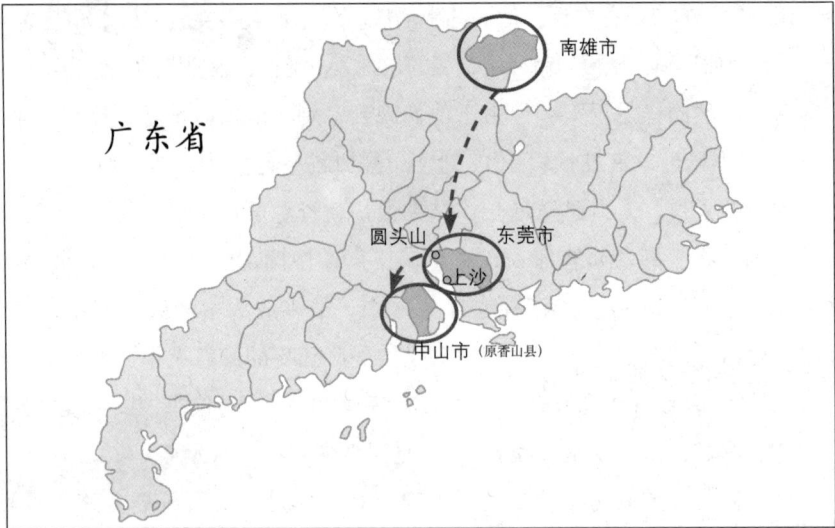

图 2.1 "东莞说"孙氏从江西大庾到广东香山路线图

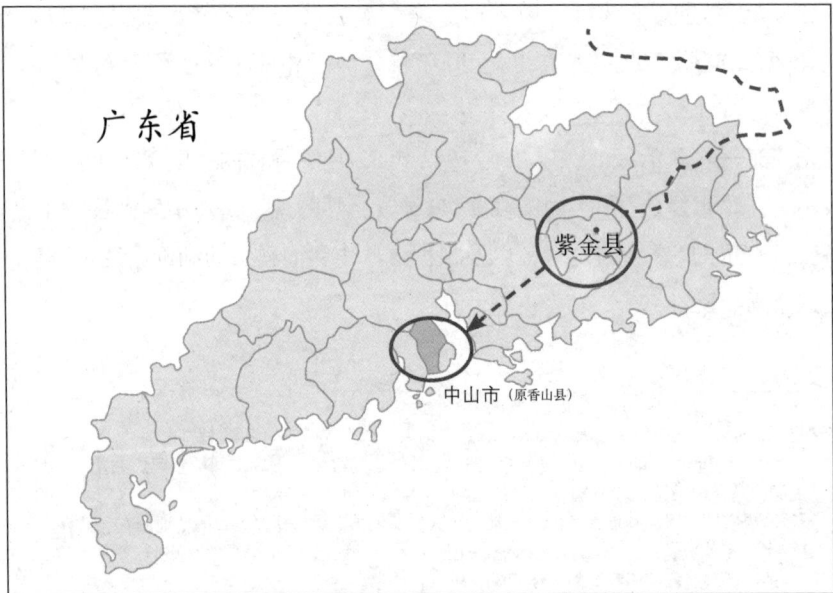

图 2.2 "紫金说"孙氏横跨韩江流域和珠江流域经紫金停留数代后到香山路线图

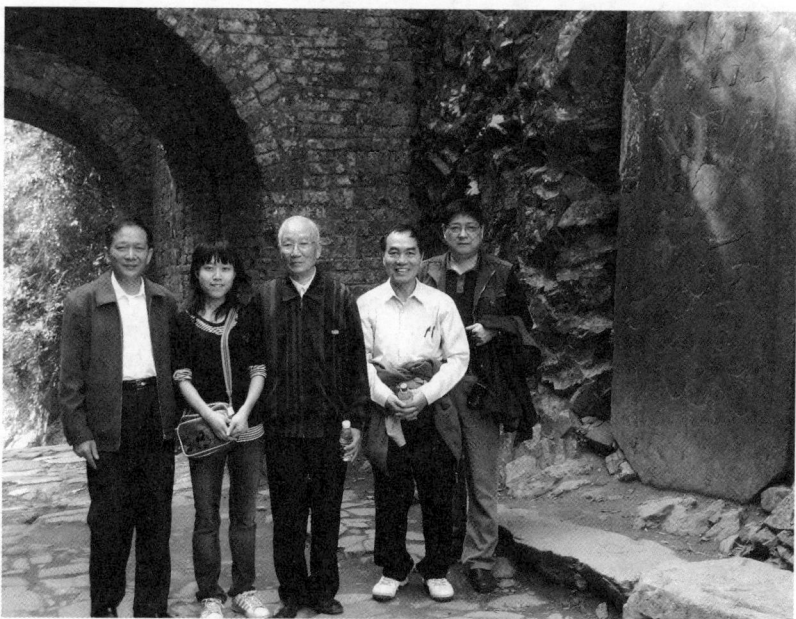

图 2.3 广东省外办区少武副巡视员（右一）陪笔者到南雄梅岭实地
考察（2009 年 2 月 11 日）

图 2.4 江西省大庾县领导解释江西历史（2009 年 12 月 22 日）

图 2.5　孙中山祖先从江西
入粤后先居住的南雄珠玑巷
（2009 年 12 月 22 日）

图 2.6　孙中山祖先从南雄珠玑
巷南移东莞圆头山村（圆头山村
孙氏宗祠，2008 年 12 月 19 日）

图 2.7　孙中山祖先从东莞圆头山村南移东莞上沙村（采访东莞上沙乡耆老，2008 年 12 月 19 日）

图 2.8　孙中山祖先从涌口村移居翠亨村（涌口实地调查，2008 年 12 月 18 日）

图 2.9　紫金县忠坝镇孙氏祖祠
大堂（在紫金县忠坝镇实地调
查，2008 年 1 月 9 日）

图 2.10　中山市翠亨村孙中山
故居纪念馆罗振雄搀扶笔者在
犁头尖山实地调查墓碑（2007
年 12 月 7 日）

据该会李云汉前主任委员赐告，该会成立于 1930 年，首要任务是调查清楚革命领袖孙中山的祖籍。被委任为该会纂修的人员全部是曾经长期与孙中山共事并非常熟识的革命元老，而且大部分是广东人，唯没有一位是史学家。[14] 经过近十三年的辛勤劳动，包括多次到翠亨村做实地调查，他们得到的初步结论是：孙中山乃广府人，近祖的祖籍是东莞。

因此，当罗香林的《国父家世源流考》出版后，该会邓慕韩撰文批驳，并致函中央党部的邹鲁，说："此事最妙由足下通知罗先生自动停止发行，宣告错误。"[15] 邹鲁没有直接回复，结果该会的孙镜委员[16]，欲议决禁止该书出版；莫纪彭、龙毓峻诸人也赞成。林一厂[17] 则认为不必禁止，待将来派员赴翠亨、紫金、增城等地复查为妥。[18] 鉴于当时国民政府处于抗日战争最艰苦的时刻，党史会只好等待抗战胜利后，进一步广为搜集史料再行评估[19]，可谓甚有风度。唯抗日战争接下来的是国共内战，国府迁台。党史会的愿望始终无法实现。[20]

次谈那场官司，则同样是发生在 1942 年 12 月罗香林的《国父家世源流考》刚出版不久。由于该书提出孙中山祖籍是广东紫金忠坝的新说，该处孙氏家族突

---

[14] 李云汉在中研院近史所笔者的学术报告讨论会的发言记录，2009 年 7 月 3 日 15：00—17：00。李先生又说，这批革命元老，都不是史学家，只是凭着满腔热情，承担了这份差事。李云汉先生以八十三岁高龄，仍专程从木栅居所坐一个小时左右的公共汽车到台北市政厅转车，再坐一个小时左右的公共汽车到中研院来听笔者演讲孙逸仙祖籍问题；会后又不惧大雨、黑夜和疲劳，同样地坐公共汽车再转车回木栅寓所，笔者由此完全可以想象到他的党史会先辈们对于查清楚孙逸仙祖籍那种工作热情与忠诚。李先生又说，国府迁台后，才任命史学家当党史会的编纂，主任委员先后是著名史学家罗家伦、黄季陆、杜元载、萧继宗、秦孝仪、李云汉、陈鹏仁。

[15] 邓慕韩函海滨盟长（邹鲁），〔1943 年〕7 月 27 日，收入〈忠坝孙氏族谱节抄及有关文件〉（手稿合订本），藏香港大学冯平山图书馆特藏部，编号：罗 222/50。

[16] 孙镜，湖北人，长期在国民党中央党部负责党务，为人客观耿直。国府迁台后，任党务部部长。见李云汉在中研院近史所笔者的学术报告讨论会的发言记录，2009 年 7 月 3 日 15：00—17：00。

[17] "厂"同"庵"，多用于人名，它并非"厰"字之简体。香港《明报月刊》，1987 年 2 月号把"林一厂"换作"林一厰"，不对。

[18] 林一厂之工作日记，1944 年 2 月 22 日，中山大学孙中山研究所藏。邹佩丛在其〈部分党史会成员对罗著的反应〉一文，曾引用此日记。见邹佩丛编著：《孙中山家世研究与辨析》（太原：山西人民出版社，2008），第 239—240 页：其中第 239 页。本文则转引自邹著。以下简称邹佩丛编著：《研究与辨析》。

[19] 中国国民党中央党史委员会对罗香林一书之结论，无日期，原件收入〈忠坝孙氏族谱节抄及有关文件〉（手稿合订本），藏香港大学冯平山图书馆特藏部，编号：罗 222/50。

[20] 党史会的愿望无法实现之余，反遭罗香林公开斥其"乖谬"。见罗香林：〈复版再跋〉，《国父家世源流考》（台北：台湾商务印书馆，1954 年 8 月修订台湾 1 版），第 59—60 页：其中第 59 页。以下简称罗香林：《国父家世源流考》(1954)。

然发觉国父乃其本家苗裔,竟然声大气粗起来,"为地方豪劣讼棍所摆弄。举凡孙姓历代卖出产业,均指为国父先祖遗产,控之于县府司法当局,强判人以窃占国父先祖遗产之罪。致拆屋毁坟、拘押勒诈,无不令人感慨"[21]。

三谈第二次政治风波,则发生在 1995 年 10 月。当时广东省中山市翠亨村的孙中山故居纪念馆正准备出版该馆编辑的《孙中山的家世:资料与研究》(以下简称《家世》)。该书稿既把罗香林《国父家世源流考》的三幅题词、四篇序言以及最具关键性的五个章节(一、引论;二、近人所述国父上世源出东莞说之非是;三、国父上世与左埗头孙氏同源说之非是;四、国父上世源出于广东紫金忠坝公馆背之证据;五、紫金忠坝孙氏之源流与迁移背景)一字不漏地转录。同时也把反对意见收进去,其中反对最力者莫如邱捷、李伯新联署的〈关于孙中山祖籍问题——罗香林教授《国父家世源流考》辨误〉一文。该文在 1986 年出版后,遭到已经接受了罗香林紫金说的各方人士群起反对,笔战历时近十年。《家世》的编者把正反双方的有关论文、意见、函电等统统收进去。当然也把正反双方的原始史料诸如《紫金忠坝孙氏族谱》和《东莞上沙孙氏族谱》以及《翠亨孙氏家谱》、翠亨孙氏《列祖生殁纪念簿》[22] 等等也收进去,以便学者能较全面地了解这场争论的来龙去脉。不料有人向中国共产党广东省委员会宣传部指控《家世》的编者篡改孙中山祖籍。经广东省孙中山研究会公函辩说,省委终于放行,可见亦甚有风度。该书也于 2001 年 11 月顺利出版。[23]

既然已经发生过两次政治风波和一场官司,现在笔者涉足其间,如履薄冰。

二、总结六十年来关于孙中山祖籍的争论

最近,沈道初总结了六十年来有关孙中山祖籍的争论。关于紫金说,他认为:

---

[21] 温济琴致罗香林电,1944 年 1 月 18 日发,31 日收。原件收入〈忠坝孙氏族谱节抄及有关文件〉(手稿合订本),藏香港大学冯平山图书馆特藏部,编号:罗 222/50。

[22] 翠亨孙氏该簿原为乡民所书,但因其文化有限,原件写作《列祖生没纪念部》,其后转载引用时,改或不改多有混乱,为便于统一,全书一律写作《列祖生殁纪念簿》。

[23] 关于这场风波,从该书第 696—705 页所附录的有关信件可见端倪。

　　罗香林的根据主要是紫金的一本《孙氏族谱》。这本紫金《孙氏族谱》记载十二世祖讳琏昌公归居公馆背，后移居曾（增）城，"于后未知"。罗香林又说：孙中山"曾述家庙在东江公馆村"。因此，罗香林认为，紫金《孙氏族谱》中的琏昌公就是翠亨村孙氏《列祖生殁纪念簿》中所记的孙氏十二世祖连昌公。于是，他作出孙中山"上世源出于广东紫金县忠坝公馆背"的结论。此说得到孙科等人的赞同。1996年孙穗芳在所著《我的祖父孙中山》一书也采取罗香林的说法。孙穗芳在书中说："孙家入粤以后的情况考证较细较多的，还是罗香林教授的《国父家世源流考》一书。"[24]

至于东莞说，沈道初认为邱捷用力最深，并把其论据归纳为下列四点：

　　第一，紫金说的前提是孙中山曾自述"家庙在东江公馆村"。这一条不能成立。孙中山没有说过这句话，罗香林所依据的仅仅是对美国人林百克（Paul Linebarger）所著《孙逸仙传记》中译本的一处误译："我和我的几代近祖，的确是生在翠亨村里的。不过我家住在那里只有数代。我们的家庙，却在东江上的一个龚公村里。"罗香林认为"龚公村"即是"公馆村"，按英文原文是："at Kung Kun, on the East River"。邱捷同意如下的译法：Kung Kun当是东莞，全句应译为："吾人祖祠所在之乡村，乃在东莞，属东江水域。"

　　第二，在孙中山故乡翠亨村，无论家族文物，还是口碑相传，都没有片言只语提及过紫金。

　　第三，翠亨村孙氏语言、风俗与来自紫金的客家人不同，历代只与讲香山本地白话的家族通婚，居住在全讲香山本地白话的翠亨村而不住在附近大量存在的客家村。这些客家村的住户不少是祖籍紫金的客家人。

　　第四，紫金方面也提出了一条足以彻底推翻紫金说的有力证据——紫金孙氏十二世祖琏昌公参加过发生于1646年左右的钟丁先抗清起义的事实，

[24]　沈道初：〈青少年时代〉，载茅家琦等著：《孙中山评传》（南京：南京大学出版社，2001），第39页。所引为孙穗芳：《我的祖父孙中山》（北京：人民出版社，1996），第5页。

现尚有遗址。这一点，自 40 年代至今从无异辞。而孙中山祖先香山的连昌公确知生于 1669 年。〔笔者按：以此推算，琏昌公生年当在 1620 年左右，甚至更早。两者相差五十年甚至更长。〕紫金之琏昌与香山的连昌并非同一个人，当无可怀疑。[25]

两派孰是孰非？沈道初引述方式光的话说：

　　东莞说最重要的证据是翠亨村《孙氏家谱》。据方式光说：这本家谱，是残缺不全的草稿本，"内容错漏甚多，文字粗糙，似是个尚未完成的初稿。谱中各祖妣只列出世次，多数未注明何人所出。同一世次，是亲兄弟还是堂兄弟也无法弄清。尤其是这个家谱究竟是谁写的？哪一年修的？如何保存下来的？至今仍然不清楚"。因此，方式光认为：紫金说"不足为据"，东莞说"亦有问题"。东莞说"要成为大家都接受的说法"，有待于"发掘更多的族谱、墓碑、先祖牌位及口碑材料"。[26]

既然紫金说"不足为据"，东莞说"亦有问题"，则笔者尝试在前人大量辛勤劳动的基础上，进一步探索此问题。

三、进一步探索"紫金说"

此节分五个部分：(i)"紫金说"之发轫；(ii)"紫金说"之华宠；(iii) 罗香林为何撰写《国父家世源流考》？(iv) 贻害；(v) 消灾。

---

[25]　沈道初：〈青少年时代〉，载茅家琦等著：《孙中山评传》，第 40—41 页。

[26]　同上书，第 41 页。所引为方式光：〈评孙中山祖籍问题的争论〉，《东莞文史》，第 26 期（1997 年 9 月），第 151—158 页；其中第 156—157 页。该文最先发表在广州《南方日报》，1987 年 12 月 21 日，后全文收录在孙中山故居纪念馆编：《孙中山的家世：资料与研究》（北京：中国大百科全书出版社，2001），第 512—518 页。以下简称故居编：《家世》(2001)。

(i)"紫金说"之发轫

罗香林对其如何得出紫金说的准则,有如下自述:

> 余曩者著《国父家世源流考》,盖纯以国父所述家庙在东江公馆村,及国父故里所藏《列祖生殁纪念簿》所记十二世连昌公始居香山县一史实,为研究准则。[27]

分析罗香林所树立的这两项准则,则其逻辑似乎如下:

第一,既然孙中山说其"家庙(即其孙氏家族的大宗祠)在东江公馆村",那么,如果罗香林能够在广东省、东江流域之内找到一座名叫"公馆村"的村落,则这座村落的孙姓人家应该就是孙中山的祖籍。

第二,孙中山故里所藏《列祖生殁纪念簿》所记十二世祖孙连昌,是从外地迁到香山县创基的始祖;那么如果罗香林能够在广东省东江流域之内各地族谱之中,找到有十二世祖孙连昌其人,而这位孙连昌同时又离开原籍他往者,这个人就是孙中山的祖先。而这位孙连昌的原籍,就是孙中山的祖籍。

至于如何运用这两项准则,以得出紫金说之结论,罗香林有如下描述:

> 先以之为普遍咨访之依据,继乃分析公馆村地望,为建立紫金忠坝为国父上代所尝居止之假设;然后,乃搜集有关资料,并于紫金为特殊调查,赖友好协助,果于忠坝孙屋排孙桂香家,发现《孙氏族谱》旧本。其谱所记一事,即十二世祖琏昌公,旧居公馆背,遭时多艰,迁徙外地。其年代、名讳、世次及地望,皆与国父所述与《列祖生殁纪念簿》所记相密合。由假设而获致证明,而以科学方法治史之功能以显。[28]

现在让我们把罗香林这个结论当中的一些关键性的句子进行分析。

---

[27]　罗香林:〈复版再跋〉,《国父家世源流考》(1954),第59—60页;其中第59页,第1—2行。

[28]　同上书,第59页,第2—6行。

第一，罗香林这个结论当中所提到的"公馆背"、"忠坝孙屋排"等，都不是一般的名词，读来非常难懂。笔者不敢妄猜臆想，于是决定亲往紫金实地调查。结果有如下发现：关于"公馆背"，承紫金《孙氏族谱》之中的第十八世老人孙爱雄先生赐告，"公馆"者，武馆也。紫金孙氏第十一世祖孙鼎标设武馆授徒，勤练武功，抵抗清兵。"公馆背"，就是位于该"公馆"之背后的意思。在孙鼎标的"公馆"之背后，有一排房子，是孙氏家族聚居的地方，自成一个据点，无以名之，就叫孙屋排，采其一排孙屋的意思。[29]2008年1月8日，承紫金县档案馆龚火生馆长带笔者实地考察"公馆背"旧址，还见到附近遗留下来邻居温姓的一座大型泥砖屋。

征诸文献，则紫金忠坝《孙氏族谱》的编者、居住在孙屋排的孙桂香曾书面向罗香林解释说：忠坝孙氏"总祠附近仅有二十人左右，大都业农"[30]。此言另有文献做佐证，忠坝温秀如等曾书面报告说：孙桂香住"上孙屋排"，"人口二十人左右"；佐证了孙桂香所言"总祠附近仅有二十人左右"。温秀如等的报告又显示，孙屋排这小小地方，也分"上孙屋排"和"下孙屋排"，各有祖祠，是两房人分居。把居住在忠坝之上、下孙屋排的孙姓人口加在一起，只"约共五六十人"[31]。

综合上述五方史料，可知孙屋排确实是一个人数极少的、谈不上是什么村落的孙姓聚居点。毗邻孙屋排者，还有"温、张、陈等姓，为人最多；余叶、邹、萧、孙、刘、李都是小姓"[32]。准此，笔者明白了：当地并没有一座名为"公馆村"的村落。只因为孙氏家族聚居的地方，位于孙鼎标的"公馆"之背后，罗香林就擅自为其取名"公馆村"。这一点很重要，下文再加申论。

第二，罗香林上述结论当中提到的"忠坝"是什么地方？当笔者在2008年1月8—9日到紫金实地调查时，承紫金档案馆客家人李少峰副馆长相告，在紫金

---

[29]　黄宇和采访紫金孙爱雄（1937年9月生），2008年1月8日。

[30]　孙桂香等函罗香林，1942年7月23日，附件第10、11项，收入〈忠坝孙氏族谱节抄及有关文件〉（手稿合订本），藏香港大学冯平山图书馆，编号：罗222/50。

[31]　温秀如等复温济琴，1942年7月3日，第6—7项；附于温济琴复罗香林，1942年8月5日；收入〈忠坝孙氏族谱节抄及有关文件〉（手稿合订本），藏香港大学冯平山图书馆，编号：罗222/50。

[32]　孙桂香等函罗香林，1942年7月23日，附件第10、11项，收入〈忠坝孙氏族谱节抄及有关文件〉（手稿合订本），藏香港大学冯平山图书馆，编号：罗222/50。

的客家方言，坝是小盘地的意思。[33] 后来笔者采访紫金老人、客籍的黄荫庭，他也是这么说。[34] 笔者亲临其地，发觉忠坝果然是一个小盘地，四面环山。小盘地的中央地带有一条小河，发源在北部的山区，往南流经孙屋排旁边，然后穿过南部山区的峡谷继续往南流。这条小河的名字叫忠坝河，往南流入琴江。[35] 琴江注入梅江；梅江流入韩江；[36] 韩江流入中国南海。就是说，忠坝河是韩江的上游；忠坝及其辖下的孙屋排这个孙氏聚居点，位于韩江流域。它并不属于东江流域。[37] 这一点同样重要，下文也会详加讨论。

现在让我们回过头来衡量罗香林紫金说所采用之准则和提出之证据。

他的第一项准则，是"纯以国父所述家庙在东江公馆村"[38]。至于证据，则正如上文考证所得：首先，公馆村这个名字，当时在紫金忠坝并不存在，它只是罗香林发明的一个村名。其次，紫金忠坝并不在东江流域，而是在韩江流域。无奈罗香林硬把紫金忠坝说成是位于东江流域。其实从一开始，罗香林为自己设计的这项准则就不能成立。因为孙中山从来没有说过"家庙在东江公馆村"这样的话。孙中山只是对美国人林百克用英语说过："The village of our ancestral temples is at Kung Kun, on the East River."[39]（见图 2.11）

徐植仁把这句话翻译成："我们的家庙，却在东江上的一个龚公村（音译）

---

[33]　黄宇和在紫金县城采访李少峰，2008 年 1 月 8 日。

[34]　黄宇和在紫金县城采访黄荫庭（1940 年 7 月生），2008 年 1 月 9 日。黄荫庭是《紫金黄氏族谱》编者，住紫金县城。

[35]　黄宇和在紫金县城采访黄荫庭，2008 年 1 月 9 日。

[36]　据《广东省地图册》（广州：广东省地图出版社，1993），第 151、150、50、59、60、55、57、74、139、29 页。感谢黄淑娉教授鼎力帮忙。

[37]　笔者曾考虑过一个微乎其微的可能性：即孙中山会不会对中国地理不太了解而误把韩江作东江？经考证，这个可能性并不存在。孙中山在 1919 年对林百克自称其家庙在东江的同时，也在其正在撰写的《建国方略》之内的"实业计划：第三计划"，"第二部、改良广州水路系统"，"丁、东江"，第二段写道："……自新塘上游约一英里之出，应凿一新水道直达东莞城，而以此悉联东江在东莞与新塘之各支流为一……"可知孙中山很准确地认识到，东莞在东江流域。笔者除了实地考察以外，征诸《辞源》，则"东江"条曰："东江……在广东境……至东莞县，合增江；西南流至波罗南海神庙前；合珠江；由虎门入三角江，注于南海。"可知东莞确在东江流域，且是主流所经。

[38]　罗香林：〈复版再跋〉，《国父家世源流考》（1954），第 59—60 页：其中第 59 页。

[39]　Paul Linebarger, *Sun Yat Sen and the Chinese Republic* (New York, 1925; Reprinted, New York: ASM Press, 1969), p. 5.

里。"[40] 徐植仁既把 Kung Kun 音译为龚公，同时又把 Kung Kun 意译为村，都存在着问题。首先，他采取音译此下策，证明他并不知道 Kung Kun 所代表的具体汉语地名为何。其次，他将 Kung Kun 意译为村，就明显错误：看英语原文，孙中山说他祖庙所在的那座村庄，坐落在 Kung Kun 范围之内；就是说 Kung Kun 并非一座村庄，而是比村庄更大的一个范围。因此，徐植仁把 Kung Kun 视作一座村庄而把它翻译为"龚公村"，是错误的。罗香林把"龚公村"与他自己所发明的"公馆村"画上等号，是没有说服力的。

归根结底，像林百克这样一位没有受过标准汉语发音训练的外国人，很难用英文字母准确地拼写出汉语名词。例如，他把孙中山出生的村庄拼写成 Choy Hung。[41]（见图 2.11）

假如我们全都不知道孙中山出生的村落名字叫翠亨村；那么，居住在香港普遍说白话的广府人，看到林百克用 Choy Hung 这村名，很自然就会错误地联想到九龙牛池湾的彩虹村。又由于孙中山的兄长孙眉曾经在九龙牛池湾耕种，供养其母亲杨太夫人于附近的九龙城[42]，一般人更会误认渊源。在 20 世纪 50 年代到 70 年代，彩虹村的知名度很高。[43] 在这种情况下，不知情的香港人，很容易就会把林百克的 Choy Hung 误作九龙牛池湾的彩虹村。这个例子说明，我们不能把林百克用英文字母拼写出来的汉语地名诸如 Choy Hung、Kung Kun 等，作为可靠的研究资料。[44]

究竟林百克所说的 Kung Kun 是什么地方？罗香林心里很清楚。在他出版《国

---

[40]　林百克著，徐植仁译：《孙逸仙传记》（上海：三民公司，1926），第 3 页。
[41]　Paul Linebarger, *Sun Yat Sen and the Chinese Republic*, p. 1 and passem.
[42]　冯自由：〈孙眉公事略〉，《革命逸史》（北京：中华书局，1981 年重版），第二册，第 1—9 页：其中 第 7—8 页。
[43]　当时没有海底隧道，也没有狮子山隧道；九龙半岛市区内，只有十四条公共汽车路线。其中第 5、9 号两路从尖沙咀码头出发，分别沿漆咸道和弥敦道等往彩虹（Choy Hung）；第 13、14 号两路从佐敦道码头出发，分别沿弥敦道和上海街等往彩虹（Choy Hung）。彩虹之名，路人皆知。在 20 世纪 50 年代后期，又有人编写了一篇名叫〈彩虹湾之恋〉的小说，在当时唯一的娱乐电台——丽的呼声——广播，广受欢迎，彩虹之名，更是不胫而走。20 世纪 50 年代，笔者居住在九龙牛池湾，对这一切都很清楚。
[44]　20 世纪 50 年代至 70 年代，罗香林都居住在香港，面对这种情况，不知有何感想？他的感想如何，我们无法知道，但确知他在 1954 年于粉岭郊寓修订其《国父家世源流考》时，仍然坚持 Kung Kun 乃公馆村。见罗香林：〈复版再跋〉，《国父家世源流考》（1954），第 59—60 页。

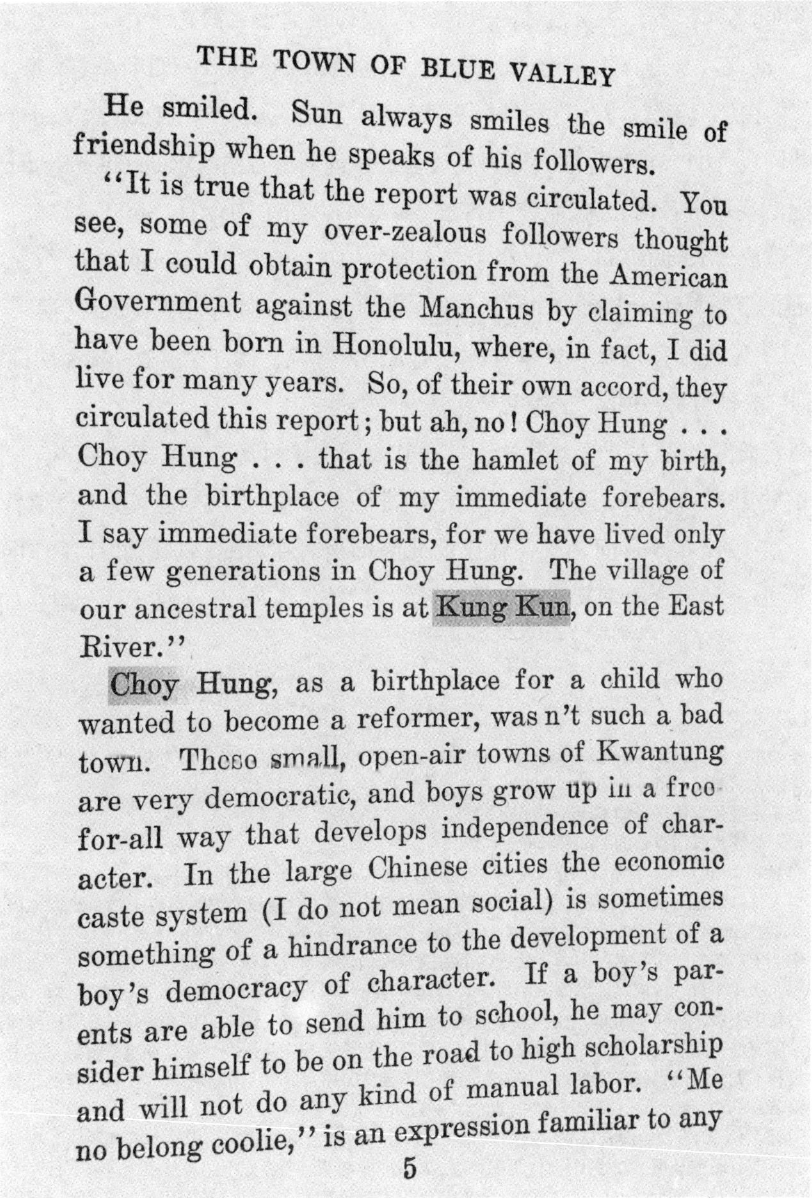

THE TOWN OF BLUE VALLEY

He smiled. Sun always smiles the smile of friendship when he speaks of his followers.

"It is true that the report was circulated. You see, some of my over-zealous followers thought that I could obtain protection from the American Government against the Manchus by claiming to have been born in Honolulu, where, in fact, I did live for many years. So, of their own accord, they circulated this report; but ah, no! Choy Hung . . . Choy Hung . . . that is the hamlet of my birth, and the birthplace of my immediate forebears. I say immediate forebears, for we have lived only a few generations in Choy Hung. The village of our ancestral temples is at Kung Kun, on the East River."

Choy Hung, as a birthplace for a child who wanted to become a reformer, was n't such a bad town. These small, open-air towns of Kwantung are very democratic, and boys grow up in a free-for-all way that develops independence of character. In the large Chinese cities the economic caste system (I do not mean social) is sometimes something of a hindrance to the development of a boy's democracy of character. If a boy's parents are able to send him to school, he may consider himself to be on the road to high scholarship and will not do any kind of manual labor. "Me no belong coolie," is an expression familiar to any

5

图 2.11　林百克原文提到的 Kung Kun 和 Choy Hung

父家世源流考》之前十年的 1933 年，他写道："Linebarger 氏谓孙公自述，祖祠在东江 Kung Kun，下一字为莞对音，上字当是 Tung 之误，据其地望推之，当是东莞无疑。"准此，罗香林下结论说，徐植仁在翻译 Kung Kun 一词时"误作龚公，非是"。[45] 在那个年代，汉语拼音以 19 世纪两位英国人威妥玛（Thomas Wade）和翟理斯共同设计的方式为标准，称为威妥玛—翟理斯拼音法（Wade-Giles System，一般称为威妥玛拼音法）。按照该拼音法，K 念 G，而 T 则念 D；以至"广东"的英语音译就成为 Kuang Tung[46]，至于"东莞"的英语音译正是 Tung Kuan[47]。所以，1933 年的罗香林认为 Kung Kun 的"下一字为莞对音，上字当是 Tung 之误"，是猜对了。[48] 无奈到了 1942 年，罗香林为了提倡紫金说，就自食前言，转而硬说 Kung Kun 即"公馆背"，并把"公馆背"说成是一条村。

随着研究的深入，笔者发觉，早在其《国父家世源流考》于 1942 年 12 月出版之前的 1942 年 7 月，罗香林应该已经准确地了解到"公馆"及"公馆背"的意思。盖 1942 年 6 月间，罗香林已就此函询当时在粤北马坝财政厅工作的温济琴。[49] 温济琴马上函询其紫金忠坝的乡绅温秀如。1942 年 7 月 3 日，温秀如等很

---

[45] 罗香林：《客家研究导论》（兴宁：希山藏书，1933），第 274 页。希山藏书是一家作坊式的出版社。香港大学藏有是书，编号是罗 211/33。

[46] 而不是现代汉语拼音的 Guang Dong。

[47] 而不是现代汉语拼音的 Dong Guan。

[48] 笔者在 20 世纪 60 年代后期念大学和研究院时，西方学术界普遍采用威妥玛拼音法。直至 1971 年中华人民共和国进入联合国以后，北京设计的汉语拼音法才慢慢被西方学术界采纳。罗香林当学生的 20 世纪 20 年代甚至以后执教的岁月，正是威妥玛拼音法雄踞英语学术界的时期。按罗香林 1924 年夏毕业于广东省兴宁县兴民中学，然后往上海就读承天英文学校，他熟练地运用威妥玛拼音法，理所当然。次年 1 月，考取吴淞国立政治大学。1926 年夏，由上海政治大学考入北京国立清华大学经济系，后转历史系。1930 年夏以论文《客家源流考》毕业，获文学学士学位，留在清华研究院继续深造，师从陈寅恪、顾颉刚，致力于中国民族史、唐史和百越源流与文化研究，课外注重"搜集与客家有关的资料，尤其是闽粤赣客家各姓的族谱"及此前所出中外有关客家历史、语言、风俗等著述。见邹佩丛编著：《研究与辨析》，第 239—240 页；其中第 239 页。

[49] "1937 年，抗日战争爆发，我毕业后被分配到广州市训总队任教官。1938 年广州沦陷，我随队撤退到广宁，后在马坝财政厅工作。"见温济琴：〈温济琴在紫金各界人士纪念孙中山诞辰一百二十周年大会上的讲话，1986 年 11 月 12 日〉，全文收录在《紫金各界人士纪念孙中山诞辰一百二十周年会刊》（1986 年 12 月编印），第 10—11 页；其中第 10 页。感谢紫金档案馆龚火生馆长把该会刊复印后寄广东省档案馆张平安副馆长扫描后于 2009 年 7 月 30 日电邮笔者，该文全文又转载于邹佩丛编著：《研究与辨析》，第 459 页。

清楚地函复温济琴转罗香林曰："公馆原名连升馆，今既颓毁。"[50] 1942 年 7 月 23 日，紫金忠坝的孙启元（源）等，又已直接函复罗香林曰："公馆系孙大食公练武场所，兼办连升学校，故称为公馆。其背，孙家有祭祀田产，有坟数穴。"[51] 1942 年 12 月 20 日，紫金忠坝孙启元（源）等又函罗香林曰："鼎标公之坟，系在公馆背后。"[52] 可惜罗香林对紫金忠坝各姓居民这三番五次回答其关于"公馆"及"公馆背"的查询[53]，皆视而不见，坚决把"公馆背"说成是"公馆村"。

罗香林的第二项准则，是"国父故里所藏《列祖生殁纪念簿》所记十二世连昌公始居香山县一史实"。[54] 他能提出的唯一证据，正是紫金忠坝"《孙氏族谱》旧本。其谱所记一事，即十二世祖琏昌公"。[55] 就是说，罗香林认为翠亨村的十二世祖孙连昌，与紫金的十二世祖孙琏昌，是同一人。现在，让我们来评估罗香林为自己所树立的第二项准则以及所得到的结论。

征诸紫金忠坝《孙氏族谱》旧本，果然有下面关键性的一句话："十二世祖琏昌公，移居曾（增）城，于后未知。"[56] 罗香林认为这句话符合他预先树立的第二项准则：那就是，在广东省东江流域之内众多孙氏族谱之中，若能找到有十二世祖孙连昌其人，而这位孙连昌同时又离开原籍他往者，这个人就是孙中山的祖先。但这个逻辑，哪怕在表面上也存在着三个问题：首先，紫金的孙琏昌与香山的孙连昌是否同一人？此"琏"是否即彼"连"？其次，"琏"的父亲是孙鼎标，"连"的父亲是孙瑞英，难道孙鼎标与孙瑞英又是同一人？孙鼎标逝世后，埋葬

[50] 温秀如等函复温济琴，1942 年 7 月 3 日，收入〈忠坝孙氏族谱节抄及有关文件〉（手稿合订本），藏香港大学冯平山图书馆，编号：罗 222/50。

[51] 孙启元（源）等，又函复罗香林，1942 年 7 月 23 日，收入〈忠坝孙氏族谱节抄及有关文件〉（手稿合订本），藏香港大学冯平山图书馆，编号：罗 222/50。

[52] 孙启源等函罗香林，附诉讼一纸，1942 年 12 月 20 日，收入〈忠坝孙氏族谱节抄及有关文件〉（手稿合订本），藏香港大学冯平山图书馆，编号：罗 222/50。

[53] 同上。

[54] 罗香林：〈复版再跋〉，《国父家世源流考》（1954），第 59—60 页：其中第 59 页，第 1—2 行。

[55] 同上书，第 59 页，第 4 行。

[56] 忠坝《孙氏族谱》旧本，雍正七年（1729）孙宗麟等修，光绪二年（1876）孙见龙重修，1933 年孙桂香三修。该谱藏香港大学冯平山图书馆，编号：罗 700/14。又见〈忠坝孙氏族谱（节抄）〉，民国三十年（1941）八月三日抄于曲江子居，兴宁罗香林识（盖罗香林章），收入〈忠坝孙氏族谱节抄及有关文件〉（手稿合订本），藏香港大学冯平山图书馆特藏部，编号：罗 222/50。

于紫金忠坝的水口。[57] 孙瑞英逝世后，先埋葬于香山涌口；后移葬于香山翠亨村
附近的谭家山。[58] 难道两座坟墓可以混为一谈？又"琏"的母亲是叶氏，"连"
的母亲是梁氏，难道叶氏等同梁氏？三者，紫金《孙氏族谱》只说孙琏昌"移居
曾（增）城，于后未知"，并没有说他移居香山。

在这种种疑团面前，罗香林仍坚称此"琏"即彼"连"；又坚称彼"连"从
增城继续西走而最后定居香山；更漠视孙鼎标不能等同孙瑞英，叶氏不能等同梁
氏等等。这两个坚称与一个漠视，本来就谈不上有丝毫逻辑。再加上先前邱捷所
发现的"琏"、"连"出生前后相差了约半个世纪[59]，则罗香林所采用第二项准则
而取得的结论，更加缺乏说服力。

准此，罗香林所设计的两项准则和提出的证据，都不能证明孙中山的祖籍是
紫金。对于这种情况，罗香林当时应该心里有数，但他还是勇往直前，提倡紫金
说。为什么？

最具关键性的问题是：究竟当时孙屋排所在的那条村落叫什么名字？笔者终
于查出来了：它当时叫"忠坝村"！[60] 因此，建筑在孙中山祖籍是"公馆村"的
紫金说，再也没丝毫根据。而道出这条村之名字的公文，在《国父家世源流考》
出版前的 1942 年 8 月初，已经转交罗香林了。[61] 但这并没有促使罗香林改变初
衷，他仍然坚持紫金说。

---

[57]　忠坝《孙氏族谱》旧本，雍正七年（1729）孙宗麟等修，光绪二年（1876）孙见龙重修，1933 年孙桂
　　　香三修。该谱藏香港大学冯平山图书馆，编号：罗 700/14。
[58]　黄宇和三访翠亨谭家山孙氏墓群（共 39 穴）的〈调查报告〉（手稿）以及所拍照片，2006 年 3 月 28
　　　日、2006 年 12 月 4 日和 2008 年 9 月 26 日。
[59]　邱捷：〈也谈关于孙中山祖籍问题的争论〉，广州《岭南文史》，1993 年第 4 期，收入故居编：《家世》
　　　(2001)，第 644—657 页：其中第 652 页。邱捷说孙琏昌曾参加过发生在 1646 年左右的钟丁先起义，
　　　所据乃罗香林：《国父家世源流考》内吴铁城、陈立夫等序和其他资料。至于孙连昌则出生在 1669
　　　年，邱捷则没有提供注释。征信孙满编：《翠亨孙氏达成祖家谱》，可知确实如此。该谱收入故居编：
　　　《家世》(2001)，第 12—28 页：其中第 16 页。
[60]　温秀如等复温济琴，1942 年 7 月 3 日，最后一段；附于温济琴复罗香林，1942 年 8 月 5 日，第 10 项，
　　　收入〈忠坝孙氏族谱节抄及有关文件〉（手稿合订本），藏香港大学冯平山图书馆，编号：罗 222/50。
　　　下文将全文转录此件，以观全豹。详见本章第三节 (iv)。由于人口迅速膨胀，到了 2008 年 1 月 8 日
　　　笔者到该地考察时，所见皆密密麻麻的房子，过去的忠坝村已经升格为忠坝镇，孙屋排就在镇政府办
　　　公大楼附近。
[61]　温济琴复罗香林，1942 年 8 月 5 日；附上温秀如等复温济琴，1942 年 7 月 3 日；收入〈忠坝孙氏族
　　　谱节抄及有关文件〉（手稿合订本），藏香港大学冯平山图书馆，编号：罗 222/50。

(ii)"紫金说"之华宠

　　若我们改变思路,不纯粹从紫金这个角度考虑问题,而是从紫金忠坝《孙氏族谱》所提供的一条线索来思考,则别有洞天。罗香林追忆说:"由新发现之忠坝《孙氏族谱》,更可上溯其先世,原居河南陈留。自唐末黄巢变乱,有孙俐公者,南下平乱,迁江西宁都,以功受封为东平侯。"[62] 所据乃紫金忠坝《孙氏族谱》旧本当中〈重修孙氏族谱·序〉里面的一句话:"迨及俐公,族众曰伯将公,因唐末黄巢变乱,以公才武,选为伯将,引兵游于闽越江右之间,遂定居于虔州虔化县,即今赣州宁都是也。以功受封为东平侯。"[63]

　　这可是关键性的一句话。若倡议孙中山之祖籍是紫金,那么作为翠亨孙氏《列祖生殁纪念簿》后人的孙中山,马上就从极为平凡的农家子弟,摇身一变而成为东平侯的传人,贵胄的后裔了。

　　按紫金忠坝《孙氏族谱》,初修于雍正七年(1729),当时所写的〈孙氏族谱·序〉,只字未提孙俐其人。在描述其唐代祖先时,只轻轻带过地说:"至隋唐由宋元之时,祖何仅兄弟,魁元登仕册,擢高科,亦不胜举。"接着,该谱重修于光绪二年(1876),而当时所写的〈重修孙氏族谱·序〉才首次提到唐代东平侯孙俐。[64] 由此可见,孙俐这个名字是重修该谱时才被加进去的。

　　名字可以加进去,但独力负责重修紫金《孙氏族谱》的孙见龙,却无法一世接一世地上溯到江西宁都的孙俐,而只是在序言中泛指其祖先之中有东平侯孙俐其人。罗香林怎可以单凭紫金〈重修孙氏族谱·序〉里面的片言只字,就一口断定孙中山的祖先是孙俐?

　　紫金〈重修孙氏族谱·序〉,武断地把孙俐加进其祖先行列这种现象,让笔者联想到中山大学人类学系黄淑娉曾对笔者说过的话:"过去编族谱,往往为自己家族的祖先找一个显赫的家世,其实查无实据。"[65] 复旦大学中国历史地理研究所

---

[62]　罗香林:〈复版再跋〉,《国父家世源流考》(1954),第59—60页;其中第59页,第7—8行。
[63]　见罗香林文书〈忠坝孙氏族谱节抄及有关文件〉(手稿合订本),藏香港大学冯平山图书馆特藏部,编号:罗222/50。
[64]　忠坝《孙氏族谱》旧本内封,雍正七年(1729)孙宗麟等修,光绪二年(1876)孙见龙重修,1933年孙桂香三修。该谱藏香港大学冯平山图书馆,编号:罗700/14。
[65]　黄宇和采访黄淑娉(1930年8月生),2008年1月28日。

所长葛剑雄在总结他的研究经验时也说："一般的家谱都要找出一位煊赫的祖宗，不是帝王、圣贤，就是高官、名人，甚至要追溯到三皇五帝。"[66] 后来笔者接触到各方各面的族谱的数量大增，结果亦是深有同感。准此，窃以为紫金孙氏宗族自称是孙䚦后人，不必大惊小怪。但从严谨的历史考证角度看问题，则族谱序言当中，高攀达官贵人的片言只字，实在不能当真。

究竟罗香林是如何发现紫金《孙氏族谱》者？他的文书当中有紫金县长李蔚春的一封信，提供了线索：

> 香林教授吾兄大鉴：弟前月奉令入川受训。毕业后返县，奉惠书敬悉。一是承嘱调查孙总理上世源流一节，经派委员前往县属忠坝向孙氏族人调查，并索阅该族族谱。足以证明孙公确系由紫金忠坝迁出。兹将调查所得先行转[67]上，敬希查阅。又弟出席八月一日行政会议，本午始抵曲江，现寓互励社503号房。孙氏族谱抄本亦已带来。如吾兄来韶之便，乞用电话通知，以便趋访。匆匆奉复，顺颂
> 教祺
> 　　　　　　　　　　　　　　　　　　弟李乙蔚
> 　　　　　　　　　　　　　　　　　七、二十九。[68]

该信没有写上年份。但罗香林后来节抄该族谱时注明是民国三十年八月三日

---

[66]　葛剑雄：〈家谱：作为历史文献的价值和局限〉，《历史教学问题》，1997年第6期，第3—6页：其中第3页。感谢香港中文大学的黎耀强先生找出该文掷下。

[67]　这个"转"字，在全篇手稿之中是最难识别的。我请教过多位专家，均束手无策。2008年6月19日，承香港大学冯平山图书馆的张慕贞女士热诚帮忙，建议是"敷"字，以成语中有"敷陈"之词，意思是把不完整的调查结果先行报告。她拿出台湾艺文印书馆编：《草书大词典》（台北：艺文印书馆，1964）查"敷"字，似乎有点相似。但窃以为李蔚春并非把自己的调查结果向罗香林"敷陈"，只是把下属的调查结果呈罗香林，故对"敷"字仍有保留。同日黄昏向萧滋先生请教，饭席间不断推敲，终于萧滋先生认为是"转"字。这符合该信之上文下理，返澳后征诸《草书大词典》，则该书下册第1418页所复印的"凝式"手迹，与之极为相近，故决定乃"转"字。

[68]　李蔚春函罗香林，〔1941年〕7月29日，收入〈忠坝孙氏族谱节抄及有关文件〉（手稿合订本），藏香港大学冯平山图书馆特藏部，编号：罗222/50。至于该信的具体年份，见下注之考证。

（1941 年 8 月 3 日）开始动笔节抄[69]，如此则可知李蔚春写信的日期是 1941 年 7月 29 日。

把李蔚春的信以及所附之调查报告一起分析，可知罗香林最初写信给李蔚春时，曾明确要求他派员到指定之地点——忠坝孙屋排——调查并索取孙屋排居民的族谱。这一点显示罗香林早已闻知居住在忠坝孙屋排之孙氏族谱有十二世祖孙琏昌其人。否则紫金县那么大，而散居紫金县各地的孙氏家族又那么众多，要找一位名为孙琏昌的故人，犹如大海捞针，李蔚春也不会答应干这种傻事。同时，罗香林很可能开宗明义就说明，若忠坝孙屋排之孙氏族谱注明十二世祖孙琏昌曾迁往外地居住，此人必定就是国父的祖先无疑。难怪李蔚春看过该族谱后，就言之凿凿地说，该族谱"足以证明孙公确系由紫金忠坝迁出"[70]。

至于罗香林从哪里早就知该族谱之中有十二世祖孙琏昌其人，则他自言为了逃避日本侵略军，而于 1938 年就迁往云南的中山大学，在 1940 年 9 月又从云南迁回广东北部的曲江（当今的具体位置是韶关市乐昌县坪石镇[71]）。罗香林返校授课，唯"山村讲授，如汉初经生，失其本经，口以传习。香林惧讹伪失实，乃与所授学生，倡史迹考访，与资料搜索"[72]。

2009 年 12 月 24 日，笔者前往韶关市乐昌县坪石镇坪石陈家坪铁岭山中山大学抗战时期临时校舍文学院遗址实地考察，则时至今日，仍深觉其荒凉与落后。村民禁不住向笔者投诉，当地在山野间，种植的多是番薯，抗战时突然来了大批师生，吃不饱，学生就在夜阑人静之际，偷偷挖村民的番薯吃。在这样的环境中，哪来书籍？也亏得罗香林想到史迹考访与资料搜集这主意，并用以训练学生。

罗香林发动学生访查搜集各类族谱之余，就曾听一位来自紫金忠坝的学生温济

---

[69] "忠坝孙氏族谱（节抄），民国卅年（1941）八月三日抄于曲江子居，兴宁罗香林识（盖罗香林章）"，收入〈忠坝孙氏族谱节抄及有关文件〉（手稿合订本），藏香港大学冯平山图书馆特藏部，编号：罗222/50。

[70] 李蔚春函罗香林，〔1941 年〕7 月 29 日，收入〈忠坝孙氏族谱节抄及有关文件〉（手稿合订本），藏香港大学冯平山图书馆特藏部，编号：罗 222/50。

[71] 见邹佩丛：〈罗香林的继续调研〉，载邹佩丛编著：《研究与辨析》，第 178—179 页；其中第 179 页。

[72] 罗香林：〈国父家世源流考跋〉，《国父家世源流考》（1954），第 57—58 页；其中第 4 段。

琴说过，家乡曾有位武师孙大食聚众抗清，结果败走他方。[73] 罗香林很可能因此进而闻知紫金忠坝孙屋排之孙氏族谱的大概[74]，于是点名要求看该族谱。

罗香林在 1941 年 8 月 1 日拿到该族谱[75]，于 1941 年 8 月 3 日开始节抄，并很快就通知中央通讯社。结果"自民国三十年九月六日（即 1941 年 9 月 6 日），中央通讯社桂林分社，发表关于余新近发现国父上世谱牒一专电消息后，各地报纸悉为揭载"[76]。浙江《东南日报》转载了中央通讯社所发表的罗文以后，即派记者至江西宁都考察，并在"该县南门外直街孙世通家，借阅其第八修与第十一修各族谱"[77]，结果发现该谱果然提到孙𬩽其人。

这种现象，让笔者联想到黄淑娉的另一句话："编族谱，常有从其他地方同姓的族谱中抄袭的现象。"[78] 看来紫金忠坝的孙见龙，在重修其《孙氏族谱》时，很可能抄袭了江西宁都《孙氏族谱》有关孙𬩽的记载。

但是，历史上是否真有孙𬩽其人？若孙𬩽是虚构的，那么罗香林尽管提倡了紫金说，也不能证明孙中山是贵胄出身。其次，即使历史上真有孙𬩽其人，但若并非贵胄，那么罗香林尽管提倡了紫金说，仍属徒劳。于是，罗香林求证于江西通志馆馆长吴宗慈。1941 年 11 月 4 日，吴宗慈复曰：

> 香林先生史席：奉十月廿八日手书，关于国父世系源流考，具悉梗概。现派

---

[73]　温济琴：〈温济琴在紫金各界人士纪念孙中山诞辰一百二十周年大会上的讲话，1986 年 11 月 12 日〉，载《紫金各界人士纪念孙中山诞辰一百二十周年会刊》（1986 年 12 月编印），第 10—11 页；其中第 10 页第 4 段。

[74]　对于其中过程，罗香林有如下描述："余于紫金孙氏之源流及现状，自民国二十二年以后，即甚注意。尝以东返之便，亲往忠坝调查，并向国立中山大学紫金籍学生询问一切。惟初无结果。二十七年复嘱中大助教紫金人郭温敬君，为致函紫金各界，详为调查，亦无所获。盖以紫金孙族，僻居山地，访问实甚难也。直至友人李蔚春先生为紫金县长，始得查出忠坝孙氏之现状，及其与国父上世之关系。"罗香林：《国父家世源流考》（重庆：商务印书馆，1942 年 12 月初版），第 49 页，注 4。以后简称罗香林：《国父家世源流考》（1942）。罗香林这种说法，似乎倒果为因。

[75]　"本年（民国三十年）八月一日，紫金县长李蔚春先生，由曲江出席广东省行政会议，始克将其所借得之忠坝孙氏族谱旧抄本携出相示。"罗香林：《国父家世源流考》（1942），第 49 页，注 5。

[76]　罗香林：《国父家世源流考》（1942），第 50 页，注 9。

[77]　同上。该记者用"留爪"的笔名发表了题为〈国父世系考〉一文。该文剪报藏台北中国国民党中央党史馆，编号：030/176。该文又转载于邹佩丛编著：《研究与辨析》，第 189—190 页。

[78]　黄宇和采访黄淑娉（1930 年 8 月生），2008 年 1 月 28 日。

图 2.12　中山大学抗战时期临时校舍在乐昌县坪石镇陈家坪的文学院遗址
（2009 年 12 月 24 日）

图 2.13　中山大学抗战时期临时校舍在乐昌县坪石镇三星坪的理工学院遗址
（2009 年 12 月 24 日）

专员调查其族谱墓地等，尚未蒇事。兹先略复大概如后：

初以为孙诩之后，第一步即迁广东循州等地。第二步再迁香山。今接来函，则有由虔化先迁闽，再由闽迁粤之一段史实。容函探访员，再据此详为调查。据已查得之谱系志，将由虔化迁居各地之记载，抄奉其详，当再及也。

诩公之子侯房，迁江西云都（即宁都）青塘等处。

诩公之子伯房之第四世曰承事者，谱载其后裔今居福建汀州河田。

诩公之子伯房之第七世曰十九秀才者，老谱载今居广东循州者为其后裔。

诩公之子伯房之第五世曰四郎者，即老谱载迁居浙江余姚。

又第六世曰宣教者，谱载其子孙俱迁余姚。

诩公之子子房之第九世曰七郎者，徙居云城（即云都，又即宁都）南山下。

诩公之子男房之第六世曰大贡员致纯者，宋宝庆四年举人，迁徙广东韶州。

孙姓谱载其子孙由虔化再徙居他处者止此。而由闽再迁粤，只伯房第四世承事一支。

孙诩之墓，今尚在。亦有祠。传今祀张巡之庙，即孙诩之东平侯庙，然无确据。谱有孙诩像，有东坡赞。核其文，似非宋文，并不似东坡文，疑伪品。余续详复，颂

撰安不一。

弟吴宗慈拜启

十一月四日。[79]

由此可知确有孙诩其人，因为既有墓，也有祠等实物为证。至于他曾否被册封为东平侯，则查无实据。而且把祭祀张巡之庙，传为孙诩之东平侯庙，是谁散播的传言？谱有孙诩像，此像是否真实（见下文）？至低限度谱中声称之所谓苏东坡赞扬孙诩像之文章，吴宗慈认为“似非宋文，并不似东坡文，疑伪品”。

[79] 吴宗慈函复罗香林，〔1941年〕11月4日，收入《忠坝孙氏族谱节抄及有关文件》（手稿合订本），藏香港大学冯平山图书馆特藏部，编号：罗222/50。我把此函年份酌定为1941年，是因为罗香林如此说，见其《国父家世源流考》（重庆：商务印书馆，1942年12月初版），第50页，注20。

笔者同意吴宗慈的判断，且看这篇所谓东坡赞的水平：

> 才全文德武备乾刚
>
> 兵平闽越屯镇虔邦
>
> 不疾终于桂竹之阳
>
> 英灵显于太平之乡
>
> 庙貌如故至今阐扬
>
> 御灾捍患无求不应
>
> 护国保民有祷必祥
>
> 千枝万流世代荣昌[80]

如此鄙陋不堪的坊间劣品，怎会出自苏东坡之手？这使笔者再一次想起葛剑雄长期研究家谱所得出的结论："很多家谱都有名人所作序跋，但仔细分析，其中相当大一部分都是假托伪造的！"[81]

罗香林把吴宗慈的复函收录在其《国父家世源流考》，但略去"谱有孙㓶像，有东坡赞。核其文，似非宋文，并不似东坡文，疑伪品"等考证结论。如此这般，罗香林就把否定宁都《孙氏族谱》有关孙㓶记载之可靠性的一份调查报告，变成一份肯定东平侯孙㓶后人曾移居闽粤的文献，并在这基础上著书立说，以证明孙中山是孙㓶的后裔。

江西宁都《孙氏族谱》的编纂人，为其祖先孙㓶绘了一幅东平侯像，然后把它收进族谱这种现象，让笔者联想到 2008 年 1 月 9 日，在广东紫金县城参观新修复刘氏宗祠时所见所闻：刘氏宗亲在祠里左厢房图文并茂地介绍汉高祖刘邦（公元前 206—前 195 年在位），把刘邦的绘画像，以及汉朝历代君王的绘像，按时间先后排列并介绍其生平，让笔者瞠目结舌。历代汉皇，果真是如此模样？汉朝的每一个朝代都曾有人先后为他们写真？但察紫金刘氏宗亲之目的，明显地是

---

[80]　江西宁都《孙氏族谱》，转载于孙燕谋编纂：《香山县左埗孙氏源流考》（无出版社，1994 年印刷）。

[81]　葛剑雄：〈家谱：作为历史文献的价值和局限〉，《历史教学问题》，1997 年第 6 期，第 3—6 页；其中第 5 页。

要把紫金刘氏追溯到汉高祖，以抬高自己的身价。可惜紫金刘氏宗亲同样没法列出世系表，以证明其宗族是刘邦嫡传。[82] 但紫金刘氏要比宁都孙氏艺高一筹，因为历代汉皇的确曾做过皇帝，但孙䜣曾否当过东平侯，则查无实据。

窃以为吴宗慈若进一步考证该江西宁都《孙氏族谱》，会发觉更多破绽：例如其中提及之"宋宝庆四年举人"[83]，则宋理宗在宝庆三年（1228）即驾崩，历史上并无宋宝庆四年之年号。[84]

此外，江西宁都《孙氏族谱》没有说明孙䜣来自何方，但罗香林原籍广东省兴宁县，则其中有个地方叫官田的孙氏家族也编有《孙氏族谱》，并言之凿凿地说孙䜣"原居汴梁陈州"。[85] 对于这个"汴梁陈州"，罗香林的诠释可圈可点。他写道"陈州素不属汴梁"，把官田《孙氏族谱》编者的无知暴露无遗。但罗香林马上为其补救说："此当为陈留之误"。在这个基础上，罗香林下结论说："是忠坝孙氏，其先盖宅居陈留。至唐末始以黄巢之乱，徙居宁都。"[86] 如此东拼西凑的结果，就是让孙中山家世更上一层楼：由江南贵胄之后裔，擢升为中原贵胄之后裔。

在此，罗香林好像在为孙中山编家谱。复旦大学的葛剑雄教授写道：一般编家谱的人都要找出一位煊赫的祖宗，但由于这些古代贵人，"基本都出在北方的黄河流域，要使本族，特别使不在黄河流域的家族与这些先祖联系起来，就只能编造出一段迁移的历史"[87]。

罗香林这样做之目的是什么？

从他接下来所采取的行动，可见一斑：他在 1941 年 12 月 1 日完成了《国父家世源流考》初稿后[88]，很快就把书稿呈孙中山的儿子、当时任立法院院长的孙科，并请其赐序。

---

[82]　黄宇和：〈紫金调查报告〉（手稿），2008 年 1 月 9 日。

[83]　见吴宗慈函复罗香林所引该谱片段，〔1941 年〕11 月 4 日，收入〈忠坝孙氏族谱节抄及有关文件〉（手稿合订本），藏香港大学冯平山图书馆特藏部，编号：罗 222/50。

[84]　征诸薛仲三、欧阳颐合编：《两千年中西历对照表》（上海：商务印书馆，1961），第 246 页。

[85]　广东兴宁官田《孙氏族谱》，转载于罗香林：《国父家世源流考》（1942），第 16 页。

[86]　罗香林：《国父家世源流考》（1942），第 16 页。

[87]　葛剑雄：〈家谱：作为历史文献的价值和局限〉，《历史教学问题》，1997 年第 6 期，第 3—6 页：其中第 3 页。

[88]　罗香林：《国父家世源流考》（1942），第 52 页自署落款。

孙科阅后，大为赞赏，并于 1942 年 5 月 5 日欣然赐序。[89] 他劈头就说："罗君深治史学，探究国父家世源流，且十年矣。所阐发，皆明确。"可谓推崇备至。更有趣的是，孙科马上接着写道："或有以谱乘世系，多侈言祖先华宠，不足深究而几研之者，是不知世系研究有其重要意义与严密法则也。"如此这般，孙科把罗香林的弱点（所用的史料属不足深究而几研之者），说成是罗香林的强项（称赞罗香林的法则严密）。在快要结束该序时，孙科更表扬罗香林"贡献实巨"，其书"诚赅矣备矣"[90]。准此，孙科推崇"紫金说"。

有趣的是，在此十年前的 1932 年 9 月，中国国民党党史委员会所编印的《总理年谱长编初稿》[91]，记载了翠亨村孙氏先祖的迁徙过程是："……浙江杭州—南雄珠玑巷—东莞员（圆）头山—上沙乡—香山涌口—左沙头—径仔—翠亨"。其中只字没提紫金，孙科看后，没有异议。于此可见，当时他是同意"东莞说"的。接着在 1933 年，《总理年谱长编初稿各方签注汇编》一书出版了。该书是对《总理年谱长编初稿》内容进行审定，从而签注意见的权威性资料，孙科的签注文字被全部收入，而孙科仅将错误的"左沙头"改成正确的"左埗头"[92]，并无其他任何异议；于此又可见当时他仍然同意"东莞说"。但 1942 年 5 月 5 日，孙科在看过罗香林呈给他的书稿之后，就写序推崇罗香林所倡议的"紫金说"。为什么？虽然孙科深知"谱乘世系，多侈言祖先华宠，不足深究而几研之"。又虽然孙科深知罗香林的"紫金说"是把紫金《孙氏族谱》、宁都《孙氏族谱》、兴宁《孙氏族谱》等东拼西凑而成，但这拼凑的结果是侈言孙中山的先祖是唐代

[89] 该序收入罗香林：《国父家世源流考》(1942)，诸序言部分。据说孙科的侄子（孙眉的孙子）孙满，在 1982 年回忆说："先叔在世时，祝秀侠因事谒见，谈话中曾询及此序是否亲撰？哲公答系罗香林送原稿请渠签名而已；又问吴铁老，亦复如此。"见孙满口述，祝秀侠笔记：〈恭述国父家世源流〉，载台北《广东文献》，第 12 卷，第 4 期（1982 年 12 月 31 日），第 30—33 页；其中第 32 页；转载于故居编：《家世》(2001)，第 86—92 页；其中第 90 页。上述所谓孙满的话的记录方式，有点奇怪；它不在孙满谈话的正文，而是由记录人祝秀侠，用括号的方式加进祝秀侠本人的话。究竟这是孙满的原意，还是祝秀侠的意思？笔者不得而知。无论如何，该序以孙科的名义发表了，序里的每一个字，他都责无旁贷。
[90] 孙科：〈序〉，1942 年 5 月 5 日，载罗香林：《国父家世源流考》(1942，1954)。
[91] 承李云汉先生赐告，该稿乃油印本。正因为当时还没有定论，才称之为稿。见李云汉在中研院近史所笔者的学术报告讨论会的发言记录，2009 年 7 月 3 日下午 15：00—17：00。
[92] 孙科为东莞上沙车站的茶亭题词，1947 年；见故居编：《家世》(2001)，第 81 页及相关注释，以及第 220—221 页。

那位来自陈留的东平侯孙䜣，孙科就顾不得他自己曾为《总理年谱长编初稿各方签注汇编》所做的签注以证明孙中山的祖先来自东莞，反而赞同"紫金说"。

再后来在 1948 年，孙科又为东莞上沙孙氏家族题词曰："国父先代故乡"，以行动来支持"东莞说"。上沙孙氏将孙科题词刻在上沙车站之茶亭以及村口"中山大道"牌坊之上。[93] 该牌坊在 1960 年代"文革"期间，被红卫兵以破四旧为名毁掉了。茶亭亦于 1981 年修建广深公路时拆毁。唯 2008 年 12 月 19 日笔者往上沙实地调查并到孙衍佳先生府上拜访他时，蒙他出示他多年以来珍藏的该茶亭照片，并慨赐看来是该牌坊绘图的照片，皆孙科同意"东莞说"的明证。[94] 而上沙村民更把此明证刻于碑记中："今孙院长题书石坊，曰'国父先代故乡'者，亦即其乐称本源云尔。"[95]

邓小平改革开放后，东莞经济高速发展，上沙村富裕起来后，深盼重建村口"中山大道"牌坊，并在牌坊上重新刻上孙科"国父先代故乡"之题词，于是找出原来牌坊之建筑模型做参考（见图 2.14）。后来终于重建而成之牌坊却不采孙科题词，横额改为"孙中山先生先代故乡"（见图 2.15），就失掉历史意义了。

但是，在孙科为上沙村题词之前六年的 1942 年 5 月 5 日，孙科在看过罗香林的书稿之后，就写序推崇罗香林所倡议的"紫金说"。

更有趣的是，孙科深知"谱乘世系，多侈言祖先华宠，不足深究而几研之"[96]。唯一旦在 1942 年罗香林根据紫金《孙氏族谱》、宁都《孙氏族谱》、兴宁《孙氏族谱》等，而提出唐代那位来自陈留的东平侯孙䜣是孙中山祖先时，孙科就不顾族谱"多侈言祖先华宠"，也不顾他自己曾为《总理年谱长编初稿各方签注汇编》所做的签注以证明孙中山的祖先来自东莞，反而赞同"紫金说"，后来在 1948 年又为东莞上沙题写"国父先代故乡"之词，以行动来支持"东莞说"。

同样有意思的是：邹鲁、吴铁城、陈果夫等相继为罗香林的书稿撰写序言。

---

[93]　邱捷函香港《明报月刊》，1986 年 12 月 8 日，刊于邹佩丛编著：《研究与辨析》，第 456—457 页：其中第 457 页。

[94]　黄宇和：〈上沙调查报告〉（手稿），2008 年 12 月 19 日。笔者当场请随行的翠亨村孙中山故居纪念馆李宁馆员拍照，以便该馆也有一份电子档存案。

[95]　上沙村民在 1948 年 5 月修建完成的车站茶亭——乐安亭——所立碑记，照片藏香港上沙同乡会，全文转载于邹佩丛编著：《研究与辨析》，第 254 页。

[96]　孙科：〈序〉，1942 年 5 月 5 日，载罗香林：《国父家世源流考》（1942，1954），第 1 段。

图 2.14 孙科 1948 年题词"国父先代故乡"牌坊模型(东莞上沙乡孙衍佳先生供图,2008 年 12 月 19 日)

图 2.15 当今东莞上沙村村口牌坊(2008 年 12 月 19 日,李宁摄)

蒋中正、张继、于右任等先后为该书题署。这些都是当时的党国要人[97]，为了一本正文只有五十六页、倡"紫金说"只有八页的小册子，却摆出如此阵容，可谓空前。接着教育部擢升罗香林为教授，中央党部又委任他为文化专员[98]，奉中枢电令赴重庆服务。[99] 接着教育部全国学术审议会决定把罗著"送请吴稚晖先生审查"[100]，结果该书荣获"教育部学术审议会民国三十一年度学术发明奖金"[101]。罗香林有生以来，可从未享受过如斯华宠。他为什么撰写《国父家世源流考》？

(iii) 罗香林为何撰写《国父家世源流考》？

首先，让我们探索为何1942年国民政府的党国要人，包括孙中山的儿子孙科，如此隆重地推介罗香林那本查无实据的《国父家世源流考》。

有一条线索可供参考。在罗香林的文书当中，有如下一封信：

> 香林吾兄鉴：奉校座谕，寄上邓函及邓著"罗香林著：《国父家世源流考》正误"。校座并言："此事昨晤哲生先生，伊谓'邓实糊涂。余十二世祖与紫金者相同其名字，竟称偶合。且孙氏无祖祠，不能强余认翠亨村之其他孙氏宗祠为余祖祠也。'希为文驳斥，并径就正哲生先生"。端此奉达，祗颂
> 勋祺[102]

弟丘式如敬启

〔1944年〕8月10日

邓稿用后寄回

---

[97]　当时蒋中正是党国首领，吴铁城是国民党中央秘书长，协助陈果夫主持国民党中央党务。

[98]　赵令扬：〈香港史学家罗香林教授传〉，载马楚坚、杨小燕主编：《罗香林教授与香港史学：逝世二十周年纪念论文集》（香港：罗香林教授逝世二十周年纪念学术研讨会筹备委员会，2006），第10—15页；其中第12页。

[99]　何广棪：〈罗香林教授事略〉，载马楚坚、杨小燕主编：《罗香林教授与香港史学：逝世二十周年纪念论文集》，第16—17页；其中第16页。

[100]　罗香林：〈复版再跋〉，载罗香林：《国父家世源流考》（1954），第59页。

[101]　罗香林：《客家史料汇编》（香港：中国学社，1965），第34页。

[102]　丘式如函罗香林，〔1944年〕8月10日，收入〈忠坝孙氏族谱节抄及有关文件〉（手稿合订本），藏香港大学冯平山图书馆特藏部，编号：罗222/50。

　　写信人丘式如，是邹鲁的秘书。[103] 信中提到的校座，窃以为正是邹鲁本人，因为他是广州市中山大学创校校长，任校长十余年后，才于 1940 年 6 月呈辞。他的秘书称呼他为校座，顺理成章。事缘《国父家世源流考》出版后，中国国民党中央党史委员会的邓慕韩撰稿正误，并把该稿附在他写给邹鲁的信后，又建议邹鲁通知罗香林自动停止出版、宣告错误。[104]

　　信中提到的哲生先生，正是孙科。孙科斥邓慕韩糊涂，表面上是责其在此"琏"与彼"连"的问题上喋喋不休，骨子里是骂他缺乏政治智慧。的确，作为历史工作者，邓慕韩当然把捍卫历史的准确性视为神圣目标。但作为政治人物，孙科首先考虑的是《国父家世源流考》的政治影响。

　　至于邹鲁，他曾当过中山大学的校长。作为大学校长，他当然赞成学术必须有确实的标准。但他同时也是中国国民党中央执行委员会的常务委员，长期在政坛上打滚。1925 年 3 月 12 日孙中山快逝世时，他与孙科等是孙中山在"总理遗嘱"上签名的见证人。他优先考虑的，同样是《国父家世源流考》的政治影响。

　　至于该书的政治影响，则与那位替孙中山起草"总理遗嘱"的汪精卫有密切关系。

　　汪精卫是国民党元老，1905 年 7 月在东京谒见孙中山，加入同盟会，参与起草同盟会章程。8 月被推为同盟会评议部评议长。后以"精卫"的笔名先后在《民报》上发表〈民族的国民〉、〈论革命之趋势〉、〈驳革命可以招惹瓜分说〉等一系列文章，宣传孙中山的三民主义思想，痛斥康有为、梁启超等的保皇论，受到孙中山的好评。1910 年 1 月，汪精卫在北京暗中策划刺杀摄政王载沣，事败被捕。1912 年 1 月 1 日，孙中山的临时大总统就职宣言，是汪精卫按孙中山嘱咐而代为起草的。1925 年 2 月孙中山病危时，汪精卫又受命记录孙中山的遗嘱。孙中山逝世后，汪精卫以孙中山忠实信徒的姿态出现。同年 6 月 26 日，汪

---

[103]　见罗香林：〈国父家世源流再证〉，原载罗香林：《客家史料汇编》，转载于故居编：《家世》，第 341—348 页；其中第 345 页，注 2。

[104]　邓慕韩函海滨盟长（邹鲁），〔1943 年〕7 月 27 日，收入〈忠坝孙氏族谱节抄及有关文件〉（手稿合订本），藏香港大学冯平山图书馆特藏部，编号：罗 222/50。

精卫主持召开国民党中央政治会议，将国民党的最高行政机关改称国民政府。同年 7 月 1 日，国民政府正式成立，汪精卫当选为国民政府常务委员会主席兼军事委员会主席，权重一时。在后来的权力斗争中，由于蒋中正掌握了军权，汪精卫只能屈居其副。长期积下来的怨愤，终于在 1938 年 12 月 8 日爆发。当天，汪精卫秘密离开抗日战争时期的临时首都重庆，潜赴越南的河内。同月 29 日，当他仍在河内的时候，就通过香港通电全国，表示"抗战年余，创巨痛深，倘犹能以合于正义之和平而结束战事，则国家之生存独立可保，即抗战之目的已达"。如何达到此目的？他建议：善邻友好、共同防共、经济提携，以此奠定中日两国永久和平之基础。1940 年 3 月 30 日，汪伪国民政府在南京正式成立，汪精卫任"国府主席"兼"行政院长"。继而展开"新国民运动"和"清乡运动"，向沦陷区民众灌输其卖国思想，以消除人们的抗日意识和在心理上对傀儡政权的抵触。由于汪精卫在国民党的身份很高，又曾长期以孙中山忠实信徒的姿态出现，他的投日对中国的抗日战争造成了无法估量的打击，光是在军事上，汪伪集团就策反了近百万国军。[105]

国民政府对汪伪国民政府之成立的反应，就是在两天之后，即 1940 年 4 月 1 日，通令全国尊称孙中山为中华民国国父。[106] 察其目的，显而易见是要抗衡汪精卫那自命为孙中山忠实信徒的形象，并以此表示重庆的中央党部而不是南京的伪中央党部，才是孙中山的真正继承者。

在这关键时刻，罗香林大约在 1942 年 4 月，把其书稿呈孙科，并声称国父的祖先是唐朝的中原贵胄，其十二世祖孙连昌曾参加过明末抗清义举。对重庆国府来说，这可是及时雨、不可多得的宣传材料，符合当时紧急的政治需要，国府可借此大事宣扬一番，表示重庆国府极为尊重孙中山，重庆国府才是孙中山的真正继承

---

[105] 关于汪精卫的传记，见闻少华：《汪精卫传》（长春：吉林文史出版社，1988）；黄美真：《汪精卫集团投敌》（上海：上海人民出版社，1984）。

[106] 国民政府 1940 年 4 月 1 日渝字第 319 号训令，载《国民政府公报》渝字第 245 号（重庆：国民政府文官处印铸局，1940 年 4 月 3 日），第 11 页。转载于《国父年谱》（1985），下册，第 1305 页。其实，早在 1925 年孙中山逝世之际，各地悼念活动已经广泛使用"国父"一词，只是尚未变成正式的官方封号而已。见李恭忠：《中山陵：一个现代政治符号的诞生》（北京：社会科学文献出版社，2009），第 346—350 页。

者。难怪党国要人纷纷赐序题词，以壮声威。不单如此，考虑到当时罗香林在学术界还没有什么地位[107]，人微言轻，于是教育部把他擢升为教授，大大地增加了快要出版之《国父家世源流考》的分量。中央党部又召他到重庆，委为文化专员，巡回演讲国父的光明伟大、中华民族的悠久历史等，为抗日战争打气。[108]

让笔者把当时错综复杂的要事列表，便可一目了然：

表 2.1　《国父家世源流考》出版前后大事记

年份	月	日	要　事
1938	10	21	广州沦陷。为了避难而在这之前，广州市中山大学迁滇。
1938	12	29	汪精卫在河内发出其卖国投敌艳电，抗日士气遭沉重打击。
1939	09	01	中山大学自滇转迁粤北曲江，罗香林前往复课，广求族谱。
1940	03	30	汪伪国府在南京成立，讹称汪精卫乃孙中山嫡传弟子。
1940	04	01	为抗衡汪伪讹称，国府通令全国尊称孙中山为国父。
1941	07	29	李蔚春函罗香林，谓已把紫金《孙氏族谱》带韶，让其来取。
1941	08	01	李蔚春在韶关亲自把紫金《孙氏族谱》交罗香林。
1941	08	03	罗香林在曲江开始节抄紫金《孙氏族谱》。
1941	09	06	中央通讯社发表罗香林新近发现国父上世谱牒专电消息。
1941	09	某	浙江《东南日报》记者在宁都发现《孙氏族谱》提到孙𠜾。
1941	10	28	罗香林为了该谱而求证于江西通志馆馆长吴宗慈。
1941	11	04	吴宗慈复罗香林谓该谱之孙𠜾像、东坡赞等，疑为伪品。
1941	12	01	罗香林完成《国父家世源流考》初稿。
1942	04	某	罗香林就《国父家世源流考》书稿事，求孙科赐序。
1942	05	05	孙科为《国父家世源流考》作序。
1942	12	某	《国父家世源流考》在重庆出版。罗香林被擢升为教授。

自从罗香林的《国父家世源流考》面世以后，国府治权所及地区出版的各种

[107]　罗香林当时的学术地位，从其岳父朱希祖教授写给朱倓（罗香林之夫人）的一封信，可见一斑。该函收入罗香林《乙堂函牍》，第 81 册，藏香港大学冯平山图书馆，编号：罗 110/81。笔者会在下文引述该信，敬请读者留意。

[108]　赵令扬：〈香港史学家罗香林教授传〉，载马楚坚、杨小燕主编：《罗香林教授与香港史学：逝世二十周年纪念论文集》，第 10—15 页；其中第 12 页。

孙中山传记、年谱等，都采罗说。甚至孙科，在其1971年的《八十述略》当中的"先世述略"一节，也公然全采罗说。[109] 这也难怪，到了1971年，罗说已经成为国民党官方众口一词的说法，孙科可不能例外。

但1942年的孙科，如履薄冰。他在《国父家世源流考》的序言中，除了对该书百般推崇之外，还郑重地补充了下面一段话："然自晚唐以至赵宋，其各代名讳事迹，与自赣迁闽经过，则第条列大体，未遑详述。斯固资料不备，有以致之，而闽赣之仍须调查，以别为一书，亦至明焉。"[110] 可知孙科也看出，罗香林只凭紫金《孙氏族谱》当中〈重修孙氏族谱·序〉里面之片言只字，就一口断定孙中山的祖先是江西宁都的孙诩，而未能把孙中山本人一代接一代地上溯到孙诩，是个大缺陷，故敦促他尽快补救。

孙科此言，似乎是有鉴于江西宁都《孙氏族谱》说孙诩之子伯房之第四世曰承事者，其后裔今居福建汀州河田；[111] 又有鉴于广东紫金忠坝《孙氏族谱》谓其开基祖孙友松、孙友义两兄弟，自闽迁粤；[112] 故孙科认为，若能把孙友松、孙友义两兄弟上溯到福建汀州河田的孙氏家族，以及把江西的孙氏家族下寻到福建汀州河田，则至低限度能为紫金孙氏上溯到江西宁都的孙诩。

罗香林拿着孙科所赐的序言作为尚方宝剑，在《国父家世源流考》出版翌年（1943年），公函中国国民党福建宁化县执行委员会的主任委员伊寿言和江西通志馆的吴宗慈查询。伊寿言之经过长时间的认真调查后，于1944年1月20日首先复曰：

> 嘱详查国父先世自宁都迁长汀之始祖孙承事公事迹，弟以此事关国父家世源流，不得不详为确查。经弟亲往禾口石碧将孙氏谱牒详为遍查，均无孙

---

[109]　孙科：《八十述略》（台北：孙哲生先生暨德配陈淑英夫人八秩双庆筹备委员会，1971）。选录于故居编：《家世》（2001），第82—83页。

[110]　孙科：〈序〉，1942年5月5日，载罗香林：《国父家世源流考》（1942，1954）。

[111]　吴宗慈复罗香林函，〔1941年〕11月4日，收入〈忠坝孙氏族谱节抄及有关文件〉（手稿合订本），藏香港大学冯平山图书馆特藏部，编号：罗222/50。

[112]　〈孙氏族谱序〉，忠坝孙氏族谱旧本，雍正七年（1729）孙宗麟等修，光绪二年（1876）孙见龙重修，1933年孙桂香三修。该谱藏香港大学冯平山图书馆，编号：罗700/14。

承事公之名字及历代传演与友松、友义有关之各代事迹。[113]

结果又是一桩查无实据的无头公案。福建之路不通，江西之路又如何？吴宗慈于 1944 年 4 月 6 日复曰：

> 关于由虔（按指赣州）而闽而粤其迁徙源流，费半年时间，耗旅费颇大，均无价值之材料，迄今无所得。[114]

罗香林仍然穷追不舍。他拿着孙科的尚方宝剑，于 1944 年 9 月 10 再函吴宗慈催办。吴宗慈除答应继续特派专员调查外，强调曰：

> 先生于国父家世源流，素有调查考证，务恳充分予以原始的史材。弟处亦将以调查所得者贡献，以补充先生之用度，当邀许可也。[115]

吴宗慈已经明显地不耐烦了，这封貌似彬彬有礼的信，骨子里在质问罗香林为何不用可靠的原始资料写书，却偏偏用道听途说的东西来捕风捉影！

为什么罗香林决心撰写《国父家世源流考》这样的一本书？兹引述罗香林的岳父朱希祖教授在 1937 年 7 月 16 日写给朱倓（罗香林之夫人）的一封信，可见一斑：

> 香林来信，托写信于吴敬轩（中山大学文学院院长吴康），谋教授名义，姑且为写一信，别行寄去。然大学教授虽无一定资格，然余为香林谋此名义，已碰钉子数次，皆曰实至名归。罗志希（中央大学校长罗家伦）、邹海

---

[113]　伊寿言函复罗香林，〔1944 年〕1 月 20 日，收入〈忠坝孙氏族谱节抄及有关文件〉（手稿合订本），藏香港大学冯平山图书馆特藏部，编号：罗 222/50

[114]　吴宗慈函复罗香林，〔1944 年〕4 月 6 日，收入《乙堂函牍》，第 87 册，藏香港大学冯平山图书馆特藏部，编号：罗 110/087。

[115]　同上。

滨（中山大学校长邹鲁），皆持此论者也。故此次进说，恐亦未必有效。余
尝劝香林深研唐史，非下最大工夫，不能得最高名誉。香林好虚名而不务实
际，实为一大弊病，好作文而不读书（原注：非不读书，为作文而读书与为
学而读书异撰），又为一大弊病。岁月蹉不居，成就实难深，望婉为规劝。[116]

结果，《国父家世源流考》一书，终于圆了罗香林的教授梦。

该书也圆了罗香林多年以来要把国父说成是客家人的夙愿。自从南京国民政
府举行孙中山遗体"奉安"南京的 1929 年开始，就在广东梅县的客家人中出现
了下列传闻：

> 光宣之际，有梅人张君，往谒孙公。相见之初，张君强操国语，顾字音
> 不正，出口为艰。孙公睹状，笑慰之：听君语，粤人也。盖以粤语谈论可
> 乎？张乃改操广州语。顾亦不熟练，所言多不达意。孙公曰：子殆客家人
> 乎？吾当与子讲客家话也。张怪孙公能操客语，叩曰：总理亦曾学客家话
> 乎？孙公曰：吾家之先，固客家人也，安得而不解客家话？[117]

对于这种无稽传言，罗香林却如获至宝。他在其《客家研究导论》（兴宁：
希山藏书，1933）的正文中，虽还不致言过其实而仍中肯地写道"孙公本人，是
否即为客家，且待将来再考"。但在该句的注释中却言之凿凿：

> 按孙公中山的先代确为客人，唯其母已为广府系人，关于这层，余已在
> 〈试评古著"客人对"〉一文稍为提及。[118]

---

[116] 朱希祖函朱偰，1937 年 7 月 16 日，原函收入罗香林《乙堂函牍》，第 81 册，藏香港大学冯平山图
书馆，编号：罗 110/81。香港大学中文学院何冠彪教授，曾专题讨论过朱希祖与罗香林两人关系，
并引用过这封信，见其〈朱希祖择罗香林为婿说献疑〉，《九州学林》，第八十六辑（2007 年夏季），
第 132—159 页。

[117] 罗香林：〈评古层冰先生"客人对"〉，载《北平晨报副刊·北晨评论及画报》，第一卷，第 16 期
（1931 年 4 月 27 日）。有关部分转引于邹佩丛：〈客家族群问题与孙中山系籍"客家说"的缘起〉，
载邹佩丛编著：《研究与辨析》，第 137—146 页：其中第 137 页。

[118] 罗香林：《客家研究导论》，第 30 页，注 46。

在该〈试评古著"客人对"〉一文中，罗香林武断地说："愚按孙公祖先，确为客籍。"[119] 但如何取信于人？终于，在九年后的 1942 年，罗香林把林百克的 Kung Kun 附会在紫金忠坝的公馆背，而断言国父乃客家人。待他得到孙科等党国要人认同其说后，罗香林即公开斥责邓慕韩等人"乖谬"。[120] 又待陈寅恪先生去世后 [121]，更追忆说：

> 首先想讲的，就是我在清华念书的时候……作了一篇讲"客家源流"的论文，曾请先生指正……陈师……说："……论文我看过了，很好。现在我到房里去拿了给你。"我拿回了论文，就告辞回校。……在结论里，我提到孙中山先生的上代是出自客家的系统……[122]

笔者无从考证陈寅恪先生曾否说过上述的话。即使曾经说过，则历史研究，不能靠某某人说了什么话就算数，必须有真凭实据才能服众。罗香林若就是拿不出史学界最需要的真凭实据，那么无论他如何招魂助阵，皆无补于事。

孙科等党国要人利用罗香林的《国父家世源流考》这样一本查无实据的小册子，来企图提高抗日士气，完全是出于当时的政治需要。罗香林利用该书为客家人争光，完全是私心自用。该书对抗日战争曾起过多少积极作用？为客家人争取了多少光彩？皆无从考量。唯它所造成的贻害，却既深且远。

(iv) 贻害

首先，它马上掀起了一股趋炎附势以打击报复的歪风。这股歪风，早在 1942 年 5 月 5 日孙科赐序之后、《国父家世源流考》还未出版之前，就在紫金忠坝孙

---

[119]　罗香林：〈评古层冰先生"客人对"〉，载《北平晨报副刊·北晨评论及画报》，第一卷，第 16 期（1931 年 4 月 27 日）；有关部分转引于邹佩丛：〈客家族群问题与孙中山系籍"客家说"的缘起〉，载邹佩丛编著：《研究与辨析》，第 137—146 页；其中第 144 页。

[120]　罗香林：〈复版再跋〉，《国父家世源流考》（1954），第 59—60 页；其中第 59 页。

[121]　陈寅恪先生在 1969 年 10 月 7 日去世。

[122]　罗香林：〈回忆陈寅恪师〉，台湾《传记文学》，第 17 卷，第 4 期（1970 年 10 月），总第 101 辑；第 13—20 页；其中第 13—14 页。全文（图片除外）转载于张杰、杨燕丽合编：《追忆陈寅恪》（北京：社会科学文献出版社，1999），第 97—111 页；其中第 98—99 页。

氏家族之中刮起来了。

　　重建当时的历史，过程似乎是这样的。由于孙科在序言中叮嘱罗香林必须查清楚紫金孙氏自江西经福建抵达粤东的过程，罗香林顺理成章地从紫金《孙氏族谱》之中找线索。但该谱用方言写成，其中一些专有名词诸如"不子上"、"林和塘"、"发冈头"、"公馆背"、"孙屋排"、"黄牛挨磨"、"公坑"等，若非当地人很难看懂。尤需查勘的是祖坟，若连祖坟都不存在，则无论族谱写得如何天花乱坠，也变得查无实据。于是罗香林开列清单，向一位来自紫金忠坝，名字叫温济琴的旧识[123]查询。温济琴以兹事体大，必须慎重行事，马上函嘱专人展开调查。然后温济琴在1942年8月5日复罗香林曰：

> 　　济琴离乡日久，对原籍情形略感生疏。垂询各节，恐稍有出入，影响大作。用曾将先生提示各节，函请散乡乡长温秀如等，慎重查考详告，俾免贻误。[124]

　　温秀如乡长接函后，立即连同乡中得力干事认真实地调查，并把所得，既联名又各盖私章回复曰：

> 济琴先生：昨奉大函，备悉一切。当即按照所开，向地方父老切实寻访。各则均有头绪，兹胪列于后：
> 　　1. 孙氏始祖：友松公、祖妣骆孺人均有坟墓。
> 　　2. 不子上：系在忠坝温阿集屋右片，是一草墩，高约一丈，周围约乙百尺，上葬孙氏祖妣骆氏，坟式碑志一一存在。
> 　　3. 发冈头：即发冈围，今改为发昌社（原注：是岭下、龙福石脚下、上下孙屋排、镏头一带之地）。

---

[123]　温济琴：〈温济琴在紫金各界人士纪念孙中山诞辰一百二十周年大会上的讲话，1986年11月12日〉，全文收录在《紫金各界人士纪念孙中山诞辰一百二十周年会刊》（1986年12月编印），第10—11页；其中第10页，第5段。

[124]　温济琴复罗香林函，〔1942年〕8月5日，收入〈忠坝孙氏族谱节抄及有关文件〉（手稿合订本），藏香港大学冯平山图书馆特藏部，编号：罗222/50。

4. 贺冈约林和塘：系在张培光新屋右片，坑内是葬孙氏开基祖友松公，坟式碑志亦俱存在。

5. 公馆背：公馆原名连升馆，今既颓废，与孙氏开基祖、黄牛挨磨形，距约四十丈。馆居右，祠居左，在大草坪下。

6. 下孙屋排：即黄牛挨磨，与上孙屋排分居得名。在大草坪下。现仍有祠宇一座，上下三栋，右片略破。额曰"庆衍东平"。旱塘仔在祠后，今称山唐仔，有孙氏坟一穴。

7. 公坑：在鲤仔湖内一小地名。离忠坝约二十里。有孙氏十世祖宗荣公坟一穴。该地昔有孙族人居住。今既迁移他去（公坑凹，即系八月畬[125]下片大凹之名）。

8. 上孙屋排：亦有祖祠乙座，安放二世祖孙敬忠公。此排系孙总理直属祖祠。孙桂香居此祠内。

9. 袁田孙氏：亦有祖祠一座，安孙氏荣忠公牌位（系黄牛挨磨祠生下，与总理房分房者）。该处男女约有一百余人。

10. 孙桂香：现年五十六七。少时读书十余年。长时曾往南洋勿里洞一次。守分农工，家中仅足温饱。在忠坝之孙氏，男女约共五六十人。与邻居各姓，互通昏（婚）好，尚称和睦。

11. 琴江都清溪约：即今紫金第三区。秋溪离岭南约乙百里。离忠坝三十里。

以上各点均采访确实。今昔名称校正无讹。除将黄牛挨磨、上下孙屋地址绘图附呈外，合将调查所得，具函复上。祈念地方关系与史实所在，转呈中央党部。并请设法恳请中央如何纪念（最好请在忠坝村办一中学，或将现有六小转办也妥）。此复

公绥

刘海帆、张首民、温时新、温秀如、温佩英（均各盖私章）复上，

---

[125]　此字念 shē，同畬，原指畲族，中国少数民族之一，承黄淑娉相告，她在福建、浙江、江西、广东、安徽等地进行过的实地调查发现，畲族原来居住在广东、福建、江西三省交界的地方，后来多移居福建。但后人仍把畲族原来居住过的地方称畲。"八月畬"就是这样的一个地名。

〔1942 年〕七月三号 [126]

　　这份调查报告，价值连城。它道出孙屋排所属的那条村落，名字叫忠坝村，已如前述。它又说明忠坝村的乡亲、干事办理此事快速，调查全面扼要，报告认真彻底，称赞孙氏睦邻，关心该地教育，是一份得体的文献。

　　但村干事到孙屋排调查，难免惊动孙氏家族。孙桂香等"闻报，登询其济琴函托之人，经再三邀求，方得一看。嗣查所问种种，方知何者要查，何者要报。回忆敝族与他向来不睦，诚恐调查各节不实不尽，只得再将先生所问各条，逐一奉告，俾便查考" [127]。

　　孙桂香等所复各节，除证明温秀如等关于地名、各地之间的距离等项之准确性外，几乎每一项都属告状性质。例如：

　　公馆背：……现公馆背各地概被强邻筑屋做坟。

　　旱塘仔：……有尝田数亩亦被强邻占去。

　　黄牛挨磨：……祖祠……被近邻居住……四围地点，概为强邻占去。

　　下孙屋排：……宣统年间，因强邻侵占过甚，即生反抗。奈寡难敌众，避居四方。该下孙排地点又被占去。[128]

　　窃以为孙桂香等之言，大致上有其真实性的一面。当时的紫金忠坝，说它是深山野岭，也不过分。在资源奇缺、生存极难的情况下，居民互相打斗，抢屋夺地，频频发生。大姓欺负小姓，屡见不鲜。[129] 小姓的孙氏长期被大姓的温氏欺

---

[126]　温秀如等复温济琴，1942 年 7 月 3 日；附于温济琴复罗香林，1942 年 8 月 5 日，第 10 项；收入〈忠坝孙氏族谱节抄及有关文件〉（手稿合订本），藏香港大学冯平山图书馆，编号：罗 222/50。温秀如等在此函栏外补充说："钟丁先公，系南岭人，明末解元。明亡起兵勤王。紫金城的垛子眼，是他所开。文字奇古，所作诗对、策对，甚好。有文集一部，在江玩云君手。如要，我可借来抄几篇寄上。勤王兵败，出家为僧。（以上事实，永安县志犹可考者）。"

[127]　孙桂香等函罗香林，1942 年 7 月 23 日，收入〈忠坝孙氏族谱节抄及有关文件〉（手稿合订本），藏香港大学冯平山图书馆，编号：罗 222/50。

[128]　孙桂香等逐一答复罗香林过去对温济琴的提问，附孙桂香等函罗香林，1942 年 7 月 23 日，收入〈忠坝孙氏族谱节抄及有关文件〉（手稿合订本），藏香港大学冯平山图书馆，编号：罗 222/50。

[129]　这种情况，黄淑娉做过深入细致的调查研究。见黄淑娉、龚佩华合著：《广东世仆制研究》（广州：广东高等教育出版社，2001）；黄淑娉主编：《广东族群与区域文化研究》（广州：广东高等教育出版社，1999）；黄淑娉主编：《广东族群与区域文化研究：调查报告集》（广州：广东高等教育出版社，1999）。

图 2.16 紫金忠坝，说它是深山野岭，也不过分（2008年1月8日黄宇和摄）

图 2.17 僻壤虽穷，水牛活得开心（2008年1月8日黄宇和摄）

图 2.18　孙屋排旁边的富贵人家大屋，也不外泥砖而已
（2008 年 1 月 8 日黄宇和摄）

图 2.19　尽管在当今的紫金县城内，这样的泥砖屋也触目皆是
（2008 年 1 月 8 日黄宇和摄）

压，不在话下。冲突发展成械斗，下孙屋排的部分人口败走他方，完全可以想象。本文以广东土客械斗作开始；其实，为了争夺资源，广府人与广府人之间、客家人与客家人之间，同样是斗个永无休止。紫金忠坝温氏欺压孙氏，正是客家人互相争夺资源的例子。孙氏长期被欺负，现在突然有人说国父是紫金孙氏后人，孙桂香等马上趋炎附势以图打击报复，完全可以理解。

孙桂香等唯恐罗香林的分量不够，于是直接写信给其"科叔"孙科。孙科心里有数，不复。再函，又不复。三函，仍不复。孙桂香等以"前寄数函，未见一复"，故"殊深念甚"，虽知"非命莫复，而济琴所托，与族内不睦，恐不直呈，故拟以答"[130]。孙科仍是不复。孙桂香等发狠了，决定先斩后奏，让族人把温氏家族控于紫金县法庭，告其"拆毁祠宇、强占村场、毁坟占葬"[131]。然后双管齐下，把诉状纸分别寄孙科和罗香林。孙科仍然置身度外，只把信件转罗香林，请其"查收核阅"了事。[132]

紫金县司法当局不知底蕴，但似乎为了讨好孙科，"竟然强判人以窃占国父先祖遗产之罪"。结果温济琴也急了。他没想到，好意帮助罗香林，却为族人惹来一场官司。于是连忙赶回家乡，待了解情况后，发电报给〈渝中央党部罗专员香林勋鉴〉：

国父祖祠祖坟均仍全在，〔温氏家族过去〕所买产业，均系祖产，纵有窃占，亦已历有年代，依法已属和平占有，可免罹罪。今竟为人假借纪念国父先祖，致遭法纪，迫（笔者按："迫"疑为"必"之误，客家话两字同音）不甘服，事势演变，恐非地方之福。晚鉴兹实况，特电陈情，乞转请孙院长迅饬紫金县府法院，对事件处理，应本国父宽大博爱精神，明辨论断，不得

[130] 孙桂香、孙启源函孙科，1942年9月1日，收入〈忠坝孙氏族谱节抄及有关文件〉（手稿合订本），藏香港大学冯平山图书馆，编号：罗222/50。
[131] 孙锡蕃、孙载林控诉温灿三等八人，1942年12月，附于孙启源等致罗香林，1942年12月20日，收入〈忠坝孙氏族谱节抄及有关文件〉（手稿合订本），藏香港大学冯平山图书馆，编号：罗222/50。
[132] 立法院秘书处函罗香林，1942年12月，收入〈忠坝孙氏族谱节抄及有关文件〉（手稿合订本），藏香港大学冯平山图书馆，编号：罗222/50。

> 任人假借纪念国父先祖，故加人罪，以息纷扰，地方幸甚。[133]

温济琴所陈，均属实情。若忠坝发生纷扰，人丁单薄的孙氏必败。到了那个时候，难道孙科要派兵镇压？尽管要派兵也无能为力，因为孙科不是陆军部长，没权调兵遣将！[134] 时值抗日战争的艰苦时刻，理应一致对外，不能闹内讧。而且，当温济琴大谈国父宽大博爱精神，更令孙科尴尬。孙科最后采取什么行动，目前没找到有关文献，看来他仍是不理不睬。至于这件事情的最后结果，可从后来在 1947 年孙启源等致罗香林的另一封信中得悉：

> 当日判结，交回敝祖业。遽迩又被占夺，一切均属无效。对于国父体面，殊关重大。在忠坝敝族处于姓小人单，人材凋落，实为最大之原由也。[135]

早知今日，何必当初？孙桂香等本以为趋炎附势可以对温氏进行打击报复，想法也太天真。俗谓天高皇帝远，况且孙科不是皇帝。

紫金那场官司，只是"紫金说"所造成的短暂之祸害。更深更广的长远祸害，还在后头。由于"紫金说"声称孙中山祖籍是紫金的孙氏，而紫金孙氏全是客家人，以此理推，"国父"就是客家人了。因此，客家人无不以此为荣为幸。若任何人对"紫金说"表示丝毫怀疑，都会引起国内外客家人强烈不满。1986 年邱捷发表了其"东莞说"的论文后所引起超过十年的笔战，是为明证。

遗憾的是，争论并不限于文化圈子，广大的社会阶层也被牵进去了。且看翠亨村孙中山故居纪念馆的邹佩丛、张咏梅联名在网络上发表了"东莞说"的文章后，引来大批网民以〈张咏梅、邹佩丛为了论证孙中山祖籍东莞而非紫金，竟然

---

[133]　温济琴电罗香林，1944 年 1 月 18 日发，31 日收。原件收入〈忠坝孙氏族谱节抄及有关文件〉（手稿合订本），藏香港大学冯平山图书馆特藏部，编号：罗 222/50。

[134]　竟然有人写道："当年孙科先生为了保卫连昌公的练武'公馆'，曾派出部队处理孙氏族内、族外的纠纷'。"佚名：〈严肃认真，积极筹备〉，载《紫金各界人士纪念孙中山诞辰一百二十周年会刊》（1986 年 12 月编印），第 3—4 页。

[135]　孙启源等函罗香林，1947 年 12 月 12 日，收入〈忠坝孙氏族谱节抄及有关文件〉（手稿合订本），藏香港大学冯平山图书馆，编号：罗 222/50。

大肆攻击客家人！〉为题，展开激烈的争论。[136] 笔者看过这篇文章，它只是摆事实，并无任何攻击客家人的言辞。但由于所摆的事实肯定了东莞说而否定了紫金说，似乎让某些客家人恼羞成怒，而诬告邹、张"大肆攻击客家人"，企图借此引起客家人的公愤而已。它似乎是 19 世纪土客械斗的延续，只是发展到 21 世纪时，变相成为文斗而已！

但有何办法，消除 1942 年国民政府大力支持"紫金说"所遗留下来的灾祸？

(v) 消灾

窃以为，若要消除这顽祸，可行办法至少有二。

第一，彻底解决已经维持了六十多年的、由于"紫金说"之出现而引起的无休止的争论。要达到这个目的，首先必须探索罗香林所提倡的"紫金说"，是否能站得住脚。本书发现，此说的确是查无实据。其次，自从 1986 年邱捷发表了其支持"东莞说"的论文以来，那些仍坚持"紫金说"的学者能拿出的最重要的证据，正是收藏于紫金县档案馆的忠坝《孙氏族谱》，所以下一步必须鉴定该族谱的性质。

它有如下记载：

> 十一世鼎标公：……生三子……次曰连昌公，移居增城，后移香山县开基。[137]

笔者注意到，罗香林在其《国父家世源流考》中，凡是提到紫金忠坝《孙氏族谱》时，都千篇一律地书明是"旧本"。这意味着，罗香林已经知道有"新本"，而这新本的内容与旧本不同。他从何得悉此情况？

自从他在 1941 年 8 月 1 日接到紫金县长李蔚春送来的《孙氏族谱》后，得

---

[136] 张咏梅、邹佩丛：〈也谈孙中山祖籍问题〉，以及此文上网后，围绕着"张咏梅、邹佩丛为了论证孙中山祖籍东莞而非紫金，竟然大肆攻击客家人！"这个题目所展开的争论。详见下列网址（笔者是在 2008 年 6 月 8 日登上该网址的）：http://bbs.southcn.com/ forum/index3.php?job=treeview&forumname=guangdongjinshen&topicid=241234&de tailid=1256354。

[137] 紫金忠坝孙屋排《孙氏族谱》，1986 年 9 月 8 日孙屋排孙仕文献交紫金县档案馆。感谢紫金县档案馆龚火生馆长及李少峰副馆长，在 2008 年 1 月 8 日至 9 日笔者到紫金实地调查时，让笔者亲自鉴定该谱原件，并赐复印本，以便带回澳大利亚钻研。

悉了紫金孙氏果然有十二世祖孙琏昌，马上就以此为根据，来断定孙琏昌就是孙中山的祖先，并把这"发现"通知中央通讯社。从此他对谁都说孙中山的祖籍是紫金。1942 年 7 月他面询温济琴时是这么说。[138] 1942 年 9 月写信给孙桂香查询，肯定也是这么说；以至孙桂香等于同年 9 月 15 日复信时说"感甚感甚！"，并"附敝族家谱二本"[139]。这两本家谱，相信就是罗香林所暗示的新本。这新本的内容，与旧本之重大分别有二：

1. 新本把"琏昌"改为"连昌"。

2. 新本加上了"后移香山县开基"等字样。新本此等内容，罗香林是绝对不能引用的，因为李蔚春甚至温济琴，都肯定看过旧本。若引用新本，罗香林的"紫金说"就会失掉一切公信力。这就是为什么，罗香林凡是提到紫金忠坝《孙氏族谱》时，都郑重声明他所用的是旧本。

目前笔者所掌握的紫金忠坝《孙氏族谱》，共有三个版本：

1. 旧本：即 1933 年孙桂香的三修本，也就是李蔚春在 1941 年 8 月 1 日交给罗香林的版本。有关部分曰："十二世祖讳琏昌公，移居曾（增）城，于后未知。"后来罗香林似乎没有把此旧本交还给忠坝孙氏，而孙桂香等似乎也没有索还。结果这一旧本就变成罗香林的藏书，遗留给香港大学冯平山图书馆，编号是：罗 700/14。

2. 节抄本：1941 年 8 月 3 日，罗香林在曲江把旧本节抄。节抄时忠实地抄写。有关部分曰："十二世祖讳琏昌公，移居增城，于后未知。"罗香林在抄写时，唯一改动过的地方，是把旧本之中错误的"曾城"改为正确的"增城"。节抄本后来也成为罗香林藏书之一，留给香港大学冯平山图书馆，编号是：罗 222/50。

3. 新本：1942 年 9 月，由孙桂香心领神会了罗香林"紫金说"的意思之后，把旧本重抄一遍，并在重抄过程中，把琏昌改为连昌，并加上了"后移香山县开基"等字样。同时，对于上述旧本的有关部分诸如"十二世祖讳琏昌公，移居曾城，于后未知"等字样，则通通不录。代而兴之，是在十一世祖鼎标公项下，加

[138] 见温济琴复罗香林，1942 年 8 月 5 日，收入〈忠坝孙氏族谱节抄及有关文件〉（手稿合订本），藏香港大学冯平山图书馆，编号：罗 222/50。

[139] 孙桂香等复罗香林，1942 年 9 月，收入〈忠坝孙氏族谱节抄及有关文件〉（手稿合订本），藏香港大学冯平山图书馆，编号：罗 222/50。

上如下字样:"鼎标公……生三子:长曰连桥公,未传。次曰连昌公:移居增城,后移香山县开基。三曰连盛公:往外未详。"接着,孙桂香把两份新本寄给了罗香林,但罗香林的藏书当中却没新本的踪影,可能是罗香林把它们扔掉了,以免造成混乱,或避免不知底蕴的人误会是罗香林自己弄虚作假。但由于孙仕元在1986年把新本献给紫金县档案局,故该局藏有新本原件。[140] 其上级广东省档案局又向其求得新本的复印本,自己收藏。而中山市翠亨村孙中山故居纪念馆,又向广东省档案局求得新本的再复印本,自己收藏。

结果,中国大陆的一些学者写道:"经考证:紫金档案局所藏《紫金县忠坝孙氏族谱》(光绪二年重修)所记载的'十二世孙连昌移居增城,后移香山开基',才是可靠的历史事实。"因而又认为,罗香林那"十二世祖孙琏昌,移居增城,于后未知"这样的引述,"是罗教授书中引用的一个不可靠的材料"。更由于紫金档案局所藏《紫金县忠坝孙氏族谱》所记载的是"连昌"而非"琏昌",就下结论说:"这纯属当时作者(罗香林)失误而造成后人的讹传。"[141]

这些学者劈头第一句就说"经考证"。至于做过什么"考证",他们并没有作任何说明。鉴于他们只提出过紫金档案局所藏《紫金县忠坝孙氏族谱》这一孤证来讨论,证明他们考证的范围,也只可能是囿于这一孤证。所谓"孤证不立",他们用孤证来立论,已犯了史学方法的大忌。立论之后,进而指责罗香林"失误"、引用了"不可靠的材料",又犯了史学方法的另一大忌——受个人感情影响,而其感情冲动的程度,已经完全超出切磋学问的范畴。他们指责罗香林"失误",更使罗香林蒙受不白之冤,引起"香老"在香港门人的愤愤不平!

总之,1942年国民政府的党国要人大力支持"紫金说",结果不单挑起了全球土、客之间激烈的感情冲突,也挑起了大陆与香港某些群体之间强烈的感情冲突。笔者盼望:本章所指出的紫金忠坝《孙氏族谱》其实存在着三个版本这一事实,以及三个版本的来龙去脉和曾遭改动过的地方,能够平息孙中山祖籍问题的争论。

第二,自从罗香林在1942年提出国父祖籍在紫金的说法之后,六十多年以

---

[140] 见紫金县档案局所藏该谱封面所书。
[141] 洪永珊、舒斯华:〈翠亨孙氏源出东莞之说不能成立——与李伯新、邱捷同志商榷〉,《争鸣》(南昌),1987年第4期,转载于故居编:《家世》(2001),第471—478页;其中第475页。

来，广大海内外客家人对此深信不疑。台湾的四百多万客家人，更经常组团到紫金寻根。大家对于客家人当中曾产生了像孙中山这样的一位伟大人物，由衷地感到无比骄傲。若现在有人对他们说，国父的祖籍并非紫金！他们在感情上，无论如何接受不了，因为他们对"紫金说"之深信，已经到了"信仰"的程度，这从上述种种感情用事的例子可知。准此，窃以为我们可否改变思路：把紫金说完全排除出历史考证的范畴之外，从此不提；反而把它作为一种"客家信仰"来看待？

君不见，关羽是真正存在过的三国时期历史人物。但是，民间却把他作为神来供奉。全球凡是有华人居住的地方，则那里的华人商店，大都供奉着关圣帝君的神像。相信没有任何一位历史学家，会荒唐到逐一跑进华人商店，推开正在叩拜关帝的店主说："历史上只有关羽这样一个人，没有关帝这样一个神，别拜祂！"

同样地，如果我们尊重客家人的"信仰"，响应紫金县人民政府在忠坝筹建孙中山祖籍纪念馆，让海内外的客家人有一个"朝圣"的地方，凝聚全球客家人的积极性，以支持紫金县的建设，对中华民族只有好处。笔者这种想法，是由于2008年1月8日至9日前往紫金忠坝实地调查时所受到的启发。紫金，的确是一个非常贫穷落后的地方。笔者在回程时被紫金一批待业青年开无牌汽车从后硬碰企图勒索，幸得钟振宇副县长及龚火生局长及时赶到解围，才幸免于难。2009年4月趁复活节期间再飞香港转广州追查有关孙中山祖籍的史料时，惊悉紫金所属之河源市，竟然有歹徒在光天化日之下，街头强抢小学女生：

> 许多家长担心孩子一旦被拐，遭歹徒弄成残疾行乞或被迫犯罪，甚至遭残杀，以致人心惶惶。广东《南方日报》记者在河源实地采访，发现在10多个传闻儿童失踪地点，证实至少有4名儿童被掳走。当记者在当地采访时，又有一名10岁女童在等校车时险遭掳走。[142]

---

[142]　苹果日报记者：〈狂徒街头强抢小学女生〉，香港《苹果日报》，2009年4月25日星期六，第A17版"中国新闻"。又见东方日报记者：〈河源拐子佬，家门前掳童：传10日逾10宗，人心惶惶〉，香港《东方日报》，2009年4月25日星期六，第A31版"两岸新闻二"。

图 2.20 用泥砖建成的上孙屋排孙氏总祠被拆掉后所剩的麻石门墩
（2008 年 1 月 8 日黄宇和摄）

图 2.21 拟建之紫金孙中山祖籍纪念馆，至今仍是一块空地
（2008 年 1 月 8 日与紫金孙氏后人和龚火生局长合影）

　　这一连串事件，让笔者不怒反悲。窃以为当今的紫金县人民政府，在资源极度短缺的情况下，仍苦心孤诣地花了一百多万元人民币，把那座后来也被温氏大姓占据了的上孙屋排孙氏总祠买回来推倒，企图重新建筑孙中山祖籍纪念馆。察其目的，就正如紫金县委办公室1999年9月20日所发出的通知所云："为缅怀伟人的丰功伟绩，加强海外联谊，开发旅游资源，促进我县经济建设，经县委、县政府同意，决定成立紫金县孙中山祖籍纪念馆筹委会。"推倒孙氏总祠多年了，现在仍是空地一块！资金短缺可知。恳请历史学家，再不要替紫金人民雪上加霜。客家学者由于情急而曾有冒犯之处，亦请海涵，为祷。笔者发觉全世界都是史实与神话共存。在神话不干预史实的大前提下，历史学家为何不让神话有生存空间？像关帝之普遍存在，"紫金说"将永远是"剪不断，理还乱"！

　　下面重返严肃冷静的历史事实。

四、进一步探索"东莞说"

　　此节分三个部分：(i)"东莞说"之发轫；(ii)"东莞说"所遇到的挑战；(iii)"东莞说"之定位。

(i)"东莞说"之发轫

　　1928年北伐成功，中国复归统一。大局初定后，中国国民党即于1930年委任邓慕韩为中央党史会委员，专职编撰《党史》及《总理年谱》。接着，邓慕韩被委派到广州成立办事处，就近调查。如此这般，邓慕韩就率先调查孙中山的祖籍问题，并于同年"亲往国父翠亨故乡，调查其世系及幼年事迹，得阅家谱，知其族由东莞长沙始迁涌口，再迁翠亨，所载简略"[143]。结果20世纪30年代报刊文章谈到孙氏家世，多转抄邓慕韩所披露的内容。[144]邓慕韩并不因此而感到满足。他在总结其初步调查结果时说：

---

[143]　邓慕韩：〈总理世系及家庭〉，《新生路》月刊，第八卷，第2、3期（1944年出版），选录于故居编：《家世》（2001），第141—142页；其中第141页。

[144]　见故居编：《家世》（2001），第126页，注1，"编者按"。

　　余前编孙中山先生年表，为世所许，然七八易其稿，犹未敢刊而问世，恐一出入，贻误无穷也，兹被命编纂党史，且兼承总理年谱主任，负此重责，尤不敢不勉。适派赴粤组织广州办事处之便，乃又约总理之侄满（寿屏先生之孙，现供职广韶铁路）往澳，邀同同事王编纂斧君（王君奉中央党史会派回调查总理少年事迹）前往总理故乡详查一切，并得总理胞姊及其家人所谈述，益知前者所纪，尚有出入，无任愧悚！爰将大要摘录。其详则俟诸王君也。[145]

邓慕韩初步调查成果如下：

　　孙氏之先，居粤东莞县属长沙乡。至明代，其五世祖礼赞公与妣莫氏迁于香山现改中山县东镇涌村口；生二子，长乐千，次乐南。乐千分居左步（埗）头。旋二人因赋税催迫，回东莞以避，卒以兵戈扰乱，竟不能返香山新迁之处，只留后嗣以居焉。爰及十一世祖瑞英公，于清代乾隆时，再迁镇内翠亨村边之径仔蓢，建有祖祠，然以人口稀微，老壮出外，乏人料理，故祠久圮矣。……

　　总理之谱系，可得而考者，自十世祖始，至总理已十八世矣。（其始祖至四世祖，均无名号，须往东莞长沙乡再查。六世祖至九世祖，则不甚明了，须往涌口村再查。）兹将可考者，列之于后：[146]

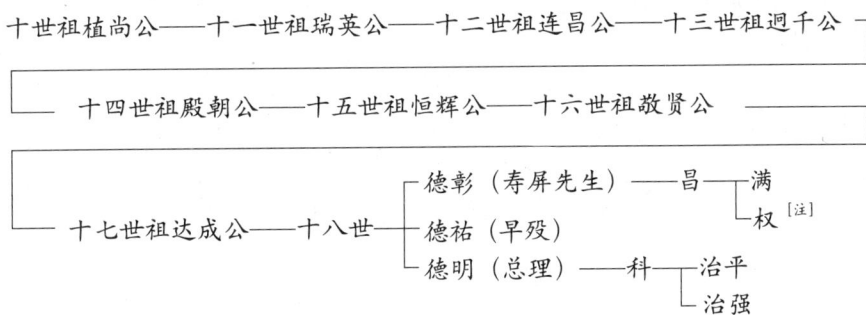

十世祖植尚公——十一世祖瑞英公——十二世祖连昌公——十三世祖迥千公┐

└十四世祖殿朝公——十五世祖恒辉公——十六世祖敬贤公┐

└十七世祖达成公——十八世┬德彰（寿屏先生）—昌┬满
　　　　　　　　　　　　　├德祐（早殁）　　　　└权[注]
　　　　　　　　　　　　　└德明（总理）—科┬治平
　　　　　　　　　　　　　　　　　　　　　　└治强

[注]："权"应为"乾"。

[145] 邓慕韩：〈总理故乡调查纪要〉，中国国民党广东省党部宣传部编：《新声》第18期（1930年出版），收入故居编：《家世》（2001），第109—112页；其中第109页。
[146] 同上书，第109—110页。

　　邓慕韩寄望他的同事——那位被派往广东省中山县翠亨村调查孙中山少年事迹的王斧编纂——会有所收获。王斧也不负所托，于 1930 年 12 月中旬成功地采访了孙中山的姐姐孙妙茜（当时虚龄六十八岁）。这是王斧第二次采访孙妙茜了。第一次是同年 11 月中旬随邓慕韩前往，并草拟了一份报告。[147] 在这第二次采访中，孙妙茜自称文盲，但似乎记忆力特强，她说：

　　我的高祖殿朝公，是生在满清乾隆乙丑年，四十九岁卒。高祖母林氏，六十岁卒。曾祖恒辉公，是生在乾隆丁亥年，三十五岁卒。曾祖母程氏，是乾隆丙戌年生，嘉庆辛丑年卒。祖父敬贤公，是生在乾隆戊申年，六十二岁卒。祖母黄氏，七十八岁卒。[148]

　　孙妙茜所言，佐证了邓慕韩所知，却没有补充其所不知。但既然翠亨《孙氏家谱》谓"其族由东莞长沙始迁涌口，再迁翠亨"，故邓慕韩即向旅居广州的东莞人查问长沙所在，惜均无所知者。于是"致函东莞党部、县府调查。东莞之孙氏闻之，遂有员（圆）头山、长沙两族出而争认总理所自出，诉之中央，而就正于余。然无细阅族谱，均欠完满之证明。厥后又与总理侄孙满、乾二人，先后往东莞上沙乡、中山左步（埗）头孙族，将其祖坟、族谱、神位、对联等，细为研究，计阅时数载，而总理之世系，乃得真确焉"[149]。
　　邓慕韩的结论是：

　　翠亨孙族之先，系出金陵〔员（圆）头山乡族谱所载〕。其远祖固，号元中，谥温靖，宋代进士。……至玄孙常德，号员沙，为元杭州刺史，遭陈

[147]　该原件细节是：王斧录：〈总理家谱照录〉（原件，3 单页），1930 年 11 月 8 日。原件藏台北中国国民党中央党史馆，编号为 030/82。
[148]　王斧：〈总理故乡史料征集记〉，载《建国月刊》，第五卷第 1 期（1931 年出版）。转载于故居编：《家世》(2001)，第 113—119 页：其中第 116 页。又转载于邹佩丛编著：《研究与辨析》，第 39—44 页：其中第 40 页。手稿原件藏台北中国国民党中央党史馆，编号为 030/118。
[149]　邓慕韩：〈总理世系及家庭〉，《新生路》月刊，第八卷，第 2、3 期（1944 年出版），选录于故居编：《家世》(2001)，第 141—142 页：其中第 141 页。

寇之乱，乃迁于南雄珠玑巷，后〔再迁〕至东莞员（圆）头山乡而家焉，是为来粤之始祖。……后以次子贵华分居上沙乡（即家谱所称长沙乡），爰其风景清幽，遂颐养于此而终（上沙乡族谱所载）。爰及明代，五世祖玄，号礼赞，迁于香山（现改中山）东镇涌口……至清乾隆时，十一世祖瑞英公由涌口迁至翠亨乡径仔蓢，建宗祠，明祀典，顾丁口甚稀，老壮出外，乏人料理，未几祠圮（家谱所载）。溯自常德公至粤，以至总理已为十八代矣。[150]

邓慕韩注意到，各地孙氏族谱之间，所载多有出入。例如：（1）《员（圆）头山孙氏族谱》载常德公生二子。（2）《上沙孙氏族谱》载常德公生四子。（3）《左步（埗）头孙氏族谱》载常德公生五子，唯图载常德公生四子。各谱于人数既有不符，而次序亦复相异。对于这种矛盾现象，邓慕韩试作解释说："大抵世远年湮，纵不遗失，亦为虫蚀，事后回忆，传闻遂异，致有此误，此属常有之事也。故特识于此，以备考核。"[151]

综观邓慕韩的调查方式，是查出什么说什么。是黑的，就说是黑的；是白的，就说是白的。发现矛盾，就直言矛盾，并特识以备考。他的结论是：出生于翠亨村的孙中山，其祖先迁自东莞。他的结论被学术界简称为"东莞说"。

回顾罗香林的调查方式，是首先设计了一个特定目标——他先入为主地认为孙中山的祖先来自广东省东江流域之中一个名字叫 Kung Kun 的地方，并把 Kung Kun 定性为一条村落。在调查过程当中，凡是符合这个目标的材料就采用；凡是违反他那个特定目标的材料，就摒弃甚至攻击。

邓慕韩所搜集到的材料，违反了罗香林之特定目标，就难怪遭到罗香林的挑战了。

---

[150]　同上书，第 141，142 页。南雄珠玑巷丛书之二收入了一篇〈孙氏族谱序〉，曰："……衍于南雄府珠玑巷。"见南雄县政协文史资料研究会、南雄珠玑巷人南迁后裔联谊会筹委会合编：《南雄珠玑巷南迁氏族谱、志选集》（南雄文史资料第十五辑，南雄：1994 年 4 月），第 34—35 页；其中第 34 页。究竟这篇〈孙氏族谱序〉选自哪一个地方的孙氏族谱？比较之下，可知出自香山左埗头的《孙氏族谱》。见故居编：《家世》（2001），第 29 页。

[151]　邓慕韩：〈总理世系及家庭〉，《新生路》月刊，第八卷，第 2、3 期（1944 年出版），选录于故居编：《家世》（2001），第 141—142 页；其中第 142 页。

(ii) "东莞说"所遇到的挑战

以〈近人所述国父上世源出东莞说之非是〉为题，罗香林首先抓住那些赞成"东莞说"的作者诸如胡去非、叶溯中、邓慕韩、吴稚晖等之间口径不一，甚至互相矛盾之处，作为排斥"东莞说"之根据。[152] 继而针对邓慕韩的结论写道：

> 径仔蓢与翠亨，本为二村。所谓于乾隆时始由涌口迁至之瑞英公，乃为径仔蓢孙氏始祖，与翠亨无涉。[153]

奇怪的是为何罗香林不用权威的第一手资料诸如原始文献，来挑战"东莞说"，却挑选了所谓第二手资料的近人著作来纠缠不休？第一手资料包括翠亨孙氏家族所藏的《孙氏家谱》，翠亨孙氏家族留下来的口碑，以及实地调查该处地理环境、风土人情、村民口碑等等。罗书出版的 1942 年，当时中国正处于抗日战争的水深火热期间，邓慕韩无法马上跟进这一系列工作。笔者却决心深入跟进这个问题。[154]

翠亨村孙中山故居纪念馆珍藏之翠亨孙氏家族的《孙氏家谱》[155]、《列祖生殁纪念簿》[156]、《家谱略记》[157]、孙达成兄弟《批耕山荒合约》[158]、崖口《陆氏族谱序》[159]、翠亨《杨氏族谱》[160] 等文献，均为国家一级保护文物，不轻易让人触摸。唯笔者几十年来在中、英、美、法、日、澳等各国档案馆钻研文献所积累的经验证明，观摩原件与光是看微缩胶卷，或复印件，甚至排版的印刷品，观感完全不同，并可能直接影响结论。故执著地要求察看原件，萧润君馆长体谅笔者不远千

---

[152] 罗香林：《国父家世源流考》(1942)，第 3—6 页。
[153] 同上书，第 6 页。
[154] 详见卷首语。
[155] 宣纸手抄本，编号 C1/6。
[156] 宣纸手抄本，编号 C1/7。
[157] 只有照片，原件是一张红纸，仍由孙满保存。
[158] 共两纸，日期分别是清同治二年和清同治三年，编号分别是 C1/9 和 C1/10。第一纸没有成事。第二纸才生效，具体日期是 1864 年 3 月 20 日。
[159] 一纸，编号是 FY/1。后来方知该纸乃节抄。见下文以及黄宇和：〈崖口调查报告〉(手稿)，2008 年 9 月 26 日。
[160] 影印本，编号是 FZ/174。

里而来，破例俯允，至以为感。[161] 除了《陆氏族谱序》和《杨氏族谱》以外，上述文献均收录在孙中山故居纪念馆编：《孙中山家世：资料与研究》(2001)，故本文引用时，就援用该书，以便读者查阅。

翠亨《孙氏家谱》劈头第一句就说："兹以前先祖在涌口村所葬之山，于光绪六年七月，一盖（概）已将先祖之坟墓一切盘（搬）迁回来，在翠亨村黎（犁）头尖土名竹高龙真武殿安葬……以得清明拜扫来往就近之便也。"[162] 这是翠亨孙氏确认其祖先迁自涌口村。

该谱第四段说："十一世祖瑞英公即迁来径仔蓢村居住，建造祖祠。"[163] 这是翠亨孙氏确认径仔蓢村之瑞英公是其祖先。

上述两段文字，都有力地回答了罗香林所谓"由涌口迁至之瑞英公，乃为径仔蓢孙氏始祖，与翠亨无涉"[164] 之质疑。准此，笔者又曾多次亲自往翠亨村附近谭家山孙氏墓地群实地考察并拍照，其中就有瑞英公之墓。[165] 每年清明、重阳，过去翠亨孙氏后人皆来此拜祭祖先。现在他们都定居海外或台湾，就由翠亨孙氏同宗另房的后人来拜祭。谁敢说，他们每年清明、重阳都拜错祖先？

此外，孙中山故居纪念馆藏有孙达成（孙中山的父亲）三兄弟的《批耕山荒合约》两件。两件的签订日期分别是 1863 年 11 月 23 日和 1864 年 3 月 20 日；涉及的地点均是"瑞英祖遗下'径仔蓢'税山埔一段"；涉及的种植人均是嗣孙达成、学成、观成。[166] 两件文献都确认那位曾在径仔蓢拥有一段山埔的孙瑞英，是

[161] 萧馆长体谅笔者不远千里而来，决定怀柔远人，至以为感。黄宇和：〈翠亨调查报告〉（手稿），2008年9月25日。这批珍贵文献当中的《孙氏家谱》，承萧润君馆长俯允，笔者曾于2006年3月30日先睹为快。后来再阅故居编：《家世》(2001)，其中第6页谓十四世祖考植尚公，"卒于乾隆年二月廿一日"，究竟是乾隆哪一年？故又恳求再度观摩原件，果然原文年份有缺漏如上。
[162] 翠亨《孙氏家谱》，收录在故居编：《家世》(2001)，第1—8页：其中第1页。2008年12月18日，笔者往涌口实地调查，发觉涌口村在翠亨村东北大约11公里。若清明、重阳二祭，每次徒步来回约共22公里，的确甚为不便。若一次过迁葬，则该等距离亦属能力范围之内。
[163] 翠亨《孙氏家谱》，收录在故居编：《家世》(2001)，第1—8页：其中第2页，第2行。
[164] 罗香林：《国父家世源流考》(1942)，第6页。
[165] 黄宇和三访翠亨谭家山孙氏墓群（共39穴）的〈调查报告〉（手稿）以及所拍照片，2006年3月28日、2006年12月4日和2008年9月26日。
[166] 该两件合约均排版载于故居编：《家世》(2001)，第64—65页。

孙中山的祖先，因而同样有力地回答了罗香林的质疑。

最后，孙中山的姐姐孙妙茜回忆说："从前孙家居住于径仔蓢的。到翠亨建屋也极困难。"[167] 把这口传、翠亨《孙氏家谱》、《批耕山荒合约》，结合笔者的实地调查报告，放在一起分析，结论是：瑞英公的后人从径仔蓢村迁入翠亨村居住。但究竟是后人之中的哪一代人？孙妙茜在 1931 年回答党史会钟公任的采访时说："至十四世始住翠亨村。"[168]

笔者曾多次步行往返径仔蓢与翠亨村之间，发觉两地相隔大约五百米，步程约十分钟。从此迁彼，绝对不是什么了不起的事情。但为何搬迁？大约有两个原因。第一是受到径仔蓢的大姓——何姓——的压迫。孙妙茜说：

> 〔孙〕中山五六岁大，祖母问他，何姓占他的园（孙、何争地界），什么时间给回我们？中山说："给！我长大就给！"这是其母作占卦，问卜，自己的地有希望，询问于无知儿童的。当时径仔蓢何姓族大，常占孙、麦二家地面的。即现在纪中（孙中山纪念中学），最低一层地面是何家的，上一层以上是孙家地界，现凡孙姓的都葬于此。[169]

至于第二个原因，笔者将于下文交代。

在这大量史料面前，罗香林这第一道挑战，恐怕再也无法成立。

罗香林的第二道挑战，是"国父上世与左埗头孙氏同源说之非是"。他引经据典地试图证明孙中山并非源自左埗头的孙氏。[170] 这就让笔者更感奇怪。

---

[167]　李伯新采访孙锦言（1891 年生），1965 年 10 月 10 日，载李伯新：《孙中山史迹忆访录》，中山文史第 38 辑（中山：中国人民政治协商会议广东省中山市委员会文史学习委员会，1996），第 108—110 页；其中第 110 页。以后简称为李伯新：《忆访录》（1996）。孙锦言，男，其祖父原居翠亨村，与孙中山兄弟很要好，后迁居附近的南蓢墟。孙锦言童年回到翠亨径仔蓢孙中山纪念中学读书，在当时负责看守孙中山故居的孙妙茜家中寄宿。

[168]　钟公任：〈采访总理幼年事迹初次报告〉（1931 年 4 月 26 日），原件藏台北中国国民党中央党史馆，转载于故居编：《家世》（2001），第 120—124 页；其中第 121 页。查翠亨《孙氏家谱》，十四世是殿朝公。

[169]　李伯新采访杨连合（1914 年生），1965 年 9 月 20 日，载李伯新：《忆访录》（1996），第 86—89 页；其中第 89—90 页。杨连合是孙妙茜的男孙。

[170]　罗香林：《国父家世源流考》（1942），第 9—15 页。

盖邓慕韩早已言明，据其考证所得，翠亨孙氏并非源自左埗头这一支，而是源自涌口那一支。[171] 罗香林长篇累赘的论述，实属无的放矢。察其动机，无疑是要砌词以打击"东莞说"的公信力。这种手法，与其说是切磋学问，倒不如说是在玩政治游戏。综观古今西方的政治辩论，这种手法屡见不鲜。这也难怪，罗香林的最终目标并非要在学问上求真，而是要迎合当时中国国民党的政治需要。既然其最终目标属政治性质，则罗香林用政治手段以达其目标，就不必大惊小怪了。

退一步说：据翠亨村《孙氏家谱》记载，涌口与左埗头两支孙氏的始祖的父亲是同一人[172]，罗香林凭什么否认孙中山的上世与左埗头孙氏同源？此外，2008 年 12 月 18 日笔者到左埗头村和涌口村实地调查，发觉《涌口村志》所载，证实涌口与左埗头的孙氏皆同源[173]；而两村相隔仅五百米左右。[174] 近人更考证出，1912 年 5 月 28 日，孙中山曾到左埗头的孙氏宗祠祭祖。[175] 而左埗头孙氏家族也藏有当天拜祖后孙中山与该家族父老合影于大宗祠的照片。[176] 为何孙中山不往其直系的涌口拜祭近祖，反而到左埗头拜祭远祖？笔者的实地调查发觉，当时的左埗头孙氏后裔茂盛，建有祖祠，而涌口孙氏则只剩下一两户人家，没有祖祠。目前在左埗头村仍有孙氏后人居住，至于涌口则只剩下一口"孙家井"以供后人缅怀而已。[177]

总之，罗香林对"东莞说"的两道挑战，皆不能成立。

[171]　"总理家谱所载五世祖礼赞公由东莞迁居香山涌口，长子乐千居左埗头，次子乐南迁径仔萌，再迁翠亨，查核与左埗头族谱及神位，实在同一本源。"见邓慕韩：〈总理世系确由东莞上沙迁来之考证〉，《建国月刊》，第十卷，第 3 期（1934 年 3 月出版），转载于故居编：《家世》（2001），第259—260 页。
[172]　"始祖、二世、三世、四世祖俱在东莞县长沙乡（今上沙乡）居住，五世祖礼赞公在东莞县迁居来涌口村居住，姚莫氏太安人，生下长子乐千、次子乐南。乐千居住左埗头，乐南居住涌口。"翠亨村《孙氏家谱》，转载于故居编：《家世》（2001），第 1—8 页；其中第 1 页。
[173]　涌口村志编纂领导小组编：《涌口村志》（珠海：信印印务广告中心，2006），第 128—129 页。
[174]　黄宇和：〈左埗头村和涌口村调查报告〉（手稿），2008 年 12 月 18 日星期四。
[175]　邹佩丛、张咏梅：〈民国元年孙中山与亲人的左埗之行〉，时间：2008/01/18 14:22，文章来源：民革，http://www.minge.gov.cn/chinese/pplrevo/unitedzine/18594.htm，accessed on Sunday 8 June 2008。
[176]　孙燕谋等编纂：《香山县左埗头孙氏源流考》（无出版社，1994 年印刷），第 9 页，图 3。
[177]　黄宇和：〈左埗头村和涌口村调查报告〉（手稿），2008 年 12 月 18 日星期四。

图 2.22　左埗头孙氏宗祠（2008 年 12 月 18 日）

图 2.23　涌口村只剩下孙氏祖先所打之水井（2008 年 12 月 18 日）

(iii)"东莞说"之定位

既然罗香林对"东莞说"的挑战已不能成立,而他用"紫金说"以代替"东莞说"之尝试亦全盘失败,结果除非有人能拿出更有力反证,否则"东莞说"是目前最能服众的说法。

而且,邓慕韩后继有人,翠亨村孙中山故居纪念馆(以后简称故居)的工作人员,一直努力不懈地广为搜集有关文献、文物等原始资料。从1955年夏天开始在故居工作的李伯新,到了1986年,已经大大地丰富了故居所藏。在1986年于翠亨村举行的"庆祝孙中山诞辰120周年国际学术讨论会"上,邱捷与李伯新联名发表了一篇题为〈关于孙中山祖籍问题——罗香林教授《国父家世源流考》辨误〉的论文[178],得到好评。[179] 该文资料丰富,而论点更是明确。其传达的主要精神是:要研究孙中山的祖籍问题,必须从他出生地的翠亨村所存在的有关文物入手。是为邓慕韩以来有关"东莞说"最具说服力的文章。

该精神为故居指出了未来努力的方向,而故居的工作人员也勤恳地朝这方向再接再厉,搜集了更多翠亨村方面有关孙中山祖籍的资料。在这些资料的基础上,邱捷在2006年,从社会史的角度对它们进行分析,写就另一篇论文[180],谈到孙中山的祖籍问题,但重点已转向于论述翠亨村的社会状态,以至于不久之后,原故居的邹佩丛与现故居的张咏梅[181],也利用这些资料在2007年4月,联名在网络上发表了一篇文章[182]。他们从文字、口碑、实物、著述、调查等各方面,阐明"东莞说"的可靠性。最后,就是邹佩丛的不朽之作,其编著的《孙中山家世研究与辨析》(太原:山西人民出版社,2008年10月)。邹佩丛虽然从

[178] 邱捷、李伯新:〈关于孙中山祖籍问题——罗香林教授《国父家世源流考》辨误〉,载《孙中山和他的时代:孙中山研究国际学术讨论会文集》(北京:中华书局,1989),第三册,第2274—2297页。
[179] 见金冲及:〈在孙中山研究国际学术讨论会闭幕会上的发言〉,1986年11月9日,载《孙中山和他的时代:孙中山研究国际学术讨论会文集》(北京:中华书局,1989),第一册,第4—12页:其中第8页。
[180] 邱捷:〈翠亨村孙中山故居文物的社会史解读〉,《历史人类学刊》,第四卷,第2期(2006年10月),第71—98页。邱捷礼貌地鸣谢曰:"本文关于香山县、翠亨村的地理、风俗等知识,很多是历年向孙中山故居纪念馆原馆长李伯新、现馆长萧润君以及近年向孙中山故居纪念馆工作人员黄健敏先生等请教得来的。"
[181] 张咏梅现在是故居宣教部主任。
[182] 张咏梅、邹佩丛:〈孙中山怎么成了客家人?他后代好像没有……〉,2007年4月20日,http://tieba.baidu.com/f?kz=192702217,accessed on Sunday 8 June 2008。

2004年年中已经离开孙中山故居纪念馆，回到天津南开大学图书馆工作，仍充分利用业余时间研究孙中山的家世，其敬业精神，令人钦佩。

"东莞说"所得出的结论是：孙中山乃广府人。由于那些仍然居住在东莞县上沙乡的孙中山近祖同宗的孙氏家族乃广府人，故"东莞说"就变相成了"孙中山乃广府人"的代号；就像"紫金说"变相成了"孙中山乃客家人"的代号。准此，研究焦点就转移到孙中山乃广府人还是客家人的问题上。

五、孙中山是本地人（广府人）还是客家人？

大家所熟识的孙中山出生地翠亨村，据厉式金所主修、1923年刊刻的《香山县志续编》卷一《图》页6b—7a上面所印刷的〈东镇图〉，标出的村名却是"翠坑"。[183]"坑"这个字，据广府人的理解，是沟的意思，而且一般泛指污水沟。广府话称排污的水沟为"坑渠"。但在客家方言的词汇里，"坑"却是"山"的意思。[184]紫金忠坝客家孙氏始祖友松公墓建在"坑"上。

上述地图标出"翠坑"的位置，东北有竹头园，东南有伏隆、石门等村，无

---

[183]　据厉式金主修，汪文炳、张丕基总纂：《香山县志续编》[无出版地或出版社，但印有"癸亥（1923）冬月刊成"等语]，卷一《图》页6b—7a上面所印刷的〈东镇图〉。广州市省立中山图书馆（编号K/25/8/[2]）及中山市档案馆（编号d1/38-43）均藏有该图线装原本。在笔者追查此图的过程中，承广州市省立中山图书馆的倪俊明副馆长、中山市档案馆的高小兵馆长及黎佩文科长、广州市中山大学图书馆的倪莉主任，为笔者提供方便，广州市大元帅府博物馆的李兴国君和广州革命博物馆的李岚女士帮助复核，谨致衷心感谢。美中不足的是，从2008年12月5日到2009年1月15日，笔者往返这些图书馆，折腾了共约六周，均还无法查出李伯新先生在其大作《孙中山故乡翠亨》第8页所标出"翠坑"等字样的〈东镇图〉的出处。由于翠坑之村名与翠亨是否客家村的问题有关联，笔者决心追查到底，2009年1月16日追到香港大学，2009年1月20日追到伦敦大英图书馆，普查该馆所藏各种版本的《香山县志》，均属徒劳。终于，2009年1月21日至22日，在剑桥大学图书馆找到了！发觉李伯新先生误把1923年的版本说成是1750年的版本。欲为本章作补充之际，又嫌并非绝对切题，唯待将来另文交代。

[184]　张倬文的调查报告，无日期，附张倬文复罗香林，〔1942年〕12月26日，收入〈忠坝孙氏族谱节抄及有关文件〉（手稿合订本），藏香港大学冯平山图书馆特藏部，编号：罗222/50。张倬文乃广东省紫金县上义乡人，紫金忠坝孙氏有分房在上义乡居住，故罗香林向张倬文了解有关上义乡的情况。不但张倬文的调查报告阐明在客家用词方面"坑"是山的意思，本书所引用过诸紫金诸如温秀如等1942年7月3日复温济琴函，也内有"坑内是葬孙氏开基祖友松公"等字样，而笔者亲往实地调查时，发觉友松公的坟墓位于一座山的接近山顶处。在客家词汇里，"坑"的确是山的意思。见黄宇和：〈紫金调查报告〉（手稿），2008年1月8日。

图 2.24　远眺建在"坑"上接近山顶之紫金忠坝客家孙氏始祖友松公墓
（2008 年 1 月 8 日黄宇和摄）

图 2.25　笔者在紫金县茅草丛中进行田野调查

疑是当今翠亨村的所在地。但是，"翠坑"这个村名之中的"坑"字，应如何理解？若把这个"坑"理解为"沟"，那是不可思议的。谁也不愿意在"沟"里生活，既不愉快也不吉利。但是，若把它理解为碧翠的"山"，则所谓上风上水，心旷神怡！因此，"翠坑"这个村名，本身就存在着浓厚的客家风味。难道"翠坑"是条客家村？而生于斯长于斯的孙中山，难道是客家人？

不，该村的居民，是清一色的广府人；而该村绝对不是建筑在山上甚至山脚，而是在一片平地上：无论从文献钻研、文物鉴定、口碑相传或实地调查，都说明这两点。所以，翠亨村与客家"人"和客家词汇中的"坑"字所指的"山"，属风马牛不相及。

但为何上述地图竟然标出"翠坑"等字样？这个谜必须揭底，否则将来又被利用为客家说的佐证而引起另一场争论。

准此，我们可以从下面两个层面探索：

第一，该图所在之方志——厉式金主修《香山县志续编》——的其他部分，则：

卷二《舆地·山川》页 11a 曰："石门溪〔流〕经翠亨村"。

卷二《舆地·户口》页 7b—8a 曰："翠亨〔有〕147 户"。

卷四《建置·学校》页 11a 曰："翠亨〔有〕尚武简易小学"。

第二，征诸此志之前各种版本《香山县志》的地图部分，则：

光绪五年（1879）《香山县志》卷一《舆地上·图》页 15a—b：标"翠亨"。

道光七年（1827）《香山县志》卷一《舆地上·图说》页 15a：标"翠亨"。

乾隆十五年（1750）《香山县志》图：非常简单，没标"翠亨"也没标"翠坑"。

康熙十二年（1673）《香山县志》图：更简单，没标"翠亨"也没标"翠坑"。

嘉靖二十六年（1548）《香山县志》图：最简单，没标"翠亨"也没标"翠坑"。

由嘉靖到乾隆的三种《香山县志》图，皆没标"翠亨"也没标"翠坑"，说明该地哪怕已经有人定居，但还未形成一条有规模的村庄，以至于官府也没记载。

从上述纵横两个层面探索，可知"翠坑"一词属孤证。为何出现这孤证？则可能性有多种。例如，厉式金主修之《香山县志续编》，由一个编纂班子分工合作而成。分工方面，则从该志"职名"部分，可知"测绘"由"监生黄萼彬"独当一面。其他部分则由主修（一人）、总纂（二人）、分纂（三人）、各区总采访（十三人）等分别承担。至于合作方面，则测绘员标了"翠坑"，而各区总采访员则大书特书"翠亨"，可见分工有余而合作不足。主修、总纂、分纂等人没有察觉这矛盾并予以纠正，是工作上的疏忽。测绘员之用上"翠坑"一词，可能是手民之误：即他在参考前人所绘的地图时，误把"亨"字抄作谐音的"坑"字。又可能他是客家人，而客家人用"坑"字作为村名的组成部分，甚为普遍；[185] 他下意识地把"翠亨"标作"翠坑"，毫不奇怪。无论如何，"翠坑"一词，不能用作孙中山乃客家人之佐证。

值得提问的是：虽然迟至道光七年（1827）的《香山县志》才标出"翠亨"之村名[186]，唯在此之前，已经有人在此定居（见下文），那么居民如何称呼该地？孙中山故居纪念馆珍藏之崖口《陆氏族谱序》，提供了线索。它说："兰桂二公，迁翠轩地"；又有附注曰："翠轩地即今日之翠亨村。"[187] 那么，兰桂二公，生长在什么年代？按崖口位于翠亨村东北约4公里，是清一色广府人聚居的大乡。于是笔者追踪到崖口乡，拜见陆氏后人、崖口乡乡委书记陆汉满先生[188]，得阅该族谱全文，可知德兰公生于明朝弘治十四年（1501），卒于嘉靖四十二年（1563）。[189] 假设陆德兰在十八岁时前往翠轩地开基，则时为1519年。由于崖口广府人子孙蕃衍而愈来愈多地迁往翠轩地，看来待村落定型后，就定名翠亨村，取其碧翠亨通之意。

有云："相传清朝康熙（1662—1722）年间，蔡姓人在此建村。地处山坑旁，名蔡坑……方言'蔡'与'翠'、'坑'与'亨'谐音……道光（1821—1850）初年改称翠亨，沿用至今。"[190] 这种传说，恐怕再也站不住脚。早在康熙蔡姓之前

[185] 见本文所引述过的那些紫金手稿。目前翠亨村附近的石门九堡之内就有一条名为"后门坑"的客家小村落。见黄宇和：〈翠亨调查报告〉（手稿），2007年12月21日。
[186] 见该志卷一《舆地上·图说》页15a。
[187] 《陆氏族谱序》，孙中山故居纪念馆珍藏，编号FY/1。
[188] 见黄宇和：〈崖口调查报告〉（手稿），2008年9月26日。
[189] 崖口《陆氏家谱》，第76页：德兰公。笔者所见之版本是手稿的影印件。承陆汉满先生赐告，崖口原稿在20世纪50年代土改时，在破除迷信的号召下，烧掉了。近年才从河北唐山老家的谭氏把族谱复印回来。
[190] 邱捷：〈翠亨村孙中山故居文物的社会史解读〉，《历史人类学刊》，第四卷，第2期（2006年10月），第71—98页；其中第74页，引《广东省中山市地名志》，第259页。

的一百多年，已有崖口陆德兰（1501—1563）前往翠轩地开基。陆德兰乃广府人，不会为他开基之地取名为"坑"。而且，看崖口《陆氏族谱》的上文下理，陆德兰并非第一个到达翠轩地之人。在他之前，已经有人到此开村，所以"蔡坑"云云，纯属妄猜臆说。

翠亨村，地处一条狭长山谷的东端，三面环山。西面的山脉最高，名五桂山，海拔531米。[191] 在此发源的一条小溪，过去名叫石门溪[192]，现在称兰溪，由西往东流，当流了约4公里而到达翠亨村附近时，就拐一个弯，改向东北方向流，注入珠江。[193] 这个山谷，无以名之，美国人林百克似乎是按照孙中山的意思而称之为 Blue Valley（碧翠的山谷，简称翠谷），笔者觉得此词甚富诗意，在此沿用之。

整个翠谷，都是个非常贫穷落后的地方；而且逐渐出现人满之患，终于导致大批村民出外谋生。1923年户口调查说翠亨村有147户人家。[194] 1964年翠亨耆老陆天祥则说该村大约有70户人家。[195] 户口数目从1923年的147户锐减到1964年的70户左右，则可能与20世纪20年代大批华工出洋谋生有关。华工出洋，大约在19世纪50年代开始。孙中山的两位叔叔，都是在贫穷落后的翠亨村无法立足之际，出外谋生，结果客死异乡。孙中山的父亲也被迫在十五岁时就往澳门当学徒，拜师学习造鞋，待三十二岁稍有积蓄才回乡成亲。[196] 孙中山的哥哥孙眉，在1871年仅十七岁时，也远涉重洋到夏威夷谋生。[197]

翠亨村虽然贫穷，但与翠谷内其他村落比较，却似乎是最富有的一条村庄，也是唯一建有村墙的一条村。村墙的主要功能是防盗，尤其是水盗。因为翠亨村位于珠江河口的西岸，水盗频仍，孙中山就曾回忆其童年时代，被水盗乘虚入村打劫的

---

[191]　黄宇和：〈翠亨调查报告〉（手稿），2007年9月28日。

[192]　厉式金主修：《香山县志续编》，卷二《舆地·山川》页11a。

[193]　黄宇和：〈翠亨调查报告〉（手稿），2007年9月28日。

[194]　厉式金主修：《香山县志续编》，卷二《舆地·户口》页8a；第四区"第七十六段翠亨"：147户。

[195]　李伯新访问陆天祥（1876年生），1964年5月13日，载李伯新：《忆访录》（1996），第73—78页：其中第73页。

[196]　王斧采访孙妙茜，载王斧：〈总理故乡史料征集记〉，载《建国月刊》，第五卷第1期（1931年出版）。转载于故居编：《家世》（2001），第113—119页：其中第117页。又转载于邹佩丛编著：《研究与辨析》，第39—44页：其中第41页。手稿原件藏台北中国国民党中央党史馆，编号为030/118。

[197]　黄健敏：《孙眉年谱》（北京：文物出版社，2006），第13页。

往事。[198]

　　翠亨村还建有祖庙，供奉北帝。该庙建于清康熙年间；[199] 准此，又组织了庙会，是翠亨村的管理委员会。祖庙有庙产一百多亩[200]，收入用作维修和供奉祖庙，以及村内的公共支出诸如雇用更夫、建筑更楼、开办村塾等。孙中山的父亲孙达成，就曾长期当过翠亨村的更夫。[201] 孙中山童年时代也在村塾念过书。可以说，无论从人力、物力、组织、教育、基本设施等各方面，翠亨村都是翠谷之中其他村落望尘莫及者。

　　过去，翠谷之内还有另外两座广府人聚居的村落[202]，但规模极小，只有几户人家。其中一条村位于翠亨村以北大约 500 米的径仔萌，另一条在翠亨村东南大约 600 米的山门坳。[203] 两村都建在山边，村民肯定都是后到的移民。两处的居民都亟盼搬入翠亨村居住：在那里，既有村墙保护，也有人多势众的翠亨村村民互相照应。孙中山的十一世祖瑞英公（生卒年月无考）于清朝乾隆时代（1736—1795）迁到翠谷时，首先在径仔萌开基，建祖祠。[204] 至十四世殿朝公（1745—1793）才迁入翠亨村居住。[205] 孙妙茜回忆说，殿朝公迁入翠亨村建屋居住极为困难。[206] 困难之一是：入村必先入庙会，入庙会就必须交庙费。"如山门〔坳〕陈凤源，要求入翠亨村，需出资 500 元，送给祖庙，才能入庙。"[207] 但是，无论多么困难，所有原来居住在径仔萌和山门坳的村民，都一一争取搬进了翠亨村居

---

[198]　Paul Linebarger, *Sun Yat Sen and the Chinese Republic* (New York, 1925; Reprinted, New York: ASM Press, 1969), p. 55.

[199]　道光八年（1828）《重修翠亨祖庙碑记》云："我翠亨村上帝祖庙，创自大清康熙年间。"原碑藏翠亨村孙中山故居纪念馆。

[200]　李伯新访问陆天祥（1876 年生），1964 年 5 月 13 日，载李伯新：《忆访录》(1996)，第 73—78 页：其中第 73 页。

[201]　李伯新访问陆天祥（1876 年生），1959 年，载李伯新：《忆访录》(1996)，第 59—64 页；其中第 59 页。

[202]　李伯新采访杨珍（1897 年生），1965 年 9 月，载李伯新：《忆访录》(1996)，第 99 页。

[203]　黄宇和：〈翠亨调查报告〉（手稿），2007 年 9 月 28 日。

[204]　邓慕韩：〈总理故乡调查纪要〉，中国国民党广东省党部宣传部编：《新声》，第 18 期（1930 年出版），收入故居编：《家世》(2001)，第 109—112 页：其中第 109—110 页。

[205]　钟公任：〈采访总理幼年事迹初次报告〉〔1931 年 4 月 26 日〕，原件藏台北中国国民党中央党史馆，转载于故居编：《家世》(2001)，第 120—124 页：其中第 121 页。

[206]　李伯新采访孙锦言（1891 年生），1965 年 10 月 10 日，载李伯新：《忆访录》(1996)，第 108—110 页：其中第 110 页。

[207]　李伯新采访杨珍（1897 年生），1965 年 8 月 15 日，载李伯新：《忆访录》(1996)，第 96—97 页：其中第 96 页。

住。[208] 目前，两处都空留其名而已。[209]

　　至于翠谷内的其他村落，则全部是客家村。客家人移居翠谷西端之五桂山，从明代已开始。[210] 其大量迁到者，有待清初迁界、复界之后。事缘清初郑成功据台湾抗清，康熙元年（1662）清廷下令东南沿海内迁三十至五十华里不等，并将该处的房屋全部焚毁，不准沿海居民出海，以致沿海地区渔盐废置、田园荒芜，居民流离失所。后来地方大吏体恤民困，奏请解禁，结果到了康熙八年（1669）开始撤销禁令。地方官员同时为了增加税收，鼓励那些聚居在广东东北穷苦山区的客家人迁移到珠江三角洲，结果大批客家人涌入香山等地区，造成翠亨村在该山谷之内被客家村重重包围的现象。而土客之间，肯定有对峙情绪。这种对峙情绪，没有发展到像《赤溪县志》描述那样："仇杀十四年，屠戮百余万。"[211] 但此言可以作为该山谷之内土客对峙情绪的参考。

　　在这种情况下，孙中山的第十四祖殿朝公之申请入住翠亨村，很可能与当时该地区日渐紧张的地区土客对峙情绪也有关系：一旦土客发生冲突，人丁单薄的径仔蓢就不堪一击。而他申请入住进广府人聚居的翠亨村这行动本身，就足以证明他是广府人。若他是客家人，则不会被批准入住。相反地，若他是客家人，则会申请迁入附近的客家村。而附近客家村的村民，有些更是从紫金迁来的[212]，则若他是来自紫金的客家人，更会迁入那些有来自紫金的客家人所居住的客家村。结果，他终于被翠亨村的庙会"批准"搬入该村居住，而这个"批准"本身，也足以证明他是广府人。

　　翠谷之内的村落，土客之间壁垒分明，绝不同村杂居的现象，维持了很长时

---

[208]　同上。

[209]　黄宇和：〈翠亨村调查报告〉（手稿），2007 年 9 月 28 日。

[210]　邹佩丛：《〈国父家世源流考〉的出版与"紫金说"的正式出炉》，载邹佩丛编著：《研究与辨析》，第 200—226 页；其中第 214 页之中的提示第 4 点。

[211]　王大鲁主编：《赤溪县志》（1921 年出版），卷八，附编〈赤溪县开县记事〉，页 1a。编者皆客家人。

[212]　李伯新、萧润君、林家有等访问翠亨地区客家村的甘桂明、甘国雄、甘水连等，1992 年 1 月 13 日。载故居编：《家世》（2001），第 170—173 页；其中第 170 页，访问甘桂明（翠亨宾馆离休干部，1925 年生）；第 172 页，访问甘桂明、甘国雄（石门乡田心村村民，1921 年生）、甘水连（石门乡兰溪村前生产队队长，1919 年生）。http://bbs. southcn.com/forum/index3.php?job=treeview&forumname= guangdongjinshen&topicid=241234&detailid=1340799; accessed on Sunday 8 June 2008, 另文见：http:// tieba.baidu.com/f?kz=192702217。

间。至低限度在 1930 年代初，罗香林到翠亨实地调查时，仍然如此。当时，他发现"翠亨距石门坑凡四里，周围凡二十四村，就中除翠亨村及径仔萌村外，其余都是纯粹的客家村落"[213]。

清初迁界与复界一事，也被罗香林用以推断孙中山乃客家人的佐证。他写道："盖连昌公之初迁增城，本属流移性质；其迫于生事，而谋再迁沃壤，乃人情之常。而当时粤东大吏，又能明为招来，则其迁居涌口村之底蕴，不难推证而知矣。"[214] 关键是：翠亨村以及毗邻的崖口等村庄，曾否被列入迁界范围之内？据邹佩丛的最新考证，结论是没有。他发现，上述崖口《陆氏族谱》所载："明末清初崖口陆氏的十至十二世族人绝大多数出生、嫁娶、活动、卒葬于崖口及南萌地区，并无大批族人外迁、回迁的任何迹象，表明崖口地区并未受到迁界、复界影响，亦即崖口地区并不属于迁界、复界地区。"[215] 翠亨村是崖口乡的延续，属崖口地区，所以也未受影响。邹佩丛解释说："罗香林误以为香山县的迁界是以象山县城——石岐为起点，把距县城五十里以外的西、南、东部地区视为迁界地区。"[216] 殊不知澳门葡人坚决拒迁，终于获准豁免迁界；清廷的补救办法是派重兵把守珠江河口水域。[217] 如此这般，造成防守之界前移，结果本来处于迁界范围之内的崖口、翠亨等地均幸免于难。[218] 罗香林用迁界与复界之历史来推断孙中山乃客家人，纯属隔靴搔痒。

就是说，居住在翠亨村的人，并没有受到迁界政策影响而搬出该村，他们自始至终在该村居住，并在该村附近的耕地上继续耕作，安居乐业。复界时虽然有大批客家人蜂拥而来，而且总人数大大超过翠亨村村民，但他们并没有鹊巢鸠占，仍奉公守法地在山边开垦、建村。土客相安无事。

---

[213] 罗香林：《客家研究导论》，第 264 页。

[214] 罗香林：《国父家世源流考》(1942)，第 25 页。

[215] 邹佩丛：〈南萌地区族谱证明罗香林所谓"香山县东部迁界、复界说"并非事实〉，载邹佩丛编著：《研究与辨析》，第 892—897 页；其中第 896 页。

[216] 同上书，第 893 页。

[217] 韦庆远：〈清初的禁海、迁界与澳门〉，载赵春晨、何大进、冷东主编：《中西文化交流与岭南社会变迁》（北京：中国社会科学出版社，2004），第 345—370 页；其中第 345—349 页。

[218] 邹佩丛：〈《国父家世源流考》的出版与"紫金说"的正式出炉〉，载邹佩丛编著：《研究与辨析》，第 200—226 页；其中第 214 页之中的提示第 5 点。

　　至于婚姻，则在孙中山那个年代，土客之间不会通婚：若孙氏家族是本地人，男的必娶本地妇，女的必嫁本地男。孙中山的祖父敬贤公，为儿子达成公选媳妇时，不在翠亨所在的翠谷之内众多的客家村中挑选，而终于在谷外，位于翠亨村东北约4公里的[219]广府人聚居的崖口乡隔田村杨胜辉家中挑了淑女。[220]孙中山的父兄为其选媳妇时，不在翠谷之内众多的客家村中物色，而终于在谷外，距离翠亨村西南约15公里的[221]广府人聚居的外沙村之中，属意卢耀显的女儿卢慕贞。[222]孙中山的姐姐，适其母亲故乡——崖口乡隔田村——的杨紫辉。[223]这一切都说明，孙中山一家是本地人。

　　有云："孙中山，实为客家与广府族之混血种，所住翠亨村，原字菜坑，盖客家移民，初以种菜为生，故以菜坑名其村也。"[224]真是一派胡言，不料此胡言乱语也真派用场——罗香林曾用它来推断："愚按孙公祖先，确为客籍。"[225]

　　此外，在孙中山那个年代，土客之间有一个重大分别。广府人的妇女皆缠足。客家人的妇女则绝对不会缠足。[226]孙中山的祖母、母亲[227]、姐姐[228]、婶母（程氏）、嫂嫂（孙眉的妻子谭氏），以及后来孙中山娶其为妻的卢慕贞[229]，皆缠

[219]　黄宇和：〈翠亨、崖口实地调查报告〉（手稿），2006年3月14日。
[220]　罗家伦主编，黄季陆、秦孝仪增订：《国父年谱》（台北：中国国民党中央党史委员会，1985），第3页。以后简称《国父年谱》（1985）。
[221]　黄宇和：〈翠亨、崖口实地调查报告〉（手稿），2006年3月14日。
[222]　《国父年谱》（1985），第37页。
[223]　孙满：《翠亨孙氏达成祖家谱》（1998年12月印本），收入故居编：《家世》（2001），第12—28页；其中第18页。
[224]　罗香林引范捷云言，载罗香林：〈评古层冰先生"客人对"〉，载《北平晨报副刊·北晨评论及画报》，第一卷，第16期（1931年4月27日）；有关部分转引于邹佩丛：〈客家族群问题与孙中山系籍"客家说"的缘起〉，载邹佩丛编著：《研究与辨析》，第137—146页；其中第144页。
[225]　同上。
[226]　李伯新采访杨珍（1897年生），1965年8月15日，载李伯新：《忆访录》（1996），第96—97页；其中第97页。
[227]　李伯新访问陆天祥（1876年生），1964年5月13日，载李伯新：《忆访录》（1996），第73—78页；其中第76页。
[228]　李伯新采访杨珍（1897年生），1965年8月15日，载李伯新：《忆访录》（1996），第96—97页；其中第97页。
[229]　张咏梅、邹佩丛：〈也谈孙中山祖籍问题〉，http://bbs.southcn.com/forum/index3.php?job=treeview&forumname=guangdongjinshen&topicid=241234&detailid=1340799; accessed on Sunday 8 June 2008. 另文见：http://tieba.baidu.com/f?kz=192702217。

足。女童被缠足时，痛苦异常。当孙中山目睹姐姐被缠足的苦况而向母亲求情时，导致孙母说出下面一段话：

> "Behold the Hakkas!" declared the mother of Wen. "No Hakka woman has bound feet. The Hakkas do not bind their feet, as do the Bandis or Chinese. Would you have your sister a Hakka woman or a Chinese woman? Would you have her as a stranger or as one of us?"[230] (笔者意译："看！"孙母说："本地妇女通通缠足。只有客家妇女才不干。你要姐姐做本地人，还是变成客家人？你要她做自己人，还是变成陌路人？"[231])

孙母此言，是为明证。

当然，笔者并不满足于这些证据。故近年来仍不断搜集更多资料，以便彻底查明真相。兹据前人所得，以及笔者在（i）翠亨村所在之翠谷之内，及翠谷以外的崖口、外沙、淇澳、翠薇、前山、石岐等地方；（ii）紫金县城以及县属的忠坝、上义、塘凹等地方；（iii）广州市内以及市属的南海、番禺、花都等地区；（iv）东莞市即该市下辖下的上沙乡与圆头山孙家村；（v）新会开平等五邑；（vi）南雄珠玑巷；（vii）香港；（viii）澳门；（ix）夏威夷；（x）波士顿；（xi）牛津；（xii）伦敦；（xiii）剑桥等地[232]，进行实地调查（包括墓碑、口碑），文献钻研（包括家谱、契约、书信、手稿、方志）等，搜集到的大量资料，浓缩以列表如下，便一目了然：

---

[230] Paul Linebarger, *Sun Yat Sen and the Chinese Republic*, p. 81. 文中提到的 Wen，是孙文，即孙逸仙。Bandis，是本地人，即广府人的意思。

[231] 徐植仁在翻译林百克的英文原著时，用自己的语言叙述了孙母以客家人不缠足的事实来反驳儿子，而没有把孙母的原话译出。见林百克著，徐植仁译：《孙逸仙传记》，第 73 页。细心的邱捷，在比较过原著与译本之后，指出了这一点。见其〈关于孙中山家世源流的资料问题〉，载广州市中山大学学报编辑部：《孙中山研究论丛》，第五集（1987），第 82—92 页；其中第 87 页。

[232] 在以上各地学者曾给予笔者的帮助，见本书"谢辞"。

表 2.2　翠亨村本地人（又称广府人）、紫金客家人，
以及翠亨孙氏家族的特征对比

特　征	紫金客家人	翠亨本地人	孙中山的家庭
妇女缠足	不缠足	缠足	缠足
妇女从事耕种	从事耕种	不从事耕种	不从事耕种
成亲对象	客家人	本地人	本地人
族谱对已故妇女的称谓	孺人	安人	安人
墓碑对已故妇女的称谓	孺人	安人	安人
族谱对已故男士的称谓	讳	考	考
墓碑对已故男士的称谓	讳	考	考
在家里所说的方言	客家话	本地白话	本地白话
在家村所说的方言	客家话	本地白话	本地白话
后人所说的方言	客家话	本地白话	本地白话
孙中山所说的方言			本地白话

这个表，应该可以结束一场虚耗了国人七十年光阴、无数人力物力、大量思想感情与脾气的争论。

但是，必须郑重指出，此表所列，乃 19 世纪中叶孙中山出生的那个年代、在翠亨村这个特殊地方与紫金那个同样是很特殊地方的现象。当然，若论当今土客情况，则由于时代更替、通婚同化、农村城市化等等，造成了土客之分在广府地区再也不那么明显。很多曾迁移到广府人聚居的客家人，被广府人同化了。而广府人也接受了一些客家文化。土客之间，变成你中有我，我中有你。兹列举几个最明显的例子：

第一，在城市方面，笔者在广州市的客家挚友，在广州市出生，在广州市读书，在广州市长大，大半生在广州市做事，半句客家话也不会讲了。本表所列的所有客家特征，在他们身上早已荡然无存。他们完全被广府人同化了。[233] 2009

---

[233]　此外，承台湾高雄师范大学经学研究所叶致均同学相告："我父亲亲生父母是屏东县万峦乡的客家人，但是他从小就给福建省林森县来台的妇女所抚养，我也许有客家血缘，但是我一点也不知道。"（叶致均致黄宇和电邮，2009 年 7 月 8 日）"每逢过年父亲带我们回万峦的生母家探望，听着堂妹、姑姑和奶奶说着流利的客家话，我却听不懂，觉得自己很像客人（guest），纵使身上流着客家人的血缘，但我'从来不认为自己是客家人'。"（叶致均致黄宇和电邮，2009 年 7 月 15 日）

年 7 月 3 日，笔者在台北中研院近代史研究所，以本书为题作学术报告时，有学者质疑此表之可靠性，理由是他在台北市所认识的客家人都没有上述特征。窃以为以今况古，乃史家大忌，切切。

第二，至于农村方面，则正如上述，在目前的翠谷之内，除了翠亨村是本地村，其他所有村庄皆客家村。唯时至今日，此等客家村民，仍保存了多少客家特征？先探索族谱，则七年以来（2004—2011），笔者不断跑翠谷，明察暗访，可惜还没发现一部客家族谱，所以无从考核。至于客家坟墓，笔者把翠谷之内大小山头的客家墓地已几乎跑遍了，只发现了一块墓碑是按照客家风俗而刻。笔者的有关调查报告曰："西走到达何氏坳，有修复墓地。原碑：光绪七年辛巳十一月初八日（按即 1881 年 12 月 28 日）清二十四世祖甘门黄氏孺人墓。"但是，旁边的另一穴客家旧墓，却有新碑说："公元一九九五年农历十月初五日。显考二十世祖元滔甘公之墓：妣甘门除氏安人、妣甘门杨氏安人。三和堂众子孙叩立。"同是翠谷、后门坑村、甘氏家族的墓地，1881 年还按照客家风俗而称孺人，1995 年就按照翠亨村广府人的风俗而称"安人"了。附近其他甘氏墓碑，同样是采翠亨村广府人的风俗而称"考"与"安人"。[234] 是否翠谷之内众多的客家村，竟然被孤零零的一座翠亨村同化了？笔者不解之余，向翠亨村孙中山故居纪念馆萧润君馆长请教。萧馆长解释说：在翠谷之内，翠亨村固然是被客家村重重包围。但翠谷本身，又被汪洋大海般的广府村、广府市集等重重包围。翠谷客家人种植的蔬菜、水果等，必须送到翠谷以外的广府人控制的市集诸如南蓢等地售卖，又必须从该等市集购入日常用品。很自然地，为了生存，慢慢就被当地的广府人同化了。而且，翠亨村很多村民曾到外国谋生，态度开放，善待附近的客家村民，土客关系极佳，从未发生过像内地的械斗。所以，翠谷的客家人也乐于本地化。[235]

第三，这就是为什么笔者跑到老远的紫金实地调查。因为那里的居民几乎全部仍是原封不动的客家人，还没被广府人同化。结果发现紫金的客家人，比较完整地

---

[234] 黄宇和：〈实地考察中山市翠亨村附近各山冈客家墓碑调查报告〉（手稿），2007 年 12 月 21 日。
[235] 黄宇和采访萧润君，2007 年 12 月 22 日，黄宇和：〈翠亨村调查报告〉（手稿），2007 年 12 月 22 日。

保存了他们自己的文化。无论族谱还是墓碑，还沿用"孺人"、"讳"等称谓。[236]

第四，为何客家人称已故的男人为"讳"、已故的妇人为"孺人"？2008年1月9日笔者在紫金实地调查时，特别向《紫金黄氏族谱》的编者黄荫庭请教。他说：男人死了，不能直呼其名，故尊称死者为"讳"。至于"孺人"，则按其丈夫的官阶排七品：一品、二品官的配偶称夫人；三品：淑人；四品：恭人；五品：宜人；六品（如州官）：安人；七品（如县官）：孺人。但在紫金，女人死了，则通称孺人。相传南宋文天祥来到南岭之中的乌顿山峰布防，突然见到很多妇人在山上打柴，其担杆都削得很尖，走起来像武士一样，便差人往问是干什么的？女的说，是抵抗元兵。文天祥很感动，就说，以后她们死了，均称为孺人。从此，紫金客家女人死了，通称孺人。这个制度就固定下来了。[237] 窃以为这个掌故甚有意思。[238]

第五，笔者也曾把翠谷之内各个山头的翠亨孙氏墓地跑遍了，而且是多次重复审视。同时，又蒙翠亨村孙中山故居纪念馆萧润君馆长特别恩准，也把孙妙茜交给该馆珍藏的孙氏族谱等原始文献原件鉴定过了。它们都保存了翠亨村广府人过去通用的"安人"、"考"等称谓。

第六，至于翠亨村广府人把已故妇女称"安人"之习惯，比较特殊。一般来说，广府人当面称呼还健在的老妇人为"安人"，以示尊敬。已故的妇女，则无论在族谱、墓碑或供奉香火的神位（广府话俗称"神主牌"）上，都不称"安

---

[236]　黄宇和：〈实地考察紫金忠坝等地调查报告〉（手稿），2008年1月8—9日。

[237]　黄宇和采访黄荫庭，2008年1月9日，黄宇和：〈实地考察紫金忠坝等地调查报告〉（手稿），2008年1月8—9日。黄荫庭强调说，此制度只代表紫金，不代表其他地方。承台湾高雄师范大学经学研究所叶致均同学相告，她查百度百科"孺人"(http://baike.baidu.com/view/162394.htm)，所得结果是"按宋代政和二年（1112）定命妇的等级由下而上的排列：孺人、安人、宜人、恭人、令人、硕人、淑人、夫人。一品是夫人，二品也是夫人，三品是淑人，四品是恭人，五品是宜人，六品是安人，七品是孺人，八品是八品孺人，九品是九品孺人"（叶致均致黄宇和电邮，2009年7月8日）。叶致均同学又查《清通典》卷四十职官，发觉："国朝定命妇之制凡封赠一品之妻为一品夫人，二品妻夫人，三品妻淑人，四品妻恭人，五品妻宜人，六品妻安人，七品妻孺人，八九品止封本身。"（叶致均致黄宇和电邮，2009年7月8日）可见紫金客家对"孺人"的称谓，似乎是按《清通典》行事。

[238]　这掌故有意思之处在于：（1）笔者曾向一位非紫金地区的客家妇女请教过，其梅州（过去称嘉应州）家乡所有的客家妇女都削尖了担杆，目的是为了方便把担杆插进捆绑好的稻草，左一插，右一插，就可以挑起来走路。（2）至于封赠，文天祥是没有资格封赠的，只有君主才有这个权力。所谓封赠，《大清会典·吏部》曰："存者曰封，殁者曰赠"。掌故者，姑妄言之，姑妄听之。

人"。[239] 至于为何翠亨村广府人称已故妇女为"安人",以及其他地区的广府人称呼仍健在的妇女为"安人",则似乎没有类似紫金"孺人"抵抗元兵之掌故。很可能是一种习惯上的尊称吧,像当今不少人尊称其朋友的配偶为"夫人"一样。

六、结　论

第一,"紫金说"不能成立。唯鉴于该说已成为大部分客家人的一种信仰,建议与史实共存。

第二,"东莞说"有凭有据,也有人证物证;而对"东莞说"的挑战,亦已证实不能成立。从此,"东莞说"可作为历史研究的基础,弘扬孙学。

第三,孙中山是本地(广府)人。

画龙点睛:1895 年广州起义失败,清廷追捕孙中山,祸及家人。刚巧他在夏威夷意奥兰尼学校的学弟陆灿,回翠亨村成亲,目睹此险状,于是冒着生命危险,赶快带领孙中山的家人逃往夏威夷,交孙眉照顾。后来陆灿在回忆录中写道:

Hawaii was especially fertile as a field of sympathetic support to Dr Sun. To begin with, we were all Cantonese and closely allied to him and to the first outbreak in Canton. [240] (笔者意译:夏威夷是支持孙中山的温床。首先,我们大家都是广府人,当他筹划广州起义时,我们广府人都紧密地团结在他四周。)

广府人在夏威夷人多势众,若孙中山是客家人只说客家话,1894 年 11 月欲在檀香山组织兴中会来发动广州起义,难矣哉。广府人在香港同样是人多势众,

---

[239]　笔者是广府人,原籍广东番禺,幼时听家母当面尊称当时还健在的家祖母为"安人"。当时笔者每天早晚为祖先上香时,所见各神位也没"安人"字样。清明扫墓,所见各墓碑亦没"安人"字样。征诸黄淑娉教授,则她在四邑的家乡,以及她几十年来在珠江三角洲的实地调查结果,发觉广府人的风俗习惯,与笔者的家乡相同。翠亨实为例外。

[240]　Luke Chan, *Memoirs* (Typescript, 1948), p. 35. 感谢牛津大学圣安东尼研究院旧同窗凯南·布雷齐尔 (Kennan Breazeale) 博士代笔者向旅居在夏威夷的弗里曼夫人 (Mrs Freeman) 求得该英语打字稿副本。

辅仁文社社员，无论其原籍哪里，都说广府白话，若孙中山是客家人只说客家话，1895 年 2 月欲与其合并来发动广州起义，亦难矣哉。

七、四枚计时炸弹

厘清了罗香林之客家说后，笔者继续发现不可靠的有关史籍与史料共四则，犹如四枚计时炸弹。惊弓之余，觉得必须赶快处理拆除，以防后患。

(i) 孙中山出生的翠亨村是否为客家村落？

翠亨村孙中山故居纪念馆前副馆长李伯新先生，最近出版了其大作《孙中山故乡翠亨》（香港：天马出版有限公司，2006）。其中第 8 页转载了一幅〈东镇图〉，内有"翠坑"之地名。李先生似乎害怕"翠坑"二字字号太小，故刻意把他们放大标出（见图 2.27），以飨读者。笔者审视该地图时，发觉右侧边缘包括了"《香山县志》卷一，〔页〕六"等字样。究竟是哪一版本的《香山县志》？李伯新先生写道："乾隆十五年（即 1750 年）《香山县志》"。[241] 不但如此，李先生还在其正文之中特别树立一专题名"翠亨行政设置沿溯"，开宗明义地阐述说："翠亨村名，早名有蔡坑之说，但无史料可查。有史料为据的乾隆十五年（即 1750 年）的《香山县志》则名为'翠坑'。"[242]

继而翠亨村孙中山故居纪念馆研究室的负责人黄健敏主任出版了其大作《翠亨村》（北京：文物出版社，2008），并在其中第 14 页写道："翠亨村旧称'蔡坑'……'蔡坑'一名因何而来，传说甚多，有说最早居于此地的村民姓蔡，建村于山坑之旁，故名'蔡坑'，但现在翠亨乃至附近的村落并无蔡姓聚居。亦有人称因昔日翠亨村山坑长有蔬菜甚多，故称为'菜坑'，后来就写成'蔡坑'。这种说法大抵是望文生义。"黄健敏主任没有为这段文字注明出处。

笔者一看到两位先生均在其大作之中提到"坑"这个字，心内警钟大鸣。因

---

[241]　见该图脚注。
[242]　李伯新：《孙中山故乡翠亨》（香港：天马出版有限公司，2006），第 11 页。

为"翠坑"这个村名，本身就存在着浓厚的客家风味。难道"翠坑"是座客家村？难道李伯新和黄健敏两位先生也认为"翠坑"是座客家村？这同样是不可思议的，因为据笔者了解，两位先生均不认为"翠坑"是座客家村。但为什么他们均突出"翠坑"并大书特书？"翠坑"之词必须澄清，否则将来又被利用为客家说的佐证而引起另一场争论，破坏社会和谐。笔者不敢怠慢，于是趁2008年9月19日星期五到10月5日星期天悉尼大学学期小休时飞香港转广州，到中山大学图书馆把该馆所藏各年代编纂的《香山县志》查遍，却没有发现乾隆十五年（1750）的《香山县志》。

承广东省档案馆张平安副馆长赐告，广东省中山市档案馆藏有乾隆十五年（1750）的《香山县志》。于是笔者在2008年9月25日星期四，坐长途汽车专程从广州赶往翠亨村，蒙孙中山故居纪念馆萧润君馆长派车派员接待，并送笔者到石岐中山市档案馆查阅，可惜该书已借出展览。承该馆高小兵副馆长慨允，待该书回馆后，按李伯新曾转载过的地图中所显示的卷一、页6之中的〈东镇图〉，将其扫描掷下。

辞别高小兵副馆长后，即往中山市人民政府地方志办公室拜会吴冉彬主任，蒙她慨赠甚为罕有的《香山县乡土志》一套四册。该志完稿于民国初年，没有序言和跋，也没编者署名，属手抄孤本，原来珍藏在北京的中国科学院图书馆。中山市方志办于1987年11月派专人前往复制回来，按复印本影印出版。笔者迫不及待地翻阅，可惜全书没有一幅地图！

中山市档案馆的高小兵副馆长不负所托，2008年12月23日以电邮附件方式传来乾隆十五年（1750）《香山县志》之内的全部图片，可惜当中并没有名为〈东镇图〉者，更没有"翠坑"二字的踪影。笔者大感迷惘。后承高小兵副馆长再三找寻、核对，〈东镇图〉仍如石沉大海。

2008年12月5日，从盛夏的悉尼再次空降到隆冬的广州追查。承中山大学人类学系前辈黄淑娉教授赐告，广东省省立中山图书馆的地方文献部所收藏的广东方志最为齐全。于是笔者在2008年12月7日到该馆查阅，承倪俊明副馆长热情帮忙，调出乾隆十五年（1750）的《香山县志》。笔者查阅之下，发觉其中有关地图部分，果然非常简单，的确既没〈东镇图〉，也没"翠坑"之地名。难道李伯新先生搞错了？继而查遍该馆所藏明清两朝的《香山县志》，也毫无结果。那么，李伯新先生所转载的那幅〈东镇图〉，究竟出自何经何典？

束手无策之际，留在广州已无多大作为。故改变思路，把目光转到海外。2009 年 1 月 17 日清晨出境，到香港大学图书馆特藏部，蒙陈桂英、陈国兰两位主任把冯平山图书馆所藏全部《香山县志》预先调出来，笔者抓紧时间查阅，唯毫无结果。

当晚连夜飞往更为寒冷的英国，2009 年 1 月 20 日到达大英图书馆。笔者首选大英图书馆，是由于 1860 年英法联军洗劫圆明园而抢走的财物当中包括各种珍本。珍本送英国后就存放在当时的大英博物馆（藏书部分后来独立出来而成为大英图书馆）。承该馆东方部主任吴芳思（Frances Wood）博士预先把该馆所藏全部《香山县志》预先调出来，笔者抓紧时间查阅，又是毫无结果。黄昏坐火车前往剑桥大学，并打算若剑桥之行仍无结果，即转母校牛津大学图书馆。

2009 年 1 月 21 日清晨，大雪过后的"康桥"，分外妖娆；但也无心细看，快步赶往大学图书馆，拜会东方部主任艾超世（Charles Aylmer）先生。承他指引，到书库把该馆所藏曾由台北学生书局与成文出版有限公司等影印重版之全部中国地方志彻查。结果发觉李伯新副馆长那幅〈东镇图〉，与《新修方志丛刊·广东方志之三·重修香山县志之五》（台北：学生书局，1968）第 1986 页所载的〈东镇图〉一模一样，就连欠缺笔画的地方也如此。李伯新先生显然是转载自此。犹记得 2006 年 3 月 28 日下午，笔者到李伯新先生在翠亨村附近石门村的新居拜访他时[243]，也曾在他的书房见过一本台北学生书局出版的《香山县志》，是为佐证。

但是，台湾学生书局所赖以影印出版的《新修方志丛刊·广东方志之三·重修香山县志之五》，原件又是什么？该原件何年何月刊行？若是在孙中山出生的 1866 年前后刊行，是否显示"翠坑"就是当时流行的村名？可惜学生书局没有做"出版说明"，唯一之说明是版权页之中这句简单的话："重修香山县志，清光绪五年（1879）刻本（附香山县志续编，民国十二年刻本，厉式金修，汪文炳纂，影印

---

[243]　黄宇和：〈翠亨村调查报告〉（手稿），2006 年 3 月 27—30 日。

本精装五册)"。该图在第五册,属《香山县志续编》部分,故应该是民国十二年(1923)刊刻。到了1923年,距离孙中山逝世的1925年3月12日不足两年。假设到了那个年代翠亨真的已经变成客家村,亦已经与1866年出生的孙中山之家庭背景和成长环境毫无关系。况且,实情并非如此:到目前为止,翠亨仍是百分之百的广府村。但"翠坑"一词,实为心腹大患,非查个水落石出不可。

于是恳请中山市档案馆再度帮忙。2009年2月6日,接高小兵副馆长电邮传来该馆所藏《香山县志续编》之〈东镇图〉,赫然发现该图与李伯新先生所转载的〈东镇图〉,不是同一幅地图。兹将两图复印如下,以作比较。

两图比较之下,发觉有如下显著分别:

1.(1) 图2.26顶部很齐全地标出"黄旗都"三个大字。

(2) 图2.27的"黄旗都"三个大字之中的"旗"字只剩下一撇。若无图2.26做参照,较难猜出所缺乃"旗"字。

2.(1) 图2.26右上角是马尾洲,其下是烂山。

(2) 图2.27右上角是烂山,其下是马尾洲,上下次序与图2.26刚刚相反。

3.(1) 图2.26右上角蚁洲用以表达山脉所用的是中国传统式、用多撇组成的周线,其高度与形状(contour)不明。而且只用了一周。

(2) 图2.27右上角蚁洲用以表达山脉所用的是现代西方的蓑状线(hachurings),而且用了三周,较清楚地表明了它的高度与形状。

4.(1) 图2.26用以表示所有山岳的中国古式撇线非常简单。

(2) 图2.27用以表示山岳的蓑状线就复杂多了。

5.(1) 图2.26没有指南针。

(2) 图2.27则按照西方惯例绘了指南针。

6.(1) 图2.26之中的汉字歪歪斜斜。

(2) 图2.27则较为工整。

7.(1) 图2.26很明显是中国传统的木雕版(wood-block)印刷。

(2) 图2.27则明显是近代金属版(lithograph)印刷。

8. 结论:李伯新先生所转载的地图(即图2.27),属于近代金属版,故刊刻时间应该比中山市档案馆所藏的《香山县志续编》更晚。

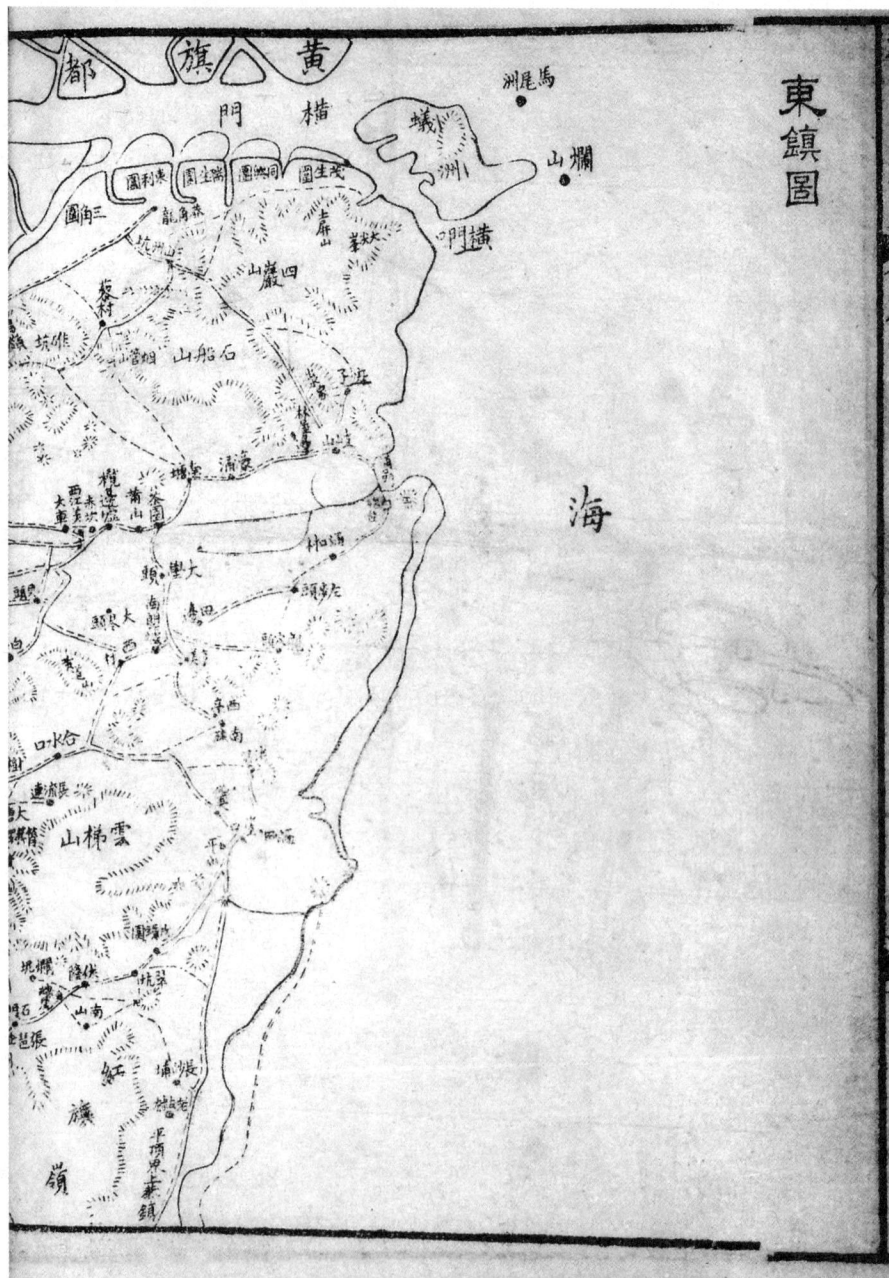

图 2.26　中山市档案馆所藏《香山县志续编》之内的〈东镇图〉

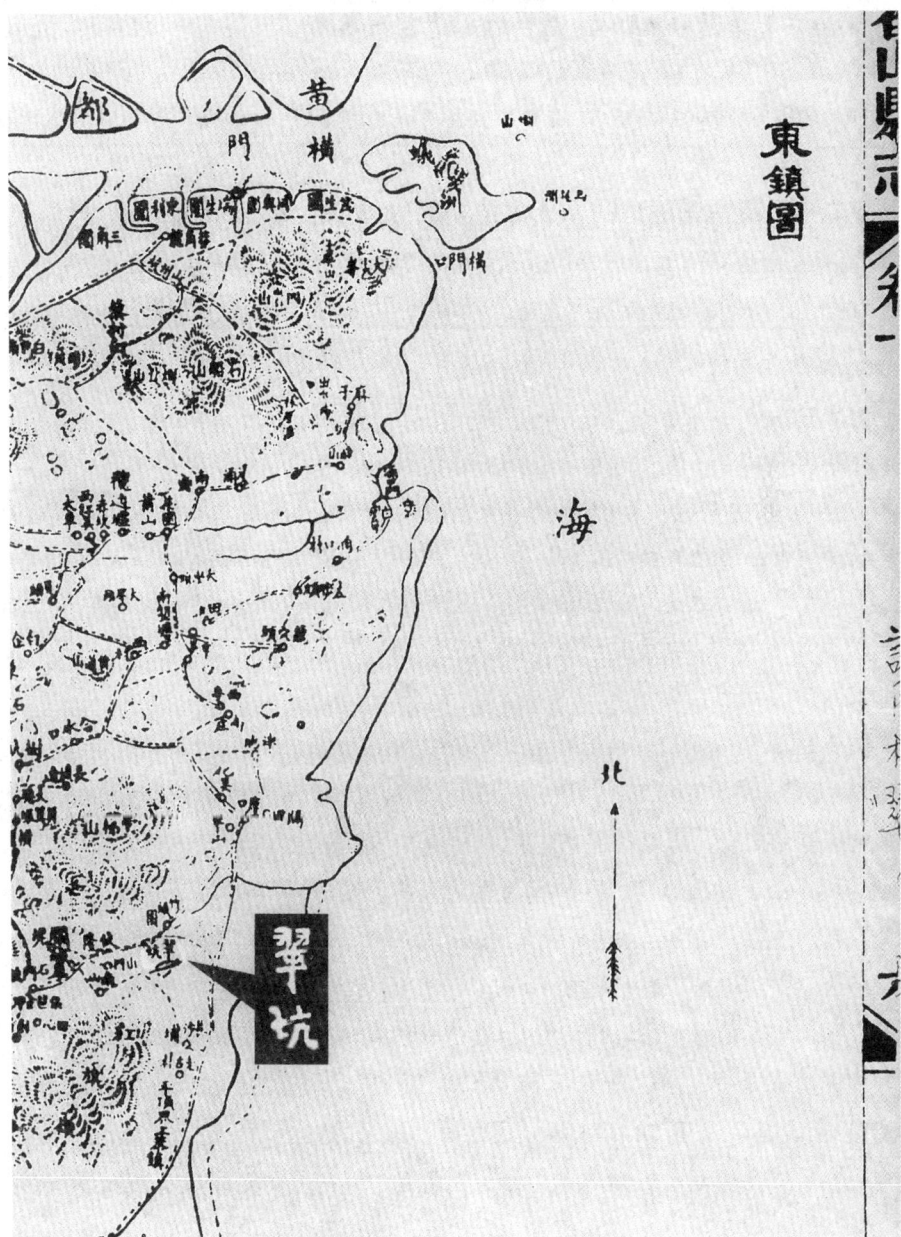

图 2.27 李伯新：《孙中山故乡翠亨》（香港：天马出版有限公司，2006）第 8 页所转载之〈东镇图〉[现经证明是转载自《新修方志丛刊·广东方志之三·重修香山县志之五》（台北：学生书局，1968），第 1986 页]

9. 若按照学生书局所说，图 2.27 是 1923 年初次刊刻的话，那么图 2.26 所属的中山市档案馆所藏的《香山县志续编》，是否比 1923 年更早面世？

10. 若是，则早到什么时候？早到孙中山出生前后，他所出生的村庄就叫翠坑？

笔者不放心，2010 年 1 月 17 日星期天又飞英国，乘往剑桥研究之便，1 月 20 日星期三再到剑桥大学图书馆复查。在该馆征诸《中国地方志总目提要》，则据丁和平先生考证，该续编有"刻本，抄本"。[244] 半途竟然又杀出个"抄本"，这"抄本"是用毛笔抄写的？抄写时间比"刻本"更早面世？

广东省立中山图书馆负责地方文献部的倪俊明副馆长，对广东方志深有研究。于是笔者在返澳途中，再经广州，2010 年 2 月 8 日专程前往该馆向其请教。他解释说，"抄本"是民国时期的油印本；该志印刷数量极少，供不应求之际，就出现油印本。既然是民国时期的产物，与孙中山出生的年代就扯不上关系。

但出于好奇，笔者仍然请倪俊明先生调出该馆所藏的油印本与刊刻本《香山县志续编》，赫然发觉其中刊刻本的〈东镇图〉与上述两个版本又不一样（见图 2.28）。

图 2.28 酷似图 2.27，唯最明显的不同之处在于图 2.28 最上部"黄旗都"的"旗"字完好无缺，图 2.27 则只剩下一撇。这种现象似乎可以解释。图 2.28 可能是最初印刷的产物，所以各字完好无缺，字体、图案等也很清晰。图 2.27 可能是后期印刷，由于磨损过度，既缺字又较为模糊。图 2.28 与图 2.27 既属同一源头的金属版，注意力又回到那明显属木雕版的图 2.26，它是何年何月刊行？

征诸《中国地方志总目提要》，则谓《香山县志续编》乃"民国四年修，志成于民国九年，民国十二年刊"[245]。所据显然是该书的序、跋等所提供的线索，盖其中的厉式金序，下款是"庚申（1920）夏月"。而该书的跋，下款是"辛酉（1921）年大暑后"。可知 1921 年跋成之时，该书的舆图，无论是木雕版或金属版均已经完成，而笔者更倾向于相信，初版是木雕（见图 2.26），但由于需求甚

---

[244]　金恩辉、胡述光共同主编：《中国地方志总目提要》一套三册（台北、纽约、洛杉矶：汉美图书有限公司，1996），中册，广东省第 19—35 页。

[245]　同上。

欣，地图木雕版无论是文字或绘图的笔画都比正文细小，故很快就磨损到不能再用，于是有关当局把地图修订过后改为金属版（见图 2.28）。尽管是金属版的地图，也终因磨损过度，既缺字又较为模糊（见图 2.27）。

若这种推论属实，则哪怕是木雕版的图 2.26，其刊刻年份不会早于 1923 年，如此就不牵涉到孙中山 1866 年出生的翠亨村是否客家村的问题。

(ii)《湘、赣、粤、桂孙氏族谱》

若纯粹从探索孙中山祖籍的角度考虑孙中山是客家人还是广府人，则在翠亨村北方约 11 公里的左埗头村是个关键。该村的孙氏耆老，更是占了举足轻重的地位。盖 1912 年 4 月 1 日孙中山卸任临时大总统之后，在同年 5 月 28 日与兄长孙眉，携同家眷到左埗头孙族宗祠拜伯祖会宗亲，并合影留念。[246] 这是孙中山公认左埗头孙氏家族是其直系宗亲的明证。

若左埗头的耆老认为其先祖是江西的孙䜣，甚至把孙中山先祖具体地上溯到紫金的孙鼎标，后果将如何？罗香林先生正是如此这般地借江西的孙䜣与紫金的孙鼎标，一口咬定孙中山乃客家人。

2008 年 12 月 18 日，笔者专程前往翠亨村实地考察，到达珠海边检时再度承翠亨村孙中山故居纪念馆萧润君馆长派员派车陪同，这次前往左埗头村，拜访该村资格最老的孙燕谋先生。

承孙燕谋先生慨赐其编纂的《香山县左步（埗）头孙氏源流考》[247]，大开眼界。虽然只是二十四页的小册子，但彩色印刷精美，图文并茂，极具魅力，是用来赠送给海内外孙氏后人的纪念品，影响深远。该册封面印有所谓〈东平侯像图〉，内封全文刊登了所谓苏东坡所写的〈唐东平侯䜣公像赞〉。图与赞皆转载自江西宁都《孙氏族谱》。看图读赞，回想罗香林利用江西宁都《孙氏族谱》那虚构的图与冒名的赞来著书立说，结果导致"紫金说"与"东莞说"两派超过一甲子的激烈争论，其中包括两次政治风波和一场官司[248]，笔者不禁汗流浃背。（见图 2.29）

---

[246] 邹佩丛搜集了有关文献四通，有关照片四张，皆足以证明其事。见邹佩丛编著：《研究与辨析》，第 5—6 页。
[247] 该件属私人印刷性质，无出版社，1994 年印制，孙燕谋先生家藏。
[248] 见本章第一节。

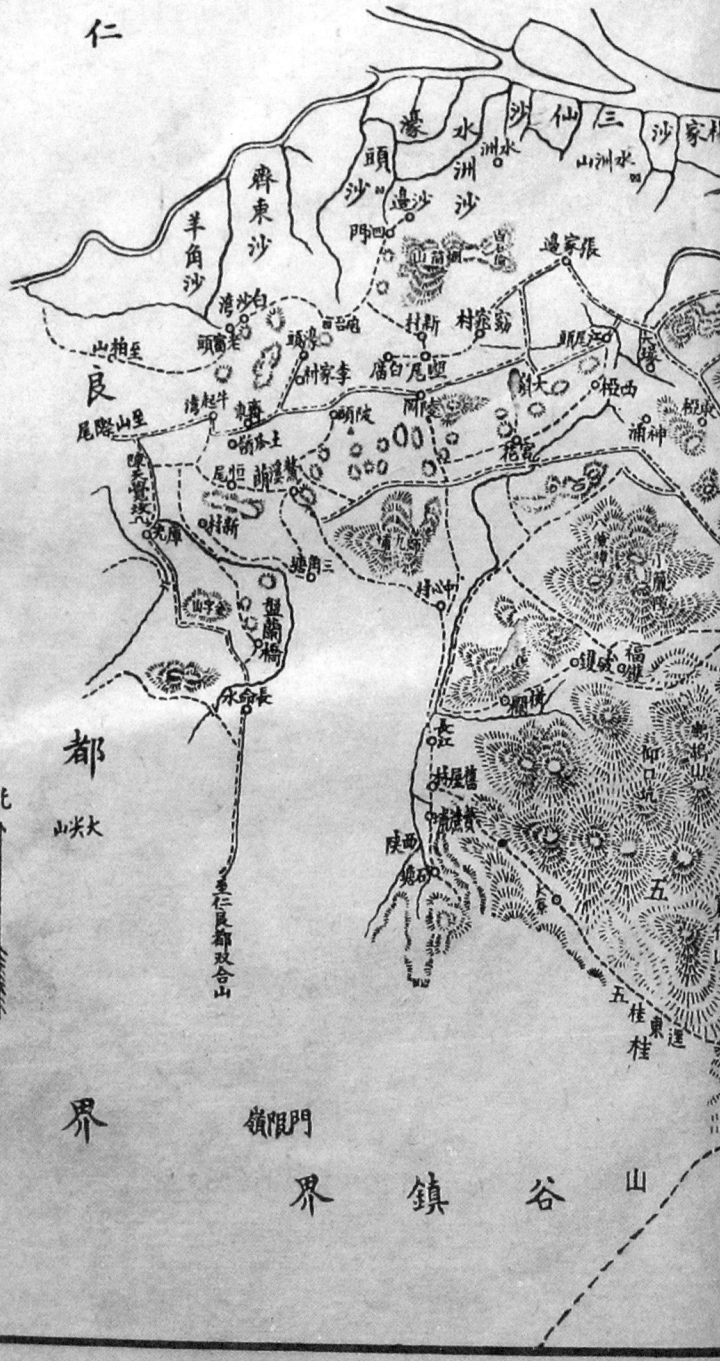

图 2.28　广东省省立中山图书馆所藏《香山县志续编》之内的〈东镇图〉

東鎮圖

海

北

黃旗
橫門
都

三角圍
東利圍　咸與圍　茂生圍

山塀
鳥尾洲

橫門口

大生山
四岩山

藜村

石船山　甕頭山

麻子
米涌
岐山

潘涌　南塘

纜邊壩　莊園
赤水火　西柒美
大車

浦口村

大頭坎
石琴碼　南朗壩

左步頭

白企
黃道涌
陳村
石門口
樹杭
長洲壩
翠薇壩
橫檔
卷柵山

龍六頭

西
屋田

曲庄
半坑

陽田口

平山

竹園

狀伏隆　狄葉
閣鶏
山嶺
石門峽
棗邑企

田心
川志浦
平頂 思蓮鎮
旗

图 2.29　孙燕谋编纂:《香山县左步（埗）头孙氏源流考》

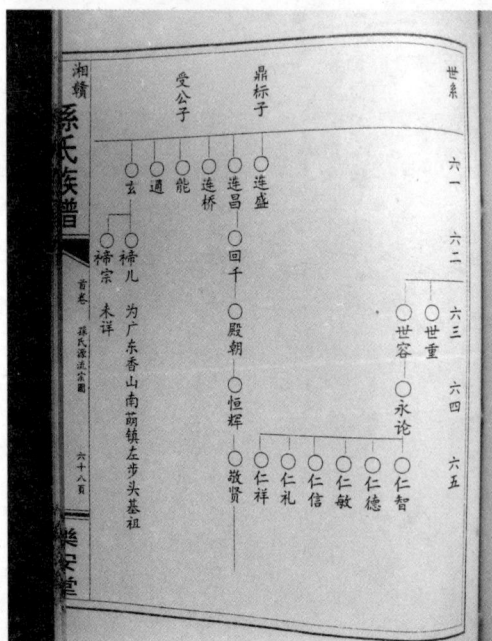

图 2.30　《湘、赣、粤、桂孙氏族谱》页 68a

又承孙燕谋先生出示他珍藏的《湘、赣、粤、桂孙氏族谱》。[249] 该谱不单转载了上述之所谓〈唐东平侯讱公像〉和〈东坡赞〉（页 10a—b），更印有世系表如下："鼎标——连昌——迥千——殿朝——恒辉——敬贤"（页 68a）。敬贤公是孙中山祖父。如此这般，就把孙中山先祖上溯到紫金的孙鼎标！　（见图 2.30）

该谱由一个名为"湘、赣、粤、桂孙氏族谱理事会"的组织所编辑，而左埗头村孙燕谋先生的名字赫然出现在理事名单上。若紫金孙氏作这种表述，毫不奇怪。现在竟然是左埗头的孙氏耆老似乎也参与了这种表述，则将来若再起什么争论，如何是好？笔者辞别孙燕谋先生后，2009 年 1 月 17 日清晨按照原定计划出境到香港连夜转英国，继续追查李伯新副馆长那幅〈东镇图〉（见上文），但心里一直忐忑不安，故在剑桥鉴定了李伯新先生所转载的〈东镇图〉是出自台湾学生书局所影印出版的《香山县志续编》之后，即于 2009 年 1 月 31 日坐夜机飞返香港再转广州，待克服时差后又专程赶往翠亨村，再次承孙中山故居纪念馆萧润君馆长派车派员接待，直趋左埗头村，唯这次却被孙燕谋先生拒诸门外。

笔者电广东省人民政府外事办公室（简称省外办）求助。省外办建议笔者就近向中山市外事侨务局请教，于是汽车改道往石岐，拜会该局张峻峰副局长。笔者道明来意后，张峻峰副局长深明大义，慨允援手，并建议笔者公函翠亨村孙中山故居纪念馆萧润君馆长和中山市孙中山研究会杨海会长，另抄送省外办和中山市外事侨务局，希望各方联手说服孙燕谋先生再度接见笔者。笔者遵嘱在当晚即草拟电子公函；由于该函分析了事态的严重性，特全文转录如下：

润君馆长、杨海会长赐鉴：

今天我专程到中山市来，目的是再度拜访南蓢镇左埗头村的孙燕谋先生，准备恳请他老人家：

（一）容许我为他拥有的《湘、赣、粤、桂孙氏族谱》全文拍照。该谱 1995 年出版，向湘、赣、粤、桂四省各房孙氏后裔及海外蕃衍各支广为推荐，影响深远。

---

[249]　该谱同样属私人印刷性质，无出版社，1995 年印制，孙燕谋先生家藏。

（二）介绍该谱的筹备、搜集资料、编辑、出版的过程，有没有紫金的人参与等等。

（三）请他进一步阐述他过去与已故的孙中山故居纪念馆前负责人李伯新先生争论的内容、经过与结果。

（四）与我一起查阅其收藏的《宋史·孙固传》。

2008年12月18日我初次拜访孙燕谋先生时，承他面告，《宋史》中的孙固，其字并非"允中"，与《湘、赣、粤、桂孙氏族谱》之中的"允中公"不是同一人。这次我是要进一步核实其事。

其实，把孙氏祖先之中的"允中公"攀附为《宋史》中的孙固，只是该谱毛病之一。更严重的是该谱把紫金的客家人孙鼎标说成是孙中山直系祖先。

正是1942年广州市中山大学的客家人罗香林教授，在其名著《国父家世源流考》中，把紫金的孙鼎标说成是孙中山直系祖先，并准此而把孙中山说成是客家人。

罗香林所倡导的新说，在政治上曾引起过两场不大不小的风波，在法律上引起一场官司，在学术界引起几十年来无休无止的争论，在社会上引起海内外广大客家人和广府人激烈的对峙情绪，大大破坏了民族团结与社会和谐，贻害既深且广。

现在《湘、赣、粤、桂孙氏族谱》把紫金的客家人孙鼎标说成是孙中山直系祖先，恐怕会引起一场新的、更为激烈的争论。理由如下：

（一）该谱由"湘、赣、粤、桂孙氏族谱理事会"编辑。

（二）左埗头村孙燕谋先生的名字赫然出现在理事名单上。这是否显示孙燕谋先生曾参与该谱的编辑工作？他过去与已故的孙中山故居纪念馆前负责人李伯新先生激烈的争论，是否与此有关？因为李伯新先生暨故居同仁皆反对"紫金说"。

（三）左埗头村的孙氏家族在孙中山是广府人还是客家人的争论之中，占举足轻重的地位，因为1912年孙中山卸任临时大总统后，于5月与其兄孙眉举家前往左埗头村的孙氏大宗祠拜祭伯房先祖，是孙中山亲自承认其与左埗头孙氏同源的明证。

（四）现在左埗头的耆老孙燕谋先生，若曾参与编辑了《湘、赣、粤、桂孙氏族谱》，又把紫金的客家人孙鼎标说成是孙中山直系祖先，无疑在孙中山是广府人还是客家人这场争论中，火上浇油。客籍的罗香林把孙中山说成是客家人，毫不奇怪。若孙中山宗亲、身为广府人的孙燕谋把孙中山说成是客家人，后果会怎样？

2008年12月18日我初次拜访孙燕谋先生并阅读过该谱之后，曾指出上述险情。他老人家马上否认曾参与该谱编辑之事。准此，我请求他撰写一段简短文字存案，澄清其事，以免给人话柄，把左埗头孙氏家族牵进旋涡。他说会考虑考虑。

事后我回想其事，愈想愈是心寒，而孙燕谋先生又久久没有动静。担心之余，我决定必须火速防患于未然，并在2009年2月9日向润君馆长您表达了我专程赴中山市再度拜访孙燕谋先生的愿望，希望借此了解个中情由如上。我的最终目标是自己亲自撰文澄清其事。因为，我考虑到孙燕谋先生迟迟不动笔的原因，很可能是他的确曾参与该谱的编辑。果真如此，则若他事后撰文否认其事，会给其他编辑一种出尔反尔的感觉。若由我代劳，可省了他的尴尬。

2009年2月17日星期二23：00时

不料今天09:15时甫见您派到珠海边检接我的黄凤霞主任，即承黄凤霞主任相告，孙燕谋先生拒绝会见任何客人。我退而求其次，要求光是全文拍摄《湘、赣、粤、桂孙氏族谱》。不料答复是：孙燕谋先生再不愿意出示任何资料给任何人参考。无计可施之余，特修书求教。若孙燕谋先生终于同意合作，我愿意在2009年4月复活节假期，再度自澳大利亚专程赴左埗头拜访孙燕谋先生。

我没有杨海会长的电邮地址。恩请润君馆长您把此信列印出来后转他。

我期待佳音，并遥祝各位

身体健康，万事如意

黄宇和

于中山市翠亨村翠亨宾馆

最终结果是：四方八面的人士似乎也说服不了老先生。

笔者另辟蹊径，详细审阅该《湘、赣、粤、桂孙氏族谱》，试图找出一些蛛丝马迹，结果发现曾负责印制该谱的机构是一家名叫上票浪潮复印打字部的公司之后，估计该公司就在石岐市，于是在 2009 年 3 月 16 日和 29 日又先后电请中山友协向该上票浪潮复印打字部：

1. 代购一本 1994 年印制的《湘、赣、粤、桂孙氏族谱》。

2. 了解是谁委托该公司印制《湘、赣、粤、桂孙氏族谱》，以便笔者向他采访，结果又是徒劳无功。最后，笔者试图从网络上查出该上票浪潮复印打字部所在何方，也是白费时间。

2009 年 4 月 10 日至 26 日，笔者趁复活节假期兼学期小休，再度飞香港转广州及中山市作最后努力，结果仍是徒劳，只好作罢。

若将来有人用该谱来大做文章，甚至借此企图证明孙中山乃客家人，则本文已经指出该谱把孙中山祖先上溯至紫金客家人孙鼎标的做法，是毫无根据的，纯属移花接木之举。

过去有些编族谱的人诸如江西宁都《孙氏族谱》的编者，刻意把先祖包装成达官贵人之余，虚构爵位、伪造像赞，在所不惜。结果紫金忠坝的孙氏又把自己的祖先硬接上去，让罗香林有机可乘，强把翠亨孙氏也硬接上去而编造了"国父乃客家人"之说，挑起土客笔战垂一甲子，大大不利于民族团结。[250] 中国改革开放三十多年，经济起飞带动了各地大修方志、家谱的热潮，粗制滥造之作，比比皆是，《湘、赣、粤、桂孙氏族谱》是潜伏着杀伤力最大的计时炸弹之一。

近代家谱学开拓者之一的潘光旦曾告诫曰：编家谱必须"严谨翔实"。[251] 编者与读者，能不慎之！

---

[250] 见拙文〈孙逸仙祖籍问题探索——孙氏是本地人（广府人）还是客家人？〉，《九州学林》总第 23 辑（2009 年春季），第 101—191 页。

[251] 见张笑川：〈潘光旦家谱学研究〉，《苏州科技学院学报（社会科学版）》，第 23 卷，第 2 期，第 105—109 页；其中第 107 页。感谢香港中文大学的黎耀强先生找出该文掷下。

(iii) 王斧（录）:《总理家谱照录》(1930 年 11 月 8 日)，台北中国国民党文化传播委员会党史馆藏，编号 030/82

中国国民党中央委员会党史委员会所珍藏的文献，堪称权威。该会原名党史史料编纂委员会，1930 年 5 月 1 日成立于南京，职司革命文献、文物之征集与典藏。抗日战争期间（1937—1945），迁驻重庆，胜利后迁返南京。1949 年国府迁台，该会亦将全部史料转移，庋藏于南投县之草屯荔园。随着 1972 年的政制改革，该会改称党史委员会，职掌亦随之扩展为史料文献之征集、整理、研究、编纂、出版与展览。1979 年 6 月，会址迁至阳明山阳明书屋。阳明书屋坐落于阳明山后山，云山环抱，花木扶疏，为学术研究提供良好环境。世界各地学者趋之若鹜，声名大噪。后来虽然精减了人员，缩小了业务，会址也退到台北市中心，名字亦改为中国国民党文化传播委员会党史馆。但其珍藏的文献，权威不减。

该会所藏有关孙中山祖籍问题的珍贵文献之一，是《总理家谱照录》。事缘 1930 年 11 月 8 日，党史会成立不到半年，就委派其编纂王斧到翠亨村调查孙中山祖籍，并采访了孙中山姐姐孙妙茜。结果王斧写了《总理家谱照录》。笔者多年来从事孙中山祖籍问题探索，台北之旅，志在必行。终于在 2009 年 7 月 1 日如愿以偿，到达了台北中山南路十一号六楼中国国民党文化传播委员会党史馆查核。结果发现了如下文献，原件有三单页，用"中国国民党中央执行委员会党史史料编纂委员会笺"抄写，编号是 030/82：王斧（录）:《总理家谱照录》，油印八十份，十一、八（1930 年 11 月 8 日）。

为何王斧称之为《照录》？盖孙妙茜在接见他的时候，曾出示孙氏家藏的《孙氏家谱》、《列祖生殁纪念簿》等手稿，看来王斧自称是"照录"了。笔者在前往台北之前，已经频频参阅过孙中山故居纪念馆编《孙中山家世：资料与研究》（北京：中国大百科全书出版社，2001），因为该书早已把《孙氏家谱》和《列祖生殁纪念簿》这两份手稿排版转载。但笔者恐怕排版稿与原稿有别，又曾专程到翠亨村孙中山故居纪念馆恳请萧润君馆长让笔者鉴定原件。萧馆长也不以为忤，破例让笔者戴起手套观摩，果然是一字不改地排版了。

但笔者仍决心追阅王斧的《照录》，总是希望看到王斧另有发现并有所补充。

不料当笔者钻研该《照录》的内容时，却发觉王斧是有选择地抽录上述两份手稿来拼凑了他自己的《照录》，也明显地擅自增加了一些内容。譬如，王斧首先列出"十一世祖考讳瑞英公"，比两份原稿所列瑞英公的内容多了一个"讳"字。至于十八世孙中山，《孙氏家谱》只列到十四世，自然没有孙中山名字。《列祖生殁纪念簿》有列孙中山，但它是这样记录的：

> 十八世祖考字德明，达成公三子，生同治丙寅年十月初六日寅时，卒民国十四年二月十八日乙时，寿六十岁。

且看王斧是如何"照录"的：

> 十八世祖考，讳德明，乳名帝象，字日新，又逸仙（达成公五子，是为总理）。生于清同治丙寅年十月初二〔笔者按：后改为初六〕日寅时。卒于民国十四年二月十八日乙时。享寿六十岁。

王斧添油加醋之处，最让人不忍卒睹者，莫如他替孙氏历代祖先皆增加了一个"讳"字，无意中把孙中山变成客家人！因为，诚如笔者多年来在翠亨村及翠谷之内大小村落钻研各家族谱和墓碑所得之结论，在孙中山那个年代，翠亨村广府人尊称其已故的男人为"考"。而笔者到紫金县城及忠坝镇孙屋排实地调查的结果是，该地客家人的族谱和墓碑皆尊称其已故的男人为"讳"。

讽刺的是，当时王斧实地调查所得的结论是孙中山乃迁自东莞的广府人，且看其《照录》里的最后一段文字："以上就总理家谱抄录。其余总理远祖乃由粤东之东莞县迁往香山县。较详史料，容续告。"

可惜当今的党史馆也太落后，不像英国国家档案馆那样，容许读者任意为原始文献拍照或复印，否则笔者可以将其转载在此，以便"奇文共欣赏"。

尤幸 2009 年 7 月 3 日，笔者在台北中研院近代史研究所以孙中山祖籍问题为题作学术报告时，承党史会李云汉前主任委员解释说：当时被委任为该会纂修的，全部是曾经长期与孙中山共事并非常熟识的革命元老，而且大部分是广东人，唯没有一位是史学家，所以在处理史料时，就缺乏史学家的严谨。[252] 可惜，从此史学家都必须依靠那些像存放在权威的档案馆诸如党史馆内王斧的"照录"，史家能不慎重？能不多方比较？……

多方比较的结果，让笔者深深地体会到，虽然党史会的邓慕韩并非一位训练有素的史学家，但其坚持治史必须严谨地、不畏权势地查明历史真相的精神，令人敬仰。正如上文考证所得，他逆流而上，坚决指出罗香林《国父家世源流考》查无实据之处，就是一例。后来为了探索 1895 年广州起义失败后，孙中山何时离开广州及其他问题时，邓慕韩根据"孙中山先生所谈，及当日亲与其事诸同志所述"编成〈乙未广州革命始末记〉一文，"复经陈少白先生审核"[253]后，勇敢地指出："《孙文学说》第八章'有志竟成'云：三日尚在城内系误记。"[254]为何误记？是孙中山记忆错误还是故意误记？则邓慕韩没有深究。这宗历史悬案，笔者将在本书第八章试图破解。

(iv) 孙满（编）：《翠亨孙氏达成祖家谱》，1998 年 12 月印本

孙中山长兄孙眉先生之嫡孙孙满先生 1998 年所编写的《翠亨孙达成祖家谱》，在描述其叔公孙中山时，偏偏又加了一个"讳"字。[255] 孙满是否受到王斧的影响而这样做？同样讽刺的是，看其序言，可知孙满是极力反对罗香林之"客家说"的。

无论如何，若罗香林复生而作风未改，则必定振振有词地说："看！翠亨孙氏后人也尊称国父为'讳'，国父还不是客家人！"

(v) 小结

本节涉及的四种史籍与史料，都是名副其实的计时炸弹。笔者是否已经成功地将其拆除，则有待时间考验，在此不赘。

---

[252] 李云汉先生在中研院近史所笔者的学术报告讨论会的发言记录，2009 年 7 月 3 日 15:00—17:00。
[253] 〈乙未广州革命始末记〉，载《辛亥革命史料选辑》（长沙：湖南人民出版社，1981），上册，第 9—19 页；其中第 19 页〈慕韩附识〉。
[254] 同上书，第 18 页。
[255] 孙妙茜所藏的《列祖生殁纪念簿》对孙中山的描述是"十八世祖考字德名（明）"。孙满的描述为"十八世三房考德明讳文……"分别见故居编：《家世》(2001)，第 11 页和第 20 页。

八、后　论

1949 年国府迁台，罗香林从广州移席到香港教书，终于当上香港大学中文系讲座教授兼系主任，桃李满门，被誉为香港史学界的泰山北斗，以"国父祖籍"与"客家源流"两大研究领域的成就著称。[256]

关于罗香林对"国父祖籍"的研究方法与成果，本文商榷过了，结论是查无实据。[257] 为何用查无实据之所谓"史料"来写历史？除了个人动机以外，从宏观方向诸如意识形态的角度看问题，则罗香林的《国父家世源流考》，完全配合了当时国民党的党国意识，是历史为政治现实服务的典型。如此当然歪曲了历史真相，后继者戒！[258]

至于其对"客家源流"的研究方法与成果，则已故的澳大利亚华裔学者梁肇庭所得出的结论，与笔者略同。[259] 美国哥伦比亚大学人类学家科恩（Myron L. Cohen）所得出的结论，亦不远矣。[260] 福建师范大学的谢重光，在分析罗香林的个人动机时写道：

> 大家知道，罗香林先生写作《客家研究导论》的初衷，是为了回击某些对于客家的恶意攻击中伤，也是为了将客家人的正面形象揭之于世。特定的历史情景，决定了他特殊的立场和感情，他是怀着卫道者的凛然正气投入客家研究的。秉持

---

[256]　详见马楚坚、杨小燕主编：《罗香林教授与香港史学：逝世二十周年纪念论文集》（香港：罗香林教授逝世二十周年纪念学术研讨会筹备委员会，2006）。

[257]　早在 20 世纪 80 年代，孙甄陶已经奔走于港、台之间，大声疾呼《国父家世源流考》属"查无实据"，可惜他本人没法找出"查无实据"的实际情况而已。详见孙甄陶：〈国父家族历史尚待考证——读罗著《国父家世源流考》存疑〉，台北《传记文学》，第三十八卷，第 3、4 期（1981）。后来孙甄陶又以〈读罗著《国父家世源流考》存疑〉为题把稿子投香港的《新亚学报》，第十四卷（1984）。最后，该文收入故居编：《家世》（2001），第 351—367 页。

[258]　对于党国意识这个问题，潘光哲有不错的阐述，见其〈诠释"国父"：以罗香林的《国父家世源流考》为例〉，《香港中国近代史学报》，第三卷（2005），第 57—76 页。感谢香港城市大学范家伟博士赐寄该文。

[259]　见 Sow-Theng Leong, *Migration and Ethnicity in Chinese History: Hakkas, Pengmin, and Their Neighbors,* edited by Tim Wright (Stanford: Stanford University Press, 1997)。

[260]　见 Myron L. Cohen, *Kinship, Contract, Community and State: Anthropological Perspectives on China* (Stanford: Stanford University Press, 2005)。

为客家人争地位争正统的立场，他的笔端总是流泻出深厚的感情……[261]

本文证实，罗香林"秉持为客家人争地位争正统的立场"，已经发展成"为客家人争国父"。办法是：

1. 把"公馆背"说成是"公馆村"；

2. 把"公馆村"等同"龚公村"；

3. 直把韩江作东江；

4. "指鹿为马"般硬把此"琏"作彼"连"。[262]

在分析罗香林进行"客家研究"的意识形态时，谢重光写道：

罗先生在学理上造成失误的原因并非其特殊立场、感情一端。究其失误，概要地说：一是种族论和血统论的民族观；二是中原正统的文化观。这两个方面，乃是当时相当一部分人的看法。就此而言，他的失误，又是时代的通病。[263]

所谓时代通病之一的"中原正统文化观"者，谢重光诠释曰：

就是认为中原文化是中华文化的正统，是高雅的、博大精深的，而周边各族的文化都是非正统的、粗鄙的、低下的。[264]

---

[261] 谢重光：〈罗香林先生客家研究的贡献与局限〉，载嘉应学院客家研究所编：《客家研究辑刊》，2007 年第 2 期（总第 31 期），第 80—85 页；其中第 83 页，第 4 段。感谢广州市中山大学八十岁高龄的人类学家黄淑娉先生，在 2009 年 7 月 9 日，冒着烈日当空，在 36℃ 的高温之下，拿着沉重的十五册《客家研究辑刊》来到中山大学紫荆园专家楼，放下书包就走，水也不喝一杯，让笔者非常过意不去，也不晓得如何感谢她。她从来就是坚持送书；无论笔者如何劝解，她也不改变主意。黄淑娉先生乃当今中国大陆著名的人类学家，毕生从事云南、贵州、广西、广东、福建等地的少数民族、华南各民系等实地调查和研究。年前她陪笔者到翠亨村做实地调查。经过一天辛劳，笔者已累得几乎散了架，她仍健步如飞，当是几十年来在极度艰苦的环境下做实地调查工作而锻炼出来的坚强体格与不屈不挠的个性。

[262] 见本章第三节（i）。

[263] 谢重光：〈罗香林先生客家研究的贡献与局限〉，载嘉应学院客家研究所编：《客家研究辑刊》，2007 年第 2 期（总第 31 期），第 80—85 页；其中第 83 页，第 5 段。

[264] 谢重光：〈罗香林先生客家研究的贡献与局限〉，载嘉应学院客家研究所编：《客家研究辑刊》，2007 年第 2 期（总第 31 期），第 80—85 页；其中第 85 页，第 1 段。这个"中原正统文化观"与过去"欧洲正统文化观"（Orientalism）有异曲同工之妙。见 Edward Said, *Orientalism* (New York: Vintage Books, 1978)。

准此，罗香林把翠亨村孙中山的祖先，像移花接木般接到紫金的孙氏。盖紫金的孙氏又曾在重修其族谱时，移花接木般将其祖先接到江西宁都的孙氏。而江西宁都的孙氏，又曾杜撰出一个东平侯的祖先，并硬指张巡之庙乃东平侯庙。唯江西到底不是中原，于是罗香林就把那份甚至与紫金都毫无关联的广东省兴宁县官田村的《孙氏族谱》接上去。因为该谱自称其祖先来自中原"陈州"，于是罗香林就硬指"陈州"即"陈留"。如此这般，就把国父包装成为中原"陈留"的后代。罗香林把其重重包装的《国父家世源流考》书稿呈孙科求序，是否也估计到，当时的党国要人，除了当时紧急的政治需要以外[265]，同样是深受时代通病之"中原正统文化观"的影响，而博其华宠？结果，孙科、蒋中正、邹鲁、吴铁城、陈果夫、于右任等，为了塑造出一个完美的"国父"形象，通通跟着罗香林团团转，捂着眼睛照单全收。罗香林宁不雀跃！[266]

至于时代通病之二的"种族论和血统论"，谢重光诠释如下：

> 种族论和血统论的民族观，就是用种族和血统的因素诠释民族和民系的形成，以及民族和民系的特性。其论早在罗香林先生之前就颇盛行。……罗香林先生受到时代潮流的影响，加之以本人强烈的客家自尊自强的立场和感情，遂将此种颇有种族主义之嫌的理论加以放大和强化……不仅在《客家研究导论》里一再表述，到了1950年写的《客家源流考》还认为客家人周围的汉族各民系如越海系、湘赣系、南海系、闽海系等，都因与南方各部族接触而发生混化，唯独客家人"仍为纯粹自体"，因而"客家民系实在是一群强者的血统"，"他们有优者的遗产"。[267]

这个时代通病之二，根源在于欧洲。19世纪英国人建立了史无前例的日不落大英

---

[265]　见本章第三节（iii）。

[266]　见本章第三节（ii）。

[267]　谢重光：〈罗香林先生客家研究的贡献与局限〉，载嘉应学院客家研究所编：《客家研究辑刊》，2007年第2期（总第31期），第80—85页；其中第83页，第6段，引罗香林：《客家源流考》（北京：中国华侨出版公司，1989），第41，105页。

帝国，为了解释其强大之由，就杜撰了"英以色列民族"（British Israel）这样的一个神话。德国为了与英国争雄，又杜撰了"条顿民族"（Teuton）这样的一个谎言。两者有一个共同点：都强调"纯血统民族"是优者。这一切，又与当时极为盛行的、以社会科学形式出现的变相达尔文学说混在一起。孙中山1896年至1897年间旅英自学，也深受影响。结果，1924年在其民族主义的演说里，为了重建民族自信，孙中山迫不得已把血统混得不能再混的中华民族，极为牵强地说成是纯血统的民族，以抵抗当时貌似全世界最强大的、唯同样是混血得很的盎格鲁—撒克逊（Anglo-Saxon）民族。[268]

但是，孙中山所说的中华民族乃纯血统的民族，是对外而言。至于对内，孙中山是强调五族共和、中华民族大团结的。[269] 客家人乃中华民族之中众多的民系之一，罗香林强调客家人纯种，变相骂周边其他民系杂种，就严重地违反了国父遗教，极端不利于民族团结。

若把眼光放到中国以外，宏观地看世界历史，则在罗香林撰写《客家研究导论》的1933年，第二次世界大战还未爆发，德军还未进行民族大清洗。可是，到在罗香林撰写《客家源流考》的1950年，当几乎全世界的知识分子都强烈谴责德军曾为了净化本国国民血统而大量屠杀犹太人时，罗香林竟然还坚说客家人周围的汉族与其他民系诸如越海系、湘赣系、南海系、闽海系等皆杂种，唯独客家人"仍为纯粹自体"，"是一群强者的血统"，"有优者的遗产"，就实在说不过去了。

笔者这种看法，是一位历史工作者对另一位历史工作者（哪怕是前辈），在学术标准上的要求。至于罗香林先生已经制造出来的神话，窃以为历史与神话之间纠缠不清，古今中外皆然。发展至今，在西方已有共识：即我们既需要历史也需要神话。而且，出于对神话制作者及信仰者的尊敬，干脆把神话尊称为"记忆"（memory）。"记忆"者，人们选择以记忆之事也。所记忆者，包括确实曾发生过的事情（历史），也包括从来未发生过的事情（神话）。之所以把曾发生过的事情

---

[268]　孙中山：〈民族主义第一讲〉，载《国父全集》（1989），第一册，第6页，第15—17行。
[269]　同上。

称为历史，是因为经过严谨的历史学家发掘了真凭实据以证明的确曾发生过这样的事情。之所以把从未发生过的事情称为神话，是经过严谨的历史学家冷静地鉴定以后，发觉查无实据。

"记忆"所及之故事，可以通过口述、小说、电影甚至教科书等渠道以达教化之功。当这故事被大众接受以后，就成为"集体记忆"（collective memory）。若这个被大众所接受了的故事是关于历史上真正出现过的真人真事，而制作者又曾竭尽心力保证其准确性，那么历史就变成"集体记忆"。若这个故事纯属虚构或半真半假，目的是要满足某种感情上、政治上或其他需要，则此举虽属误用历史，但当它被大众所接受以后，同样地成为"集体记忆"，无法抹掉，历史学家必须接受这个现实。而且，历史与记忆，没必要互相排斥。历史哺育了记忆，记忆活跃了历史，增强了历史的生命力，使普罗大众也能从历史吸取教训，浩气长存。[270]

作为近代史讲座教授，笔者坚持在科研上竭尽所能求真。作为社会科学院院士，为了社会和谐，笔者赞成历史与那些已经成为记忆的神话相辅相成。但归根结底，窃以为愈多实事求是，愈少制造新的神话，社会可能愈和谐。

---

[270]　Wood, Gordon S. "No Thanks for the Memories — A review of Jill Lepore, The Whites of Their Eyes: The Tea Party's Revolution and the Battle Over American History (Princeton University Press, 2010)", *New York Review of Books*, 13 January 2010, quoting Bernard Bailyn's concluding speech at "a 1998 conference on the Atlantic slave trade that had threatened to break apart, as many black scholars and others present emotionally reacted to the presentation of the cold and statistically grounded scholarly papers dealing with the slave trade. With his distinction between history and memory, Bailyn calmed the passions of the conference".

第三章

国学渊源：
《三字经》、《千字文》、四书五经 [1]

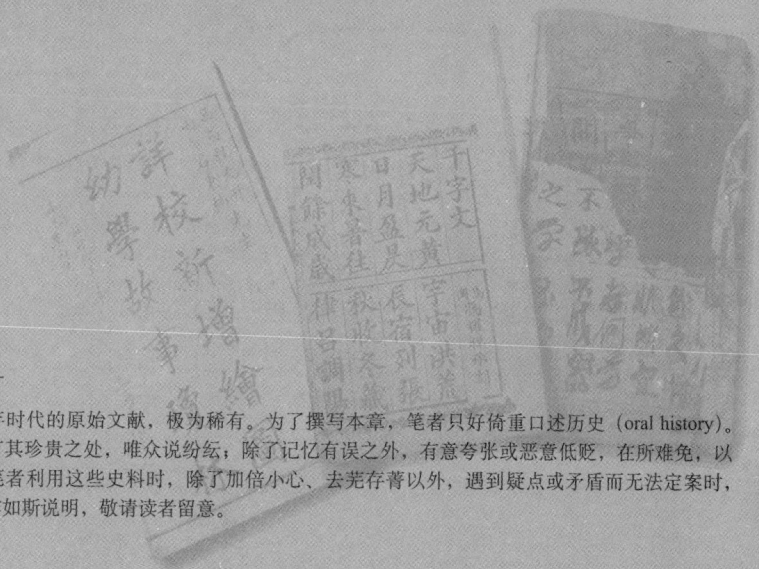

---

[1] 有关孙中山童年时代的原始文献，极为稀有。为了撰写本章，笔者只好倚重口述历史（oral history）。口述历史，自有其珍贵之处，唯众说纷纭，除了记忆有误之外，有意夸张或恶意低贬，在所难免，以致矛盾百出。笔者利用这些史料时，除了加倍小心、去芜存菁以外，遇到疑点或矛盾而无法定案时，只好在注释中作如斯说明，敬请读者留意。

一、出身寒微

1866 年 11 月 12 日，孙中山在广东省香山县南朗镇翠亨村诞生了。

孙中山在 1925 年逝世后，国民政府把香山县改名中山县，以资纪念。自从 1978 年邓小平改革开放以后，中山县经济迅速发展，1983 年 12 月 22 日，撤销中山县，设立中山市（县级），以中山县的行政区域为中山市的行政区域。1988 年 1 月 7 日，县级中山市升格为地级中山市，由广东省人民政府管辖。中山市跻身广东"四小虎"之一的经济地位。若以中山市当今的繁荣来考量 1866 年那贫穷落后的香山县，属以今况古，不符合历史事实。

至于孙中山出生的那幢房子，现在已不存在，但必须考证它是什么性质的房子？用什么材料建成的？面积有多大？因为从孙中山出生的房子来看，某种程度上可知其出身是寒微还是富裕。像考证孙中山的家世源流一样，这种微观探索，直接影响到我们对宏观历史的了解。而本书要了解的宏观历史问题，正是孙中山的革命思想来自何方？若他家境富裕，他会有一套想法。若出身寒微，思想感情又会不一样。

从这角度看问题，则最强烈的对比之一，是孙中山与杨鹤龄。两人同一辈分，源自同一条村，后来在香港时同是四大寇之一。杨家先在澳门做生意有成，生意随即发展到香港，在港岛成立杨耀记商店。"尝在店内独辟一楼，为友朋聚集谈话之所。……孙〔逸仙〕、陈〔少白〕、尤〔列〕、杨〔鹤龄〕四人每日在杨耀记高谈造反覆满，兴高采烈，时人咸以四大寇称之。"[2] 为何杨鹤龄出生富裕家庭，却"高谈造反覆满"？看来主要原因，并不是因为他像孙中山那样，对满清政权有切肤之痛的认识，也不是因为他像孙中山一样对广大受压迫的人民有深切

---

[2]　冯自由：〈兴中会四大寇订交始末〉，《革命逸史》（北京：中华书局，1981 年重版），第一册，第 8—9 页。

图 3.1 翠亨村旧貌（翠亨村孙中山故居纪念馆供图）

图 3.2 当今的翠亨村孙中山故居（翠亨村孙中山故居纪念馆供图）

的同情，而只是因为他为人"性不羁，喜戏谑"[3] 而已。所以，到了真正采取行动来推翻满清——1895 年广州起义——的时候，杨鹤龄就拒绝参与了。[4] 后来孙中山革命有成，对杨鹤龄等旧识礼遇有加（见本书第六章），唯杨鹤龄要求的却是实际官职，且理由并非因为杨鹤龄本人才具出众，而只是"始谋于我，而收效岂可无我乎？"[5] 孙中山批曰："真革命党，志在国家，必不屑于升官发财；彼能升官发财者，悉属伪革命党，此又何足为怪。现无事可办，无所用于长才。"[6] 为何杨鹤龄"性不羁，喜戏谑"，无他，宠坏了的孩子，纨绔习气，奈何！

富裕与贫寒，也直接影响到一个人的情操——是谦虚还是狂妄。孙中山雍容大度，众所周知，就连受过美国高等教育的妙龄宋庆龄，也为之倾倒。反观杨鹤龄，翠亨村的同村人士回忆说："关于杨鹤龄的生平，第一是粗口，待客人极端无礼，迎客不穿面衣的，只坐在家中，开口第二句就'丢那妈'地骂人，使人见了害怕。"[7] 杨鹤龄不把心思放在国家大事，徒知顾影自怜，以致个人修养也每况愈下。

家庭背景之贫富也影响到一个人的健康。孙中山当上西医后，把杨鹤龄这样的富家子弟之实际情况与西医育婴的理论结合起来，1897 年在伦敦时就很感慨地说："中国的穷家婴儿，粗生粗长，除非有瘟疫，否则一般来说，夭折的比率较低。中国的富家婴儿，夭折的比率反而很高，远远比英国婴儿夭折率要高；尽管活下来了，体质也孱弱不堪，因为父母把他们全宠坏了，孩子们嚷着要什么就给什么，甚至那些对孩子健康绝无好处的东西也给。"[8] 若体质孱弱不堪，尽管矢志

[3] 同上书，第 8 页。

[4] 陈少白：〈四大寇名称之由来〉，载陈少白著：《兴中会革命别录》，转载于《中国近代史资料丛刊·辛亥革命》（上海：上海人民出版社，1981），第一册，第 76—84 页：其中第 83 页。

[5] 杨鹤龄致孙中山函，1920 年 1 月 9 日，载杨效农主编：《孙中山生平史料及台报纪念特刊选集》（北京：新华社《参考消息》编辑部，1986 年 11 月），第 42 页。该函藏中国国民党中央党史委员会，原日期是 1 月 9 日，16 日收到。经中山大学余齐昭老师考证，年份应作 1920 年，与《国父年谱》所列吻合。见余齐昭：《孙中山文史图片考释》（广州：广东省地图出版社，1999），第 450 页，注 8。

[6] 孙中山：〈批杨鹤龄函〉，1920 年 1 月 16 日，《孙中山全集》（北京：中华书局，1985），第五卷，第 205 页。

[7] 李伯新采访杨珍（1897 年生），1965 年 10 月 8 日，载李伯新：《孙中山史迹忆访录》，中山文史第 38 辑（中山：中国人民政治协商会议广东省中山市委员会文史学习委员会，1996），第 100—101 页：其中第 101 页。以下简称李伯新：《忆访录》（1996）。

[8] Edwin Collins, "Chinese Children: How They are Reared — Special Interview with Dr Sun Yat Sen", *Baby: The Mothers' Magazine* (London), v.10, no.113 (April 1897), pp.122-123. I am grateful to Mr Patrick Anderson for a copy of this article.

革命，也有心无力。

所以，微观地彻查孙中山出生的房子是哪种性质，深具重大意义。很多人以为当今那座著名的翠亨村孙中山故居即孙中山出生地，那么他肯定是富家子弟。但是，这座兼具中西特色的豪华住宅，是孙中山的哥哥孙眉在夏威夷做生意发迹后，汇款回家，由当时已经成长并在香港读书的孙中山所设计而成。什么时候建成？汉语档案资料谓1891年。[9] 汉语口碑说："1885年先建起一间平房，现旧门口仍在。后来在旁边又建起两座，四周楼房可走通，成现状。本来1892年建成中山故居时，有一个小厨房，在屋后走廊处，地方狭小，不够用。现在厨房是以后建的，孙中山好像没有用过。"[10] 从英语资料看，则该房子的第一期工程之所谓"平房"，在1884年已建成，目标是赶上当时孙中山成亲。孙中山在1884年5月26日成亲，数周后喜嘉理牧师到访，住在孙家，说是宽新房子。[11]

正因为孙中山出生的房子已不存在，所以众说纷纭，近百年来争论不休。争论的焦点是：该屋是青砖大屋还是泥砖蜗居？

当今游人到翠亨村参观，所看到的模拟场景，是青砖屋。该景收入孙中山故居纪念馆编《中国民主革命的伟大先驱孙中山》，发行全球。图片的标题是"孙中山出生前后的孙家家境（模拟场景）"。[12] 为了此事，2006年3月4日星期六，笔者专程到翠亨村采访孙中山故居纪念馆萧润君馆长。他回答说："李伯新曾多次对我说：孙中山出生的房子是泥砖屋。李伯新自言1955年被派到翠亨村看管故居时，看到孙中山出生的泥砖屋还剩下一片泥砖墙的颓垣断壁。后来水淹故居，该泥砖墙的颓垣断壁就散掉了。所以，大家就从其说。"[13] 笔者想：若"从其说"，则模拟场景应该是泥砖屋，为何现在陈列的却是青砖屋？青砖屋之说有何

[9] 王斧：〈总理故乡史料征集记〉，原件藏中国国民党党史馆，刊刻版本见《建国月刊》，第五卷第1期。转载于故居编：《家世》（2001），第113—119页：其中第114页。

[10] 李伯新采访陆天祥（1876年生），1962年3月31日（其女杨侠云帮助回忆），载李伯新：《忆访录》（1996），第65—68页：其中第66页。

[11] Charles R. Hager, "Dr Sun Yat Sen: Some Personal Reminiscences", *The Missionary Herald* (Boston, April 1912), pp. 171-174: at p. 171.

[12] 孙中山故居纪念馆编：《中国民主革命的伟大先驱孙中山》（北京：中国大百科全书出版社，2001），第9页。

[13] 黄宇和：〈翠亨村调查报告〉（手稿），2006年3月4日。

图 3.3　采访李伯新先生（2006 年 3 月 28 日黄健敏摄）

图 3.4　〈翠亨乡地籍总图〉，显示孙中山出生之房子比下户更处村边
（翠亨村耆老杨帝俊藏，2006 年 7 月 21 日黄宇和摄后，俊公慨赠翠
亨村孙中山故居纪念馆藏。图正中最下角标有"总理故居"字样）

根据？

李伯新先生从 1955 年 9 月起就在故居工作，从此孜孜不倦地搜集有关孙中山的文物，并采访翠亨村及附近村庄的耆老，编写成《孙中山史迹忆访录》[14]，为研究者提供珍贵的口述史料，功劳巨大。笔者觉得有必要亲自采访他本人，于是在 2006 年 3 月 28 日再次专程到翠亨村采访李伯新先生，问他为何过去曾相信孙中山出生的房子是泥砖屋，现在模拟场景却变成青砖屋？有何根据？

李伯新先生对笔者提问的回答是："听老人家如此说。"至于是哪位老人家，李伯新先生说不出来。他不提颓垣断壁之事，让笔者甚感奇怪，于是重复萧润君馆长的话，并追问说："您凭什么判断 1955 年您看到的颓垣断壁就是孙中山出生的房子的一部分？"李伯新先生同样回答不了。当时陪同笔者的一位年轻研究员马上插嘴说："孙中山父亲孙达成的邻居陈添、陈兴汉等都是下户，而他们居住的全是青砖屋。孙达成不是下户，他的房子必然是青砖屋。"态度相当坚决，且充满自信。哦！原来"根据"在此。笔者情不自禁地回应说："目前陈添、陈兴汉的青砖屋，是他们父执辈在上海做生意发了财赎了身之后才建筑的。当他们祖先还是下户时，住的房子恐怕不是青砖屋。我们不能以今况古。"[15] 双方各执一词，争持不下。笔者苦恼之余，企盼有高人指点。

广州市中山大学人类学系老前辈黄淑娉教授，长期研究珠江三角洲的农村情况，经验丰富；对于下户，更有深入研究。[16] 蒙该校历史系邱捷教授盛情介绍，2006 年 5 月 7 日星期天，笔者有幸得以向黄淑娉教授请教。她说，根据她过去在广东调查所得，下户的房子必定在村边，对于孙中山父亲房子的位置，比陈添、陈兴汉等下户的房子更处村边，表示吃惊。[17]

承黄淑娉教授不辞劳苦，应笔者力邀，2006 年 5 月 19 日星期五一道前往翠亨村调研。又蒙孙中山故居纪念馆萧润君馆长亲自接见，至以为感。萧润君馆长

[14]　中山文史第 38 辑（中山：中国人民政治协商会议广东省中山市委员会文史学习委员会，1996）。

[15]　黄宇和：〈翠亨村调查报告〉（手稿），2006 年 3 月 28 日。

[16]　其著作包括：黄淑娉、龚佩华合著：《广东世仆制研究》（广州：广东高等教育出版社，2001）；黄淑娉主编：《广东族群与区域文化研究》（广州：广东高等教育出版社，1999）；黄淑娉主编：《广东族群与区域文化研究调查报告集》（广州：广东高等教育出版社，1999）。

[17]　黄宇和：〈访黄淑娉〉，2006 年 5 月 7 日。

对笔者提问的回答同样是："听老人家如此说。"[18] 调研进入死胡同。

　　中国史学界过去说的是泥砖屋。以当今还孜孜不倦地编辑《孙文全集》的广东省社会科学院荣休研究员黄彦先生为例，他一直深信是泥砖屋。但他与孙中山故居纪念馆前副馆长李伯新先生联名撰写的〈孙中山的家庭出身和早期事迹（调查报告)〉，却模棱两可地说是"小砖屋"。[19] 2006 年 3 月 12 日 16:30 时笔者致电黄彦先生请教，黄彦说，其实他所指乃泥砖建成的小屋。同日 18:00 时再电黄彦先生，则说记忆所及，1965 年夏，他到翠亨村调查时，李伯新告诉他是青砖屋，他极度怀疑，故写报告时就含糊其辞地说是"小砖屋"。鉴于他在此之前看过的材料，他个人至今仍认为是泥砖屋。至于过去黄彦先生看过什么材料，则虽经笔者屡催，黄彦先生在电话里还是没有说明。[20] 调研又一次进入死胡同。

　　再承热情的广州市中山大学历史系邱捷教授指引，得阅孙科回忆录。孙科谓其祖屋者："据先母说那幢世居的老房子已有一百年的历史，房子的墙是由泥土、蚝壳和石灰筑成的。有一尺多厚。"[21] 孙科所指，建筑学上通称为桩墙屋，即既非青砖屋也非泥砖屋。笔者考证孙科之言的结果如下：

　　1. 桩墙屋：孙科之言，有翠亨村诸耆老的口碑佐证。1964 年，八十八岁的陆天祥说是"泥墙屋"[22]，那是桩墙屋的别名。1965 年，七十岁的杨国英（男）同样说是"泥墙屋"。[23]

　　2. 百年祖屋：孙氏十四世考殿朝公开始到翠亨村定居，孙中山的父亲孙达成是十七世，一般一代以三十年计算，三代就约一百年，孙达成迟婚，五十三岁才生孙中山。到了那个时候，祖屋是实实在在地超过一百年历史了。

---

[18]　黄宇和：〈翠亨村调查报告〉（手稿），2006 年 5 月 19 日。

[19]　《广东文史资料》第 25 辑：孙中山史料专辑（广州：广东人民出版社，1979），第 274—290 页：其中第 279 页。

[20]　黄宇和：〈广州调查报告〉（手稿），2006 年 3 月 12 日。

[21]　见孙科：〈孙院长哲生先生〔第一次〕谈话〉，1969 年 3 月 15 日，载吴任华编纂，曾霁虹审阅：《孙哲生先生年谱》（台北：孙哲生先生学术基金会，1990），第 445—449 页：其中第 445 页。

[22]　李伯新采访陆天祥（1876 年生），1964 年 5 月 13 日（其女杨侠云帮助回忆），载李伯新：《忆访录》（1996），第 73—78 页：其中第 74 页。

[23]　李伯新采访杨国英（男，1895 年生），1965 年 9 月 25 日，载李伯新：《忆访录》（1996），第 104—178 页：其中第 105 页。

　　至于祖屋的位置，则翠亨村的口碑甚至能道出该祖屋及殿朝公后人所建诸桩墙屋之位置，那就是在翠亨村靠近村中心的地方。翠亨村耆老陆天祥说："冯家祠左右多是孙氏屋宅。"[24] 冯家祠的全名是冯氏宗祠，据笔者实地考察，的确在目前翠亨村靠近村中心的地方。另一翠亨村耆老杨国英则把孙家祖屋的位置说得更具体："冯家祠左起有三间屋，〔第〕一间是姓邓的……第二间是〔孙〕胜好母住的，胜好的父亲不认识。第三间是孙兴。……冯家祠左起上间是桃母（即孙学成妻，孙学成是孙中山的二叔—— 见下文）住的。"[25]

　　准此，若孙中山是在祖屋出生，则孙中山出生之屋就是桩墙屋，而非青砖屋或泥砖屋，孙科之言就可一锤定音。但是，1931 年 4 月 26 日孙中山的姐姐孙妙茜回答钟公任提问时说："二叔、三叔均……住于翠亨村祖先遗下之老屋，与达成公异居。"[26] 孙妙茜之言有上述杨国英的口碑佐证：杨国英说妙茜的二叔居住的孙家祖屋在冯家祠左起上间，而不是孙中山父亲孙达成的"异居"。[27] 孙锦言也回忆说："中山出世的屋可能是孙达成建成的。"[28] 三份口碑皆明确地说明祖屋非孙中山出生之房子。准此，笔者的调研三进死胡同。

　　为何孙达成离开祖屋"异居"？而且他是大哥（1813—1888），理应继承祖屋。无奈有关史料显示，孙家到了他那个时代，所有祖传耕地已经剩下无多，他在翠亨村无法谋生，1830 年他虚龄十七岁时，就被迫跑到澳门的一所鞋店当学徒。[29] 二弟学成（1826—1864）比他小十三岁；三弟观成（1831—1867）比孙达成小十八岁。两位弟弟留在父母身边，自然就如孙妙茜所说的："二叔、三

[24]　李伯新采访陆天祥（1876 年生），1964 年 5 月 13 日（其女杨侠云帮助回忆），载李伯新：《忆访录》（1996），第 73—78 页；其中第 74 页。

[25]　李伯新采访杨国英（男，1895 年生），1965 年 9 月 25 日，载李伯新：《忆访录》（1996），第 104—178 页；其中第 105 页。

[26]　钟公任：〈采访总理幼年事迹初次报告〉（1931 年 4 月 26 日），原件藏台北中国国民党中央党史馆，转载于故居编：《家世》（2001），第 120—124 页；其中第 121 页。

[27]　李伯新采访杨国英（男，1895 年生），1965 年 9 月 25 日，载李伯新：《忆访录》（1996），第 104—178 页；其中第 105 页。

[28]　李伯新采访孙锦言（1891 年生），1965 年 10 月 10 日，载李伯新：《忆访录》（1996），第 110 页。

[29]　李伯新采访杨连合（1914 年生），1962 年 5 月 24 日，载李伯新：《忆访录》（1996），第 82—85 页；其中第 82 页。

叔……住于翠亨村祖先遗下之老屋。"[30] 到了 1845 年孙达成三十二岁回翠亨村成亲时，祖屋当然住不下双亲兼成长了的三兄弟及家眷，所以孙达成必须另建房子。但孙达成在澳门当学徒三年没收入，后来当正式鞋匠的十三年，在葡萄牙人开的鞋店做工，月薪四元 [31]，他能积攒下多少钱？

先考证该"月薪四元"口碑的可靠性如下：

1．比诸 1883 年钟工宇在檀香山当裁缝师傅的月薪五银元。[32]

2．又比诸当时香港洋人雇用华人厨师所给的月薪八元。[33]

3．香港洋传教士雇请私塾老师专门教授中文所给予的每月八到十元不等。[34]

4．伦敦传道会在香港的传教士，每月付给他们训练有素的华人宣教师也只是十元。[35]

5．澳门不如香港繁荣，工资历来比香港低，承澳门草堆街七十八号东兴金铺老板熊永华先生赐告，其祖父熊子鎏雇请的打金师傅月薪二元，包食宿。[36]

6．孙达成在澳门葡萄牙人开的店当鞋匠，洋雇主不包食宿，月薪四元 [37] 这样的口碑，窃以为是可信的。

7．应该指出，这里所说的"元"，无论是在澳门、广州、香港和檀香山，皆墨西哥银元。它是当时的国际货币，以银的重量计算。

接下来的问题是：孙达成在不名一文的情况下到澳门谋生，三年当学徒没有工

---

[30]　钟公任：〈采访总埋幼年事迹初次报告〉（1931 年 4 月 26 日），原件藏台北中国国民党中央党史馆，转载于故居编：《家世》（2001），第 120—124 页：其中第 121 页。

[31]　孙中山的姐姐孙妙茜言，见王斧：〈总理故乡史料征集记〉，《建国月刊》，第五卷第 1 期（1931）。转载于故居编：《家世》（2001），第 113—119 页：其中第 117 页。又见李伯新采访杨连合（1914 年生），1962 年 5 月 24 日，载李伯新：《忆访录》（1996），第 82—85 页：其中第 82 页。

[32]　Chung Kung Ai, *My Seventy Nine Years in Hawaii, 1879-1958* (Hong Kong: Cosmorama Pictorial Publisher, 1960), pp. 106-107.

[33]　Carl T. Smith, *A Sense of History: Studies in the Social and Urban History of Hong Kong* (Hong Kong: The Hong Kong Educational Publishing Co., 1995), p. 330.

[34]　美国纲纪慎传道会档案，Hager to Clark, 19 February 1884, ABC（American Board of Commissioners, 以下简称 ABC）16.3.8: South China v. 4, no. 15, p. 2.

[35]　美国纲纪慎传道会档案，Hager to Clark, 12 April 1883, ABC 16.3.8: South China, v. 4, no. 3, p. 4. 美国长老会传教士在广州传道，帮助传道的华人助手，先读神学三年，再实习三年，从此薪金每月才七元。

[36]　黄宇和采访东兴金铺老板熊永华（1939 年生），2006 年 3 月 29 日。

[37]　孙中山的姐姐孙妙茜言，见王斧：〈总理故乡史料征集记〉，《建国月刊》，第五卷第 1 期（1931）。转载于故居编：《家世》（2001），第 113—119 页：其中第 117 页。

资，继而十三年当鞋匠，每月能积储多少钱？准此，窃以为必须考虑下列因素：

第一，不像华资企业那样，洋资企业既不为员工免费提供吃住，年底也没双粮（加倍发薪）。估计孙达成每月在澳门这个城市的食宿费至少需要二元（见第二条）。

第二，2006 年 3 月 29 日，笔者采访澳门草堆街旁边七十八号东兴金铺铺主熊永华先生时，他说其祖父熊子鎏所雇的打金师傅月薪二元，包食宿。他又热情地带领笔者参观楼高三层的东兴金铺内部，边走边介绍说：一百多年来金铺的布置没有改变，即前一部分摆首饰做买卖，中间一部分是工作坊，当时打金的百年机器仍在，再后是宿舍、饭堂、厨房。[38] 在雇主的工作坊吃住，一般要比雇员在外面自己租地方和买菜做饭要便宜。尽管从最保守的标准算，即孙达成节俭到把吃住的费用保持在月支二元，那么他每个月能省下来的钱顶多只有二元。

第三，当时物价稳定，故工人很少增加工资。例如区凤墀为伦敦传道会干了大半生的宣教师，薪金从未提高。故估计孙达成干了十三年鞋匠，薪金都没有提高。

第四，孙达成在故乡有双亲，两名幼弟，他要汇款多少回家才算合理？考虑到后来孙眉初抵檀香山当劳工的十一个月，月薪十五元，每月汇十元回家 [39]，比率是三分之二。若此言可信，则孙达成每月汇该月能省下来的钱的一半（即一元）回家，亦合乎情理。

第五，这样一计算，孙达成每月能积储一元；一年积储十二元，十三年应该能积储一百五十六元。但相信实际数目要比这个低，盖过年过节，总不成空手回乡。发烧感冒，能不看医生？寒流袭澳，能不添寒衣？若净储得一百元就很不错了。这就是为什么，孙达成迟至三十二岁才回乡成亲。

在这种情况下，手中拿着大约一百元的孙达成，要考虑下列开支：

1．买一块地皮以建房；

2．买木梁和瓦做屋顶，买木门等；

---

[38]　黄宇和采访熊永华（1939 年生），2006 年 3 月 29 日，〈黄宇和澳门调查报告〉（手稿），2006 年 3 月 29 日。

[39]　黄彦、李伯新：〈孙中山的家庭出身和早期事迹（调查报告）〉，《广东文史资料》第 25 辑：孙中山史料专辑（广州：广东人民出版社，1979），第 274—290 页：其中第 281 页。

3．建筑房子；

4．买家什；

5．成亲的费用诸如聘礼、宴请亲友等；

6．预备婴儿出生时所需的一应费用；

7．此时孙家甚少自己的耕地，他必须租地耕种。当时他能租到的，只有翠亨村所有孙世家族共同拥有之所谓"祖尝地"，并只有二亩半，但必须预先缴一笔按风调雨顺计算的"期价银"年租六两六钱；[40]

8．此外他又必须租用嫂嫂程氏之瘦地四亩，如此也必须预先缴交一笔、按风调雨顺计算的"期价银"租金（数量不明）；

9．添农具；

10．供养年纪老迈的双亲；

11．最好预留一笔储备金应急：例如万一双亲去世的费用。

出于上述种种考虑，三十二岁的孙达成回乡后，必须优先在翠亨村的村墙之内买地皮。若住村外，没有村墙保护及村民之间互相照应，就必须日夜提心吊胆地过日子。当时盗匪横行，尽管在村内也不保险，孙中山就曾回忆翠亨村被海盗打劫的苦况。[41]那么，孙达成在村内能买到的地皮之具体位置是哪里？在当今故居"屋内北墙下，有石栏杆井一，即总理诞生之所也"[42]。当今的故居，在翠亨村西南面的边缘，比陈添、陈兴汉等下户之村边房子更靠村边，其实是当时翠亨村的最边缘地方，也可能是当时最便宜，亦是他财力所及唯一能买到的村内地皮。

至于建筑材料：

首谈青砖。2006年3月14日，笔者到孙中山的夫人卢慕贞故乡外沙村实地调查时，发觉卢慕贞故居面积颇大，青砖瓦顶，看来家道不俗。问青砖何来，答云来自顺德县，盖香山县没砖窑。问翠亨村之青砖是否同样来自顺德，村长詹华

[40]　同上书，第279页。

[41]　Paul Linebarger, *Sun Yat Sen and the Chinese Republic* (New York, 1925; Reprinted New York: AMS Press, 1969), chapter 8, pp. 59-61. 林百克著，徐植仁译：《孙逸仙传记》（上海：商务印书馆，1926），第52—54页。

[42]　王斧：〈总理故乡史料征集记〉，《建国月刊》，第五卷第1期。转载于故居编：《家世》，第113—119页：其中第114页。

兴答曰："是。建筑商在顺德买了适量青砖后雇船运往靠近翠亨村的码头，再雇人肩挑青砖往翠亨村工地。自邻县买砖建房，所费不赀。"当天下午笔者转到孙中山外祖父的家乡崖口乡调研，先到陆红英的家。陆红英是杨连合的孙媳，而杨连合又是孙妙茜的孙子，陆红英与婆婆在家里接待。笔者问崖口乡的人若要用青砖建房子，青砖从哪儿来？她们的答案同样是从顺德买回来。

次谈泥砖屋。外沙村村长詹华兴、族人卢华成（六十九岁）同声说："建筑泥砖屋，可以自己动手造泥砖，待建筑时才请有建筑技术的人帮忙，费用很轻。若青砖，费用就贵大约二十倍。"

三谈桩墙屋。卢慕贞故居附近就有一桩墙屋，很厚，生了青苔，但能看出是一层一层地把泥土往下捣压而成，每层高度与泥砖相若（即约 0.1 米）。墙的厚度约 0.5 米。做法是先用木板，在将要建筑泥墙的地方做模，两板相隔的距离是将来泥墙的厚度，把拌黏的泥浆灌入板模至大约 0.1 米，用木头从上往下捣压，抹平。待晒干坚固后，再灌压第二层泥浆。如此一层一层地往上建筑。泥浆以外，也掺稻米及石灰以增加其黏性，加蚝壳以增加其坚固性。如此建屋，费用虽然少次青砖屋，但也不菲。准此，大家一致认为，孙达成财力所及，只能是泥砖屋。[43]

那么，翠亨村有没有适合打泥砖的黏土？从孙中山故居试验田的土质看，窃以为其黏性应该能打泥砖，但笔者不是地质专家，不能瞎猜。孙中山故居纪念馆的萧润君馆长见笔者对土质这么感兴趣，就说："为了建设故居纪念馆（1996 年 11 月 12 日奠基，1999 年 11 月 12 日启用），打桩前曾钻土抽样绘图。"笔者大喜过望，说："这样的工程图纸更科学！"萧润君馆长拿出图纸与笔者一道研究，结果发觉其中第二层是黏土。[44]（见图 3.5）

准此，孙达成设计他要建筑的新房子，会选择昂贵的青砖还是自己动手造廉价的泥砖？用青砖，住得舒服。用泥砖，则过了若干年后，泥砖从空气中吸纳了大量的氮（nitrogen）以后，可以打散作为肥田料。当然，每隔数年就把房子打散

---

[43]　黄宇和：〈唐家湾、外沙村、崖口杨家村调查报告〉（手稿），2006 年 3 月 14 日。

[44]　黄宇和：〈翠亨村调查报告〉（手稿），2006 年 5 月 19 日。

重建，既大费周章，又必须求邻居暂时收留。但是，在没有选择余地之时，只好如此。孙达成回乡后那贫穷苦况，观之李伯新先生所撰的《孙中山史迹忆访录》，则所有被采访的人，无论亲疏，都异口同声地、细致地作了证明。[45]

笔者的结论是：孙中山出生的房子应该是泥砖屋。类似的泥砖屋，在毗邻翠亨村的后门坑村、竹头园村等，仍处处可见。（见图 3.6）

二、孙中山的诞生

1866 年 11 月 12 日，孙中山在珠江三角洲五桂山山脉当中一个山谷里的一座穷乡僻壤翠亨村的最边缘的一所泥砖屋中诞生了。

该泥砖屋的墙壁，是用未烘烤过的泥巴方块砌成的。天气潮湿的时候，在室内活动而揩上墙壁时，衣服都全是泥巴。墙壁上没有窗户，只在较高的地方留了几个小洞透气。当刮大风下大雨时，大风会把雨点刮过这些小洞直闯室内（见图3.7）。孙中山出生的泥巴屋早已拆掉。图 3.7 所示者，窃以为酷似原状，故采用。该等用泥巴方块砌成的房子，在广东穷苦的山区仍然能找到。2004 年 2 月 20 日笔者到开平访问，汽车经过山区时就亲眼见过这样的一幢所谓"一开间"。可惜当时在高速公路，无法停下来拍照。但广东省江门市五邑大学的张国雄教授就曾为这样的"一开间"拍就一幅照片并收进其参加编写的《老房子：开平碉楼与民居》（南京：江苏美术出版社，2002），图 228。图 3.7 就是该图的复制品。

该屋的屋顶，是用瓦砌成的，共 17 坑瓦，约即 4 米。[46] 这是该屋的宽度。该屋的长度则约 8.68 米。[47] 全屋面积约共 34.72 平方米。

孙中山排行第五，乳名帝象，书名文[48]，后来领洗进入基督教时取名日

[45]　李伯新：《忆访录》（1996）。
[46]　李伯新访问陆天祥（1876 年生），1962 年 3 月 31 日，载李伯新：《忆访录》（1996），第 65—68 页：其中第 66 页。
[47]　据孙中山的姐姐孙妙茜及翠亨村耆老陆天祥回忆说，该屋长约二丈六尺，宽一丈二尺。见黄彦、李伯新：《孙中山的家庭出身和早期事迹（调查报告）》，《广东文史资料》第 25 辑，第 274—290 页：其中第 279 页。该文转载于故居编：《家世》（2001），第 151—155 页：其中第 154 页。笔者将该屋的长度和宽度折算为米，则分别约为 8.68 米和 4 米。
[48]　李伯新访问陆天祥（1876 年生），1959 年无月日，载李伯新：《忆访录》（1996），第 59—64 页：其中第 59 页。

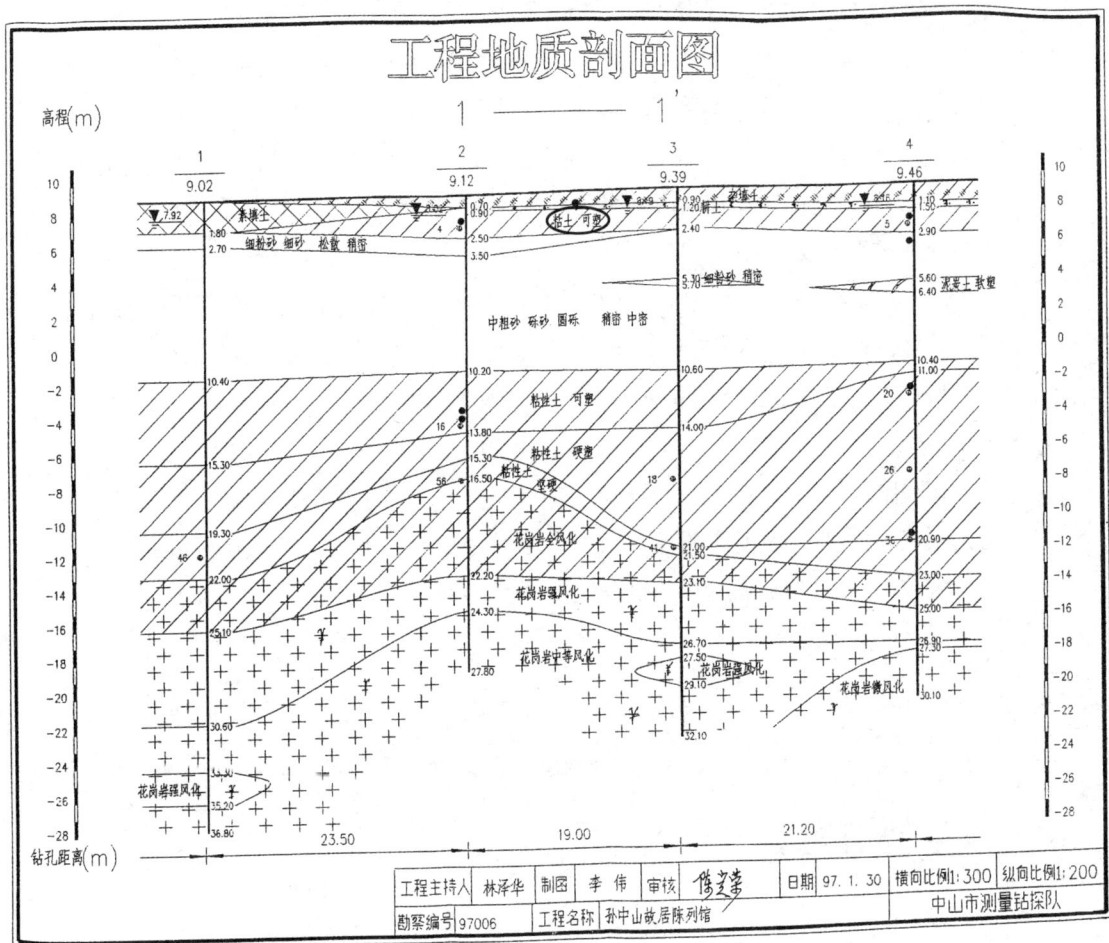

图 3.5 翠亨村土质钻探报告，1997 年（孙中山故居纪念馆供图）

新；[49] 准此，取号逸仙。[50] 1884 年成亲时谱名德明。[51] 1897 年旅居日本时改名中山。[52] 大哥孙眉，1854 年生。二姐三哥早夭。四姐妙茜，1863 年生。父亲孙达成（1813—1888），母亲杨氏（1828—1910），还有祖母黄氏（1792—1869）[53]，一家共六口，就挤在这 34.72 平方米的几乎密不透风的泥砖屋过活。1871 年，孙中山添了妹妹孙秋绮 [54]，就变成一家七口了。实在挤不过来，姐姐妙茜稍长就不得不搬到屋背后杨成发家中寄居。[55]

母亲杨氏，小脚，不能下田，只能养些猪、鸡、狗等少量禽畜。[56] 它们在哪儿栖身，才免被盗？孙达成就在泥砖屋的门口、屋旁，用泥砖建起猪圈、鸡窝。结果它们也在住人的斗室之旁乱撒粪便，臭气熏天。加上猪叫、鸡鸣、狗吠，让人日夜不得安宁。

祖母黄氏，年老体衰。中山幼小，嗷嗷待哺。一家七口的生活，主要靠父亲孙达成租来土名"龙田"的祖尝田二亩半耕作。[57]"龙田"的土质较好，全年每亩有十多石谷收成的。[58] 但因为这"龙田"是祖尝田，不一定是孙达成耕

[49] 喜嘉理牧师为孙中山受洗登记名册，原件复印于《中华基督教会公理堂庆祝辛亥革命七十周年特刊》（香港：中华基督教会公理堂，1981），第 2 页。

[50] 据云乃区凤墀为其改名逸仙。见冯自由：〈区凤墀事略〉，载《革命逸史》（1981），第一册，第 12 页。

[51] 孙氏《列祖生殁纪念簿》，广东省中山市翠亨村孙中山故居纪念馆藏。转载于故居编：《家世》（2001），第 10—11 页：其中第 11 页。

[52] 据《总理年谱长编初稿各方签注汇编》（中国国民党中央执行委员会党史资料编纂委员会编，油印本）。该文是平山周在〈追怀孙中山先生座谈会〉上的发言。后来全文收录在陈固亭编：《国父与日本友人》（台北：幼狮，1977年再版）。后来又转录于尚明轩、王学庄、陈崧等编：《孙中山生平事业追忆录》（北京：人民出版社，1986），第 528—529 页。

[53] 孙氏《列祖生殁纪念簿》，广东省中山市翠亨村孙中山纪念馆藏。转载于故居编：《家世》（2001），第 10—11 页。

[54] 孙满编：《翠亨孙氏达成祖家谱》，该文转载于故居编：《家世》（2001），第 12—28 页：其中第 18 页。

[55] 孙妙茜言，见黄彦、李伯新：〈孙中山的家庭出身和早期事迹（调查报告）〉，《广东文史资料》第 25 辑，第 274—290 页：其中第 279 页，注 3。又见李伯新采访杨珍（1897 年生），1965 年 8 月 15 日，载李伯新：《忆访录》（1996），第 96—97 页：其中第 97 页。

[56] 李伯新采访陆天祥（1876 年生），1964 年 5 月 13 日，载李伯新：《忆访录》（1996），第 73—78 页：其中第 76 页。

[57] 李伯新访问陆天祥（1876 年生），1959 年无月日，载李伯新：《忆访录》（1996），第 59—64 页：其中第 59 页。至于龙田的具体位置，则 2006 年 3 月 4 日，承翠亨村孙中山故居纪念馆萧润君馆长带笔者做实地考察时，即发觉在翠亨旧村墙以南，"瑞接长庚"闸门以东地方，与故居近在咫尺。现在是试验田。

[58] 李伯新采访陆天祥（1876 年生），1965 年 9 月 4 日，载李伯新：《忆访录》（1996），第 78—79 页：其中第 78 页。作者曾反复询问李伯新、萧润君及翠亨耆老，均说是十多石，但以情理估计，十多斗为宜。

图 3.6 毗邻翠亨村的后门坑村泥砖屋（2007 年 12 月 21 日黄宇和摄）

图 3.7 乡间的"一开间"泥砖屋（张国雄摄）

作。孙达成耕一段时间，孙光贤（孙林汉父亲）也耕过该田；所以谁来耕作也不用投标来决定。[59] 看来是轮流受惠吧。但对孙达成来说，收入如此不稳定，怎么办？于是他又租来其弟孙学成的遗孀程氏所拥有的劣田四亩来耕种。该地土名"聚宝盘"[60]，土质很差[61]，"一造亩产三石谷左右，无人愿意耕的"[62]，田租交学成妻。

"龙田"与"聚宝盘"加起来，合共才六亩余。然两地的土质均跷劣，只是"龙田"比"聚宝盘"稍好而已。孙达成既种水稻也种番薯。但一家大小平常吃的都是番薯。[63] 为何如此？他种植水稻，是因为白米能卖好价钱；他种植番薯，是以其不用施肥也能生长。白米太珍贵了，舍不得吃，卖了好换点钱以应付日常开支，诸如孩子或老人害病时看医生买药物等费用。

尽管如此，孙家还是难以糊口，以致孙达成必须在晚上为村中打更赚点外快。[64] 白天种地晚上打更，日夜不得休息，辛苦可知。翠亨村全村居民总共大约只六七十户人，杂姓；有杨、陆、冯、孙、苏、谭、麦、陈、钱、梁十姓。人数最多者为杨姓，而村中大部分土地均为杨姓地主占有，陆姓次之。孙姓则只有六七户。正如前述，孙达成早年家境已极贫穷，1829 年他只有虚龄十七岁时就被迫到澳门一家鞋店当学徒；三年期满后在澳门板樟堂街一家葡萄牙人开设的鞋店当鞋匠，每月工资四元。[65] 三十二岁才稍有积蓄，于是回乡，在村边建就泥砖

---

[59] 同上书，第 78 页。

[60] "聚宝盘"的具体位置，则 2006 年 3 月 28 日，承翠亨村孙中山故居纪念馆黄健敏主任带笔者做实地考察时，发觉非常靠近孙中山纪念馆西围墙，即在翠亨街市与故居纪念馆之间。此地现在已被高楼大厦掩盖。

[61] 李伯新采访陆天祥（1876 年生），1964 年 5 月 13 日，载李伯新：《忆访录》（1996），第 73—78 页：其中第 73 页。

[62] 李伯新采访陆天祥（1876 年生），1965 年 9 月 4 日，载李伯新：《忆访录》（1996），第 78—79 页：其中第 78 页。

[63] 黄彦、李伯新：〈孙中山的家庭出身和早期事迹（调查报告）〉，《广东文史资料》第 25 辑，第 274—290 页：其中第 279 页。

[64] 李伯新访问陆天祥（1876 年生），1959 年无月日，载李伯新：《忆访录》（1996），第 59—64 页：其中第 59 页。

[65] 黄彦、李伯新：〈孙中山的家庭出身和早期事迹（调查报告）〉，《广东文史资料》第 25 辑，第 274—290 页：其中第 278 页。

屋然后成亲，并租地耕种维持生计，又为村人补鞋作为副业。[66] 待孙中山出生的1866年，孙达成已经五十三岁。到了那个时候，耕种与补鞋已经维持不了生计，孙达成还必须在晚上打更帮补。[67]

有口碑说：

孙达成过去是有种过一些山地。什么时间开荒的不清楚。当时种到一些山橘、梅仔加上几棵荔枝、龙眼合共一百棵左右，面积约有三四亩，因管理不善，果物有些收成的，也没有见他成批卖过。种这样的旱田作物，劳动力不足，其妻杨氏虽是小脚女人，也要去锄草种瓜等。[68]

征诸原始文献，则翠亨村孙中山故居纪念馆藏有同治三年二月十三日（即1864年3月20日）签署的孙达成、孙学成、孙观成兄弟三人批耕山荒合约。合约说：

立明合约：今有瑞英祖遗下土名"径仔荫"税山埔一段，嗣孙达成、学成、观成与房长尊贤同众叔侄酌议，将此山埔批与达成、学成、观成开荒围园，无（毋）庸丈量税亩，任达成、学成、观成围筑以种果物，限以五十年为期。今围园及种果物等项费用，本银若干，乃系达成、学成、观成自出。众议愿抛荒五年，任达成、学成、观成种植。所出利息，乃系达成、学成、观成收回自用。如抛荒期满者，此园每年所出果物，利息若干，俱要登明，大部当祖炉前算数，贰八均分，每两银瑞英祖份下该得贰钱，种植嗣孙达成、学成、观成三人份下共该得八钱。[69]

---

[66] 李伯新采访陆天祥（1876年生），1965年9月4日，载李伯新：《忆访录》（1996），第78—79页；其中第79页。又见李伯新采访杨连合（1914年生），1962年5月24日，载同书，第82—85页；其中第82页。在该采访中杨连合复述其祖母孙妙茜（孙中山姐姐）经常对其说过的话。

[67] 李伯新采访陆天祥（1876年生），1959年无月日，载李伯新：《忆访录》（1996），第59—64页；其中第59页。

[68] 李伯新采访陆天祥（1876年生），1965年9月4日，载李伯新：《忆访录》（1996），第78—79页；其中第78页。

[69] 该文献原由孙中山的姐姐孙妙茜保存，由其后人捐献给翠亨村孙中山故居纪念馆，并收入故居编：《家世》（2001），第65页。

因为到了孙达成那一辈，孙家已经把祖田卖光，以至于兄弟三人为了糊口，准备开荒种果。但后来并没有完全成事，因为二弟孙学成在半年后就去世[70]，三弟观成亦于三年半后离开人间。[71] 但孙达成似乎还独力维持，种植些瓜果，帮补生计。

孙中山六岁的时候，就随九岁的四姐妙茜，经常到附近的金槟榔山打柴，及采野菜回家喂猪。四姐妙茜幼时即被缠小足，上下山坡时非常痛苦，孙中山感同身受[72]，备感家境之贫穷。他每年还替人牧牛几个月，以取得牛主同意用牛为孙家犁田，其他时间就帮助家中的零活。经常劳动当然让他身体锻炼得特别结实。[73] 再大一两岁，就跟随父亲下田插秧、挑水、除草。有时候若海上合潮流，还随外祖父杨胜辉驾小艇到金星门附近的海边采蚝（牡蛎）。[74] 至于上学读书，则只有望门轻叹了。任何一个孩子，眼巴巴地看着别的小朋友上学，谁不羡慕得要命！孙中山无可奈何之际，变得沉默深思。他回忆说："当我达到独自思索的时候，在我脑海中首先疑问，就是我自身处境的问题，亦即我是否将一辈子非在此种境遇不可，以及怎样才能脱离这种境遇的问题。"[75]

他脱离这种境遇的机会终于来临了！事缘1871年，虚龄已经到了十八岁的大哥孙眉，在家无以为生；结果由当寡妇的婶母程氏把租给孙达成耕种的瘦地押出其中两亩余，筹得二十四两银子作为旅费[76]，让孙眉随母舅杨文纳去檀香山当佣工。同行的还有同邑郑强等。孙眉与郑强最初同在檀香山某华侨所办的菜园当

[70] 时为 1864 年 9 月 18 日，见孙满编：《翠亨孙氏达成祖家谱》，该文转载于故居编：《家世》（2001），第 12—28 页；其中第 18 页。

[71] 时为 1867 年 9 月 5 日，见孙满编：《翠亨孙氏达成祖家谱》，该文转载于故居编：《家世》（2001），第 12—28 页；其中第 18 页。

[72] 1912 年 1 月 1 日孙中山就任中华民国临时大总统后，不久即通令禁止妇女缠足，责其"残毁肢体，阻淤血脉；害虽加于一人，病实施于子姓"。见孙中山：〈令内务部通饬各省劝禁缠足文〉，1912 年 3 月 13 日，《临时政府公布》第 37 号，转载于《孙中山全集》，第二卷（北京：中华书局，1982），第 232—233 页；其中第 232 页。

[73] 陆天祥：〈孙中山先生在翠亨〉，《广东文史资料》第 25 辑，第 454—459 页；其中第 454 页。

[74] 见李伯新采访杨连合（1914 年生），1962 年 5 月 24 日，载李伯新：《忆访录》（1996），第 82—85 页；其中第 84 页。当时是杨连合复述杨帝贺说过的话。

[75] 孙中山语，载宫崎寅藏著，陈鹏仁译：《宫崎滔天论孙中山与黄兴》（台北，正中书局，1977），第 6 页。

[76] 李伯新：〈回忆录〉，载《忆访录》（1996），第 1—5 页；其中第 1 页。

工人，月薪十五元，每月汇寄十元回家。[77] 再过几年，渐有积蓄，于是自己垦荒农牧。[78] 如此收入就更多了，汇寄回家的款项也相对地多起来，以至于幼弟孙帝象在实龄九岁的时候，终于能就读于翠亨村的村塾了！

三、读书明理

村塾设于翠亨村冯氏宗祠。[79] 该祠面积很小，下面是笔者的实地调查结果：

从正门门楣到天井：80 厘米，有瓦遮头，但非常狭隘，没有屏风。若有屏风，甫进门就会头碰屏风，必须马上转右。

量度结果：

左廊：宽 2.2 米，深 190 厘米

右廊：宽 1.65 米，深 190 厘米

天井：宽 4.74 米

天井：深 110 厘米

从天井到后墙（有瓦遮头）：6.81 米

---

[77] 黄彦、李伯新：〈孙中山的家庭出身和早期事迹（调查报告）〉，《广东文史资料》第 25 辑，第 274—290 页；其中第 281 页。

[78] 黄彦、李伯新：〈孙中山的家庭出身和早期事迹（调查报告）〉，《广东文史资料》第 25 辑，第 274—290 页；其中第 281 页。有关孙眉垦荒农牧这段口述历史，有同类的史料佐证。孙中山在檀香山的同学钟工宇回忆说，他于 1879 年抵檀时，孙眉已在瓦胡岛的依瓦（Ewa）地方，辟有一个农场。在孙中山抵达夏威夷翌年的 1880 年，孙眉更在火奴鲁鲁市内的京街（King Street）至贺梯厘街（Hotel Street）之间的奴安奴街（Nuuanu Street）开了一爿商店，直至三年以后才迁至茂宜岛（Maui Island）的卡胡鲁伊埠（Kahului Port）。见钟工宇：〈我的老友孙中山先生〉（中译本），载尚明轩、王学庄、陈崧等编：《孙中山生平事业追忆录》（北京：人民出版社，1986），第 726 页。至于孙眉如何能垦荒农牧，则吴任华所编之《孙哲生先生年谱》（1990），第 6 页，1895 年条曰："向当地政府领地开垦"。夏威夷诸岛本来是部落社会，甚少耕耘。19 世纪初叶，有美国商人和传教士前往，才慢慢开发。国王为了发展经济，鼓励开荒，孙眉适逢其会，领地垦荒有成，蒙其特许招徕华工，于是在 1877 年，乘回国成亲之便，在翠亨村附近创设移民事务所，应者甚众。见《国父年谱》（1994），上册，第 23 页，1877 年条。

[79] 该宗祠到了 1955 年时，已成为农民的牛栏，满地牛粪，臭气熏天，瓦面破烂，大门的门枋也烂得摇摇欲坠。幸当时的中山故居负责人李伯新发动翠亨村民打扫修复，得以保存下来。见李伯新：〈回忆录〉，载《忆访录》（1996），第 1—58 页；其中第 27 页。

宽（从南往北）：8.4 米

总的来说：正厅的

宽度：8.4 米

深度：0.80 ＋ 1.10 ＋ 6.81 ＝ 8.7 米

有瓦遮头的正厅（即上课的地方）：

宽度：8.4 米

深度：6.8 米

正厅高度：从地面到正梁：5.1 米

冯氏宗祠另有偏房 [站在正厅朝外（朝东）看时，在右方]

从前墙壁到天井：1.85 米

天井：0.76 米

从天井到后墙：5.79 米

该居右之偏房总面积：

深度：8.40 米（奇怪！比正厅的 8.70 米短了 30 厘米）

宽度：2.68 米

该居右之偏房后墙地下放着一块木刻牌坊，上面刻有"冯氏宗祠"四个字。[80]

　　孩子们就在正厅上课，每人从家里随手带一张木头小凳，到达后各自放在正厅排排坐，听老师念书，他们跟着背诵。可以说，村塾所在的冯氏宗祠，没有任何现代学府的气色。（见图 3.8）

　　该村杨姓最有钱、人多，有能力专门聘请一位老师给杨氏子弟教读。且看杨氏宗祠遗址的面积可知。（见图 3.9）

　　后来在香港与孙中山结伴成四大寇之一的杨鹤龄，就是杨家子弟。其余九姓

[80]　黄宇和：〈翠亨村冯氏宗祠调查报告〉（手稿），2007 年 9 月 28 日星期五。

人家称"杂姓"，较为穷苦，就联合聘请一位老师，并租冯氏宗祠教学，是为村塾。[81] 这九姓共约六十多户穷苦人家，也谈不上有什么办学理念。在他们朴素的心目中，男孩识字总比文盲要好。望子成龙之心自然有，但相信不奢望他们中状元大富大贵，更做梦也不会想到什么现代化的问题。至于经费，则自然不见充裕。所筹集到的经费，若每月足够支付老师的薪酬与校舍的租金，就很不错了。至于管理，"乡巴佬"也不懂。而且，那么微薄的薪酬，能聘请到老师来授课已属邀天之幸，其他就别过问了。难怪孙中山初读该村塾时的老师经常缺课[82]，迹近无法无天，毫无制度可言。

　　整所村塾，就只雇请一位老师。《国父年谱》说，孙中山在该村塾的第一位老师，为台山王氏，所据乃罗香林、简又文等先生的考证。[83] 翠亨村耆老陆天祥回忆说，该老师是位老人，早已老掉了牙齿，以致说话声似蟾蜍，被孩子们戏称"蟾蜍王"；他又是位瘾君子，鸦片烟瘾很重，常一两天不上课。[84] 不久王氏去世。继任者，《国父年谱》说是郑帝根。[85]《孙中山年谱长编》说是程步瀛。[86] 翠亨村耆老陆天祥说是程植生，"名帝根，是由南蓢来的"[87]。笔者到南蓢墟内的南蓢村实地调查，发觉有程植生故居，正门上楣有匾额曰："帅傅遗居"，下款曰："邹鲁书"[88]。（图 3.10）可知继任者的确是程植生，而程植生当过大元帅孙中山的老师，故邹鲁称之为帅傅。

　　有村民杨连合回忆说：原村塾老师王氏去世后，"请程植生之父任教。植生当时是伴读的，年纪比中山大不过五岁，乳名帝根。可能植生之父稍事外出，即

---

[81] 李伯新访问陆天祥（1876 年生），1959 年无月日，载李伯新：《忆访录》（1996），第 59—64 页：其中第 61 页。

[82] 陆天祥：〈孙中山先生在翠亨〉，《广东文史资料》第 25 辑，第 454—459 页：其中第 456 页。

[83] 《国父年谱》（1985），第 17 页。

[84] 陆天祥：〈孙中山先生在翠亨〉，《广东文史资料》第 25 辑，第 454—459 页：其中第 456 页。又见李伯新采访陆天祥（1876 年生），1964 年 5 月 13 日，载李伯新：《忆访录》（1996），第 73—78 页：其中第 77 页。

[85] 《国父年谱》（1985），上册，第 19 页。

[86] 陈锡祺主编：《孙中山年谱长编》一套两册（北京：中华书局，1991），上册，第 22 页。以后简称《孙中山年谱长编》（1991）。

[87] 李伯新采访陆天祥（1876 年生），1965 年 9 月 4 日，载李伯新：《忆访录》（1996），第 78—79 页：其中第 79 页。

[88] 黄宇和：〈南蓢调查报告〉（手稿），2008 年 12 月 18 日。

图 3.8　冯氏宗祠内景（打开大门一望到底，2011 年 2 月 25 日黄宇和摄）

图 3.9　杨兼善祠遗址（翠亨村孙中山故居纪念馆供图）

由植生来代管一下儿童的"[89]。杨连合是孙中山姐姐孙妙茜的孙子，自小随祖母过活，从她那里听了很多有关孙中山的事迹，故可信程度颇高。由虚龄十五岁乳名帝根的程植生，来教导虚龄十一岁乳名帝象的孙中山，真是儿戏！为何老子不教让小子教？实地调查回答了这个问题，翠亨村距离南蓢村超过 10 公里。[90] 要老子一天之内来回步行 20 公里，也太难为了老人家！

第一位老师为孙中山取书名曰文，表示他再不是文盲了！那么他乳名帝象又是什么意思？鉴于孙中山后来当了国家元首，于是有好事之徒曾谓孙家早盼其成帝成王，真无聊。窃以为当时的翠亨村乃穷乡僻壤，生活艰苦，医疗卫生条件极差，能活下来的婴儿不多，孙帝象的二姐三哥早就夭折了。因此，翠亨村的村民为初生的男婴取名时有包括一个"帝"字的习惯，意在祈求村庙的"北帝"庇佑新生婴儿健康成长。孙帝象有宗亲名孙帝福[91]、孙帝景[92]、孙帝晏[93]。后来又有同塾学侣杨帝贺[94]。还有那位被他劝谕戒赌而大怒，揪着他头发向墙壁猛碰至不省人事的杨帝卓[95]。哪怕是从外地搬到翠亨村居住的谭善畅，也入乡随俗，为长子取名帝威，次子帝希，长孙帝根[96]。

翠亨村村塾的课程，《国父年谱》说是四书五经[97]，所据乃罗香林先生的考证。[98] 此言稍嫌夸大。一般来说，孩童学习是循序渐进地先学《三字经》、《千字文》、《幼学故事琼林》等启蒙读物。若一开始就读四书五经诸如《易经》，是不

[89]　李伯新采访杨连合（1914 年生），1965 年 9 月 20 日，载李伯新：《忆访录》（1996），第 86—92 页：其中第 88 页。

[90]　黄宇和：〈南蓢调查报告〉（手稿），2008 年 12 月 18。

[91]　李伯新访问陆天祥（1876 年生），1962 年 3 月 31 日，载李伯新：《忆访录》（1996），第 65—68 页：其中第 66 页。

[92]　萧润君等访杨连合（1914 年生），1978 年 2 月 24 日，载李伯新：《忆访录》（1996），第 94—95 页：其中第 95 页。

[93]　关隆山等访杨连合（1914 年生），1974 年 9 月 17 日，载李伯新：《忆访录》（1996），第 91—94 页：其中第 93 页。

[94]　黄彦、李伯新：〈孙中山的家庭出身和早期事迹（调查报告）〉，《广东文史资料》第 25 辑，第 287—290 页：其中第 275 页。

[95]　吴剑杰等著：《孙中山及其思想》（武汉：武汉大学出版社，2001），第 13 页。

[96]　李伯新访杨珍（1897 年生），1965 年 9 月无日，载李伯新：《忆访录》（1996），第 99 页。

[97]　《国父年谱》（1985），上册，第 17 页。

[98]　所引乃罗香林：《国父家世源流考》（重庆：商务印书馆，1942 年 12 月出版；台北：1971 年 5 月台一版），第 41 页。

图 3.10   程植生故居（2008 年 12 月 19 日李宁摄）

图 3.11   《三字经》、《千字文》、《幼学故事琼林》
（翠亨村孙中山故居纪念馆供图）

可思议的。孙中山自己也说，他到村塾读书，一开始是念《三字经》的。[99] 孩子们在该村塾，不分年级高低，一概跟随老师背诵。学完这三四本书，就算完结了。村塾极少超越这些基本儿童读物。

孙中山后来在〈复翟理斯函〉中有云："幼读儒书，十二岁毕经业。"[100] 这句话应该如何理解？有学者做过调查，认为明清时代甚至民初，私塾入蒙之课是《三字经》、《百家姓》、《千字文》、《弟子规》、《四言杂志》等小册子。唯各私塾均必须另加额外读物，有关文学者，则有《千家诗》、《古唐诗合解》、《唐诗三百首》、《古文观止》、《古文释义》等书。有关历史者，则有《鉴略妥注》、《五言韵文》、《纲鉴》（一般为王凤洲《纲鉴》）。有关为人处世做文章者，则《幼学故事琼林》、《龙文鞭影》、《蒙求》、《秋水轩尺牍》、《雪鸿轩尺牍》等。[101] 进一步就读四书，即《大学》、《中庸》、《论语》、《孟子》。接下来就是五经，而以《诗经》、《礼记》、《春秋》、《易经》、《书经》等循次一一诵读。[102]

可有证据证明孙中山自言其实龄"十二岁毕经业"[103]，即读到《书经》这个阶段？有。他实龄十二岁半经澳门赴檀香山时，看到澳门的赌档、花船、妓女寨等不良现象时，随口就念出《书经》中〈五子之歌〉[104] 来讽刺之。歌曰：

内作色荒，外作禽荒；
甘酒嗜音，峻宇雕墙；
有一于此，未或不亡。[105]

这段史料的原文是英语，来自美国人林百克在聆听过孙中山的自述后而为其所写成的传记。英语原文是这样的：

[99]　Linebarger, *Sun Yat Sen and the Chinese Republic*, p. 50.
[100]　孙中山：〈复翟理斯函〉，载《孙中山全集》，第一卷，第46—48页：其中第47页。
[101]　佚名：〈孙中山先生与其传统文化素养〉，未刊稿，第3页，注4。该稿曾在1998年投台湾《国史馆馆刊》，虽未蒙接纳，但其中不乏上好内容，笔者特予引用。
[102]　同上书，第3页。
[103]　孙中山：〈复翟理斯函〉，载《孙中山全集》，第一卷，第46—48页：其中第47页。
[104]　《国父年谱》（1994年增订本），上册，第26页，1897年6月条。
[105]　Linebarger, *Sun Yat Sen and the Chinese Republic*, p. 105. 林百克著，徐植仁译：《孙逸仙传记》，第22页。

The palace a wild for lust;

The country a wild for hunting;

Rich wine, seductive music,

Lofty roofs, carved walls;

Given any one of these

And the result can only be ruin. [106]

　　译者徐植仁真不简单，马上辨认出乃源自《书经》中的〈五子之歌〉[107] 而照抄如仪。若徐植仁国学根底稍浅，以致必须倒译的话，就不但失真，也妨碍了我们准确地了解当时孙中山国学基础的深浅问题。但小小年纪已经能够随意默念《书经》？让人有点吃惊而难以置信。一般来说，乡间私塾，所念不外儿童启蒙读物诸如《三字经》、《千字文》、《幼学故事琼林》和《古文评注》等。[108] 所以若说他已经读过《书经》，就感到有点意外。但据后来罗香林先生采访孙中山的姐姐孙妙茜老姑太的记录，可知孙中山初入村塾时固然始读《三字经》、《千字文》，唯"瞬即背诵无讹"[109]，以至于村塾老师不久就授以四书五经。[110]

　　孙妙茜老姑太这段回忆的准确性，笔者能找到两条佐证。第一，根据后来在檀香山的同学唐雄的回忆，孙中山"在檀读书时，中文基础已深，英文课余之暇，不喜与同学游戏，常独坐一隅，朗读古文；有时笔之于纸，文成毁之"[111]。第二，孙中山在香港领洗进入基督教时取名日新，盖取《大学》盘铭"苟日新、日日新、又日新"之义。考虑到当时为他施洗的喜嘉理牧师刚到香港不久，正在努

---

[106]　Linebarger, *Sun Yat Sen and the Chinese Republic*, p. 105.

[107]　《国父年谱》（1994 年增订本），上册，第 26 页，1897 年 6 月条。笔者按：有谓〈五子之歌〉乃魏晋南北朝时代的人伪造而非《书经》原有者，此点就由国学大师们去深究吧。笔者所关心的不是〈五子之歌〉的真伪问题，而是孙中山小小年纪就读过《书经》的事情。见下文。

[108]　李伯新采访陆天祥，1959 年，载李伯新：《忆访录》（1996），第 59—64 页；其中第 61 页。

[109]　罗香林：《国父家世源流考》，第 39 页，转引孙妙茜老姑太叙述。

[110]　罗香林：《国父家世源流考》，第 41 页，转引孙妙茜老姑太叙述。

[111]　苏德用：〈国父革命运动在檀岛〉，《国父九十诞辰纪念论文集》（台北：中华文化出版事业委员会，1955），第一册，第 61—62 页。载《国父年谱》（1994 年增订本），上册，第 29 页，1897 年秋条。

力开始学习汉语[112]，进度不可能到达四书五经的阶段。"正统"历史说，孙中山在香港拔萃书室读书时"恒从伦敦传道会长老区凤墀习国学"[113]。果真如此，则区凤墀曾建议取名"日新"就不奇怪。但笔者查核伦敦传道会档案，则当时区凤墀并不在香港，而是在广州当全职宣教师。[114]天南地北，如何随区凤墀习国学？遑论取名。故窃以为决定取名"日新"的人，极大可能正是孙中山自己，由此可知孙中山早已读过部分四书五经。

准此，另一桩历史悬案也迎刃而解。该悬案就是：孙中山对其背诵的东西理解了多少？

因为，一般来说，传统村塾的教法是只教背诵而不作解释。孙中山对自己初入学时的遭遇就有过很生动的描述。他对林百克回忆说，每个学童，在村塾老师那教鞭的阴影下，面壁高声背诵《三字经》。他们对自己所背诵的东西丝毫不懂其意思，老师也不作任何解释。如是者一个月，孙中山再也忍受[115]不了，他造反了："我对这些东西一点不懂，尽是这样瞎唱真没意思！我读它干什么？"老师惊骇地站起来，拿出一根短竹[116]，在手中掂量。但手臂很快就无力地垂下来了。因为，孙中山是全塾最善于背诵者，打他恐不能服众。于是厉声喊曰："什么！你敢违背经训？"[117]

"不是，我并不反对经训。但是，为什么要我天天背诵这些我丝毫不懂的东西？"

"你离经叛道！"

"但是你光教我认字却不教我明理。"孙中山不服气地回答。

老师大惑不解。此孩在背诵方面进步神速，为何偏偏如此不快？

---

[112]　Hager to Clark, 12 April 1883, ABC16.3.8: South China v. 4, no. 3, p. 1.

[113]　《国父年谱》(1985)，第一册，第34页；所据乃冯自由：《革命逸史》(1981)，第一册，第10页。

[114]　详见本书第五章。

[115]　原文是 stood，即忍受的意思。徐植仁把它翻译作站立，似乎是忽视了该词有多重意思。

[116]　原文是 bamboo rod，徐植仁把它翻译作戒尺，恐怕是以今况古了。

[117]　Linebarger, *Sun Yat Sen and the Chinese Republic*, p. 51. 林百克著，徐植仁译：《孙逸仙传记》，第44—45页。

"求求您，为我解释一下我念的是什么？"孙中山央求老师。

老师的心软下来了，深感此孩子极不寻常。该孩子继续央求说，任何事物都有一个道理，为何这些方块字就不包含任何道理？老师无言以对，但对孙中山的反叛，已由愤怒改为友善的同情。孙中山亦不为已甚，基于对老师的尊敬，以后更是加倍努力地背诵那些他毫不理解的古文。但心里还是反复地萦绕着这样的一个问题："这些古文必定含有意义，终有一天我会找出它的含义。"[118]

这段记载说明，那位老师其实自己对古文也是不求甚解，否则他大可从此就向学生解释书中的微言大义。学而不思者，大有人在，否则孔子就不会道出"学而不思则罔，思而不学则殆"[119] 这句名言。据翠亨村耆老陆天祥回忆说，这位老师已老掉了牙齿，以致说话声似蟾蜍；同时鸦片烟瘾很重，常一两天不上课。窃以为这样的料子，若果真是学而不思的人也毫不奇怪。

那么，孙中山终于是如何明白到书中的微言大义？陆天祥没有交代。兹将陆天祥口述的追忆全文转录如下：

中山感到这样的教学方法不能满足自己的要求，于是就向老师提出意见说："老师，我天天读书，不知书中讲些什么道理，这有什么用呢？"老师听了大发脾气，说："呀！你竟敢违背先贤之教么？"孙中山回答说："什么事都要讲道理，就是不知书中讲什么道理。"老师拿起戒尺准备打他，但恐不能服众。但若不打，尤怕坏了教规。最后只得说："我只管教书，不管讲书。"[120]

窃以为这段回忆的准确性值得商榷：

第一，尽管陆天祥似乎是翠亨村年纪最大的耆老了，但自言比孙中山小十

[118] Linebarger, *Sun Yat Sen and the Chinese Republic*, pp. 52-53. 徐植仁对此段的翻译稍欠妥帖，故笔者把它重新翻译。

[119] 《论语》，第二为政，第十五章。

[120] 陆天祥：〈孙中山先生在翠亨〉，《广东文史资料》第 25 辑，第 454—459 页；其中第 457 页。

岁。即孙中山在实龄九岁而开始读私塾时，陆天祥还未出世。到了孙中山实龄"十二岁毕经业"[121]时，陆天祥才两岁，不可能曾经亲历其境。

第二，愤怒的老师拿起来要打孙中山的是一枝短竹[122]，并非戒尺。把短竹说成是戒尺者，是译者徐植仁。[123]其实，穷乡僻壤中的烟鬼，若有分毫都挪去买鸦片了，怎会舍得买戒尺，随手折支竹竿权作教鞭就是了。准此，窃以为很可能孙中山成名以后，部分翠亨村民引以为荣而乐于阅读徐植仁从英语翻译过来的《孙逸仙传记》，故事因而传播起来。

第三，故事用口头传播起来，就有添油加醋的成分，例如上述陆天祥回忆中复述老师最后的一句话——"我只管教书，不管讲书"[124]——就不单英语原文没有，连徐植仁的译文也没有。陆天祥听了这些添油加醋的话，又以讹传讹。

第四，笔者怀疑，陆天祥的文化水平不怎么样。否则，像他道来的这些珍贵的口述资料，他大可自己执笔撰写来刊登在《广东文史资料》，而不必由李伯新来记录。[125]

总的来说，陆天祥回忆中有关那位老师声如蟾蜍、吸鸦片等情节，该是当时全村都知道的情况，应为信史。至于他描述孙中山要求老师解释所读古文的道理等情节，则很可能是源自徐植仁所翻译的《孙逸仙传记》，故权威性低于林百克的英文原著。

那么，林百克在英文原著中是如何解释孙中山终于明白了书中的道理的？他说，孙中山这个天才，凭着他超人的领悟力，终于冲破重重无知的黑暗而光芒四射！[126]

这个解释在某种程度上有其较为可信的一面，在日常生活中，口语所用的词汇，都有其一定的意思。孙中山一旦能辨认出书本中方块字的发音与日常某

[121]　孙中山:〈复翟理斯函〉，载《孙中山全集》，第一卷，第46—48页；其中第47页。
[122]　Linebarger, *Sun Yat Sen and the Chinese Republic*, p. 51.
[123]　林百克著，徐植仁译:《孙逸仙传记》，第45页。
[124]　陆天祥:〈孙中山先生在翠亨〉，《广东文史资料》第25辑，第454—459页；其中第457页。
[125]　同上书，第454—459页；其中第459页。该文后来收入李伯新:《忆访录》(1996)，第59—64页，方知采访日期是1959年，当时陆天祥八十三岁。
[126]　"However, Wen had something in the very genius of his own understanding that shone out as a light in the ancient gloom that enveloped all about him." See Paul Linebarger, *Sun Yat Sen and the Chinese Republic*, p. 53.

口语的发音是一样时，书本中方块字的意思就愈来愈明显了。后来孙中山于实龄"十二岁毕经业"[127]后，即能随口念出〈五子之歌〉来讽刺澳门的赌档和妓女寨，就是明证。难怪私塾老师告诉孙父曰："若帝象随我读书三年，胜过他处十载。"[128]似乎这位蟾蜍老师要把孙中山自己领悟出来的成绩据为己有了。

　　读书明理，孙中山读了那么多圣贤书，明白了那么多道理，该作何用途？学以致用也。几千年中国古圣贤积聚下来的智慧，不但影响了他将来的行动，也直接影响了他思想的发展，并集中体现在他的三民主义中。

　　"正统"历史说，孙中山在夏威夷读书时，夜从杜南习国学。[129]唯据笔者考证，孙中山在夏威夷的英国圣公会意奥兰尼学校就读时，是寄宿生，晚上必须与其他同学一道集体温习功课而不容外出。[130]夜出习国学云云，显然是牵强附会居多。尽管他曾去过一两次，效果会如何？

　　"正统"历史又说，孙中山在香港拔萃书室读书时"恒从伦敦传道会长老区凤墀习国学"[131]。笔者查核该会档案，则当时区凤墀并不在香港而在广州当全职宣教师。天南地北，如何随区凤墀习国学？

　　笔者决心追查孙中山的国学来源，发觉孙中山在香港所读的拔萃书室和中央书院，都有涉及汉语的课程；他之能继续探求国学，并非全靠校外的师友。[132]尤其重要的是孙中山曾自言："我亦尝效村学生，随口唱过四书五经者，数年以后，已忘其大半。但念欲改革政治，必先知历史，必通文字，乃取西译之四书五经历史读之，居然通矣。"[133]邵元冲补充说，孙中山"自言，幼时履港肄业，所习多专于英文。嗣而治汉文，不得合用之本。见校中藏有华英文合璧四书，读而大爱

---

[127]　孙中山：〈复翟理斯函〉，载《孙中山全集》，第一卷，第46—48页：其中第47页。

[128]　罗香林：《国父家世源流考》，第38，41页，引孙中山的四姐孙妙茜老姑太言；转引于《国父年谱》（1994年增订本），第19页，1875年条。

[129]　《孙中山年谱长编》（1991），上册，第28—29页，引吴相湘：《孙逸仙先生传》（台北：远东图书公司，1982），第一册，第30页。追阅吴相湘的书，又说所据为马来西亚华侨陈占梅所编的《杜南先生事略》（吉隆坡，1939）。

[130]　见本书第四章。

[131]　《国父年谱》（1985），第一册，第34页；所据乃冯自由：《革命逸史》（1981），第一册，第10页。

[132]　见本书第五章。

[133]　孙中山：〈在沪尚贤堂茶话会上的演说〉，《孙中山全集》（北京：中华书局，1984），第三册，第320—324页：其中第321页。

好之。遂反复精读，即假以汉文之教本，且得因此而窥治中国儒教之哲理。又英译本释义显豁，无汉学注疏之繁琐晦涩，领解较易。总理既目识心通，由是而对中国文化，备致钦崇，极深研几，以造成毕生学术之基础"[134]。

孙中山 1883—1892 年在香港读书时期，世上唯一之华英合璧四书五经，乃由著名英国人传教士理雅各（Rev. James Legge, 1815—1897）所翻译及出版。他因而成为鼎鼎大名的汉学家，1876 年起被英国牛津大学聘任为汉语讲座教授（1876—1897）。理雅各在香港传教期间，承香港政府咨询，为政府创办了中央书院。[135] 按照孙中山所言，看来他是在该书院读书期间，于校内图书馆反复精读英汉合璧之四书五经。所以笔者说：孙中山之能受到传统中国文化的熏陶，受惠于英国人不浅。

后来孙中山于 1887 年回到香港设于雅丽氏医院内的西医书院读医科之五年时间（1887—1892），中央书院（当时已经搬进荷李活道的新校舍并改名为维多利亚书院）与雅丽氏医院近在咫尺（图 3.12），他深知"欲改革政治，必先知历史"[136]，而频频回到母校图书馆阅读理雅各为四书五经所做的译本，属情理之常。

笔者甚至认为，当中国的精英在五四运动中大声疾呼"打倒孔家店"时，孙中山仍始终不渝地拥护儒家学说，正是因为他学兼中西而不偏不倚也。他说：

> 欧美有欧美的社会，我们有我们的社会，彼此的人情风土，各不相同。我们能够照自己的社会情形，迎合世界潮流去做，社会才可以改良，国家才可以进步。如果不照自己社会的情形，迎合世界潮流去做，国家便要退化，民族便受危险。[137]

---

[134] 邵元冲：〈总理学记〉，载尚明轩、王学庄、陈崧编：《孙中山生平事业追忆录》，第 320—324 页；其中第 321 页。

[135] Gwenneth and John Stokes, *Queen's College: Its History 1862-1987* (Hong Kong: Queen's College Old Boys' Association, 1987), pp. 7-8.

[136] 孙中山：〈在沪尚贤堂茶话会上的演说〉，《孙中山全集》，第三册，第 320—324 页；其中第 321 页。

[137] 孙中山：〈民权主义第五讲〉，1924 年 4 月 20 日，《国父全集》(1989)，第一册，第 99—113 页；其中第 103 页，第 18—20 行。

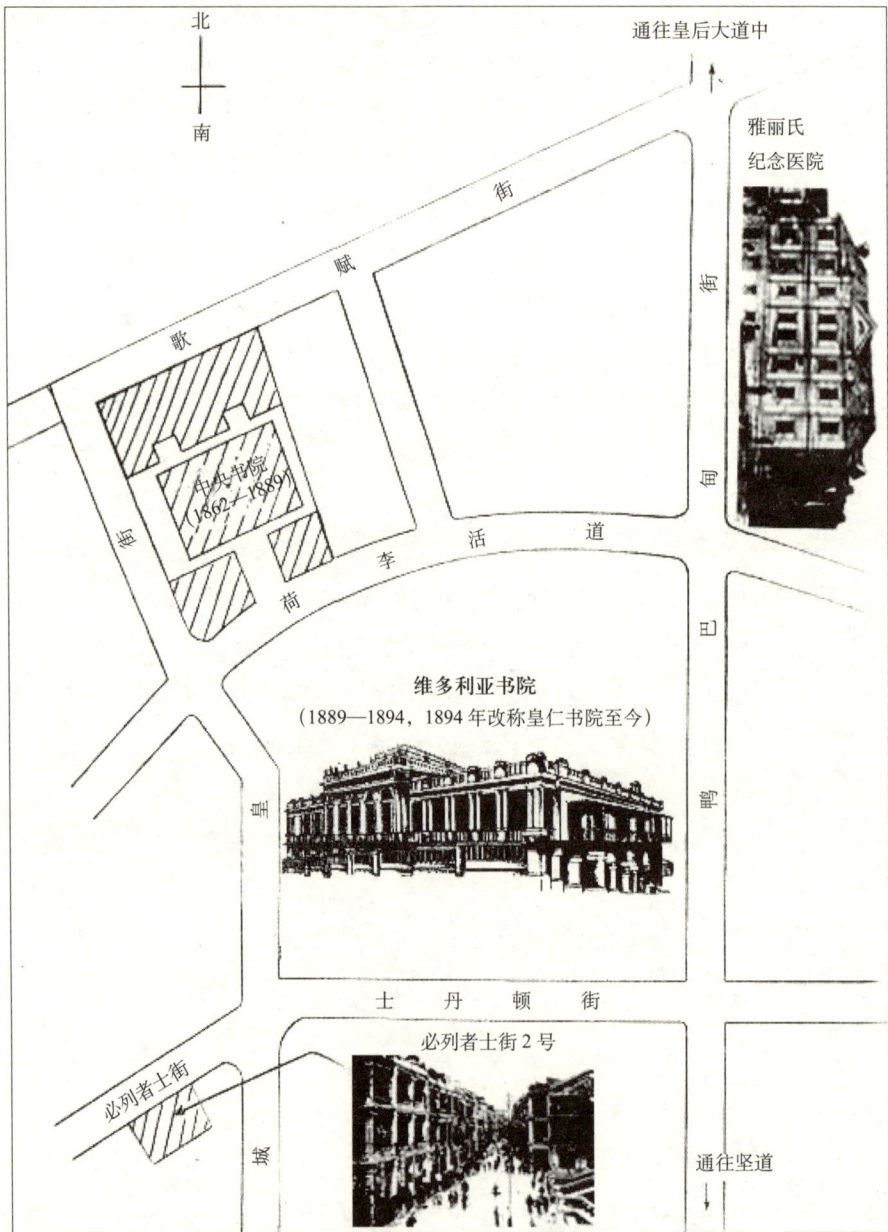

图 3.12 近在咫尺的西医书院与中央书院（当时已经搬家并改名为维多利亚书院）

四、学以致用

西方史学界普遍认为，孙中山三民主义思想的根源来自西方，这自有其真实的一面。因为，其中之民族主义，一般被学者翻译为 nationalism，而 nationalism 的思潮，的确是发源自 19 世纪欧洲。[138] 而其中的民权主义，也被学者翻译成 democracy；由于中国千年帝制，以其专横而臭名昭彰；所以洋人一看到 democracy 此词，就坚定不移地认为，孙中山所提倡的民权主义，是拾西方的牙慧。又至于民生主义，孙中山更是甚为具体地说过："伦敦脱险后，则暂留欧洲，以实行考察其政治风俗，并结交其朝野贤豪，两年之所见所闻，殊多心得，始知徒致国家富强，民权发达，如欧洲列强者，犹未能登斯民于极乐之乡也。是以欧洲志士犹有社会革命之运动也。予欲为一劳永逸之计，乃采取民生主义。"[139] 以此之故，西方史学界，尤其是研究思想史的人，普遍认为三民主义在思想上毫无创新，不值一哂。

这是洋人的偏见，而造成这种偏见的罪魁祸首，是洋人忽略了三民主义当中所包含的中国优良传统价值观。这种优良的价值观，在欧洲因科技发达而强大之前，是普遍地受到欧洲知识分子的仰慕和尊敬的。[140] 只是欧洲科技后来居上，在 19 世纪把满清的军队打得尸横遍野，才产生了藐视中国（包括中国传统文化）的倨傲心理[141]，以致尽管发现了三民主义存有中国传统的价值观，也同样藐视之。这种心理发展到 20 世纪，西方史学界把现代化等同西化[142]，而中国广大学术界

---

[138] See Hugh Seton-Watson, *Nations and States: An Enquiry into the Origins of Nations and the Politics of Nationalism* (Boulder, Colorado: Westview Press, 1977) .

[139] 孙中山：《建国方略·孙文学说》，第八章"有志竟成"，载秦孝仪主编：《国父全集》（台北：近代中国出版社，1989），一套十三册，第一册，第 412 页。以下简称《国父全集》(1989)。

[140] See, for example, Matteo Ricci, *China in the Sixteenth Century: The Journals of Matthew Ricci, 1583-1610*, translated by Louis.J. Gallagher, S.J. (New York: Random House, 1953). See also Chong-kun Yoon, "Sinophilism during the Age of Enlightenment: Jesuit, Philosophe and Physiocrats Discover Confucius," in R. L. Lembright, H. A. Myers, D. B. Rush and C. Yoon (eds.), *Western Views of China and the Far East: Volume 1, Ancient to Early Modern Times* (Hong Kong: Asian Research Service, 1982).

[141] See James Hevia, *English Lessions: The Pedagogy of Imperialism in Nineteenth-Century China* (Durham, NC: Duke University Press, 2003).

[142] Paul Cohen, *Discovering History: American Historical Writing on the Recent Chinese Past* (New York: Columbia University Press, 1984), p. 2.

在五四运动中也曾高呼"打倒孔家店"[143]，以致不少中国人自己也藐视三民主义所包含的传统国学因素。

另一个罪魁祸首是洋人的偏见，他们普遍认为孙中山幼年只在穷乡僻壤的村塾念过几年儿童读物诸如《三字经》、《千字文》等，从来未参加过科举考试，国学根底有限。所以误认为三民主义尽管有国学的因素，但也是肤浅不过。而持有这种偏见的洋人，一般是受到科举出身的康有为对孙中山的藐视态度所影响。毕生研究孙中山的史扶邻（Harold Z. Schiffrin）先生甚至拾章炳麟的牙慧而说孙中山是"粗野犷夫"[144]。康有为与章炳麟先后成为孙中山的政敌，拿孙中山的死对头所攻击孙中山的话来衡量孙中山的国学修养，奇也怪哉！一方面洋人严厉批评科举出身的士大夫，自鸦片战争以降，百般阻挠中国向西方学习的进程。[145]另一方面，对积极向西方学习的孙中山，又拾传统士大夫出身的康有为、章炳麟等的牙慧来批评孙中山国学根底浅。[146]一句话，洋人总觉得当时的中国人，无论是进步还是落后的，都一无是处。

---

[143]　See Tse-tsung Chow, *The May Fourth Movement: Intellectual Revolution in Modern China* (Camb. Mass.: Harvard University Press, 1960)．蔡尚思：〈五四时期"打倒孔家店"的实践意义〉，《纪念五四运动六十周年学术讨论会论文集》，一套三册（北京：中国社会科学出版社，1980），第470—485页。

[144]　"Uncultured outlaw". See Harold Z. Schiffrin, *Sun Yat-sen and the Origins of the Chinese Revolution* (Berkeley: University of California Press, 1968)，p.300, quoting Zhang Binglin. 章炳麟长期受过中国传统教育，国学根底极好。他决定反清后，用他那流畅的文言文来宣传反清言论，得到传统士大夫阶层的接受，那是他对革命的贡献。1905年同盟会在东京成立后，他曾一度在日本与孙中山合作反清，但不久因政见不同反目，改为肆意攻击孙中山，为革命事业带来严重的伤害。但孙中山所领导的革命潮流是大势所趋，章炳麟愈来愈孤立，他愤懑之余，不思报国，最后竟然想到印度去当和尚，可见其偏激。有关章炳麟的传记，见 Wong Young-tsu, *Search for Modern Nationalism: Zhang Binglin and Revolutionary China, 1869-1936* (Oxford University Press, 1989)。史扶邻拿章炳麟与孙中山闹翻以后攻击孙中山的偏激言论来衡量孙中山的国学修养，似欠持平。

[145]　费正清教授说，中国西化的进程 "was obstructed at every turn by the ignorance and prejudice of the Confucian literati"．John King Fairbank, *China, A New History* (Camb., MA: Harvard University Press, 1992), p. 217.

[146]　Teng, Ssu-yu and John King Fairbank (eds.) *China's Response to the West* (New York: Atheneum, 1963), p. 193, which forms part of a section entitled "Sun Yatsen's Early Revolutionary Program"．史扶邻也批评孙中山"对经典缺乏全面的修养"，见其《孙中山与中国革命的起源》（北京：中国社会科学出版社，1981），第10页，所据乃陈锡祺：《同盟会成立前的孙中山》（广州：广东人民出版社，1957年初版，1981年重印），第8页。但陈先生是拿孙中山与康有为比较。平心而论，康有为毕生功力在古籍，孙中山只读过其中的四书五经，从数量上当然是无从比较。但问题是，四书五经是否最有代表性的国学的精髓？熟读四书五经而明白个中道理的人，当时以至当今又有多少？中国古籍浩瀚如海，康有为又是否全部看了？窃以为焦点是量还是质的问题。

　　笔者有鉴于此，故决定在本章集中探索孙中山幼年在村塾读过什么书。结果发现他固然读过《三字经》、《千字文》等启蒙小册子，但也进而读过中国部分四书、五经，并明白个中道理，只是没有参加科举考试就出洋留学去了。若他有机会深入地攻读中国经典著作并参加科举考试，结果会怎样？孙中山是聪明绝顶的人，单从他对部分四书五经不解自通这一点，就可见一斑。至于博闻强记，孙中山更是全塾同学中首屈一指。[147] 若他真有机会继续潜修国学并参加科举考试，应该可以考中秀才、举人。

　　后来孙中山尽管去了夏威夷、香港等地读书，而读的都是英语课本，但课余时间还不断勤修国学。据云"二十四史"[148]，三教九流的有关书籍[149]，《三国志》、《水浒传》、《东周列国志》[150]，《四书备注》[151]，《太平天国演义》、《孙子兵法》、《八家讨论集》和韩愈、柳宗元、三苏、王安石、欧阳修、曾国藩等人的文集[152]，他都涉猎，可见孙中山所看的书是很广的。

　　正是由于孙中山受到中国传统价值观的影响，所以后来他在鼓吹民族主义精神时，才不会像明治维新的日本那样，步欧洲后尘而把民族主义精神刻意培植为对外侵略的武器。相反地，孙中山在〈民族主义第六讲〉（1924 年 3 月 2 日）里说：

　　　　中国古时常讲"济弱扶倾"，因为中国有了这个好政策，所以强了几千
　　年，安南、缅甸、高丽、暹罗那些小国，还能保持独立。现在欧风东渐，
　　安南便被法国灭了，缅甸被英国灭了，高丽被日本灭了。所以如果中国强

---

[147] Linebarger, *Sun Yat Sen and the Chinese Republic*, p. 51. 林百克著，徐植仁译：《孙逸仙传记》，第 44—45 页。

[148] 简又文：〈总理少年时期逸事〉，《国父文物展览会特刊》（广州：广东省立文献馆，1946），转引于《国父年谱》（1994 年增订本），上册，第 45 页，1886 年条。

[149] 孙中山博士医学院筹备会编：《总理业医生活史》（广州：无日期），转引于《国父年谱》（1994 年增订本），上册，第 45 页，1886 年条。

[150] 李伯新采访陆天祥（1876 年生），1964 年 5 月 13 日，载李伯新：《忆访录》（1996），第 68—71 页；其中第 69 页。

[151] 同上书，第 71 页。

[152] 李伯新等采访杨连合（1914 年生），1974 年 9 月 17 日，载李伯新：《忆访录》（1996），第 91—94 页；其中第 92 页。

盛起来，我们不但是要恢复民族的地位，还要对于世界负一个大责任。如果中国不能够担负这个责任，那么中国强盛了，对于世界便有大害，没有大利。中国对于世界究竟要负什么责任呢？现在世界列强所走的路是灭人国家的；如果中国强盛起来，也要去灭人国家，也去学列强的帝国主义，走相同的路，便是蹈他们的覆辙。所以我们要先决定一种政策，要济弱扶倾，才是我们民族的天职。我们对于弱小民族要扶持它，对于世界列强要抵抗它。[153]

一句话，这是中国传统价值观总代表的"大同思想"。孙中山在总结其民族主义共六次演讲时，是这样说的：

我们要将来能够治国平天下，便先要恢复民族主义和民族地位。用固有的道德和平做基础，去统一世界，成一个大同之治，这便是我们四万万人的大责任。诸君都是四万万人的一分子，都应该担负这个责任，便是我们民族的真精神。[154]

在这里，孙中山把四书中的《大学》所说的"格物、致知、诚意、正心、修身、齐家、治国、平天下"的古代理想，从中土扩展到全世界，这抱负真不简单。

同样不简单的是，孙中山闲居上海构思这民族主义时，适逢是 1919 年五四运动期间。当时众人都高呼"打倒孔家店"，他却没有这种打倒一切之想。相反地，他说："如能用古人，而不为古人所惑，能役古人，而不为古人所奴，则载籍皆似为我调查，而使古人为我书记，多多益善矣。"[155]

---

[153]　孙中山：〈民族主义第六讲〉，1924 年 3 月 2 日，《国父全集》(1989)，第一册，第 45—54 页；其中第 53 页，第 12—17 行。又见《孙中山全集》，第九卷，第 241—254 页：其中第 253 页。

[154]　孙中山：〈民族主义第六讲〉，1924 年 3 月 2 日，《国父全集》，第一册，第 45—54 页：其中第 53 页第 20 行到第 54 页第 2 行。又见《孙中山全集》，第九卷，第 241—254 页：其中第 253—254 页。

[155]　黄季陆：〈国父的读书生活〉，原载于台湾《中央日报》，1960 年 11 月 13 日，收录于《中山思想要义》，中山学术文化基金会丛书（台北：台湾书店，1994），第 393—403 页：其中第 399 页，引孙中山在《建国方略·孙文学说》（上海：华强书局，1919 年 6 月 5 日）中说过的话。该《建国方略·孙文学说》后来收进《国父全集》(1989)，第一册，第 351—422 页。

五、社会学校

孙中山不但从书本中学到很多东西，在日常生活这个社会学校中也领悟到不少道理。本章第一节特别题为"出身寒微"，是因为探索所得，发觉孙中山童年时代的生活确实艰苦，结果突出了他由此而领悟到的一个道理，就是民生的重要性。他自谓本"农家子也，生于畎亩，早知稼穑之艰难"[156]。又说："幼时的境遇刺激我……我如果没出生在贫农家庭，我或不会关心这个重大问题（笔者按：指民生问题）。"[157] 更说："中国农民的生活不该长此这样困苦下去。中国的儿童应该有鞋穿、有米饭吃。"[158] 没鞋穿、没米饭吃而必须天天吃番薯[159]，正是他自己童年生活的写照。他三民主义当中的民生主义，严格来说，即发轫于此。

本章第一节说过，孙父完全没有自己的田地。他所租种的"龙田"与"聚宝盘"一年所获，除去田租，仍不足以养活一家，故孙达成很可能用租来的祖尝山地种番薯补充。当孙中山看到富有的杨家孩子吃白米饭，而自己整家一年到头吃番薯时，有何感受？更坏的情况还在后头。"有时天旱，半年不下雨，农业失收"[160]，就连番薯也变得罕有了。但是，地租还是必须交足的。那就把罕有的番薯也要拿去卖掉，否则就会失去耕地。若连番薯也吃不饱，则苦况可知。

苦况还不止此，当孙家祖先最初到达翠亨村开荒时，他们开垦了的荒地而作为自己拥有并报官纳税的面积是不少的。后来由于经济需要而多次卖掉这些耕地时，为了贪图省钱，而没有报官以便用红契改变地主的名字，只是买卖双方用白契签押了事，结果孙家在官册上还是地主而必须每年完税。当孙家的男丁愈来愈单薄时，孙达成突然之间变成了孙氏族长及有名无实的大地主！每年税吏来叩门

---

[156] 孙中山：〈拟创立农学会书〉，1895 年 10 月 6 日，载《孙中山全集》，第一卷，第 24—26 页：其中第25 页。

[157] 孙中山语，载宫崎寅藏著，陈鹏仁译：《宫崎滔天论孙中山与黄兴》，第 6 页。

[158] 宋庆龄：《为新中国奋斗》（北京：人民出版社，1952），第 5 页。

[159] 黄彦、李伯新：〈孙中山的家庭出身和早期事迹（调查报告）〉，《广东文史资料》第 25 辑，第 274—290 页：其中第 289 页。

[160] 李伯新采访陆天祥（1876 年生），1962 年 12 月 20 日，载李伯新：《忆访录》（1996），第 72—73 页：其中第 73 页。

时，孙家就如大难临头。[161] 好歹也必须完税，否则孙达成被抓去坐牢，就一家全完了。但实在无力完税又怎么办？似乎税吏也不笨，看着一贫如洗的孙达成，知道无法从石头中榨出牛奶。抓了他坐牢反而揩不到什么油水，干脆敲诈一笔后再按白契上的地主名字征税去。

　　孙达成实在必须设法多赚钱。结果，若村里有喜事或丧事（翠亨村俗称红白事）时，他也去帮忙[162]，以赚点外快。须知帮人办红白之事，一般是下户人家做的。下户者，多是有钱人家买来的男仆及婢女，下户不能与一般人结婚，只能与其他下户结婚。翠亨村的下户，有陈、冯、梁、钱等户。[163] 孙达成为了帮补家用而把自己降到下户的地位了。不单如此，下户尽管是仆人，但晚上一般还能睡个好觉。孙达成则实在穷得没法，就在晚上为村中打更。须知打更是村中最低下的，谁也不愿意干的活。因为，除了辛苦以外，酬劳也少得可怜，每年只有几石谷！[164]

　　由于孙达成实在太穷苦了，以致一些无知村民无论丢了什么东西，第一个反应就是指他为贼。富有的杨启焕，有一天发觉他的一只鸡失踪了。他的夫人大吵大闹，呼天抢地般诬告孙达成偷去了，并扬言要报告更馆抓孙达成。孙达成百词莫辩，正在为难。杨启焕的婢女说，该鸡"跌下屎缸淹死了，我见不能吃，已将鸡埋好"。杨夫人急问何处，婢女就带她到火灰堆中找出了失去的死鸡，此事才平息下来。[165]

　　不单无知村妇欺负孙达成，就连乳臭未干的小孩也给他颜色看。有一次，尽管他选择在晚上人少的时候挑了一担肥粪下田，但经过杨宝常家门口时，仍免不了杨宝常高声斥骂说："戆林，以后不要担肥从我这里经过！"称他为林，是因

[161]　Linebarger, *Sun Yat Sen and the Chinese Republic*, chapter 10, entitled "The White Deed".

[162]　李伯新采访陆天祥（1876 年生），1964 年 5 月 13 日，载李伯新：《忆访录》（1996），第 73—78 页：其中第 76 页。

[163]　同上书，第 74 页。

[164]　黄彦、李伯新：〈孙中山的家庭出身和早期事迹（调查报告）〉，《广东文史资料》第 25 辑，第 274—290 页。该文转载于故居编：《家世》（2001），第 151—155 页：其中第 154 页。

[165]　甘灶根复述孙妙茜言，李伯新记录，1965 年 9 月 11 日，载李伯新：《忆访录》（1996），第 145—146 页：其中第 145 页。又见李伯新采访杨珍（1897 年生），1965 年 10 月 1 日，载同书，第 99—100 页：其中第 100 页。

为他的乳名叫茂林。由于村民全瞧不起他，于是就干脆蔑视地给他取了个花名叫蟊林。孙达成被辱骂以后，还是低着头不敢回话。当时杨宝常的年纪与孙中山相近，而孙父已是接近六十岁的老翁。"你想，达成是上了年纪的人，还遭人如此辱骂！"陆天祥回忆说。[166]

　　这种故事在小孩子当中是最容易传开来的，孙中山耳濡目染之余，有何感想？就连孙中山的姐姐孙妙茜，尽管被缠了小脚而比孙中山较少外出活动，但对父亲的遭遇也感同身受。她回忆说，即使其父经常"受到别人侮辱欺负，也不敢和人计较，这都因家穷之故"。[167]正由于孙父逆来顺受，低声下气地过活，以致有人怀疑孙家是否村奴或家奴。这就惹得过去本来欺负过孙达成的杨氏家人也挺身出来说句公道话："从未听谁传说过！莫说陆杨大姓人家，就是当时哪一家能瞒得了？莫非全村每一家也能瞒下来？"[168]杨国英也说："达成一代以上绝不是村奴或家奴，我从来没有听人说过。"[169]杨氏家族出来表态，证明过去落井下石以致刻意中伤孙家者，大有人在。对孙中山来说，社会真是一所学校！

　　那么，孙中山对自己父亲的观感又如何？他认为其父"处理家事井井有条"[170]。这是可信的，而可信的原因，不是因为笔者有任何证据证明孙父很有管理才干，而是考虑到孙氏一家七口，拥挤在一斗室，不是头碰头就是脚踢脚，若不是所有成员都刻意熟识其他家庭成员的脾气和习惯，造就一种互相礼让的良好气氛，将会家无宁日。若发生什么纠纷，孙达成是一家之主，排难解纷，责无旁贷。看来他是个公道的人，所以大家都服了他。孙中山诞生之日，正是孙达成五十三

---

[166]　李伯新采访陆天祥（1876年生），1962年5月23日，载李伯新：《忆访录》（1996），第68—70页：其中第69—70页。

[167]　杨珍复述孙妙茜言，见李伯新采访杨珍（1897年生），1965年8月15日，载李伯新：《忆访录》（1996），第96—97页：其中第96页。

[168]　李伯新采访杨国英（1895年生），1965年9月25日，载李伯新：《忆访录》（1996），第104—106页：其中第105页。

[169]　李伯新采访杨珍（1897年生），1965年10月1日，载李伯新：《忆访录》（1996），第99—100页：其中第100页。

[170]　"[O]rderly management of his home". Linebarger, *Sun Yat Sen and the Chinese Republic*, p. 56. 林百克著，徐植仁译：《孙逸仙传记》，第59页。

岁之年。孔子说："三十而立，四十而不惑，五十而知天命。"[171] 孙达成过了"不
惑"之年十而有三，待孙中山稍懂人事之际，孙达成那种"不惑"的慎重态度，
自然让孙中山肃然起敬。

　　爱思考的孙中山继而遐想：他自己的家庭，"各人互相尊重他人的权利，接
受家长的规则，可以自治。那么，由许多许多这样的家庭而组成的国家，则管理
这个国家的政府，只要各个家庭互相尊重其他家庭的权利，对其他家庭尽其义
务，同样能把这个国家管理得井井有条"[172]。孙中山后来发表的那家长式的民权
主义，似乎深受这种想法的影响。看来孕育孙中山童年时代思想的社会学校，真
的不容忽视！

　　此外，社会学校给予孙中山的多种教育当中，最为人乐道者包括太平天国的
故事。据说翠亨村有位曾经参加过太平军的老人，名字叫冯观爽。他经常坐在孙
中山居住的那所泥砖屋前的大树下乘凉，并因而常常对孙中山讲述太平天国的故
事。[173] 为何冯观爽别的地方不坐而偏偏坐在孙家门外乘凉？因为冯观爽也是很穷
苦的人，他居住的泥砖屋，与孙家相隔只有另外三幢泥砖屋，近在咫尺，都在翠
亨村的村边。[174] 穷人与穷人之间自有一种共同语言。据说孙中山也爱听冯观爽所
讲的故事，而愈听愈敬慕洪秀全。[175] 对于这些口述历史的真实性，以及冯观爽对
孙中山可能起过的影响，我们该如何判断？窃以为判断的途径之一，是看孙中山
自己是怎么说的：

---

[171]　《论语》，第二为政，第 3 章。

[172]　"[I]f a large household such as his father's could be governed from within, each member respecting the rights
of the others and accepting the house-governing rules of the head of the household, likewise a government
as between such families could be run by respecting and enforcing respect, each family holding to its duty to
the others." See Linebarger, *Sun Yat Sen and the Chinese Republic*, p. 56. 林百克著，徐植仁译：《孙逸仙
传记》，第 59 页。

[173]　李伯新采访陆天祥（1876 年生），1959 年无月日，载李伯新：《忆访录》（1996），第 59—64 页：其中
第 60 页。据说翠亨村村民中曾参加过太平军者，就只冯观爽一人，孙子亚佐，后死在南洋，后继无
人。见李伯新采访陆天祥（1876 年生），1964 年 5 月 13 日，载同书，第 73—78 页：其中第 76 页。

[174]　李伯新采访陆天祥（1876 年生），1962 年 3 月 31 日，载李伯新：《忆访录》（1996），第 65—71 页：
其中第 66 页。

[175]　李伯新采访陆天祥（1876 年生），1959 年无月日，载李伯新：《忆访录》（1996），第 59—64 页：其中
第 60 页。

> 宫崎："先生，中国革命思想胚胎于何时？"
>
> 孙："革命思想之成熟固予长大后事，然革命之最初动机，则予在幼年时代与乡关宿老谈话时已起。宿老者谁？太平天国军中残败之老英雄是也。"[176]

这段对话的日期，似乎是孙中山伦敦蒙难之后，在1897年秋到达日本之时。[177] 对于孙中山运用"革命"一词的发展过程，陈建华曾做过细致的考证。[178] 在陈建华考释的基础上，窃以为童年孙中山之所谓"革命之最初动机"，是"造反"的意思。但若因此就说后来孙中山矢志革命主要是由于逃回翠亨村躲避的太平老兵冯观爽的影响，就言之过早。试想，一个十岁不到的孩童就懂得革命？也言过其实，君不见，孙中山自己也说："革命思想之成熟固予长大后事。"

但为什么他要造反？因为他小小年纪就亲身感受过满清的腐败也。上面说过，由于孙氏祖先过去变卖田地时没花钱给官府改动红契，以致孙达成不得不每年向征税官吏行贿。这对赤贫如洗的孙家，犹如雪上加霜。孙中山对此非常气愤："我一遍一遍问我自己，为什么那些官吏对于红契要这样勒索重费而使人家用这种白契的权宜方法呢？为什么这般管理不依经书上合于道德的办法做呢？"[179] 平心而论，当时的所谓红契就等于当前的所谓印花税，用白契的方法逃避印花税是违法的。当然，经手办理转让的税吏乘机贪污一番，不在话下。孙中山年幼而不懂这些，也不懂祖先逃税贻害后代。但他身受税吏敲诈之苦而对满清政府反感，也属情理之常。

他又对林百克说，翠亨村有兄弟三人，勤俭致富，建有豪宅花园，待人友善，孙中山经常应邀到他们园子游戏。有一天，孙中山在该花园玩耍时，突然来了强盗般的官吏，带了数十名持枪带刀的清兵与一群如狼似虎的衙差，把三兄弟上了脚镣手铐，押去受刑。最后把其中一人斩首，其余收监。事后，孙中山鼓起

[176] 孙中山：〈与宫崎寅藏的谈话〉〔1897年秋〕，《孙中山全集》，第一卷，第583—584页：其中第583页。
[177] 见《孙中山全集》，第一卷，第583—584页：其中第583页。
[178] 见陈建华：《"革命"的现代性——中国革命话语考论》（上海：上海古籍出版社，2000），第三章"孙中山与现代中国'革命'话语关系考释"。
[179] Linebarger, *Sun Yat Sen and the Chinese Republic*, chapter 9. 林百克著，徐植仁译：《孙逸仙传记》，第62—63页。

勇气重临旧地，则能搬的已全被搬走了，不能搬的诸如喷水池、石像、花树等，则全毁了。孙中山向守卫的清兵抗议，清兵拔刀向其直砍，孙中山急忙逃跑。[180]征诸中文材料，可知该杨氏三兄弟，乃杨启修、杨启文、杨启怀，他们因在汕头一带贩卖"猪仔"（贩卖人口做苦力）暴富而被查抄。[181]清兵又乘机洗劫邻人杨启恒的金银器皿，还封了房舍。[182]平心而论，杨氏兄弟非法卖"猪仔"，罪有应得。但满清官吏毁了孙中山的玩耍场地，并持刀刺他，可谓穷凶极恶，也难怪他对满清反感！

又一天，孙中山正在村塾里念书，"忽然外面起了极大的喊杀声，伴着攻墙器击墙碎石声，震动翠亨全村。这是水盗对于一个由美国回来的侨商住宅的攻击"[183]。村塾闻声四散，只有孙中山寻声而趋。他发觉攻墙器是用一条巨型重木造成的，用一根大索挂起前推后送，有节奏地一次又一次猛撞豪宅的墙门。研礴！研礴！木片石块像雨点般落在孙中山头上。终于墙门倒在地上，水盗握刀在孙中山面前冲过去，冲进豪宅，主人的惊呼声夹杂着水盗得宝的欢呼声。水盗逸去后，主人哀鸣曰：彼邦有的是强势的领导、法律的保障，在祖国则徒具禁令而毫无保障！[184]孙中山不禁要问：满清官吏除了敲诈民脂民膏以外，还有什么本事？

从另外一个角度看问题，则当时治安糟糕，大家提心吊胆地过日子，反而使孙中山自幼就养成一种机灵的性格。话说1877年6月9日，孙眉从檀香山回到翠亨村结婚，在家里住了三个月。期间孙眉让孙中山带了一篮子礼物，独自前往数十华里（一华里等于半公里）之遥的三乡平岚村，送给曾于1871年同赴檀香山做工的朋友郑强的家人。途中，经过厕尿环这一偏僻地方时，一名陌生人上前

[180] Linebarger, *Sun Yat Sen and the Chinese Republic*, chapter 9.
[181] 李伯新采访陆天祥（1876年生），1959年无月日，载李伯新：《忆访录》（1996），第59—64页：其中第61页。
[182] 见《孙中山年谱长编》，上册，第20页，1876年条，所据乃《孙中山年谱新编》（广州，1965年油印本），第一分册，第23页。
[183] Linebarger, *Sun Yat Sen and the Chinese Republic*, chapter 8, p. 57. 林百克著，徐植仁译：《孙逸仙传记》，第51页。
[184] Linebarger, *Sun Yat Sen and the Chinese Republic*, chapter 8, pp. 59-61. 林百克著，徐植仁译：《孙逸仙传记》，第52—54页。

与他搭讪，伪装同路，准备伺机作案，引起孙中山警惕。当两人一起走到河头埔村前，孙中山托词入村送礼，甫入村即大呼抓贼。村民连忙把陌生人逮住，经盘问，该人招供是拐卖人口的匪徒。[185]

鉴于上述种种吏治不良、治安大坏，难怪孙中山对于那位曾试图推翻满清政府的洪秀全心存敬慕之情。[186]同时对那有法律保障的遥远地方，产生无限遐想。[187]

这种遐想很快就会变成事实，因为1879年6月左右，他就随母前往夏威夷与他的兄长孙眉过活去了。[188]

六、人神之间

众所周知，孙中山到了檀香山的基督教学校读书不出四年，就嚷着要领洗入教，以致其兄马上把他送回翠亨村。[189]

问题来了：中国四书五经所表现出来的精神与基督教教义的价值观，既有劝人为善那相同的一面，也有基督教严禁中国信徒拜祖先等等重大分歧。这种分歧，在孙中山生长的那个时代发展成为多宗严重的流血事件，外国传教士与中国士绅势同水火。[190]孙中山既然曾读圣贤书，怎么会信奉基督教？这是本书重点探索的问题之一。由于本章的主要任务是探索幼年教育对孙中山的影响，而本节命题之一是社会学校对他的教育，所以笔者决定就在这里从生命哲理入手，开始探

---

[185]　据孙妙茜口述，载黄彦、李伯新：〈孙中山的家庭出身和早期事迹（调查报告）〉，《广东文史资料》第25辑，第274—290页：其中第284页。

[186]　李伯新采访陆天祥（1876年生），1959年无月日，载李伯新：《忆访录》（1996），第59—64页：其中第60页。

[187]　Linebarger, *Sun Yat Sen and the Chinese Republic*, chapter 8, p. 61. 林百克著，徐植仁译：《孙逸仙传记》，第54页。

[188]　Linebarger, *Sun Yat Sen and the Chinese Republic*, chapter 8, p. 104. 又见钟工宇：〈我的老友孙中山先生〉（中译本），载尚明轩、王学庄、陈崧等编：《孙中山生平事业追忆录》，第726—733页：其中第726页。

[189]　孙中山：〈复翟理斯函〉，载《孙中山全集》，第一卷，第46—48页：其中第47页。

[190]　See Paul Cohen, *China and Christianity: The Missionary Movement and the Growth of Chinese Antiforeignism, 1860-1870* (Cambridge, MA: Harvard University Press, 1963). 吕实强：《中国官绅反教的原因，1860—1874》（台北：中国学术奖助委员会，1966）。

索孙中山与宗教的关系。

> 某天，幼小的孙中山问母亲说：
> "一万年是多长时间？"
> "很长很长，长得谁也不知道。"
> "青天是用什么做成的？"
> "像一只倒过来的锅。"
> "在这只锅的上面还有其他的锅盖着它吗？"
> 母亲无法回答。
> "人死了以后，接下来是什么？"
> "完了。全完了，接下来没什么。什么都完了。"
> "不干！我不要我的生命在我死掉的时候同时完结。"
> 母亲只能用母爱来安慰他。[191]

从这番对话看，小小年纪的孙中山已有追求永生的愿望。但他的问题，不但慈母解答不了，即在他村塾所读过的书也提供不了答案。他所朗诵的第一本书《三字经》，是这样开始的：

> 人之初，性本善。
> 性相近，习相远。
> 苟不教，性乃迁。
> 教之道，贵以专。

所说的是人的问题，而不是灵魂的问题。《三字经》者，相传为南宋大学问家王应麟所编，明清学者陆续有补充，最后才形成目前的通行本。该书先讲教育

---

[191]   Linebarger, *Sun Yat Sen and the Chinese Republic*, chapter 8, p. 75. 林百克把孙中山所说的 Kwo（锅）理解为饭碗，以致徐植仁照译如仪，不对。见林百克著，徐植仁译：《孙逸仙传记》，第 67 页。

对孩子成长的重要性，次讲伦理道德规范，如何处理家庭和社会的关系，再介绍四时、五行、六谷等生活常识，接着介绍文化典籍四书、六经和五种诸子著作，然后概述华夏五千年的历史变迁、朝代更替和帝王兴废，最后用许多古代发奋苦学的名人事迹来鼓励少年积极进取。全书没有半句能回答孙中山的提问。

孙中山在村塾所念的第二本书《千字文》，是这样开始的：

> 天地玄黄，宇宙洪荒。
> 日月盈昃，辰宿列张。
> 寒来暑往，秋收冬藏。
> 闰馀成岁，律吕调阳。

该书为南朝萧梁时期著名学者周兴嗣所编，从开天辟地说起，继谈天文、地理、历史、社会、伦理、教育、修身、处世、饮食、起居等方面的知识。所说的全是自然现象，丝毫不沾超自然的边。

后来孙中山读四书，则其中的《论语》最可能为他提供答案，而孔子也的确曾被他的学生询问过类似的问题。他的回答包括：

> 樊迟问知。
> 子曰："务民之义，敬鬼神而远之，可谓知矣。"[192]

> 子疾病。子路请祷。
> 子曰："有诸？"
> 子路对曰："有之。诔曰：'祷尔于上下神祇'。"
> 子曰："丘之祷久矣。"[193]

---

[192]《论语》，第六雍也，第20章。
[193]《论语》，第七述而，第34章。

季路问事鬼神。

子曰："未能侍人，焉能侍鬼。"

. 敢问死。

曰："未知生，焉知死。"[194]

子曰："由，诲女知之乎。知之为知之，不知为不知，是知也。"[195]

上述孔子诸谈话记录，相信孙中山同样不会感到满足，因为它们都没有为孙中山提供他所需要的答案。

再后来他读五经，则其中的《易经》最可能为他提供答案。但《易经》说世界是怎样开始的？乾卦《彖》曰："大哉乾元！万物资始，乃统天。云行雨施，品物流形。大明终始，六位时成，时成六龙以御天。乾道变化，各正性命。保合太和，乃利贞。首出庶物，万国咸宁。"[196]说的也是自然现象。接下来《象》曰："天行健，君子以自强不息。"就是把自然现象演绎为做人的道理。[197]孙中山同样找不到他需要的答案。

基督教传教士在中国传教时最惯用的一句话是："信耶稣，得永生"。陆丹林认为：

总理最初和西教士的接触，是在民国元前三十五年，他十二岁，在香山县翠亨村，从美教士克尔习英文。这位克尔教士，可以说是孙中山开始认识西方文化的启蒙师，同时也可以说是他初和基督教接触的开端。坊间关于总理史略传记之类，多是叙述说总理信仰基督教，是在檀香山的时候，其实这是误传的。[198]

---

[194]《论语》，第十一先进，第 11 章。

[195]《论语》，第二为政，第 17 章。

[196]《周易》，载《十三经》(广州：广东教育出版社，1995)，上册，第 1 页。

[197] 同上。

[198] 陆丹林：〈革命党与基督教〉，陆丹林著：《革命史谭》(重庆：文海出版社，1944)，第 76—131 页；其中第 92 页。

陆丹林没有注明出处，这位美国传教士克尔的英文名字为何？属哪个教会？均无法查核。唯当时西方传教士蜂拥至中国传教，在珠江三角洲更是无孔不入，有传教士曾到过澳门以北约 37 公里的翠亨村传教，毫不奇怪，孙中山因此而听过传教士说"信耶稣，得永生"，不在话下。笔者由此而联想到，孙中山问其母亲说："人死了以后，接下来是什么？"很可能是受了传教士的话所启发。当时的乡间小孩孙中山当然不会向陌生人——尤其是陌生的洋人——提问，而问母亲倒是非常自然。但母亲不能回答他的提问，他就只好藏在心里。1879 年，孙中山到檀香山读书，有系统地接受了基督教教育后，终于得到了答案，而他似乎又相信了这个答案，最后表达了要领洗入教的愿望，以致其兄慌忙把他送回翠亨村。[199] 最后，他终于在 1884 年于香港领洗了。[200] 为何孙中山似乎相信了"信耶稣，得永生"这样的答案？目前史学界所掌握的史料，并不足以回答这个问题。

孙中山领洗后，似乎不但为自己得到"永生"而高兴，还要让更多的人得到"永生"，故曾经依稀有过当传教士的想法。盖为他施洗的喜嘉理牧师说："盖彼时先生传道之志，固甚坚决也。向使当日香港或附近之地，设有完备圣道书院俾得入院，授以相当的课程，更有人出资为之补助，则孙中山者，殆必为当代著名之宣教师矣。"[201]

喜嘉理牧师之言，本书第五章再作深入探讨。唯必须指出，当宣教师的最高精神，是把自己全部奉献给上主。而奉献的方式，是放弃物质享受而全心全意地去广为传达祂的福音。孙中山最后当然没有当宣教师去。不但如此，当他决定从事革命后，表现怎么样？冯自由说："余在日本及美洲与总理相处多年，见其除假座基督教堂讲演革命外，足迹从未履礼拜堂一步。"[202] 多年跟随孙中山在东南亚奔走的张

[199] 孙中山：〈复翟理斯函〉，载《孙中山全集》，第一卷，第 46—48 页：其中第 47 页。
[200] Hager to Clark, 5 May 1884, ABC 16.3.8: South China v. 4, no. 17, p. 3. 该信说他为第二位信徒施洗了。征诸《中华基督教会公理堂庆祝辛亥革命七十周年特刊》（香港，1981），第 2 页，可知为孙日新（即孙中山）。
[201] Charles R. Hager, "Dr Sun Yat Sen: Some Personal Reminiscences", *The Missionary Herald* (Boston, April 1912)，pp. 171-174. 汉语译本见冯自由：《革命逸史》(1981)，第二册，第 12—18 页：其中第 13 页。该文又收进尚明轩等编：《孙中山生平事业追忆录》，第 521—524 页：其中第 522 页。
[202] 见冯自由：〈孙总理信奉耶稣教之经过〉，《革命逸史》(1981)，第二册，第 9—18 页：其中第 12 页。

永福也说："先生为教徒，但永不见其到教堂一步。"[203] 这种现象该如何解释？

窃以为这好解释，我们会发觉，孙中山从 1894 年在檀香山成立兴中会来从事革命那分钟开始，到 1925 年 3 月 12 日上午 9 时 30 分他咽下最后一口气那时刻为止，都是全心全意地为了救国救民而奋斗不懈。屡败屡起，坚忍不屈，从来不计较个人荣辱，而且永远是那么乐观。当然，他矢志革命的决心有过反复。[204] 但他的总体表现，酷似历史上伟大传教士中人的事迹。准此，我们可否试图假设，孙中山立志奉献的精神从来没有改变，只是奉献的目标从救灵魂改为救肉体（即救国救民）而已。他又认为："三民主义就是救国主义。"[205] 由此可见，三民主义之中的"民族主义"也就是救国主义。就是说，用"民族主义"来救国。而甲午中日战争后涌现出来的中国民族主义者，大多数认为传教士是帝国主义的急先锋。孙中山在鼓吹民族主义的同时，当然不能天天上礼拜堂！否则哪能取信于人。

若说孙中山决定从事革命以后就绝迹于礼拜堂是权宜之计，那么问题的症结就在于为何孙中山把自己奉献给救灵魂的决心改为救国救民的事业？现存文献没法让我们满意地回答这个问题。是不是他对传教士那"信耶稣，得永生"的口头禅发生了怀疑？这个问题更不好回答，但必须进行探索，否则我们对孙中山的了解仍将停留在表面现象的层次。如何探索？就用本书第一章中提到过的、陈寅恪先生所提倡的"神游冥想"[206] 的办法，为孙中山设身处地般想想，借此试图探索孙中山为何把救灵魂的决心改为救国救民的事业。

陈寅恪先生说：

> 古人著书立说，皆有所为而发。故其所处之环境，所受之背景，非完全明了，则其学说不易评论……吾人今日可依据之材料，仅为当时所遗存最小之一部，欲借此残余断片，以窥测其全部结构，必须备艺术家欣赏古代绘画雕刻之

---

[203] 张永福：〈孙先生起居注〉，载尚明轩、王学庄、陈崧编：《孙中山生平事业追忆录》，第 820—823 页；其中第 822 页。

[204] 见拙著《中山先生与英国》（台北：学生书局，2005）。

[205] 孙中山：〈民族主义第一讲〉，《国父全集》（1989），第一册，第 3 页，第 4 行。

[206] 陈寅恪：〈冯友兰中国哲学史上册审查报告〉，《金明馆丛稿二编》（上海：古籍出版社，1982），第 247 页。

眼光及精神，然后古人立说之用意与对象，始可以真了解。所谓真了解者，必神游冥想，与立说之古人处于同一境界，而对于其持论所以不得不如是之苦心孤诣，表一种之同情，始能批评其学说之是非得失，而无隔阂肤廓之论。[207]

准此，笔者不忖冒昧，就此设身处地般，以个人经验"神游冥想"孙中山之心境，尽量希望与其"处于同一境界"。笔者十岁从大陆移居香港，在九龙牛头角庇护十二小学念书时，接触了天主教教义，觉得很新鲜，不久就领洗入教了。小六起在九龙华仁书院念中学，开始认真地探索天主教教义，并反复自问："若天主创造了人，那么谁创造了天主？"类似这样的问题不断地烦扰着笔者，日夜不得安宁，头疼欲裂之余，终于鼓起勇气找该校最具神学知识的一位耶稣会士（爱尔兰人）谈心。谈了一个多小时而不得要领。他最后的回答是："宗教是一个信仰的问题，不能用逻辑去理解。"

笔者失望之余，反求于自己的文化传统。尤记过去幼年时代曾随严父朗诵四书五经，其中《论语》有云："知之为知之，不知为不知，是知也。"[208] 笔者对这句话的理解是："我们知道那些我们能力所能够知道的（即自然界的）事情，我们不可能知道我们无法知道的（即超自然界的）事情，这就是所谓知识。"笔者是凡夫俗子，属自然界的动物，怎能奢望了解神仙，即超自然的事情。这么一想，如释重负。准此，孔子所说的另一句话："未能侍人，焉能侍鬼"[209]，就特别有意思，还是专心致意地做好自己能够做的事：好好读书！将来好好做事。

后来笔者阅读西方思想史的书籍较多了，才发觉过去天主教众多的神学家也曾经为了诸如"谁创造天主"的问题而烦恼不堪。经过几百年、数十代人再接再厉地苦苦思索，互相启发，终于得出类似孔子的结论，即属于自然界的人类不可能理解属于超自然界的事情，但得出这个结论的时间却比孔子晚了约一千年。[210]

---

[207] 陈寅恪：〈冯友兰中国哲学史上册审查报告〉，《金明馆丛稿二编》（上海：古籍出版社，1982），第 247 页。

[208] 《论语》，第二为政，第 17 章。

[209] 《论语》，第十一先进，第 11 章。

[210] Gilson Etienne, *History of Christian Philosophy in the Middle Ages* (New York: Random House, 1995).

而孔子的话，也不是他自己发明的，而是他用他超人的智慧总结了在他之前已经积累了几千年的华夏文化而已。

若笔者这种经历，哪怕是非常约略地接近孙中山思想变化历程的话，则大致可以理解为何孙中山把救灵魂的决心转移到救国救民的事业："未能侍人，焉能侍鬼"！[211] 而且，从本章探索所得，孙中山自小考虑问题时，多是从小我开始而以大我结束。例如，他从严父治家而想到如何治理整个中国，从个人穷困而想到国计民生，从税吏敲诈而想到推翻满清以救民于水火。准此，虽然幼小的孙中山曾经缠着母亲并闹着说他死后还要活着，但当他被告知"信耶稣，得永生"时，就考虑是否要当传教士以便更多的人死后还能活着。后来领悟到"未能侍人，焉能侍鬼"的道理后，就决心全心全意地侍人了。那么，灵魂由谁来救？

救灵魂，是传教士的最高理想。在国家危难时舍身救国，是儒家学说的最高精神。孙中山处于国难深重的时刻，觉得救国救民比救灵魂更紧急。救灵魂，就让外国传教士们去做吧。救中国，既不是外国传教士的责任，也不是外国传教士的愿望。救中国的重任，只能由中国人自己去承担。从这个意义上说，孙中山会觉得救国救民是责无旁贷！

那么，孙中山对基督教的真正心情是怎样的？他临终时表达了他的最后愿望：用基督教仪式送终。孔子曰："人之将死，其言也善。"[212] 窃以为孙中山这个愿望是发自肺腑的。结果宋庆龄和孙科不顾国民党人的强烈反对，而坚持在北京的协和医院用基督教仪式为他举行私人丧礼之后，才让中国国民党党中央在北京举行公开丧礼。孙中山得偿所愿。[213]

以上只是笔者用陈寅恪先生提出的所谓"神游冥想"的治史方法，纯粹在思想的领域里推敲孙中山思想发展的过程。至于为何他把自己奉献给救灵魂的决心改变为救国救民的大业这问题，笔者还会在本书其余部分，进一步从他的具体日常生活中找寻更多具体的蛛丝马迹。唯在此可简单预告者，即孙中山领洗入耶教之前，远观西方传教士的行止，所见皆其不计物质、全心奉献的精神。待领洗入

[211]　《论语》，第十一先进，第11章。
[212]　《论语》，第八泰伯，第4章。
[213]　Martin Wilbur, *Sun Yat Sen: Frustrated Patriot* (New York: Columbia University Press, 1976), p. 281.

教并开始在教会圈子里生活时，就发觉传教士之间那种钩心斗角、争权夺利、互相猜忌等等，完全与"俗家人"无异，且让他愈来愈反感，慢慢把他"推"离要当传教士的想法。另一方面，国难愈来愈深重，慢慢地同时又把他"拉"上革命的道路。如此一推一拉，事半功倍，终于把孙中山那种无私奉献的热情，从传教转移到革命上。

七、小　结

孙中山的穷苦出身，对他构思其三民主义之革命思想，有着深远的影响！

先谈民权主义：由于住房极度狭窄而家人众多，以至于在日常生活中，各人的一举一动都必须小心翼翼，避免互相之间发生摩擦。还必须有一位公正的家长，在不幸发生摩擦时主持公道，而家长的裁判必须能服众。生活在这种情况之下，孙中山产生如下遐想：他自己的家庭，"各人互相尊重他人的权利，接受家长的规则，可以自治。那么，由许多许多这样的家庭而组成的国家，则管理这个国家的政府，只要各个家庭互相尊重其他家庭的权利，对其他家庭尽其义务，同样能把这个国家管理得井井有条"[214]。窃以为孙中山后来所构思的那种充满家长色彩的民权主义，基本上发轫于此。待他接触了西方的民主主义思想时，又采纳其中较为适合中国国情的部分来丰富自己的想法而已。

次谈民生主义：又由于孙中山的家境极度困苦，有时连吃番薯都吃不饱，光瞪着眼睛看富贵人家诸如杨氏大姓的孩子吃白米饭。他自己的父亲白天耕种、晚上打更，一天二十四小时马不停蹄，已够辛苦，还总是受人欺负，全村上下藐视地直呼其为戆林，就连那乳臭未干的杨宝常也对其肆意高声呵斥。[215] 孙中山感同身受，以致他感叹地说："中国农民的生活不该长此这样困苦下去。中国的儿童应该有鞋穿、有米饭吃。"[216] 又说："我如果没出生在贫农家庭，我或不会关心

---

[214]　Linebarger, *Sun Yat Sen and the Chinese Republic*, p. 56. 林百克著，徐植仁译：《孙逸仙传记》，第 59 页。

[215]　李伯新采访陆天祥（1876 年生），1962 年 5 月 23 日，载李伯新：《忆访录》（1996），第 68—70 页；其中第 69—70 页。

[216]　宋庆龄：《为新中国奋斗》，第 5 页。

这个重大问题（笔者按：指民生问题）。"[217] 准此，窃以为孙中山后来所构思的民生主义，即发轫于此。在此笔者必须再三强调"发轫"二字，即孙中山的民生主义，并非在这个时候构思出来；只是苦况亲尝，促使他开始关心民生问题而已。若他是娇生惯养的富家子弟，很可能就像杨宝常那样呵斥穷人，而不懂得同情穷人也。至于孙中山之认真构思民生主义，则有待后来在 1896 年他到了英国之时；盖他本以为那么富强的大英帝国不会存在贫穷的苦况，但是，他一到达英国伦敦，就赶上了马车夫的罢工，五千名以上的马车工人在工会号召下游行，并在特拉法加广场集会，发表演说。此后还不断从报纸上读到英国工潮的消息。如北韦尔斯的石板工人、韦尔斯的煤矿工人、英国北部造船厂的工程师和工人，伦敦的铁道工人等相继罢工。离孙中山居住的地方不远，就是英国现实主义作家狄更斯（Charles Dickens）的小说所描写的贫民窟。孙中山经常活动的河滨区住着许多从爱尔兰来的贫穷劳工、小贩、苦力、排字工人和车夫。如此种种，笔者在拙著《孙逸仙在伦敦，1896—1897：三民主义思想探源》[218] 之中，已有比较详细的探索与分析，在此不赘。结果是，孙中山决心有系统地构思民生主义[219]，并趁留英期间，博览群书，丰富自己在这方面的知识。

三谈民族主义：更由于连番薯也吃不饱的孙家，还被白契的问题所牵连，进而被如狼似虎的税吏敲诈。每年完税之日，就是孙家感到大难临头之时。孙家大小，惶惶不可终日。这种苦况，在孙中山幼小的心灵上打下了深深的烙印，让他自小即产生一种强烈的反满情绪。[220] 这种情绪，正是其民族主义的萌芽。因为辛亥革命以前孙中山的民族主义，其中心思想是反满主义。无他，当时他要推翻满

---

[217] 孙中山语，载宫崎寅藏著，陈鹏仁译：《宫崎滔天论孙中山与黄兴》，第 6 页。

[218] 该书由台北联经文化出版事业公司 2007 年出版，全书共 593 页，上述有关英国工潮与贫穷状态等，见第 441—443 页。此外，美国人亨利·乔治对他的影响亦不容忽视，尤其是平均地权之说，见夏良才：〈论孙中山与亨利·乔治〉，载《孙中山和他的时代：孙中山研究国际学术讨论会文集》，一套三册（北京：中华书局，1989），中册，第 1462—1481 页；又见杨天石：〈孙中山与资本主义〉，新加坡"纪念辛亥革命一百周年国际学术研讨会"论文，2011 年 11 月 4 日。

[219] 孙中山：《建国方略·孙文学说》，第八章"有志竟成"，载秦孝仪主编：《国父全集》（1989），第一册，第 412 页。

[220] Linebarger, *Sun Yat Sen and the Chinese Republic*, chapter 9. 林百克著，徐植仁译：《孙逸仙传记》，第 62—63 页。

清政府，故大力鼓吹反满主义作为号召。应该指出，他的反满主义，只是一种革命手段，并非对满族有任何种族仇视。[221] 等到辛亥革命推翻了满清政府以后，他就主张五族共和，并把民族主义的矛头指向帝国主义。准此，窃以为孙中山民族主义的初步阶段——反满主义——也是发轫于他的童年时代，而与他童年时代的穷困生活和备受税吏压迫之苦是分不开的。

更由于孙中山的家境极度困苦，就深切了解到广大海外华侨像他哥哥孙眉那样被迫"卖猪仔"地漂洋过海到异地谋生的苦况，让他与广大海外华侨有共同语言。以至于后来他在华侨当中宣传革命，华侨就踊跃捐款，倾家荡产也在所不惜；甚至捐躯也毫不皱眉！

若把本章探索所得，再与正史比较，则正史曰：

> 孙氏先世本中原望族，唐僖宗时，河南陈留有孙诵者，中书舍人孙拙之子也。娶妻陈氏；黄巢作乱，充承宣使，领兵闽越江右之间，因屯军定居于江西宁都。四世孙承事公，迁福建长汀之河田。明永乐中，有友松公者，再迁广东东江上流紫金县之忠坝公馆背，为先生上代入粤始祖。十一传至鼎标公，尝参加反清义师，兵败流徙，于康熙时又自紫金县迁增城。十二传至连昌公，复移家香山县涌口门村，传迥千公。乾隆中叶，由涌口门村迁居翠亨村之殿朝公，即先生高祖也。先生……祖父敬贤公……娶妻黄氏，以耕读起家。[222]

"耕读起家"云云，读来犹如天方夜谭。所据乃罗香林教授的《国父家世源流考》。[223] 为何罗香林教授如此写作？为何《国父年谱》的编者独钟罗香林之说？

---

[221]　见李云汉：〈早年排满思想〉，载李云汉、王尔敏著：《中山先生民族主义正解》（台北：台湾书店，1999），第35—42页。

[222]　《国父年谱》（1985），上册，第1—2页。

[223]　《国父年谱》（1985），上册，第2页，注2，引罗香林：《国父家世源流考》（重庆：商务印书馆，1942年初版；台北：商务印书馆，1971年再版）。

　　看来他们都跳不出中国传统史学的框框。传统史学经过两千多年的发展，到了罗香林先生那个时代，一般认为必须为名人建立一个详尽的世系，还得为他找一个有名气的祖先，以便说明他聪明睿智和气宇魄力的根源。结果是，对于世系既不显赫、出身又那么寒微的孙中山，竟然能当上中华民国的国父，就大为不解，于是有意无意之间就用自己的主观愿望去代替客观事实。这种现象，可媲美19世纪下半叶英国一个颇为庞大的思潮。当时的英国人，矢志解释英伦为何可以从一个小小的岛国而发展成为强霸全球的日不落大帝国。在百思不得其解之余，就求助于当时他们还深信的基督教《圣经》。《圣经》有云："上帝要把以色利民族变成世界上最强大的民族。"既然英国的盎格鲁—撒克逊民族已经成为世界上最强大的民族，那么该民族肯定就是以色列民族，于是就断言盎格鲁—撒克逊民族是以色列民族当中迷了途的一支。[224] 罗香林先生与19世纪下半叶的英国思想家，彼此彼此！

　　治史的最高理想在求真，若为了迎合某一时期的某一种需要而削足适履，不但戕害了自己，也贻害了后代。

---

[224]　见拙著《孙逸仙在伦敦，1896—1897：三民主义思想探源》（台北：联经出版事业有限公司，2007）。

第四章

檀岛西学:
英耶? 美耶? —— 耶稣

一、导　言

　　孙中山虚龄十三岁时随母坐船前往檀香山投靠其大哥孙眉。经考证，他们从澳门出发的日期为农历四月初一[1]，即阳历 1879 年 5 月 21 日，其母翌年返华。孙中山在檀香山读书，直到 1883 年夏才回翠亨村，在檀读书近四载，深受其影响。

　　由于今天的檀香山是美国的一个州，故很多人认为孙中山在檀所受的是美国教育，那是以今况古。其实当时檀香山还是一个独立王国，1778 年被英国航海家詹姆斯·库克（James Cook）所发现，并以当时英国贵族三明治勋爵的名字，把该群岛命名为三明治群岛。但英军并没有进驻该地。倒是美国后来居上，自从 1820 年起美国的纲纪慎会海外传道会的传教士就大批到达该群岛，接踵而来的商人、商行、捕鲸鱼船队等，差不多全是来自美国。美国在该群岛的影响力占绝对优势，并吞该地是迟早问题。果然，旅檀美人在 1892 年即发动叛乱，推翻该群岛王国，建立临时政府；1894 年建立共和政府；1898 年就正式把它并吞。[2] 后来更把其中的一个岛屿的名字——夏威夷岛——以冠全群岛，而称之为夏威夷群岛，一洗"三明治群岛"的英国余味。

　　也有人指出，孙中山在檀岛的头三年所读之学校是英国人创办的，故所受的应是英式教育。英耶？美耶？还有，中国史学界历来轻描淡写地一带即过之一个史实，即孙中山在檀深受耶稣教义的影响，求其兄同意他领洗入教，孙眉惊恐之

---

[1]　杨连逢采访孙缎（1860 年生），1957 年 5 月无日，载李伯新：《孙中山史迹忆访录》，中山文史第 38 辑（中山：中国人民政治协商会议广东省中山市委员会文史学习委员会，1996），第 165—166 页；其中第 165 页。以下简称李伯新：《忆访录》（1996）。

[2]　Henry Bond Restarick, *My Personal Recollections: The Unfinished Memoirs of Henry Bond Restarick, Bishop of Honolulu, 1902-1920*. Edited by his daughter, Constance Restarick Withington (Honolulu: Paradise of the Pacific Press, c.1938), pp. 324-325.

余，马上买了单程船票把他遣返翠亨村。中国精英历来反对耶教 [3]，比普通人尤甚，难怪中国史学界一直积极回避孙中山与基督教的关系，简直当没有发生过此事，引起广大耶教教友的不满，唯敢怒而不敢言而已。若云这些问题还不足以把人弄得晕头转向，则在 1998 年 9 月 18—20 日于台北中央研究院近代史研究所举行的"港澳与近代中国学术研讨会"上，澳门大学的霍启昌教授也加入战团：他庄严宣布，孙中山是通过澳门的葡萄牙文化去了解世界的，与香港的英国文化无关，理由是孙中山乃坐澳门葡萄牙船赴檀香山的。他的发言，像其他发言一样，全部录音备案，供后人参考。

如此种种，皆为"孙中山研究"——尤其是孙中山如何走上革命道路的问题——增添不少困难。笔者希望借本章拨开部分云雾。笔者以探索孙中山母子是采用哪种交通工具从翠亨村前往澳门坐远洋船的问题作开始，因为此段历史中最为人乐道的孙中山一句名言，是他所坐的火轮船从澳门起碇后，惊叹"轮舟之奇，沧海之阔，自是有慕西学之心，穷天地之想" [4] ——这就是革命性的改革开放思想的开始——若孙中山母子是坐火轮船到澳门的话，早就看过轮舟之奇；船到珠江口时，也会深感沧海之阔；若中国早就有此火轮船，孙中山习以为常，就没有后来坐上从澳门起碇的轮船后之惊叹。故必有强烈的对比，才会引起孙中山那同样强烈的反应。若孙中山没有让中国现代化的强烈愿望，后来就不会投身革命，因而也没有我们所熟悉的辛亥革命了。故第一步必须查出 1879 年孙中山母子前往澳门的交通工具。

二、1879 年孙中山从翠亨村往澳门的交通工具

当时有两个途径：陆路和水路。

陆路方面：笔者频频到翠亨村实地调查，承故居纪念馆萧润君馆长多次派员派

[3] 见 Paul A. Cohen, *China and Christianity: The Missionary Movement and the Growth of Chinese Antiforeignism* (Cambridge MA: Harvard University Press, 1963)；吕实强：《中国官绅反教的原因，1860—1874》（台北：中国学术奖助委员会，1966）。

[4] 孙中山：〈复翟理斯函〉，手书墨迹原件，藏中国国民党中央党史委员会，刊刻于《国父全集》（1989），第二册，第 192—193 页。又载《孙中山全集》，第一卷，第 46—48 页；其中第 47 页。又见孙中山学术研究资讯网：〈国父的求学〉，http://sun.yatsen.gov.tw/content.php?cid=S01_01_02_03。

车陪同前往澳门调研，在今天的高速公路奔驰，约一小时到达珠海，过拱北再坐出租车到澳门过去码头区约需十分钟。若以孙中山童年那个时代计算，走崎岖的山路和田野狭径，恐怕要走一整天还不够。君不见，1884 年孙中山与喜嘉理牧师和另一洋人传教士自澳门走了"一、二天"，才到达翠亨村。[5] 此外，孙母小脚，必须坐轿子，加一个孙中山，勉强还可以。至于行李箱，就必须另雇挑夫了，这一切都不是问题。关键是当时治安不佳，盗匪如毛，挑夫随轿子，必是远行无疑，远行必带盘川，哪个盗匪不会打他们主意？故窃以为当时孙氏母子采取陆路的可能性不大。

至于水路，则似乎比陆路较为安全。当时的珠江河口，遍布来自沿岸各村的渔船，绝对不像今天那么冷清清。翠亨村靠近崖口乡，崖口乡就在珠江河西岸，乡民不少是既耕种也"出海"作业。虽然目前在崖口已经看不到一艘船了，但 2006 年 3 月笔者到崖口杨家村做实地调查时，该村村民说：过去崖口有很多木船活跃在珠江口，星罗密布。有些较大的帆船甚至被用来跑檀香山之用。[6] 此言有翠亨村的口碑做佐证：村耆陆天祥回忆说：他父亲"冒险去檀香山，坐的是椇棒船，船身不大，有时前船下浪坑，后船连杆也看不见的"[7]。

若从崖口乡往澳门，必须经过金星门。孙中山对金星门是非常熟悉的；有口碑说，若海上合潮流的话，他经常随外祖父杨胜辉驾小艇从崖口驶到金星门附近的海边采蚝（牡蛎）。[8] 为什么不在崖口采蚝而必须往金星门附近的海边？2006 年 6 月 4 日笔者到金星门的淇澳岛实地调查，该岛耆老钟金平说："崖口过去没蚝，故必须到淇澳来采蚝。"从崖口到淇澳岛，水路大约十华里 [9]，完全可以到达。2006 年 6 月笔者频频到翠亨村考察时，登上该村南侧的金槟榔山时，既能看到崖

[5] Charles R. Hager, "Dr Sun Yat Sen: Some Personal Reminiscences", *The Missionary Herald* (Boston, April 1912), pp. 171-174: at p. 171, col.2. 汉语译本见冯自由：《革命逸史》（北京：中华书局，1981 年重版），第二册，第 12—18 页；其中第 13 页。该文又收进尚明轩等编：《孙中山生平事业追忆录》（北京：人民出版社，1986），第 521—524 页；其中第 521—522 页。
[6] 黄宇和：〈唐家湾、外沙村、崖口杨家村调查报告〉（手稿），2006 年 3 月 14 日。
[7] 李伯新访问陆天祥（1876 年生），1964 年 5 月 13 日，载李伯新：《忆访录》（1996），第 73—78 页；其中第 75 页。
[8] 见李伯新采访杨连合（1914 年生），1962 年 5 月 24 日，载李伯新：《忆访录》（1996），第 82—85 页；其中第 84 页。当时是杨连合复述杨帝贺说过的话。
[9] 李伯新访问陆天祥（1876 年生），1962 年 5 月 23 日，载李伯新：《忆访录》（1996），第 68—71 页；其中第 70 页。

口也能远眺金星岛，的确很近。

从金星门到澳门的水路又如何走？2006 年 6 月 4 日笔者到崖口乡以南的淇澳岛实地调查，承淇澳岛钟金平（六十二岁）、钟教（六十九岁）等耆老接待。笔者问："从金星门港坐船到澳门需要多长时间？"钟金平答曰："若是自己作业，摇船，趁上退潮的话，约三至四个小时。"笔者又问："从崖口坐船到澳门需要多长时间？"钟金平答曰："若是自己作业，摇船，趁上潮水涨退的话，约十个小时。因为半途必须在淇澳或香洲歇脚，以趁潮流。"淇澳岛的居民所种的西洋菜（watercrest），大都用船载往澳门售卖，以至"淇澳西洋菜"在澳门非常著名。[10]

最后，笔者找到有力证据——林百克根据孙中山描述而写成的《孙逸仙传记》——证明孙中山母子是从水路到澳门的港口之内直接登上远洋轮的。在这里，林百克的原文是"went directly by water to Macao"[11]。无奈徐植仁却把此句翻译成"坐驳艇"，须知"驳艇"是定期开行的，目的是驳上定期航行的客轮。当时孙中山所坐的并非定期开行的客轮，而是孙眉的合伙人特别临时租用（"chartered"）来运送华工赴檀的。[12]

值得注意的是，从水路去，不但摇桨辛苦费劲，也受潮水涨退限制，更饱受风浪折磨。风帆又同样受风向和潮流影响。火轮船就不同了，由机器推动，多省劲；逆风逆水也能破浪前进；同时比帆船稳宁得多！难怪孙中山叹为观止！

但是，孙中山所坐的那艘从澳门开出的火轮船，是英国人的船还是葡萄牙人的船呢？鉴于孙中山尝言，该船启发了他"慕西学之心，穷天地之想"[13]，故若是英国人的船，孙中山会产生仰英学之心，穷英语世界之想；若是葡萄牙人的船，孙中山会有慕葡学之意，穷葡语天地之探。而且，所谓第一印象（first impression）非常重要；是好是坏直接影响到接受该印象的人对该印象所代表的事物较为长远的好感或厌恶。孙中山出生于落后而又封闭的农业宗法社会的农村，

[10]　黄宇和：〈淇澳岛调查报告〉（手稿），2006 年 6 月 4 日。
[11]　Paul Linebarger, *Sun Yat Sen and the Chinese Republic* (First edition, 1925; New York: AMS Press reprint, 1969), p. 104.
[12]　同上。
[13]　孙中山：〈复翟理斯函〉，载《孙中山全集》，第一卷，第 46—48 页；其中第 47 页。

图 4.1　登上当今翠亨村前的金槟榔山看到的金星门（图左是淇澳岛，中间一点是金星岛，图右是唐家湾）（孙中山故居纪念馆供图）

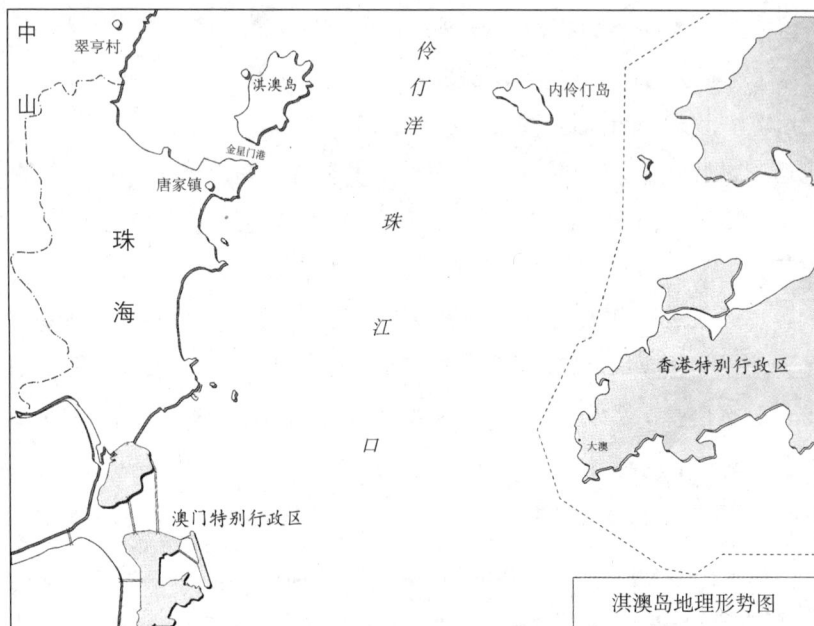

图 4.2　从淇澳岛往澳门或香港当今示意图

对国境以外的世界知之不多，突然接触到"轮舟之奇，沧海之阔"[14]，自是震撼不少。果然，孙中山到了1919年向美国人林百克细说生平以便其为他写传记时，对于船上情景，仍历历在目，结果追忆得细致入微；其仰慕之情，不减当日（详见本章第六节）。澳门大学历史系霍启昌教授坚称是葡萄牙人的船，故下节就探索此问题。像本书第二章探索孙中山的祖籍问题，第三章鉴定孙中山出生于什么房子一样，现在如此大费周章地考证坐什么国籍的船往夏威夷此微观小节，是要了解一个宏观的重大问题，探索孙中山的现代化革命思想来自何方；而下节的任务正是要找出孙中山究竟是受惠于英语文化，还是葡萄牙文化。

三、孙中山是坐葡国船前往檀香山？

按理，从澳门开出的船，大有可能是葡国的船，故霍启昌教授之言，自有其能够取信于人的地方。但三思之后，窃以为从澳门出发的葡萄牙船而驶往檀香山的机会很微。当时葡萄牙的殖民地，分布在东南亚的东帝汶（East Timor）、南亚的果阿（Goa）和南美洲。檀香山远远偏离了从澳门前往葡萄牙、东帝汶、果阿、南美洲之间的正常航线。若是偏离正常航线而必须包雇某船的话，则葡萄牙当时拥有的船只数目与日不落的大英帝国相比，是小巫见大巫。尤其是在澳门这弹丸之地，能腾出来以供包雇的船只绝无仅有。因此，若要从澳门找寻一艘闲着的远洋轮船以便包雇专程前往檀香山，恐怕成功的机会极微。

第二种可能性是美国的船，因为虽然当时檀香山还未被美国并吞，但从东亚往北美的轮船多数经过檀香山。

第三种可能性是香港的英国船。理由是当时英国是世界上航海业最发达的国家。日不落的大英帝国，二十四小时都有大小轮船在世界各地行走。而自从1841年英国人占据香港以后，就把香港这天然良港辟为国际自由港，航运业在远东一枝独秀。

合理的推测，像侦探破案一样，只是向历史研究迈开的第一步。实际探求，

---

[14] 同上。

方为正办。故笔者当场就向霍启昌教授请教。他回答说：他曾与广东省社会科学院的张磊院长合作编写过一本书，里边就说明了孙中山从澳门所乘坐前往夏威夷的船，是葡国人的船；孙中山是通过澳门的葡萄牙文化去了解世界的，与香港的英语文化无关。霍教授在这样一个大型的国际学术研讨会上作如许庄严的宣布，笔者当然高度重视。所以从那一刻开始，追踪史料的活动再度展开。

　　在讨论会的中场休息时，笔者连忙虚心向霍教授请教他大作的名字以便拜读。他说该书是一本三语图片集。中文书名是《澳门：孙中山的外向门户和社会舞台》；英文书名是 *Macau: Sun Yat-sen's gateway to the world and stage to society*；葡文的书名是 *Macau: Portal e palco por onde Sun Yat Sen ganhou acesso ao mundo*。笔者听后，觉得中文书名的意思比较模糊，但英文和葡文书名的意思则非常清楚：孙中山是通过澳门的葡萄牙文化去认识世界和了解社会的！

　　光是书名，就引起笔者莫大兴趣。因为，据笔者过去所阅读过的书籍和看过的材料，都说孙中山是通过香港和英语文化来认识外边世界的。现在有先进已经与广东省社会科学院的院长共同出版了一本有关著作，并说该书已充分证明了孙中山是通过澳门和葡语文化去认识世界和了解社会的，那笔者当然非拜读不可。但是，霍教授说，该书早已绝版，而他手头也没有多余的一本可以割爱！怎么办？

　　笔者退而求其次，请问他在其大作中是否采用了确凿的原始文献多方面证明和佐证孙中山确实是坐了葡国人的船而不是坐了英国人的船到夏威夷去。他回答说是有确凿的原始文献为根据；但是，对于引用过的原始文献已经记不住了。于是笔者恳请他在会议结束回到澳门后，把该书有关的一页复印掷下，如此笔者便可以按照注释追阅。他欣然答应。

　　但是过了约两个月，还未奉霍教授复示。[15] 又记得霍教授曾说过，他曾把该书多本送广州有关单位。于是笔者就飞到香港转飞广州，往该市市区内的中山图书馆和广州图书馆查阅，但没有结果。[16] 再到河南康乐地区的中山大学图书馆查阅，又请了该校的同仁帮忙，同样失望。最后笔者想，时间无多，既然

---

[15]　时至今日，十三年半后的本书出版之日，仍未接霍教授复示。

[16]　感谢笔者舅舅陈裕华老人家，他不辞劳苦，整天陪笔者跑图书馆研究所。由于他对人事和道路都非常熟悉，替笔者节省了不少时间。

广东省社会科学院张磊院长曾与霍启昌教授共同编写过该书，应知下落。而张磊院长又是笔者多年友好，若电求帮忙，想不会见怪；但他夫人说他已出差他往。再电该院的孙中山研究所王杰所长，得知该所藏有是书，于是兴高采烈地跑往天河区该所，迫不及待地翻阅该书的有关图片和说明。找到了："1878 年 5 月，十二岁的孙中山跟随母亲经澳门乘 *Grannoch* 号英轮赴檀香山读书"[17]。可知孙中山所坐的船确实是英国人的船而非葡国人的船。

解决了第一道难题！但孤证不立，该言可有佐证？犹记广州市中山大学历史系当时的系主任邱捷教授赐告，美国人林百克著，徐植仁译的《孙逸仙传记》，曾提到过"格兰诺去"这样的一条船名。笔者想，这样的一条船名的拼音与 *Grannoch* 吻合。马上追阅徐植仁的译著。[18] 所说是"一只约二千吨的英国铁汽船"[19]，"水手都是英国人"[20]，是孙中山的哥哥孙眉，"在翠亨村外设了一个移民事务分所"[21] 而"雇定"[22] 的，"将要离澳门的港口"[23]，"预备载运中国侨民，到火奴鲁鲁去"[24]。

找来 [25] 英文原著 [26] 核对，船名果然是 S. S. *Grannoch*。[27] 至于上一段所引译文，则英语原文分别为 "an English iron steamer of some two thousand tons"[28]，

[17]　张磊、盛永华、霍启昌合编：《澳门：孙中山的外向门户和社会舞台》（澳门：版权页未注出版社，1996），第 140 页。这本图片集里的每一幅图片都有葡、中、英三种语言的说明。

[18]　感谢粤社院中山所的同仁，在笔者赶到该院求助时，他们马上从该院图书馆借来这本书，并当场为笔者影印了有关的数页。

[19]　林百克著，徐植仁译：《孙逸仙传记》（上海：商务印书馆，1926），第 95 页。

[20]　同上书，第 100 页。

[21]　同上书，第 95 页。

[22]　同上。

[23]　同上。

[24]　同上书，第 95，97 页。

[25]　感谢中研院近史所吕芳上所长为笔者借来该英文原著。当时笔者到台湾政治大学当客座半年（1998 年下半年），在找寻材料方面，每次到了无计可施的时候，都承芳上兄不厌其烦地救笔者燃眉之急，至以为感。

[26]　Paul Myron Wentworth Linebarger (1871-1938), *Sun Yat Sen and the Chinese Republic.* 其儿子也叫 Paul Linebarger (1913-1966)，但中间的名字则是 Myron Anthony，著有 *The Political Doctrines of Sun Yat Sen* (Baltimore: Johns Hopskins University Press, 1937)。

[27]　Linebarger, *Sun Yat Sen and the Chinese Republic*, pp. 101, 104.

[28]　Ibid., p. 104.

"manned by English sailors" [29] , "the China branch of the emigrant business which the elder brother had established in the region beyond the Blue Valley" [30] , "chartered" [31] , "The *Grannoch* was to sail from the harbor of Macao" [32] , "to make the voyage to Honolulu with the Chinese emigrants" [33] 。准此，可知译文准确无误。但是，英文原著也没有注释，无从得知所据为何。

不过，在英文原著的前言里有一条线索，该书作者林百克曾在那里这样写道："经过不断的努力，我终于在 1919 年的夏天，说服了孙医生，让他抽出好几天的时间，天天和我单独在一起，跟我谈他的生平，以便我写他的传记。" [34] 如果上面两段所提到的细节，是孙中山本人提供的，可靠性就比较大。小年轻，第一次出国，印象一般都是深刻的，能记住不少细节。

但是，林百克接着又写道："这位中国领袖，总是在紧要关头，尤其在他当主角的、甚富戏剧性的往事里，他就由于谦虚而决定什么都不说。遇到这种情况，我只好求教于他人，尤其是他的老同志：因此本书中凡是那些表现孙中山超人之处的情节，都是他的老同志提供的。" [35]

孙中山坐什么船，从哪里出发，不具什么戏剧性。因此，窃以为很可能是孙中山自己亲口说的。所以，根据林百克提供的信息，我们可以得到下列一些初步结论：

第一，孙中山首次出国所坐的船是从澳门出发的。

第二，该船是一艘英国人的船，所属公司很可能是香港的，因为能雇到一艘

---

[29]　Ibid., p. 109.

[30]　Ibid., p. 101.

[31]　Ibid., p. 104.

[32]　Ibid., p. 102.

[33]　Ibid., p. 104.

[34]　Ibid., Foreword, p. ix. 中华书局 1927 年版本未收进徐植仁翻译的英文原著的〈前言〉，现由笔者译出。兹将原文转录如下："After much persuasion, in the summer of 1919, Dr Sun consented to give to the author the time necessary to prepare the story of his life, and, indeed, did devote many days (with the author) to the assembling of such materials."

[35]　Linebarger, *Sun Yat Sen and the Chinese Republic*, p. ix. 原文是："But, alas! The modesty of the Chinese leader would always intervene at a critical period; and because of his absolute silence upon dramatic situations, in which Dr Sun was the central hero, it has been necessary to supplement the informatin given by the Chinese leader by gleanings from many sources, particularly from among the few survivors of the oldest members of his following. To these is owing much of the matter which may, by some, be termed eulogistic."

可以从澳门出发的英国船，除了近在咫尺的香港以外，还有哪个地方？

第三，林百克之言有佐证：陆灿（又名陆文灿）的回忆录。他说，孙中山是"从澳门乘英国轮船'格拉默克'号起程"[36]前往檀香山的。所谓"格拉默克"号，与该船英语原名 *Grannoch* 相应，也与徐植仁之音译"格兰诺去"[37]极为相近。陆灿者，孙中山的同乡，比孙中山小七岁[38]，后来也去了檀香山。1895 年孙中山在广州起义失败时，陆灿刚好回到翠亨村成亲。当陆灿听到他叔叔陆皓东由于参加起义被捕而壮烈牺牲时，已大吃一惊，目睹孙中山的家人还留在翠亨村，无异坐以待毙。"乃自告奋勇担任搬取先生及眉公家眷之事。于是老夫人、眉公夫人、卢氏夫人及公子科全家随其迁往澳门，复至香港得陈少白兄之接济而乘轮赴檀。"[39]可见陆灿与孙家是非常熟识和友好的。他的话，可信程度甚高。他在檀香山肄业的同样是采全英语教学的意奥兰尼学校，与孙中山交谈而提到船名时，相信都会采其英语原名，以致后来陆灿的回忆录被翻译成汉语时，音译时采取了与徐植仁不同的汉字，是很正常的事。

第四，另一份佐证是孙缎的话。她说："中山〔虚龄〕十三岁于四月初一从香港搭招商局船'广大'或'广利'号往檀。当时一年三次船期往檀香山，航行时间约二十五天。是由三乡郑强夫妇带他去的。七月由陆庭燕带其母和我嫂及我（孙缎她自己）一起赴檀。"[40]孙缎（1861—1960）者，又有云孙殿，是孙中山堂姐，孙观成之女儿。孙观成在孙达成、孙学成、孙观成三兄弟之间排末。1867 年孙观成殁，妻谭氏改嫁。[41]孙缎成了孤儿，极可能没读过书，1879 年农历七月赴檀依靠孙眉时虚龄十九岁，赴檀后相信没有像孙中山、陆灿等上英语学校读书。因此，若孙中山、陆灿等告诉她英文的船名诸如 *Grannoch*，她会听不懂。但若告诉她该船的中文细节诸如"香港搭招商局船'广大'号"，她就能听懂并能记住。

[36]　陆灿：《我所认识的孙中山》（北京：中国和平出版社，1986），第 6 页。

[37]　林百克著，徐植仁译：《孙逸仙传记》，第 95，97 页。

[38]　陆灿：《我所认识的孙中山》，第 1 页。

[39]　郑照：〈孙中山先生逸事〉，载尚明轩等编：《孙中山生平事业追忆录》，第 516—520 页：其中第 518 页。

[40]　杨连逢采访孙缎（1860 年生），1957 年 5 月无日，载李伯新：《忆访录》（1996），第 165—166 页：其中第 165 页。孙缎丈夫姓陈，生女陈淑芬，嫁孙科为妻。

[41]　孙满编：《翠亨孙氏达成祖家谱》，该文转载于孙中山故居纪念馆编：《孙中山的家世》（北京：中国大百科全书出版社，2001），第 12—28 页：其中第 18—19 页。以下简称故居编：《家世》（2001）。

"广大"与 *Grannoch* 的声音也相近，可能所指乃同一艘船。她同时又能记住，该船所属的公司乃香港的招商局。至于她说该船从香港出发，与林百克的记载有矛盾。可能孙缎自己是从香港出发，所以误认为孙中山也如此。又至于她说孙中山是农历四月一日出发，则该天为阳历 1879 年 5 月 21 日。她说一年三次船期往檀香山，航程约二十五天[42]，那就是在很珍贵的史料中掺杂了误导性非常强烈的信息。珍贵之处在于她说航程约二十五天，佐证了林百克所说的二十来天。误导性非常强烈的信息则在于她说一年三次船期往檀香山，这种说法很容易被误会为一年三次船期是从澳门出发（因为孙中山是从澳门出发的），而她所指的是一年三次船期是从香港出发。孙中山 1879 年所坐的船，是孙眉的合伙人临时从香港租用来运载华工赴檀香山做工的，没有固定船期。[43] 当时澳门并没有定期开往檀香山的客船或货船。

四、通过澳葡文化去了解世界？

孙中山从故乡翠亨村专程往澳门之目的不是到澳门考察、学习，而是经过澳门登船出国——他与母亲是从家乡坐船到澳门的港口之内直接登上这艘远洋轮[44]——行程纯粹属于过境性质，时间短促，孙中山只能从船上远眺澳门的水陆风光。怎能把这么短暂的时光，说成是孙中山通过澳葡文化去了解世界？

不单如此，孙中山回忆说："到澳门的时候，这辉煌的城市，有赌博室、鸦片烟馆、花船、妓女等等的引诱，他知道这些都是坏东西。"[45] 他从何知道这些都是坏东西？因为他的父亲告诉他，其父对于"那些花船上淫荡的歌声、赌场上虚伪的做作，以及烟馆里浓厚的气味"[46]，都大不以为然，并经常以此教导儿子必须洁身自

---

[42]　孙科则说，他在 1895 年 11 月所坐的船，历时共一个月才从香港抵达檀香山。这可能是因为该船途经日本的长崎、神户、横滨等港口。见孙科：〈孙院长哲生先生〔第一次〕谈话〉，1969 年 3 月 15 日，载吴任华编纂，曾霁虹审阅：《孙哲生先生年谱》（台北：孙哲生先生学术基金会，1990），第 445—449 页；其中第 446 页。

[43]　Linebarger, *Sun Yat Sen and the Chinese Republic*, p. 104.

[44]　Ibid.

[45]　Ibid., pp. 105-106.

[46]　林百克著，徐植仁译：《孙逸仙传记》，第 22 页。

爱。[47] 就在孙中山路经澳门的前一年，上海《申报》以〈赌风大炽〉为题报道说：

> 澳门有白鸽票，名曰外生，葡萄牙官每岁出牌准人经理此事，该牌近年来纳费于官者，计洋十三万一千元，而今年则风闻可得洋四十五万元，观此情形是赌风竟日炽一日也。吾不知葡萄牙官身居人上，而贪不义之财至于如此，不顾他人之窃笑，其后并不顾中华人之阴受其祸，殆所谓别有肺肠耶? [48]

正是由于孙中山与母亲是从家乡坐船到澳门的港口内直接登上远洋轮[49]，所以我们可以想象当时他是从船上看到澳门水陆的花花世界。"他虽然年幼好奇，亦不愿深究，他甚至不屑登岸看看。"[50] 澳葡文明留给孙中山的，就是如此这般的第一印象（first impression）。

此外，孙中山还随口念了一首诗歌来讥讽澳门，歌曰：

> 内作色荒，外作禽荒；
> 甘酒嗜音，峻宇雕墙；
> 有一于此，未或不亡。

孙中山早年在村塾已读过部分四书五经，而且隐约理解个中道理。这在本书第三章已有所交代。准此，他在 1879 年经过澳门时能随口念出《书经》中〈五子之歌〉[51] 来表达他对所见所闻的不满，就毫不奇怪。

同时，考虑到林百克是在 1919 年根据孙中山口述来写成他的传记[52]，可见四十年后的孙中山，对于澳门那不良之风仍然耿耿于怀! 为何如此? 当时澳门那声色烟

---

[47] 林百克著，徐植仁译：《孙逸仙传记》，第 23 页。

[48] 佚名：〈赌风大炽〉，上海《申报》1878 年 5 月 18 日；转载于广东省档案馆编：《广东澳门档案史料选编》（北京：中国档案出版社，1999）。

[49] Linebarger, *Sun Yat Sen and the Chinese Republic*, p. 104.

[50] Ibid., p. 106.

[51] 《国父年谱》（1994 年增订本），上册，第 26 页，1897 年 6 月条。

[52] Linebarger, *Sun Yat Sen and the Chinese Republic*, Foreword, p. ix.

赌之恶名，历久不衰也，以致基督教传教士对其深恶痛绝。就连那位在 1883 年 3 月 31 日才首次踏足香港的美国传教士喜嘉理牧师[53]，很快也从其他传教士口中得悉澳门的情况而写道："由于澳门境内不道德的事情太多，以致声名狼藉。"[54] 同年夏，孙中山自檀回华[55]，很快就认识喜嘉理牧师并应其邀请而住进他的宿舍。[56] 天天与其生活在一起，偶听其对澳门的批评，孙中山也会深表同意。这些谈论，又倒过来加深孙中山对澳门的看法。1886 年秋孙中山进入广州博济医院学习医科。该院是美国基督教传教士所办，院长是嘉约翰牧师医生（Rev. Dr John Kerr）。[57] 孙中山继续生活在传教士的圈子里。1887 年秋，孙中山转香港西医书院，该书院没有自己的校舍，学员都是在基督教伦敦传道会主办的雅丽氏医院上课、实习、寄宿、值班。[58] 孙中山又继续生活在传教士的圈子里，听他们偶尔对澳门的批评。

至于霍启昌教授等大作的内容，则他们的图片集绝大部分属于 1892 年孙中山在香港的西医书院毕业后到澳门行医期间和以后的事情。他真正居住在澳门行医的具体时间，大致可以说是从 1892 年 12 月 18 日他在澳门贷款开设中西药局开始[59]，到 1894 年 1 月左右离开澳门为止[60]，前后大约是一年零一个月。以这一年零一个月的繁忙行医时间，与孙中山从 1883 年秋到 1892 年夏在香港念中学和医科大专约九年[61] 全神贯注地学习的时间相比较，则孙中山是通过香港的英语文化还是澳门的葡

---

[53]　Hager to Clark, 12 April 1883, ABC 16.3.8: South China, v. 4, no. 3, p. 1.

[54]　Hager to Clark, 24 November 1883, ABC 16.3.8: South China, v. 4, no. 11, p. 3.

[55]　孙中山：〈复翟理斯函〉，手书墨迹原件，藏中国国民党中央党史委员会，刊刻于《国父全集》（1989），第二册，第 192—193 页。又载《孙中山全集》，第一卷，第 46—48 页：其中第 47 页。

[56]　见本书第六章。

[57]　《国父年谱》（1994 年增订本），上册，第 44 页，1886 年条。

[58]　见本书第六章。

[59]　孙中山：〈揭本生息赠药单〉，1892 年 12 月 18 日，载《孙中山全集》，第一卷，第 6—7 页。

[60]　这是费成康博士的考证结果。见费成康：〈孙中山和《镜海丛报》〉，载澳门基金会、上海社会科学院编：《镜海丛报》（澳门基金会、上海社会科学院联合出版，2000），其中费序第 5 页。感谢广州市中山大学的邱捷教授，借该书予笔者参考。费博士以坚实的证据推翻了冯自由在其《革命逸史》第四册第 72 页中所说的孙中山"居澳半载"。至于《孙中山年谱长编》，上册，第 65 页，1893 年 9 月 25 日条说孙中山于当日去了广州，自言所据乃孙中山：〈声明告白〉，自《镜海丛报》，1893 年 9 月 25 日影印件。征诸上述澳门基金会和上海社会科学院合作出版的《镜海丛报》复印本，其中却缺 1893 年 9 月 25 日的刊物。最接近这个日期的是 1893 年 7 月 18 日和 1893 年 11 月 28 日的刊物。故窃以为《孙中山年谱长编》所引之件仍须进一步考证。该件是否出自《镜海丛报》的葡文版 Echo Macaense？

[61]　在这段期间的 1886/1887 年他到了广州博济医院念了一年医科。等到 1887 年秋，香港的西医书院成立时，又回到香港念医科。

语文化去认识世界，不言而喻。而且，孙中山在澳门行医时，受到种种不平等的待遇，他在1894年1月左右被迫离开澳门，离开时血本无归，如此种种，将在本书第七章有较详细的交代。可以说，自从孙中山懂事而听其父教训开始，到1894年他二十七岁被迫离开澳门为止，孙中山对澳门的印象都是挺糟糕的。

一般来说，若某人希望学习某地的文化并通过该地的文化去了解世界，先决条件之一是此人对该地文化有敬仰之情。既然孙中山自幼即厌恶澳门的不良之风，成年后到澳门行医时甚至深受其害，而实际上他也没有在澳门正式或非正式地读过什么书、受过什么培训！其实，若孙中山真的曾在澳门读过书，他会接受了什么样的教育？据土生土长并曾在澳门受教育的黄天博士说，澳葡是不向澳门华人学生教授葡萄牙语言的，理由是害怕华人懂得葡萄牙语后就探听得澳葡政府的秘密。[62]2011年11月1日笔者往澳门大学演讲时，当场请教在场师生及贵宾，包括汤开建教授及《澳门日报》李鹏翥社长等，他们都证实了黄天先生所言属实。至于霍启昌教授本人，"1942年生于澳门……青少年时代赴香港生活和读书"[63]，对于澳葡不向澳门华人学生教授葡萄牙语言这一事实，最为了解不过。不授葡萄牙语，又怎授葡萄牙文化？但偏偏霍启昌教授却硬要在严肃的大型国际场合把澳门与葡语文化说成是孙中山认识世界的渠道，并煞有介事地著书以证其说。可惜其书所提出来的证据刚与其说相反[64]，而该说既不合逻辑，更不符事实。为何如此？

五、为何如此？

一位训练有素的历史学家、大学教授，却蓄意违反了其专业最基本的原则——"不说违反史实的话"，应该有深层次的原因。这原因是什么？除非霍教授自己道明真相，否则世人无从捉摸。但他的表现实在匪夷所思，故值得深究；并且有关孙中山是受什么影响而走上革命道路的问题是本书的核心所在，不能坐视不理。

[62] 黄宇和笔记，2011年10月22日。当天笔者在香港历史博物馆作过公开演讲后，承李龙镳先生宴请，席上黄天博士作了如此叙述，其他在场的还有萧滋先生、胡春惠教授、黎耀强编审等。
[63] http://baike.baidu.com/view/6738230.htm，2011年11月9日上网。
[64] 霍启昌等编：《澳门：孙中山的外向门户和社会舞台》（澳门，1997）。

无计可施之余，笔者被迫从旁探索，办法是把同时期、同性质而又有关孙中山研究之案例放在一起考察，且看能否找出什么蛛丝马迹。

同时期、同性质而又有关孙中山研究的案例之二，是澳门的陈树荣先生在《澳门日报》发表的大量有关孙中山在澳门活动的文章。这些文章的内容大致可归纳为三大类：

第一，孙中山在澳门下环正街三号创办了《镜海丛报》（中文版），并当该报编辑和主笔，又经常撰稿，鼓吹革命。

第二，孙中山在澳门草堆街设立中西药局，以此作为据点，策划革命。

第三，孙中山在澳门议事亭前地十四号设立"孙医馆"，既做诊所又是寓所，与夫人卢慕贞和幼子孙科一起在那里居住。

后经笔者多年来频频到澳门做档案钻研和实地调查后，证实其中有不少是查无实据之作，详见本书第七章。

同时期、同性质而又有关孙中山研究的案例之三，是 1991 年香港的孙述宪先生为《孙逸仙伦敦蒙难真相》（英文原著）[65] 在香港《信报》所发表的书评。[66] 该书评说了很多既违反史实也违背原著内容的话。须知原著虽然是由牛津大学出版社在牛津大学的总部邀请不具名的专家审稿后批准出版，但实际出版事宜仍由香港分社负责，理由是对孙中山有浓厚兴趣与深厚感情的读者，在东亚和东南亚要比在英国的多得多，香港也绝对不乏英语极佳的华人读者。1986 年出版时的推广活动则包括：

1．印制精致的烫金邀请卡广发予香港知识界，请其参加新书发布会。

2．由香港大学校长王赓武先生在香港大学主持新书发布会。

3．该书作者在香港大学做两次公开讲座。

4．香港电台两个不同的节目从不同角度采访作者及借此介绍新书内容。

5．《南华早报》（*South China Morning Post*）专栏介绍。

6．《远东经济评论》（*Far Eastern Economic Review*）书评介绍。

故当时该书在香港颇为畅销，结果不少读者在 1986 年先阅读了原著，1991 年

[65]　J. Y. Wong, *The Origins of an Heroic Image: Sun Yatsen in London, 1896-1897* (Hong Kong; Oxford: Oxford University Press, 1986).

[66]　该书评刊香港《信报》，1991 年 9 月 7 日。

再看到姗姗来迟的孙述宪在香港《信报》之书评后，纷纷发觉书评说了很多不符史实与违反原著的话。而让他们更反感的，是孙述宪借题发挥而大骂"番书仔"。

据了解，"番书仔"一词是某种极端的激进分子强加于广大曾在香港读英文中学和香港大学甚至曾留学欧美的知识分子之称谓，其中不乏辱骂之意，认为他们接受西方教育就是出卖祖国。套用中国大陆的术语，这种做法叫做"打棍子"。在 20 世纪五六十年代的中国大陆，一棍子可以把人打得永世不得翻身。运用孙述宪这种逻辑，则在香港和东南亚懂英语的全部是"番书仔"，结果通通挨了孙述宪一记闷棍。盖"番书仔"之雅号：

1. 充满极端的偏见，而这种偏见早已为中国大陆带来严重的人为灾难。

2. 所包含的"番"字充满种族歧视，是当今国际社会绝对不能容忍的歧视。

上述三个同时期、同性质而又有关孙中山研究之案例，自有其特殊的时代背景。1984 年中英发布联合声明，英国决定在 1997 年把香港交还给中国；不久中葡又发布类似的声明，葡萄牙决定在 1999 年把澳门交还中国。港澳的"番书仔"为自己的前途甚为担忧，爆发了向外移民潮，香港马上出现人才严重短缺的现象，促使港督彭定康（Christopher Patten）把不少专上学院诸如红磡理工学院、浸会学院等升格为大学，以补专业人才之不足。无法向外移民者，大有瓮中鳖之慨，惶惶不可终日。为何如此，此事说来话长，但为了继承中山先生不惜投身革命来促使中国现代化的遗志，这种特定时期的特殊社会现象，值得阐述并深思。

如此，就有必要重提本书以孙中山自言香港教育让他走上革命道路那句话。本书如此作开始，是希望画龙点睛般点出，在中国近代史上，首批涌现出来的爱国主义者，是沿海通商口岸接受过西方教育的华人，其中不乏港澳的"番书仔"。[67]

"天无二日，民无二主"[68] 这古训诚然不错，以孙中山、陆皓东、郑士良、陈少白、杨衢云、谢缵泰等为代表的，在沿海通商口岸被教育出来的中国知识分子，他们心目中只有一个国家。他们从来没有认贼作父，也从来没有把外国人当主子。

---

[67] 当时的香港同胞，流动性很大，他们大多数从广东沿海地区到香港谋生而又回乡置业，或到香港读书然后回国服务。

[68] 《孟子·万章上》：孟子引孔子曰："天无二日，民无二王"。征诸孔子原话，则曰："天无二日，土无二王"，见《礼记·曾子问》。

　　但是，过去中国共产党高层对沿海知识分子是存有疑虑的，唯出于统一战线的需要，而尊称孙中山为伟大的革命先行者，陆皓东、郑士良、陈少白等也备受赞扬。对杨衢云、谢缵泰等也只是表示沉默（由于杨、谢后来与孙中山发生过争执）。[69] 在孙中山革命团体以外的、沿海通商口岸的其他知识分子，哪怕是同样地爱国，际遇就不一样了。在解放后中国大陆的历次政治运动中，曾在沿海通商口岸接受过西方教育的知识分子都大批地遭殃，不少被诬蔑为汉奸、卖国贼。这种现象，就连美国学者也看不过眼，挺身为他们鸣冤。[70] 邓小平改革开放政策从 1978 年开始后，中国政府急需懂得西方文化的知识分子，原来在沿海口岸受过西方教育的人，命运才有所改善。但冰冻三尺，非一日之寒。积渐所至，也非一时间能清除。长期以来所养成的、对中国沿海通商口岸所培养出来的知识分子的严重偏见，可谓根深蒂固。

　　霍启昌是澳门人，美国夏威夷大学博士毕业后，先在香港大学任教，中英联合声明签订后辞职赴美，后又回到澳门，继而到澳门大学当教授。他是中国近代史专家，对上述此段历史甚为熟悉，故对这种偏见深存恐惧，结果无论如何也要把澳门说成是孕育孙中山的地方；以此类推，则既然孙中山是爱国的，那么澳门知识分子同样是爱国的。

　　陈树荣本是香港人，自小即在旺角劳工子弟学校读书，毕业后在《澳门日报》参加工作，从记者逐步擢升到副总编辑。澳门回归之日，应该是他扬眉吐气之时，为何却有类似霍启昌之表现？窃以为在较为自由的澳门天天责难澳葡种种不是，那可以。若回归后只谈一国不讲两制，后果又如何？陈树荣虽然是"老左派"，但到底是中国沿海通商口岸培养出来的知识分子啊！故其漠视一切史实而把澳门说成是孙中山从事革命的根据地，甚至把发生在香港的"四大寇"谈反满，也硬说成是发生在澳门的事情，以影射自己像孙中山一样爱国，就毫不奇怪了。

　　至于孙述宪，本来是旅美华人，曾当过《纽约时报》记者，是不折不扣的"番书仔"。退居香港不久就遇上《中英联合声明》，其破口大骂"番书仔"之举动，很可能是借此表忠。但正所谓"贼喊捉贼"，光喊是捂不住他自身历史的！

---

[69]　见本书第八章。

[70]　Lucian Pye, "How China's Nationalism was Shanghaied", in Jonathan Unger ed., *Chinese Nationalism* (New York: M.E. Sharpe, 1996).

据了解，本来是《明报月刊》慕其学兼中西而把那本《孙逸仙伦敦蒙难真相》（英文原著）交孙述宪并请其写汉语书评，不料孙述宪竟然借题大骂"番书仔"，《明报月刊》编辑接获书评稿子后以其违反史实而拒绝刊登，孙述宪就通过私人关系求《信报》的熟人在该报发表他那不速之客，在人情难却的情况下，终圆了孙述宪大骂"番书仔"之梦。令人高兴的，是近年中央制定政策，大力鼓励中国留学生回国服务，热情地尊称他们为"海归派"，绝对没人骂他们为"番书仔"，中央用实际行动把孙述宪之流扫进历史垃圾堆。这一切都是很大的进步。

笔者上述分析与推测，不知是否准确？伫候霍启昌教授、陈树荣编审与孙述宪先生站出来矫正。

六、铁梁英风

当孙中山所坐的那艘从香港包租而来的"二千吨的英国铁汽船"[71] 1879 年 5 月 21 日一经启动后，孙中山马上进入了另外一个世界，让他惊奇不已：

> 噢！实在太伟大了！那机器的奇妙！那蒸汽机的火焰！而比这两样东西让我更惊奇的，是那横架在轮船的铁梁。这么长、这么重的铁梁，需要多少人才能把它安装上去？我忽然想到，就是那位发明并制造了这大铁梁及其妙用的天才，同时也发明了一种足以调动这铁梁而又挥洒自如的机器。这一发现，马上让我感觉到，中国不对劲！外国人能做得到的事情，为什么我们就是做不到？[72]

对孙中山来说，这艘英国船的铁梁与蒸汽机代表着新世界。而他从家乡乘坐到澳门的船艇，正是旧世界的标志。

其实，孙中山当时所坐的远洋船，似乎不是完全的汽船，而是被称为火轮的

---

[71]　Linebarger, *Sun Yat Sen and the Chinese Republic*, p. 104.

[72]　Ibid., pp. 106-107. 此段为笔者所译。另有译文见徐植仁译：《孙逸仙传记》，第 97—98 页。笔者译自 Linebarger, *Sun Yat Sen and the Chinese Republic*, p. 106.

那种船，部分依靠机器的动力航行，但同时仍张着风帆行驶。为何笔者作如是想？因为十六年后的 1895 年 10 月 26 日的广州起义失败后，他的儿子孙科跟祖母杨氏、母亲卢慕贞和妹妹孙金琰，在同乡陆灿的护送下从翠亨村逃往香港转檀香山的那艘船，就是这样的一艘火轮，重量比孙中山所坐的那艘船还重，约三四千吨。[73] 十六年后的客轮尚且如此，当时的客轮可知。

孙中山所坐的铁汽船，乘风破浪，朝一望无际的大海前进。回想"翠亨村海边小木船，还需要人力使用木桨划行；如今这庞然巨轮却可以应用巧妙的'机器'行进自如！"[74] 此行让孙中山"始见轮舟之奇，沧海之阔，自是有慕西学之心，穷天地之想"[75]。论者曰："此数语不特表示先生在思想上开拓新境界，而且在生命上得到新启示。此种自我之发现与生命之觉醒，实为先生一生伟大事业之发源。"[76] 信焉！由是观之，这艘来自香港的英国轮船，可以说是孙中山走向"现代化"世界的启蒙老师，而不待日后他到香港上正规学校之时也。

后来由于孙中山反对帝国主义压迫中国，并努力为中国争取独立自主，以致不少外国人骂他"仇外"（anti-foreign）。在这个问题上，美国人林百克有很中肯的评论。他说，孙中山其实只是在"讲道理"，哪里是"仇外"：

> 年幼孙文的品格和天性，其实与后来当了总统的孙中山无异。若是孙文在登上那〔艘在 1879 年驶往夏威夷的〕船之时，早已像他的同胞那样存着着对外人的敌意和偏见，那么他决不会从铁梁中得到这么深远的启发。年幼孙文的胸襟已很宽敞，以至他有这个宏量把中国与外国做一个真实的比较，并虚心承认他自己热爱的祖国原来是这么落后。比诸当时的他的同胞们那种极度蔽塞与顽固的心理，则年幼的孙文那种开放与坦率的态度，真是世间罕有。[77]

---

[73] 孙科：〈孙院长哲生先生〔第一次〕谈话〉，1969 年 3 月 15 日，载吴任华编纂，曾霁虹审阅：《孙哲生先生年谱》（台北：孙哲生先生学术基金会，1990），第 445—449 页：其中第 446 页。

[74] 吴相湘：《孙逸仙先生传》（台北：远东图书公司，1982），上册，第 27 页。

[75] 孙中山：〈复翟理斯函〉，载《孙中山全集》，第一卷，第 46—48 页：其中第 47 页。

[76] 《国父年谱》（1994 年增订本），上册，第 27 页，1897 年 6 月条。

[77] Linebarger, *Sun Yat Sen and the Chinese Republic*, p. 107. 此段为笔者所译。另有译文见徐植仁译：《孙逸仙传记》，第 97—98 页。

　　但当船上的一名英国水手身亡而英国船长把尸骨未寒的遗体海葬时，孙中山又极度反感，觉得此举"野蛮，抛尸入海有渎神明，多么残忍"[78]。这个事例至少说明了三个问题：

　　第一，尽管是幼年时代的孙中山，在学习英国文化的过程中是有选择的，不会盲目地全盘照搬。

　　第二，虽然他高度景仰英国的物质文明，但在人情方面，他还是不折不扣的炎黄子孙。窃以为这两点特征，是以后孙中山一生的缩影。

　　第三，后来孙中山在檀香山受英美教育日久，慢慢会明白，该船的船长和船员全是耶教徒，海葬也采取耶教仪式，西方的建筑、音乐、礼仪、世界观、生活方式、一举一动，无不深受耶教影响。当时西方文明的基础就是耶教。他所坐的那艘船，其铁梁、机器，都是耶教徒发明的。耶教似乎是现代化的标志，他逐渐对耶教产生莫大兴趣，不全是宗教信仰问题，而是正如他自己所说的：慕"西学"之心也。[79]

　　该船乘风破浪地前进，除他母子以外，船上的其他乘客都是往檀岛做工的穷苦大众，当中没有一个孙中山认识的人。慢慢地，孙中山感到愈来愈寂寞，也愈来愈思念家乡，陷入沉思，想得很多很多。[80]

七、抵火奴鲁鲁入学

　　孙中山母子所乘坐的那艘英国火轮船，自1879年5月21日起碇后[81]，经过约二十五天的旅程[82]，即到达了夏威夷群岛之中瓦胡岛[83]的火奴鲁鲁（俗称檀香

[78]　林百克著，徐植仁译：《孙逸仙传记》，第96页。原文见 Linebarger, *Sun Yat Sen and the Chinese Republic*, p. 105。

[79]　孙中山：〈复翟理斯函〉，载《孙中山全集》，第一卷，第46—48页：其中第47页。

[80]　Linebarger, *Sun Yat Sen and the Chinese Republic*, p. 115. 此段为笔者所译。

[81]　见本章第三节。

[82]　杨连逢采访孙缎（1860年生），1957年5月无日，载李伯新：《忆访录》（1996），第165—166页：其中第165页。

[83]　Oahu 有多种音译。孙中山自称之为奥阿厚，见孙中山：〈复翟理斯函〉，载《孙中山全集》，第一卷，第46—48页：其中第47页。檀香山华侨宋谭秀红、林为栋等称为奥雅湖，见其《兴中会五杰》（台北：侨联出版社，1989）。香港的吴伦霓霞音译作瓦湖，见其《孙中山在港澳与海外活动史迹》（香港：联合书院，1986）。

山）市。孙眉在码头迎接母亲和那个"穿着中国长衫、辫子盘在头顶、戴着红顶绸瓜皮帽"的弟弟。[84]

后来成为孙中山同班同学的钟工宇，也差不多在这个时节到达火奴鲁鲁。他忆述当时的情景说：

> 我们的三桅帆船到达火奴鲁鲁外港时，正值美丽的六月某日黄昏时节，涨潮，我们的船由拖船拖着越过沙洲（sand bar），进入内港，在当今的第七号码头所在地附近抛锚。由于当时还没有建筑码头，幸好水浅，只有十五英尺深。我们等到翌日清晨才上岸（我船无法靠岸，我们必须涉水上岸）。当时没有边防检查，也没有海关，旅客可以自由出入。

> 第一座映入眼帘的建筑物是沃特豪斯楼（Waterhouse Building），上面挂着那面由独角兽与狮子等肖像所组成的国徽。有一个名叫哈帕好乐（Hapahaole）的年轻土著在那里兜售青苹果。[85]

那座上面挂着那面由独角兽与狮子等肖像所组成的国徽的沃特豪斯楼是当地的邮局。当孙中山得悉，若把一枚邮票贴在信封上然后投进邮箱，该信就会乘风破浪地回到翠亨村，而不用像在翠亨村里那样，到处请求行将外出的旅客带信，他感到奇妙极了！[86]

为何夏威夷王国的国徽如此酷似英国国徽？事缘 1778 年英国航海名家詹姆斯·库克发现夏威夷群岛后，夏威夷国王慕英国之名，1861 年应邀访英。英国之行给他极好的印象，于是他邀请英国国教圣公会到夏威夷进行教化。在英国圣公会传教士到达夏威夷之前，那里绝大多数学校是以夏威夷土语教学的。传教士到达后，认为用英语教学能让孩子们更直接地理解英国文化和科学知识，同时避免

---

[84]　陆灿：《我所认识的孙中山》，第 6 页。

[85]　Chung Kung Ai, *My Seventy Nine Years in Hawaii, 1879-1958* (Hong Kong: Cosmorama Pictorial Publisher, 1960), p. 43.

[86]　Linebarger, *Sun Yat Sen and the Chinese Republic*, p. 116. 此段为笔者所译。

再受那种充满迷信的土文化毒害。[87] 在这个问题上，夏威夷国王比英国传教士们更为着急，故进一步建议马上成立寄宿学校，以便孩子们从早年开始就远离那种牢牢地笼罩夏威夷社会的巫术与迷信。[88] 孙中山自言"是年夏，母回华，文遂留岛依兄，入英监督所掌之书院（Iolani College, Honolulu）肄业英文"[89]。这所 Iolani College——意奥兰尼学校，正是英国圣公会传教士所创办的。由此可知，孙中山就读的第一所西方正规学校乃由英国人所掌管。那是继他乘坐来檀的那艘英国火轮船上所受到的启发之后，他在檀香山继续接受英国文化的熏陶。

孙中山何时入学？钟工宇的回忆同样提供了珍贵参考信息："7月，家父从凯鲁阿（Kailua）回到火奴鲁鲁，为我向意奥兰尼学校注册。当时学校放暑假，办公室关门。刚巧，校监韦礼士主教（Bishop Alfred Willis）的养子埃德蒙·斯泰尔斯（Edmund Stiles）在场，他让家父等到9月开学时，再来注册。"[90] 若孙中山同样地在到达火奴鲁鲁即前往该校报名，遭遇也相同。

等到9月开课，钟工宇单独前往正式报名："韦礼士主教亲自面试我。他第一道提问，我根本听不懂，但猜测其意，想是问我名字，我回答说：'Ai'（宇），从此，我就变成姓宇，而不再姓钟。"[91] 韦礼士主教者，该校校监也。钟工宇说："1879年9月，我注册进入意奥兰尼学校之后的两个星期，孙帝象就来了。"[92] 看来孙中山到埠后，先住在孙眉家，很快就学会一点英语，所以当韦礼士主教面试他时，他能准确地说出他姓孙名帝象。孙眉本人就没这福气，他抵檀后就像钟工宇一样，在不明底蕴的情况下就被改了姓氏，以至他在檀岛产业买卖和英语通信里，都被称或自称为"阿眉"（S. Ah mi）[93]。

在孙中山入学之前，除了钟工宇以外，校中只有其他两名华裔学生，一名是唐

[87]　Mildred Staley, "The Story of Iolani School", *Hawaiian Church Chronicle* (June 1933), p. 4, quoted in Ernest Villers, "Iolani School" (1940), p. 29.
[88]　Ernest Villers, "Iolani School" (1940), pp. 29-30.
[89]　孙中山：〈复翟理斯函〉，载《孙中山全集》，第一卷，第46—48页；其中第47页。
[90]　Chung Kung Ai, *My Seventy Nine Years in Hawaii, 1879-1958*, p. 46.
[91]　Ibid., pp. 46-47.
[92]　Ibid., p. 106.
[93]　夏威夷档案馆：S. Ah mi to His Excellency J. King, 25 March 1893, Hawaiian Government Archives, Interior Department Land, Box 95.

图 4.3　火奴鲁鲁海港旧貌
（翠亨村孙中山故居纪念馆供图）

图 4.4　钟工宇

雄，另一名是李毕。李毕性情暴烈，不久就退学，去当记者，但很快又不知所终。[94]
如此就剩下钟工宇与唐雄，结果他们很快就成为好朋友。[95] 两年后，钟工宇因事回
到康纳（Kona）其父亲处，故休学一年。当他再次在意奥兰尼学校学习时，唐雄与
他重新成为好朋友，什么事情都一块做，像兄弟般。[96] 孙中山到达后，三人也成为
好朋友，其中一个原因是他们都是香山人，钟工宇虽说他自己来自广州[97]，其实他是
香山县三乡的西山村人[98]，距离孙逸仙的故乡翠亨村只有数十华里。[99] 唐雄则来自翠
亨村以南、靠近金星门的唐家湾，三人说的都是香山式的白话，交谈没有隔阂。

八、全英制的意奥兰尼学校

经考证，孙中山所说的意奥兰尼学校之"英监督"，正是英国圣公会在夏威
夷教区的韦礼士主教。他主持的意奥兰尼学校，本来就是他于 1872 年创办的。[100]
看来该主教是一位雄心勃勃、要创一番事业的人。他在 1872 年才从英国到火奴
鲁鲁上任[101]，当年就创办了意奥兰尼学校。又经考证，该校所占的土地以至该土
地上所有的建筑物，全都是他出资购买和建筑的私人财产。[102] 这又说明另一个问
题：此人有魄力而又行事果断。因为，若向教会申请经费来创办一所学校，旷时
日久。若他自己掏腰包办学，那么马上就可以办起来。正因为如此，该校没有设
立董事局之类的管理委员会，以至该主教可以完全按照自己的意志而设计一所让

[94] Chung Kung Ai, *My Seventy Nine Years in Hawaii, 1879-1958*, p. 53.
[95] Ibid., p. 47.
[96] Ibid.
[97] 钟工宇：〈我的老友孙逸仙先生〉（中译本），载尚明轩等编：《孙中山生平事业追忆录》，第 726—733 页：其中第 726 页。
[98] 佚名：〈钟工宇（1865—1961）〉，载中山市孙中山研究会编：《孙中山与香山相关人物集》（香港：天马图书有限公司，2004），第 117—118 页：其中第 117 页。
[99] 据孙中山的姐姐孙妙茜口述，载黄彦、李伯新：〈孙中山的家庭出身和早期事迹（调查报告）〉，《广东文史资料》第 25 辑：孙中山史料专辑（广州：广东人民出版社，1979），第 274—290 页：其中第 284 页。
[100] Benjamin O. Wist, *A Century of Public Education in Hawaii October 15, 1840 -October 15, 1940* (Honolulu: Hawaii Educational Review, 1940), p. 117.
[101] C. F. Pascoe, *Two Hundred Years of the S.P.G.: An Historical Account of the Society for the Propagation of the Gospel in Foreign Parts, 1701-1900* (London: S.P.G. Office, 1901), p. 912.
[102] Benjamin O. Wist, *A Century of Public Education in Hawaii October 15, 1840-October 15, 1940*, p. 118.

他自己称心如意的学校。

但是，主教的事务繁重，哪能分心主管学校？他必须雇请校长专责其事。翻查有关资料，可知 1879 年 9 月孙中山进入意奥兰尼学校读书时，该校的校长名字叫埃布尔·克拉克（Abell Clark, 1875—1880 年任职），[103] 1880 年初辞职；由托马斯·萨普利（Thomas Supplee）代理。[104] 在 1880 年 3 月，韦礼士主教聘请了布鲁克斯·奥诺·贝克（Brookes Ono Baker）医学博士当校长，他是一位英国人，在纽约取得博士学位，在英国和美国有过丰富的教学经验。[105] 1882 年的校长是赫伯特·F. E. 惠理牧师（Rev. Herbert F. E. Whalley）。[106] 就是说，孙中山在意奥兰尼学校念书三年期间，经历了四位校长。这就很能说明问题。

什么问题？窃以为极可能是韦礼士主教过问该校的事情太多，以致校长都不安于位。何以见得？有蛛丝马迹可寻：

第一，当韦礼士主教在 1880 年 3 月向英国总部报告他聘请了布鲁克斯·贝克医学博士当校长时，韦礼士主教的用词很能说明问题。他说："布鲁克斯·贝克博士被聘任为我的学校的校长"[107]，而不是说被聘任为意奥兰尼学校的校长。

第二，当时夏威夷王国的政府报告称该校为"那位主教的学校"（The Bishop's College School）。[108]

第三，韦礼士主教独断独行的美誉，连远在澳大利亚西澳州的圣公会主教也知道了，并给予绰号曰："像头公牛般顽固的英国人。"[109]

---

[103]　Arlene Lum ed., *At They Call We Gather: Iolani School* (Honolulu: Iolani School, 1997), p. 246.

[104]　Ibid.

[105]　Alfred Willis to H. W. Tucker, private, 13 March 1880, Ref. 9694/1880, Willis Papers, USPG/CLR217/pp. 39-41: at p. 40.

[106]　Arlene Lum ed., *At They Call We Gather: Iolani School*, p. 246.

[107]　Alfred Willis to H. W. Tucker, private, 13 March 1880, Ref. 9694/1880, Willis Papers, USPG/CLR217/pp. 39-41: at p. 40.

[108]　*Biennial Report of the Department of Public Instruction* (Honolulu: Territory of Hawaii, 1880), p. 35, quoted in Ernest Gilbert Villers, "A History of Iolani School" (M.A. thesis, University of Hawaii, June 1940), p. 60, Iolani School Archives, Panko 050216.

[109]　"[A] bull headed Englishman", said the Bishop of Perth, Western Australian Australia. Quoted in Henry Bond Restarick, *My Personal Recollections: The Unfinished Memoirs of Henry Bond Restarick, Bishop of Honolulu, 1902-1920*. Edited by his daughter, Constance Restarick Withington (Honolulu: Paradise of the Pacific Press, c.1938), p. 318.

韦礼士主教的顽固与孙中山的教育有何关系？该主教坚持意奥兰尼学校的"教学方式完全按照英女王陛下的学校督察团属下考试委员会所制定的教学方案办事。讲授的科目包括主流的英国课程和商业课程。商业课程包括一些特殊项目，这些特殊项目就是木工和印刷。为了讲授这两个特殊项目，韦礼士主教又不惜自掏腰包在学校里设置了木匠作坊和印刷作坊，以便那些对这两种手艺有兴趣的学生尽量发挥他们的天才。〔不久，〕有些毕业生已经在城里成长为享有盛名的工匠"[110]。

至于主流的课程又有哪几项？除了一般学校所讲授的普通科目以外，还特别设有"代数、几何学、生理学、拉丁文与绘图"[111]。其中拉丁文一科也真够英国气！当时牛津、剑桥两所大学招收新生时，规定考生入学的先决条件是拉丁文与古希腊文两种古文都必须及格。究其原因，则大约有二：

第一，培养文质彬彬并具有古雅风度的绅士阶级当领袖人才来管理大英帝国。

第二，也是更重要的，是拉丁文逻辑性很强，故借助拉丁文来培养逻辑性强、思路清晰的领袖人才。

至于所谓"一般学校所讲授的普通科目"，自然包括历史和算术。历史课程的内容，则"全是英国历史，教科书都是从英国运来的。其他历史诸如美国史都不教。在算术课程里讲授的，都是英镑、先令、便士；美国的圆、毫就完全沾不上边！"[112]

再征诸孙中山就学时期意奥兰尼学校教员的名单（按英文字母顺序排列），可知只有一位教员不具盎格鲁—撒克逊的名字。他们是：

Baker, Brookes Ono, M.D.; Headmaster 1880-1881.

Blunden, F.; 1873-?

---

[110] *The Anglican Church Chronicle*（Honolulu, 6 January 1883），v.1, no.2, p.1, Iolani School Archives, pamphlet files, Panko 050216.

[111] "The ordinary branches plus algebra, geometry, physiology, Latin, and drawing."See *Biennial Report of the Department of Public Instruction*, p. 35, quoted in Ernest Gilbert Villers, "A History of Iolani School"（M.A. thesis, University of Hawaii, June 1940），p. 60, Iolani School Archives, Panko 050216.

[112] Henry Bond Restarick, *Sun Yat Sen, Liberator of China*（New Haven: Yale University Press, 1931; London: Oxford University Press, 1931），pp. 12-14.

Clark, Abell; 1874-1879. Headmaster 1875-1880.

Hore, Edward; 1872-1877, 1878-1881.

Meheula, Solomon; 1880-?

Merrill, Frank Wesley; Teacher (Iolani) 1878-1880.

Supplee, Thomas; Headmaster 1879 (Bishops College [Iolani]) .

Swan, William Alexander; 1873-1874, 1881-? Headmaster 1873-1874, 1882-?

Taylor, Wray; Teacher (Iolani) 1880.

Whalley, Herbert F. E.; Headmaster 1882. [113]

九、为何如此英国气？

为什么意奥兰尼学校这么英国气？因为它的创办人韦礼士主教坚持如此。而且，这位主教不单是英国圣公会的主教，他还是英国牛津大学圣约翰学院的毕业生！[114] 他决心把优越的英国文化带到夏威夷王国这化外之邦！

他的这种态度，即使从 21 世纪的眼光看问题，也不能怪他。因为，正如韦礼士主教自己所说的，英国圣公会之决定在夏威夷王国设立主教，完全是应夏威夷国王卡米哈米哈四世（Kamehameha IV，1855—1863 年在位）的挚诚要求。[115]

正如前述，夏威夷国王曾应邀访英，时间是 1861 年，他受到英国王室隆重接待，对英国贵族阶层所表现出来的恭谨与享受到的殊荣印象深刻，模仿之情油然而生。同时他爱上了英国圣公会举行礼拜时的隆重礼节：唱圣诗时那动人的旋律，诵经文时那庄严的神态，牧师们那高贵的袍子与那崇高教堂内彩色缤纷的玻璃窗互相辉映！他流连忘返之余，对于他年轻时在夏威夷曾接受过来自美国基督教纲纪慎会传教士那种自我清贫得要命的教育更为反感，把英国文化移植到夏威

---

[113]　Arlene Lum ed., *At They Call We Gather: Iolani School*, p. 246.

[114]　C. F. Pascoe, *Two Hundred Years of the S.P.G.: An Historical Account of the Society for the Propagation of the Gospel in Foreign Parts, 1701-1900*, p. 912.

[115]　Alfred Willis to Rev. H. W. Tucker, official [12 February 1881], USPG/ OLR/D58/ No. 6719, Rec'd 12 March 1881.

夷的决心益坚。他马上向英国圣公会当局表示愿意在火奴鲁鲁捐献一块土地以建筑主教座堂（cathedral），以后每年捐献 1 000 美元作为主教的薪金。英国圣公会的圣经联合传道会（United Society for the Propagation of the Gospel）热烈响应，既拨款以襄善举，又于翌年派出斯特利主教（Bishop Thomas Nettleship Staley）往主其事。该主教于 1862 年 10 月 11 日抵达当时的首都拉海纳（Lahaina），正式成立英国圣公会在夏威夷的主教区（diocese）。两星期以后，夏威夷王后受该主教施洗入教，取名娥玛（Emma）。同年 12 月，首席大臣（High Chief）加拉鸠阿（Kalakaua）接受坚信礼（confirmation）。[116]

　　国王又任命斯特利主教为政府内阁成员，并命其在国境内广设男子学校和女子学校，作育英才，以备将来管理国家之用。事缘夏威夷王国本来就相当落后，1841 年美国传教士开始到达以后，国王急于同国际接轨，被迫临时聘用外国人当高官。但为了长远计，还是必须训练本土人才。故对斯特利主教作出如是要求。准此，1862 年斯特利主教抵达后，就在当时的首都拉海纳设立了圣十字架（St Cross）学校[117]，1870 年 5 月斯特利主教辞职。1872 年韦礼士主教接任，第一件事情就是在新的首都火奴鲁鲁购地创建意奥兰尼学校。土语"意奥"是指当地特有的一种大鹰，"兰尼"是上天的意思，意境不可谓不高。

　　韦礼士主教在意奥兰尼学校扮演什么角色？他既当校监又当舍监。[118] 原来他所创办的是一所寄宿学校，这让笔者联想到当时英国闻名世界的所谓"公学"（public school）制度。

十、英式寄宿学校

　　英国的所谓公学，最初（中世纪时代，即约公元 500—1500 年间）的确是公开的。事缘英国各大教堂需要设立圣诗班，以便每日早经晚课及主日礼拜时唱圣诗。设立圣诗班就必要男孩，于是广招穷苦男孩来教他们唱圣诗，并附带给予免

---

[116]　Alfred Willis to H. W. Tucker, 3 January 1880, Ref. 5383/1880, USPG/CLR217/ pp. 35-37.

[117]　Ibid.

[118]　Arlene Lum ed., *At They Call We Gather: Iolani School,* p. 246.

费住宿与教育。中世纪时代的英国，没有一套教育制度。当时能读书识字、最具文化水平的，都是教会中的神职人员。他们所提供的教育，自然是最好的。当英国的贵族意识到这种圣诗班其实是提供了高质量的教育以后，就争先恐后地把儿子们送去参加圣诗班。既然学员再不是一穷二白的男孩而是贵族子弟，于是这些学校慢慢就征收昂贵的学费和宿费，性质也由公开办学变成闭门收费——无钱不必问津——的私立寄宿学校。但仍然保留着原来的名字——公学。这样的学校，直到 1828 年为止，全英国只有七所。[119]

但是，在 1828 年到 1840 年，英国的公学制度又有了一次重大的变革。事缘拉格比（Rugby）公学的校长托马斯·阿诺德（Thomas Arnold）有一套崭新的教学理念。他认为教育的最高目标是培养高尚人格：以当时的道德标准来说，就是培养深具基督精神的绅士（Christian gentleman）。朝着这个目标，学校的教堂就成了学生精神生活的中心，所有学生都必须参加校方安排在教堂的一切活动。其次是培养学生合作互助的团队精神；准此，球赛就变成学校体育的重点项目。为了达到这个目的，他又与同侪精心设计一种特别能促进队员通力合作的崭新球赛，并以该校的名字命名，翻译成汉语就是橄榄球。这种球赛也是强迫性的，所有学生无论胖瘦高矮、近视远视都必须参加。他与同侪又扩大该校讲授科目的范围以便包括各种理科。其他的改革包括所有学生都穿着同一款式的校服，以及挑选能干的学生当学生纠察（school prefect），帮助校方维持纪律。[120]

他的改革轰动一时。在他去世以后于英国新建立起来的私立寄宿学校，大都按照他的模式建校。而细察韦礼士主教在火奴鲁鲁创立的意奥兰尼学校，处处可以见到这种新型英国公学的影子。宗教生活方面："每个学生都必须参加每天在该校教堂举行的早经晚课……该主教亲自讲授基督教义，教导他们必须破除迷信和批判神像崇拜。"[121] 在意奥兰尼学校被潜移默化了三年以后的孙中山，甫回翠亨村即毁渎乡间神像，恐怕与此有关？

韦礼士主教规定所有宿生在星期天必须上教堂，参加主日崇拜，崇拜仪式在

[119]   Michael McCrum, *Thomas Arnold Head Master* (Oxford University Press, 1989)，p. 116.
[120]   Ibid., pp. 116-117.
[121]   Lyon Sharman, *Sun Yat-sen: His Life and Its Meaning* (New York, 1934)，p. 13.

主教的准座堂（procathedral）举行。同学们列队从位于卑斯街（Bates Street）的意奥兰尼学校，像行军般步操经过奴安奴街（Nuuanu Street），到达贝热坦尼阿街（Beretania Street），左转到堡垒街（Fort Street），然后直趋娥玛王后街（Queen Emma Street）的圣安德烈（St Andrew's）准座堂，以便参加 11 时举行的英语早祷礼拜及圣餐礼拜。他们按序坐在教堂右边预定的长椅上。崇拜过后，再列队步操回学校。

若有英国兵舰到访，官兵们同样列队，在横笛手与军鼓手所奏的军乐节奏带领下，雄赳赳气昂昂地步操到圣安德烈准座堂参加早上 11 时的礼拜，他们红色的军服，灿烂夺目。

属该准座堂的本市白人教友包括 Harry von Holt、Jack Dowsett、George Smithies、William Smithies his brother、George Harris 及其父母、Mr and Mrs Mark P. Robinson 和 Mrs MacKintosh 的两个女儿。丽珂丽珂公主殿下（Princess Likelike，嫁给了 Cleghorn 先生，故又称 Mrs Cleghorn）也经常来参加礼拜，坐前排中间的长椅。[122]

军训是英国公学不容或缺的课程。"我们每天大清早就在埃本·洛（Eben Low）先生的指导下，进行军训，不停大踏步地往前走、左转、右转、后转、跟步走。他用英语下口令时，我都能听懂，后来突然之间他改用夏威夷语，我就有点迷惘。经了解，原来他说：'跟步走！'我本来一直就是跟步走嘛。"[123] 钟工宇回忆说。孙中山的注意力却不在左转、右转、跟步走这些形式上的训练，而在战术和战略上的意义！[124]

体育方面，像英国那样打橄榄球需要很大的场地，费用不菲。尽管有钱买了地皮，而火奴鲁鲁山地多于平地，要找平整广大的一片土地，谈何容易？变通办法，就是选择有集体性质的活动。在这方面，钟工宇提供了很珍贵的资料：

　　　　每天下午课余时分，我们就结队上山到阿乐可基（Allekoki）池游泳，是为每天最快乐的时光。混血儿吉姆·莫士（Jim Morse）自告奋勇地当我

[122]　Chung Kung Ai, *My Seventy Nine Years in Hawaii, 1879-1958*, p. 60.

[123]　Ibid., p. 53.

[124]　Linebarger, *Sun Yat Sen and the Chinese Republic,* p. 129.

们的教练，他非常耐心，我很快就游得很出色，甚至从 12 英尺高的悬崖跳
进水里也毫无惧色。每个星期六的下午，就改为进军卡盆纳瀑布（Kapena
Falls），在那里游泳两三个小时，直到晚餐时间快到了，才依依不舍地回校。
我实在爱游泳，光是学好了游泳，家父送我到意奥兰尼学校读书两年所花的
三百块钱，就已完全值得。[125]

此外：

　　韦礼士主教安排我们华裔学童共六人全权负责种植学校所拥有的一个菜
园。该菜园在校外约 500 英尺的地方。我们种了生菜，但吃不完，以至生菜
老得开花了，我们就向菜花扔石头取乐。虽然这个种菜的活儿枯燥乏味，但
我们还是非常喜爱这份差事，因为我们可以借此多做户外活动。[126]

多做"户外活动"，"不做书虫"，德育、智育、体育"全面发展"，正是英国
公学的教育理论基础。至于寄宿学校有规律的集体生活，更是培养学生合作互助
精神不容或缺的组成部分：

表 4.1　意奥兰尼学校学生日程 [127]

05：30	值班学生摇铃，所有宿生一块起床，列队步行到山溪上洗澡。
06：30	在宿舍阳台列队，点名，然后列队进入学校的教堂早经。
07：00	学生轮班集体打扫卫生。
07：30	集体早餐（餐前餐后由舍监带头祈祷祝福与谢恩）。
08：15	军事锻炼（逢星期一与星期五）；诗歌练习（逢星期二与星期四）。
09：00	上课。

[125]　Chung Kung Ai, *My Seventy Nine Years in Hawaii, 1879-1958*, p. 56.

[126]　Ibid., p. 57.

[127]　May Tamura, "Preserving Iolani's Past", insert in *Iolani School Bulletin* (Winter 1980-Fall 1981), page
　　　　C, quoted in Irma Tam Soong, "Sun Yat-sen's Christian Schooling in Hawaii", *Hawaiian Journal of History*,
　　　　v. 31 (1997), pp. 151-178: at pp. 161-162.

续表

12：00	集体午餐（餐前餐后由舍监带头祈祷谢恩）。
13：00	上课。
15：45	集体体力劳动（诸如种菜、栽花、木工、印刷、大扫除）。
16：15	列队步行到山溪上游泳。
17：30	集体晚餐（餐前餐后由舍监带头祈祷谢恩）。
18：30	在学校教堂晚课。
19：00	集体在大堂里自修。
21：00	上床。
21：20	关灯。

别小看这日程，哪怕是进膳，都有一定的程序：先是全体肃立，待校监与其他教职人员进场各就各位后，再由校监在主席位上站着祈祷祝福，同学们回应，才开始一齐坐下来用膳。膳毕，校监先站起来，其他教职员和宿生马上一齐肃立。校监祈祷谢恩，同学们回应，校监离座，教职员随他离去后，同学们才能列队离开。[128] 这是一种纪律问题，校方有明文规定。

从这个角度看问题，则孙中山从意奥兰尼学校那里进一步学到非常珍贵的一点，那就是按章办事。所有规章制度，明文发表，各人熟识规章后，上下人等，一体凛遵。这是法治精神。可以想象，孙中山在意奥兰尼学校过了约三年（1879—1882）有条不紊的生活，在他心灵中留下深深的烙印。

至于挑选突出的学员来当学生纠察，则当时宿生人数有限，没有这个必要，就由韦礼士主教这舍监亲自维持秩序，包括宿生入睡后查房。当他发觉有宿生睡酣后把被子踢开，就静悄悄地为他重新盖上，以防着凉。[129] 正如这种新兴公学制度的创始人托马斯·阿诺德所说，宿生离开了家庭，缺乏家庭温暖，校方必须填补这个空缺。韦礼士主教就非常自觉地兼严父慈母于一身。其父母都在万里以外的孙中山，这位代理严父慈母对他会产生什么影响？

---

[128] 这是笔者多年在牛津大学圣安东尼学院当研究生（1968—1971）、研究员（1971—1974）和在澳大利亚悉尼大学圣安德烈学院（1974—1976）和圣约翰学院（1991—1994）生活体验所重建起来的一幅图画。

[129] Chung Kung Ai, *My Seventy Nine Years in Hawaii, 1879-1958*, p. 107.

图 4.5　拉格比公学（Rugby School）

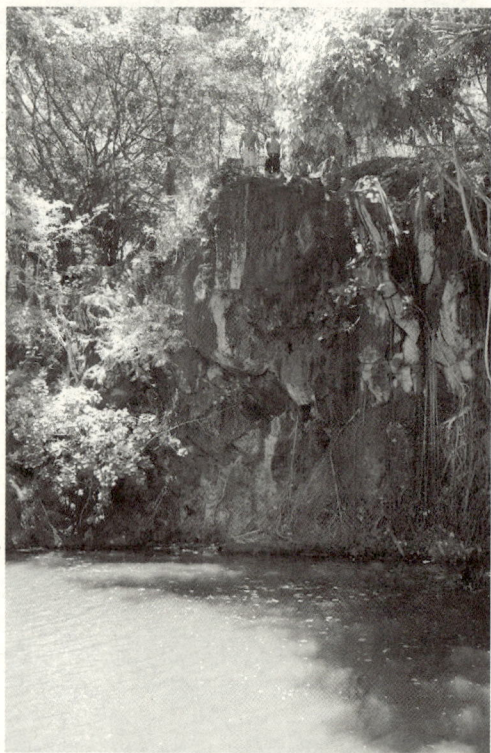

图 4.6　卡盆纳瀑布（Kapena Falls）

韦礼士主教创办的这所学校，的确办得很好。夏威夷教育部1878年的双年度报告，赞扬意奥兰尼学校说："教学方法既现代化又优越，宿舍的设备齐全，制度完善，清洁卫生，是同类学校的典范。"[130] 报告又说，意奥兰尼学校共有五十八名学童，其中十二名获颁发政府奖学金。[131] 1880年的双年度报告说，学童当中，四十三名寄宿生，九名为走读生。教育部长比索（Charles R. Bishop）先生对该校的评价是："学校朝气蓬勃，教学效率高。"他对该校宿舍的评价尤好："宿舍整齐清洁，宿生体格优良，彬彬有礼，洁身自爱。"[132] 1882年，学生人数如前。[133]

十一、孙中山是寄宿生还是走读生？

但是，若孙中山不是寄宿生而是走读生，上述这一切笔墨都等同白费！意奥兰尼学校对孙中山现代化革命思想的影响云云，也会大打折扣。所以，当务之急是查清楚孙中山是否寄宿生。

林百克著，徐植仁翻译的《孙逸仙传记》没有直接说明这个问题。但是它说，孙中山"至檀，居茂宜岛（Maui Island）茄荷蕾（Kahului）埠，初于德彰公（按即孙眉）开设之德隆昌米店中佐理商务，习楷耐楷人（土人）方言及中国式之记账法、珠算应用法，觉兴味索然，殊非所好。德彰公知先生有志于学也，旋使入设于火奴鲁鲁之意奥兰尼学校就读"[134]。此说为《国父年谱》所采纳。[135] 准此，孙中山应该是寄宿生，因为茂宜岛距离火奴鲁鲁所在的瓦胡岛甚远，以当时的交通条件来说，绝无可能每天来回上学。

但孙中山回忆说，他初抵火奴鲁鲁时，孙眉带他到依瓦（Ewa）地区的农庄

[130] *Hawaiian Department of Public Education Biennial Report, 1878*, p. 17.
[131] *Biennial Report of the Department of Public Instruction, 1878*, p. 35, quoted in Ernest Gilbert Villers, "A History of Iolani School", University of Hawaii M.A. thesis, 1940, p. 47.
[132] *Biennial Report of the Department of Public Instruction, 1880*, p. 35, quoted in Ernest Gilbert Villers, "A History of Iolani School", University of Hawaii M.A. thesis, 1940, p. 60.
[133] *Biennial Report of the Department of Public Instruction, 1882*, p. 36, quoted in Ernest Gilbert Villers, "A History of Iolani School", University of Hawaii M.A. thesis, 1940, p. 61.
[134] 林百克著，徐植仁译：《孙逸仙传记》，第114—118页。
[135] 《国父年谱》（1994年增订本），上册，第27页，1897年秋条。

居住。[136] 他的同学钟工宇也回忆说，孙眉原来在瓦胡岛的依瓦地方辟有一个农场。[137] 这依瓦在瓦胡岛的什么地方？距离同是位于瓦胡岛的火奴鲁鲁（意奥兰尼学校所在地）有多远？孙中山能否当天来回？1996 年笔者亲往火奴鲁鲁实地探勘时，承牛津旧同窗凯南·布雷齐尔博士告知，依瓦是一个山谷，在火奴鲁鲁以西、比珍珠港更西的地方。他开车载笔者先上火奴鲁鲁山，然后往西远眺，勉强可以看到珍珠港，但已是数山重叠，再往西看就是看不到依瓦，只看到另有数山重叠。开车前往，在现代高速公路上走了约一小时。以 1879 年的交通工具来说，翻山越岭般走路是不行的。若是坐船沿岸航行的话，还可以。但若是坐当时的土船，则所需时间同样排除了孙中山当天来回上学的可能性。故窃以为孙中山在 1879 年入学时必须寄宿。

但是，归根结底，推论不能代替翔实证据，所以多年以来笔者还是不断明察暗访。待找到郑照 1935 年的回忆录时，笔者的考证就豁然开朗。郑照说，孙中山在英人韦礼士主教当校长的"埃奥兰尼（Iolani）中学"读书时，"先兄郑金是与他同学，共住于宿舍同一房间，卧床毗连，异常友好"[138]。若此言属实，则可被视为孙中山曾在意奥兰尼学校寄宿的明证。可惜郑照在同一段回忆中犯了不少错误。例如，开首第一句就错了："我最初认识中山先生是在 1885 那一年。其时他正在檀香山的埃奥兰尼中学读书，年仅十八九岁。"[139] 但据本章考证所得，孙中山是在 1879 年进入该学校的，实龄靠近十三岁，而到了 1885 年，孙中山已经去了香港读书。但窃以为，若郑照在岁数和年份上搞错了也不奇怪，因为他的年龄与孙中山差了一大截，但听其兄说曾与孙中山同宿一室这样的掌故，记错的机会就较少。准此，可以初步认定孙中山是宿生。

接着找到另外四份证据：

---

[136]　"After he had spent a few days in Honolulu, seeing the sights and getting acquainted in his new midst, Wen was conducted by his brother to a place which he knew under the name of Ewa, and which is now in the Pearl Harbour district." See Linebarger, *Sun Yat Sen and the Chinese Republic*, p. 122.

[137]　钟工宇：〈我的老友孙中山先生〉（中译本），载尚明轩等编：《孙中山生平事业追忆录》，第 726 页。

[138]　郑照：〈孙中山先生逸事〉，载尚明轩等编：《孙中山生平事业追忆录》，第 516—520 页；其中第 516 页，第 1 段。

[139]　同上。

图 4.7　意奥兰尼学校旧图（翠亨村孙中山故居纪念馆供图）

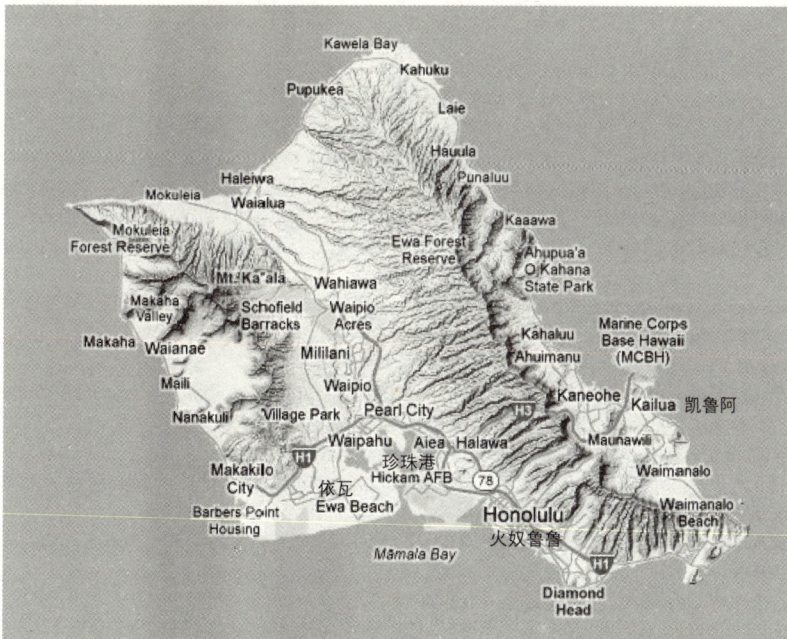

图 4.8　瓦胡岛地形图

第一是陆灿的回忆录的另一部分。陆灿也曾经就读于意奥兰尼学校，但年纪比孙中山小七岁。他说：当孙中山初抵檀香山时，"哥哥孙眉到码头来接他……孙眉说他将送帝象（按即孙中山乳名）到一个名叫洛拉尼（按即意奥兰尼）的教会学校去上学……帝象必须住校"[140]。

第二是韦礼士主教继任人热斯塔日特主教（Bishop Henry Bond Restarick）的著作。热斯塔日特主教于 1902 年接管意奥兰尼学校。他说："阿眉拜会了韦礼士主教，结果帝象这孩子就在 1879 年的暑假后就进入意奥兰尼当寄宿生。"[141] 该主教没注明其话的根据，若所据乃该校档案记录，诚为信史。[142]

第三是孙中山在意奥兰尼学校的同学唐雄的话[143]，唐雄对他的妹妹卢唐氏[144]说，孙中山当时是寄宿生。而且，当孙中山初入校时，由于孙眉的经济状况还不十分宽裕，故他有一段时间在课余充任校中杂役以补助生活费。[145]

第四是孙眉牧场的长工、原兴中会会员陆华造[146]对杨连合[147]所说过的话，

---

[140]　陆灿：《我所认识的孙中山》，第 6 页。应该指出，有关孙中山上学的段落，陆灿的全文是："孙眉说他将送帝象（按即孙中山乳名）到一个名叫洛拉尼（按即意奥兰尼）的教会学校读书上学，校长是艾尔弗雷德·威利斯（按即韦礼士）主教。遗憾的是孙眉住在一个遥远的、名叫莫衣（按即茂宜）的海岛上，他在这个岛上经营一个牧牛场。因此帝象必须住校，而且不能常去他哥哥那儿。这实际上正合帝象的心意，他可以自行其是，不受家庭的约束。"孙中山当年登陆的时候，陆灿并不在场。若陆灿有关孙中山曾在意奥兰尼寄宿的信息是来自该校当局，则由于后来他也在该校寄宿而可信程度极高。若是凭孙眉后来在茂宜岛谋生的事实来推断孙中山曾是寄宿生，则这位比孙中山迟了好几年才从翠亨村到意奥兰尼学校读书的陆灿，到达时只会见到孙眉在茂宜岛的情况，而可能不知道孙眉于 1879—1883 年间曾在瓦胡岛生活的事实，以至影响其推断的说服力。若陆灿原意并不是要把两句话连在一起，则后一句话是败笔，徒增混乱。

[141]　Henry Bond Restarick, *Sun Yat Sen: Liberator of China*, Preface by Kenneth Scott Latourette (New Haven: Yale University Press, 1931; London: Oxford University Press, 1931; Hyperion Press reprint edition, 1981, Westport, Connecticut), p. 12.

[142]　可惜该校有关孙中山的原始档案，迁校以来已荡然无存（1991 年笔者亲访该校时已承该校当局告知。后为慎重起见函询，结果亦一样。见 Panko to Wong, e-mail, 2 February 2005），笔者无从核对。若所据乃该校旧生口碑（该主教在其书的序言里说，其书中所言种种，乃他到达夏威夷后与有关人士倾谈所得），则其可靠性与陆灿、郑照的回忆录无异。1991 年笔者亲访该校时亦获同样口碑，但笔者所得之口碑似乎源自该主教的书，所以笔者 1991 年之行在这方面没有突破。

[143]　黄彦、李伯新：〈孙中山的家庭出身和早期事迹〉，《广东文史资料》第 25 辑，第 274—290 页；其中第 284 页，注 3。

[144]　同上书，第 276 页。

[145]　同上书，第 284 页。

[146]　同上书，第 275 页。

[147]　同上书，第 284 页，注 3。

内容与唐雄的话相同。[148]

准此，笔者的结论是：孙中山是寄宿生。理由有二：

第一，根据笔者所搜集到的种种有关材料，虽然都存在着不同程度的瑕疵，但都一致认为他是寄宿生，而没有一条说他是走读生。

第二，根据笔者对有关材料的分析（见上文），配以 1976 年、1991 年和 1996 年三到火奴鲁鲁实地考察所得，皆加深了笔者对这一结论的信心。

钟工宇回忆说，他入学后的第一个农历新年，他变成一个有家归不得的孩子。因为他双亲居住在老远的夏威夷大岛，他回不了家，只好继续留在学校的宿舍。全校其他九个华侨学生都回家去了，只有他一个侨生孤零零地留下来。但入学后的第二个农历新年就不同了，他被孙中山邀请到孙眉的商店中同度新春！[149]

什么商店？在什么地方？在孙中山抵达夏威夷翌年的 1880 年，孙眉在火奴鲁鲁市内的京街（King Street）至贺梯厘街（Hotel Street）之间的奴安奴街开了一家商店，直至三年以后又再迁至茂宜岛的茄荷蕾埠。[150] 就是说，孙中山在意奥兰尼学校读书期间的第二个学年（1880—1881）和第三个学年（1881—1882），孙眉扩充业务，在火奴鲁鲁的市中心买了一家商店营业，孙中山可以居住在那里，不一定要继续在学校寄宿。

窃以为尽管 1880 年孙眉在火奴鲁鲁买了一家商店，但这也意味着他必须专心营业。若再进而兼顾其弟日常生活，可能就鞭长莫及了。不要忘记，孙眉成婚后把夫人留在翠亨村，直到 1895 年孙中山在广州起义失败后，才由陆灿"自告奋勇担任搬取先生及眉公家眷……乘轮赴檀"[151]。若孙中山继续在学校寄宿，就不必孙眉照顾他起居饮食那么麻烦，害病也有学校照顾。而且，众所周知，19 世纪英国式的寄宿学校所给予寄宿生德育、智育、体育的全面教育是世界著名的。

---

[148] 同上书，第 284 页。

[149] 钟工宇：〈我的老友孙中山先生〉（中译本），载尚明轩等编：《孙中山生平事业追忆录》，第 726—733 页；其中第 727 页。

[150] 同上书，第 726 页。

[151] 郑照：〈孙中山先生逸事〉，载尚明轩等编：《孙中山生平事业追忆录》，第 516—520 页；其中第 518 页。

大英帝国的建立和维持，在很大程度上是依靠这种模式的寄宿学校所培养出来的优秀学生创业和守业。综观孙眉一生行事，绝对不是一个吝啬的人，相信不会因为节省宿费而剥夺其弟接受最佳教育的机会。且看孙中山抵檀之前而孙眉仍在依瓦谋生之时，已经收养了一名同是来自翠亨村的孤儿，并保送他到意奥兰尼学校读书寄宿。[152] 后来他也保送孙中山前往意奥兰尼学校读书，每年包括食宿的全部费用同样是一百五十银元[153]，做生意而又慷慨大方的孙眉完全负担得起。若命孙中山住在商店，自然而然又会命他帮忙干这干那，或孙中山自觉地帮忙，就会干扰其学业。且商店人来人往，又在闹市之中，同样地影响他学习。从孙中山后来所取得的卓越成绩看，他必然是有专心读书的条件——那就是寄宿。唐雄的父亲在火奴鲁鲁也开了商店，楼高三层，但唐父同样地把唐雄送到意奥兰尼学校当寄宿生[154]，可谓英雄所见略同。

　　孙中山总结他在意奥兰尼读书三年的心得时，自言身心所受变化极大，理由是该校纪律严明，而他竭诚遵守校中纪律，并因此而渴望中国同样意识到自动严守纪律的重要性。[155] 如果他只是日校走读生，要遵守的纪律不多。不迟到早退，课堂上不乱说话，休息时不打架，衣着整齐，就差不多了。若是寄宿生，那纪律就多了。何时早起何时夜寝，何时进膳何时劳动，何时洗澡何时操练，何时上课何时自修，何时上教堂早经晚课等等，像铁一般的纪律。大英帝国就是靠这种寄宿学校铁一般的纪律所训练出一批又一批工作效率高超的人才来打天下、守天下的。孙中山能不感受极深？孙中山既然已经感受到意奥兰尼学校纪律的重要性，证明他亲身经历过这种纪律，故窃以为他极可能是意奥兰尼的寄宿生。

　　那么，校监兼舍监的韦礼士主教对孙中山的影响就不容忽视了。理由有三：

　　第一，从教育心理学上讲，小孩的成长，第一道对他最具影响力的是父母。英国公学 19 世纪模式的设计者托马斯·阿诺德说过：寄宿生缺乏父母温暖，故

[152]　Linebarger, *Sun Yat Sen and the Chinese Republic*, p. 123.

[153]　陆灿：《我所认识的孙中山》，第 6 页。

[154]　Chung Kung Ai, *My Seventy Nine Years in Hawaii, 1879-1958*, p. 89.

[155]　林百克著，徐植仁译：《孙逸仙传记》，第 121 页。

校监等人必须弥补这个空缺，以便孩子们健康成长。[156]当时孙中山的父母远在万里之遥，能取而代之的就是那位天天带领他和同学们在学校教堂里早经晚课、在饭堂里一天三餐都带头祝福与谢恩、在课堂里讲授基督教教义与人生哲理、晚上巡房的韦礼士主教。[157]孙中山遇到这位有教养而又慈爱的主教，会不会在不知不觉间就把他视为义父？每一位小孩在成长过程中，心理上都需要一个"父亲的形象"（father figure）。这位英国主教是否就曾经为孙中山提供过这样的一个形象？

第二，从实际情况出发，则有些宿生注意到，该主教在所有宿生都已经就寝后，还不辞劳苦地深夜查房。钟工宇回忆说：韦礼士主教"经常在夜阑人静的时候到我们的宿舍来巡视，若发觉有哪位小朋友踢开毛毯时，就轻轻地为他重新盖上，慈爱之情，不亚父母"[158]。似乎是钟工宇或其他小朋友偷偷地看过这位主教的举动，在小朋友的圈子中传起来。既然钟工宇知道了，他的挚友孙中山当然也知道的可能性极高。退一步说，尽管孙中山不知道，但关键是钟工宇这段回忆传达了一个重要信息：该主教是一位慈祥长者，他对同学们的慈爱会在学校生活中的其他方面表达出来，以至郑照也回忆说，该主教"人格高尚，循循善诱"[159]。陆灿甚至说，韦礼士主教是位"无私的、不寻常的人"[160]。孙中山也肯定曾感受到该主教的慈爱。

第三，孙中山从事革命后所表现出来的那种不屈不挠的顽强精神，大有韦礼士主教那种横眉冷对别人批评他顽固的作风。正所谓不知我者谓我顽固，知我者谓我顽强。孙中山的顽强，是否曾深受韦礼士主教的"顽固"所影响。准此，有必要进一步探索韦礼士主教的为人，以便我们多了解孙中山最终那义无反顾地投身革命之决定。

[156] Michael McCrum, *Thomas Arnold Head Master* (Oxford University Press, 1989), p. 117.
[157] May Tamura, "Preserving Iolani's Past", insert in *Iolani School Bulletin* (Winter 1980-Fall 1981), page C, quoted in Irma Tam Soong, "Sun Yat-sen's Christian Schooling in Hawaii", *Hawaiian Journal of History*, v. 31 (1997), pp. 151-178: at pp. 161-162.
[158] Chung Kung Ai, *My Seventy Nine Years in Hawaii, 1879-1958*, p. 107.
[159] 郑照：〈孙中山先生逸事〉，载尚明轩等编：《孙中山生平事业追忆录》，第516—520页：其中第516页。
[160] 陆灿：《我所认识的孙中山》，第7页。

十二、韦礼士主教的为人

韦礼士乃英国人，牛津大学圣约翰学院毕业，1859 年被英国圣公会按立为会吏（deacon），1860 年被按立为牧师（priest），1872 年 2 月 2 日被委任为火奴鲁鲁第二任主教，同年 10 月到任，1900 年离任。[161] 他当意奥兰尼学校校监时，还是个单身汉。1883 年 5 月 17 日，即孙中山毕业前约两个月，才宣布订婚，想来孙中山及其他小朋友当时必有一番高兴。[162]

1861 年，当英国圣公会圣经传道会应夏威夷国王卡米哈米哈四世之请求而成立夏威夷教区时，双方同意主教的年薪是 600 英镑[163]，其中三分之二由该国王负责[164]，三分之一由圣经传道会负责。

国王卡米哈米哈四世逝世后，继位的卡米哈米哈五世遵守前国王承诺，继续在经济上对圣公会主教的支持。但他在韦礼士主教到任的第二年，即 1873 年，就逝世了。继位的加拉鸠阿国王（King David Kalakaua）拒绝给予该主教任何经济上的支持，主教区的财政马上出现危机。韦礼士主教以惊人的毅力把教区维持下来，并多方寻求解决办法，终于在 1876 年取得圣经传道会同意从该会的普通储备金（General Fund）中支付主教的全部薪金[165]，条件是把 600 英镑的年薪减为450 英镑。[166] 韦礼士主教终于熬过了最艰苦的日子。

其他问题接踵而来。韦礼士主教虽然解决了自己的薪金，但教区内其他神职人员的薪金和相应开支却不好对付。例如，教区成立之初，英国教众热烈捐献，成立了一个夏威夷特别储备金（Hawaiian Special Fund），以应付派遣牧师往夏威夷的旅费等一切费用。一阵热情过后，捐献下降，该储备金能提供的

---

[161]   C. F. Pascoe, *Two Hundred Years of the S.P.G.: An Historical Account of the Society for the Propagation of the Gospel in Foreign Parts, 1701-1900*, pp. 912, 930.

[162]   Alfred Willis to H. W. Tucker, 17 May 1883, private, USPG/OLR/D66. Alfred Willis to H.W. Tucker, 17 May 1883, private, USPG/OLR/D66/No. nil.

[163]   Alfred Willis to H. W. Tucker, 3 January 1880, Ref. 5383/1880, USPG/CLR217/ pp. 35-37.

[164]   A. Willis to Rev. H. W. Tucker, official [12 February 1881], USPG/ OLR/D58/No. 6719, Rec'd 12 March 1881.

[165]   H. P. Thompson, *Into All Lands: The History of the Society for the Propagation of the Gospel in Foreign Parts, 1701-1950* (London, 1951), pp. 436-437.

[166]   Alfred Willis to H. W. Tucker, 3 January 1880, Ref. 5383/1880, USPG/CLR217/ pp. 35-37, item I.

经费，就从 1871 年的 618 英镑 17 先令 7 便士，相应地降至 1879 年的 372 英镑 9 先令。[167] 经韦礼士主教多番争取，圣经传道会同意每年拨款 500 英镑作为该主教区的日常运作经费。但是，圣经传道会突然在翌年又把该项拨款减为 300 英镑。主教不能让自己的神职人员挨饿，于是他就自己掏出 150 英镑补充。[168]

其实，神职人员的薪金，一向有赖所在教区的信徒奉献。若该教区经济倒退，问题就来了。例如前首都所在地拉海纳，本来是个商业茂盛的港口，有不少外国商人聚居。第一任主教到达后就在该市设立了一个牧区，派一位牧师在该区主持教务，又成立了圣十字架学校。该牧师的薪金及其他开支，就很大程度上寄望当地的白人信徒奉献。该等白人信徒全是商人，由于火奴鲁鲁很快就取代了拉海纳的商业地位，白人商家不久就走光了，但该牧师的薪金还是要照发！圣十字架学校的学员也大幅度下降了，但教师的薪金和学校日常运作的费用还是要照付！[169] 诸如此类的问题，不胜枚举。没法之余，韦礼士主教就不断自己掏腰包，坚决把主教区维持下来。

韦礼士主教这种为了一个理想而坚忍不屈的奋斗精神，也会在他的日常生活中表现出来，以至当学生的陆灿也察觉到了，并因而称赞他是一位"无私的、不寻常的人"[170]。陆灿能察觉到的，难道同样是当韦礼士主教学生的孙中山就懵然不知？后来孙中山为革命奔走一生，在经济和其他条件都极度艰难的情况下仍然苦苦支撑，无私地坚持，看来是受了韦礼士主教感染极深。

韦礼士主教认为他的主教区应该有一所像样的座堂。他承袭了一所临时的、用木头建筑的教堂，不能配称为座堂，时人只称之为准座堂。于是他决心继承前国王卡米哈米哈四世所定下来的计划[171]，完成一所欧洲式的、用大石头建成的座

[167]　Alfred Willis to H. W. Tucker, 3 January 1880, Ref .5383/1880, USPG/CLR217/ pp. 35-37, item II.

[168]　A. Willis to Rev. H. W. Tucker, private, mss, 12 February 1881, USPG/ OLR/D58.

[169]　Alfred Willis to H. W. Tucker, 3 January 1880, Ref. 5383/1880, USPG/CLR217/ pp. 35-37, item III.

[170]　陆灿：《我所认识的孙中山》，第 7 页。

[171]　Burl Burlingame, "Hawaiian Royalty Backed St Andrew's", Starbulletin.com, Sunday 14 March 2004, http://starbulletin.com/2004/03/14/travel/story1.html. See also Anon, "St Andrew's Cathedral, Honolulu", Wikipedia, the free encyclopedia. http://en.wikipedia. org/wiki/St._Andrew's_Cathedral_Honolulu.

堂。他认为用砖头建造也不行，必须用大石头才够雄伟。但是，大石头往哪里找？火奴鲁鲁山是火山熔岩，不能作为建筑材料。继续从英国运来大石头则费用不菲，谁也负担不起。韦礼士主教就是不灰心，天天想办法，处处勘探。时人异口同声地批评他好高骛远，他就是不管。终于让他在火奴鲁鲁 21 英里以外的海边发现了自认为优质的石头可供开采，而一年中有八到九个月的时间是可以用木筏把石头运到火奴鲁鲁以供建筑座堂之用的，于是他就雇人从 1881 年 1 月 1 日开始开采并搬运石头。[172] 当时孙中山正在该主教当校监的意奥兰尼学校读书，喜讯传来，宁不举校欢腾？有志竟成！孙中山后来就用这句成语作为他自传第八章的题目[173]，想是受了韦礼士主教以身作则的启发？

　　但是，雇用本地的石匠有一个困难：他们的工艺有限，做不出欧洲式的拱门和拱形的窗户。于是韦礼士主教就毅然决定从英国祖家环绕南美洲运来！他命英国的石匠按照设计图纸上所规定的大小形状把石头一块一块地开采磨滑，搬运上船，运到火奴鲁鲁后再一块一块地按图纸砌起拱门和拱窗。[174] 工程之大，费用之高，让人咋舌！韦礼士主教就是不管，力排众议，坚决执行。

　　批评韦礼士主教的人说他先知先觉而一意孤行，为了实现自己哪怕是无私的理想，树敌无数也在所不惜。[175] 用类似的话批评孙中山的人，不胜枚举。名师出高徒，信焉。君不见，本来支持孙中山并参加其革命队伍的章炳麟，后来不是由于跟孙中山见解不同而闹翻后就肆意对孙中山进行人身攻击，措辞无所不用其极！[176]

---

[172]　Alfred Willis to R. W. Bullock, 18 November 1881, Ref. 26143/1881, USPG/CLR217/ pp. 54-56: at p. 56.

[173]　孙中山：《建国方略·孙文学说》，第八章“有志竟成”，《国父全集》，第一册，第 409—422 页；其中第 409 页第 9 行。《孙中山全集》，第六卷，第 228—246 页：其中第 228 页。

[174]　Henry Bond Restarick, *My Personal Recollections: The Unfinished Memoirs of Henry Bond Restarick, Bishop of Honolulu, 1902-1920*. Edited by his daughter, Constance Restarick Withington, p. 337.

[175]　H. P. Thompson, *Into All Lands: The History of the Society for the Propagation of the Gospel in Foreign Parts, 1701-1950*, pp. 436-437. See also Henry Bond Restarick, *My Personal Recollections: The Unfinished Memoirs of Henry Bond Restarick, Bishop of Honolulu, 1902-1920*. Edited by his daughter, Constance Restarick Withington, pp. 341-343.

[176]　See Wong Young-tsu, *Search for Modern Nationalism: Zhang Binglin and Revolutionary China, 1869-1936* (Oxford University Press, 1989).

十三、学习与生活点滴

孙中山本来全不懂英语，故入学之初，老师让他先坐着静静地观察十天，他渐渐体会到英语的拼写方法，成绩慢慢走上轨道。[177] 钟工宇回忆说：

> 我们第一年级共有九名学童，一位年轻的夏威夷教员名叫保罗（Paul）的，教我们初级英语，从 a, b, c 等字母开始。几个月后，保罗被调走，继而由英人慕驲先生（Mr Merrill）接替他教导我们。每天早上教我们拼字（spelling）。我们每犯一个错误，他都认真地记录下来。当我们犯了三次错误时，他就用他那象牙戒尺打我们手心三次。若犯五次错误，惩罚就更严厉。慕驲先生可真是严师，晚上监督我们集体温习功课时，谁也不敢吭声。上床以后，整个宿舍更是鸦雀无声。有时候我们几个华裔学童，熄灯上床后还偷偷地重新亮灯看书，但煤油灯光逃不过韦礼士主教雪亮的眼睛，他马上前来制止。从此就再没人犯规。[178]

孙中山进步得很快。结果到了 1882 年毕业时，他英文文法这一科就考了第二名，由夏威夷国王加拉鸠阿亲自颁发奖品。[179] 这一切，都为他日后到香港读书铺路。因为日后他到香港所念的中学和大专，也是全部用英语授课，老师几乎也全是英国人，教科书自然也是来自英国。同样重要的是，他以接近十三岁实龄入读意奥兰尼，还是学习语言很快上手的年龄。若他没有预先在檀香山的

---

[177]　Anon, "The Bishop's College School", *Daily Pacific Commercial Advertiser*, 31 July 1882, photocopy of a newspaper cutting, Archives of the Iolani School. This article was about the closing exercises of the School: "The exercises were followed by the distribution of prizes at which His Majesty the King presided. These were give as follows: …English Grammer, 1st, D. Notley; 2nd, Tai Cheu". This information was quoted in Bernard Martin, Strange Vigour: *A Biography of Sun Yatsen* (London: William Heinemann, 1944), p. 21; 以及苏德用：〈国父革命运动在檀岛〉，《国父九十诞辰纪念论文集》（台北：中华文化出版事业委员会，1955），第一册，第 62 页，载《国父年谱》（1994 年增订本），上册，第 32 页，1882 年 7 月 27 日条。

[178]　Chung Kung Ai, *My Seventy Nine Years in Hawaii, 1879-1958*, p. 55.

[179]　Anon, "The Bishop's College School", *Daily Pacific Commercial Advertiser*, 31 July 1882, photocopy of a newspaper cutting, Archives of the Iolani School.

英式学校打下英语基础而在 1883 年他实龄十七岁到香港时才开始学习英语,可能就已经错过了学习第二语言的合适年龄而在功课上很难追上去。

另外一个有待解决的问题是:意奥兰尼学校究竟是一所中学还是一所小学?有关汉语史料大都语焉不详。若以年龄计算,则当时孙中山实龄十三岁,应该是念初中的时候。若以学历计算,则他没有念过西方正规的小学,校方是否容许他"一步登天"般念初中?

但正如上述,英语史料证明该校设有"代数、几何学、生理学、拉丁文和绘图"[180],则它很可能是一所高小和初中混合的学校;第一年甚至第二年都肯定不会教这些高级科目,待同学们的英语有了一定基础后,或在第三年才开始教。三年后,孙中山考进瓦胡书院预备学校读书,该预备学校的课程,就类似当今的初中(见下文),如此又佐证了意奥兰尼学校是一所介乎高小与初中之间的学校。

据云孙中山在意奥兰尼学校读书期间,晚上课余时间跟随杜南先生(1854—1939)继续学习中国古典文化。当时杜南先生应美国驻夏威夷领事邀请而居留檀香山,教育那些被派往夏威夷的美国公务员学习华文兼粤语。杜南先生因于课余另设夜学,以便华侨子弟习读华文。据说孙中山于是报名参加,因而与杜南先生过从甚密,国学修养不减反增。[181]

这是想当然的推测,是不明英国公学式的意奥兰尼学校,严命学生晚上也绝对不能外出的规定的写法。"有些年长的学童在熄灯后偷偷地到外边玩,但由于主教查房时没有固定时间,他们被抓获重重有罚。"[182] 若孙中山申请在晚上外出学习汉语,也不会获得批准,因为晚上宿生们必须在老师监督下集体温习功课。

至于孙中山在意奥兰尼寄宿时的生活小节,钟工宇提供了很珍贵的参考资料:

---

[180] "The ordinary branches plus algebra, geometry, physiology, Latin, and drawing." See *Biennial Report of the Department of Public Instruction* (Honolulu: Territory of Hawaii, 1880), p. 35, quoted in Ernest Gilbert Villers, "A History of Iolani School" (M.A. thesis, University of Hawaii, June 1940), p. 60, Iolani School Archives, Panko 050216.

[181] 吴相湘:《孙中山先生传》,上册,第 30 页,引陈占梅:《杜南先生事略》(吉隆坡,1939 年冬印行)。

[182] Chung Kung Ai, *My Seventy Nine Years in Hawaii, 1879-1958*, p. 55.

按规定，每名宿生都必须干点杂务。第一年，我被安排看管水泵，负责把水抽到宿舍的浴室，一个星期七天都干这个活。唐雄则因为孔武有力，仿若成年人，故负责种植芋头，其实唐雄非常害羞，遇上什么事情都退避三舍。另有六名宿生负责菜园的事务。其他宿生，另有安排。[183]

一名夏威夷男孩叫桑博（Sambo）者，就在我们华裔学童负责耕种的菜园附近居住，时间长了，我们就变成了好朋友。在芒果成熟的季节，我们的一位调皮的华裔学童，用芒果掷他。他愤怒之余，扬言要把我们六人通通干掉。结果某星期六午饭过后，我们就结队前往骂战，他竟然斗胆向我们走来，我们岿然不动。后来我突然冲向桑博，小个子的陈满谦（Chun MunHim）冷不防绕到他的背后，把他摔倒在地，其余五人一哄而上，拳脚交加，他放声大哭，刚好有几位年长的同学路过，走来劝止，我们就放他一马。从此，他远远地避开我们。[184]

不知何方神圣竟然在我们的菜园里种了一丛香蕉树，香蕉快成熟时，我们六人当中的一位同学，偷了一串香蕉，放进一个空的煤油罐，再连罐带蕉埋在地下，数天之后挖出来，香喷喷的，我分得十四只，一口气把它全吃光，竟然没有不良后果。[185]

在饭堂曾吃过什么，现在已记不住了。但至今记忆犹新者，是日夜惦记着孩子的父母们，不断地送来大量食物。尤其是那些混血的男孩，其父母在卡乌艾岛（Kauai）和夏威夷岛开牧场的，经常送来一批又一批牛肉干，在星期天我们玩 poi（即"两军对阵，互抢战俘"的游戏）时，就一起分享。另外值得一提的是，在芒果成熟时，学校就烘烤芒果馅饼，供我们享用。[186]

可惜，一宗意外为这快乐的时光蒙上阴影。韦礼士主教的养子埃德蒙·斯泰尔斯的弟弟乐飞（Levi）犯规，被何老师（Mr Hall）罚他星期六下午课后留在课堂两个小时，结果无法跟随大队到卡盆纳瀑布游泳，后来他被释就改为单

---

[183]　Ibid., pp. 53-54.

[184]　Ibid., p. 57.

[185]　Ibid., pp. 57-58.

[186]　Ibid., p. 58.

独地往阿乐可基池游泳，又爬悬崖峭壁抓鸟，结果失足摔死，举校致哀。[187]

我在火奴鲁鲁的第一个圣诞和农历新年假期，是单独一个人在意奥兰尼学校度过的，继续我看管水泵的生涯。其他宿生都回家去了，唯独我在火奴鲁鲁没有亲人，只好如此。第二个圣诞新年假期就不同了，到了那个时候，我与孙帝象已成为密友，他邀请我一同到他哥哥孙眉的商店欢度节日。阿眉的商店在奴安奴街，即过去梁钊（Leong Chew）的商店所在地。孙眉非常好客，既邀请我也邀请了其他好友一起庆祝，宾主尽欢。到了农历新年时分则更热闹，家家户户互相拜年，那批肥胖的夏威夷警察与熟客们，更是毫不客气地来领红包、糕点、饮品。哪怕是白人商贾，也随俗前来拜年。[188]

最后钟工宇总结其当三年宿生的时光（1879—1881）说：

星期天安静地上教堂，平日吃得好、住得好，种菜，游戏，游泳，互相打架及与外人打架，听中国历史故事，当然还有正规的课程和同志般的友谊，让我在意奥兰尼的三年，过得愉快极了。[189]

半途杀出两个程咬金：

第一，同学们与外人打架，钟工宇已经描述得淋漓尽致。曾几何时，同学们内讧了？

第二，孙中山等人从哪里"听中国历史故事"了？

关于内讧，孙中山竟然是主角！当他初入学时，他那蓝色长袍，尤其是他那光鲜润滑的辫子，校中一景也。同学们啧啧称奇之余，当中的土著与混血儿恶向胆边生，猝不防地一下子狂拉他辫子一把。他剧痛之余，惨叫一声，但出于中国传统厚道的美德，他强忍剧痛，初期绝不还手。顽童误以为他是好欺负的，变本加厉，他忍无可忍之余，一天突然还击，无论是单打独斗还是以寡敌众，他都打遍群顽无敌

---

[187]　Ibid., pp. 60-61.
[188]　Ibid., p. 54.
[189]　Ibid., pp. 60-61.

手。对他来说，打架绝不陌生。自少跟父亲耕种，早养就一身壮健的体魄。在翠亨村的童年时代，他跟那些身材比他高大的野孩子也打过不知多少架，头破血流也从不流泪。同村"一个叫做杨培初的，恃着自己年纪较中山大，讲粗口侮辱中山的父母。中山听了十分气愤，和他争辩，继而打起架来。中山气力不如培初，给培初抓住辫子把头猛撞在墙角（在冯氏宗祠门口），以致昏厥过去。乡人对他进行急救，他的母亲赶忙拿棉被把他蒙头盖脑地卷起来。过了一会儿，他才慢慢苏醒，但一直没有哭过……乡人见他倔强好动，给他起了一个外号叫'石头仔'"[190]。

意奥兰尼的顽童们见明枪打不过他，就采用暗箭，办法是煽动年纪比他小、个子比他矮的同学来拉他的辫子。孙中山绝对不打小同学，强忍剧痛也不还手，久而久之，连那年幼的顽童也觉得不好玩，就不再骚扰他。孙中山之侠义心肠可见一斑。[191]

校内拉辫子的恶作剧虽然停止了，在校外，尤其是在那充满外人的山水池游泳时，拉辫子的闹剧还经常发生。[192]但由于他水性极佳，在翠亨村时已能不停地游泳两三个小时而赢得青蛙美名[193]，加上他和蔼可亲，待人接物公允，慢慢地赢得校内外无论是白色人、棕色人，或是混血儿的接受甚至尊敬。[194]

很多人问他："为什么你不剪掉辫子？"孙中山从来没想过这个问题，一时无法答复。沉思很久，最后的结论是：《孝经》有云："身体发肤，受之父母，不敢毁伤，孝之始也。"辫子在中国有悠久历史，代表了中国人的尊严，不能剪掉。若大多数中国人认为辫子已经不合时宜，应该剪掉，那就集体剪掉。若光是一个人为了省麻烦而单独剪掉，不单不会做福所有中国人，而且会被外国人讥笑自己耻为中国人。[195]

至于"听中国历史故事"，笔锋就再一次转到孙中山信耶教的事情。

---

[190] 李伯新访问陆天祥（1876年生），1959年无月日，载李伯新：《忆访录》（1996），第59—64页：其中第60页。

[191]　Linebarger, *Sun Yat Sen and the Chinese Republic,* pp. 124-126.

[192]　Ibid., p. 127.

[193] 李伯新采访杨连合（1914年生），1962年5月24日，载李伯新：《忆访录》，第82—85页：其中第84页。

[194] Linebarger, *Sun Yat Sen and the Chinese Republic*, p. 127.

[195] Ibid., pp. 127-128.

十四、再谈孙中山在意奥兰尼学校的宗教生活

其中玄妙，钟工宇提供了线索：

> 韦礼士主教希望我们七名华裔宿生都信教，故特意雇请一名华人宣教师，名叫黄硕仁（Wong Shak Yen）者，用汉语来教我们《圣经》。条件是每月薪金六圆，并免费让他当走读生来学校学习英语。黄硕仁老师每天下午就在阳台讲授《圣经》。当初，我们乖乖地听他讲，后来我们觉得枯燥乏味，就威胁他说，除非他改为讲述中国历史故事，否则就罢课。他马上向主教报告。主教批示说：若孩子们不爱听《圣经》，他不会强人所难。于是批准黄硕仁改为讲述中国历史故事，如是数年，直到1884年我开始做生意并去看望他时，他仍在意奥兰尼学校，后来似乎就回中国传道去了。[196]

此事证明韦礼士主教相当明智，信仰是不能强迫的，只有孩子们心悦诚服地真诚信奉，才能成为真正的信徒。此事也证明孙中山等孩子们若接受一种新的思潮，是要经过长时间深思熟虑的。上面描述过孙中山在意奥兰尼学校的小教堂早经晚课，餐前祈祷餐后谢恩，星期天列队到准座堂守礼拜等等。这些都属形式，而形式并不足以说服他们。

反观汉语史料，就很有意思。罗香林先生说，韦礼士主教亲自把《圣经》授予孙中山[197]，则窃以为不必把此事作为该主教特别器重孙中山的明证。因为韦礼士主教本来就天天"亲自为同学们上《圣经》的课，教他们必须对迷信和偶像崇拜持批判的态度……用潜移默化的方式引导孩子们受洗入教"[198]。但孙中山在意奥兰尼学习期间并没有决定受洗入教。

陈锡祺先生主编的《孙中山年谱长编》则暗示孙中山在意奥兰尼学校已经有领洗入教之意。因为，该书首先在第一册第32页的1882年条中说：孙中山在意

---

[196] Chung Kung Ai, *My Seventy Nine Years in Hawaii, 1879-1958*, pp. 55-56.

[197] 罗香林：《国父与欧美之友好》（台北：中央文物供应社，1951），第6—7页。

[198] Lyon Sharman, *Sun Yat-sen: His Life and Its Meaning* (New York, 1934)，p. 13.

奥兰尼学校毕业后，再入瓦胡书院就读。[199] 继而在第一册第 33 页的 1883 年 7 月条说："先生除平日功课外，还诚笃地参加各种宗教的聚会和课程。早晚在学校教堂的祈祷，星期日在圣安德烈座堂（St Andrew's Cathedral）的礼拜，他都参加。韦礼士主教和他的夫人，对先生特别关怀，《圣经》的课程，也是韦主教亲自讲授的。"[200] 同页同条接着说："先生研究教义，勤谨异常，凡与论教理者，口若悬河，滔滔不绝。该校华人同学已多成为基督教徒，先生亦拟受洗入教，以告孙眉。孙眉大为不满。"[201] 就是说，虽然孙中山已经入读瓦胡书院，仍然受到母校意奥兰尼学校在宗教方面的影响，以至有领洗入教之想。

相反地，吴相湘教授似乎认为孙中山是在其后来入读之瓦胡书院提出领洗入教之想，并说该书院乃"美国公理会传教师创办"[202]。

查"公理会"与"纲纪慎会"是"Congregational Church"的两个不同的汉语音译。但吴相湘教授没注明其说之出处，不知所据为何。他也没说明到了孙中山入读的时候该传道会是否仍然主办该校。征诸《夏威夷一百年公共教育史》[203]，可知该校原来果然是由美国的纲纪慎会海外传道会（The American Board of Commissioners for Foreign Missions, Congregational Church）所创办，但在 1855 年该会即撤离该校，改由当地一群热心人士继续主办，成为一所私立学校。[204] 既然不再是一所教会学校，则课程还包不包括基督教的《圣经》？征诸后来孙中山在香港入读的中央书院，则由于它是一所非教会学校，故其课程就没有《圣经》。[205] 而且，教《圣经》最好是找传教士来教；但原来在瓦胡书院任教的传教士已经撤离该校，而作为一所私

---

[199]　《孙中山年谱长编》，第一册，第 32 页，引孙中山：〈复翟理斯函〉，手书墨迹原件，藏中国国民党中央党史委员会，刊刻于《国父全集》(1989)，第二册，第 192—193 页。又载《孙中山全集》，第一卷，第 46—48 页：其中第 47 页。

[200]　《孙中山年谱长编》，第一册，第 33 页，引罗香林：《国父与欧美之友好》，第 6 页。

[201]　《孙中山年谱长编》，第一册，第 33 页，引佚名：〈檀山华侨〉，载檀山华侨编印社编：《檀山华侨》（火奴鲁鲁：檀山华侨编印社，1929），第 12 页。

[202]　吴相湘：《孙中山先生传》，上册，第 31 页。

[203]　Benjamin O. Wist, *A Century of Public Education in Hawaii, 15 October 1840-15 October 1940*.

[204]　Ibid., pp. 105-106.

[205]　Item 11, Table, Government Central School — English Examination — Number of passes in each Subject in each Class for the year 1884, in E. J. Eitel, *Educational Report for 1884, Hong Kong, Education Department*, 25 February 1885; Presented to the Legislative Council by command of His Excellency the Governor, n.d., Government Notification No. 24, Hong Kong Administrative Reports 1885, p. 243. 详见本书第六章。

立学校却耗资聘专人教导《圣经》，有违经济原则，故在找到相反的真凭实据之前，窃以为该校的正规课程很可能不包括《圣经》。就是说，孙中山进入一所非基督教学校读书后，其对基督教的热情只会渐退，为何竟于此时提出领洗？

因为虽然正规课程不包括《圣经》，该校仍充满耶教气氛。准此，笔锋又转到瓦胡书院。

十五、瓦胡书院预备学校

孙中山在 1882 年夏天从意奥兰尼学校毕业后，有谓同年秋天进入火奴鲁鲁的天主教圣路易书院念了一个学期的书。[206] 此说有待考证，盖直到目前为止，笔者还没有找到确凿证据来证明是说。不错，后来他的儿子孙科是到这所学校念书了。[207] 不过，孙科此举，似乎与他在 1895 年底随家人逃到夏威夷后，小时"和附近几个小朋友结队走到三英里外的一个村落的天主教学堂去读英文"有关，盖他毕业后即到火奴鲁鲁的天主教圣路易中学升学。[208] 但孙科此举绝对不足以证明孙中山自己也曾经在那里念过书。准此，从 1882 年夏到 1883 年初这段时间，有关孙中山的历史近乎空白。他是一个闲不住的人，不读书干什么？可能他真的在圣路易书院念了一个学期的书，但查无实据。

至于翌年初他"再入美人所设之书院（Oahu College, Honolulu）肄业"，则是他亲笔说了。[209] 当时的美国文化是英国文化延续，[210] 尤其是英国那种法治精神，更是美国人衷心乐意继承的。所以从某种程度上说，孙中山继续接受英式文化的

[206]　John C. H. Wu, *Sun Yat-sen: The Man and His Ideas* (Taipei: Sun Yat Sen Cultural Foundation, 1971)，p. 82.

[207]　《国父年谱》（1985 年增订本），上册，第 342 页，1910 年 3 月 28 日条。

[208]　见孙科：〈孙院长哲生先生〔第一次〕谈话〉，1969 年 3 月 15 日，载吴任华编纂，曾霁虹审阅：《孙哲生先生年谱》，第 445—449 页：其中第 448 页。

[209]　孙中山：〈复翟理斯函〉，手书墨迹原件，藏中国国民党中央党史委员会，刊刻于《国父全集》（1989），第二册，第 192—193 页。又载《孙中山全集》，第一卷，第 46—48 页：其中第 47 页。

[210]　例如，当时英国的大学考取新生时，考生的拉丁文和古希腊文必须及格。美国的大学继承这种传统，以至孙中山的儿子孙科，在考美国加州大学时，也必须这两课及格。幸亏后来该校同意用中文代替古希腊文，而他又早从天主教神父那里学过拉丁文，才被录取。见孙科：〈孙院长哲生先生〔第一次〕谈话〉，1969 年 3 月 15 日，载吴任华编纂，曾霁虹审阅：《孙哲生先生年谱》，第 445—449 页：其中第 449 页。

熏陶。

瓦胡书院是一所学术气氛很浓的学府，学科较意奥兰尼学校更为完备，《国父年谱》说学生约千人。[211] 征诸夏威夷本地的学术著作，可知该校于 1841 年成立，为美国纲纪慎会海外传道会所创办的一所男女混合中学，初衷是为了教育他们自己的子女，以便他们回到美国本土升大学。到了 1853 年，则决定开放给夏威夷社会上下人等。再过两年，即 1855 年，美国纲纪慎会海外传道会总部决定撤销对该校直接的经济援助，由火奴鲁鲁本市名流成立一个信托委员会（Board of Trustees）接管，从此瓦胡书院就成为一所著名的民营中学，教育水平之高，使到夏威夷群岛的才俊趋之若鹜。[212]

1881 年，瓦胡书院为了筹办一所预备学校（Preparatory School）而进行公开募捐，结果成功地筹得巨资，购买了火奴鲁鲁市著名的"大石屋"（Stonehouse），楼高两层，位于贝热坦尼阿街 91 号，距离瓦胡书院颇远，却毗邻意奥兰尼学校与唐人街。[213] 预备学校学制两年，程度类似当今的初中一、二年级，而瓦胡书院本身的学制是四年，加起来共六年的中学课程。[214]

1882 年底，瓦胡书院预备学校举行招生入学考试，试题范围包括算术（分数程度）与北美洲地理，阅读能力则必须达到《威尔逊四级读本》（Wilson's Fourth Reader）。[215] 后者对孙中山来说一点不难，他在意奥兰尼学校读书时已经超越了《威尔逊四级读本》[216]，因为正如前述，意奥兰尼学校是一所高小与初中混合的学校。

1883 年 1 月 15 日，瓦胡书院预备学校正式上课，孙中山与其他男女新生共十五人，分男女两组在新校舍集合，男的在侧门，女的在正门，然后列队步操上

[211] 《国父年谱》（1994），第一册，第 34 页。
[212] Benjamin Wist, *A Century of Public Education in Hawaii, October 15, 1840-October 15, 1940*, pp. 105-106.
[213] Irma Tam Soong, "Sun Yatsen" (1997), pp. 164, 167.
[214] Ibid., pp. 169-170.
[215] 瓦胡书院档案室藏，Oahu College, *Catalogue of Trustees, Teachers and Pupils of Oahu College*, June 1883, p. 10。
[216] Chung Kung Ai "had almost finished the Third Reader at Iolani" after only two years; Sun Yatsen, after three years at Iolani, would have gone beyond the Fourth Reader. See Chung Kung Ai, *My Seventy Nine Years in Hawaii, 1879 -1958*, p. 69.

二楼，分别进入两个不同的课室上课。[217] 第一年的教科书包括罗宾逊著《实用算术》（Robinson's *Practical Arithmetic*）；康奈尔著《地理》（Cornell's *Geography*）；康奈尔著《英文文法》（Cornell's *English Grammar*）；巴恩斯著《美国历史》（Barnes's *History of the United States*）。[218] 其他科目包括阅读、拼字、书法、作文、朗诵、绘图和歌唱。[219]

在所有这些科目当中，孙中山似乎独钟美国历史，尝言："至于教则崇拜耶稣，于人则仰中华之汤武暨美国华盛顿矣。"[220] 爱思考的孙中山同时不禁要问：华盛顿率领美国人抵抗英国人的压迫而争取了美国的独立自主，为何当前的美国人却矢志消灭夏威夷王国的独立自主而吞并其土地？[221] 他会不会联想到，在中国，满洲人不是吞并汉族的土地吗？他的反满情绪，会不会油然而生？若 1894 年 7 月孙中山仍在火奴鲁鲁，他会不会像 1894 年 11 月当上孙中山倡议之兴中会副主席的何宽那样，参加夏威夷人抵抗旅檀美人发动政变后成立的共和临时政府？[222] 鉴于本书主旨在于探索孙中山如何走上革命的道路，这样的微观细节，就不容忽视了。

瓦胡书院虽然脱离了美国纲纪慎会海外传道会，却没有放松耶教教育。1867 年 9 月 17 日修订过之校规说："每天上课前必须朗诵《圣经》数段，然后祈祷……每周必须有一课的时间用于朗诵《圣经》。"又说："学生若讲粗言秽语，亵渎神灵，说谎话，偷窃与干了其他不道德的事情如喝酒等，则必须驱逐出校。"[223] 可见孙中山在瓦胡书院继续受到耶教熏陶。

瓦胡书院预备学校的校长是莫露露小姐（Miss Lulu Moore）；副校长是斯多斯小姐（Miss Storrs），"健美、脸庞白里透红"，成为另一位教师罗热先生（Mr F.

---

[217] 瓦胡书院档案室藏，Oahu College, *Catalogue of Trustees, Teachers and Pupils of Oahu College*, June 1883, p. 10。

[218] 瓦胡书院档案室藏，Alexander and Dodge, *Punahou 1841-1941* (1941)，p. 359。

[219] 瓦胡书院档案室藏，Oahu College, *Catalogue of Trustees, Teachers and Pupils of Oahu College*, June 1883, p. 13。

[220] 孙中山：〈复翟理斯函〉，载《孙中山全集》，第一卷，第 46—48 页：其中第 48 页。

[221] Henry Restarick, *Sun Yat Sen, Liberator of China* (New Haven: Yale University Press, 1931)，pp. 12-14. 热斯塔日特主教（火奴鲁鲁，1902—1920）是韦礼士主教的继承人。

[222] 马充生：《孙中山在夏威夷：活动和追随者》（北京：世界知识出版社，2003），第 22—23 页。

[223] 瓦胡书院档案室藏，Oahu College, *Catalogue of Trustees, Teachers and Pupils of Oahu College*, 1869 - 1870, p. 26。

J. Lowrey）午休时追求的对象。其他女教师包括白奥姑斯达小姐（Miss Augusta Berger，不久就成为 W. M. Graham 夫人）、柏文美小姐（Miss May Baldwin，很快又成为 M. D. Murdock 夫人）和阿玛丽小姐（Miss Mary Alexander）。[224] 对于当时十七岁、情窦初开的孙中山来说，受教于年轻貌美的老师，目睹"窈窕淑女，君子好逑"种种，有何感想？小休和午休时与众多女同学一起，也是个不寻常的经验！过去无论在翠亨村的村塾还是在意奥兰尼学校，他的老师与同学都是男性，现在突然大规模地接触女性，而且是不寻常的女性，女老师全是来自美国的淑女，有学问、有教养、开放、大方、健美！比诸翠亨村及邻近村落妇女之文盲、小脚、弱不禁风、怯生生的，无异天壤之别！他的女同学都是美国女孩，外向、活泼、坦率，与男孩子没多大分别，而且学习成绩还胜过男孩，1883 年从瓦胡书院考进美国大学的三名学生，全是女孩！[225] 孙中山会不会打心底里希望他将来的终身伴侣是这样的一个女孩？

瓦胡书院预备学校的周遭环境优美极了，引人遐思。"大石屋"前大树成荫，其中的一棵橡树特别显眼。"大石屋"的前主人——天主教会的一所传道会——在花园中建了一个洞室，里面放了圣母像，外面栽了蕨类植物，悬在喷水池上，女学生一般爱坐在喷水池旁吃她们自备的午餐。"大石屋"后的一片空地就变成男同学的操场，再往后走就是围起来的草原，让骑马来上学的学生安置他们的马匹。体育方面，有单杠和双杠等。由于预备学校没有宿舍，所以一天的学习结束后，老师和学生通通离开，步行回家。[226] 当时孙眉已搬到茂宜岛 [227]，孙中山必须在火奴鲁鲁市内找地方寄居。[228] 鉴于他与唐雄的友谊，他很可能寄居在唐父那楼高三层的房子，因为后

---

[224] 瓦胡书院档案室藏，Alexander and Dodge, *Punahou 1841-1941*（1941），p. 359。

[225] Irma Tam Soong, "Sun Yatsen"（1997），pp. 169, 171.

[226] Alexander and Dodge, *Punahou 1841-1941*（1941），p. 359.

[227] 有檀香山华侨宋谭秀红做过调查，查出孙眉"由 1881 年至 1894 年 4 月，在奥雅湖（瓦胡）岛上让受之地产有 14 宗"。见宋谭秀红、林为栋：〈孙眉事略新考〉，载宋谭秀红、林为栋：《兴中会五杰》（台北：侨联出版社，1989），第 18 页，引夏威夷公证登记局瓦胡 1885—1899 年卷，出让人索引。唯财产转让，不能证明孙眉居住在该等财产所在地也。

[228] 从火奴鲁鲁到孙眉的牧场，可谓遥远！孙科回忆说："从火奴鲁鲁到伯母的牧场的交通只有靠海路，我们乘了一艘几百吨的小火轮，费了一天多时间才到达一个叫 Kall Hook 的小港码头，下船后改乘四至六匹马拖的马车又坐五六个小时才到牧场。"见孙科：〈孙院长哲生先生〔第一次〕谈话〉，1969 年 3 月 15 日，载吴任华编纂，曾霁虹审阅：《孙哲生先生年谱》，第 445—449 页：其中第 446—447 页。

来钟工宇回到火奴鲁鲁的意奥兰尼学校读书时，也是寄居在唐父那里（见下文）。

学费每周一银元，足够买一头一百磅重的羊了！[229] 一学期十二周，故一个学期的学费是十二银元。一个学年分三个学期：秋季学期从 9 月到 12 月；圣诞新年放假两周；冬季学期从 1 月到 3 月；复活节放假两周；春季学期从 4 月到 6 月；然后放暑假。[230]

孙中山在瓦胡书院预备学校读了冬、春两个学期后，在 1883 年 6 月 19 日预交了下一个年度的学费和杂费共五十五银元之后，1883 年度的学年就于 1883 年 6 月 30 日结束。[231] 之后不久，孙中山就坐夏威夷群岛的岛际小汽船回茂宜岛孙眉的牧场过暑假。不出几天，孙眉就把孙中山送上第一艘开往香港的火轮船。孙中山无福消受已经预缴之五十五银元学费和杂费。何故？

后来在 1896 年 11 月，孙中山从伦敦写信复剑桥大学翟理斯教授时说："后兄因其切慕耶稣之道，恐文进教为亲督责，着令回华，是十八岁时也。"[232] 1919 年与正在撰写其传记的美国人林百克详谈时，则半句也没提到"切慕耶稣之道"，只是说孙眉再不要孙中山更多地接受"英美文化"浸淫。[233]

孰是孰非？窃以为孙中山 1896 年的话较为贴切，因为有两份佐证：

第一，孙中山的同班同学钟工宇佐证了"切慕耶稣之道"。钟工宇说，后来他在茂宜岛见到孙眉时，孙眉冷嘲热讽钟工宇"切慕耶稣之道"。钟工宇决定三缄其口，因为信耶教之事已经把夏威夷群岛的华人社会弄得四分五裂。[234]

---

[229]　Chung Kung Ai, *My Seventy Nine Years in Hawaii, 1879-1958*, pp. 70-71. The place was Kona on an island about three days by steam launch from Honolulu (Ibid., p. 61). The goat "weighed well over one hundred pounds".

[230]　Oahu College, *Catalogue of the Officers and Students of Oahu College, 1869-1870*; Oahu College, *Catalogue of Punahou Preparatory School, 73 Beretania Street, Under the Supervision of the President of Oahu College, Fourth Year, 1886.*

[231]　Punahou College ledger, under the entry Tai Chui (Sun Yatsen's infant name), 19 June 1883. The account for another student, J. T. Waterhouse, on the same page of the ledger indicated that these sundry expenses included repairs (Waterhouse might have broken a window) and music (which appeared instrumental, because vocal music classes were provided by the school).

[232]　孙中山:〈复翟理斯函〉，载《孙中山全集》，第一卷，第 46—48 页。

[233]　Linebarger, *Sun Yat Sen and the Chinese Republic*, pp. 131-132.

[234]　Chung Kung Ai, *My Seventy Nine Years in Hawaii, 1879 -1958*, p. 87.

第二，十个月后，孙中山就在香港领洗进入基督教了。[235]

窃以为"切慕耶稣之道"与"英美文化"两者不单没有矛盾，而且几乎两位一体。"对孙中山来说，耶教是英美文化的根基，它像一棵树，开枝散叶，其果实是全人类都可以采摘的。"他那些信奉耶教的英美教师，不分男女，都视他如己出，就是明证。他视耶教不是纯粹从宗教信仰这角度，而是从耶教所能产生的实际效果出发；他发觉耶教与时俱进，不断自我更新来满足人类对现代化如饥似渴的要求，反观儒家、佛家和道家，把中国捆绑了两千多年，令中国一直裹足不前。若中国人要重新建立起自己的现代文化，用什么作为根基才会受到世人尊敬？他愈来愈觉得耶教可取，不是取其纯粹的宗教信仰，而是取其实用价值以促使中国现代化。[236]

十六、提出领洗

准此，历史工作者必须查清楚孙中山在檀香山读书期间，具体是在什么情况下提出领洗的想法。

《国父年谱》提供了两条重要线索：

第一，它说：孙中山在瓦胡书院读书时，"教师芙兰·谛文（Frank Damon）对先生印象尤佳"[237]。

第二，后来在1884年11月，孙眉急召孙中山赴夏威夷并着令其交回家产后，孙中山欲返香港而苦无盘川，"芙兰氏即为先生筹款助之，得金三百"[238]。这位芙兰·谛文是谁？征诸夏威夷各档案馆，终于在基督教各派传道会博物馆（Mission Houses Museum），找到塞缪尔·谛文（Rev. Samuel Cheney Damon, 1815—1885）的

---

[235]　见本书第五章，所据包括 Charles R. Hager, "Dr Sun Yat Sen: Some Personal Reminiscences", *The Missionary Herald* (Boston, April 1912), pp. 171-174: at p. 171, col. 1.

[236]　孙中山对林百克所表明之心迹，见 Linebarger, *Sun Yat Sen and the Chinese Republic*, p. 152.

[237]　《国父年谱》（1994），第一册，第34页，1883年春条。

[238]　王斧：〈总理故乡史料征集记〉，载《建国月刊》，第五卷第1期，1931年出版。转载于故居编：《家世》（2001），第113—119页：其中第118页，录孙中山的姐姐孙妙茜的回忆。又见《国父年谱》（1994），第一册，第42页，1885年4月条。

文书。[239] 名字虽然不同，到底又是一条线索。查阅他的文书，可知他正是芙兰·谛文的爸爸！[240] 同一份文件又说，到了 1876 年 9 月，芙兰·谛文在瓦胡教书已经整整三年了。此件为孙中山研究开拓了新天地！

塞缪尔·谛文是何许人？他是美国纲纪慎会海外传道会夏威夷分会的传教士 [241]，专职照顾该群岛的水手 [242]。早在 1877 年，他目睹夏威夷群岛的华人不断激增，已经感到必须有一位白人传教士专职向华人宣教，并向美国总部提出这样的要求。[243] 以后他不断催促；四年后，他报告说，在夏威夷群岛的华民人数已经激增到大约在 12 000 与 14 000 之间，找一位白人传教士专职华民之事，已刻不容缓。[244] 在不断催促的同时，他自己就迫不及待地在工余时间开始向华民传教了。[245] 终于在 1881 年 9 月 18 日，他很高兴地写道："美国纲纪慎会海外传道会在夏威夷的分会，决定邀请他的儿子，芙兰·谛文，专职主持夏威夷华民教务。[246] 年薪 $1 200，其中 $1 000 由母会负责，$200 由分会支

[239]　http://www.missionhouses.org/Default.aspx?ContentID=57, accessed on 1 January 2006.

[240]　Rev. Samuel Cheney Damon (Honolulu) to Rev. Dr N.G. Clark (Boston), No. 132, 9 September 1876, p. 1, Papers of the American Board of Commissioners. ABC 19.1 vol. 21: Missions to Hawaiian Islands, 1871-1880. UNIT 6 Reel 818, in which Letters of Samuel C. Damon were numbered 131-133.

[241]　Rev. Dr Samuel Cheney Damon (Honolulu) to Rev. Dr N.G. Clark, D.D., ABCFM Foreign Secretary (Boston), No. 231, Honolulu 12 December 1881, p. 8, Papers of the American Board of Commissioners ABC 19.1 vol. 22: Hawaiian Islands Missions, 1880-1889, Documents, Reports, Letters A-E [Microfilm UNIT 6, Reel 821].

[242]　Rev. Dr Samuel Cheney Damon (Honolulu) to Rev. Dr N.G. Clark, D.D., ABCFM Foreign Secretary (Boston), No. 229, Honolulu 15 February 1881, p. 3, Papers of the American Board of Commissioners ABC 19.1 vol. 22: Hawaiian Islands Missions, 1880-1889, Documents, Reports, Letters A-E [Microfilm UNIT 6, Reel 821].

[243]　Rev. Samuel Cheney Damon (Honolulu) to Rev. Dr N.G. Clark (Corresponding Secretary, ABCFM, Boston), No. 133, 21 February 1877, p. 3, Papers of the American Board of Commissioners. ABC 19.1 vol. 21: Missions to Hawaiian Islands, 1871-1880. UNIT 6 Reel 818, in which the letters of Samuel Cheney Damon were numbered 131-133.

[244]　Rev. Dr Samuel Cheney Damon (Honolulu) to Rev. Dr N.G. Clark, D.D., ABCFM Foreign Secretary (Boston), No. 229, Honolulu 15 February 1881, p. 2, Papers of the American Board of Commissioners ABC 19.1 vol. 22: Hawaiian Islands Missions, 1880-1889, Documents, Reports, Letters A-E [Microfilm UNIT 6, Reel 821].

[245]　Rev. Dr Samuel Cheney Damon (Honolulu) to Rev. Dr N.G. Clark, D.D., ABCFM Foreign Secretary (Boston), No. 231, Honolulu 12 December 1881, p. 5, Papers of the American Board of Commissioners ABC 19.1 vol. 22: Hawaiian Islands Missions, 1880-1889, Documents, Reports, Letters A-E [Microfilm UNIT 6, Reel 821].

[246]　Rev. Dr Samuel Cheney Damon (Honolulu) to Rev. Dr N.G. Clark, D.D., ABCFM Foreign Secretary (Boston), No. 230, Honolulu 18 September 1881, Papers of the American Board of Commissioners ABC 19.1 vol. 22: Hawaiian Islands Missions, 1880-1889, Documents, Reports, Letters A-E [Microfilm UNIT 6, Reel 821]. Foreign Secretary (Boston), Honolulu 18 September 1881.

付。"[247]

芙兰·谛文的履历是什么？为何他与孙中山能成为好朋友？上文提及，到了1876 年 9 月，芙兰·谛文在瓦胡已教了三年书。接着他横过北美洲、大西洋到欧洲大陆，在 1877 年 2 月到达瑞士的日内瓦。[248] 接下来的两年半，他担任夏威夷王国驻柏林公使馆的秘书（Secretary of the Hawaiian Legation at Berlin）。[249] 1880 年秋开始跟随德国神学大师杜勒（Friedrich A.G. Tholuck）老教授的遗孀学习神学，准备将来当传教士；他同时又学习梵文和语言学。[250] 1881 年 3 月离开德国东归，途经中东、印度、中国、日本等地[251]，1881 年 9 月回到夏威夷[252]。返回老家以后，充满宗教热情，可能是由于他在海外各地游览五年期间，到处受到美国纲纪慎会海外传道会的传教士热情接待，并目睹他们无私的奉献，而深受感染。其父更为他在德国期间没有受到德国理性主义（German rationalism）所污染而额手称庆。[253] 可能让乃父更高兴的是，他马上被美国纲纪慎会海外传道会在夏威夷

[247]　Rev. Dr S. C. Damon (Honolulu) to Rev. Dr N.G. Clark, D.D., ABCFM Foreign Secretary (Boston), No. 244, Honolulu 28 October 1884, p. 3, Papers of the American Board of Commissioners ABC 19.1 vol. 22: Hawaiian Islands Missions, 1880-1889, Documents, Reports, Letters A-E [Microfilm UNIT 6, Reel 821].

[248]　Samuel Cheney Damon (Honolulu) to Dr N.G. Clark (Corresponding Secretary, ABCFM, Boston), 21 February 1877, No. 133, Papers of the American Board of Commissioners. ABC 19.1 vol. 21: Missions to Hawaiian Islands, 1871-1880 [microfilm UNIT 6 Reel 818].

[249]　Rev. Dr Samuel Cheney Damon (Honolulu) to Rev. Dr N.G. Clark, D.D., ABCFM Foreign Secretary (Boston), No. 227, New York, 25 October 1880, p. 2, Papers of the American Board of Commissioners ABC 19.1 vol. 22: Hawaiian Islands Missions, 1880-1889, Documents, Reports, Letters A-E [Microfilm UNIT 6, Reel 821].

[250]　Rev. Dr Samuel Cheney Damon (Honolulu) to Rev. Dr N.G. Clark, D.D., ABCFM Foreign Secretary (Boston), No. 226, Boston 16 October 1880, pp. 1-2, Papers of the American Board of Commissioners ABC 19.1 vol. 22: Hawaiian Islands Missions, 1880-1889, Documents, Reports, Letters A-E [Microfilm UNIT 6, Reel 821].

[251]　Rev. Dr Samuel Cheney Damon (Honolulu) to Rev. Dr N.G. Clark, D.D., ABCFM Foreign Secretary (Boston), No. 228, Honolulu 5 December 1880, p. 1, Papers of the American Board of Commissioners ABC 19.1 vol. 22: Hawaiian Islands Missions, 1880-1889, Documents, Reports, Letters A-E [Microfilm UNIT 6, Reel 821].See also his letter of 25 October 1880.

[252]　Rev. Dr Samuel Cheney Damon (Honolulu) to Rev. Dr N.G. Clark, D.D., ABCFM Foreign Secretary (Boston), No. 231, Honolulu 12 December 1881, p. 1, Papers of the American Board of Commissioners ABC 19.1 vol. 22: Hawaiian Islands Missions, 1880-1889, Documents, Reports, Letters A-E [Microfilm UNIT 6, Reel 821].

[253]　"I consider a matter for profound thanksgiving that he should so thoroughly have escaped the blighting influence of German Rationalism." See Rev. Dr Samuel Cheney Damon (Honolulu) to Rev. Dr N.G. Clark, D.D., ABCFM Foreign Secretary (Boston), No. 231, Honolulu 12 December 1881, p. 9, Papers of the American Board of Commissioners ABC 19.1 vol. 22: Hawaiian Islands Missions, 1880-1889, Documents, Reports, Letters A-E [Microfilm UNIT 6, Reel 821].

的分会委任专职主持夏威夷华民教务。[254] 这是一个突破，其他在夏威夷的教派诸如圣公会等，都没有专人负责向华民传道。结果纲纪慎会成绩斐然；循道会、浸信会、长老会等闻讯大为羡慕，亦欲向夏威夷进军，不过此乃后话。[255]

芙兰·谛文在 1881 年被任命专职向夏威夷的华人传道以后，从此奋力学习中文。[256] 由于他在德国时曾经学习过语言学，所以他现在学习中文就事半功倍。[257] 他的中文老师是谁？何培（Ho Pui，音译）也。他曾在广州为外国传教士教授中文，并随传教士哈巴安德牧师（Rev. Dr Andrew Patton Happer）学习基督教义。后经该传教士推荐给塞缪尔·谛文，到夏威夷群岛帮助其向华工传教。[258]

何培随哈巴安德牧师学习基督教义共有多长时间？经考证，哈巴安德牧师规定学员必须学满三年才被允许当传教士助手。[259] 他之能推荐何培予塞缪尔·谛文帮助传教，证明何培已经读满三年的基督教义。[260] 何培又曾在广州长期为外国传教士教授中文[261]，故他的中文修养以及汉学的造诣肯定有相当基础。同时，当初在讲授中文时，他必须回答传教士学员有关如何把基督教义用汉语向华人传达的

---

[254]　Rev. Dr Samuel Cheney Damon (Honolulu) to Rev. Dr N.G. Clark, D.D., ABCFM Foreign Secretary (Boston), No. 230, Honolulu 18 September 1881, p. 1, Papers of the American Board of Commissioners ABC 19.1 vol. 22: Hawaiian Islands Missions, 1880-1889, Documents, Reports, Letters A-E [Microfilm UNIT 6, Reel 821].

[255]　Rev. Dr Samuel Cheney Damon (Honolulu) to Rev. Dr N.G. Clark, D.D., ABCFM Foreign Secretary (Boston), No. 243, Mills Seminary, California 6 September 188, p. 10, Papers of the American Board of Commissioners ABC 19.1 vol. 22: Hawaiian Islands Missions, 1880-1889, Documents, Reports, Letters A-E [Microfilm UNIT 6, Reel 821].

[256]　Rev. Dr Samuel Cheney Damon (Honolulu) to Rev. Dr N.G. Clark, D.D., ABCFM Foreign Secretary (Boston), No. 231, Honolulu 12 December 1881, p. 1, Papers of the American Board of Commissioners ABC 19.1 vol. 22: Hawaiian Islands Missions, 1880-1889, Documents, Reports, Letters A-E [Microfilm UNIT 6, Reel 821].

[257]　Rev. Dr Samuel Cheney Damon (Honolulu) to Rev. Dr N.G. Clark, D.D., ABCFM Foreign Secretary (Boston), No. 230, Honolulu 18 September 1881, p. 2, Papers of the American Board of Commissioners ABC 19.1 vol. 22: Hawaiian Islands Missions, 1880-1889, Documents, Reports, Letters A-E [Microfilm UNIT 6, Reel 821].

[258]　Samuel Damon to Clark, 12 December 1881, no. 231, ABC 19.1 v. 22, pp. 3-4.

[259]　Hager to Clark, 12 April 1883, ABC 16.3.8, v.4, no. 3, p. 3.

[260]　Samuel Damon to Clark, 12 December 1881, no. 231, ABC 19.1 v. 22, pp. 3-4.

[261]　Ibid.

问题，使他从一开始就间接地思考基督教义。终于，他自己也接受哈巴安德牧师施洗入教，并接受训练当传教士助手，而变得学兼中西了。

当何培初达夏威夷时，塞缪尔·谛文派他离岛工作。1881 年芙兰·谛文被委任专职主持夏威夷华民教务之后，塞缪尔·谛文就把他调回火奴鲁鲁传道，并热情邀请他到家里居住。日间为芙兰·谛文上六个小时的正规中文课，其余时间便用于操练。不久，芙兰·谛文就主持纲纪慎会在火奴鲁鲁华人教会的主日学、《圣经》课、圣诗班；并在何培的协助下，到社会上与广大华人接触。[262]

当时（1881 年）纲纪慎会在火奴鲁鲁的华人教会，成立刚刚两年[263]，唯已领洗列教籍者共五十人，主日学有四十个学生，《圣经》课有五十个学生。[264] 皆塞缪尔·谛文和其他传教士多年在本职以外，特别向华人传道的结果。[265] 翌年，塞缪尔·谛文骄傲地说："儿子学习广州话，进步神速，无论在街道上或在华人的家里，都能用粤语与华人交谈。不久将可用粤语向华民传道矣。"与此同时，芙兰·谛文又开始物色可供培养成为传教士的年轻华人。[266] 1882 年 8 月，有大约两百名基督教徒从中国来到夏威夷群岛谋生，并与当地的基督徒打成一片，夏威夷华人基督教会声势大增。[267] 这批新的华人基督徒来自中国什么地方？若来自广东，

[262]　Samuel Damon to Clark, 12 December 1881, no. 231, ABC 19.1 v. 22, pp. 3-4.

[263]　"As you will see from my Report we have recently celebrated the tenth anniversary of the organization of our Chinese Church in Honolulu." See Rev. Frank William Damon (Honolulu) to Rev. Judson Smith, D.D., ABCFM Foreign Secretary (Boston), No. 225, Kohala, Hawaii, 7 August 1889, p. 1, Papers of the American Board of Commissioners ABC 19.1 vol. 22: Hawaiian Islands Missions, 1880-1889, Documents, Reports, Letters A-E [Microfilm UNIT 6, Reel 821].

[264]　Rev. Dr Samuel Cheney Damon (Honolulu) to Rev. Dr N.G. Clark, D.D., ABCFM Foreign Secretary (Boston), No. 230, Honolulu 18 September 1881, p. 4, Papers of the American Board of Commissioners ABC 19.1 vol. 22: Hawaiian Islands Missions, 1880-1889, Documents, Reports, Letters A-E [Microfilm UNIT 6, Reel 821].

[265]　Rev. Dr Samuel Cheney Damon (Honolulu) to Rev. Dr N.G. Clark, D.D., ABCFM Foreign Secretary (Boston), No. 231, Honolulu 12 December 1881, pp. 5-7, Papers of the American Board of Commissioners ABC 19.1 vol. 22: Hawaiian Islands Missions, 1880-1889, Documents, Reports, Letters A-E [Microfilm UNIT 6, Reel 821]. See also his letter of 17 May 1883.

[266]　Rev. Dr Samuel Cheney Damon (Honolulu) to Rev. Dr N.G. Clark, D.D., ABCFM Foreign Secretary (Boston), No. 232, Honolulu 30 May 1882, p. 4, Papers of the American Board of Commissioners ABC 19.1 vol. 22: Hawaiian Islands Missions, 1880-1889, Documents, Reports, Letters A-E [Microfilm UNIT 6, Reel 821].

[267]　Rev. Dr Samuel Cheney Damon (Honolulu) to Rev. Dr N.G. Clark, D.D., ABCFM Foreign Secretary (Boston), No. 235, Honolulu 6 August 1882, p. 2, Papers of the American Board of Commissioners ABC 19.1 vol. 22: Hawaiian Islands Missions, 1880-1889, Documents, Reports, Letters A-E [Microfilm UNIT 6, Reel 821].

则大有可能与孙中山"同声同气"。经考证，可知的确是来自广东，而且多是巴色会（Basel Mission）的教众，其次是长老会（Presbyterian Church）。[268] 由于檀香山没有该两会自己的教堂，于是教众就参加纲纪慎会的活动，其中年轻的教徒，更很快就注册成立了基督教青年会（YMCA）。[269] 至于芙兰·谛文与瓦胡书院的关系，则：

第一，他过去在 1873—1876 年间曾在该校教过整整三年的书。

第二，该校本来就是美国纲纪慎会海外传道会所创办的学校，现在他又成了该会的传教士，故与该校的渊源又深了一层。

第三，他的爸爸终身拨了不少时间为瓦胡书院筹款，期望该私立学校的基础能够稳固[270]，校方能不感激？

1883 年 1 月 15 日，孙中山进入瓦胡书院预备学校读书了。[271] 该校的华裔学生都参加芙兰·谛文所举办的主日学。[272] 孙中山对基督教的兴趣得以延续，且有飞跃性的发展。此话怎讲？檀香山华侨在 1929 年回忆说：孙中山"研究教义，勤谨异常，凡与论教理者，口若悬河，滔滔不绝"[273]。他用什么语言跟谁论教？相信不会是用英语跟韦礼士主教辩论。那么，檀香山华侨所指的辩论对象是谁？

---

[268]　Rev. Charles Robert Hager (HK) to Rev. J. Smith, D.D. (Boston), No. 29, 19 May 1885, p. 1, Papers of the American Board of Commissioners. ABC 16: Missions to Asia, 1827-1919. IT 3 Reel 260, 16.3.8: South China, Vol. 4 (1882-1899) Letters C-H: Charles Robert Hager: 3-320: No. 29 [microfilm frame 0081b-0083a].

[269]　Rev. Dr Samuel Cheney Damon (Honolulu) to Rev. Dr N.G. Clark, D.D., ABCFM Foreign Secretary (Boston), No. 237, Honolulu 6 March 1883, p. 6, Papers of the American Board of Commissioners ABC 19.1 vol. 22: Hawaiian Islands Missions, 1880-1889, Documents, Reports, Letters A-E [Microfilm UNIT 6, Reel 821].

[270]　Rev. Dr Samuel Cheney Damon (Honolulu) to Rev. Dr N.G. Clark, D.D., ABCFM Foreign Secretary (Boston), No. 228, Honolulu 5 December 1880, p. 3, Papers of the American Board of Commissioners ABC 19.1 vol. 22: Hawaiian Islands Missions, 1880-1889, Documents, Reports, Letters A-E [Microfilm UNIT 6, Reel 821].

[271]　瓦胡书院档案室藏, Oahu College, *Catalogue of Trustees, Teachers and Pupils of Oahu College,* June 1883, p. 10。

[272]　Cf. Papers of the American Board of Commissioners ABC 19.1 vol. 22: Hawaiian Islands Missions, 1880-1889, Documents, Reports, Letters A-E [Microfilm UNIT 6, Reel 820], No. 28, June 1888 (21 pages): 25th Annual Report of the Chinese Mission Work, June 1887-1888, Presented at the Annual Meeting of the Board of the Hawaiian Evangelical Association, Honolulu June 1888, p.17. The Oahu College of 1883 had been renamed Punahou College by 1888.

[273]　《孙中山年谱长编》，第一册，第 33 页，引佚名：〈檀山华侨〉，载檀山华侨编印社编：《檀山华侨》（火奴鲁鲁：檀山华侨编印社，1929），第 12 页。

通过与瓦胡书院预备学校的其他华裔学生参加芙兰·谛文所举办的主日学[274]，孙中山进入了一个新天地。当他终于遇到一位能用广州话与他交谈的洋人诸如芙兰·谛文，而此人的年纪与他相差不太远，但见多识广，又能与他讨论宗教与理性等哲理问题[275]，孙中山的反应会是怎样？此外，孙中山终于又遇到一位能用广州话与他交谈的华人传教士助手诸如何培，而这位华人既熟读四书五经，又懂得基督教的教义。何培不单已经领洗入教，且负责在火奴鲁鲁华人基督教堂向华人宣教。他也能与孙中山辩论中西哲理之别，孙中山的反应又该如何？[276]

他们会辩论些什么？犹记得幼年的孙中山曾问母亲：人死了以后是什么样子？母亲回答说："完了，什么都完了。"孙中山说："不干，我要活下去。"[277]基督教在华传教时以最简单而有效的一句话号召："信耶稣，得永生。"但是，用一位基督教传教士的话说，当时接受传道而进入基督教的人，多数是低下阶层的华人。[278]对朝不保夕的赤穷文盲来说，"信耶稣，得永生"会有一定效果。但要打动有知识的人，就必须有更高深的哲理和令人信服的行动。哲理方面，则人类只懂人类事，无法懂超人类之事。[279]无私奉献的行动，却足以打动人的心坎。在意奥兰尼学校读书时，孙中山目睹韦礼士主教背井离乡到遥远的夏威夷传教，动用自己的财产买地建校，用自己的薪金补贴其他传教士薪金的不足，牺牲休息时间来深夜巡房，如此种种，都是无私奉献的表现。[280]塞缪尔·谛文同样是背井离乡而到夏威夷传教，他的儿子不像其他美国年轻人那样从商致富，反而参加传教士行列，也是无私奉献的表现。从信耶稣到遵从祂的教训而抛弃物质享受做全心全意的奉献，终于达到物质的身体虽死而精神的灵魂犹存的境界，是能打动有知识

[274] Cf. Papers of the American Board of Commissioners ABC 19.1 vol. 22: Hawaiian Islands Missions, 1880-1889, Documents, Reports, Letters A-E [Microfilm UNIT 6, Reel 820], No. 28, June 1888（21 pages）: 25th Annual Report of the Chinese Mission Work, June 1887-1888, Presented at the Annual Meeting of the Board of the Hawaiian Evangelical Association, Honolulu June 1888, p.17.
[275] 见本节上文。
[276] Frank Damon to Smith, 13 July 1885, ABC 19.1, v. 22, no. 221, p. 3.
[277] 见本书第二章第五节。
[278] Hager to Clark, 18 August 1883, ABC 18.3.8, v. 4, no. 7, p. 3.
[279] 见本书第二章第五节。
[280] 见本章第四、五节。

的热血青年诸如孙中山者。孙中山似乎深受感染，以至美国人林百克也注意到，孙中山没有一点个人野心，甚至没有丝毫个人主义（egotism）的味道，他所想的一切，所做的一切，都是为了中华民族的福祉而奋斗。[281]

同时，在芙兰·谛文与何培共同工作的火奴鲁鲁华人基督教堂，又组织了华人基督教青年会（Chinese YMCA）[282]，里面的年轻人非常活跃，又能说广州话[283]，孙中山如鱼得水。该教会圣诗班所唱的歌曲又是如此优美，简直是仙乐飘飘处处闻！[284] 孙中山深为所动。不出半年，孙中山就嚷着要领洗进入基督教了！于是其兄把他送回翠亨村。[285]

不单孙中山深为所动，他原来在意奥兰尼读书的同班同学钟工宇和唐雄，慢慢也深受影响。钟工宇因事休学一年后，于 1883 年 7 月回到火奴鲁鲁。[286] 钟父命其到意奥兰尼学校继续学业。像三年前一样，时值暑假，韦礼士主教的养子埃德蒙·斯泰尔斯让他等到 9 月再来报名。结果他就在钟父于火奴鲁鲁的代理人星昌行（Sing Chong Company）那里暂住，楼高三层。老同学唐雄也住在那里，因为该行是唐父开设的。唐雄告诉钟工宇，他与孙帝象已经愈来愈渴望受洗入耶教，可惜孙帝象因此而被其哥哥孙眉遣返中国。于是钟工宇也向唐雄表明心迹，说他自己其实也愈来愈深信基督真理。唐雄听后大悦。[287] "从此，唐雄与我逢星期天早上与黄昏都一起上教

[281]   Linebarger, *Sun Yat Sen and the Chinese Republic*, p. 119.

[282]   Rev. Frank William Damon (Honolulu) to Rev. Judson Smith D.D., ABCFM Foreign Secretary (Boston)，No. 221, Honolulu 13 July 1885, p. 4, Papers of the American Board of Commissioners ABC 19.1 vol. 22: Hawaiian Islands Missions, 1880-1889, Documents, Reports, Letters A-E [Microfilm UNIT 6, Reel 821].

[283]   Rev. Charles Robert Hager (HK) to Rev. J. Smith, D.D. (Boston)，No. 29, 19 May 1885, p. 1, Papers of the American Board of Commissioners. ABC 16: Missions to Asia, 1827-1919. IT 3 Reel 260, 16.3.8: South China, Vol. 4 (1882-1899) Letters C-H: Charles Robert Hager: 3-320: No. 29 [microfilm frame 0081b-0083a].

[284]   Rev. Dr Samuel Cheney Damon (Honolulu) to Rev. Dr N.G. Clark, D.D., ABCFM Foreign Secretary (Boston)，No. 231, Honolulu 12 December 1881, pp. 3-4, Papers of the American Board of Commissioners ABC 19.1 vol. 22: Hawaiian Islands Missions, 1880-1889, Documents, Reports, Letters A-E [Microfilm UNIT 6, Reel 821]. See also Papers of the American Board of Commissioners ABC 19.1 vol. 22: Hawaiian Islands Missions, 1880-1889, Documents, Reports, Letters A-E [Microfilm UNIT 6, Reel 820], No. 28, June 1888（21 pages）：25th Annual Report of the Chinese Mission Work, June 1887-1888, Presented at the Annual Meeting of the Board of the Hawaiian Evangelical Association, Honolulu June 1888, p.15.

[285]   孙中山：〈复翟理斯函〉，手书墨迹原件，藏中国国民党中央党史委员会，刊刻于《国父全集》（1989），第二册，第 192—193 页。又载《孙中山全集》，第一卷，第 46—48 页：其中第 47 页。

[286]   Chung Kung Ai, *My Seventy Nine Years in Hawaii, 1879-1958*, p. 88.

[287]   Ibid., p. 89.

堂。"这个教堂，不可能是意奥兰尼学校的小教堂，而极可能是火奴鲁鲁那家华人教堂。"一个晚上，当我们从教堂礼拜回来时，唐雄的父亲痛斥我们迷信异端邪说，更斥我引其儿子误入歧途，继而勒令我离开。我不做声，唐父也不为已甚，所以我得以继续寄居其家。"唐雄的父亲告诉钟父，钟父大怒，拿出一个五毛钱的硬币，塞到钟工宇手里，命他去剃光头，以示从今父子关系一刀两断。盖剃光了头的和尚、尼姑，以削发出家表示断六亲也。当钟工宇拒绝接受这五毛钱时，钟父狠狠地扇了他一记耳光，又告诉他不要奢望再回到意奥兰尼读书，独自去找份工作糊口可也。[288]

后来钟工宇欣悉孙帝象和唐雄不久就在香港领洗入教，但由于钟父的激烈反对，钟工宇本人则迟至 1896 年才受洗入教。[289]

十七、小　结

孙中山总结他在夏威夷所受的教育时说："忆吾幼年，从学村塾，仅识之无。不数年得至檀香山，就傅西校，见其教法之善，远胜吾乡。故每课暇，辄与同国同学诸人，相谈衷曲。而改良祖国，拯救同群之愿，于是乎生。当时所怀，一若必使我国人人皆免苦难，皆享福乐而后快者。"[290]此言犹如石破天惊，对本书之主旨——探索孙中山如何走上革命的道路——切题极了！为何绝大多数的史籍都只提孙中山学习英语如何进步神速等，却鲜提此点？更要紧的是，孙中山何出此言？究其底蕴，大约有二：

第一，正规教育的影响：孙中山自言在英国人办的意奥兰尼学校三年所受的教育引起他身心变化最大，其中最重要者莫如学校中纪律严明的好处，让他感到必须竭诚遵守校中纪律，并准此而渴望中国同样意识到自动遵守纪律的重要性。[291]

第二，受到西学影响的华裔知识分子经常聚首讨论国事：孙中山在檀读书最后

[288]　Ibid., pp. 89-90.

[289]　Ibid., p. 89.

[290]　孙中山：〈在广州岭南学堂的演说〉，载《孙中山全集》，第二卷，第 359 页。

[291]　林百克著，徐植仁译：《孙逸仙传记》，第 121 页。

一年的 1883 年，在火奴鲁鲁成立了一个团体名中西扩论会，会员主要是一些受过西方教育的华裔知识分子。聚会的原意是一起练习说英语，继而研究学术，交换知识。但一批华裔知识分子走到一块，难免畅谈国事，讨论时艰。再把祖国之落后与西方之进步比较，就难免出现"改良祖国，拯救同群之愿"[292]。这与后来 1892 年 3 月 13 日在香港成立的辅仁文社（见本书第八章），1892 年 12 月孙中山到澳门行医时遇到少年中国党（Young China Party，见本书第七章），如出一辙。更后来孙中山在 1894 年 11 月回到火奴鲁鲁成立兴中会时，原来的中西扩论会会员如何宽、李昌等都参加了兴中会，后来参加活动和捐款，也数他们最积极。[293] 孙中山回到香港后，辅仁文社也乐与兴中会合并成为 1895 年广州起义在香港方面的骨干（见本书第八章）。

孙中山这种感受，待他重新踏足中国的土地时，马上会变得非常强烈。为什么？孙中山在 1883 年的夏天从夏威夷回国的时候，坐火轮船到香港转翠亨村之际，清朝官吏分别以征收关税、厘金，查缉鸦片、火油为借口，不同的人马对乘客进行四轮不同的勒索！[294]

此事对孙中山震撼很大，必须查明底蕴。尤其是他所坐的是什么性质的船。徐植仁说是"沙船"。何为"沙船"？载沙的船有什么可敲诈的？为何清朝海关如此独宠这条航线？况且，笔者在珠江三角洲长大，毕生研究鸦片战争、林则徐、叶名琛、广东红兵、孙中山等，因而与珠江三角洲结下不解之缘，也看过不少公私档案，可从未听过有"沙船"这名字，倒是长江三角洲尤其是上海有这种船。为了了解具体情况，2006 年 6 月 4 日笔者到翠亨村以南的淇澳岛实地调查时，承该岛耆老钟金平先生回答笔者提问时说：

> 淇澳的西洋菜最为著名，因为用清泉水养殖也，运到香港能卖得好价钱。从香港回来，则走私食盐、花生油、火水（按即煤油）。六小时一涨，二小时一平，四小时一退，如此共十二小时。孙中山 1883 年夏从香港坐船回来，很

[292] 孙中山：〈在广州岭南学堂的演说〉，载《孙中山全集》，第二卷，第 359 页。

[293] 项定荣：《国父七访美檀香山考述》（台北：时报文化出版事业有限公司，1982），第 48 页。

[294] Paul Linebarger, *Sun Yat Sen and the Chinese Republic*, pp. 135-139；汉语译本见：《孙逸仙传记》（上海：民智书局，1926），第 126—131 页，转载于《孙中山年谱长编》，上册，第 34 页。

可能是坐顺风船（hitcharide）。因为当时淇澳与香港之间，绝对没有轮渡……

如此说，孙中山所坐的船只不过是普通传统民用的帆船。再征诸林百克原著，则所说是 a Chinese junk! [295] 与钟金平之言吻合。上面说过，徐植仁把水路（by water）翻译成"驳艇"，现在又把普通帆船翻译为"沙船"，可见翻译之难，也无意中替史学界造成不少困扰。

至于孙中山到达金星门港后如何回翠亨村？钟金平答曰：

> 当时的所谓金星门港，不是一个正规的港口，哪里有沙滩，船就在哪里靠岸，乘客涉水上岸。金星门港是靠近淇澳的那段水域，所以孙中山要从淇澳坐船到长沙埔（崖口以南），下船后步行回翠亨村。长沙埔也没码头，乘客同样是必须涉水上岸。解放前，尽管香洲这渔港也没码头。[296]

孙中山回到翠亨村，则江山依旧，村民同样还是那么落后，他受不了，把村庙里的北帝神像拔去一臂，又将北帝侧的金花夫人神像手指切断。

村民震惊愤怒，鸣锣聚众，向孙家大兴问罪之师。孙父达成公怒极，"操杖觅总理，总理因避至香港"[297]。说得轻松！被严父杖责不足惧，顶多是皮肉之苦。无知村民鸣锣聚众，如临大敌，才是恐怖得紧，当时他们抓住了孙中山，恐怕也会把他活活打死。何以见得？理由大致有下列两种：

第一，愤怒的村民高声扬言：不惩罚帝象，"则神将不会息怒，甚至降灾全村"[298]。这种恐惧与恐吓，有 2006 年 3 月 21 日曼谷四面佛人命案可为借鉴。一名长期受精神疾病所苦的穆斯林，在凌晨 1 时左右，拿出随身携带的榔头用力敲打并严重破坏佛像，数名信徒和管理人员冲出阻止他，并活生生将他打死。[299]

---

[295]　Linebarger, *Sun Yat Sen and the Chinese Republic*, p. 104.

[296]　黄宇和：〈淇澳岛调查报告〉（手稿），2006 年 6 月 4 日。

[297]　冯自由：《革命逸史》（1981），第二册，第 10 页。

[298]　陆灿：《我所认识的孙中山》，第 10 页。

[299]　蔡裴骅综合外电报道：〈曼谷著名四面佛遭人重损〉，香港《苹果日报》，2006 年 3 月 22 日，http://tw.nextmedia.com/applenews/article/art_id/2484437/IssueID/20060322。

　　第二，孙中山逃之夭夭，村民惩罚不了他，似乎就扬言要严惩孙姓全族，威胁要把孙姓全族驱逐出祖庙。为何笔者作如是想？事缘 1965 年 10 月 10 日，李伯新先生采访孙锦言，孙锦言说："妙茜姑太口述过……全族孙姓在翠亨庙中没有猪肉分的，不单是中山一家，不是说拜山猪肉，而是祖庙猪肉。到中山当总统后，入了庙，全体孙姓才有猪肉分。"[300] 此话应如何理解？盖 1964 年 5 月 13 日，李伯新先生采访陆天祥时，陆天祥说："入庙后享受庙产才能成为翠亨村人。当时值理是杨、冯、陆、孙四姓。当时祖庙庙产有一百多亩。"[301] 为何四大值理之一的孙氏家族、有份管理一百多亩庙产的孙氏家族，却没入庙因而没猪肉分？1828 年重修祖庙时，孙敬贤"喜助工金银一两正"[302]，1856 年三修祖庙时，四大值理排首的是孙尊贤，而孙学成等六人"共喜助工金银 255 两 2 钱 4 分正"，孙达成也"喜助工金银一大圆"[303]。孙达成虽然后来家境愈来愈困难，以致饱受杨氏家族欺负，但自从孙眉在檀岛的生意愈做愈大，汇款回家也愈来愈多，村民都刮目相看。这样的孙氏家族，怎能说其没有入庙因而没猪肉分？窃以为孙锦言的话无论怎样脱离事实，多少也会有点滴事实根据，这个根据，很可能就是 1883 年翠亨村的村民在极度愤怒的时候，扬言要把孙氏全族驱逐出祖庙，作为惩罚，并希望借此趋吉避凶。[304]

---

[300]　李伯新采访孙锦言（1891 年生），1965 年 10 月 10 日，载李伯新：《忆访录》(1996)，第 108—110 页：其中第 110 页。

[301]　李伯新采访陆天祥（1876 年生），1964 年 5 月 13 日，载李伯新：《忆访录》(1996)，第 73—79 页：其中第 73 页。

[302]　〈重修翠亨村祖庙碑记，1828 年〉，转载于故居编：《家世》(2001)，第 66—67 页：其中第 67 页。

[303]　〈三修翠亨祖庙碑记，1856 年〉，转载于故居编：《家世》(2001)，第 68—70 页。

[304]　到了 1894 年四修祖庙时，值理之中已没有孙姓的人，却记录了孙德彰（即孙逸仙的哥哥孙眉）捐 30 银圆，孙集贤、孙德修两户各共捐银一圆五毫，孙德修个人捐银一圆。见〈四修翠亨庙碑记，1894 年〉，转载于故居编：《家世》(2001)，第 71—73 页：其中第 72、73 页。既然接受捐款，应该是接受了孙氏家族重新入庙？若准许其重新入庙，为何孙妙茜仍然说"到中山当总统后，入了庙，全体孙姓才有猪肉分"？广州市中山大学的邱捷教授认为："要从 20 世纪 60 年代的国家意识形态去寻找解释。当日强调阶级斗争，崇尚'在旧社会被压迫被剥削'阶级地位，因此，口述者、记录者（甚至研究者）的潜意识中，都会认为愈把孙中山的家庭说得穷苦低微，就愈凸显孙中山革命思想产生的阶级根源。"见邱捷：〈翠亨孙中山故居文物的社会史解读〉，《历史人类学学刊》，第四卷，第 2 期（2006 年 10 月），第 71—97 页：其中第 96 页。此话甚为有理；就是说，1883 年孙中山损坏北帝像时村民曾出言恐吓要把孙氏家族全数驱逐出村庙之事——后来孙母出资修复神像，又大费周章地做了一场法事，才勉强平息了这场风波。见简又文：〈总理少年时期逸事〉考证索引孙中山堂妹口述，由《国父年谱》(1985 年版)，第 34 页所转引——但孙锦言仍然断章取义地复述了孙妙茜之言。

图 4.9　北帝像（翠亨村故居纪念馆供图）

第三，北帝在翠亨村村民心中的地位，可从该村一个坚定不移的积习，见到一斑：

> 在当地，男丁出生后的第一个"开灯日"（大年初七或初八），须由家人怀抱或带领，到北极帝像前举行"入契"仪式。入契时，男丁要向北极帝跪拜，尊称北极帝为"契父"，自称为"契儿"，并由家人将写有"帝"字的"契名"纸条粘贴在北极帝的台座上，以此祈求"契父"保护"契儿"一生安康吉祥。如孙眉的契名为孙帝眉……孙中山的契名为孙帝象。……有些男丁……终身沿用，如孙帝福、杨帝梁、陆帝宏等即是。[305]

北极帝者，中国传统道教神像——北极镇天真武玄天上帝也，简称北极帝、北帝，俗称北帝公。孙中山冒全村的大不韪而毁渎全村男丁的"契父"，激情冲动之处，与村民如临大敌般鸣锣聚众那种狂怒的程度正成比例。

为何孙中山如此愤怒？若设身处地为他想想，就不难想象他的愤怒程度：他在檀香山的英国圣公会意奥兰尼学校念了三年书，继而在当时檀香山最好的中学、美国人开办的瓦胡书院预备学校读书，并准备毕业后到美国去读大学。但在瓦胡书院预备学校刚读了两个学期的书，就由于他提出领洗进入基督教的要求而被其兄勒令回乡，他强烈的求知欲望被中断。有口碑说：在这之前，"他的大哥奉关帝，把神像挂在中堂，香火供奉。中山却悄悄地把它扯下撕烂。他的大哥知道后，大怒，罚他下跪"[306]。若此口碑属实，就难怪孙中山把自己辍学的苦况归咎于孙眉的迷信。回到翠亨村，实龄快十七岁的孙中山，整天在家里无所事事，看到村民的迷信，想到自己的辍学，愈想愈气，一时冲动，就向"契父"泄愤，是完全可以想象的。窃以为正是这种把性命也豁出去的激情，后来终于把他拉上了造反的道路！

---

[305]　邹佩丛著：《孙中山家族源流考》，中山文史第57辑（中山：政协广东省中山委员会文史资料委员会，2005），第89页，注1。

[306]　李伯新访问陆天祥（1876年生），1959年无月日，载李伯新：《忆访录》（1996），第59—64页：其中第62页。

孙中山仓促逃命，逃往哪里？很长时间家人都不知其所踪。[307] 后来事实证明他逃往香港。逃走的途径，看来也像他 1879 年往澳门一般从水路，盖 2006 年 6 月 4 日笔者到翠亨村以南的淇澳岛调查时，承该岛耆老钟金平回答笔者提问时说：

> 若是自己作业，摇船，趁上退潮的话，约五至六个小时可到香港的大澳。一般来说，从金星门港往香港要比前往澳门多一个小时。解放前，淇澳居民经常用船载鸡鸭生猪蔬菜等前往香港售卖。平潮时，甚至涨潮尾声时开船，往西南走，待退潮时，船很快就顺着水流到达香港的大澳登陆。[308]

怎么孙中山对此水路如此熟悉？本书第三章曾提到，童年的孙中山经常跟外祖父杨胜辉从崖口摇艇到淇澳岛采蚝。笔者就此事再度请教钟金平老先生。他答曰：

> 过去淇澳岛有很多蚝，近年有人在唐家半岛开设切片工厂，污染得很厉害，生蚝才锐减。从崖口摇艇到淇澳，趁上退潮也要四个小时，故不能当天来回的，必须在船上过夜。故一定要准备干粮食水，停留二三天。这样，二人可以采六百到七百斤蚝（连壳）。每次下水三至四米深，在水下停留约十分钟〔如何呼吸？2006 年 6 月 12 日早上 10:00 时，再致电钟金平核实。他说，是下水十秒、八秒。过去徒手潜水（skin dive），没有潜水镜也没有氧气筒。在水下也看不清楚。用手摸，用脚踩。摸着踩着就用锤敲松蚝群，七至八只连在一起捞上来〕。浅水的蚝较小，退潮时可以敲。深水的蚝较大，就必须潜水。崖口过去没蚝，故必须到淇澳来采蚝。若必须当天来回，则退潮时来，来程最快要三个半小时，作业二小时，涨潮时回去，回程最快也要三个半小时。来回加作业共九小时。但由于作业只有二小时，采蚝有限，不值得。若等待下一次涨潮才回去，则一日两潮，约六小时涨，六小时退，

[307]　冯自由：〈孙总理信奉耶稣教之经过〉，《革命逸史》(1981)，第二册，第 9—18 页：其中第 10 页。
[308]　黄宇和：〈淇澳岛调查报告〉（手稿），2006 年 6 月 4 日。

二十四小时之内，二涨二退。[309]

看来孙中山童年时代的贫困生活，在关键时刻大派用场。如此这般，就顺利地逃出生天。

按照孙中山口述，林百克为这段扑朔迷离的历史补充了难得的史料。他说孙中山从檀岛带回翠亨村那珍贵几本书籍当中，有一本耶教《圣经》。[310] 孙中山逃离翠亨村当天晚上，"他默默地聆听老人家的责备与教诲，慢慢地从他的细软中拿出那本《圣经》，在晦暗的油灯光下静静地阅读"[311]。责备与教诲很可能是来自孙中山的外祖父外祖母。他们居住在距离翠亨村东北约4公里的崖口，孙中山出于本性地逃往那里。翠亨村的村民也不敢聚众前往闹事，否则就会被崖口的乡民认为是侵略而遭抵抗。崖口乡人多势众，翠亨村势孤力单，是不敢前往惹是生非的。孙中山长期留在那里不是办法，但过一个晚上还是安全的。至于《圣经》，则看来从庙祝鸣锣聚众到村民紧急聚集后徒步疾行到孙家大兴问罪之师这段短促的时间，让孙中山有机会仓促收拾细软。而在这紧急关头，千头万绪之际，他竟然选择把《圣经》带在身边，可见此时耶教对他的重要性。

"翌晨黎明时分，他被放逐的生涯，就从一艘小艇开始。"[312] 当他的小艇"慢慢地划过金星门水域时，被家人与乡亲抛弃的他，深知只有制止了满清王朝那糜烂的生活方式，提高了所有中国人精神和物质生活的水平，他才会被家人与乡亲重新拥抱"[313]。

到了淇澳岛以后，再该往哪里？不能到中国的其他地方，因为故乡翠亨村他已经受不了，遑论他地。到中国文化以外的地方，则当时只有澳门和香港。去澳门没有什么作为，而且他对澳门也没有什么好感。所以剩下来唯一的选择只有香港。前一阵子他从檀岛到香港转翠亨村时，经过香港期间，孙中山没有发出像他

---

[309]   同上。

[310]   Linebarger, *Sun Yat Sen and the Chinese Republic*, p. 152.

[311]   Ibid., p. 164.

[312]   Ibid., p. 163.

[313]   Ibid., p. 167.

图 4.10　被拆掉前的北帝庙（翠亨村孙中山故居纪念馆供图）

图 4.11　北帝庙遗址（2006 年 3 月 29 日黄宇和摄）

过去严厉批评澳门的言辞，表示当时香港没有澳门那种"赌博室、鸦片烟馆、花船、妓女等"[314]乱七八糟的情况。尽管有，也不像澳门那么显眼。相反地，正如他后来所说的，他见到的是一个井井有条的法治地方。所以窃以为香港所给他的良好印象[315]，对于此时他又从故乡翠亨村前往较远的香港而不去较近的澳门继续求学的决定，可能起了关键性的作用。而且，香港的英语文化，正是他向往的世界，于是他就到香港去了。去香港，可以继续他的英式教育，满足他的求知欲望。如此这般，又开始了他生命历程中的另一个里程碑，即他在香港大约十年窗下（1883—1892）的生活。孙中山在香港读书的情况，将在下一章探索。

在结束本章之前值得附带一提的是，1883年孙中山亵渎翠亨村的村庙神像，该村村民就鸣锣聚众，如临大敌。该等村民的后裔在1966年文化大革命"破四旧"运动中，把村庙中的菩萨全部毁掉。1970年，更把该庙全部拆除，以取其木料来建造碾米厂。时至今日，又有不少村民叹息曰："听了几个人说的话，把大好庙堂拆去，真是可惜！"[316] 2006年3月29日星期三，笔者在翠亨村实地考察时，清晨漫步间，无意发觉北极殿遗址就在翠亨村东北角，与冯氏宗祠同处一条街。庙舍已夷为平地，正门上端刻有"北极殿"等字样的麻石横匾，以及左右各刻有"灵威昭水德，福曜运天枢"的麻石门栋，皆平躺在原来正门的地上，还有村妇在那儿向横匾上香！

---

[314]　Ibid., pp. 105-106.

[315]　孙中山：〈在香港大学的演讲〉，载《孙中山全集》，第七卷，第115—117页：其中第115页。

[316]　李伯新：〈回忆录〉，载李伯新：《忆访录》（1996），第1—58页：其中第29页。

第五章

中学时代：
香港拔萃书室及中央书院
（今皇仁书院）

一、拔萃书室

孙中山曾否在拔萃读过书?

世上第一本中国人名大字典是翟理斯编的《古今姓氏族谱》（*A Chinese Biographical Dictionary*, London, 1898），其中第 Z 1824 条"孙文"，只是说孙中山从夏威夷回国后,. 不久就入读香港皇仁书院，只字没提拔萃书室。(Shortly afterwards he returned to China and joined Queen's College in Hong Kong.)（见图 5.1）

再征诸世上第一本"孙中山传"——美国人林百克著的《孙逸仙传》（*Sun Yat Sen and the Chinese Republic*, New York, 1925），也只说孙中山到达香港后，即入读皇仁书院，只字未提拔萃书室；后来徐植仁将其译成汉语《孙逸仙传记》（上海：商务印书馆，1926），也未备注以作任何补充。但林百克之没有提及此事，并不能证明孙中山没在拔萃读过书，因为林百克只是在 1919 年用了几天时间与孙中山谈他的家世后就写成此传记，其中粗略与记忆错误之处，在本书第四章中已经有例可征：该章在探索 1879—1882 年间孙中山在意奥兰尼学校读书期间孙眉是在茂宜岛还是瓦胡岛居住以便确定孙中山是寄宿生还是走读生的问题时，已经证明林百克所提供的信息有时是会有错误的。至于 1898 年在伦敦出版的《古今姓氏族谱》，则窃以为编者有删节材料的权利，未提孙中山曾在拔萃念书，并不能证明孙中山未曾在该校念过书。

查 1991 年北京中华书局出版的《孙中山年谱长编》，谓 1883 年孙中山曾在拔萃读书，所据乃莱昂·夏曼（Lyon Sharman）著《孙逸仙传》（纽约，1934）[1]；追阅夏曼的英语原著，则曰："1883 年冬，孙中山到了香港，接着做他最自然不过的事情——向拔萃书室申请入学，因为香港拔萃是檀岛意奥兰尼同一种体制，

---

[1]　陈锡祺主编：《孙中山年谱长编》，一套两册（北京：中华书局，1991），上册，第 35—36 页，1883 年 11—12 月条。

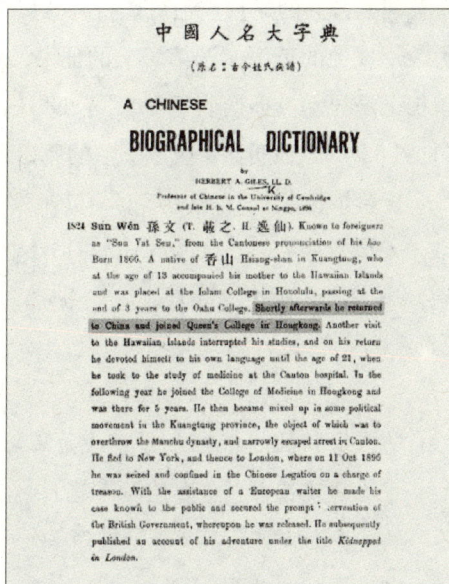

图 5.1　伦敦 1898 年出版的《中国人名大字典》（其中未提拔萃）

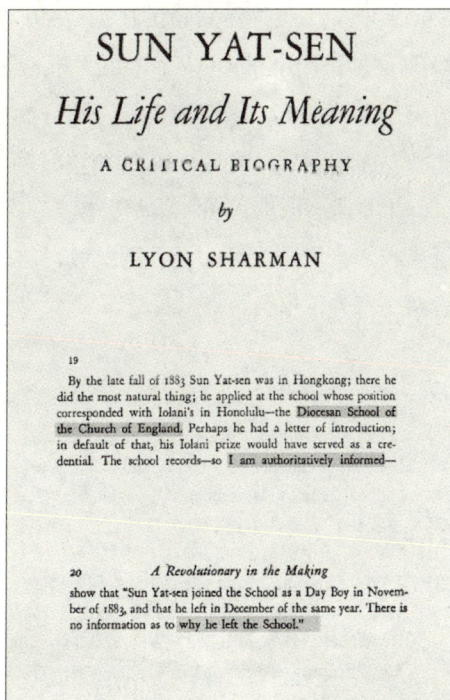

图 5.2　夏曼著《孙逸仙传》英文原著（纽约，1934）

皆英国圣公会的学校。他可能持有意奥兰尼学校写给他的介绍信，不然他出示意奥兰尼发他的英语文法第二奖的证书，就足以证明他的履历。承权威人士赐告，该校记录显示‘孙逸仙于 1883 年 11 月入学，同年 12 月离开，离校原因不明’。”（见图 5.2）[2] 很明显：拔萃书室的原始档案是关键。但该原始档案往哪儿找？

查台湾出版的《国父年谱》（1985 年增订本），则谓 1883 年，孙中山“走香港，入拔萃书室（Diocesan Home）肄业”。所据乃林友兰：〈国父在香港中央书院〉一文。[3] 中央书院者，皇仁书院前身；于是追阅《皇仁书院校史》，其中第29 页说：

> 据 Featherstone 所著的《拔萃男校与拔萃孤儿院史录》，他（孙中山）来中央书院读书前，曾在拔萃读过书，时间是 11 月到 12 月之间。为何他这么快就离开，则无从得知，可能是他爸爸去世了，他回翠亨村奔丧。[4]

其中第二句肯定是错的：据《孙氏家谱》记载，孙父达成公于 1888 年 3 月23 日逝世，而不是 1883 年。至于第一句话，则欣悉拔萃有校史，于是电求香港历史档案馆帮忙，该馆许崇德先生自费在公余时间把有关页码扫描传真掷下，特此致以深切谢意。可惜，校史中 1883 年的部分，并没孙中山的消息。

于是笔者改变思路：拔萃男校英文名字是 Diocesan Boys School，意译为主教区男校，直属英国圣公会香港主教，历任主教可留有文书在英国？查英国圣公会有两个海外传道会：

---

[2] Lyon Sharman, *Sun Yat-sen: His Life and Its Meaning* (New York, 1934), pp. 19-20: "The school records — so I am authoritatively informed — show that 'Sun Yat-sen joined the School as a Day Boy in November of 1883, and that he left in December of the same year. There is no information as to why he left the School'."

[3] 罗家伦、黄季陆主编，秦孝仪增订：《国父年谱》，一套两册（台北：中国国民党中央党史委员会，1985），上册，第 33 页。

[4] "Before coming to the Central School he had spent a few weeks at the Diocesan Home—according to W.T. Featherstone's *History and Records of the Diocesan Boys' School and Orphanage*, he was there from November to December 1883. Why he left so soon is unknown but it is possible that his father's death obliged him to return to his home in Cuiheng." See Gwenneth Stokes, *Queen's College, 1862-1962* (Hong Kong: Standard Press, 1962), p. 29.

1．教会传道会（Church Missionary Society）

2．圣经传道会（Society for the Propagation of the Gospel）

香港主教区原属前者，原始档案存英国。于是笔者马上飞英，唯到达伦敦方知教会传道会的档案存伯明翰市（Birmingham）的伯明翰大学，承伯明翰大学赐复：当时教会传道会的伦敦总部只存总部档案，地方档案仍留在地方。

于是笔者飞回香港，商诸香港历史档案馆许崇德先生。承其相告，英国圣公会香港（包括澳门）主教区的档案全部存放在该馆，其中就有拔萃男校的档案。笔者大喜过望。经他热情公函代获该校张灼祥校长许可后，提供了该校一份文件：《拔萃男校编年史》（英文打字稿），该文件的有关部分说孙中山是走读生（见图 5.3）：

> Sun Yat Sen was a Day Boy at the School in 1883, transferring the following year to Queen's College where new Science Laboratories had been installed. （笔者意译：孙中山是本校 1883 年走读生，翌年转读皇仁书院，盖该院新设立了科学实验室。）[5]

这段内容，所据为何？该打字稿是 1969 年拔萃男校的一位教师威廉·J. 斯迈理（William Smyly）[6] 先生所编著者。斯迈理先生没有提供出处，无从考核。若是该校口碑，而斯迈理先生又作了如是说明的话，则可省却部分疑虑。但他连这样的说明也没有提供，笔者向该校校长张灼祥先生了解，但张校长表示该校的档案已于日本占领香港时期遭毁灭，劫后余生者皆已全部存香港历史档案馆。[7] 唯笔者在该馆能找到的有关档案，就只有上述斯迈理先生的打字稿！笔者发觉自己在团团转地不断兜圈子。

---

[5] William J. Smyly, "History and Records of the Diocesan Boys School, Part 3a — Year by Year (1860-1947)"(typescript, 3 September 1969), HKMS88-294, Hong Kong Public Record Office. 该件脱稿日期是 1969 年 9 月 3 日。

[6] Bernard Hui to Wong, e-mail, 24 June 2003.

[7] Wong to Hui, e-mail (1), 29 October 2004. Hui to Headmaster of Diocesan Boys' School, fax Ref. no: (44) in PRO/REF/38 (XI), 29 October 2004. Hui to Wong, e-mail, 29 October 2004. Wong to Hui, e-mail, 29 October 2004 (2). Hui to Wong, e-mail, Monday 1 November 2004. Wong to Headmaster of Diocesan Boys' School, letter, Monday 1 November 2004. 许荣德先生（Bernard Hui）是香港历史档案馆助理档案主任，张灼祥先生 (Mr Terrance Chang Cheuk Cheung) 是拔萃男校校长。我对两位的协助谨致谢忱。

至于孙中山曾否在拔萃书室读过书的问题，则既然该校校史草稿没提出有力证据，而该校张灼祥校长又表示爱莫能助，故有待从其他方面追查。唯死心不息之余，2004 年 11 月 1 日又直接向张灼祥校长函索斯迈理先生的地址；待接其 2004 年 11 月 16 日复示 [8]，笔者又犹豫了：是否应该去函打扰一位早已退休并回到英国安享晚年的教师？考虑再三，最后还是不忖冒昧地在 2005 年 6 月 28 日去信了。[9] 可惜至今仍如石沉大海。

笔者苦苦思索之余，不愿守株待兔，于是设法另辟蹊径。犹记得 1994 年应邀参加中国国民党中央党史委员会 [10] 举办的"国父建党革命一百周年国际学术讨论会"时，曾与其他学者被特别带领到阳明山参观该会的档案展览。展品当中就有一封孙中山的亲笔信，略述生平，其中有求学部分。于是再飞台北求助。发觉该文件用毛笔竖书，英文的专有名词则用中文书写后再在旁边加上英文名字。其中就有笔者穷追不舍的"拔粹（萃）书室"、"Diacison(Diocesan) Home"等字样（见图 5.4）。[11] 笔者不胜雀跃！由于此件甚具关键性，故将它的有关部分复制作为本书插图，谨供读者参考。

经考证，它是 1896 年 11 月 14 日孙中山回复剑桥大学翟理斯教授的一封信。[12] 当时翟理斯正在编写一本中国人名辞典（即 *A Chinese Biographical Dictionary*）[13]，碰巧孙中山又刚刚因在伦敦蒙难而声名大噪。[14] 于是翟理斯就决定把孙中山的生平写进去，并邀请他写个自传。如此这般，孙中山就为后人留下了他曾经在香港拔萃书室读过书的明证。可惜翟理斯把原稿删略了不少，包括孙中山曾在拔萃书

[8]   Terence Chang to Wong, letter, 16 November 2004.
[9]   Wong to Smyly, letter, 28 June 2005.
[10]   该会现已改名为中国国民党中央党史馆。
[11]   后悉该信原件复制在《国父年谱》(1985)，下册，图片部分。Diocesan 是很别扭的一个字，孙中山首先写了 Diason，后来发觉不妥又加 ci 而变成 Diacison，仍然是错了。
[12]   见拙著《孙逸仙在伦敦，1896—1897：三民主义思想探源》(台北：联经出版事业公司，2007)，第 272—273 页对该函的鉴定与评价。
[13]   Herbert A. Giles (compiled), *A Chinese Biographical Dictionary* (London, 1989), reprinted by Literature House, Taipei, n.d., pp. 696-697.
[14]   见拙著 *The Origins of an Heroic Image: Sun Yatsen in London, 1896-1897*(Hong Kong: Oxford University Press, 1986)。中文修订本见《孙逸仙伦敦蒙难真相：从未披露的史实》(台北：联经出版事业公司，1998)。简体字修订本见《孙逸仙伦敦蒙难真相》，黄宇和院士系列 (上海：上海书店，2004)。

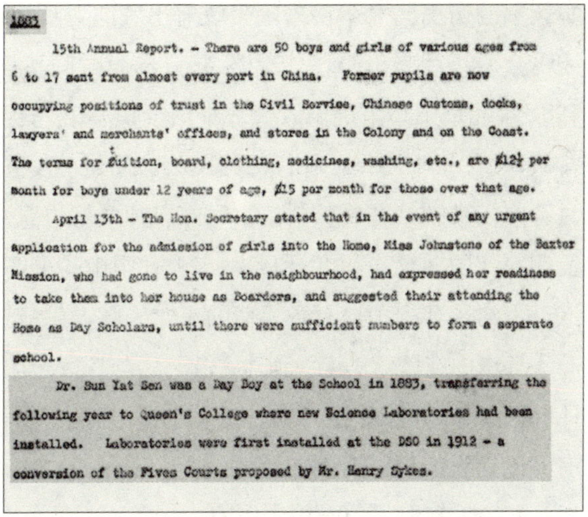

1883

15th Annual Report. - There are 50 boys and girls of various ages from 6 to 17 sent from almost every port in China. Former pupils are now occupying positions of trust in the Civil Service, Chinese Customs, docks, lawyers' and merchants' offices, and stores in the Colony and on the Coast. The terms for tuition, board, clothing, medicines, washing, etc., are $12½ per month for boys under 12 years of age, $15 per month for those over that age.

April 13th - The Hon. Secretary stated that in the event of any urgent application for the admission of girls into the Home, Miss Johnstone of the Baxter Mission, who had gone to live in the neighbourhood, had expressed her readiness to take them into her house as Boarders, and suggested their attending the Home as Day Scholars, until there were sufficient numbers to form a separate school.

Dr. Sun Yat Sen was a Day Boy at the School in 1883, transferring the following year to Queen's College where new Science Laboratories had been installed. Laboratories were first installed at the DSO in 1912 - a conversion of the Fives Courts proposed by Mr. Henry Sykes.

图 5.3　《拔萃男校编年史》打字稿 1883 年部分
(2006 年 9 月 25 日，黄宇和、邓纪杰扫描调整)

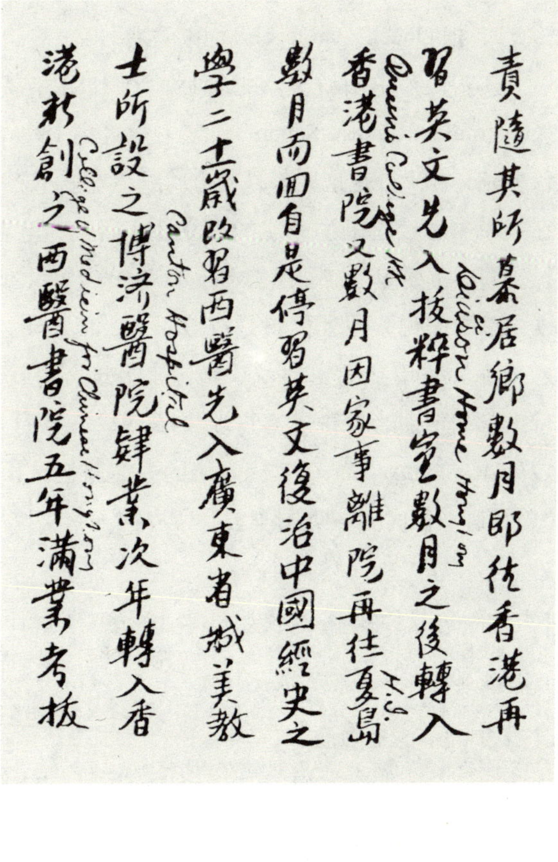

責隨其所慕居鄉數月即往香港再
習英文先入拔粹書室數月之後轉入
香港書院又數月因家事離院再往夏島
數月而回自是停習英文復治中國經史之
學二十歲改習西醫先入廣東省城美教
士所設之博濟醫院肄業次年轉入香
港新創之西醫書院五年滿業考拔

图 5.4　孙中山致剑桥大学翟理斯教授函（有关部分），1896 年 11 月 14 日

室读书的历史。尤幸后来国民政府出资向翟理斯家人买回该信原件，藏中央党史委员会。再后来出版《总理遗墨》（出版时间不详）的时候，又把它影印收进去。1981 年北京中华书局出版《孙中山全集》第一卷时，就按《总理遗墨》的影印件排版印刷。[15] 如此种种，与国民政府通过外交途径向英国外交部讨回 1896 年 10 月孙中山被幽禁在伦敦公使馆时向恩师康德黎医生所发出的两封求救简[16]，然后复制在《国父全集》[17] 和各种有关孙中山的书籍中之做法，如出一辙。

澄清了孙中山这封亲笔信的来龙去脉，乐哉！

孙中山在该信里说：到达香港之后，"先入拔粹（萃）书室 [Diacison (Diocesan) Home, Hong Kong]。数月之后转入香港书院（Queen's College, H. K.）"。[18] 此段记载，有几处错误的地方。例如：

1．把"拔萃"误作"拔粹"。

2．把 Diocesan 误作 Diacison。

3．把 Queen's College 误称做香港书院。

其实，孙中山继拔萃书室后而在 1884 年就读的学校名字叫政府中央书院（Government Central School），该中学直到 1894 年才改名为 Queen's College（皇仁书院）。[19] 可是这些都是枝节问题，应该不影响孙中山在该信中所说的他曾经在拔萃书室读过书的事实的可靠性。而且，笔者看不出他有任何不说实话的动机。同样重要的是：他说曾在拔萃读书尝数月，而不是数周，此点容后再探索。

总的来说，此证据最是权威不过，但鉴于"孤证不立"的原则，笔者不愿意依靠一条单独的史料就下结论，于是努力找旁证。2003 年 12 月飞到美国哈佛大学研究时，发现了喜嘉理牧师 1912 年 4 月 12 日在波士顿《传教士先驱报》（*The Missionary Herald*）上发表的一篇回忆录，里边就提到孙中山到达香港后，"曾经有一段时间在英国圣公会所办的拔萃学校念书"（For a time he attended the

[15]　孙中山：〈复翟理斯函〉，原件无日期，笔者酌定为 1896 年 11 月 14 日。原件藏中国国民党中央党史委员会，全文见《孙中山全集》，第一卷，第 46—48 页。

[16]　见拙著 *The Origins of an Heroic Image*。

[17]　见《国父全集》（1989 年增订本），第十册，英文著述图片部分。

[18]　孙中山：〈复翟理斯函〉。

[19]　吴伦霓霞等编：《孙中山在港澳与海外活动史迹》（香港：香港中文大学联合书院，1986），第 14 页。

Diocesan School of the Church of England)（见图 5.5）。[20] 故喜嘉理牧师可以被视为孙中山曾在拔萃书室念过书的人证。

最后，笔者觉得拔萃书室本身应该有确切的史料，故再商诸香港历史档案馆许崇德先生，承许先生帮忙，又代笔者公函向拔萃男校校长张灼祥先生取得许可，把《拔萃男校编年史》（Diocesan Boys School and Orphange: History and Records, 1869—1929）的 1883 年和 1884 年之部分复印掷下。[21] 阅后可知该书编者是把该校每年的《年报》（Annual Report）集中起来按时间先后排版印刷并装订成册而成。其中 1883 年之《年报》第 155 页，赫然印有 Sun Tui-chew 之名字。经鉴定，笔者的结论是此乃孙帝象之音译。[22] 孙帝象之名，在不同时期不同地方有不同的音译：

1．1879 年在火奴鲁鲁意奥兰尼学校注册入学时，孙帝象的拼音是 Sun Tai Cheong。[23]

2．意奥兰尼学校校史的作者称其为 Sun Tai-chu，又说虽然 Tai Cheong 是其别名。[24]

3．他在意奥兰尼学校毕业时，所领英文文法第二奖时，奖状上写的名字是 Tai Cheu。[25]

4．1883 年 1 月在火奴鲁鲁瓦胡书院预备学校注册入学时，孙帝象的拼音是 Sun Tai Chui；但该校 1961 年校友名单上，孙中山的名字拼作 Tai Chock。[26]

5．1883 年在香港拔萃书室注册入学时，孙帝象的拼音是 Sün Tui-chew。[27]

6．1884 年 4 月在香港中央书院注册时，孙帝象的拼音是 Sun Tai Tseung。[28]

[20] Charles R. Hager, "Dr Sun Yat Sen: Some Personal Reminiscences", *The Missionary Herald* (Boston, April 1912), pp. 171-174: at p. 171 col. 2. This article was later reprinted in Sharman, *Sun Yat-sen*, pp. 382-387. 汉语译本见冯自由：《革命逸史》（北京：中华书局，1981 年重版），第二册，第 12—18 页：其中第 13 页。该文又收进尚明轩等编：《孙中山生平事业追忆录》（北京：人民出版社，1986），第 521—524 页：其中第 521 页。

[21] Bernard Hui to Wong, fax, 28 August 2003, with attachments.

[22] Rev. W. T. Featherstone, comp., *The Diocesan Boys School and Orphanage, Hong Kong* (Hong Kong: Ye Olde Printers, 1930), p. 155.

[23] 马兖生：《孙中山在夏威夷：活动和追随者》（北京：世界知识出版社，2003），第 5 页。

[24] Quoted in Ernest Gilbert Villers, "A History of Iolani School", University of Hawaii M.A. thesis, 1940, p. 49.

[25] "English Grammer, 1st, D. Notley; 2nd, Tai Cheu", see Bernard Martin, *Strange Vigour: A Biography of Sun Yatsen* (London: William Heinemann, 1944), p. 21.

[26] 马兖生：《孙中山在夏威夷：活动和追随者》，第 5 页。

[27] 见本章图 5.7《拔萃男校编年史》第 155 页"。

[28] 见本章图 5.9 中，孙中山在中央书院注册入学时所申报的名字拼音。

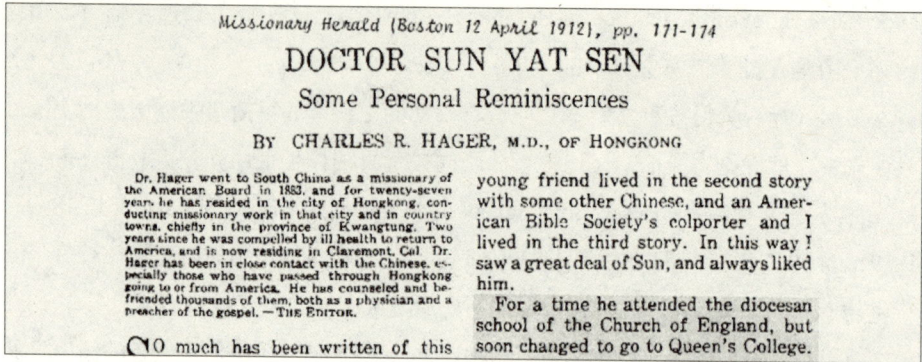

Missionary Herald (Boston 12 April 1912), pp. 171-174

DOCTOR SUN YAT SEN

Some Personal Reminiscences

BY CHARLES R. HAGER, M.D., OF HONGKONG

Dr. Hager went to South China as a missionary of the American Board in 1883, and for twenty-seven years, he has resided in the city of Hongkong, conducting missionary work in that city and in country towns, chiefly in the province of Kwangtung. Two years since he was compelled by ill health to return to America, and is now residing in Claremont, Cal. Dr. Hager has been in close contact with the Chinese, especially those who have passed through Hongkong going to or from America. He has counseled and befriended thousands of them, both as a physician and a preacher of the gospel. — THE EDITOR.

SO much has been written of this young friend lived in the second story with some other Chinese, and an American Bible Society's colporter and I lived in the third story. In this way I saw a great deal of Sun, and always liked him.

For a time he attended the diocesan school of the Church of England, but soon changed to go to Queen's College.

图 5.5 喜嘉理撰文追忆孙中山（黄宇和、邓纪杰扫描调整）

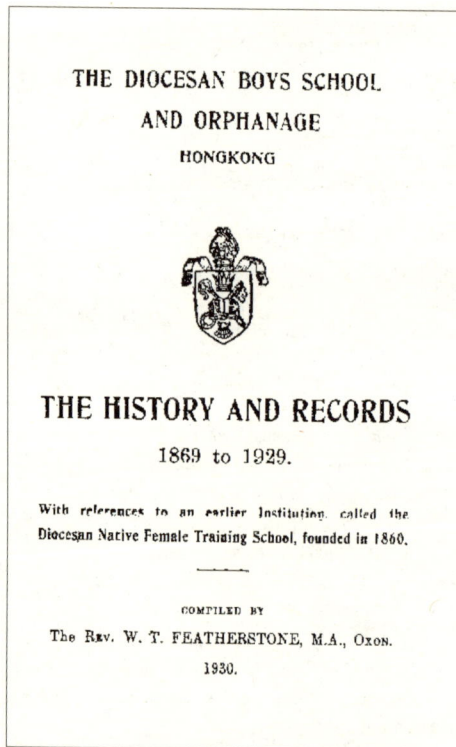

THE DIOCESAN BOYS SCHOOL
AND ORPHANAGE
HONGKONG

THE HISTORY AND RECORDS
1869 to 1929.

With references to an earlier Institution, called the Diocesan Native Female Training School, founded in 1860.

COMPILED BY
The Rev. W. T. FEATHERSTONE, M.A., Oxon.
1930.

图 5.6 《拔萃男校编年史》封面（黄宇和、
邓纪杰扫描调整）

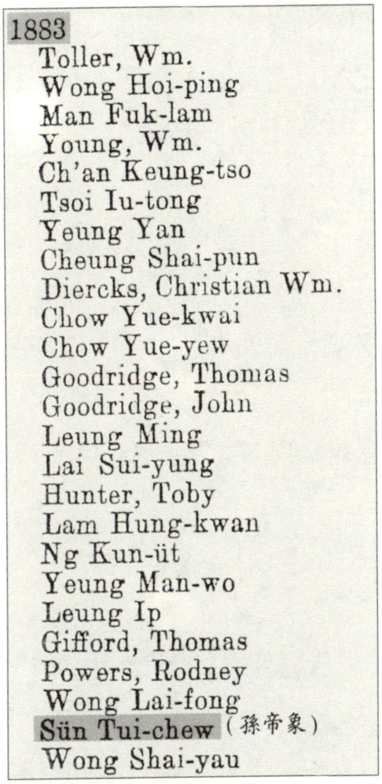

1883

Toller, Wm.
Wong Hoi-ping
Man Fuk-lam
Young, Wm.
Ch'an Keung-tso
Tsoi Iu-tong
Yeung Yan
Cheung Shai-pun
Diercks, Christian Wm.
Chow Yue-kwai
Chow Yue-yew
Goodridge, Thomas
Goodridge, John
Leung Ming
Lai Sui-yung
Hunter, Toby
Lam Hung-kwan
Ng Kun-üt
Yeung Man-wo
Leung Ip
Gifford, Thomas
Powers, Rodney
Wong Lai-fong
Sün Tui-chew（孙帝象）
Wong Shai-yau

图 5.7 《拔萃男校编年史》第 155 页
（此表不以英文字母先后排，似乎是按
报名先后排列。孙帝象等字样是笔者加
上去的）

图 5.8 笔者与拔萃男校张灼祥校长合影
（2006 年 11 月 27 日笔者向师生报告了研究成果后）

立此存照。

兹将该《拔萃男校编年史》（英文版）之封面，以及其中第 155 页之学生人名表复制如下，并在 Sün Tui-chew 这名字的旁边加上孙帝象等字样，同样是为了立此存照（见图 5.6、图 5.7）。

既有人证（喜嘉理牧师），又有物证（孙中山的亲笔信以及《拔萃男校编年史》），应该可以说，孙中山曾在拔萃书室念过书无疑。终于查清此悬案，如释重负。后来笔者应拔萃男校张灼祥校长邀请，2006 年 11 月 27 日向该校师生报告了研究成果，宾主尽欢。

接下来要解决的问题是：孙中山在拔萃读书共读了多长时间？

二、孙中山在拔萃读书有多久？

上述拔萃男校前教师斯迈理 [29] 先生所编著的拔萃校史中，1883 年那一条说孙中山是 1883 年走读生，他没说明何时入学 [30]，《孙中山年谱长编》说是 12 月 [31]，并云所据乃夏曼的书，其实夏曼说是 11 月。[32] 但夏曼自己却说所据乃拔萃的原始档案（school records），唯该原始档案已经在日军占领香港时遭毁灭，如何是好？笔者发觉自己再一次追着自己的影子团团转！

最后，笔者另辟蹊径，查孙中山何时从翠亨村重临香港！若查出此日期，可知孙中山这好学的人在此不久之后就会入读拔萃了。当时香港自由进出，没出入境记录。上述喜嘉理牧师在香港与孙中山相熟，若喜嘉理牧师留有文书，则可能提供珍贵线索。

笔者开始追踪有关喜嘉理牧师的原始档案。可惜多年皆属徒然。后承香港大学建筑系龙炳颐教授相告，喜嘉理牧师在香港创立的华人教堂名叫公理堂，现属中华基督教会，现址是铜锣湾礼顿道 119 号（Corner of Leighton Road and

[29]　Bernard Hui to Wong, e-mail, 24 June 2003.

[30]　Smyly, "History and Records of the Diocesan Boys School, Part 3a".

[31]　《孙中山年谱长编》，上册，第 35—36 页。

[32]　Lyon Sharman, *Sun Yat-sen: His Life and Its Meaning* (New York, 1934), pp. 19-20.

Pennington Street, Causeway Bay, Hong Kong)。于是笔者就在 2002 年 12 月 15 日星期六，兴冲冲地坐飞机赶往香港，翌日专程拜访该堂主牧陈志坚牧师。陈牧师让笔者翌晨再访，以便他整理有关资料。待重见陈牧师时，他把该会出版的一本小册子赠予笔者，题为《中华基督教会公理堂庆祝辛亥革命七十周年特刊》（香港，1981），其中复制了孙中山的洗礼记录。唯以未获睹真迹为憾。笔者原来希望从该堂的档案中了解到一些有关孙中山在该堂活动的情况，可惜未获睹任何文献。乘兴而来败兴而返。

笔者也不气馁，另寻线索。探得美国纲纪慎会在波士顿总部设有图书馆，里边藏有不少档案。于是致函查询。[33] 承其即复，证实喜嘉理牧师的确遗有手稿文书，且已移交哈佛大学收藏。[34] 乐哉！更承哈佛大学的多年挚友孔飞力教授为笔者预先安排住宿，并推荐予该校有关图书馆，以便钻研喜嘉理牧师的文书，不胜雀跃。笔者就在 2003 年 12 月 13 日专程飞纽约转波士顿，在哈佛大学阅读喜嘉理牧师的文书。

在该等文书中，笔者发现一条重要线索。喜嘉理牧师在 1883 年 8 月 18 日向波士顿总部报告说："这个夏天，本传道所的房租会降低至每月 23 元甚或 22 元，因为有一位年轻人到本所寄宿，付少量房租。"[35] 这位年轻人是谁？能取得 1883 年 3 月 31 日才到达香港传教 [36] 的喜嘉理信任而让其在传道所寄宿者必须具备下列条件：他必须

1．懂英语，因为喜嘉理当时还不懂汉语。

2．有寄宿的必要，譬如家不在香港的人。

3．有能力付宿费。

4．是在 1883 年 8 月 18 日喜嘉理写该信之前到达香港。

5．是耶教徒，或至低限度对耶教感兴趣。

[33]　Wong to Worthley, e-mail, 25 August 2003. The Rev. Harold F. Worthley is the Librarian of the Congregational Library, 14 Beacon Street, Boston, MA 02108, USA.

[34]　Worthley to Wong, e-mail, 25 August 2003.

[35]　美国纲纪慎会传道会（ABCFM）档案（下同），Hager to Clark, 18 August 1883, p. 10, ABC 16.3.8: v. 4, no. 7。

[36]　Hager landed at Hong Kong on 31 March 1883. Hager to Clark, 12 April 1883, p. 1, ABC 16.3.8: v. 4, no. 3.

6. 知道喜嘉理的传道所在哪里。就是说，他与喜嘉理都认识同一位朋友，而这位朋友为他们穿针引线。

孙中山符合这一切条件：他

1. 懂英语，而且说得不错。

2. 有寄宿的必要，因为他在香港举目无亲。

3. 暂时能付宿费，因为收拾细软出走时，家人一定会把一些现金塞进他口袋。逃到外祖父母家，老人家也肯定尽一切能力再给他一点。

4. 1883 年 8 月 18 日左右到了香港，因为檀岛的瓦胡书院预备学校在 1883 年 6 月 30 日学年结束，孙中山坐船离开火奴鲁鲁，回到孙眉在离岛所开的牧场时当在 7 月初。他迫不及待地求孙眉同意他入教，孙眉马上买单程船票送他回翠亨村，以当时航程约二十五天计算，孙中山在 7 月底回到翠亨村，不久就因为损坏北帝像而出走到香港。

5. 对耶教非常感兴趣。

6. 喜嘉理与檀岛的芙兰·谛文同是美国纲纪慎会传教士，从教会的《通讯》里知道喜嘉理去了香港传教。[37] 孙中山与芙兰·谛文非常友好。孙中山被其兄遣返，必须到火奴鲁鲁坐船。到了火奴鲁鲁他很可能就前往看望芙兰·谛文，告知一切。孙中山早前就是受到芙兰·谛文及其助手何培的影响才决定要领洗进入基督教。[38] 道别时芙兰·谛文会提及美国基督教纲纪慎会刚派了一位名叫喜嘉理的传教士到香港开山创业，并希望孙中山与他多联系。又把喜嘉理在香港所设传道所的地址告诉他。

喜嘉理曾在其〈追忆〉之中说过是"1883 年秋冬之交"认识孙中山，如此就

[37] "I have just read in the Pacific that Mr C. R. Hager has just been ordained, to go out as a missionary to China and to be stationed at Hong Kong and to be under the ABCFM. This is something quite new and unexpected to me. I could wish for many reasons he might visit our Island before going to China. You can hardly realize how our Islands are becoming linked with China, but more especially with that part of China in and about Hong Kong and Canton. The majority of our Chinese are of the Hakkas. I could wish we might be informed more about the design of the Board, with reference to this new station of the ABCFM at Hong Kong. Necessarily we must be weighted to him and his work." See Samuel Damon to N.G. Clark, 6 March 1883, pp. 1-2, ABC 19.1: v. 22, no. 237.
[38] 见本书第四章第十五至十六节。

与 1883 年 8 月 18 日不符。但"秋冬之交"只是泛指季节，非具体日期。且喜嘉理之〈追忆〉写于三十年后，具体日期记不清楚，属意料中事。但孙中山从一开始就住在其传道所，则有佐证，因为孙中山在中央书院注册入学的时候所申报的居住地址提供了一条重要线索。他说他居住在必列者士街（Bridges Street）2 号（见图 5.9）。[39] 该处正是喜嘉理牧师的临时传道所。[40] 准此，可确知孙中山到达香港的日期，不迟于 1883 年 8 月 18 日。

鉴于孙中山在 1883 年 8 月 18 日前已经入住拔萃书室附近的喜嘉理传道所，故窃以为孙中山不必旷学到 1883 年 11 月才入读拔萃，很可能在暑假过后的 9 月初就报名入学了；因为从香港中央书院每年上课日子统计表看 [41]，该院 8 月放暑假，只上课五天；9 月重新开课，故窃以为拔萃书室应该也是 9 月复课，孙中山如饥似渴般的求知欲望也得偿夙愿，乐哉！

斯迈理又说，孙中山翌年转中央书院。[42] 但没说明翌年何时转学。据中央书院的记载，则孙中山是在 1884 年 4 月 15 日注册进入中央书院读书的。[43] 若孙中山在转学之前没有辍学的话，则他在拔萃为时应约半年。孙中山自己也说是"数月" [44]，而喜嘉理牧师则说有一段时间（for a time）[45]，又说认识孙中山"数月后"（after some months）[46] 为他施洗，就与笔者这种推算吻合。

再接下来要解决的问题是：1883 年的拔萃是什么性质的学府？是否像火奴鲁鲁的意奥兰尼学校那样是寄宿学校？课程是否衔接？

---

[39]　Gwenneth Stokes, *Queen's College, 1862-1962* (Hong Kong: Queen's College, 1962), p. 52.

[40]　《中华基督教会公理堂庆祝辛亥革命七十周年特刊》（香港，1981），第 2 页。

[41]　见 Table: "Enrolment and Attendance of the Central School, 1886", in the Annual Report of the Head Master of the Government Central School for 1886, 17 January 1887, Government Notification No. 12/87; Presented to the Legislative Council by command of H.E. the Officer Administering the Government on 4 February 1887, *Hong Kong Legislative Council Sessional Papers 1887*, pp. 269-355: at p. 271。

[42]　Smyly, "History and Records of the Diocesan Boys School, Part 3a".

[43]　Stokes, *Queen's College, 1862-1962*, p. 52.

[44]　孙中山：〈复翟理斯函〉。

[45]　Hager, "Dr Sun Yat Sen: Some Personal Reminiscences", *The Missionary Herald* (Boston, April 1912), pp. 171-174: at p. 171 col. 2.

[46]　Ibid., pp. 171-174: at p. 171 col. 1.

Imperial Countenance'.) The date of Sun's entry to the school seems beyond dispute, for early in 1937, when the register of The Central School was still in the possession of Queen's College, the record of his admission was reproduced in an article in *The Yellow Dragon* (Volume 37, No. 2, Winter 1936-7). The entry (at page 95) reads:

Admission Number	Name	Residence	Age	Date of Admission	Remarks
2746	Sun Tai Tseung (孫帝象)	2 Bridges Street	18	15.4.84	Parents in Heung Shan (香山)

The county of Heungshan (Xiangshan), in Guangdong Province, is now Zhongshan City. It was there, in the village of Cuiheng, that Sun Yat-sen was born. Before coming to The Central School he had spent a few weeks at the Diocesan Home — according to W. T. Featherstone's *History and Records of the Diocesan Boys' School and Orphanage*, he was there from November to December 1883. Why he left so soon is unknown but it is possible that his father's death obliged him to return to his home in Cuiheng.

图 5.9　孙中山在中央书院注册入学时所申报的居住地址是必列者士街 2 号 (No. 2 Bridges Street)

图 5.10　孙中山无缘就读的维多利亚书院新校舍

三、孙中山就读之拔萃属什么性质?

当今之拔萃书院,分男校女校,是极为高贵的学府。犹记得 20 世纪的 60 年代,当笔者在香港念书时,拔萃男校被称为"贵族学校"之一。校址在太子道与亚皆老街之间的一座山头。树木参天,绿草如茵。校园环境之优美,在闹市之中恍如世外桃源。学生成绩又非常卓越,在九龙半岛与喇沙书院和笔者当年肄业之九龙华仁书院等校齐名。由于当时香港政府容许各校自由招生、自由收费,富家子弟趋之若鹜,故有"贵族学校"之称。时至今天,拔萃男校变成直资学校(纯粹的私立中学);华仁书院则仍然是政府准贴中学,有义务把政府送来的学生,无论贫富,都照单全收。相形之下,拔萃男校更是超级"贵族学校"。若以今况古,恐怕就无法理解,只身逃到香港的孙中山竟然读得上学费如此昂贵的学校;故当时的拔萃,肯定不是什么"贵族学校"。

据香港教育署的记录,当时拔萃的英文全名是 Diocesan Home and Orphanage (Mixed)。直译的话可作"主教区男女儿童收容所、男女孤儿院"。该所又提供教育,并因此而得到香港政府的教育经费补助 (grant-in-aid)。[47] 这段描述非常重要,因为找出了孙中山就读的那所学校当时的准确名字,有助于我们了解他当时的具体情况。他在 1883 年 7 月底仓促离乡,只身逃往香港。尽管并非不名一文,盘川想也有限,哪来的经费念什么贵族学校? 正因为当时的拔萃并非后来的"贵族学校",孙中山才不至于望门生畏。而且,来到这个陌生的地方,又举目无亲,终于求助于当地圣公会的"主教区男女儿童收容所",应属实情。[48] 他找圣公会而不找别的机构,相信与他在檀香山的意奥兰尼学校念书时,该校校监、圣公会韦礼士主教的慈爱曾给他留下深刻印象有关。[49]

---

[47] "Table XI: Number of Scholars attending Schools receiving Grants-in-aid (under the Provisions of the scheme of 1880), expenses incurred and amount of Grant gained by each in 1883", in E. J. Eitel, *Educational Report for 1883*, Hong Kong, Education Department, 3 April 1884; Presented to the Legislative Council on 29 May 1884; In the Hong Kong Government Notification No. 208, Colonial Office 31 May 1884, p. 14.

[48] 他在该所登记册上填写的名字是 Sun Tui-chew(孙帝象)。See the year 1883 in "List of Boys' Names from 1870 to January 1912", Hong Kong Diocesan Home and Orphanage (Boys), HKMS91-1-435, Hong Kong Public Office.

[49] 见本书第四章。

　　但是，笔者还是不满足于香港教育署如此简短的信息，决心彻查拔萃沿革，因为一所学校的传统、环境、经费来源、学风等，都足以影响学生的成长。

　　经考证，发觉拔萃的前身是拔萃女子训练学校（Diocesan Native Female Training School），1860 年 3 月 15 日创立，赞助人是香港总督夏乔士·罗便臣爵士（Sir Hercules Robinson）的夫人，董事局的成员都是香港权贵的夫人，清一色的洋人。学员对象是香港华人富有人家的女儿。[50]

　　1870 年该校改组并易名为拔萃收容所暨孤儿院（Diocesan Home and Orphanage）。赞助人是香港总督麦当奴爵士（Sir Richard Graves MacDonnell）。它的三位副赞助人是香港海、陆军司令和首席法官。总监是香港圣公会主教。[51] 创办该校目的是"按照圣公会的教义而为身心健康的男女儿童提供住宿、温饱和教育，以便培养工业人才和基督教信徒"[52]。

　　学员的对象本来是"其父母有能力缴交一切费用的男女儿童"[53]。无奈孩子进来以后似乎很多父母就撒手不管了，以致该校变成名副其实的收容所。为何那些父母不管？则观其第二年在该校留宿的学生便可见端倪：十四名男孩当中有十二名是混血儿（其余两名是华人）。九名女孩当中有六名是混血儿（其余三名是华人）。[54] 看来是有些洋人男士风流过后，由于调职离开香港或其他原因就撒手不管了。

　　但该校不忍心不管，于是向社会募捐。最初是在香港、上海、汉口等地的圣公

---

[50]　Featherstone, *The Diocesan Boys School and Orphanage, Hong Kong*, p. 14.

[51]　"That the objects of the Institution be to receive Children of both sexes, sound both in body and mind and as may be deemed eligible by the Committee, as soon as they become capable of education; and to board, clothe and instruct them with a view to industrial life and the Christian Faith according to the teaching of the Church of England." Extract from the Rules, in Featherstone, *The Diocesan Boys School and Orphanage, Hong Kong*, p. 17.

[52]　"1st Annual Report, Easter 1870", in Featherstone, *The Diocesan Boys School and Orphanage, Hong Kong*, p. 16.

[53]　"The Diocesan Home and Orphanage was established more especially to afford a Christian education, on the principles of the Church of England, to Children whose parents were able to pay towards the expenses of their maintenance." See 4th Annual Report, Easter 1872-1873, in Rev. Featherstone, *The Diocesan Boys School and Orphanage, Hong Kong*, p. 20.

[54]　"2nd Annual Report, Easter 1870-1871", in Featherstone, *The Diocesan Boys School and Orphanage, Hong Kong*, p. 19.

会教堂主日崇拜时募捐。[55] 后来由于在中国其他地区的圣公会从香港主教区划分出去而各自成立自己独立的教区，再不能为香港教区募捐。另一方面，从英国老家也捐不到钱。[56] 故该校就在香港向本地的大公司诸如汇丰银行、怡和洋行等募捐。[57]

可是，长期募捐不是办法，于是该校董事局在 1877—1878 年度就决定暂时不再接受男宿生；但已经入宿者则仍容许其留下来。[58]1878—1879 年又改为从此不再接受新的女宿生，待当时已经入宿的女生全部离开后，就把该校变为清一色的男校。[59] 1886—1887 年更决定拒收那些不能缴交全部费用的学生，以便该校自给自足。[60] 孙中山就是在 1883 年、该校还容许交不起学费的学生入读的时候，进入该校读书。[61]

孙中山有否考虑过寄宿？若能力够得上的话，相信他是愿意寄宿的，因为他在火奴鲁鲁的意奥兰尼学校过了约三年非常有意义和愉快的宿生生活。但据拔萃前校长费瑟斯顿牧师（Rev. W. T. Featherston）所编的拔萃男校史，其中 1883 年的《年报》说，在 1883 年当中，该所、院共收容了五十名男女儿童，年龄在六岁到十七岁之间。至于收费（包括学费、食宿费、衣服、医疗和洗涤等费用），则规定十二岁以下的男童每人每月共收费 12.50 元，而十二岁以上的男童每人每月共收费 15 元。[62] 该等费用部分由孩子们的父母或监护人负责，部分向社会热心人士募捐而来。[63] 孙中

---

[55]　"3rd Annual Report, Easter 1871-1872", paragraph 3, in Featherstone, *The Diocesan Boys School and Orphanage, Hong Kong*, p. 20.

[56]　"5th Annual Report, Easter 1873-1874", paragraph 3, in Featherstone, *The Diocesan Boys School and Orphanage, Hong Kong*, p. 21.

[57]　"5th Annual Report, Easter 1871-1872", paragraph 5, in Featherstone, *The Diocesan Boys School and Orphanage, Hong Kong*, pp. 21-22.

[58]　"8th Annual Report, Easter 1877-1878", paragraph 4, in Featherstone, *The Diocesan Boys School and Orphanage, Hong Kong*, p. 23.

[59]　"11th Annual Report, Easter 1877-1878", paragraph 4, in Featherstone, *The Diocesan Boys School and Orphanage, Hong Kong*, p. 24.

[60]　"18th Annual Report of the Diocesan Home and Orphanage, 1886-1887", paragraph 3, in Featherstone, *The Diocesan Boys School and Orphanage, Hong Kong*, p. 26.

[61]　Smyly, "History and Records of the Diocesan Boys School, Part 3a".

[62]　"15th Annual Report of the Diocesan Home and Orphanage, 1883-1884", in Featherstone, *The Diocesan Boys School and Orphanage, Hong Kong*, p. 25.

[63]　"3rd Annual Report of the Diocesan Home and Orphanage, 1871-1872", in Featherstone, *The Diocesan Boys School and Orphanage, Hong Kong*, p. 20.

山当时已经是实龄十七岁，父母兄长又没有保送他入学，哪儿来的钱付每月15元的费用？当时香港佣人如厨子等的工资每月只有八元左右！[64] 所以，后来拔萃男校老师斯迈理在1969年说当时孙中山乃日校走读生[65]，应为信史。

又该所既带慈善性质，日校走读生的缴费想也有限，甚至可能免费，孙中山才可以在那里读书。笔者这种想法的根据是：1886—1887年度的拔萃《年报》说，若拔萃从此以后提高收费并把所有不能缴交费用的学生拒诸门外，该校便可以自给自足。[66] 此件说明在1886—1887年度以前的拔萃，对有志向学但付不起学费的学生也给予入学机会。孙中山是大约在1883年9月初进入拔萃读书的[67]，而当时他又近乎不名一文，故准其免费入学的可能性极大。果真如此，则窃以为拔萃在1883年孙中山经济极度困难的时刻免费给予教育，功德无量。

四、拔萃书室的课程

参考香港教育署的一份报告，则当时该校讲授的科目有英语阅读、英语作文、英文文法、算术、地理、历史六门。[68] 再参考拔萃校史，则发觉香港教育署报告忽视了"宗教"一门科目（见图5.11）。很难想象一所由教会创办并主持的学校不教《圣经》！孙中山对耶教的探索得以在拔萃继续。

教师是谁？据拔萃校史说，学校原规定该校必须由一位教师（master）和一位舍监（matron）分别负责教学和住宿诸事项，两人的工作直接受命于主教或他

---

[64] Carl T. Smith, *A Sense of History*, p. 330.

[65] Smyly, "History and Records of the Diocesan Boys School, Part 3a".

[66] "18th Annual Report of the Diocesan Home and Orphanage, 1886-1887", paragraph 3, in Featherstone, *The Diocesan Boys School and Orphanage, Hong Kong*, p. 26.

[67] 正如前述，从香港中央书院每年上课日子统计表看，该院8月放暑假，只上课五天，9月重新开课，故窃以为拔萃书室应该也是9月复课。见 Table: "Enrolment and Attendance of the Central School, 1886", in the Annual Report of the Head Master of the Government Central School for 1886, 17 January 1887, Government Notification No. 12/87; Presented to the Legislative Council by command of H.E. the Officer Administering the Government on 4 February 1887, *Hong Kong Legislative Council Sessional Papers 1887*, pp. 269-355: at p. 271。

[68] "Table XV: Percentage of Passes in the various subjects on which the Grant-in-aid Schools were examined in 1883", in Eitel, *Educational Report for 1883*, p. 18.

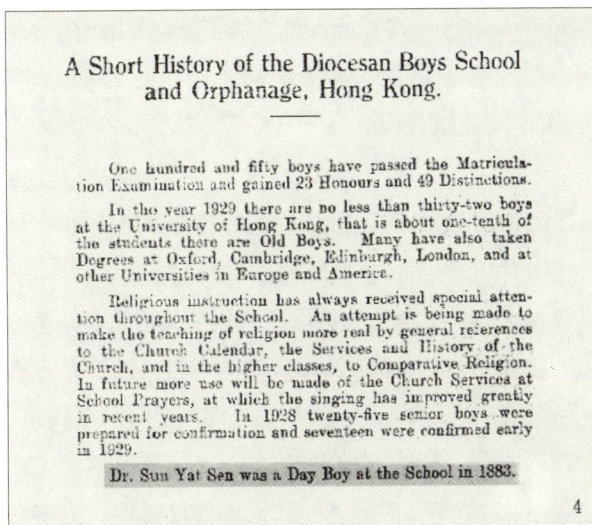

图 5.11　《拔萃男校编年史》第 4 页对宗教课的描述
（黄宇和、邓纪杰扫描调整）

图 5.12　后来重建之港岛拔萃男书室
（孙中山并未在此幢楼房内读过书。后来拔萃在 1929 年
更舍此而迁到九龙现址）

的代理人。[69] 从 1877—1878 年度开始，该教师和舍监分别由皮尔斯伉俪（Mr and Mrs Piercy）充当。[70] 他们是特别从英国雇来的。[71] 由此可以推断，当时孙中山所学习的全部科目都是用英语授课。

幸亏他在夏威夷上的意奥兰尼学校同样是英国圣公会所办，也采取同类的英国学制，同时又打下英语基础，所以在香港拔萃的学习才能马上接上轨。拔萃从 1879—1880 年度开始又雇请了一位助理教师，专门负责教授英语并带领学生郊游。[72] 准此，窃以为孙中山所上的英语课（包括英语阅读、英语作文、英文文法）和郊游，是由这位助理教师负责的。其余的科目〔即算术、地理、历史（笔者按：这当然是英国历史）〕则由皮尔西先生授课。平分秋色。至于耶教《圣经》自然是由皮尔西先生讲解。又至于课程的安排，则上午 9 时到 12 时 30 分，由这两位英人老师轮番上课。下午 2 时到 4 时，上的是汉语课，由校方另行雇请一位华人国文老师讲授。[73] 由此观之，很可能所有学生都集中在同一个大课室上课，以现代标准来说，是相当拥挤的。

又至于孙中山的学习成绩，则无从查核。但全校的考试成绩则查到了：很不错，1883 年的及格率是 84%。[74] 当年全年共有六十三名男生和五名女生在该校读过书。[75] 回顾该校 1883—1884 年的《年报》所说，当年共有五十名男女宿生[76]，则可知当年的走读生应该是大约十八名。为何笔者用上"应该、大约"等词汇？

---

[69]　Extract from the Rules of the Diocesan Home and Orphanage, 1870, in Featherstone, *The Diocesan Boys School and Orphanage, Hong Kong*, p. 17.

[70]　"10th Annual Report of the Diocesan Home and Orphanage, 1877-1878", in Featherstone, *The Diocesan Boys School and Orphanage, Hong Kong*, p. 24.

[71]　"9th Annual Report of the Diocesan Home and Orphanage, 1877-1878", in Featherstone, *The Diocesan Boys School and Orphanage, Hong Kong*, p. 23.

[72]　"12th Annual Report of the Diocesan Home and Orphanage, 1879-1880", in Featherstone, *The Diocesan Boys School and Orphanage, Hong Kong*, p. 25. 该年报没有道出该助教的名字。

[73]　"2nd Annual Report of the Diocesan Home and Orphanage, 1870-1871", in Featherstone, *The Diocesan Boys School and Orphanage, Hong Kong*, p. 20. 该年报没有道出华人教师的名字。

[74]　"Table XIV: Percentage of Scholars who passed in the Grant-in-aid Schools were during the last two years", in Eitel, *Educational Report for 1883*, p. 17.

[75]　"Table XI: Number of Scholars attending schools receiving Grant-in-aid (under Provisions of the Scheme of 1880), expenses incurred and amount gained by each in 1883", in Eitel, *Educational Report for 1883*, p. 14.

[76]　"15th Annual Report of the Diocesan Home and Orphanage, 1883-1884", in Featherstone, *The Diocesan Boys School and Orphanage, Hong Kong*, p. 25.

因为根据香港教育署的统计，当年在该校注册入学的人数，像其他学校一样，流动性很大。若按每月注册入学的男生人数作统计的话，则该校最高的月份有 47 名男生，最低的月份有 33 名男生，一年平均每月有 40.27 名男生注册入学。若按一个月内每日上课的人数作平均统计的话，则最高为 40.62 名男生，最低为 29 名男生，全年平均每日有 36.70 名男生上课。[77]

上面各种数据让我们得出一个推论，当时拔萃书室的规模是很小的，没有必要用一幢庞大的建筑物做课堂。准此，窃以为吴伦霓霞等教授所编著的：《孙中山在港澳与海外活动史迹》（香港：香港中文大学联合书院，1986）第 8—9 页中的图片（见图 5.12），值得商榷。据笔者实地调查所得，该图片所示之建筑物位于香港的港岛半山区东边街与般含道之间；在 1962—1971 年间曾经是香港中文大学联合书院的校址[78]，规模可知。当时笔者就怀疑该地是否孙中山上过课的地方，而 1883 年的原来建筑物已被推倒重建而不复旧观？笔者这种初步推理，后来随着研究的深入而得到进一步印证。拔萃 1876—1877 年度的《年报》说，校舍的木材结构部分已经差不多全部被白蚁损坏，必须大修以策安全。[79] 此件证明孙中山当时读书的那所建筑物是过去香港人所说的所谓"木楼"，而后来联合书院用作校舍那所建筑物则全是钢筋混凝土，所以不可能是同一座建筑物。其实，从该图显示的校名，也可断定该幢建筑物不是孙中山曾上过课的地方，因为它的名字已经改为"拔萃男书室"，而孙中山就读的拔萃，还是男女混合的学校。可惜，后来李金强教授的专著《一生难忘：孙中山在香港的求学与革命》（香港：孙中山纪念馆，2008）第 53 页，还沿用旧说。应该是改正的时候了！

此外，据香港教育署的统计，1883 年的拔萃书室虽然只有六十八名学生，但全年的开支却高达 5507.88 元。比较之下，则同年只有四十五名学生的香港天主教主

[77]　"Table XII: Enrolment, Attendance and Numober of School Days at the Grant-in-aid Schools during 1883", in Eitel, *Educational Report for 1883*, p. 15.

[78]　吴伦霓霞等编：《孙中山在港澳与海外活动史迹》，第 8 页，图 1—6。

[79]　"8th Annual Report of the Diocesan Home and Orphanage, 1876-1877", in Featherstone, *The Diocesan Boys School and Orphanage, Hong Kong*, pp. 22-23.

教座堂男校（Roman Catholic Mission, Cathedral School for Boys），全年开支只有 269.50 元。[80] 双方都是以主教名义创办的学校，开支却大巫见小巫。无他，拔萃书室同时也是男女收容所，并因此而有五十名学生寄宿也。[81] 由于香港政府对各学校的补助只限于教育经费，并且是按该校考生的成绩高低计算[82]，以致拔萃书室只领到 218.50 元，而天主教主教座堂男校则领到 155.09 元。[83] 分别是每名学生每年各补助约 3.21 元和 3.44 元，即每名学生每月各补助约 0.27 元和 0.29 元。

由于香港政府有按考试成绩来补助教育经费以便提高市民素质的政策：即年终考试时，每有一名及格的学生，政府就给予该学生就读的学校 5 元到 6 元的补助不等，以至喜嘉理牧师说，他可以免费办学。办法是年初向银行贷款以支付教师的薪金和校舍的租金，年底学生考试成绩公布后，能领到香港政府的补助经费的数目大致可以还清银行的债务。[84] 因此，窃以为当时孙中山在几乎不名一文的情况下而能够进入拔萃书室读书，部分原因可能是由于拔萃书室从 1877 年 4 月 19 日开始就参加了香港政府这项补助教育经费的计划。[85] 以至于该校尽管免了孙中山的学费也损失无几。而且，孙中山看来是位聪明勤奋的学生，又懂英语，说不定考试成绩之佳，还会为拔萃多赚教育补助经费呢！

五、孙中山在拔萃的课余活动

香港与台湾学术界较新的一项研究成果说：孙中山 "1883 年冬由于课余随

---

[80] "Table XI: Number of Scholars attending schools receiving Grant-in-aid (under Provisions of the Scheme of 1880), expenses incurred and amount gained by each in 1883", in Eitel, *Educational Report for 1883*, p. 14.

[81] "15th Annual Report of the Diocesan Home and Orphanage, 1883-1884", in Featherstone, *The Diocesan Boys School and Orphanage, Hong Kong*, p. 25.

[82] "The so-called demoninational School, now 48 in number, are either Protestant or Roman Catholic Mission Schools, subsidized by the Government, as Grant-in-Aid Schools, by annual grants given on the principle of payment for definite results as ascertained by annual examination." Item 5 in Eitel, *Educational Report for 1883*, p. 14.

[83] "Table XI: Number of Scholars attending schools receiving Grant-in-aid (under Provisions of the Scheme of 1880), expenses incurred and amount gained by each in 1883" , in Eitel, *Educational Report for 1883*, p. 14.

[84] Hager to Clark, 11 October 1883, ABC 16.3.8: South China, v. 4, no. 9, p. 2.

[85] "9th Annual Report of the Diocesan Home and Orphanage, 1877-1878", in Featherstone, *The Diocesan Boys School and Orphanage, Hong Kong*, p. 23.

从区凤墀（1847—1914）学习中文，而得以结识公理会医疗传教士喜嘉理牧师（Charles B. Hager, 1850—1917），遂与好友陆皓东同受喜牧师施洗，归信基督，而成为公理会会友"[86]。

短短的一段话，牵涉的问题却既深且远。让我们按部就班地逐句衡量其重要性。

第一，所言"1883年冬"，则孙中山正在拔萃读书。所以，其所谓"课余"者，应指孙中山在拔萃读书之课余时间。

第二，所言"随从区凤墀学习中文"，则关乎孙中山的国学修养，以及国学对他后来政治思想影响的问题，必须考证是否确有其事。

在这个问题上，笔者在本书第三章已经稍有论及，在此再详细考证。准此，《国父年谱》（1985年增订本）提供了重要线索，它说区凤墀乃是伦敦传道会（London Missionary Society）长老。[87]于是笔者专程飞英国钻研伦敦传道会的档案，可知区凤墀的确是该会成员，但至低限度在1895年10月孙中山广州起义以前，区凤墀既不在香港生活，也不是什么长老——当时他是伦敦传道会广州站（Canton Station）所雇用的宣教师（preacher），长期以来在广州河南的福音堂（preaching hall）宣教，月薪15银元。[88]

至于区凤墀的国学修养过人，则有史可征。伦敦传道会广州站的英人主任传教士——托马斯·皮尧士牧师（Rev. Thomas W. Pearce）[89]，对区凤墀的评价是这样的："才具出众，能力不凡。"[90]他的国学修养尤好：香港政府曾拟高薪聘请他到香港替公务员训练班讲授国文。但当香港政府征询皮尧士牧师时，他曾暗中阻

[86]　李金强：〈香港中央书院与清季革新运动〉，载《郭廷以先生百岁冥诞纪念史学论文集》（台北：商务印书馆，2005），第249—269页；其中第264页。

[87]　《国父年谱》（1985），上册，第34页，1883年冬条。

[88]　Rev. T.W. Pearce to Rev. Wardlaw Thompson, Canton 5 April 1889, p. 6. CWM, South China, Incoming letters 1803-1936, Box 11 (1887-1892), Folder 3 (1889). 此件没 preacher 及 preaching hall 的汉语专有名词，笔者不愿随意翻译，参之王志信的《道济会堂史》，可知该会分别称之为宣教师和福音堂。笔者为了尊重该堂教友及避免混淆，决定沿用之。

[89]　王志信把他误作 T. W. Pierce，不确，应是 T. W. Pearce。又把他音译作皮尧士，不准。见其编著的香港《道济会堂史》，第10页。鉴于王志信把他音译作皮尧士，似乎是沿用张祝龄牧师遗作〈合一堂早期史略〉的称呼。笔者同样是为了尊重该堂教友及避免混淆，这里姑且沿用旧习称之为皮尧士。

[90]　Rev. T.W. Pearce to Rev. Wardlaw Thompson, Canton 5 April 1889, p. 7. CWM, South China, Incoming letters 1803-1936, Box 11 (1887-1892), Folder 3 (1889).

止，结果没有成行。[91] 无他，怕失掉良才也。

后来德国的柏林大学东方研究所慕名聘请区凤墀前往讲学四年，月薪 300 马克。因为柏林大学没有预先征求皮尧士牧师的意见，使得他没法再次暗中阻止，只好强颜欢送。[92] 区凤墀就在 1890 年 10 月去了德国四年（1890—1894）。任满仍回广州河南重操旧业。[93] 但已有如脱胎换骨：当时的德国，教育水平之高与受教育人数之众，与人口比例，为全球之冠。政治之廉洁，纪律之严明，与当时区凤墀在满清治下之广州，犹如天壤之别。稍存爱国心的人都会矢志改变中国的落后局面，更何况他是先知先觉的知识分子。

当时德国民族主义情绪之高涨，可以说超越其他欧洲国家，原因是其教育最为普遍，以至于其民族主义的宣传最为成功也。笔者甚至怀疑，区凤墀之所以被柏林大学看中，是通过伦敦传道会广州站的德人传教士艾希勒（Rev. Ernst R. Eichler）的介绍。艾希勒牧师原来是德国礼贤传道会（Rhenish Mission）的传教士，1881 年参加了伦敦传道会，被派往广州站负责广东客家地区的传道工作。1889 年 2 月因病离开[94]，绕道德国回伦敦总部述职。[95] 很可能正是他绕道经德国老家期间，知道柏林大学要物色汉语教师，就积极推荐区凤墀。柏林大学当局征诸其他传教士，证实在中国的外国传教士圈子里，区凤墀的名字是响当当的。[96] 于是决定聘请他。结果他就在 1890 年 10 月成行了。当时德国正积极准备对华扩张，需要训练懂汉语的人才。如果笔者对于艾希勒牧师之推荐区凤墀

---

[91]　Ibid.

[92]　Thomas Pearce's Decennial Report (Canton & Outstations) for 1880-1890, 27 February 1891, p. 5. CWM, South China, Reports 1866-1939, Box 2 (1887-1897), Envelope 25 (1890).

[93]　Rev. Thomas Pearce to Rev. Wardlaw Thompson, 20 February 1895, CWM, South China, Incoming correspondence 1803-1936, Box 13 (1895-1897), Folder 1 (1895).

[94]　Rev. Thomas Pearce's Decennial Report (Canton & Outstations) for 1880-1890, 27 February 1891, p. 2. CWM, South China, Reports 1866-1939, Box 2 (1887-1897), Envelope 25 (1890). 此件文献没说出 Rhenish Mission 的汉语名称叫什么。王志信的《道济会堂史》又没道出礼贤会是何方神圣。笔者把中西文献比较，得出的结论是：Rhenish Mission 在华的称呼乃礼贤会，故云。目前在香港港岛般含道靠近香港大学的地方仍然有一所教堂称礼贤堂。

[95]　Rev. Ernst R. Eichler to Rev. Wardlaw Thompson, 29 January 1889, CWM, South China, Incoming letters 1803-1936, Box 11 (1887-1892), Folder 3 (1889).

[96]　Rev. T.W. Pearce to Rev. Wardlaw Thompson, Canton 5 April 1889, p. 6. CWM, South China, Incoming letters 1803-1936, Box 11 (1887-1892), Folder 3 (1889).

予柏林大学的推想属实，则证明该牧师的爱国心高于他对伦敦传道会的忠诚，甚至超过他本人对自己宗教信仰的忠诚，而挖了伦敦传道会广州站的墙角。德国传教士的爱国热情尚且如此，柏林大学师生的爱国热情可知。区凤墀置身其中四年，耳濡目染，以其知识分子的高度敏感，一定深受感染。而且，他是只身上任的，夫人又在他出国后不久即去世了。[97] 区凤墀感怀身世之余，受到德国强大爱国主义浪潮的影响，内心世界会起了什么变化？

这种变化是巨大的：1894 年底甫回广州[98]，翌年即支持了孙中山的广州起义！事败，区凤墀亡命香港。[99] 他既然在香港生活，就参加了英国伦敦传道会在香港的华人子会——道济会堂；并成为该堂的长老。准此，区凤墀之被称为长老者，是 1895 年以后的事情了。当长老是义务性质，区凤墀何以为生？原来香港政府终于得偿所愿，成功聘请了他当华民政务司的华文总书记。[100] 后来 1896 年 10 月孙中山伦敦蒙难，逃出生天后用第一时间所发出的第一封信，就是给区凤墀的。[101] 在该信中，孙中山自称为弟。这种称谓，除了符合基督教一些教会里诸教众互以兄弟姐妹相称的习惯外，还有难兄难弟之意，因为他们曾共患难。

不过这些都是后话。1883 年孙中山在香港拔萃书室读书时，并不认识区凤墀，也没从其习国学。他之认识区凤墀，似乎是 1886 年他到广州博济医院习医的日子。该院任医务兼翻译医书者尹文楷，与孙中山熟善。尹文楷的岳父正是区凤墀。通过尹文楷，孙中山才与区凤墀认识。《总理年谱长编钞本》甚至说两人"朝夕契谈"[102]。两人怎么可能朝夕契谈？盖孙中山住在博济医院宿舍，而博济医院在广州的河北，区凤墀则居住在广州的河南。看来又是传闻失实的另一例子。征诸冯自由，则说区凤墀自柏林"归国后寄寓广州河南瑞华坊其婿尹文楷家，总

---

[97] Thomas Pearce's Decennial Report (Canton & Outstations) for 1880-1890, 27 February 1891, p. 5. CWM, South China, Reports 1866-1939, Box 2 (1887-1897), Envelope 25 (1890).

[98] Rev. Thomas Pearce to Rev. Wardlaw Thompson, 20 February 1895, CWM, South China, Incoming correspondence 1803-1936, Box 13 (1895-1897), Folder 1 (1895).

[99] Rev. T.W. Pearce (Hong Kong) to Rev. R. Wardlaw Thompson (London, LMS Foreign Secretary), 7 November 1895, p. 4, CWM, South China, Incoming correspondence 1803-1936, Box 13 (1895-1897), Folder 1 (1895).

[100] 见冯自由：〈区凤墀事略〉，载冯自由：《革命逸史》（北京：中华书局，1981），第一册，第 12 页。

[101] 见拙著《孙逸仙在伦敦》，第二章〈日志〉。

[102] 《国父年谱》（1985），上册，第 43—44 页，其中 1886 年条，引国民党党史会：《总理年谱长编钞本》，第 10 页。

理时亦同居"[103]。但孙中山当时在广州河北的博济医院寄宿,住在哥利支堂十号宿舍(见本书第六章),何来"同居"?

征诸伦敦传道会档案,可知区凤墀是在 1894 年底自柏林回到广州的。[104]准此,窃以为"朝夕契谈,倍极欢洽"[105]以及"同居"[106]云云,乃 1894 年底到 1895 年乙未广州起义之间的事情,而非 1886—1887 年间孙中山在广州博济医院习医之日。笔者这种推论另有佐证:1895 年乙未广州起义之重要文献之一——〈创立农学会征求同志书〉,虽然是以孙中山的名义发表[107],其实是区凤墀草拟的。[108]可见当时两人确实"朝夕契谈"也。[109]

第三,所言"而得以结识公理会医疗传教士喜嘉理牧师(Charle B. Hager, 1850—1917)"[110],则:

1. 喜嘉理牧师的名字不叫 Charles B. 而是 Charles Robert。

2. 1883 年的喜嘉理牧师并非医疗传教士,只是普通传教士而已。[111]他之成为医疗传教士,有待十余年后他返美读了医学博士学位之时。[112]

第四,所言"遂与好友陆皓东同受喜牧师施洗,归信基督,而成为公理会会友"[113],则纯属子虚乌有(见下文)。而且,孙中山并非就读于拔萃书室时期的"1883 年冬"受洗于喜嘉理,而是在 1884 年入读于那所不属于任何教会的香港政

[103]　冯自由:〈区凤墀事略〉,载《革命逸史》(1981),第一册,第 12 页。

[104]　Rev. Thomas Pearce to Rev. Wardlaw Thompson, 20 February 1895, CWM, South China, Incoming correspondence 1803-1936, Box 13 (1895-1897), Folder 1 (1895).

[105]　国民党党史会:《总理年谱长编钞本》,第 10 页。载《国父年谱》(1985),上册,第 43—44 页。

[106]　冯自由:〈区凤墀事略〉,载《革命逸史》(1981),第一册,第 12 页。

[107]　孙中山:〈创立农学会征求同志书〉,1895 年 10 月 6 日,原载广州《中西日报》,1895 年 10 月 6 日。该文收录在高良佐:〈总理业医生活与初期革命运动〉,《建国月刊》(南京 1936 年 1 月 20 日版)。该文后来收录在《孙中山全集》,第一卷(北京:中华书局,1981),第 24—26 页。

[108]　见冯自由:〈区凤墀事略〉,载《革命逸史》(1981),第一册,第 12 页。

[109]　国民党党史会:《总理年谱长编钞本》,第 10 页。载《国父年谱》(1985),上册,第 43—44 页。

[110]　李金强:〈香港中央书院与清季革新运动〉,载《郭廷以先生百岁冥诞纪念史学论文集》,第 249—269 页;其中第 264 页。

[111]　详见本书第八章。

[112]　Anon, "Dr Charles R. Hager", The Missionary Herald, v. 113, no. 9 (September 1917), p. 397, courtesy of Dr Harold F. Worthley of the Congregational Library, 14 Beacon Street, Boston, MA 02108, enclosed in Worthley to Wong, 26 August 2003.

[113]　李金强:〈香港中央书院与清季革新运动〉,载《郭廷以先生百岁冥诞纪念史学论文集》,第 249—269 页;其中第 264 页。

府中央书院后才领洗（见下文）。

第五，所言区凤墀把孙中山介绍给喜嘉理以便后者为其施洗，则：

1. 已如前述，1883 年的孙中山并不认识区凤墀，遑论被介绍给喜嘉理。

2. 喜嘉理多次向其美国教会总部汇报说，他到达香港和中国传教后，点名说遭到伦敦传道会等各会传教士不太友善的对待。而喜嘉理自己，也对那些曾在美国加州领洗而列籍纲纪慎会的教友，在回到广东老家时却到别的基督教派之教堂守礼拜之事，深表遗憾。[114] 鉴于当时基督教各派之间争夺信徒之烈，若说伦敦传道会的宣教师区凤墀把孙中山介绍给作为竞争对手的美国公理会喜嘉理牧师为他施洗入籍公理会，除属子虚乌有之外，也超乎情理之常。

六、小　结

无论从教师队伍的阵容、科目之深浅、学校之规模和设备，以及学习环境等来看，当时的香港拔萃都难与火奴鲁鲁的意奥兰尼匹敌，更遑论瓦胡书院预备学校了。笔者相信，若孙中山当时有这个财力的话，他会尽快转校到当时香港最好的中学——中央书院。因为当时的校规不像现在这样严，学生可以随时转学。尽管孙中山顾全拔萃当局的面子，等到完成学年才转校，则正如前述，当时英国人入乡随俗，学年也按照中国的农历办学，农历新春开学，农历年终则学年结束大考。而1883 年开始的学年在 1884 年 1 月 27 日农历除夕之前就结束。1884 年开始的学年约在一个星期后的 1884 年 2 月 3 日即开始，孙中山不必等到 1884 年 4 月 15 日 [115]才注册入读中央书院。他要等待的，是孙眉的汇款。

孙中山凭什么理由说服其兄支持他继续学习西学？他可能利用下列两个理由：

第一，此时孙中山已经十八岁，父母急于要他赶快成亲，并将此事交由孙眉处理。孙中山深受西方教育影响，是会抗拒盲婚哑嫁的，抗拒情绪之烈，恐怕不

---

[114]　Rev. Charles Robert Hager (HK) to Rev. J. Smith, D.D. (Boston), No. 30, 1 June 1885, p. 2, Papers of the American Board of Commissioners. ABC 16: Missions to Asia, 1827-1919. IT 3 Reel 260, 16.3.3: South China, Vol. 4: 1882-1899 Letters C-H: Charles Robert Hager: 3-320: No. 30 [microfilm frame 0083b-0085a].

[115]　Stokes, *Queen's College, 1862-1962*, p. 52.

亚于他抗拒翠亨村村民对北帝之迷信。而且，他会怀念前一年他在火奴鲁鲁的瓦胡书院预备学校的女老师，她们全是来自美国的淑女，有学问、有教养、开放、大方、健美！他的女同学也都是美国女孩，外向、活泼、坦率，与男孩子没多大分别，而且学习成绩还胜过男孩，1883 年从瓦胡书院考进美国大学的三名学生，全是女孩！[116] 比诸翠亨村及邻近村落妇女之文盲、小脚、弱不禁风、怯生生，无异天壤之别。当时情窦初开的孙中山，很可能就已经打心底里希望他将来的终身伴侣是这样的一个女孩？……但孙中山必须面对现实，现实是他必须得到孙眉在经济上的支持，才能满足他如饥似渴的"慕西学之心"[117]……孙眉催之愈急，愈是让孙中山有讨价还价的余地。似乎双方终于达成协议，孙眉支付孙中山到中央书院读书的一切费用，孙中山答应尽快回乡成亲。果然，孙中山在入读中央书院四十一天后的 1884 年 5 月 26 日，就从香港回翠亨村成亲。[118]

第二，更强的理由是：中央书院并非一所教会所办的学府，孙眉不必害怕孙中山会继续受到耶教影响；而孙中山说能转到中央书院就离开耶教的拔萃书室，则更能打动孙眉的心——孙眉做梦也没想到孙中山当时正天天跟一位耶教传教士生活在一起，天天浸淫在耶教教义里！准此，笔者不能不佩服中央书院创办人的眼光。香港中央书院的创办人，是英国著名传教士理雅各。他把中国的四书五经翻译成英语，成为鼎鼎大名的汉学家，1876 年起被英国牛津大学聘任为汉语讲座教授（1876—1897）。所谓创办人，并非指他本人用自己或其教会的资源创办了该校，而是他建议英国当时在香港的殖民地政府建立这样一所无宗教性质的中学。他虽然身为传教士，但深知当时的华人父母不会随便让孩子进入教会学校读书，于是建议香港政府设立一所不带丝毫宗教色彩的中学，作育英才，与时俱进，为政府与商界提供极为缺乏的文职人员。[119] 故该校有鲜明的办学理念与目标。

---

[116] Irma Tam Soong, "Sun Yatsen" (1997), pp. 169, 171.

[117] 孙中山：〈复翟理斯函〉，手书墨迹原件，藏中国国民党中央党史委员会，刊刻于《国父全集》(1989)，第二册，第 192—193 页。又载《孙中山全集》，第一卷，第 46—48 页；其中第 47 页。又见《孙中山学术研究资讯网——国父的求学》，http://sun.yatsen.gov.tw/ content.php?cid=S01_01_02_03。

[118] 《国父年谱》(1985)，上册，第 37 页，1884 年 5 月 26 日条。

[119] Gwenneth and John Stokes, *Queen's College: Its History 1862-1987* (Hong Kong: Queen's College Old Boys' Association, 1987), pp. 7-8. The Government Central School later changed its name to Victoria College when it moved into its new premises in Aberdeen Street in 1889; and again in 1894 to Queen's College.

这种办学理念，由该校历届校长所承传。首任校长是史钊域博士（Dr Frederick Stewart，任期 1862—1881），学历及背景与理雅各雷同：两人皆曾就读于苏格兰阿伯丁文法中学及阿伯丁大学的英王书院。[120] 第二任校长是胡礼博士（Dr G. H. Bateson Wright，任期 1881—1909），有关他的细节，详见下文。孙中山正是在他任内入读该校（1884—1886），所受到的潜移默化，在下文分析。

七、在中央书院读书前后三年

孙中山曾在香港中央书院读过书，应该是没有疑问的。首先是他亲笔提过这件事[121]，而香港的皇仁书院（中央书院搬进新校舍后，先改名为维多利亚书院，然后在 1894 年再改名为皇仁书院）又能提出他注册入学的各种细节，诸如编号（2746）、名字（孙帝象）、居住地址（必列者士街 2 号）、年龄（十八）、日期（1884 年 4 月 15 日）、籍贯（香山）。[122] 而这些细节与我们熟识的名字、年龄、籍贯等都相符，应为信史。

那么，孙中山在中央书院念书的实际时间共多久？这好计算：既然他在 1884 年 4 月 15 日注册入读中央书院，而 1886 年秋已到了广州博济医院读医科[123]，估计是在 1886 年 8 月初暑假前离开中央书院，故他在中央书院读书的时间应该是约二十八个月。但有三件事情为这个数字打了折扣。

第一，在孙中山进入中央书院四十一天后的 1884 年 5 月 26 日，就回到翠亨村与卢慕贞成亲了。[124] 那个年代在华南农村成亲，是很费时间的一件事，加上从香港回到翠亨村的旅途往返，孙中山至少要旷课半个月。

第二，据笔者考证，他在中央书院读书时领洗进入基督教了。怎么？领洗入教也要旷课？不是领洗本身要旷课，而是领洗带来了旷课。原因是其兄孙眉得悉

[120]　Gwenneth and John Stokes, *Queen's College*, pp. 7-8.

[121]　孙中山：〈复翟理斯函〉。

[122]　Stokes, *Queen's College, 1862-1962*, p. 52.

[123]　《孙中山年谱长编》，上册，第 42 页，1886 年秋条。

[124]　《国父年谱》（1985），上册，第 37 页，1884 年 5 月 26 日条。

孙中山领洗后命其再度远赴檀香山。于是孙中山就大约在 1884 年 11 月起程赴檀香山了。[125] 之后，又在 1885 年 4 月从檀香山坐船归国。[126] 若单程旅途上所花的时间大约是二十五天的话，[127] 那大概在 1885 年 5 月回到中央书院复课。那么他旷课时间大约是六个半月。加上成亲时旷课约半个月，结果在中央书院旷课共约七个月。以致他在中央书院读书的实际时间减到二十一个月。

第三，从本章表 5.1 看，中央书院在 1884 年共上课 236 天，1885 年共上课 238 天。一年 365 日，每年不上课的日子有 128 天左右，应为暑假、寒假、公众假期和周末。如此一计算，孙中山实际上课天数只有不足 500 天，可谓多灾多难。一年之后他进入香港西医书院读书，同班者又多是中央书院的毕业生[128]，待他于香港西医书院毕业时，却名列第一（见本书第六章），可见他的确有聪明过人之处。

至于孙中山在中央书院念书时学过哪些科目？用哪些教科书？校长和老师是谁？考试成绩如何？考试时老师出过哪些题目？当时他需要缴交的学费和杂费又是多少？则留待下一节探索。

八、中央书院的校长、老师、同学

尤幸[129] 笔者在本章探索孙中山在香港拔萃书室读书详情时，已经探得当时香港教育署每年必须向立法局提交报告，其中就有中央书院校长的《年报》。承

---

[125]　《孙中山年谱长编》，上册，第 39 页，1884 年 11 月条。

[126]　同上书，第 40 页，1885 年 4 月条。

[127]　当时一年有三次船期往檀香山，航行时间约二十五天。见杨连逢采访孙缀 (1860 年生)，1957 年 5 月无日，载李伯新：《孙中山史迹忆访录》，中山文史第 38 辑（中山：中国人民政治协商会议广东省中山市委员会文史学习委员会，1996），第 165—166 页：其中第 165 页。

[128]　孟生：〈教务长在香港西医书院开院典礼上致词〉，1887 年 10 月 1 日；地点：香港大会堂；典礼主持人：署理港督，黄宇和译自该院出版的单行本，题为 "The Dean's Inaugural Address", Records of the College of Medicine for Chinese in Hong Kong, deposited at the Royal Commonwealth Society Library, Cambridge.

[129]　要找出这些问题的答案，最直截了当的办法自然是向皇仁书院当局查询。可惜笔者致该校校长的公函 (Wong to the Head Master of Queen's College Hong Kong, letter, 15 November 2004; Wong to the Head Master of Queen's College Hong Kong, e-mail, 15 November 2004)，至今未蒙赐复。无奈之余，只好另想办法。

香港政府历史档案馆的许崇德先生帮忙，收集了1884—1886年间孙中山在中央书院读书时该校校长的《年报》，以便进行分析研究。

准此，发觉孙中山在中央书院读书时期，校长是一位中文名字叫胡礼的英国人。他是在1882年从英国到中央书院上任的。[130] 他在1888年的《年报》中签署名字时自称硕士（M. A.）[131]，而从他在《年报》中不断称赞牛津大学和剑桥大学教育之富于启发性，故笔者当时就推测他很可能是牛津或剑桥的毕业生。后来笔者把搜索范围扩大而阅读到他1896年的《年报》时，则发觉他的头衔已变成牛津大学神学博士（D. D. Oxon）[132]，可知他确实是牛津大学的毕业生。自从他到香港中央书院任校长后，就不断创新，并通过参加剑桥地方试（Cambridge Local Examinations），企图把中央书院尽量提升到英国本土中学该有的水平。他是一位很有魄力的校长（见下文）。

师资方面，孙中山入学的1884年是中央书院变化颇大的一年，共有七位教师或调职离校或死亡。但从该校准备自英国聘请的人选来看，则均具大学或大专资历，可见师资水平有一定的规范。[133]

学生方面，绝大部分是华人。尽管如此，英语水平之高，让那位在1882年新到任的胡礼校长也十分惊喜。但他不因此而感到满足，还加倍努力，按部就班地提高该校的英语水平：他把英语作文从高年班往下增设到第四级，把英文文法和地理从高年班往下扩展三级开始讲授，同时规定所有学生必须修读中译英、英译中的课程。几年以后，该校学生的英语水平更上一层楼。[134]

为何读地理也能提高英语水平？因为地理是用英语讲授的，而多学了地名、

[130] Item 3, in Annual Report of the Head Master of the Government Central School for 1887, by G. H. Bateson Wright, Head Master, 16 January 1888, Government Notification No. 2/88, Presented to the Legislative Council by command of His Excellency the Governor, Hong Kong Legislative Council Sessional Papers 1888, pp. 107-110: at p. 107.

[131] Ibid.

[132] Covering letter for the Annual Report of the Head Master of the Government Central School for 1895, by G. H. Bateson Wright, Head Master, D.D. Oxon, 28 January 1896, Government Notification No. 49, Presented to the Legislative Council on 11 January 1896, Hong Kong Government Gazette, 15 February 1896, pp. 117-118: at p. 118.

[133] Items 4-9 in ibid.

[134] Item 3, in Annual Report of the Head Master of the Government Central School for 1887, by G. H. Bateson Wright, Head Master, 16 January 1888.

地理和气候等名词，英语也地道了。例如，1885 年中央书院地理科的试题当
中，第六题是这样的："Describe accurately the position of the following: Aden, Port
Louis, Columbo, Wellington, Sierra Leone, Falkland Islands, Malacca, Hobert's Town,
Transvaal, George Town, Fiji Islands." 第七题是："Explain carefully the causes that
contribute to the progression of the seasons." [135]

至于 1886 年的地理试题，则第二道试题是："Describe accurately the positions of
Kiev, Stettin, Antwerp, Rouen, Malaga, Leghorn, Belgrade, Prage, Bergen, Helsingfors,
Aberdeen, Cadiz, Cork and Bristol."

第四题是："Classify the Countries of Europe according to their religion." [136]

1886 年的绘地图一科的考试题目是：凭记忆，绘出一幅欧洲地图。[137]

华人学生英语水平不断提高的结果是：该校高才生中也开始有他们的席位
了。比方说，1884 年该校保送了两名高才生参加政府奖学金的考试，他们分别
是 W. Bosman 和 C. F. G. Grimble [138]，一看名字就知道是英国孩子。到了 1887
年，该校保送一名高才生参加剑桥高级试与五名高才生参加剑桥初级试。参加
高级试的那名高才生是华人。参加初级试的那五名高才生当中也有两名是
华人。[139]

---

[135]   Questions 6 and 7, Geography Examination Paper, Tables and Examination Papers of the Prize Examination
held at the Government Central School in January 1885, Government Notification No. 174, *Hong Kong
Government Gazette,* 25 April 1885, pp. 357-360: at p. 360.

[136]   Questions 2 and 4, Geography Examination Paper, Tables and Papers connected with the examination
of the First Class held at the Government Central School during the week 9-16 January 1886, Government
Notification No. 24, 23 January 1886, *Hong Kong Government Gazette,* 23 January 1886, pp. 48-52: at p. 51.

[137]   Question in Map Drawing Examination Paper, Tables and Papers connected with the examination of the First
Class held at the Government Central School during the week 9-16 January 1886, Government Notification
No. 24, 23 January 1886, *Hong Kong Government Gazette,* 23 January 1886, pp. 48-52: at p. 51.

[138]   Item 3, in Report by the Head Master of the Government Central School, by Mr G. H. Bateson Wright, to the
Colonial Secretary, The Hon. W.H. Marsh, 3 January 1885, attached to E. J. Eitel, *Educational Report for
1884,* Hong Kong, Education Department, 25 February 1885; Government Notification No. 24; Presented to
the Legislative Council by command of His Excellency the Governor, n.d, *Hong Kong Legislative Council
Sessional Papers 1885,* pp. 241-258: at p. 247.

[139]   Item 9, in Annual Report of the Head Master of the Government Central School for 1887, by G. H. Bateson
Wright, Head Master, 16 January 1888, Government Notification No. 2/88, Presented to the Legislative
Council by command of His Excellency the Governor, n.d., *Hong Kong Legislative Council Sessional
Papers 1888*, pp. 107-110: at p. 108.

中央书院学生的英语水平提高得那么快，孙中山当然受惠不浅。试想，自从1879 年 9 月他在檀香山的意奥兰尼学校学习 abc 那一刻开始，到他离开檀香山那天为止，正规学习英语的实际时间加起来大约有三十二个月。到了香港拔萃书室时当然也学了一阵儿。但若没有到中央书院而同时又遇到新任校长雷厉风行地提高英语教育水平，以及孙中山因缘际会地在中央书院重点学习高级英语约十五个月的实际上课时间，日后他到香港西医书院读医科时，恐怕就不那么得心应手。中央书院校长也说，经过几年严格训练之后，该校华人学生在写英语作文时言辞之流畅与思想之成熟，让人骄傲。[140]

九、中央书院的学费、统计数字、校舍、出路

学费方面，从该校校长的片言只字当中，可以推论出来。他说："去年 8 月，当我作为教育署代理监督时，在巡检过程中发觉西营盘、湾仔等地方官校有些男生的英语水平之高，若到中央书院来学习可能收获更大，但他们却没有来。查询之下，发觉他们付不起一个月一元的学费。"[141] 准此，可以推论出当时中央书院的学费是一个月一银元港币。[142] 至于课本的费用，则该校历来有一个制度，学生向校方租用教科书，每本每年租金港币十银元，升班或毕业时交还校方。但在孙中山入读的 1884 年，校长取得香港总督的同意后，把制度改为卖书。校方向学生售卖教科书，每本售价港币十二银元，如此这般，学生既可保留其用过的心

[140] Item 3, in ibid., p. 107.

[141] Item 5, in Report by the Head Master of the Government Central School, by Mr G. H. Bateson Wright, to the Colonial Secretary, the Hon. W.H. Marsh, 22 January 1884, attached to E. J. Eitel, *Educational Report for 1883*, Hong Kong, Education Department, 3 April 1884, Government Notification No. 208, Presented to the Legislative Council by command of His Excellency the Governor, 29 May 1884, *Hong Kong Legislative Council Sessional Papers 1884*, consecutive page numbers in bound volume not available.

[142] 笔者后来有幸得阅香港浸会大学李金强教授大文，则李教授对该校收费的历史做出更深入的调查。该校在 1862 年 2 月正式开课时，免收学费。1863 年起，英文班的学生每月付五角学费。1865 年起，英文班的学生每月交学费一元，中文班五角。这种收费一直维持到孙中山离开中央书院两年后的1888 年，收费才有所增加：英文班第一级每年二十四元，第二、三级十八元。见李金强：〈香港中央书院与清季革新运动〉，载《郭廷以先生百岁冥诞纪念史学论文集》，第 249—269 页；其中第 253 页及第 256 页注 25。

爱课本，校方又有进账，皆大欢喜。[143]

兹将中央书院从 1882 年胡礼校长到任那一年起，到 1886 年孙中山离开该校为止，每年注册入学人数、每年共上课日子总数、每月最多注册入学人数、每月最少注册入学人数、平均每日上课人数，以及每年考生人数、每年及格率、每年学费总收入、每年总开支、为每名学生每日上课的支出等情列表，以观全豹，并备分析。

表 5.1　1882—1886 年中央书院注册入学人数等 [144]

年　份	1882	1883	1884	1885	1886
每年注册入学人数	572	556	558	596	610
每年共上课日子总数	241	236	236	238	238
每月最多注册入学人数	443	460	462	499	507
每月最少注册入学人数	372	378	362	382	419
平均每日上课人数	390	394	411	437	446

表 5.2　1882—1886 年中央书院考生人数、学费、支出等 [145]

年　份	1882	1883	1884	1885	1886
考生人数	363	365	379	412	405
及格率（%）	91.18	96.98	95.58	95.38	94.81
每年学费总收入（元）	4084	4121	4981	5273	5422
每年实际总支出（元）	10995.35	13109.51	13378.62	12885	11680.41
为每名学生每日上课的支出（元）	28.2	38.22	32.48	29.45	26.17

上面两表最堪注意者有二：

第一，虽然该校对学生的要求极高，但及格率同样很高。

---

[143]　Item 10, in Report by the Head Master of the Government Central School, by Mr G. H. Bateson Wright, to the Colonial Secretary, The Hon. W.H. Marsh, 3 January 1885, attached to Eitel, *Educational Report for 1884,* p. 247.

[144]　Item 2, in Annual Report of the Head Master of the Government Central School for 1886, 17 January 1887, Government Notification No. 12/87; Presented to the Legislative Council by command of H.E. the Officer Administering the Government on 4 February 1887, *Hong Kong Legislative Council Sessional Papers 1887*, pp. 269-355: at p. 269.

[145]　Item 2, in ibid., p. 269.

第二，该校为每名学生每天上课所支出的费用非常庞大。考虑到每名学生每月只交 1 元学费[146]，而当时香港厨师的月薪才只有 8 元左右[147]，为每名学生每天上课的支出如表 5.2 中最低的 26.17 元也是一个不可思议的数目。由此可见英国在香港殖民地的政府对教育投资之庞大，同时也可知孙中山受惠之深。重视教育、提高市民素质等概念，对孙中山三民主义和五权宪法的构思也有启发？

另一方面，在孙中山入学后的第十一天，即 1884 年 4 月 26 日，该校为新校舍举行奠基典礼，香港总督莅临主持奠基仪式。这是一个盛大而又庄严的场合。到了年底，用大石头建造的各道墙壁已经冒出地面，运动场也准备就绪。[148]1885年，建筑工程停顿了一阵儿；校长表示遗憾但没说明停顿的原因。[149] 而到了该年，全校注册入学的人数已经达到 596 名，可以说是旧校舍已有人满之患。幸亏真正上课的学生在任何时间实际上顶多只有 499 人，所以还不至于太拥挤。[150] 到了 1886 年，新校舍三分之二的墙壁已经建就，以至香港总督在立法局宣布，新校舍将会在 1888 年初启用，中央书院师生闻讯后上下欢腾。[151] 事实证明他们太乐观了，新校舍到了 1889 年才完成。不过对孙中山来说，这些延误都无关宏旨，因为他在 1886 年夏天就离开中央书院了。但离开前，他还是分享了老师和同学们的喜悦。对于英国人的办事方式，也有了一定的体会。

那么旧校舍的周遭环境又如何？该校校长报告说："课堂愈来愈拥挤，校舍被周遭的华人楼宇包围起来，空气不流通，到了夏天，简直让人受不了。"[132] 如

---

[146]　Item 5,in Report by the Head Master of the Government Central School,by Mr G. H. Bateson Wright, to the Colonial Secretary, The Hon. W.H. Marsh, 22 January 1884, attached to Eitel, *Educational Report for 1883*.

[147]　Carl T. Smith, *A Sense of History,* p. 330.

[148]　Item 2, in Annual Report of the Head Master of the Government Central School for 1886, 17 January 1887, p. 269.

[149]　Item 8, in Report by the Head Master of the Government Central School, by Mr G. H. Bateson Wright, to the Acting Colonial Secretary, Frederick Stewart, 21 January 1886, attached to E. J. Eitel, *Educational Report for 1885,* Hong Kong, Education Department, 25 February 1886; Presented to the Legislative Council by command of His Excellency the Officer Administering the Government, 14 May 1886, Government Notification No. 31, *Hong Kong Legislative Council Sessional Papers 1886*, pp. 261-280: at p. 269.

[150]　Item 1, in ibid., p. 268.

[151]　Item 10, in Annual Report of the Head Master of the Government Central School for 1886, by G. H. Bateson Wright, Head Master, 17 January 1887, p. 269.

[152]　Item 15, in Annual Report of the Head Master of the Government Central School for 1887, by G. H. Bateson Wright, Head Master, 16 January 1888, p. 109.

何拥挤？该校舍

> 为一单层 H 形之楼宇，两翼由中央大堂连接。这中央大堂内设一排排的长
> 凳，是校长召集全体学生在一起的地方。两翼其实是各自一个大课堂，不同
> 年级的学生在该大课堂内的不同角落同时上课。没有运动场，但当时的华童
> 都不爱运动，当然有些年幼的学生经常踢毽子。后来校舍扩建后，就连踢毽
> 子的地方也没有了……因为地基不牢固，扩建校舍无法向高空发展，只能平
> 向加建……结果小息与午餐时分，就开放两个课室，让同学们不至于露天休
> 息与用膳。……每个课堂各容下约一百学生，分成三班学习。由于太拥挤了，
> 考试时学生作弊也很难发现。[153]

三班如何同时上课？使用屏风间隔起来分区上课吧。难怪该校要赶建新校
舍。至于所谓“空气不流通”，这是用英国人的标准来衡量的。从孙中山的角度
看，则这所旧校舍是按照英国人在热带和亚热带的建筑物标准来建造的。这种建
筑物的设计，在印度、马来西亚、新加坡都能见到，在香港的旧图片中也屡见不
鲜。其门户、窗户都通风，比起他出生的那幢几乎是密不通风的泥砖屋当然是先
进得多，比起他在檀香山念书的意奥兰尼学校和瓦胡书院预备学校之有自己翠绿
的校园，那就远远不及了。但香港寸金尺土，自不能与辽阔的夏威夷群岛比较。
而且孙中山志在追求学问，专心读书之余，相信不会太计较中央书院的周遭环
境。但他坐观周遭华人楼宇并比诸中央书院的西式建筑，对于中西概念与生活方
式的分野，印象会如其校长一样深刻？

中央书院毕业生的出路如何？该校校长说，该校毕业生历来偏爱文职而鄙视
体力劳动。但到了 1883 年却有突破，该年有六名毕业生到香港黄埔船坞当学徒，
而且表现良好。[154] 1884 年又有两名毕业生加入香港黄埔船坞工作，另外有六名
毕业生进入香港殖民政府当公务员，二十一名毕业生进入满清政府做事，十七名

---

[153]   Gwenneth and John Stokes, *Queen's College*, p. 10.

[154]   Item 8, in Report by the Head Master of the Government Central School, by Mr G. H. Bateson Wright, to the
          Colonial Secretary, The Hon. W.H. Marsh, 22 January 1884, attached to Eitel, *Educational Report for 1883*.

图 5.13　从北往南远眺中央书院（只露出屋顶一角）

图 5.14　从南往北看，中央书院旧址为当今的圣公会基恩小学
（2010 年 10 月 1 日麦振芳摄）

毕业生进入香港工商界服务。[155]

　　毕业生既能为香港政府和中国政府服务，又能进入工商界，中央书院的课程肯定很完备了？且看下节分解。

十、中央书院的班级编制、课程安排

　　该校所讲授的科目非常完备，酷似当时英国本土的中学。而且，为了适应香港华人居民的需要，还特别加设了汉语课。故从多元化教育的角度看问题，可以说该校的课程比诸英国本土的中学有过之而无不及。

　　用英语讲授的课程，则从 1884 年该校学生参加香港教育署举办的公开考试的情况来看，可知包括阅读、算术、听写、中译英、英译中、英文文法、地理、绘地图、作文、历史、几何、代数、测量等。兹列表如下：

表 5.3　1884 年中央书院用英语讲授的课程 [156]

	班　级										
	一	二	三	四	五	六	七	八	九	十	十一
考生总人数	25	20	30	42	32	27	37	40	59	51	16
及格总人数	23	20	28	40	30	25	37	37	58	49	15
阅读	21	19	25	41	32	25	35	37	51	44	16
算术	17	20	24	26	25	10	21	21	47	37	13
听写	11	16	23	34	29	24	37	38	58	34	15
中译英	23	15	26	40	26	22	27	32	53	41	7
英译中	23	15	22	35	28	25	35	38	58	39	14
英文文法	23	20	23	38	27	27	22	14	46		
地理	20	19	27	40	24	19	37	33			

---

[155]　Item 13, in Report by the Head Master of the Government Central School, by Mr G. H. Bateson Wright, to the Colonial Secretary, The Hon. W.H. Marsh, 3 January 1885, attached to Eitel, *Educational Report for 1884,* p. 248. The Head Master's report for 1884 mentioned only something called the Dock Company. Referring to his report for 1883, however, it is ascertained that the full name of that company was called the Hong Kong Whampoa Dock Company.

[156]　Table [2], Item 11, Government Central School — English Examination —Number of passes in each Subject in each Class for the year 1884, in Eitel, *Educational Report for 1884,* p. 243.

续表

绘地图	23	18	25	33	25	22	33	36			
作文	22	20	30	39							
历史	22	18	25								
几何	13	16	21								
代数	21	19	25								
测量	17										

　　从这表看当时香港教育制度，可知中学最高年级叫第一级，而中央书院则共有十一级。为何一所学校竟然有十一级这么奇怪？追阅其他文献，可知中央书院不但设有高中（High School），还有初中（Middle School）、高小（Lower School）和初小（Preparatory School）。[157] 但如何把十一级分成四个部分？再追阅其他文献，可知第一级有高年班（senior division of Class I）和低年班（junior division of Class I）之分。[158] 这种分法，似乎与20世纪下半叶香港英文中学的第六级（Form Six）分为上（Upper Six）下（Lower Six）级的做法如出一辙。既然中央书院共有十一级，而第一级又有上下班之分，则全校可说共有十二级。将这十二级分成四个部分，各有三级。就是说，高中部分有三级：即第一级上、第一级下、第二级。初中部分有三级。小学共有六级，全校总共十二级。第二次世界大战以后，该校才撤销小学部而成为一所纯粹的中学。[159]

　　澄清了1884—1886年间孙中山在中央书院读书时期的编制，大慰！但孙中山离开中央书院时，是否像法国学者白吉尔嘲笑孙中山时所说的：这位未来总统，没拿到毕业证书就离开中央书院了？[160] 要回答这个问题，第一步可探索孙

---

[157]　Item 1, in Report by the Head Master of the Government Central School, by Mr G. H. Bateson Wright, to the Acting Colonial Secretary, The Honourable Frederick Stewart, 21 January 1886, attached to Eitel, *Educational Report for 1885*, p. 268.

[158]　Item 3, in Report by the Head Master of the Government Central School, by Mr G. H. Bateson Wright, to the Colonial Secretary, The Honourable Frederick Stewart, 17 January 1887, Presented to the Legislative Council by command of His Excellency the Officer Administering the Government, 4 February 1887, Government Notification No. 12/87, *Hong Kong Legislative Council Sessional Papers 1887*, pp. 269-355: at p. 269.

[159]　Stokes, *Queen's College: 1862-1962*, p. 23.

[160]　Marie-Claire Bergere, *Sun Yat-sen* (Paris, 1994), translated by Janet Lloyd (Stanford: Stanford University Press, 1998), pp. 26-27.

中山到中央书院读书时是从哪一级念起？窃以为有下列几种可能性：

第一，勉强按正规轨道循序渐进而一年级一年级地升班。若以此计算，则孙中山在檀香山的瓦胡书院预备学校念了类似当今中学一年级两个学期的课程。若马马虎虎把两个学期当一个学年计算，则他在香港拔萃书室应作中学二年级。同样地，把他在香港拔萃书室读书的两个学期马马虎虎当一个学年计算，则他进入中央书院读书时勉勉强强可进中学三年级。他在中央书院读书前后共三年（1884—1886），若不管他回乡成亲、应其兄召赴檀香山几个月等旷课情况而仍然认为他每年念一级的话，他还未念完中学五年级就离开中央书院。

第二，跳班。当时及后来很长一段时间都容许学生跳班，笔者的授业恩师蔡成彭老师解放前在香港念五年制的英文中学时，就跳班只读中一、中三、中五，并成功地考了毕业试。若孙中山鉴于自己年纪比其他同学都大，阅历比他们深，1884 年进入中央书院时从一开始就念高中（即当今的中学四年级），也毫不奇怪。年纪比同班同学都大，是比较尴尬的，例如中央书院后来在 1886 年孙中山仍在校时所参加的剑桥地方考试就规定：初级试只容许十六岁以下的中学生报名参加；[161] 高级试只容许十八岁以下的中学生报名参加。[162] 当时孙中山已经二十岁，无法报名参加该试，尴尬可知。

第三，若 1884 年孙中山初进入中央书院时不跳班，并从一开始就念高中（即当今的中学四年级）的话，那么他 1884 年约 11 月应其兄之召赴檀香山并约于 1885 年 5 月回到中央书院继续读书时，也会决定跳班。因为他依靠檀香山的芙兰·谛文牧师代他募捐回程旅费及部分学费，方能返回香港继续在中央书院读书，这会让他加倍焦急地完成学业（见下文）。而且他曾受过多年西方教育所强调的"个人独立"思想的影响，又是已经有了家室的成年人，人生到了这个阶段还依靠兄长替他交学费，真不像话！

第四，孙中山从檀香山回到中央书院时，经济拮据，有冯自由之言佐证：他说，1888 年 3 月 24 日"达成公病故，德彰于数月前闻父病重，已回粤侍奉汤药，

[161]   Gillian Cooke to Frances Wood, e-mail, 5 January 2005. Ms Cooke is an archivist at the University of Cambridge Local Examinations Service Archives Service.

[162]   Ibid.

至是对总理爱护备至，凡所需学费，均允源源供给"[163]。当时孙中山已经在香港西医书院读医科了，冯自由弦外之音，是在此之前，孙眉在1884年底与其弟决裂后，虽因孙中山不辞而别感到后悔并曾汇款接济，但对于孙中山在香港继续肄业西学，是打心里不赞成的，所以汇款给他也不可能太热心。

第五，经济拮据的情况，可能到了1887年秋，孙中山到了广州博济医院学医科时，仍然继续。关于这一点，有蛛丝马迹可寻，盖冯自由又说：某天孙中山与郑士良等几位同学在十三行果摊欲购荔而囊中金尽，嘱卖果者翌晨往校取款又遭拒，结果双方发生争执，适有博济毕业生尤裕堂与族人尤列路过该地，裕堂睹状即代付果价，共同返校。[164] 想吃霸王荔枝，几个学生尽显顽童本色！

上述关于跳班的问题，哪种可能性较高？从下节分析所得，孙中山似乎对中央书院最高班的历史课程甚为熟悉，故他曾跳班而读过中央书院最高年班课程的可能性最高。

十一、英国历史

从1884年开始，中央书院在最高年班中增设了一些课程，诸如文学、拉丁文、英国历史和数学。这些增设的课程完全是为了应付一种特殊考试，盖1884年香港总督建议成立一个奖学金，价值200英镑一年，由香港殖民地政府支付，用以保送香港青年精英到英国念大学。奖学金由公开考试决定，首届得奖者甚至由香港总督亲自颁奖[165]，可谓隆重其事。而该公开考试的科目就包括上述四项额外课程。于是中央书院就决定增设该四项课程，但由于事起仓促，难于马上聘到专才充当教师，于是其中的文学与拉丁文由校长亲自讲授，英国历史则由香港域

---

[163]　冯自由：〈孙眉公事略〉，载《革命逸史》(1981)，第二册，第1—9页；其中第2页。

[164]　冯自由：〈兴中会四大寇订交始末〉，载《革命逸史》(1981)，第一册，第8—9页；其中第8页。

[165]　"His Excellency Sir George Ferguson Bowen, G.C.M.G., will preside at the Prize Distribution at the Central School on Wednesday, 4 February, at 11.30 a.m. Examination Papers &c will then be open to the inspection of the Public." See Government Notification No. 39, 30 January 1885, *Hong Kong Government Gazette,* 31 January 1885, p. 94.

多利监狱代理总监讲授。[166] 该代理总监本来是中央书院的教师，由于被任命为域多利监狱代理总监才临时转行。[167] 但当新总监于 1885 年到达香港履新后，他又回到中央书院重执教鞭[168]，以至于英国历史的授课从未间断。不单如此，由于英国历史似乎深受欢迎，所以在 1884 年设科后就在当年从最高年级往下增设到中学第三级。[169] 就是说，孙中山在 1884 年进入中央书院读第一级低年班时，就比较正规地开始从专业教师那里学习英国历史了，而且连续学习了大约十八个月的高中课程。

上述众多的科目当中，历史和英国历史这两门课对他思想的影响可能最大，他后来于 1923 年在香港大学演讲时重点提到的英国人及欧洲人争取自由的历史，相信都是在此时认识到的。他说："英国及欧洲之良政治，并非固有者，乃经营而改变之耳。从前英国政治亦复腐败恶劣，顾英人爱自由，佥曰：'吾人不复能忍耐此等事，必有以更张之。'有志竟成，卒达目的。我因此遂作一想曰：'曷为吾人不能改革中国之恶政治耶？'"[170]

那么，孙中山在中央书院读书时，英国历史课程的内容是什么？考虑到教学必须有课本，于是致力追寻当时的教科书，可惜多年以来，毫无所获。脑筋一转，想到当时的教科书很可能是采购自英国的，而英国法律规定，凡是在英国出版的刊物，必须免费赠送一本给大英图书馆收藏，中学教科书也不例外。于是笔者在 2005 年 1 月 8 日再飞伦敦亲自探索。承大英图书馆好友吴芳思博士相告，战前该馆所藏中学教科书，已于第二次世界大战中被德军轰炸毁掉了，为憾。

---

[166] Item 3, in Report by the Head Master of the Government Central School, by Mr G. H. Bateson Wright, to the Colonial Secretary, the Hon. W. H. Marsh, 3 January 1885, attached to Eitel, *Educational Report for 1884*, p. 247.

[167] Item 6, in ibid., p. 247.

[168] Item 7, in Report by the Head Master of the Government Central School, by Mr G. H. Bateson Wright, to the Acting Colonial Secretary, Frederick Stewart, 21 January 1886, attached to Eitel, *Educational Report for 1885*, p. 269.

[169] Item 11, in Report by the Head Master of the Government Central School, by Mr G. H. Bateson Wright, to the Colonial Secretary, the Hon. W.H. Marsh, 3 January 1885, attached to Eitel, *Educational Report for 1884*, p. 248.

[170] 孙中山：〈在香港大学的演说〉，1923 年 2 月 19 日，载《孙中山全集》，第七卷，第 115—117 页；其中第 116 页。

　　脑筋再一转，没找到当时的教科书也没关系，若找到当时香港中央书院考生所参加公开考试的试题，就可见端倪。从这个角度看问题，则使笔者联想到香港中文大学历史系前系主任吴伦霓霞教授在 1985 年发表的一篇学术论文。她在该论文中曾提及 1886 年——孙中山在中央书院念书最后的一年——中央书院历史课考试的试题包括："第一级、詹姆士二世为何丧失他的王位？第二级、你认为查理士被处死一事是否公道？你回答此问题时必须罗列你答案的理据。"[171] 吴伦霓霞教授提到的这条史料非常珍贵，足以佐证上段所引述过的孙中山 1923 年在香港大学的讲话。所以必须找出该等试题的原件来钻研。

　　经过多年的追查，待找到吴伦霓霞教授所指的两道试题，则发觉该等试题属于 1896 年的考卷，距离孙中山离开中央书院足足十年以后！似乎与孙中山思想的成长没有直接关系。那么，若要找出孙中山在中央书院读书时的英国历史试题，又该从何着手？笔者想，既然 1896 年的公开考试试题，曾作为政府文献而被保存下来[172]，则 1884—1886 年间孙中山在中央书院读书时期的公开考试试卷也该无恙？而且，既然香港总督是在 1884 年建议成立奖学金，并以公开考试方式遴选[173]，则第一届公开考试很可能就在 1885 年的 1 月举行。承香港历史博物馆陈成汉先生帮忙，成功地从母校香港大学图书馆的网络上打印出 1885—1886 年的试题，大喜过望！[174]

　　经考证，笔者认为孙中山肯定没有参加 1885 年 1 月举行的公开考试，因为：

　　第一，他在中央书院读书到 1884 年 11 月，即被其兄急召赴檀，大概在 1885 年 5 月才回到中央书院复课。[175]

---

[171]　吴伦霓霞：〈孙中山早期革命运动与香港〉，载《孙中山研究论丛》，第三集（广州：中山大学，1985），第 67—78 页；其中第 70 页及该页注 3 引用了 Hong Kong Administrative Report 1887, No. 108。

[172]　Government Notification No. 49, Reports of the Head Master of Queen's College and of the Examiners appointed by the Governing Body for 1895, which were laid before the Legislative Council on 11 February 1896, *Hong Kong Government Gazette,* 15 February 1896, pp. 117-143.

[173]　Item 3, in Report by the Head Master of the Government Central School, by Mr G. H. Bateson Wright, to the Colonial Secretary, The Hon. W.H.Marsh, 3 January 1885, attached to Eitel, *Educational Report for 1884*, p. 247.

[174]　见本书自序。

[175]　见本章第一节。

第二，考试成绩公布时，榜上并没有他的名字。[176]

孙中山似乎也没有参加 1886 年 1 月举行的公开考试，因为待考试成绩公布时，奖学金虽然已经从原来的一个增加到四个，但参加四个奖学金考试的考生清单上同样没有他的名字。[177] 为何没有参加考试？有多种可能性。由于他旷课太多，可能校方不让他参加，也可能他自动弃权，以免自讨没趣，也可能他害病缺席。但是，他曾参加考试与否并不要紧，重要的是：他曾按照考试的课程读过英国历史。因为当时的中央书院不容许选修，凡是在那一级开的课程，该级的学生必须攻读。[178] 关于这一点，下文会作进一步发挥。若孙中山在 1886 年已经是第一级高年班的学生，而第一级高年班的课程又包括英国历史，故孙中山应该读过该课程。而他在校期间的试题，就会如实地反映该课程的内容。

准此，就有必要找出 1885 年和 1886 年中央书院考生曾参加过的英国历史公开试的试题，以便分析。其中 1885 年的试题共有五道，当中第五题是这样的：把克伦威尔合众政府任内诸大事道来（Describe the chief events of the Commonwealth under Cromwell）。[179] 按克伦威尔者，奥利弗·克伦威尔（Oliver Cromwell, 1599—1658）也。正是他不满英王查理士一世（1600—1649）的专横（其中当然也有新教与旧教之争）而带兵造反，终于大胜，并在 1649 年 1 月 30 日把英王查理士一世审判后杀头[180]，建立合众政府。克伦威尔去世后，君主复辟，英国诸侯拥立查理士一世的儿子为王，1686 年 4 月 23 日加冕，是为詹姆士二世（1633—1701）。可惜詹姆士二世之专制一如其父，诸侯再次造反，1689 年迎立奥兰治的威廉（William

[176] "Morrison Scholarship and General Prize List", Tables and Examination Papers of the Prize Examination held at the Government Central School in January 1885, Government Notification No. 174, *Hong Kong Government Gazette,* 25 April 1885, pp. 357-360: at p. 357.

[177] "Morrison Scholarship, Stewart Scholalrship, Belilios Senior Scholarship, Belilios Junior Scholarship", in Government Notification No. 24, *Hong Kong Government Gazette,* 23 January 1886, pp. 48-52: at pp. 48-49.

[178] Item 4, in Annual Report of the Head Master of the Government Central School for 1887, 16 January 1888, by G. H. Bateson Wright to the Honourable Frederick Stewart, Colonial Secretary; Presented to the Legislative Council by command of H.E. the Governor, n.d., Government Notification No. 2/88, *Hong Kong Legislative Council Sessional Papers 1888*, pp. 107-110: at pp. 107-108.

[179] Question 5, History Paper, Prize Examination in January 1885, Tables and Examination Papers of the Prize Examination held at the Government Central School in January 1885, Government Notification No. 174, *Hong Kong Government Gazette,* 25 April 1885, pp. 357-360: at p. 360.

[180] Norman Davis, *The Isles: A History* (London: Macmillan, 1999), p. 589.

of Orange, 1650—1702）为王，是为威廉士三世。詹姆士二世不敌逃亡。整段历史，都是英国著名的争取自由内战史。[181] 所以，不论是 1885 年那道关于克伦威尔的试题，还是 1896 年那两道分别提问查理士一世和詹姆士二世的试题，归根结底都是测试学生对英国那段争取自由内战史的认识。

可有证据，证明孙中山曾读过这段历史？有。1924 年 3 月 9 日，他以"民权主义"作为题目作演讲时，是这样说的：

> 近代事实上的民权，头一次发生是在英国，英国在那个时候发生民权革命，正当中国的明末清初。[182] 当时革命党的首领叫格林威尔[183]，把英国皇帝查理士第一[184] 杀了。……谁知英国人民还欢迎君权，不欢迎民权；查理士第一虽然是死了，人们还是思慕君主，不到十年，英国便发生复辟，把查理士第二迎回去做皇帝。[185]

最后一句话，孙中山说错了。继查理一世当英王者，固然是他的儿子，但该儿子登基时并不叫查理二世，而是叫詹姆士二世。[186] 孙中山说错的原因，可能是他记忆有误，也可能是他故意把詹姆士二世说成是查理二世。因为当时他在演说，而听众大都对英国历史所知甚少；若他把查理士一世的儿子说成是查理士二世，大家就会明白。但若他把查理士一世的儿子说成是詹姆士二世，大家就会摸不着头脑。不过此乃枝节问题。孙中山这段话足以证明他曾读过英国争取民权的内战史。而英国争取民权的内战史，正是当时香港中央书院英国历史的重点教学内容。

---

[181]　See John Robert Green, *A Short History of the English People* (First published in England in 1874. Reprinted in New York: Harper & Brothers, 1879), pp. 486-556, 644-661.

[182]　按 1649 年 1 月 30 日，英王查理士一世受审后被杀头。见 Davis, *The Isles*, p. 589。满清于 1644 年定都北京。可见孙中山的记忆是相当准确的。

[183]　按即克伦威尔，Oliver Cromwell。

[184]　按即 Charles I，一般翻译作查理士一世。

[185]　见孙中山：〈民权主义第一讲〉，1924 年 3 月 9 日，载《国父全集》(1989)，第一册，第 55—67 页：其中第 61 页，第 13—18 行。

[186]　See J.R. Green, *A Short History of the English People* (First published in England in 1874. Reprinted in New York: Harper & Brothers, 1879), pp. 644-661.

　　英国人为了争取民权而把一位帝王杀头并把另一位帝王赶跑的历史，对 1884 年的孙中山，在思想上会起到什么震荡？对于本书集中探索之"孙中山为何走上革命道路"之主旨，其所占之地位就绝对不容忽视了。

　　本章此节，发掘了孙中山在香港中央书院读书期间，该校讲授新增课程之一的英国历史之教学内容。另一方面，本章表 5.3 所列的该校原有课程也有历史一课，那么该历史课的内容是什么？正如前述，当时中央书院的教科书已湮没。至于公开考试，则自 1885 年 1 月才开始，而考生全部都是第一级的。至于该公开考试的历史试题，又全部是关于英国历史的。[187] 因此，也无法从该等公开考试的试题探知原来的历史课程之具体内容。到了十一年后的 1896 年 2 月，香港政府才把中央书院校内各级考试的试题公布 [188]，由此可知到了 1896 年，那门所谓历史课，则可能中央书院当局为了应付公开试的需要，已经用清一色的英国历史代替了。

　　但是，原来的历史课之内容是什么？有学者说：是世界史，[189] 唯没有注明出处，不知所据为何。该说似乎是鉴于中央书院后来在第一级又增设了英国历史，于是作如是猜测。某工具书的编者信以为真，照抄如仪。[190] 但笔者对此是有怀疑的，故竭力追查。终于在 2004 年 11 月 14 日星期天，于中央书院校长各年《年报》中有关 1887 年 [191] 的《年报》之第九项报告中，找到了一条珍贵线索。该第九项报告提到该校在 1886 年有六名该校学生参加了剑桥大学举办的考试。[192] 于是追阅有关文献，可确知：

---

[187]　History Paper, Prize Examination in January 1885, Tables and Examination Papers of the Prize Examination held at the Government Central School in January 1885, Government Notification No. 174, *Hong Kong Government Gazette*, 25 April 1885, pp. 357-360: at p. 360.

[188]　Government Notification No. 49, Reports of the Head Master of Queen's College and of the Examiners appointed by the Governing Body for 1895, which were laid before the Legislative Council on 11 February 1896, *Hong Kong Government Gazette*, 15 February 1896, pp. 117-143. Compare this with Government Notification No. 25, Prize Lists and Examination Papers for the First Class at the recent Queen's College Annual Exminations, 16 January 1895, *Hong Kong Government Gazette*, 16 January 1895, pp. 44-49.

[189]　吴伦霓霞：〈孙中山早期革命运动与香港〉，载《孙中山研究论丛》，第三集，第 67—78 页。

[190]　陈锡祺主编：《孙中山年谱长编》，第一册，第 37 页，1884 年 4 月 15 日条。

[191]　For 1887.

[192]　Item 9, in Annual Report of the Head Master of the Government Central School for 1887, by G. H. Bateson Wright, Head Master, 16 January 1888, Government Notification No. 2/88, Presented to the Legislative Council by command of His Excellency the Governor, *Hong Kong Legislative Council Sessional Papers 1888*, pp. 107-110: at p. 108.

第一，在 1886 年，香港得到英国剑桥大学的海外考试委员会的许可，把香港列为该试的海外试场之一。[193]

第二，1886 年 12 月，英国剑桥大学的海外考试首次在香港举行。[194] 笔者函英国挚友恳请代为打听该等考卷是否仍然存在，并购进飞机票，2005 年 1 月 8 日飞伦敦亲自探索。

十二、剑桥地方试

到达英国后，经挚友辗转帮忙，终于查出剑桥地方试藏卷的地方，为慰。又查出 1886 年的试卷仍有保存，宁不雀跃？该年的试卷显示，1886 年 12 月 17 日星期五上午 9 时到 11 时（或 09：30 到 11：30），剑桥地方试高级试同时间举行两门课的考试：

1. 英国历史；[195]

2. 古希腊史和古罗马史。[196]

这种安排，似乎是故意让考生在两门课之中只能选择其一，因为两门课同时进行考试也。而且，除了这两门课以外，再无别的历史课。因此笔者推测，若当时香港中央书院在原来的历史课以外再加上英国历史，则原来的历史课很可能就是古希腊史和古罗马史。理由有二：

第一，从制度方面说：香港的教育仿照英国制度，若英国中学只教上述两门历史，则香港的中学也只会讲授相同的两门历史；

---

[193] Item 7, in Annual Report of the Head Master of the Government Central School for 1886, by G. H. Bateson Wright, Head Master, 17 January 1888, Government Notification No. 12/87, Presented to the Legislative Council by command of His Excellency the Governor on 4 February 1887, *Hong Kong Legislative Council Sessional Papers 1887*, pp. 269-271: at p. 270.

[194] Ibid.

[195] English History Paper, Friday 17 December 1886, 9 to 11 or 9:30 to 11:30, Cambridge Local Examinations, Senior Students, Part II, Section B, pp. 59-60, University of Cambridge Local Examinations Service Archives Service.

[196] Greek History (Qs 1-5) and Roman History (Qs 6-10) Paper, Friday 17 December 1886, 9 to 11 or 9:30 to 11:30, Cambridge Local Examinations, Senior Students, Part II, Section B, pp. 60-61, University of Cambridge Local Examinations Service Archives Service.

第二，从师资方面说：若英国只训练上述两门历史的人才，香港中央书院向英国聘请老师时，能聘到的，也只可能是这两方面的人才。

难怪 1884 年香港总督建议设立奖学金并规定英国历史为其中公开考试的科目时，中央书院的校长被迫邀请香港域多利监狱代理总监来讲授该科。[197] 因为，原来的历史教师若只懂古希腊史和古罗马史，很难要求他们突然改行。

19 世纪的英国中学，在讲授本国史以外另教古希腊史和古罗马史，是可以理解的。因为英国人认为，英国文化与古希腊文化及古罗马文化，是一脉相承的。因此，当时的英国中学也讲授古希腊语和拉丁语。而当时的牛津大学和剑桥大学也规定，考生若要进入该两所大学读书，必须在入学考试时古希腊语或拉丁语及格。既然古希腊语和拉丁语受到如斯重视，则与其相辅相成的古希腊史和古罗马史，当然也受到同样的重视。准此，笔者更是相信香港中央书院原来的历史课极可能就是古希腊史和古罗马史。

可有证据证明孙中山曾修读过古希腊史和古罗马史？有。他学习古希腊、古罗马历史的心得是这样的：

> 讲到民权的来历，发源是很远的，不是近来才发生的，两千年以前，希腊、罗马便老早有了这种思想。当时希腊、罗马都是共和国家。……〔它们〕虽然是共和国家，但是事实上还没有达到真正的平等自由，因为那个时候，民权还没有实行。譬如希腊国内便有奴隶制度，所有贵族都是畜很多的奴隶，全国人民差不多有三分之二是奴隶。斯巴达的一个武士，国家定例要给五个奴隶去服侍他，所以希腊有民权的人是少数，没民权的人是大多数。罗马也是一样的情形。[198]

孙中山因缘际会，在中央书院读书时新旧交替，既攻读了原有课程之古希腊史和古罗马史，又赶上读英国史，倍增见闻。

---

[197]　Item 3, in Report by the Head Master of the Government Central School, by Mr G. H. Bateson Wright, to the Colonial Secretary, The Hon. W.H. Marsh, 3 January 1885, attached to Eitel, *Educational Report for 1884*, p. 247.

[198]　孙中山：〈民权主义第三讲〉，未注演讲年月日，载《国父全集》(1989)，第一册，第76—88页；其中第84页，第10—15行。

至于该 1886 年剑桥地方试中的英国历史高级试试卷，其中第 A3 道问题赫然是："略述詹姆士二世的施政，以便清楚表明哪些因素导致了他下野。"[199] 同日举行的初级试，英国历史的试题也问到了詹姆士二世弃位逃亡之事。[200] 不单如此，该等试卷还问及英国约翰王所签署的大宪章[201]、为何失去美洲殖民地（即美国的独立战争）等。[202] 英国试卷的试题，反映了英国的课程。香港的课程模仿英国，因而英国试卷的试题也反映了香港的课程。但有何明证，证明孙中山曾读过有关美国独立战争的历史？有。1896 年 11 月 14 日他应剑桥大学汉学教授翟理斯之邀而自述生平时写道："于人则仰中华之汤武暨美国华盛顿焉。"[203] 当然，孙中山1883 年在檀香山的瓦胡书院预备学校也读过美国史，但那是中学一年级的课程，比较浅显；现在讨论的是中学六年级毕业生的试题，深入得多，孙中山之能说出古今西方人当中唯一仰慕的是带领美国人反抗英国殖民主义之华盛顿，证明他对美国史是有深刻认识的，深刻的程度至少是中六而不是中一。

移居美国的英国殖民反叛老家，老家的英国人不口诛笔伐才怪。为何孙中山读了英国人所写的有关美国独立战争的教科书，反而对那位反叛首领华盛顿表示仰慕？那就要看该等教科书持什么态度。该态度可从后来中央书院的一道英国史试题中见到一斑。该试题引述某英国人的话"英国……在美洲的惨败，却只能怪她自己动机不纯"而提问。[204] 可见英国人并没有替英国政府之失掉美洲殖民地而文过饰非。相反地，当时最受欢迎的英国历史书之一，更是对强使君权而漠视美

---

[199]　Question A3, English History Paper, 17 December 1886, Cambridge Local Examinations, Senior Students, Part II, Section B, p. 59, University of Cambridge Local Examinations Service Archives Service.

[200]　Question B5(b), English History Paper, 17 December 1886, Cambridge Local Examinations, Junior Students, Part II, Section 2, p. 11, University of Cambridge Local Examinations Service Archives Service.

[201]　Question B4(c), English History Paper, 17 December 1886, Cambridge Local Examinations, Junior Students, Part II, Section 2, p. 10, University of Cambridge Local Examinations Service Archives Service.

[202]　Question B5(c), English History Paper, 17 December 1886, Cambridge Local Examinations, Junior Students, Part II, Section 2, p. 11, University of Cambridge Local Examinations Service Archives Service.

[203]　孙中山：〈复翟理斯函〉，《孙中山全集》，第一卷，第 46 页。至于该信日期，笔者酌定为 1896 年 11 月 14 日，则见拙著《孙逸仙在伦敦》，第四章"著作"，961114 条。

[204]　"'England came *with honour* out of the war against *these* powerful European foes. She had met with *disaster* in a *bad cause* in America.' Explain the allusions referred to, in the words in italics." Question 6, History Paper, Prize Lists and Examination papers for the First Class at the recent Queen's College Annual Examination, Government Notification No. 25, *Hong Kong Government Gazette*, 19 January 1895, pp. 44-49: at p. 47.

洲英殖民严正要求的英王乔治三世批评得体无完肤，并对华盛顿的才干极尽赞美之能事。[205] 孙中山接受这种较为客观的英国历史教育之后，而对华盛顿产生仰慕之情，自不在话下。至于进一步而对当时的中国政治作比较，孙中山会有什么想法？会不会进一步启发了他反叛清朝的革命思想？

在结束本节之前，该探索一下 1886 年 12 月英国剑桥大学首次在香港举行的海外试 [206] 孙中山可曾参加？之前，孙中山已经于 1886 年夏天，未完成中央书院的课程就离开该校，并于同年秋天到了广州的博济医院学医。因此，他参加该考试的可能性不高。但笔者不排除这种可能性，因为孙中山可能请假回香港参加考试。是否如此，且看考试记录。

据剑桥主考团的考试记录，1886 年，香港共有三名学生通过了第一级低年班的考试，其中两名来自中央书院。名字分别是 O. Madar 和 W. Howard。可知孙中山并非其中的一位。由于举办剑桥地方试的当局只记录及格人选的名字，以致笔者没法从该等档案中查明孙中山是否曾参加该考试。征诸香港中央书院校长的《年报》，可知在 1886 年该校果真派了共五名学生参加该试，其中两名及格，三名不及格。及格两人的名字，与上述剑桥当局的记录吻合。不及格的三人当中，名字分别是黄凡（音译）、黄平（音译）和无名氏。所谓无名氏者，是因为校长只说该考生因病缺席而没提他的名字。[207] 他会不会是孙中山？窃以为可能性不大，理由是该试对考生的年龄有限制，一般来说只许十六岁以下的学童报名参加。[208] 1886 年的孙中山已经超过十六岁，按规定应该是无法报名参加的。

至于 1886 年参加剑桥地方试第一级高年班考试的来自香港的学生，则剑桥地方试委员会的档案中没有记录。这并不表示香港没有派员参加，事缘剑桥地方试当局只记录及格考生的名字。故不列名者并不表示没考生参加。征诸香港中央书院校

[205]　See John Robert Green, *A Short History of the English People* (First published in England in 1874. Reprinted in New York: Harper & Brothers, 1879), pp. 739-744.

[206]　Ibid.

[207]　Item 9, in Annual Report of the Head Master of the Government Central School for 1887, 16 January 1888, by G. H. Bateson Wright to the Honourable Frederick Stewart, Colonial Secretary; Presented to the Legislative Council by command of H.E. the Governor, n.d., Government Notification No. 2/88, *Hong Kong Legislative Council Sessional Papers 1888*, pp. 107-110: at p. 108.

[208]　Gillian Cooke to Frances Wood, e-mail, 5 January 2005.

长的《年报》，可知在1886年该校果然派了一名学生参加该试，而且他是一名华人。可惜校长没说明他的名字。他会不会是孙中山？窃以为可能性不大，理由有二：

第一，尽管这位考生算术、英文文法、作文、历史、地理、几何、代数等均及格，但基督教《圣经》一科却不过关。[209] 孙中山在檀香山和香港拔萃读了近四年的《圣经》，相信不会不及格。倒是中央书院本身不讲授《圣经》[210]，故一直都只在该校念书的学生在《圣经》科不及格就不足为奇。

第二，剑桥地方试规定，一般来说只容许十八岁以下的学童报名参加第一级高年班考试。[211] 1886年孙中山已经超过十八岁，按规定应该是无法报名参加该试的。

虽然孙中山似乎没有参加过剑桥地方试的考试，但他在中央书院读过英国史和欧洲古代史，则可能性极高。这不单是由于中央书院的课程以英国本土的范畴马首是瞻；而同时是因为后来孙中山在演讲三民主义时，能随意列举英国史和欧洲古代史之中的著名事例也。

十三、文学、拉丁文、常识

中央书院在1884年新增的课程除了英国历史以外还有文学、拉丁文和数学。文学课讲些什么内容？该校校长没说。追阅其他文献，可知是莎士比亚的作品。[212] 莎翁的作品充满人生哲理，孙中山可得益不浅。新增的数学是哪一门？该

---

[209]　Item 9, in Annual Report of the Head Master of the Government Central School for 1887, 16 January 1888, by G. H. Bateson Wright to the Honourable Frederick Stewart, Colonial Secretary; Presented to the Legislative Council by command of H.E. the Governor, n.d., Government Notification No. 2/88, *Hong Kong Legislative Council Sessional Papers 1888*: pp. 107-110: at p. 108.

[210]　See Tables 6.3 and 6.4. It seems that the School authorities decided from the beginning that the Bible was not to be included in the curriculum. "The Bible was never used as a textbook but for a few years it was taught in translation to those whose parents so wished." Stokes, *Queen's College*, p. 23. Stokes' comment was corroborated by an independent source. " ... the government schools here give no religious instruction" See Hager to Clark, 18 August 1884, ABC260, 16.3.8: South China, v. 4, no. 7, p. 3.

[211]　Gillian Cooke to Frances Wood, e-mail, 5 January 2005.

[212]　Table [2]: "Government Central School — Number of boys passed in each subject in 1888", in Item 12 of the Report of the Inspector of Schools, E. J. Eitel, 11 February 1889, in *Educational Report for 1888,* Presented to the Legislative Council by command of H.E. the Governor, n.d., Government Notification No. 3/89, *Hong Kong Legislative Council Sessional Papers 1889,* no consecutive page numbers available in this bound volume.

校校长同样没说。追阅其他文献，可知是三角。[213]

　　至于拉丁文，笔者还是小年轻的时候就由于好奇也曾傻乎乎地去学了一点点。据笔者很肤浅的理解，上拉丁文的课程，学习该语言是其次，通过学习该语言而训练符合严谨逻辑的思维方法才是最高目的。在大英帝国鼎盛时期，拉丁文是所有英国中学生的必修课程。当时英国能够及时训练出大批高效率的行政人员，有效地管治了散布全球的殖民地，拉丁文之讲授，功不可没。而当时要进大学，若拉丁文不过关就无缘问津。这就是为什么在 1884 年，当香港总督特意设立政府奖学金，每年斥重金 200 英镑保送青年精英到英国念大学时，中央书院的校长急忙增设拉丁文这一门课，并亲自讲授。[214] 因为香港的学生无论成绩如何优秀，若不懂拉丁文，则只能对英国的大学望洋兴叹。而中央书院的校长之能在仓促间披甲上阵，正好说明他过去在英国读书时就在拉丁文这门学问上打下深厚基础。孙中山在檀香山上学时，课程已经包括拉丁文，现在于中央书院进修拉丁文，对于培养他逻辑性地思考问题，会有很大帮助。

　　1885 年中央书院又新设一科考试，叫"常识"（general intelligence）。这一科平常在中央书院的课堂上不讲授。不讲授怎么能考试？校长认为：这么一个安排是要评估学生平常在课堂以外学习了些什么。1885 年的"常识"考试结果，校长认为考生成绩不高；但他考虑到这门考试是一种创新，故该等成绩可以被视为满意。[215] 笔者追查 1885 年的试卷[216]，其中并没有常识这一科的试题。

---

[213]　Table [1]: "Government Central School — Number of boys passed in each subject in 1888", in Item 12 of the Report of the Inspetor of Schools, E.J. Eitel, *Educational Report for 1888.*

[214]　Item 3, in Report of the Head Master of the Government Central School, by Mr G. H. Bateson Wright to the Colonial Secretary, The Hon. W.H. Marsh, 3 January 1885, *Educational Report for 1884,* Hong Kong, Education Department, 25 February 1885; Presented to the Legislative Council by command of His Excellency the Governor, n.d., Government Notification No. 24, *Hong Kong Legislative Council Sessional Papers 1885*, pp. 241-258: at p. 247.

[215]　Item 3, in Report by the Head Master of the Government Central School, by Mr G. H. Bateson Wright to the Acting Colonial Secretary, Frederick Stewart, 21 January 1886, *Educational Report for 1885,* Hong Kong, Education Department, 25 February 1886; Presented to the Legislative Council by command of His Excellency the Officer Administering the Government, 14 May 1886, Government Notification No. 31, *Hong Kong Legislative Council Sessional Papers 1886*, pp. 261-280: at p. 269.

[216]　Tables and Examination Papers of the Prize Examination held at the Government Central School in January 1885, Government Notification No. 174, *Hong Kong Government Gazette*, 25 April 1885, pp. 357-360: at p. 357.

为什么不把试题公布，窃以为问题的关键还是由于不上课就考试，学生无所适从。若把试题公布了，家长群起批评，会让校方尴尬。而且，试题会由政府刊于《宪报》，那更会招社会人士非议。若常识科的试题是其他科目的课本提供了有关信息者，或是校内近期热门的话题，则可以培养学生联想的能力。

1886 年的常识科试题是公布了 [217]，佐证了笔者的想法，而且发人深省。其中第六题是：“细说中国与安南过去和目前的关系，特别是关乎东京湾（笔者按今称北部湾）地区的问题。”[218] 当时中法战争结束不久，满清不败却屈辱求和，让法国并吞了藩属安南。孙中山目睹满清的腐败无能，非常愤怒，说：“予自乙酉中法战败之年，始决倾清廷，创建民国之志。”[219] 可以想象，当时中央书院的华人学生，也愤慨异常。至于该校的英籍老师，则由于竞争对手法帝国主义于近在咫尺的东京湾夺取了殖民地，认为香港会受到威胁，所以对该事也没有好感。[220] 师生同仇敌忾之余，在校园内热烈地讨论其事，以至年终考试，常识一科的试题，就问到中法战争了。道理愈辩愈明，试题引人深思：孙中山在香港中央书院所受的教育，对于培育他独立思考的能力，既深且远；对于启迪他的革命思想，也不容忽视。

中央书院这位新校长，似乎非常重视学生常识的培养，就连写英语作文的机会也不放过。譬如，1886 年该科的试题是：描述世界博览会的缘起、目标和成就。[221] 有关信息，学生肯定在课堂上从课本学过，否则同样是无从回答。闻名不如见面，十年之后孙中山甫到伦敦，就在 1896 年 10 月 3 日星期六，前往世界博

[217] Tables and Papers connected with the examination of the First Class held at the Government Central School during the week 9-16 January 1886, Government Notification No. 24, *Hong Kong Government Gazette,* 23 January 1886, pp. 48-52: at p. 49.

[218] Question 6: "State the past and present relations between China and Annam, with special reference to Tonquin", in ibid, p. 49.

[219] 孙中山：《建国方略·孙文学说》，第八章“有志竟成”，载《国父全集》，第一册，第409—422页；其中第410页。《孙中山全集》，第六卷，第228—246页：其中第229页。

[220] See MacDonald to Salisbury, Desp. 43, 2 April 1897, FO 17/131, p. 223.

[221] "Describe the origin, object, and results of International Exhibitions". See Composition Examination Question, Tables and Papers connected with the examination of the First Class held at the Government Central School during the week 9-16 January 1886, Government Notification No. 24, *Hong Kong Government Gazette,* 23 January 1886, pp. 48-52: at p. 52.

览会首届展馆的水晶宫参观英国皇家园艺协会（Royal Horticultural Society）所举办的英国水果展览。[222] 1896 年 12 月 11 日星期五，又再度重游，流连忘返之余，黄昏 6 时 30 分才回到寓所。[223]

另外，中央书院的考试之有常识这一科，让笔者联想到孙中山的同学给他取的一个绰号，叫"通天晓"[224]，并进而联想到下列五点：

第一，孙中山几经转折才到达中央书院念书，看来年纪要比其他学生大，考虑问题要比其他考生成熟，故"常识"的成绩该比他们高。

第二，他在香港以外的地方诸如中国的农村生活过，又曾出过洋到檀香山读书，见多识广，"常识"的成绩自然该比其他考生要好。

第三，中央书院是一所没有宗教色彩的政府学校，所以不设基督教的《圣经》课，一般学生对此也不甚了了。孙中山却读过基督教的《圣经》，"凡与论教者，口若悬河，滔滔不绝"[225]。比起该校当时的高才生在考剑桥试时《圣经》科不及格[226]，相形之下孙中山就真是个"通天晓"了。准此，窃以为当时的同学们给他取绰号叫"通天晓"，是因为他的"常识"比同侪都强，而不全是由于好读诸子百家的原因。

第四，他是个爱思考的人，从他第一次坐上远洋轮船往夏威夷时就发出这么多的提问可知。[227] 爱思考的人对平常所见所闻想得也深。

第五，这种常识考题倒过来对爱思考的人特别有启发性。1896 年孙中山在伦敦脱险后曾说过，他到达伦敦前已经初步构思了民族主义和民权主义，到达伦敦

---

[222] 见拙著《孙逸仙在伦敦》，第二章"日志"中，961003 条。

[223] 同上书，961211 条。

[224] 杨连逢复述谭虚谷（孙中山在香港中央书院读书时的同学）之言，1966 年 4 月无日，载李伯新：《孙中山史迹忆访录》，第 129—131 页：其中第 130 页。又尚明轩：《孙中山传》（北京：北京出版社，1981)，第 14—15 页。尚先生未注明出处，但内容与谭虚谷所言雷同。

[225] 苏德用：〈国父革命运动在檀岛〉，载《国父九十诞辰纪念论文集》（台北：中华文化出版事业委员会，1955)，第一册，第 61—62 页。逸名：〈檀山华侨〉，载《檀山华侨》（火奴鲁鲁，1929)，第 12 页。转载于《孙中山年谱长编》，上册，第 33 页，7 月条。

[226] Item 9, in Annual Report of the Head Master of the Government Central School for 1887, by G. H. Bateson Wright to the Honourable Frederick Stewart, Colonial Secretary, 16 January 1888; Presented to the Legislative Council by command of H.E. the Governor, n.d., Government Notification No. 2/88, *Hong Kong Legislative Council Sessioal Papers 1888*, pp. 107-110: at p. 108.

[227] 见本书第三章。

后的所见所闻让他进而构思了民生主义，"此三民主义之所由完成也"[228]。姑勿论其是否真的到了伦敦以后才想到民生主义，窃以为他这句话至少说明一个问题：他把平常所见所闻升华到理论的阶段这种做法很早就开始了。例如，当他的同学都因为法国并吞安南而停留在愤慨的阶段时，他已进一步想到民族主义而暗萌推翻满清之念！[229] 而他的这种爱思考的倾向，很可能由于中央书院之设有"常识"这一考试，而获得更多的启发并提高了理论水平。

至于"常识"科考试对爱思考的孙中山所起到的实际作用，则不待他到达伦敦时已经见效。当他还在中央书院念书时，有一天：

> 先生读书之暇，偶游九龙，见以走江湖卖伪药者，侈谈其药若何灵验，围观者众。先生恐人之受愚也，乃揭穿其虚伪，谓服之有害。众皆哄笑。卖药者怒，取石作投击状，厉声曰："汝不信吾药之灵验乎？今击汝腿，为汝调治之！"时先生衣大袖蓝布长衫，反背双手，其左手正持甘蔗半段，立藏袖中，扬臂而言曰："是何奇者！汝观吾以一枪击碎汝颅，再为汝调治之。"卖药者震惊失色，以为真枪也，不敢动。旋经观众劝解，得息。[230]

这件事例，至少说明两个问题：

第一，孙中山的常识水平让他准确地辨别真伪。

第二，辨别了真伪以后，他有勇气把其见解付诸行动。

第二点尤其重要，为什么？后来孙中山结识了陈少白、杨鹤龄和尤列，自称四大寇。四大寇批评满清政权种种不是，证明他们能辨付是非。但最后有谁付诸行动？只有孙中山和陈少白。"乙未广州之役，〔四大寇之中的〕杨与尤亦皆不与焉。"[231]

---

[228] 孙中山：《建国方略·孙文学说》，第八章"有志竟成"，《国父全集》，第一册，第409—422页；其中第412页。

[229] 同上书，其中第410页。《孙中山全集》，第六卷，第228—246页；其中第229页。

[230] 汪精卫：〈孙先生轶事〉，《岭东民国日报》，1925年11月18日，转载于《国父年谱》(1985年版)，第36—37页。

[231] 陈少白：〈四大寇名称之由来〉，载陈少白著：《兴中会革命别录》，转载于《中国近代史资料丛刊·辛亥革命》(上海：上海人民出版社，1981)，第一册，第76—84页；其中第83页。

十四、汉译英

英文课程之中的汉译英一课，是如何讲授的？用汉语课本。何以见得？若没有汉语课本，如何集中取材翻译？不单如此，两位校外主考官共同签署的考试报告值得注意。有关汉译英一科的考试成绩，他们评论说，低年班的学生倾向于把平日在课堂上，老师教他们的某一段中文所翻译成的英语死背硬记，考试时遇到同一些汉语词汇时，就照搬如仪。高年班的学生则较为灵活。[232]这番评论更足以证明当时汉译英一课，是有汉语课本的。

且将孙中山在香港中央书院读书时期的、1885年1月和1886年1月的汉译英试题抄录如下，作为佐证。该等试题，并无标点，笔者也不加工。唯遇到明显错字，则把正确的文字放在括号内并附在错字的后面。

1885年的两道试题是：

一、书曰以亲九族九族既睦是帝尧首以睦族示教也礼曰尊祖故敬宗敬宗故收族明人道必以睦族为重也夫家之有宗族犹水之有分派木之有分枝虽远近异势疏密异形要其本源则一故人之待其宗族也

二、父老子弟联为一体安乐忧患视同一家农商相资工贾相让则民与民和训练相习泛守相助则兵与兵和兵出力以卫民民务养其力民出财以赡兵兵务恤其财则兵与民交相和由是而箪食豆羹争端不起鼠牙雀角速讼无因岂至结怨耗财废时失业甚至破产流离以身殉法而不悟也哉 [233]

---

[232] Report by the Joint Examiners R.F. Cobbold and Thomas W. Pearce on the Annual Examination held at Queen's College, 3-16 January 1896, Government Notification No. 49, Reports of the Head Master of Queen's College and of the Examiners appointed by the Governing Body for 1895, which were laid before the Legislative Council on 11 February 1896, *Hong Kong Government Gazette,* 15 February 1896, pp. 117-143: at p. 124.

[233] Translation into English Examinaition Paper, Tables and Examination Papers of the Prize Examination held at the Government Central School in January 1885, Government Notification No. 174, 25 April 1885, *Hong Kong Government Gazette*, 25 April 1885, pp. 357-360: at p. 360.

1886 年的两道试题是：

一、礼言儒士浴身与浴德同称诗咏后妃薄衣与薄私并重此非徒欲壮观瞻实欲以杜疾病耳夫优游泮涣尚防秽气之薰蒸娄曳从容犹恐汗污之蕴结况属小民肩挑贸易操作任劳以致身积垢秽衣染尘泥者乎若不勤加洗濯将日积月累疾病多由此而生

二、凡有疾病皆蒙医治而于癫狂则以为莫可救药故规条所载凡有癫狂之人医院例多不收要亦袖手旁观任其颠连而已岂不惜哉甚至有等无赖之徒或以言语激其怒或以戏弄诱其狂徒逞一己之笑谑不计病者之呼号故尝见其陨身不顾者有之噫何相待之刻薄即然此不但中国为然凡各处地方亦间有此等顽梗无知之辈可胜慨哉 [234]

笔者才疏学浅，无法断定上述四段文字的具体出处，于是向广州市中山大学的老教授胡守为先生请教。他也认为很可能是采自某教科书而非某某著名古籍，佐证了笔者认为当时中央书院之汉译英一课，是有汉语教科书的推测。既然有汉语教科书，能不能说该校不教中文？严格来说，则由于该校正规课程中没有开列中文这一课，故可以这么说。但是，由于中央书院通过汉译英这一途径讲授中文，所以虽然没有正规地讲授当时中国私塾的初级读物诸如《幼学琼林》等，或较高级的读物如四书五经，但当时该校对其学生的期望，是他们对这种读物有一定的认识。何以见得？从该校常识一科的试题可见一斑。

先谈《幼学琼林》，则 1886 年 1 月的常识试题当中，第八题是："Write in English the story which gave rise to the phrase '遇贼争死'." [235] 按该句说的是西汉末

---

[234] Translation into English Examination Paper, Tables and Papers connected with the examination of the First Class held at the Government Central School during the week 9-16 January 1886, Government Notification No. 24, 23 January 1886, *Hong Kong Government Gazette*, 23 January 1886, pp. 48-52: at p. 52.

[235] Question 8, General Intelligence Examination Paper, Tables and Papers connected with the examination of the First Class held at the Government Central School during the week 9-16 January 1886, Government Notification No. 24, 23 January 1886, *Hong Kong Government Gazette*, 23 January 1886, pp. 48-52: at p. 49.

年，天下大乱，人相食，赵孝的弟弟赵礼被一群饿贼抓去，要杀了吃肉。赵孝听说了，便用绳子将自己绑了去见群贼，说："我弟弟赵礼挨饿很长时间了，他身上已经没什么肉了，不如我肥。你们把我杀了吃了吧，把我弟弟放了。"赵礼一听，急了："不不不！你们是先捉住我的，吃我吧！怎么能杀我哥哥呢？"兄弟争死，这一下子居然感动了流着口水、饥饿红眼的贼人，把他们兄弟俩全放了。这事儿后来被文人编进了中国教育的启蒙书《幼学琼林》。[236]

次谈四书，则 1886 年 1 月的常识试题当中，第七题是："Quote (translating into English) a passage from the Chinese Classics shewing that there is something men value more highly than life."（中国古文中有一段文字说明某些东西比性命更为珍贵者。那是什么东西？将该段全文翻译成英语。）[237] 窃以为正确的出处应该是《孟子·告子上》："生，亦我所欲也；义，亦我所欲也。二者不可得兼，舍生而取义也。"若考生能作出这样的答案，笔者会给予八十五分。若考生能进一步阐述说，孟子只不过是发挥孔子说过的话，即《论语·卫灵公》中的话："子曰志士仁人，无求生以害仁，有杀身以成仁。"笔者会给予九十分。若考生更上一层楼而作结论说，儒家视仁义比性命重，会得九十五分。剩下的五分，就取决于考生在翻译时所表现出来的英语造诣高低了。《论语》和《孟子》是四书中的两书。

三谈五经，则 1896 年 1 月的汉译英试题九源自《书经》。[238] 常识一科的考试，平常是没有正规上课的。但常识来源有自，窃以为很可能是来自汉译英的课本。准此，可以说中央书院抽样教五经。诚然，1896 年已经是孙中山离开中央书院十年之后。但是，若上述试题是采自课本的话，则该等试题已充分证明该教科书取材甚广，有取自四书五经，也有取自普通读物。这种情况，历久不变：20 世

[236] http://baidu.com, accessed on 1 February 2996.

[237] Question 7, General Intelligence Examination Paper, Tables and Papers connected with the examination of the First Class held at the Government Central School during the week 9-16 January 1886, Government Notification No. 24, 23 January 1886, *Hong Kong Government Gazette*, 23 January 1886, pp. 48-52: at p. 49.

[238] See the comment on the Chinese to English Examination Paper, in the Report by the Joint Examiners R.F. Cobbold and Thomas W. Pearce on the Annual Examination held at Queen's College, 3-16 January 1896, Government Notification No. 49, Reports of the Head Master of Queen's College and of the Examiners appointed by the Governing Body for 1895, which were laid before the Legislative Council on 11 February 1896, *Hong Kong Government Gazette*, 15 February 1896, pp. 117-143: at p. 124.

纪 60 年代，笔者在香港的九龙华仁书院读书时，国文课本取材自《易经》、《论语》有之，来自《老残游记》也有之；若欲一睹全豹，则课余阅览《老残游记》困难不大，欲读通四书五经，则有幸承刘敬之老师在周末一字一句地解释。这个经历，让笔者得出一个结论，若一般香港英文中学的学生遇到上述 1885 年和 1886 年没有标点的汉译英试题，或 1896 年出自《书经》而同样是没有标点的试题，除非事前曾由老师一字一句地解释过，否则会束手无策。老师何曾有机会一字一句地解释过？拿着翻译课本在课堂上课的时候也。

准此，上述有关仁义重于性命的 1886 年 1 月常识试题[239]，笔者阅后第一个反应是记忆中汉朝司马迁说过的一句话，大意是生死有重于泰山有轻于鸿毛；经查核，发觉不对劲。[240] 接着想到"士可杀不可辱"之谚并由此而演绎出来的"个人尊严重于性命"之义；经请教高明，发觉亦不对。[241] 后来请教胡守为教授，则老先生想到孔子的话，转而又让笔者联想到孟子的话并因此设计出上述的答案。笔者相信这答案最能直截了当地回答该题。这番周折，足以证明当时的某些课本若没有预先提供一个标准的答案，则中国的典故，浩如烟海，考生百般猜测，考官是很难打分的，也不符合英国式的公允之义。这个课本，很可能属汉译英的课程。

1886 年夏天，孙中山离开中央书院了。同时离开的有一位第二级（即比孙中山低两级）的同学，名字叫泰天培（音译）。他回到广州就参加同年 11 月的科举考试，中了秀才。他是中央书院学生当中的第一名秀才。该校校长评论

---

[239] Question 7, General Intelligence Examination Paper, Tables and Papers connected with the examination of the First Class held at the Government Central School during the week 9-16 January 1886, Government Notification No. 24, 23 January 1886, *Hong Kong Government Gazette*, 23 January 1886, pp. 48-52: at p. 49.

[240] 汉朝司马迁在《报任少卿书》中有"人固有一死，或重于泰山，或轻于鸿毛"一语。但查百度搜索，则所指乃其父因故不能参加皇帝封禅泰山而大有死不瞑目之意。让笔者觉得该试题所问，似乎不是这个典故。

[241] 承胡守为先生赐告：〔开元二年〕监察御史蒋挺以监决杖刑稍轻，敕朝堂杖之，廷珪奏曰："御史宪司清望，耳目之官，有犯当杀即杀，当流即流，不可决杖。'士可杀，不可辱也。'"〔《旧唐书·张廷珪传》（卷 101），中华书局点校本，第 3153 页〕又〔开元十年〕，广州都督裴伷先下狱，上召侍臣问当何罪，嘉贞又请杖之。兵部尚书张说进曰："臣闻刑不上大夫，以其近于君也，故曰：'士可杀，不可辱。'"〔《旧唐书·张嘉贞传》（卷 99），中华书局点校本，第 3091 页〕可知"士可杀，不可辱也"所演绎出来的意思，与原文有出入。

说："我们很清楚，他中秀才的成就不能归功于本校。我们能做到的，顶多是保证一个学生本来已经具备的汉学修养不退步。但他的成就足以证明，从事英文科目进修不应该令一个学员放弃其对本国学问的追求。"[242] 这句话看来也适用于孙中山。

孙中山当然不如泰天培，但也有比其他同学强的地方，那就是他童年时代在翠亨村塾读书时曾死背硬记过一些四书五经，虽然请求老师解说不果[243]，但好奇之心不减。到了中央书院，他会如何争取满足他年轻的好奇心？谈到这个问题，就必须论及传教士汉学家理雅各。香港政府在 1860 年决定创立中央书院，是他的主意；建校的理念——融合中西文化——也归功于他。[244]《皇仁书院校史》（中央书院后来改名皇仁书院）尊称理雅各为该校的创始人（founding father）[245]。理雅各是第一位翻译四书五经的西方学者，他的翻译对孙中山而言正派上用场。孙中山回忆说："我亦尝效村学生，随口唱过四书五经，数年以后，已忘其大半。但念欲改革政治，必先知历史，欲名历史，必通文字，乃取西译之四书五经历史读之，居然通矣（众大笑）。"[246] 看来孙中山受了汉译英课本之中片段的启发而追阅全文！邵元冲的记载更为详尽，他说："总理自言，幼时旅港肄业，所习多专于英文，嗣而治汉文，不得合用之本，见校中藏有华英文合璧四书，读而大爱之，遂反复精读，即假以汉文之教本，且得因此而窥治中国儒教之哲理。又英译本释义显豁，无汉学注疏之繁琐晦涩，领解较易。总理既目识心通，由是而对中

---

[242] Item 13, in Annual Report of the Head Master of the Government Central School for 1887, by G. H. Bateson Wright to the Honourable Frederick Stewart, Colonial Secretary, 16 January 1888; Presented to the Legislative Council by command of H.E. the Governor, n.d., Government Notification No. 2/88, *Hong Kong Legislative Council Sessional Papers 1888*, pp. 107-110: at p. 109.

[243] 见本书第三章。

[244] Gwenneth and John Stokes, *Queen's College,* pp. 7-8. The Government Central School later changed its name to Victoria College when it moved into a new building in a nearby site; and again in 1894 to Queen's College.

[245] Gwenneth and John Stokes, *Queen's College,* p. 5.

[246] 孙中山：〈在沪尚贤堂茶话会上的演说〉，1916 年 7 月 15 日，载《孙中山全集》，第三卷，第 320—324 页：其中第 321 页。承孙中山故居纪念馆的黄健敏君，将桑兵教授大文复印相赠，得悉此条史料，继而追阅，为感。见桑兵：〈孙中山与传统文化〉，载桑兵：《孙中山的活动与思想》（广州：中山大学出版社，2001），第 329—342 页：其中第 320—325 页。

国文化，备致钦崇，极深研几，以造成毕生学术之基础。"[247]

在本书第三章，笔者已经引述过上面两段话。在此重复，目的是要强调中央书院的课程，除了讲解了英国的历史文化以外，同时也让孙中山通过英语译本而进修四书五经。在这中西交融当中，他会得到什么启发？他会不会认为，与古希腊和古罗马历史文化一脉相承的英国历史文化，是一个不断争取自由民主的历史文化；而同样悠久的中国历史文化，是一个坚决维护仁义这个传统道德的历史文化？

十五、猜题？选修？

兹将孙中山在香港中央书院实际读书的十五个月当中所学习过的、用英语讲授的新旧课程列表如下，以观全豹。所用材料是1888年的《年报》，理由如下：

第一，有关1885年[248]、1886年[249]，甚至1887年[250]教育情况的年报，都只开列旧课程。这种现象，很可能是由于新增的四种课程都是由校长等人临时充当教师而未成为正规课程。

第二，只有有关1888年教育情况的《年报》，才开列该新增的四种课程，很可能到了那个时候，该校已经聘到专门师资讲授该等课程，而使得该等课程正规化了。

---

[247] 邵元冲：〈总理学记〉，载尚明轩、王学庄、陈崧合编：《孙中山生平事业追忆录》（北京：人民出版社，1986），第694页。

[248] Table [2] in Item 9 of the Report by the Inspector of Schools E. J. Eitel to the Honourable Federick Stewart, LLD., Acting Colonial Secretary, 25 February 1886, *Educational Reports for 1885,* Presented to the Legislative Council by command of H.E. the Officer Administering the Government, 14 May 1886, Government Notification No. 31, *Hong Kong Legislative Council Sessional Papers 1886*, pp. 261-269: at p. 264.

[249] Table [2] in Item 9 of the Report by the Inspector of Schools E. J. Eitel to the Honourable Federick Stewart, LLD., Colonial Secretary, 25 March 1887, *Educational Reports for 1886,* Presented to the Legislative Council by command of H.E. the Officer Administering the Government, 29 April 1887, Government Notification No. 24/87, *Hong Kong Legislative Council Sessional Papers 1887*, pp. 339-345: at p. 341.

[250] Table [2] in Item 11 of the Report by the Inspector of Schools E. J. Eitel to the Honourable Federick Stewart, LLD., Colonial Secretary, 23 March 1888, *Educational Report for 1887,* Presented to the Legislative Council by command of H.E. the Governor, 23 March 1888, Government Notification No. 8/88, *Hong Kong Legislative Council Sessional Papers 1887*, consecutive pages are not provided in this subsequently bound volume.

表 5.4　1888 年中央书院用英语讲授的课程[251]

	班　级											
	一	一	二	三	四	五	六	七	八	九	十	十一
1888年	1a	1b	2a	2b	3a	3b	4	5	6	7	8a	8b
考生总人数	15	19	36	36	30	31	56	38	33	73	57	21
及格总人数	15	15	35	32	30	25	54	38	31	69	55	20
阅读	15	18	33	36	29	29	54	38	32	71	51	21
算术	9	17	32	28	24	17	34	32	23	62	44	19
听写	14	13	28	30	24	14	43	35	29	64	49	21
汉译英	12	14	34	33	27	29	54	38	27	66	52	12
英译汉	10	14	29	29	21	22	51	33	28	60	38	19
英文文法	14	11	32	25	30	21	32	32	16	70		
地理	11	11	35	32	30	21	44	36	25			
绘地图	12	13	33	29	30	27	51	36	32			
作文	14	13	30	29	28	21						
历史	15	12	18	17	28	24						
几何	12	12	29	32	28	18						
代数	13	11	35	29	27	22						
测量	11	8										
拉丁文	9	11	30	24	30							
常识	13	9	14	16								
莎士比亚	12	9										
三角	12											

　　把表 5.4 与表 5.3 比较，可以看出该校的课程在不断发展中。孙中山入读的 1884 年才增加了英国历史、拉丁文、莎士比亚和三角这些新课。到了 1885 年，又增加了 "常识" 这门考试。采用 1888 年的《年报》还有一个好处，它首次公文把第一级划分高年、低年两班，佐证了笔者在前文中对第一级其实是分高年、低年两班的推断。

　　另外，表 5.4 证明，目前史学界已经接受了并认为是准确的一项信息，其实是错误的。该信息说，孙中山进入中央书院读书时，该校的课程当中有卫生、簿记等。[252] 偏偏表 5.4 和表 5.3 就没有这两门课，而表 5.4 和表 5.3 都是按照香港政府教育署向立法局提交的《年报》而编成的，是这方面最权威的史料。而且，笔者遍

[251]　Table [2], entitled "Government Central School — English Examination—Number of passes in each Subject in each Class for the year 1888", in Item 12 of the Report by the Inspector of Schools, E. J. Eitel, to the Honourable Federick Stewart, LLD., Colonial Secretary, 11 February 1889, *Educational Reports for 1888*.
[252]　吴伦霓霞：〈孙中山早期革命运动与香港〉，载《孙中山研究论丛》，第三集，第 67—78 页。

寻1884—1888年间香港教育署的《年报》和中央书院校长的《年报》，都没提到这两门课，可以立此存照。可惜，这错误早被收入了工具书[253]，以致更广泛地误导读者。但工具书的编者，责任只在编书，并非考证。其所赖以成书者，乃同行专题考证的研究成果。当其同行在某一方面的考证不准确，则编者与其读者同时遭殃。

笔者不排除卫生、簿记两门课是后来增加的。结果偶阅1895年的试题，果然就有簿记（book-keeping）一科[254]，但那已是在孙中山离开中央书院近十年时的事情了。不但如此，尽管到了那个时候，卫生一课仍然阙如。

另一方面，从表5.4可知考生要应付众多的科目，以致有人怀疑该校学生是否应付得来，并进而猜测中央书院的老师是否用"猜题目"的方式来作有选择地教学。该校校长得悉后非常生气，他公文回应说："年复一年，不同的考试委员会，诸如牛津大学和剑桥大学的考试委员会，都开出不同的试题来考核学生的基础训练和超人之处。如果'猜题目'能过关的话，无异指称相隔万里的教师和主考官能够蛇鼠一窝。"[255]窃以为该话是客观的，故较为可信。准此，我们可以说，孙中山在中央书院读书时所上的每一门课，都是较全面而不是片面地学习到该课的精髓。

若中央书院不是采取"猜题目"的方式教学，那么该校是否容许学生选修课程以避免让学生负荷过重？如果是容许的话，我们就无法知道孙中山是否读过拉丁文、考过常识试等，进而笔者在上文所建立起来的，孙中山因为进一步修读拉丁文而更深入地接受了逻辑思维方法的训练、把所见所闻升华到理论阶段云云，马上就烟消云散。"绝对没有选修这回事！"该校校长斩钉截铁地说。"每一门课，无论是高深艰难之如几何、代数、拉丁文、自然地理或商业地理，凡是在哪一级讲授，哪一级的全部学生都必须修读。……尽管是中文根底极差的洋学生，也必须修读汉译英、英译汉的课程。"校长这些话，是在该校《年报》中说的，

[253]　《孙中山年谱长编》，上册，第37页，1884年4月15日条。

[254]　Notification No. 25, Prize Lists and Examination Papers for the First Class at the recent Queen's College Annual Examinations, 16 January 1895, *Hong Kong Government Gazette,* 16 January 1895, pp. 44-49: at p. 48.

[255]　Item 10, in the Annual Report of the Head Master of the Government Central School for 1887, by G. H. Bateson Wright to the Honourable Frederick Stewart, Colonial Secretary, 16 January 1888, Presented to the Legislative Council by command of H. E. the Governor, n.d., Government Notification No. 2/88, *Hong Kong Legislative Council Sessional Papers 1888*, pp. 107-110: at p. 109.

而该《年报》是呈香港立法局复核的。[256] 若在《年报》中说假话，就是妨碍司法公正，在法治社会，罪名非同小可！窃以为该校长不会以身试法，也看不出他有任何动机要干这种蠢事；即使他想干，也会考虑到跟他一样是在法治社会出生的英国教员队伍和英籍家长会群起反对而不会得逞，反而会被那些怀疑中央书院"猜题目"、忖测它容许学生选修的人抓到罪证。

为何出现了这些怀疑、忖测？很大程度是与中央书院在几年之内突然增加了不少新课程有关。用该校校长自己的话说：

> 当我在 1882 年到中央书院任校长时，第一级的学生只须考八科。本年他们却必须考十五科。就是说，取得八科及格的人，在 1882 年以前是成绩优秀的学生。现在取得八科及格的人，只不过是个成绩普通的学生。我又规定，在本校的校内考试，考生要及格的话，必须取得五十分以上。若某学生及格科目的数目不及全年修读科目一半的话，就全年不及格而不能升级。校内考试的试题，完全按照牛津大学和剑桥大学的传统，以启发思考为主导。[257]

他所说的十五科，不知是如何计算的。从表 5.4 看，考生总共要应付十七科，尽管把中译英、英译中合并为一科，也有十六科。因此，他所说的十五科可能是手民之误。不容许猜题目与选修，却容许孙中山跳班？两者没有必然的矛盾。若孙中山成绩优异，决意跳班，又能说服校方的话，校方会灵活办理的。[258]

---

[256]　Item 4, in Annual Report of the Head Master of the Government Central School for 1887, by G. H. Bateson Wright to the Honourable Frederick Stewart, Colonial Secretary, 16 January 1888; Presented to the Legislative Council by command of H. E. the Governor, n.d., Government Notification No. 2/88, *Hong Kong Legislative Council Sessional Papers 1888*, pp. 107-110: at pp. 107-108.

[257]　Item 4, in Annual Report of the Head Master of the Government Central School for 1887, by G. H. Bateson Wright to the Honourable Frederick Stewart, Colonial Secretary, 16 January 1888; Presented to the Legislative Council by command of H. E. the Governor, n.d., Government Notification No. 2/88, *Hong Kong Legislative Council Sessional Papers 1888*, pp. 107-110: at pp. 107-108.

[258]　笔者不是在狂想，而是有实例可援。1964 年 12 月，笔者正在九龙华仁书院念预科六年班低班（Lower Six），家境突然恶化，自付在念完预科六年班低班后，无经济能力继续念预科六年班高班（Upper Six），决定除了继续在学校上正规的预科六年班低班的课程，同时自修预科六年班高班课程。教务主任破格签字让笔者参加 1965 年 5 月 1 日开始的香港大学入学试，就是灵活办理的明证。

经过这位新从英国到任的校长雷厉风行地这么一改革，中央书院的成绩与名声自然飞跃而变得更加一枝独秀。以致拔萃书室也流失了像孙中山这样的好学生。窃以为本章上文提到过的，拔萃书室后来决定提高收费并停止接受不能付足费用的学生入学，目的显然是要通过这个途径增强其经济基础和教师队伍的数量和质量，其最终目的自然是增强自己的竞争力和生存机会。孙中山则因缘际会，到达香港读书时就碰上中央书院刚来了一位有教育理想而又决心大展宏图的校长，让孙中山接受了一流的教育。

对香港中央书院用英语授课的各科目的分析，到此为止。

年终考结以后就放寒假，这是从该校每月的上课记录中可以得出的结论：

表 5.5　1886 年中央书院每月上课人数表 [259]

月份	全校学生人数	上课人次	上课日数	每月平均上课人数
1月	419	6937	17	408.06
2月	502	2484	5	496.8
3月	507	13121	27	485.96
4月	505	7153	15	476.87
5月	492	11356	25	454.24
6月	476	10845	24	451.87
7月	466	12046	27	446.15
8月	451	2204	5	440.8
9月	468	8970	20	448.5
10月	467	11031	25	441.24
11月	457	11019	26	423.81
12月	432	9035	22	410.68

从表 5.6 看，中央书院不但放寒假（2 月只上课五天），还在 8 月放暑假（8

[259]　Table: "Enrolment and Attendance of the Central School, 1886", in the Annual Report of the Head Master of the Government Central School for 1886, 17 January 1887, Government Notification No. 12/87; Presented to the Legislative Council by command of H.E. the Officer Administering the Government on 4 February 1887, *Hong Kong Legislative Council Sessional Papers 1887*, pp. 269-355: at p. 271.

月只上课五天）。准此，窃以为可以下三个结论：

第一，《国父年谱》和《孙中山年谱长篇》之酌定 1886 年秋孙中山已经离开了中央书院而到了广州的博济医院学医，是合理的。

第二，既然 8 月放暑假，那么我们可以进一步推断，孙中山在中央书院念书是念到 8 月初放暑假时离开。

第三，既然年终考绩是在农历年底（阳历 1 月）举行 [260]，孙中山没有参加 1887 年 1 月的年终考绩就离开了。为什么？他这么艰难才争取到在中央书院肄业，为何如此这般就放弃？且看本章下半部（从第十八节开始）。

十六、中文部的课程

笔者钻研香港教育署的《年报》，赫然发现孙中山在中央书院读书期间（1884—1886），该校同时也举行中文考试，科目是作文、信函、作诗法三种。兹将有关的考试成绩列表如下：

表 5.6　1884 年中央书院用中文讲授课程及格人数百分率 [261]

	班　级					
	I	II	III	IV	V	VI
考生总及格百分率	89	58	59	73	31	34
作文及格百分率	100	58	74	80	51	48
信函及格百分率	87	65	46	70		
作诗法及格百分率	47	40	61	63	59	63

[260] Item 12, in the Report by the Head Master of the Government Central School, Mr G. H. Bateson Wright, to the Colonial Secretary, The Hon. W.H. Marsh, 3 January 1885, in *Educational Report for 1884,* Hong Kong, Education Department, 25 February 1885; Presented to the Legislative Council by command of His Excellency the Governor, n.d., Government Notification No. 24, *Hong Kong Legislative Council Sessional Papers 1885*, pp.241-258: at p. 248.

[261] Table [4] in Item 11 of the Report by the Inspector of Schools, E.J. Eitel, to the Honourable W.H. Marsh, Colonial Secretary, 25 February 1885, *Educational Reports for 1884,* Presented to the Legislative Council by command of H. E. the Governor, n.d., Government Notification No. 24, *Hong Kong Legislative Council Sessional Papers 1885*, pp. 241-258: at p. 244.

表 5.7 1885 年中央书院用中文讲授课程及格人数百分率 [262]

| | 班　级 | | | | | |
	I	II	III	IV	V	VI
参加考试人数	58	71	71	43	38	32
作文及格百分率	89	90	83	70	92	87
信函及格百分率	86	76	82	40		
作诗法及格百分率	46	65	66	50	87	75

表 5.8 1886 年中央书院用中文讲授课程及格人数百分率 [263]

| | 班　级 | | | | | |
	I	II	III	IV	V	VI
参加考试人数	51	80	72	32	48	42
作文及格百分率	94.11	91.25	86.11	93.75	93.02	66.66
信函及格百分率	88.24	70.00	65.29	84.27		
作诗法及格百分率	45.09	60.00	38.88	71.87	74.41	88.09

　　这些表格所开列的信息该如何解释？原来中央书院"开办之初，分设中、英文部。……〔英文部第一至第三级的〕学生可兼读中文"[264]。严肃的问题来了：当时孙中山在中央书院念的是英文部还是中文部？若是中文部，则本章上述各节全部作废。但窃以为他念的肯定是英文部。理由有三：

　　第一，孙中山在檀香山的意奥兰尼学校念高小与初中混合班三年，在瓦胡书院预备学校念初中一年级两个学期的课程，与中央书院英文部的课程衔接。他辛

[262]　Table 4 in Item 11 of the Report by the Inspector of Schools, E. J. Eitel, to the Honourable Frederick Stewart, LLD., Acting Colonial Secretary, 25 February 1886, *Educational Reports for 1885*, Presented to the Legislative Council by command of H.E. the Officer Administering the Government, 14 May 1886, Government Notification No. 31, *Hong Kong Legislative Council Sessional Papers 1886*, pp. 261-269: at p. 264.

[263]　Table 4 in Item 9 of the Report by the Inspector of Schools, E.J. Eitel, to the Honourable Frederick Stewart, LLD., Colonial Secretary, 25 March 1887, *Educational Report for 1886*, Presented to the Legislative Council by command of H.E. the Officer Administering the Government, 29 April 1887, Government Notification No. 24/87, *Hong Kong Legislative Council Sessional Papers 1887*, pp. 339-345: at p. 342.

[264]　李金强：〈香港中央书院与清季革新运动〉，载《郭廷以先生百岁冥诞纪念史学论文集》，第249—269页；其中第254页，引 Stokes, *Queen's College, 1862-1962*, pp. 23, 33。

辛苦苦地进入中央书院读书，绝对不会甘心于单单地学习如何用汉语作文、写信、作诗等。

第二，他在故乡私塾已经读过部分四书五经，汉语水平远远超过中央书院中文部那作文、信函、作诗法三种课程。

第三，征诸英文原文，则原文曰："There was a lower vernacular section and an upper English study section... After passing an entrance examination in Chinese, pupils were admitted to the Preparatory School where they studied only the vernacular."（中央书院分两部分：低年级的汉语预备学校与高年级的英语学校，学童考进汉语预备学校之后，接受的是全汉语教育。）[265] 所以，孙中山所念的必然是高年级英语学校的课程。

准此，目前史学界已经接受并认为是准确的一项信息，就有商榷的必要。该信息说，孙中山进入中央书院读书时，该校已取消了中文课。[266] 该校明明设有中文部，并设有三门中文课程，怎能说取消了中文课？严格地讲，可以说该校的英文部不讲授中文课。尽管这样说，也不是绝对准确。君不见，该校英文部课程中的汉译英，不是有汉语课本吗？所以，中央书院取消中文课之说，是错误的。可惜这条错误的信息也早被收进工具书[267]，广泛地误导了读者。正如前述，工具书的编者，目的只在编书，非考证。其所赖者，乃专家们专题考证出来的研究成果。当专家的考证出了问题时，编者与读者就同时遭殃。故误导的责任最终仍在该研究人员，愿与同行共勉之。

十七、小　结

本章用新发掘出来的史料，重建起一幅哪怕是粗略的、孙中山在香港读中学的蓝图。

[265]　Stokes, *Queen's College, 1862-1962*, p. 23. 香港历史档案馆许崇德先生扫描此页，在 2006 年 2 月 10 日以电邮传给我，谨致谢忱。
[266]　吴伦霓霞：〈孙中山早期革命运动与香港〉，载《孙中山研究论丛》，第三集，第 67—78 页。
[267]　《孙中山年谱长编》，上册，第 37 页，1884 年 4 月 15 日条。

在这里值得郑重一提者是孙中山在书本以外学习到的东西，那就是与不同种族的学生相处。盖中央书院的学生，除华人外，还有英国人、日本人，由此可学习听取不同意见、尊重他人的习惯。[268] 他在檀岛读书时，也是天天与不同人种的人生活在一起。他在两地所受的教育，大大开拓了他的世界观。

十八、孙中山领洗进入耶教

孙中山在香港读书期间的大事，包括他正式领洗进入耶教。个中情节，《国父年谱》（1985 年增订本）有如下说明：

> 复结识美国纲纪慎美部会（American Congregational Mission）美籍牧师喜嘉理（Rev. Charles B. Hager, 1850—1917），喜嘉理力劝先生信奉基督教义，先生云："基督之道，余固深信，特尚未列名教会耳。"嗣与陆皓东同受洗于礼拜堂，喜嘉理牧师亲为施洗。先生署名"日新"，盖取大学盘铭"苟日新、日日新、又日新"之义。皓东署名"中桂"。厥后区凤墀据"日新"二字，为先生改号"逸仙"。[269]

与原始档案互相印证，可知权威的《国父年谱》（1985 年增订本）不足之处有五：

第一，喜嘉理牧师的名字不叫 Charles B. 而是 Charles Robert。

第二，他所属之传道会不叫 American Congregational Mission 而是 American Board of Commissioners for Foreign Missions, Congregational Church，简称 ABCFM，笔者引用该档案时，也采此简称。其所属乃基督教各流派当中的"纲纪慎派"（音译，另音译作"公理派"）。

第三，孙中山并非于正规的教堂内领洗，喜嘉理也非冯自由所说的"来华传

[268] Gwenneth and John Stokes, *Queen's College*, p. 15.
[269] 《国父年谱》（1985 年增订本），上册，第 34—35 页，1883 年冬条。

道多年"[270]。喜嘉理牧师在 1883 年 3 月 31 日才初次踏足香港。[271] 当喜嘉理为孙中山施洗时，还未建立起自己的正规教堂，他只是租了一幢三层楼的房子权充传道所。一楼用作学校，教华童英语。[272] 他就是在这间"华童课室"内亲自为孙中山施洗，"地不著名，仪不繁重"。[273] 经过多次档案调查和实地考察，证实该幢房子的具体地址是香港中环必列者士街 2 号。可惜该房子与旁边的几幢房子已经被拆除，改建为街市。兹觅得旧图片，按理最靠左的那幢房子应该是必列者士街 2 号（见图 5.15）。

第四，孙中山并非与陆皓东同时受洗，是他领洗后才介绍陆皓东予喜嘉理牧师认识者。

第五，孙中山并非于拔萃书室肄业期间领洗，而是在中央书院开始读书后入教。

当时孙中山对耶教之热诚，曾被喜嘉理牧师称赞曰："盖彼时先生传道之志，固甚坚决也。向使当日香港或附近之地，设有完备圣道书院俾得入院，授以相当的课程，更有人出资为之补助，则孙中山者，殆必为当代著名之宣教师矣。"[275]

窃以为这句话是喜嘉理牧师一厢情愿的想法，当时孙中山对耶教的热情固然高涨，但正如本书第四章发掘所得，他视耶教不纯粹是从宗教信仰这角度，而是从耶教所能产生的实际效果出发；他发觉耶教与时俱进，不断自我更新来满足人类对现代化如饥似渴的要求，反观儒家、佛家和道家都是往后看而不是往前看的，它们把中国捆绑了两千多年，令中国裹足不前。若中国人要重新建立起自己的现代文化，用什么作为根基才会受到世人尊敬？他愈来愈觉得耶教可取，不是取其纯粹的宗教信仰，而是取其实用价值以促使中国现代化，如此而已。[276] 尽

---

[270]　冯自由：《革命逸史》(1981)，第二册，第 10 页。

[271]　Hager to Clark, 12 April 1883, ABC 16.3.8: South China, v. 4, no. 3, p. 1.

[272]　Hager to Clark, 12 April 1883, ABC 16.3.8: South China, v. 4, no. 3, pp. 2-3.

[273]　Hager, "Dr Sun Yat Sen: Some Personal Reminiscences", *The Missionary Herald* (Boston, April 1912), p. 171 col. 1- p.174 col. 2: at p. 171 col. 1. This article was reprinted in Sharman, *Sun Yat-sen*, pp. 382-387. 汉语译本见冯自由：《革命逸史》(1981)，第二册，第 12—18 页；其中第 13 页。该文又收进尚明轩等编：《孙中山生平事业追忆录》，第 521—524 页；其中第 521 页。

[274]　同上。

[275]　同上。

[276]　Sun Yatsen's views as recorded by Linebarger, *Sun Yat-sen* (1925), p. 152.

图 5.15　香港中环必列者士街 2 号 [采自 1912 年 4 月喜嘉理在波士顿《传教士先驱报》(*The Missionary Herald*) 上发表的一篇回忆录，藏美国哈佛大学图书馆[274]]

图 5.16　必列者士街 2 号等已建为街市

管他依稀曾有过当传教士以便把耶教这种新文化推广到全中国的想法，事实证明他并不具备喜嘉理牧师那种要当传教士的宗教狂热。但后来很长一段时间里，喜嘉理就是缠着孙中山不放，坚持劝他像自己一样当传教士（见下文）。

终于在1886年夏，孙中山提前离开中央书院前往美国传教士在广州设立的博济医院学医："以学堂为鼓吹之地，借医术为入世之媒。"[277] 其逻辑是革命必须有群众，从何取得群众？以行医济世。这是从理论的层次——把新文化介绍到中国——转变成为用实际行动来救中国。这是一个很大的转变，孙中山是如何走过来的？他自言是1884—1885年中法战争，满清政府不败而乞和对他的刺激。[278] 这固属实情。但史学界不能永远满足于这片言只字。究竟他受到刺激的具体情况如何？程度有多深？而且，如果我们用史学界"推"、"拉"的概念来解释他的转变，则若对法战败让他心中泛起救国救民的强烈情绪而起到"拉"的作用的话，那么又有什么力量把他推离他本来极度高涨的耶教热情？就是说，基督教会的圈子里发生了什么事情把他"推"走？

本章的其余篇幅，就从"推"、"拉"这两方面着手钻研孙中山如何走向救国救民的道路。准此，就有很多细节，必须首先澄清。譬如，领洗入教对孙中山而言重要到后来与家庭决裂（见下文），但学术界对于他在哪一天领洗和领洗的具体情况等，至今仍不清楚。又譬如正史说，孙中山是与他的生死之交陆皓东同时领洗的，实情是否如此？下节就着手探索这两个问题。

十九、孙中山与陆皓东何时领洗？

首先探索孙中山领洗的具体日期。1884年5月5日，喜嘉理牧师写了两封亲笔信。第一封是写给波士顿总部的。内容说，他在香港新建立的传道所当前有两

---

[277]　孙中山：《建国方略·孙文学说》，第八章"有志竟成"，载《国父全集》，第一册，第409—422页；其中第409页。《孙中山全集》，第六卷，第228—246页；其中第229页。

[278]　"余自乙酉中法战败之年，始决倾覆清廷，创建民国之志，由是以学堂为鼓吹之地，借医术为入世之媒。"孙中山：《建国方略·孙文学说》，第八章"有志竟成"，载《国父全集》，第一册，第409页。《孙中山全集》，第六卷，第229页。

位教友，第二位是在先一个主日（"last Sabbath"）才由他亲自施洗而增添的。[279]
在该信中，喜嘉理没有说明该位刚领洗入教的人的名字。征诸香港公理堂受洗人
的名单，他正是孙日新。该名单又说，宋毓林是第一位被喜嘉理牧师在香港施洗
入教的人，孙日新是第二位[280]，而孙日新正是孙中山领洗时所取之名字。[281] 再
征诸日历，以及喜嘉理在同日所写的第二封信[282]，可知他所说的"先一个主日"，
正是1884年5月4日星期天。另一方面，香港中央书院的档案证实孙中山早在
1884年4月15日已经注册入学。[283] 因此，我们可以进一步确定孙中山是进入中
央书院读书以后才领洗进入基督教的纲纪慎会。

其次探索孙中山领洗的时候，陆皓东是否与他同时受洗的问题。冯自由说是
同时受洗。[284] 窃以为此说有误，理由有二：

第一，上述喜嘉理牧师的两封亲笔信都说，当时他只为一个人施洗，并没说
同时还为另外一个人施洗。

第二，征诸香港公理堂受洗人的名单（见图5.17），则第三位领洗的人是一
名女性，名字叫八妈，来自省城。[285] 征诸喜嘉理牧师的亲笔信，可知她领洗的具
体日期为1884年5月31日，喜嘉理牧师并因此而高兴地说，他的教堂有三位教
友了。[286] 准此，窃以为陆皓东不可能与孙中山同时领洗。

最后，附带探索陆皓东是否曾经领洗的问题。香港公理堂受洗人的名单说是
有的，又说他是第四位领洗入教的人，并记录了他受洗的名字叫陆中桂，来自香
山翠亨乡。[287] 窃以为陆皓东在生时从未领洗，理由如下：

请注意，该名单记录的第五位领洗者是唐雄。[288] 征诸喜嘉理牧师的亲笔

[279]   Hager to Clark, 5 May 1884, ABC 16.3.8: South China v. 4, no. 17, p. 3. See next section for more details.
[280]   《中华基督教会公理堂庆祝辛亥革命七十周年特刊》（香港，1981），第2页。
[281]   同上。
[282]   Hager to Pond, 5 May 1884, ABC 16.3.8: South China, v. 4, no. 18, p. 3 postscript.
[283]   Stokes, *Queen's College, 1862-1962*, p. 52.
[284]   冯自由，《革命逸史》(1981)，第二册，第10页。
[285]   《中华基督教会公理堂庆祝辛亥革命七十周年特刊》，第2页。
[286]   Hager to Clark, 27 June 1884, ABC 16.3.8: South China v. 4, no. 19, p. 2.
[287]   《中华基督教会公理堂庆祝辛亥革命七十周年特刊》，第2页。
[288]   同上。

信，可知领洗的具体日期是 1884 年 12 月 14 日。[289] 喜嘉理还补充说，唐雄曾在夏威夷读书，由于希望领洗入教，被父亲遣返故里，而唐雄又是被另外一位同样是曾被遣返故里的教友热情介绍前来受洗者。[290] 那位介绍人是否孙中山？当时同样是曾从夏威夷被遣返故里，同时又是喜嘉理牧师寥寥可数的教友之一者，只有孙中山一人。准此，窃以为介绍人应是孙中山无疑，而这位受洗的唐雄，与孙中山在夏威夷意奥兰尼学校的同学唐雄是同一个人，证据是钟工宇的回忆录。[291]

既然唐雄是第五位被喜嘉理牧师施洗入教的人，若陆皓东确是如香港公理堂受洗人名单所说的第四位[292]，那么陆皓东应该是在唐雄之前和第三位领洗的八妈之后。征诸喜嘉理牧师的亲笔信，则在八妈与唐雄之间，喜嘉理牧师并没有为任何成年人施洗。唯独说，在 1884 年 10 月 19 日聆听了一个人表达对基督耶稣的忠诚信仰（"received one profession of faith"）。又说此人是由喜嘉理牧师他自己的教堂当中的一位教友介绍而来的，此介绍人同时又是在香港读书的一名学生。[293] 当时在喜嘉理的教友当中只有孙中山是在香港读书的学生。准此，窃以为该介绍人当是孙中山无疑，而被介绍者很可能就是陆皓东。为何喜嘉理不马上为陆皓东施洗？看过喜嘉理牧师的文书后，笔者得出一个结论：喜嘉理吸收教众有一个程序，他首先聆听某人表达对基督耶稣的忠诚信仰，然后对该人观察一段时间，若认为及格才为其施洗。故当时没有马上替首次见面的陆皓东施洗。至于陆皓东最终没有领洗，很可能是因为他不是长期在香港居留（他在上海工作），喜嘉理无法对他进行长期观察。

[289]　Hager to Clark, 22 December 1884, ABC 16.3.8: South China v. 4, no. 24, p. 2.

[290]　Ibid., pp. 2-3.

[291]　Chung Kung Ai, *My Seventy Nine Years in Hawaii, 1879-1958* (Hong Kong:Cosmorama Pictorial Publisher, 1960), p. 89.

[292]　《中华基督教会公理堂庆祝辛亥革命七十周年特刊》，第 2 页。

[293]　"Yesterday, 19 October (sic), we also celebrated the Lord's supper in Hongkong and received one profession of faith. He had heard about the gospel from one of our members who is a student in Hongkong, and he seems to be a quient (sic) but sincere believer. On the same occasion I baptized an infant belonging to one of our Colporteurs." See Hager to Clark, 18 October 1884, ABC 16.3.8: South China, v. 4, no. 22, p. 6. Hager started writing the letter on 18 October 1884. However, it seems that the date was already 20 October 1884 by the time he wrote page 6. Hence he said, "Yesterday, 19 October (sic)".

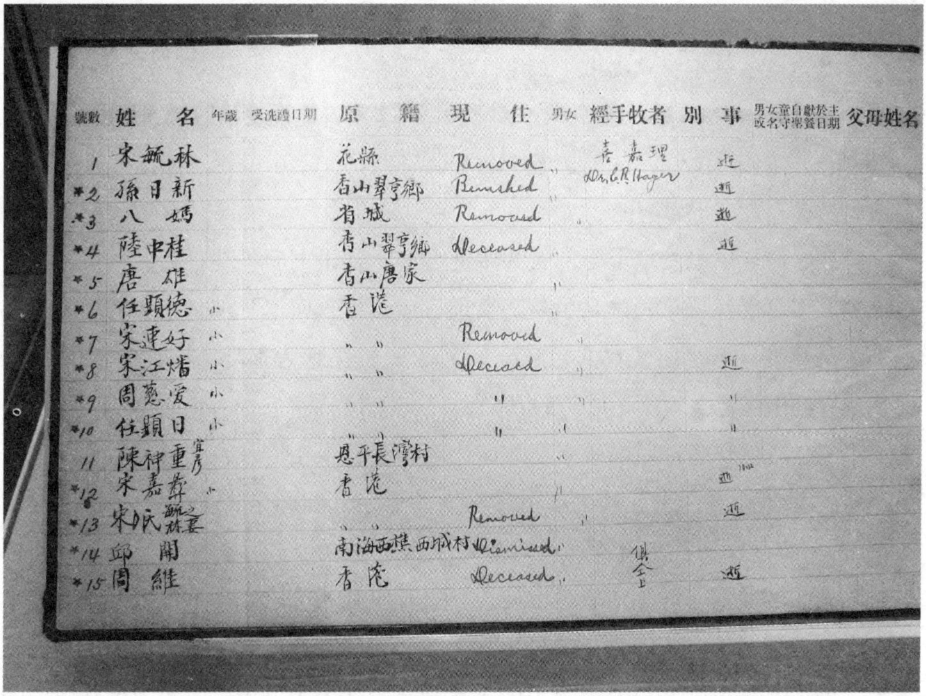

號數	姓名	年歲	受洗禮日期	原籍	現住	男女	經手收者	別事	男女童自獻於主或名字聖餐日期	父母姓名
1	宋毓林			花縣	Removed		喜嘉理 Dr. C.R. Hager	逝		
*2	孫日新			香山翠亨鄉	Banished			逝		
*3	八媽			省城	Removed			逝		
*4	陸中桂			香山翠亨鄉	Deceased			逝		
*5	唐雄			香山唐家						
*6	任顯德	小		香港						
*7	宋連好	小		〃 〃	Removed					
*8	宋江燔	小		〃 〃	Deceased			逝		
*9	周蕙愛	小		〃 〃	〃			〃		
*10	任顯日	小		〃 〃	〃			〃		
11	陳神重			恩平長灣村						
*12	宋嘉彝	小		香港				逝		
*13	宋氏			〃 〃	Removed			逝		
*14	邱閘			南海西樵西城村	Dismissed					
*15	周維			香港	Deceased			逝		

图 5.17　孙中山领洗记录（香港公理堂慨交香港孙中山纪念馆展品。据笔者鉴定，该记录是后来补录者，补录时应在 1895 年广州起义之后，盖记录当中的“现住”栏，喜嘉理用英语汴明孙中山是被香港政府放逐出境者——Banished，陆中桂“已故”——Deceased）

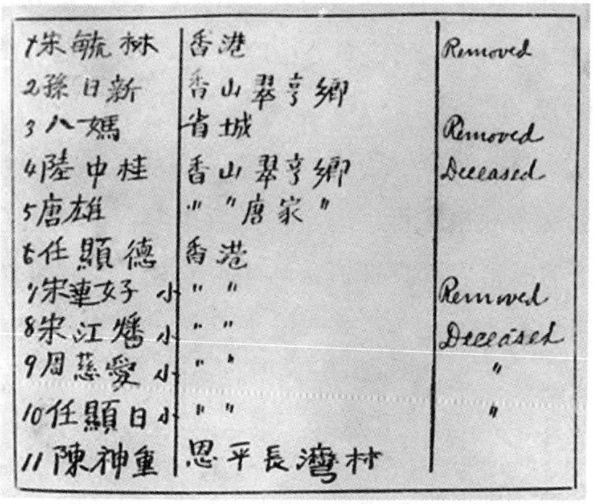

1宋毓林	香港	Removed
2孫日新	香山翠亨鄉	
3八媽	省城	Removed
4陸中桂	香山翠亨鄉	Deceased
5唐雄	〃 "唐家"	
6任顯德	香港	
7宋連好 小	〃 〃	Removed
8宋江燔 小	〃 〃	Deceased
9周蕙愛 小	〃 〃	〃
10任顯日 小	〃 〃	〃
11陳神重	恩平長灣村	

图 5.18　当今流行之孙中山领洗记录。与上图比较，可见此图缺少了对孙中山的按语 Banished（驱逐出外）。风闻今天的公理堂当局把此解释为喜嘉理牧师把孙中山驱逐出该教会，并在按语后亲自签名。他们认为驱逐之理由，很可能是喜嘉理发现孙中山在西医书院与陈粹芬的亲密关系，是否如此，容笔者在《孙中山与基督教》（暂名）中探索

陆皓东既未曾领洗，为何领洗名单上竟然有他的名字，并煞有其事地取名中桂？窃以为该名单本身就提供了线索。因为该名单最后一栏有备注，而关于陆皓东的备注是"Deceased"（已故）之字样。[294] 这项备注说明了两个问题：

第一，从该英文文字的笔迹看，与喜嘉理牧师文书中的手迹如出一辙，故笔者推断是喜嘉理自己填写的。

第二，该名单虽然填上受洗人的中文名字，却没书明领洗日期，只按领洗先后排列，让笔者怀疑该领洗名单是喜嘉理日后编排，而不一定是施洗一个就马上填上施洗日期。若当时他真的是施洗一个就马上写下受洗人的名字并填上日期，那么现存的施洗记录就不是原来的真品。

第三，既然作备注时陆皓东已故，让笔者进一步相信该领洗名单是喜嘉理日后编排，而非施洗一个就马上填上领洗人的名字。陆皓东在十一年之后的1895年10月广州起义中英勇就义。很可能孙中山悲痛之余，后来就写信要求喜嘉理追认陆皓东的教籍，并为他取名中桂。喜嘉理应其所求，就动手编了（或重新编了一份）施洗名单，把陆皓东的名字写上去。若笔者这项推测接近事实，则可以解释为何冯自由说陆皓东是与孙中山一起领洗的，因为冯自由曾经当过孙中山的机要秘书，他的消息不少来自孙中山。

冯自由者，广东省南海县人，1881年生于日本长崎一个侨商家庭。1895年孙中山在日本横滨组织兴中会支部时，冯自由的父亲当选为该支部负责人。时冯自由虽年仅十四岁（虚龄），亦随父入会。1905年孙中山在东京成立同盟会时，冯自由也参加了同盟会。1912年孙中山当选临时大总统时，冯自由就当了他的机要秘书。[295]

准此，窃以为孙中山痛失战友，似乎干脆就编了一个共同领洗的故事。并把这个故事告诉了冯自由；后来冯自由就把它写进《革命逸史》。[296] 至于孙中山何时请求喜嘉理追认陆皓东的教籍，则极有可能是他当上临时大总统的时候，因为：

---

[294]　《中华基督教会公理堂庆祝辛亥革命七十周年特刊》，第2页。

[295]　中华书局近代史编辑室：〈说明〉，1980年6月，载冯自由：《革命逸史》，第1页。

[296]　冯自由：《革命逸史》(1981)，第二册，第10页。

第一，无论喜嘉理与他过去有过什么恩怨 [297]，到了这个时候双方也会前嫌冰释。

第二，冰释的证据之一，是喜嘉理在孙中山当上临时大总统后撰文赞扬他。[298]

第三，孙中山是非常念旧的人，君不见，他甫当上临时大总统即邀请青年时代的好友"四大寇"中的其他三寇到南京任事。[299]

所以，窃以为 1912 年初孙中山当上临时大总统后不久就函请喜嘉理追认陆皓东的教籍；而当喜嘉理答应后，孙中山高兴之余，似乎就把他自己自编自导的与陆皓东同时领洗的故事告诉了他当时的机要秘书冯自由。

重建了陆皓东"领洗"的具体情况，不但有助我们进一步了解孙中山与陆皓东的交情。也有助我们了解孙中山在 1884 年那个时候对宗教的热情，因为正是由于他对陆皓东宣扬了基督教的教义，陆皓东才趋前向喜嘉理牧师表达他对耶稣基督的信仰。同样也是由于孙中山的介绍和鼓励，他的老同学唐雄才会鼓起勇气趋前受洗。难怪喜嘉理事后回忆说："先生既束身信道，即热心为基督作证；未几，其友二人，为所感动，亦虚心奉教。"[300]

的确，能鼓动唐雄入教，可真不简单。"唐雄非常害羞，遇上什么事情都退避三舍。"[301] 正在檀岛求学时，因为他与钟工宇偷偷上教堂听教义，结果被其父痛斥他与钟丁宇迷信异端邪说，更破口大骂钟工宇引其儿子误入歧途。钟父得悉后更怒，把钟工宇逐出家门，自生自灭。钟工宇只好去当学徒，学成后做裁缝。[302] 这一切，早把唐雄吓得发抖。唐父虽然不如钟父决绝，但也步孙眉后尘而把唐雄遣送回香山县唐家湾老家。孙中山自己在 1884 年 5 月 4 日领洗后，似乎

[297]　至于他与喜嘉理过去可能有过什么恩怨，则看本章下文可知弦外之音。

[298]　Hager, "Dr Sun Yat Sen: Some Personal Reminiscences", *The Missionary Herald* (Boston, April 1912), pp. 171-174. 汉语译本见冯自由：《革命逸史》，第二册，第 12—18 页：其中第 13 页。该文又收进尚明轩等编：《孙中山生平事业追忆录》，第 521—524 页：其中第 522 页。

[299]　见陈少白：〈杨鹤龄之史略〉，载陈少白：《兴中会革命史别录》，转载于《中国近代史资料丛刊·辛亥革命》，第一册，第 76—84 页。又见陈少白：〈尤少纨之略史〉，载同书，第 79—81 页。

[300]　喜嘉理：〈美国喜嘉理牧师关于孙总理信教之追述〉，载冯自由：《革命逸史》，第二册，第 12—17 页：其中第 13 页。英文原文见 Hager, "Doctor Sun Yat Sen: Some Personal Reminiscences", *The Missionary Herald* (Boston, April 1912), pp. 171-174: at p. 171 col. 2.

[301]　Chung Kung Ai, *My Seventy Nine Years in Hawaii*, pp. 53-54.

[302]　Ibid., pp. 89-90.

就写信力邀唐雄到香港读书，唐父望子成材，就批准他去了。结果唐雄就在孙中山鼓励下，克服了恐惧，毅然入教。后来孙中山向华侨宣传革命，不少人说他深具个人魅力，故大家都踊跃捐款，甚至投身革命。孙中山能说服唐雄入教，也正是他个人魅力的明证之一。

澄清了这段历史，如释重负。但最让笔者感到欣慰的，是确定了孙中山领洗的具体日期——1884 年 5 月 4 日星期天 [303]，比他在香港中央书院注册入学的日期——1884 年 4 月 15 [304]——迟了二十天。为何如此欣慰？因为这个日期直接影响到我们重建孙中山初抵香港时的历史。准此，又必须首先对喜嘉理的背景进行探索，盖孙中山与他住在一起，天天一起吃饭，早经晚课，他对孙中山肯定有深远的影响。

二十、喜嘉理牧师的背景

发掘出孙中山领洗的具体日期后，再回顾上述所引《国父年谱》说过的话，味道就不一样了。该《年谱》说，1883 年冬，孙中山从翠亨村跑到香港后：

1. 肄业香港拔萃书室；

2. 课余恒从伦敦传道会长老区凤墀习国学；

3. 复结识美国纲纪慎会美籍牧师喜嘉理……

短短三句话，每句都启发了问题：

1. 肄业香港拔萃书室——孙中山住在哪里？这问题启发了笔者在上文的考证，发觉孙中山住在喜嘉理临时传道所的宿舍。

2. 课余恒从伦敦传道会长老区凤墀习国学——据上文考证所得，当时区凤墀在广州宣教，不可能在香港授孙中山国学。

3. 复结识美国纲纪慎会美籍牧师喜嘉理——此言表示孙中山是从翠亨村逃到香港之后，才结识喜嘉理。所据乃冯自由语。[305] 冯自由本人所据是他自己将喜嘉理 1912 年的追忆翻译成汉语的文章，但该文章很清楚地说明喜嘉理与孙中山"初次谋

---

[303]　Hager to Clark, 5 May 1884, ABC 16.3.8: South China, v. 4, no. 17, p. 3.

[304]　Stokes, *Queen's College, 1862-1962*, p. 52.

[305]　《国父年谱》(1985)，上册，第 34—35 页，1883 年冬条，引冯自由：《革命逸史》，第二册，第 11 页。

面"时，"方自檀香山归"[306]；就是说，两人初次见面是在 1883 年 7 月底孙中山从火奴鲁鲁到达香港之后，坐顺风船到淇澳转翠亨之前；而并非等到孙中山回到翠亨村亵渎神像后再临香港之时。冯自由根据自己的译文来写文章时，会错了意。

澄清了第三点，当时两人的对话，意义就完全不同了。喜嘉理追忆当时的对话是这样的："余职在布道，与之亲晤未久，即以是否崇信基督相质问，先生答云：'基督之道，余固深信，特尚未列名教会耳。'余询其故，则曰：'待时耳，在己固无不可。'嗣后数月，果受礼奉教，余亲身其事。"[307] 最后一句回答意思模糊，让人莫名其妙。征诸原文，则曰："I am ready to be baptized at anytime."[308] 直译的话，可作："我已准备好了，随时都可以领洗入教。"孙中山的意思很明显：他在说，他随时随地都愿意领洗入教。为何喜嘉理不马上为他施洗？有两种可能性：

第一，从喜嘉理方面分析，则上文说过，笔者阅读过喜嘉理的文书后，发觉他有一个职业习惯，尽管某人对他表达了对耶稣基督的忠诚信仰，他也不会听其一席话就马上为其施洗。他必须对该人观察一段时间，若认为满意才为其施洗。这本来是教会的规定，不能逾越。当他听了孙中山的话，尤其是听了他描述如何因为希望领洗而被其兄自檀香山遣返后，会既喜且忧。既喜遇上难得的良材，巴不得马上为他施洗。但鉴于教会规定必须对他观察一段时间才可以为他施洗，故更忧孙中山会在观察期间被其他教会捷足先登。后来孙中山在翠亨村亵渎神像后再临香港找喜嘉理时，喜嘉理会加倍焦急，尤其是当孙中山前往圣公会主办的拔萃书室读书以后，就太危险了！两全其美的办法是：邀请孙中山在喜嘉理他自己的宿舍居住，让他天天在自己的眼皮底下过活，既可对他观察入微，同时若有什么风吹草动，也可马上为他施洗！让他进入自己的教会，制止其他教会捷足先登。

---

[306]　喜嘉理：〈美国喜嘉理牧师关于孙总理信教之追述〉，载冯自由：《革命逸史》(1981)，第二册，第 12—17 页；其中第 13 页。英文原文见 Hager, "Doctor Sun Yat Sen: Some Personal Reminiscences", *The Missionary Herald* (Boston, April 1912), pp. 171-174: at p. 171 col. 1.

[307]　喜嘉理：〈美国喜嘉理牧师关于孙总理信教之追述〉，载冯自由：《革命逸史》(1981)，第二册，第 12—17 页；其中第 13 页。

[308]　Hager, "Doctor Sun Yat Sen: Some Personal Reminiscences", *The Missionary Herald* (Boston, April 1912), pp. 171-174: at p. 171 cols. 1-2.

第二，从孙中山方面分析，则他在檀香山的瓦胡书院预备学校读书时，在传教士芙兰·谛文的影响下，已经决定要领洗入教了。[309] 所以在 1883 年 7 月底孙中山从檀香山坐船到达香港而初遇这位与芙兰·谛文同样是属于纲纪慎会的传教士喜嘉理时，就表示他"已准备好了，随时都可以领洗入教"[310]，讲的自然是心里话。但是，当喜嘉理不马上为他施洗，大约两星期后他从翠亨村逃到香港，并接受喜嘉理邀请到他的临时传道所寄食寄宿时，孙中山可能又产生别的想法。因为，在接受了传教士的恩惠之下再承其施洗入教，就难免有动机不纯之嫌。所以他也决定等待择吉而行。最后，当他接到其兄汇来款项接济，并得以转学到中央书院读书，同时也付得起在喜嘉理那里寄居的全部食宿费用甚至还清过去所欠（见下文），因而对喜嘉理再无所求之时，这个吉日就到了。

终于，喜嘉理牧师在 1884 年 5 月 4 日星期天为孙中山施洗了。在写给总部的信中，喜嘉理只说他为第二名人士施洗了，他在香港新成立的教堂有两位教众了！但他没提这第二位教友的名字。不过，他补充说明该人是"一位正在政府中央书院读书的年轻人"[311]。为何喜嘉理牧师不把孙中山的名字告诉总部？他是不是同样为了避免嫌疑？盖先收容孙逸仙然后为他施洗到底有贿赂别人入教之嫌。笔者查遍了喜嘉理的文书，他始终没有把孙中山寄食寄宿的事情告诉总部。经费由谁负责？要回答这一系列问题，我们又有必要查清楚喜嘉理牧师来华传教的背景。

喜嘉理牧师出生于瑞士，幼随父母移居美国，后来进入美国加州奥克兰神学院（Oakland Seminary），1883 年初甫毕业就只身被派到香港创建教堂。[312] 事缘美国加州的一批华工领洗进入基督教的纲纪慎会以后，宗教热情高涨，极愿故乡的家人也沾神恩，故请求该会的海外传道会派遣传教士到他们的老家传道。由于该等华工多来自广东省四邑地区，并皆路经香港放洋或回乡，故他们要求首先在香港成立教

[309]　见本书第四章。

[310]　Hager, "Doctor Sun Yat Sen: Some Personal Reminiscences", *The Missionary Herald* (Boston, April 1912), pp. 171-174: at p. 171 cols. 1-2.

[311]　Hager to Clark, 5 May1884, ABC 16.3.8: South China, v. 4, no. 17, p. 3.

[312]　Anon, "Dr Charles R. Hager", *The Missionary Herald*, v. 113, no. 9 (September 1917), p. 397, cutting courtesy of Dr Harold F. Worthley of the Congregational Library, 14 Beacon Street, Boston, MA 02108, enclosed in Worthley to Wong, 26 August 2003.

堂，以便接待在香港过境的教友。传道会同意后马上物色人选，刚好喜嘉理从神学院毕业，充满传教热情，于是派他去香港创业。他就于 1883 年 3 月 31 日在香港登陆。[313] 他登陆后在香港中环必列者士街 2 号租了一幢三层高的楼宇，月租二十八元。他自己住在顶楼。二楼则用作接待来往教友之宿舍。一楼则用作课堂教华童英语[314]，所用课本，乃基督教之《圣经》[315]，以此吸引儿童入教。

上述这段简介很能说明问题：

第一，当时 [316] 传教士圈子中不明文的规定是，传道会为每一位传教士在安静的地区提供一幢西方式的花园洋房作为私人住宅，以便该传教士继续享有老家的生活方式，伦敦传道会的档案皆说明了这一点。喜嘉理牧师与波士顿总部的通信，也证明他知道这种待遇。但这样的花园洋房在香港的月租是五十到六十元。[317] 若租用这样的一座洋房之后，再去租借另外一座房子作其他用途，诸如教友宿舍兼临时教堂，费用就不菲。所以，他决定在闹市当中低价租来一幢能够满足多种需要的楼宇。虽然居住在这样的一幢楼使他的个人生活甚为不适[318]，却为总部省了大量金钱而又方便传道。这证明他传教的热情远远超乎对个人物质生活的追求，也证明他是一位全心奉献的人。

第二，他只身到达一个完全陌生的地方[319] 试图开山创业，谈何容易？他的困难以及焦急传教之情，包括下列种种：

1. 他到达香港后马上拜访其他传道会时，所遇到的是嫉妒的神情多于友好的态度。[320] 翌年他更写道："其他传教士当中，极少同情我们到此创业，因为他

---

[313]　Hager to Clark, 12 April 1883, ABC 16.3.8: South China, v. 4, no. 3, p. 1.

[314]　Hager to Clark, 12 April 1883, ABC 16.3.8: South China, v. 4, no. 3, pp. 2-3.

[315]　Hager to Clark, 28 May1883, ABC 16.3.8: South China, v. 4, no. 4, p.4.

[316]　笔者希望郑重声明，这里所介绍的情况，只属于现成教会所属的传道会诸如伦敦传道会（LMS）。另有一个传教组织名中国内陆传道会（China Inland Missions），是没有现成教会支持的，他们望天打卦，全靠教众的奉献来过活；若有富贵人家慷慨解囊，生活过得还不错，但中国内陆多为贫穷地方，所以该会大多数传教士的生活艰苦极了。笔者的一位挚友 Patrick Collinson 教授，其父亲就是这样一位传教士，他童年时代从来没吃过巧克力。此注曾承香港陈剑光牧师来函指正，特此致谢。

[317]　Hager to Clark, 12 April 1883, ABC 16.3.8: South China, v. 4, no. 3, pp.2-3.

[318]　Ibid.

[319]　"I was a stranger in a strange land." See Hager to Clark, 12 April 1883, ABC 16.3.8: South China v. 4, no. 3, p.2.

[320]　"I found that the existing feeling toward our mission was averse." See Hager to Clark, 12 April 1883, ABC 16.3.8: South China, v. 4, no. 3, p.1.

们认为我们侵占他们的地盘。"[321]

2．他还不懂汉语[322]，无法与当地人沟通。

3．他不懂中国文化，传道从何着手？

4．在这种情况下，最佳办法是请汉人教友帮忙传道。但那些在美国领洗的华工，大多数是目不识丁，对基督教教义亦不求甚解，请他们帮忙传道，只会以讹传讹。[323] 喜嘉理牧师在他的书信中，三番五次地表示他不愿意雇用他们。

5．喜嘉理急于展开传教，焦急得几乎到了不顾一切的地步。他甫抵香港不足一个半月，就听信一名素未谋面的美国人之言，并在未取得总部同意之前，就用每月六十元的高薪雇用他传教。又说，若总部不同意他的决定，他愿意把自己的薪金转移给他，自己分文不受。此人是谁？他名叫琼斯（D. D. Jones），过去三年曾在广东四邑地区传教，并已为三四名信徒施洗。四邑地区正是喜嘉理亟欲前往传教的地方，盖该地是美国加州和波士顿等地华工的故乡。喜嘉理认为，若雇用琼斯，他的传教事业就可以马上展开。[324] 结果事态发展并非喜嘉理想象得那么美，后来的事实证明，琼斯不学无术，并为喜嘉理带来严重的经济损失。[325]

基于上述第 1 和第 5 点，我们可以想象，喜嘉理牧师会继续想尽一切办法，不惜作任何个人牺牲去争取传道成功，而成功的关键是找到一位得力助手。基于上述第 2 点，我们可以想象孙中山是喜嘉理牧师梦寐以求的得力助手。理由如下：

第一，孙中山懂英语，又曾在夏威夷受过约四年的基督教育，在香港拔萃又进一步受过两个学期的教会教育，能够通过英语比较准确地理解基督教教义。

[321]　"There are very few of the missionaries who are in sympathy with our work and they look at it as being an encroachment upon their territory." See Hager to Clark, 23 January 1884, ABC 16.3.8: South China, v. 4, no. 14, p. 5. Another year went by and he complained ever more bitterly about "the seeming rivalry between denominations to possess the field". See Hager to Clark, 9 January 1885, ABC 16.3.8: South China, v. 4, no. 25, p. 9.

[322]　"In day time I hope to be employed in acquiring the Chinese tongue while in the evening I shall be engaged with our school." See Hager to Clark, 12 April 1883, ABC 16.3.8: South China, v. 4, no. 3, p.3.

[323]　Hager to Smith, 9 January 1885, ABC 16.3.8: South China, v. 4, no. 25, p. 6.

[324]　Hager to Clark, 12 April 1883, ABC 16.3.8, v. 4, no. 3, pp. 4-5.

[325]　The main problem was Jones' lack of judgement. See Hager to Clark, 11 November 1883, ABC 16.3.8, v. 4, no. 10, p. 5; Hager to Clark, 23 January 1884, ABC 16.3.8, v. 4, no. 14, p. 1.

第二，孙中山读过部分四书五经，在汉语世界也算是很有文化的人，他有能力通过汉语文化比较有效地传达基督教《圣经》的精神。

第三，孙中山对基督教有很浓的兴趣和深厚热情，是理想的传教料子。正如上述，在孙中山鼓励下，唐雄趋前领洗，陆皓东也表示信奉；喜嘉理对此事的评价是："夫居今日宗教自由之世，而皈依基督，固不足奇；当日情势，与今迥异。明认基督教者，殊不多见。盖明认基督者，人咸耻与为伍。以故人人咸有戒心。然先生热心毅力，竟能化导其友人，使不得不出于信仰之途，其魄力之宏，感人之深，可略见其端倪矣。"[326]

在上述各点的基础上再神游冥想，可知喜嘉理牧师会用尽一切合理和合法的手段去争取孙中山为助手。

沿着这条思路探索，并结合目前我们已经掌握的孙中山抵达香港的时间和处境等资料，我们可以重建起这样一幅图画：1883 年 8 月中旬孙中山从翠亨村仓惶出走，走往哪里？不能到中国的其他地方，因为故乡翠亨村他已经受不了，遑论他地。到中国文化以外的地方，则能力所及者，当时只有澳门和香港。澳门他同样受不了[327]，所以唯一的选择只有香港。而香港的英语文化，正是他向往的世界[328]，于是他就到香港去了。当喜嘉理知道了孙中山在翠亨村毁坏神像时，除了大加赞赏以外，热情地邀请他到自己的宿舍居住，自不在话下。喜嘉理此举的最终目的，是争取孙中山当其助手也。

喜嘉理是具备照顾孙中山吃住的条件者。居住方面，他租来的那幢三层高的房子，其中的二楼本来就是作接待来往教友之用的。在那里安置一个孙中山，不费吹灰之力。用膳方面，则他早已雇了一名厨子天天为他和住客烧菜做饭。[329]多加一张嘴巴，花不了多少。当然，费用会稍微增加。但这稍微增加的费用不必在日常账目中出现；因为，笔者阅读过喜嘉理当时的文书之后，发觉他只是在每年

---

[326]　喜嘉理：〈美国喜嘉理牧师关于孙总理信教之追述〉，载冯自由：《革命逸史》，第二册，第 12—17 页；其中第 13—14 页。英文原文见 Hager, "Doctor Sun Yat Sen: Some Personal Reminiscences", *The Missionary Herald* (Boston, April 1912), pp. 171-174: at p. 171 col. 2 to p. 172 col. 3.

[327]　见本书第三章。

[328]　见本书第四章。

[329]　Hager to Clark, 12 April 1883, ABC 16.3.8: South China, v. 4, no. 3, pp. 2-3.

一次的报告中道出该年开支的一个总数目。[330] 他从来不把每一项费用都开列清单。尽管有这个方便，窃以为最大的可能是喜嘉理自己掏腰包应付孙中山的大约开支。因为，喜嘉理向总部报告说，他决定只把该幢楼房每月二十八元的租金让总部负责，雇人为该楼房打扫卫生，甚至雇请老师向他讲授中文每月所需的八元到十元，都是他自己掏腰包。[331] 准此，若说喜嘉理把孙中山吃饭的费用算进总部的账，是不符合这个年代的喜嘉理之情操。

　　真的，喜嘉理这位年轻传教士，当时宗教热情之高，甚为罕有。他为孙中山所做的一切，都是出于极度渴望孙中山成为美国纲纪慎会的传教士（"coveted him for the ministry" [332]）。此时之喜嘉理，对传教事业之专注，另有旁证。有位美国人泰勒（J. R. Taylor），曾在香港协助喜嘉理向往返美国和广东的华工派发《圣经》[333]，回国后经济拮据，喜嘉理就写信给总部说：若泰勒需要钱就给他，数目可从喜嘉理自己的薪金中扣除。[334] 喜嘉理乐于帮助那位曾协助他传教的泰勒，自然也乐于帮助这位将来可能再协助他传教的孙中山。

　　终于，喜嘉理牧师在 1884 年 5 月 4 日星期天为孙中山施洗了。为何迟不施洗早不施洗，偏偏在这个时候施洗？笔者不排除偶然的因素，诸如喜嘉理觉得他为孙中山施洗的时机已经成熟；但也联想到檀香山的因素。因为，在 1884 年 5 月 1 日，那位在檀香山专职负责华人事务的基督教纲纪慎会传教士芙兰·谛文[335]，于广州结婚了。第二天，他与新夫人及父母从广州到达香港。[336] 芙兰·谛文是认识喜嘉理牧师的：在之前的 1883 年 10 月 29 日，芙兰·谛文抵达香港并准

---

[330]　Hager to Smith, 19 May 1885, ABC 16.3.8: South China, v. 4, no. 29, p. 2.

[331]　Hager to Clark, 19 February 1884, ABC 16.3.8: South China, v. 4, no. 15, p. 2.

[332]　Hager, "Dr Sun Yat Sen: Some Personal Reminiscences", *The Missionary Herald* (Boston, April 1912), pp. 171-174: at p. 174.

[333]　Hager to Clark, 18 August 1883, ABC 16.3.3: South China, v. 4, no.7, p. 10 postscript.

[334]　"One missionary alone (Rev. A.P. Happer, D.D. Presbyterian) coincides with the Pacific view, and *he does not know the Chinese*, although he has been 40 years in China." See Hager to Smith, 1 June 1885, ABC 16.3.3: South China, v. 4, no. 30, p. 4.

[335]　见本书第四章。

[336]　Rev. Dr Samuel Cheney Damon (Honolulu) to Rev. Dr N.G. Clark, D.D., ABCFM Foreign Secretary (Boston), No. 241, Hong Kong 2 May 1884, p. 1, Papers of the American Board of Commissioners ABC 19.1 vol. 22: Hawaiian Islands Missions, 1880-1889, Documents, Reports, Letters A-E [Microfilm UNIT 6, Reel 821].

备前往广州时，就曾经在喜嘉理牧师的宿舍做客数天。[337] 喜嘉理从芙兰·谛文口中知道更多有关孙中山在檀香山的情况。到了 1884 年 5 月 2 日星期五，芙兰·谛文等从广州回到香港而又再次住在同属美国纲纪慎会的喜嘉理牧师的宿舍时 [338]，喜嘉理牧师从芙兰·谛文那里反复印证了孙中山过去说过的话，证明孙中山是值得培养为传教士的上好人才，喜嘉理真不敢相信自己的运气！马上就在接下来的星期天，即 1884 年 5 月 4 日，为孙中山施洗了。当时新婚的芙兰·谛文及其父母很可能也在场，并向喜嘉理道贺，为孙中山祝福。

二十一、喜嘉理对孙中山可能产生的影响

上一节提到，喜嘉理牧师为了能对孙中山观察入微等情由而邀请他到自己的宿舍居住。孙中山接受邀请后也为了避免动机不纯之嫌，而等待接到其兄汇款后才领洗，因此在领洗前也有机会对喜嘉理的为人有较深入的了解。孙中山领洗时对宗教热情之高涨：既自己领洗又介绍唐雄和陆皓东予喜嘉理；这种热情从哪里来的？ 窃以为他在檀香山所受耶教之影响的基础上，再受了那位天天与他生活在一起的喜嘉理牧师所感染。

喜嘉理自我牺牲、全心奉献的精神，从上述居住条件的问题上，已见一斑。孙中山搬进喜嘉理的宿舍居住后，必然问他有关宿舍各项设施之由，因而会了解到喜嘉理无私奉献及刻苦耐劳的精神而肃然起敬。

薪金方面，喜嘉理预先没有与总部议好，二话没说就遵命开赴前线了。待到达香港后，才函询薪金、房租津贴、家什补助该有多少等。[339] 无他，喜嘉理刻意

[337]　Samuel Damon to N. G. Clark, 29 December 1883, p. 2, ABC 19.1: v. 22, no. 240.

[338]　Rev. Charles Robert Hager (HK) to Dr C.N. Clark (Boston), No. 17, 5 May 1884, p. 3, Papers of the American Board of Commissioners, ABC 16: Missions to Asia, 1827-1919, Item 3, Reel 260, 16.3.8: South China, vol. 4 1882-1899 Letters C-H: Hager: Charles Robert Hager: 3-320: No. 17 [microfilm frame 0048b-0049b]. See also Rev. Dr Samuel Cheney Damon (Honolulu) to Rev. Dr N.G. Clark, D.D., ABCFM Foreign Secretary (Boston), No. 241, Hong Kong 2 May 1884，p. 1, Papers of the American Board of Commissioners ABC 19.1 vol. 22: Hawaiian Islands Missions, 1880-1889, Documents, Reports, Letters A-E [Microfilm UNIT 6, Reel 821].

[339]　Hager to Clark, 12 April 1883, ABC 16.3.8: South China, v. 4, no. 3, p. 7.

追求的不是物质享受，而是精神食粮也。

健康方面，喜嘉理的身体本来就不好。到达香港不久，就在 1883 年 5 月底害病了。[340] 到了 8 月，香港的天气酷热难当，绝大部分的外国传教士都避暑他往，度假数周去了；喜嘉理却坚持留在香港学习广州话。[341] 难怪他到达香港后，头五个月就害了四次病，躺在床上动弹不得。[342] 既然健康不佳，则尽管同是传教，喜嘉理也应该选择一个较为舒服的工作环境。而喜嘉理是有这个选择余地的。此话怎说？

因为，正如前述，催促美国纲纪慎会派员到中国传教的加州华工，原意是让该员到他们的故乡广东四邑地区传教，但他们更希望该员先到香港建立一个据点，让他们往返于故乡与加州之间必须经过的香港，有神职人员照顾。这就是为什么喜嘉理甫到香港即租了一幢三层楼房权充宿舍，并高兴地向总部报告说，下一趟从美国来的客轮到达香港时，所载加州华工就有休息的地方了。[343] 从这个时候开始，喜嘉理有充分的理由体面地留在香港，看守该宿舍，同时在香港传教。待将来结婚了，更可以名正言顺地用总部的钱租一座花园洋房，像香港的其他传教士一样，过比较舒适的生活。香港是一个世界都会，设施先进，医疗完备，各方面都有保障。

若是到加州华工的故乡传教，生活就非常艰苦了。广东的四邑地区都是穷乡僻壤，有崇山峻岭把该地同珠江三角洲的香港、澳门、广州等城市分割开来，交通困难，以至传教士们都望而生畏。不错，长老会、圣公会、美以美会等会的传教士，对该地都垂涎三尺，但由于交通实在困难，条件的确艰苦，所以该等传教士都只是在疏落的地点建立几个传教站（station），巡回传教，并训练三两名当地人常驻该等站传道。[344] 结果传教事业，并不发达。而且，正因为该地经济落后，无以为生的民众才冒着性命危险远涉重洋到美洲做工。讽刺的是，该等华工在美

---

[340] Hager to Clark, 28 May 1883，ABC 16.3.8: South China, v.4, no. 4, p. 5.

[341] Hager to Clark, 18 August 1883, ABC 16.3.8: South China, v. 4, no.7, p. 1.

[342] Hager to Clark, 10 September 1883, ABC 16.3.8: South China, v. 4, no. 8, p. 2.

[343] Hager to Clark, 12 April 1883, ABC 16.3.8: South China, v. 4, no. 3, p. 3.

[344] Ibid., p.7.

国工作无论如何艰苦，一旦回到故乡又席不暇暖地赶回美国或转赴夏威夷，原因
之一是家乡卫生条件太差以致经常害病，于是对周遭恶劣环境产生不满情绪。[345]

为了亲身感受文献所载，笔者请求广东省档案局张平安副局长带笔者专程前
往四邑的开平市参观。盖第一位从加州回流并帮助喜嘉理传教的华工，名字叫李
三（Lee Sam，音译）者，正是来自当时开平县的水口镇。[346] 承张平安局长俯允，
2004 年 2 月 20 日成行。汽车进入四邑山区后，则沿途所见，确实穷困。不少房
屋，还是用泥砖砌成。翻山越岭到了靠海的开平市水口镇，情况较好，但远远不
如珠江三角洲发达。中国改革开放四分之一个世纪之后的开平，尚且如此，当年
情况可知。

喜嘉理认为香港的传教士已经太多了，发展空间不大，故急谋他往。[347] 但
由于他被派到香港的首要任务，是照顾那些往返于故乡与加州之间的华工，于是
决定保持香港的宿舍[348]，但他个人则只是以香港为据点，首先在那里拼命学习汉
语。[349] 待他的汉语到了勉强可用的阶段，就不断地抽身到四邑巡回传教。终于弄
得心力交瘁，1891 年在精神和身体都濒临崩溃的状态下离开香港返回美国。[350]

为何巡回传教也弄成这个样子？

首先，连那些曾到过美国当苦工的健儿也不留恋的四邑，这位尽管在香港也
经常害病的文弱书生喜嘉理，却决意到那儿安身立命。又由于香港的工作放不下
而改为巡回传教，则极度艰苦的生活加上长途跋涉的疲劳，他能支持多久？莫说
喜嘉理在事前没有得到足够的警告：他的那位助手李三，受他派遣回故乡新宁等

[345]　Hager to Clark, 18 August 1883, ABC 16.3.8: South China, v. 4, no. 7, p. 7.

[346]　Hager to Clark, 4 July 1883, ABC 16.3.8: South China, v. 4, no. 6, p. 3, transcribing D.D. Jones' letter of 30
　　　　June 1883.

[347]　Hager to Clark, 28 May 1883, ABC 16.3.8: South China, v. 4, no. 4, p. 2.

[348]　Hager to Clark, 28 May 1883, ABC 16.3.8: South China, v. 4, no. 4, p. 1. See also Hager to Pond, 1 June
　　　　1883, ABC 16.3.8: South China, v. 4, no. 4, p. 5; and Hager to Clark, 4 July 1883, ABC16.3.8: South China,
　　　　v. 4, no. 6, p. 2.

[349]　Hager to Clark, 28 May 1883, ABC 16.3.8: South China, v. 4, no. 4, p. 4. See also Hager to Pond, 1 June
　　　　1883, ABC 16.3.8: South China, v. 4, no. 4, p. 5.

[350]　Anon, "Dr Charles R. Hager", *The Missionary Herald*, v. 113, no. 9 (September 1917), p. 397, cutting
　　　　courtesy of Dr Harold F. Worthley of the Congregational Library, 14 Beacon Street, Boston, MA 02108,
　　　　enclosed in Worthley to Wong, 26 August 2003.

地区卖《圣经》甫三月就害病，被迫折回香港。[351] 本地人尚且如此，外来的喜嘉理可受得了？也别怪那有经验的总部没预先发出警告。总部在得悉他的意图后，即请专人给他写了一封信，劝他量力而为，安静地先在香港做好接待华工的工作再说。[352] 喜嘉理的反应是：他一刻钟也不能坐视千万生灵因迷信而失救。[353]

其次，要看喜嘉理是采取什么方式来巡回传教。

从一开始，喜嘉理就清楚地认识到，若到四邑传教而取得成果，需要超人的耐心、毅力和劳苦。[354] 但可能他没有或不愿意认识到自己的体力是否能够支持所涉及的工作量。有种种迹象显示，他早认识到自己身体不行，可是为了一个崇高的目标，他不顾一切地勇往直前，全力以赴。[355] 是什么给了他这种勇气和力量？上帝。"上帝是我的希望。"[356] "上帝就是光明。"[357] "我在天父手中，祂会把一切安排得完美无瑕。"[358] 差不多在每一封信中，喜嘉理都是如此这般地表明心迹。

他是不畏疲劳，不惧艰辛，全心全意地把一切奉献给传教事业。

工作方面，则喜嘉理只身到一个完全陌生的环境开山创业，他既不懂那个地方的语言、文化、风俗习惯；又不适应那个地方的气候，更凄凉的是，他得不到其他基督教传道会传教士的同情与支持，他们有的只是嫉妒和排挤。[359] 他要拯

[351]　Hager to Clark, 18 August 1883, ABC 16.3.8: South China, v. 4, no. 7, p. 6.

[352]　"I do not think that you need to be hurried in your plans but to watch carefully the leadings of Providence and to do quietly and efficiently what you can in the particular work which has been entrusted to you, viz the care of the Chinese who come from America." See Alder to Hager, 10 July 1883, quoted in Hager to Clark, 18 August 1883, ABC 16.3.8: South China, v. 4, no. 7, p. 9 postscript.

[353]　"I cannot help saying to myself, is this all that I am to do? Has God sent me here only for this when hundreds and thousands are dying in their idolatries?" See Hager to Clark, 18 August 1883, ABC 16.3.8: South China, v. 4, no. 7, p. 9 postscript.

[354]　"... a work too that will be difficult, and one that will require much patience, perseverance and toil." See Hager to Clark, 4 July 1883, ABC 16.3.8: South China, v. 4, no. 6, p. 1.

[355]　"... I believe in pushing this work with all the might and vigor that we possess." See Hager to Clark, 18 August 1883, ABC 16.3.8: South China, v. 4, no. 7, p. 12.

[356]　"In God is our hope, in Him we shall trust." See Hager to Clark, 18 August 1883, ABC 16.3.8: South China, v. 4, no. 7, p. 8.

[357]　"In God there is no darkness." See Hager to Clark, 18 August 1883, ABC 16.3.8: South China, v. 4, no. 7, p. 12.

[358]　"I know that I am in our Father's hand and that He will order all things well." See Hager to Clark, 10 September 1883, ABC 16.3.8: South China, v. 4, no. 8, p. 2.

[359]　Hager to Clark, 12 April 1883, ABC 16.3.8: South China, v. 4, no. 3, p. 1.

救的对象，又经常对他百般凌辱[360]，有时甚至对他扔石头[361]。但他一点也不气馁。他认为，虽然他只是沧海一粟，但绝对不能在困难面前退缩。[362]因为他深信，通过无比的耐心，不屈不挠的毅力，辛勤的劳动，上帝肯定会眷顾他而让他得偿所愿。[363]"我废寝忘餐、日以继夜地工作，疲劳极了。但疲劳而死要比无所事事以致纳闷而死强得多。为了祂，我愿意牺牲自己。"[364]

到了1886年2月，孙中山快完成他在中央书院的学业，而喜嘉理到香港及华南传教也快三年了。喜嘉理急需助手，总部也催他赶快成立一所初级神学院以便训练助手，但喜嘉理的反应是："我们不忙创建初级神学院，因为直到目前为止，还没有年轻人表示愿意接受这种训练。"[365]什么？孙中山不要当传教士了？可以想象，自从孙中山领洗以后，喜嘉理曾就这个问题多次与孙中山谈心，盼望他"献身于拯救自己同胞灵魂的伟大事业"[366]。可是孙中山总是拿不定主意。喜嘉理失望之余，从1886年2月起再度离开香港到四邑地区传教，这次一去就是三个多月，直到1886年5月12日才途经澳门返回香港。[367]回到香港后似乎又不断鼓其如簧之舌，孙中山还是不能作最后决定，喜嘉理又失望了，以致席不暇暖，又在1886年5月29日决定日内再次离开香港。[368]1886年7月，暑假快到了。喜嘉理慌忙于1886年7月12日赶回香港，并一反常态地在香港逗留了整整一个月，直到1886年8月中旬才再度外出传教。看来他是要尽最后努力，苦苦缠着孙中山不放，希望说服孙中山参加传教士行列。孙中山会怎么说？目睹这位挚诚的传教士，真不忍心严拒，很可能就说，还拿不定主意。为了多点时间考虑

---

[360]　Hager to Clark, 23 July 1884, ABC 16.3.8: South China, v. 4, no. 20, p. 3. See also his letter of 23 March 1885, p. 2.

[361]　Hager to Smith, 6 February 1885, ABC 16.3.8: South China, v. 4, no. 26, p. 2.

[362]　Hager to Clark, 24 November 1883, ABC 16.3.8: South China, v. 4, no. 6, p. 4.

[363]　Hager to Clark, 4 July 1883, ABC 16.3.8: South China, v. 4, no. 6, p. 1.

[364]　Hager to Smith, 19 May 1885, ABC 16.3.8: South China, v. 4, no. 29, p. 4.

[365]　"We need not commence a training school immediately as we have as yet no men who are desirous of receiving such training." See Hager to Smith, 5 February 1886, ABC 16.3.8: South China, v. 4, no. 38, p. 5.

[366]　"... consecrate his life to the great missionary work of saving his own countrymen." See Hager to Clark, 28 May 1883, ABC 16.3.8: South China, v. 4, no. 4, p. 4.

[367]　Hager to Smith, 12 May 1886, ABC 16.3.8: South China, v. 4, no. 39, p. 1.

[368]　Hager to Smith, 29 May 1886, ABC 16.3.8, v. 4, no. 40, p. 1.

这个问题，他希望先学医科，若将来仍决定传教的话，可当个医疗传教士。喜嘉理大喜过望，于是就修书介绍他给广州博济医院院长嘉约翰牧师医生（Rev. Dr John Kerr）；为了释出更大善意，喜嘉理甚至请求嘉约翰减收学费。[369] 有些学者不了解喜嘉理的用心，把减费之事说成是代孙中山求情，减收学费。[370] 其实该院每年的学费才大约二十元 [371]，尽管孙眉不代付，孙中山若半工半读也绝对办得到。关键不在钱，而在于孙中山希望喜嘉理说服嘉约翰收他当学生。相反地，若孙中山不是说要当医疗传教士，喜嘉理可能就不一定会那么热心地写那封介绍信。

至于当时孙中山心里究竟是怎么想的，则窃以为他摇摆于救灵魂（当传教士并借耶教以宣扬他认为最有利中国"现代化"的西方文明）与救肉体（以当医生作为媒介从事革命）之间。怎么办？ 不全心奉献？ 不，不惜牺牲性命去推翻满清以救国救民，难道不是毫无保留地全心奉献？ 如此不是更直接地起到救国的实际作用？

法国学者白吉尔嘲笑孙中山说：这位未来总统，没拿到毕业证书就离开中央书院了。[372] 言下之意，中学时代的孙中山是个失败者。的确，为何孙中山给人留下如斯话柄？ 窃以为他的苦衷不足为外人道也。愈是接近暑假，看来喜嘉理催促他进神学院就读就愈急。暑假不是个关键，学校顶多休息一阵儿避暑就继续教育大业。盖当时英国人入乡随俗，学年按农历办事，农历年结束时就年终大考，已如前述。1886 年开始的学年，要等到 1887 年 1 月 23 日除夕之前才结束，若孙中山等到 1887 年 1 月 23 日学年结束前的年终考试而领取毕业文凭的话，则领取文凭以后再有何借口推搪喜嘉理的催促？ 若提前在 1886 年夏离开中央书院，则可以连忙上广州博济医院附属医学院学习，如此又仍可以为将来当医疗传教士留有余地，并摆脱喜嘉理的死死纠缠。

回顾 1884 年 4 月 15 日注册进入香港中央书院读书 [373]、1884 年 5 月 4 日接受

[369]　Hager, "Dr Sun Yat Sen: Some Personal Reminiscences", *The Missionary Herald* (Boston, April 1912), pp. 171-174: at p. 172, col. 2.

[370]　简又文：〈总理少年时期逸事〉，《国父文物展览会特刊》（广州：广东省立文献馆，1946），转引于《国父年谱》(1985)，上册，第 42 页，1886 年条。

[371]　Hager, "Dr Sun Yat Sen: Some Personal Reminiscences", *The Missionary Herald* (Boston, April 1912), pp. 171-174: at p. 172, col. 2.

[372]　Bergere,*Sun Yat-sen*, pp. 26-27.

[373]　Stokes, *Queen's College, 1862-1962*, p. 52.

喜嘉理施洗的孙中山，对基督教热情之高涨，与其兄闹翻而在所不惜[374]，以至于喜嘉理下结论说，孙中山要当传教士。[375] 为何两年之后的孙中山，反而摇摆不定？窃以为由两个因素造成：

第一，1885 年清廷不败反而屈辱地与法国签订丧权辱国的和约，对孙中山刺激极大，以至他起了推翻满清的念头。[376]

第二，喜嘉理咎由自取。此话怎说？且待下节分解。

二十二、喜嘉理力邀孙中山带他到翠亨村

从 1884 年 4 月 15 日开始，孙中山在中央书院读了约七个月的书之后，即接其兄急召赴檀。他虽不愿辍学，但兄意难违，遂往。为何孙眉突召孙中山往檀？难道他愿意见到其弟辍学？《国父年谱》（1985 年增订本）中说"德彰公接父书，知其毁渎神像，不见容于乡里，急驰函香港，召之赴檀"[377]。窃以为孙中山在 1883 年 11 月左右在翠亨村毁渎神像，1884 年 8 月中左右才接其兄急召，中间超过一年的时间，相隔太久了，翠亨村与夏威夷之间书信往来不需要这么长时间。正如本书第三章所发掘出来的史料显示，当时从香港到檀香山每年有三次船期，单程约二十五天即到。[378] 有鉴于此，《孙中山年谱长编》的编者就干脆把孙中山在香港

---

[374]　见本书下一节。

[375]　Hager, "Dr Sun Yat Sen: Some Personal Reminiscences", *The Missionary Herald* (Boston, April 1912), pp. 171—174. 汉语译本见冯自由：《革命逸史》(1981)，第二册，第 12—18 页；其中第 13 页。该文又收进尚明轩等编：《孙中山生平事业追忆录》，第 521—524 页；其中第 522 页。

[376]　孙中山：《建国方略·孙文学说》，第八章"有志竟成"，载《国父全集》(1989)，第一册，第 409 页。《孙中山全集》(1985)，第六卷，第 229 页。

[377]　《国父年谱》(1985)，上册，第 38 页，1884 年 11 月条。所据乃林百克著，徐植仁译：《孙逸仙传记》（上海：商务印书馆，1926），第 164—168 页。查核该译本第 165 页，则绝口未提父书，只说"从翠亨来的消息所说"。看来是《国父年谱》的编者把父书一词强加进去。核对英文原著第 185 页，则说："Alas, poor Da Ko! What a shock it must have been to him when the message came from Blue Valley telling him of Wen's madcap sacrileges." See Paul Linebarger, *Sun Yat Sen and the Chinese Republic*, p. 185. 可见徐植仁把该句翻译成"从翠亨来的消息所说"是译对了。《国父年谱》画蛇添足。《孙中山年谱长编》也重蹈覆辙，见下文。

[378]　见本书第三章第三节，引杨连逢采访孙𫄧（1860 年生），1957 年 5 月无日，载李伯新：《孙中山史迹忆访录》，第 165—166 页；其中第 165 页。

入教的事情加上去而写道："孙眉得知先生在家乡破坏神像及在香港入教，十分生气，写信……"[379] 所据乃黄彦、李伯新：〈孙中山的家庭出生和早期事迹〉[380]，但该《孙中山年谱长编》同时又说，孙中山是在 1883 年底入教[381]，与孙眉急召其弟的 1884 年 11 月仍然相距十一个月，同样是相隔太久。为何如此？

上文考证出孙中山领洗入教的具体日期为 1884 年 5 月 4 日[382]，把相隔时间缩短了约半年，就比较接近孙眉急召其弟赴檀的日期。但孙中山在香港入教，远在翠亨村的孙父从何得悉而函告孙眉？追源溯始，窃以为是喜嘉理牧师干的好事。孙中山在 1884 年 5 月 26 日从香港回翠亨村成亲。[383] 待孙中山再度返回香港后不久，喜嘉理就迫不及待地要孙中山随他一起去孙中山的家里看个究竟。喜嘉理回忆说："1884 年，余与英人某，偕先生赴香山县，即其钓游地焉。未行之前，余等置备福音书若干……自澳门复行一二天，乃抵先生家。颇蒙其优待，观其室居服御，知其为殷裕之家，资产在中人以上，殆由其兄营业发达所致也。余于客居数日之中，尝一晤其夫人，礼意亦甚渥。"[384]

看来喜嘉理一行三人是从澳门采陆路前往翠亨村，故走了一二天方到达。他们具体是什么时候去了翠亨村？喜嘉理在这篇回忆录中没说。征诸他当时所写的信件，则在 1884 年 7 月 23 日的一封信中，他说他在几个星期之前曾与另一位传教士去了一次内地，沿珠江河畔探访了一些村庄。信中所呈现的这些蛛丝马迹，与他在回忆录中所说曾访孙家，似乎是同一次出行。但他在这封信中却只字不提曾访孙家。为何他在 1912 年在回忆录中能开诚布公地讲的，在 1884 年的信函中却支吾其词？因为当时他心中有鬼。此话怎说？

孙中山在 1884 年 5 月 26 日从香港回翠亨村成亲[385]，回到香港后席不暇暖，

---

[379] 《孙中山年谱长篇》，上册，第 39 页，1884 年 11 月条。

[380] 《广东文史资料》第 25 辑，第 287—290 页。

[381] 《孙中山年谱长篇》，上册，第 36 页，1883 年底条。

[382] 见上文考证及所引 Hager to Clark, 5 May 1884, ABC 16.3.8: South China, v. 4, no. 17, p. 3.

[383] 《国父年谱》(1985)，上册，第 37 页，1884 年 5 月 26 日条。

[384] Hager, "Dr Sun Yat Sen: Some Personal Reminiscences", *The Missionary Herald* (Boston, April 1912), pp. 171-174: at p. 171, col.2. 汉语译本见冯自由：《革命逸史》，第二册，第 12—18 页；其中第 13 页。该文又收进尚明轩等编：《孙中山生平事业追忆录》，第 521—524 页；其中第 521—522 页。

[385] 《国父年谱》(1985)，上册，第 37 页，1884 年 5 月 26 日条。

喜嘉理就力邀孙中山与其一道重返翠亨村。为何如此心急？喜嘉理的文书，处处呈现出这位宗教热情高涨的传教士有个盲点：他痛恨已经领洗入教的人在成亲的时候拜祖先。他认为拜祖先是迷信，有渎神灵。在他抵达香港后的四个月之内，共向总部写了五封信，其中有三封就提到拜祖先的问题。比重可谓极高。其中第一封说：有一位曾在美国加州领洗入教的纲纪慎会基督徒，在回到华南故乡成亲时拒绝拜祖先，为此他感到非常高兴。[386] 第二封信说，他的助手在广东新宁参加一位曾经在美国纲纪慎会领洗入教的基督徒之婚礼，并为该基督徒坚决拒绝拜祖先而感到非常高兴，但同时也为该基督徒竟然与一位非基督徒成亲而深表遗憾。[387] 在第三封信中，他兴高采烈地向总部报告说，有一位曾在美国加州领洗入教的纲纪慎会基督徒回乡准备成亲时，预先声明不拜祖先，结果其父母决定特别通融办理。[388] 为何喜嘉理的消息如此灵通？因为凡是从美国回华南老家成亲的纲纪慎会基督徒，路过香港时都住在他的宿舍也。

在香港中央书院读书的孙中山，同样是居住在这位传教士的宿舍。当他突接父命回乡成亲时，礼貌上客人必须告诉主人家。喜嘉理闻讯，肯定会急忙问他是否会拜祖。孙中山会感到愕然。他熟读圣贤书，成亲时拜祖先是天经地义的事情。但基督教的教义又确实禁止教友崇拜上帝以外的任何鬼神。若他过去没想过这个问题，现在喜嘉理突然问到，他会如何回答？窃以为当时他也实在没法马上回答，因为这位十八岁的小年轻，仓促间确实会不知道何去何从。

若说不拜，那是撒谎。而且，半年前他在乡间毁渎神像，把老父气个半死，已是大为不孝。若这次回乡成亲而拒绝拜祖先，可要把老父活活气死，把家庭搞得四分五裂，鸡犬不宁，孙中山实在会于心不忍。而且，孙中山熟读圣贤书，尤记曾子曰："慎终追远，民德归厚矣。"[389] 根据明朝来华的天主教耶稣会士分析，中国人拜祖先，并不存在着浓厚的迷信色彩，只是用慎终追远的方式来教导民众

---

[386]　Hager to Clark, 28 May 1883, ABC 16.3.8: South China, v. 4, no. 4, pp. 5-6.

[387]　Hager to Clark, 4 July 1883, ABC 16.3.8: South China, v. 4, no. 6, p. 3, transcribing the report by his assistant D.D. Jones, 30 June 1883.

[388]　Hager to Clark, 18 August 1883, ABC 16.3.8: South China, v. 4, no. 7, p. 8.

[389]　《论语》，第一学而，第 9 章。

而已。但后来的基督教传教士并不作如是想，认为拜祖先是极度迷信的表现，而恨之入骨。孙中山既明白"慎终追远，民德归厚"的重要性，若在成亲这个重大日子不拜祖先，是不可思议的。但若他对喜嘉理牧师斩钉截铁般说会拜祖先，则面对这位宗教热情如此高涨的传教士，又如何说得出口？左右为难之际，孙中山很可能坦然道出自己的困境，并给他一个模棱两可的回答。例如说，到时候看情况再说。

　　这可急坏了喜嘉理！绝不能让已经煮熟了的鸭子飞走！可以想象，当孙中山起程回乡后，喜嘉理坐立不安。待孙中山成亲后重返香港，喜嘉理会迫不及待地盘问他是否曾拜祖先。诚实的孙中山就会回答说，当然是拜了祖先。俗谓"拜堂成亲"，拜了堂（祖先的灵位）才算成亲：在孙中山那个时代的中国农村成亲而不拜祖先，怎能说是礼成？拜了！笔者凭什么如此肯定孙中山拜了祖先？除了上述种种理由以外，任何人到翠亨村孙中山故居纪念馆看看就明白。故居是孙眉从檀香山汇款回家，向邻居买了一块地皮兴建的。当时翠亨村并没有建筑师，故房子由孙中山设计，然后雇建筑工人建造。后来扩建，外表有七道西式拱门，拱门之内是一个大厅，"供奉神和祖宗灵坛"[390]。孙中山亲手设计了祖宗灵坛（见图5.19），能说他不拜祭？自从1984年笔者初访故居，二十七年来频频重访，都不断思考，故居的设计代表了什么？窃以为故居是孙中山心灵的写照：中西合璧。他外表是个基督徒，但不全是基督徒，盖自乙未广州起义以后，他就很少到基督堂礼拜了。[391]他这样做，很大程度上固然是照顾国人的思想感情：为了革命，他必须摆出一个救国者的姿态，而不是一个基督徒的形象。在骨子里他继承了中国的传统价值观，但主导思想似乎又是基督教的无私奉献，以至于他终身奉献于救国救民的事业，并在临终前要求家人为他举行基督教的殡仪。[392]

---

[390]　故居目前固然是保留了这种摆设。对过去摆设的描述，见孙科：〈孙院长哲生先生〔第一次〕谈话〉，1969年3月15日，载吴任华编纂，曾霁虹审阅：《孙哲生先生年谱》（台北：孙哲生先生学术基金会，1990），第445—449页；其中第445—446页。

[391]　张永福：〈孙先生起居注〉，载尚明轩等合编：《孙中山生平事业追忆录》，第820—823页；其中第822页。又见冯自由：《革命逸史》(1981)，第二册，第12页。

[392]　Diary of Professor L. Carrington Goodrich, 19 March 1925, quoted in Martin Wilbur, *Sun Yat-sen: Frustrated Patriot* (New York: Columbia University Press, 1976), p. 281. Professor Goodrich was one of the double male-quartet singers at the service.

图 5.19 孙中山设计的翠亨村故居大厅神位今貌（黄宇和摄）

　　孙中山的内心世界，喜嘉理当然无法理解，故当他一听到孙中山说已经拜了祖先，犹如晴天霹雳！如何挽回败局？从喜嘉理文书中处处呈现出的那种宗教狂热看，窃以为他终于决定亲往翠亨村一行，目的正是要向孙氏家族宣传基督教义，若孙家大小都入了教，孙中山就再不会受到来自这方面的压力，可以专心致志地跟喜嘉理当传教士去了。喜嘉理跑到翠亨村传教，难道不会引起村民群起反对？难道他没听孙中山描述过半年前该村村众曾鸣锣聚众，大兴问罪之师？当然听过。喜嘉理怕不怕？心里有点发毛，这就是为什么他邀请了另一位洋人传教士结伴同行的原因！

　　向孙家传教以稳定孙中山当传教士的意志，最理想的对象当然是他的新婚夫人。若贤伉俪同心同德地崇拜上帝，则其他问题都好解决。且年轻妇女，正好入手。丈夫又已经入教，夫唱而妇不随，说不过去。对了！喜嘉理自忖用以对付孙中山那新婚夫人最厉害的武器，莫如在见到她面时对她说，她丈夫已经领洗入教！事实证明，喜嘉理果然求见她。须知当时的中国妇女，尤其是农村妇女，一般不见男客，更不要说洋男客。但喜嘉理终于见到她，可见喜嘉理恳求之殷。喜嘉理说他在孙家寓居数日[393]，这种情况也不寻常，可见喜嘉理恳求之久。若喜嘉理向这位刚成亲的少妇宣传说，祖先千万拜不得，她会怎么说？想她会礼貌地笑而不答，心里却可能在想：成亲而不拜祖先，怎能说是礼成而当上夫妻？若喜嘉理对她说，她丈夫已经领洗进入基督教，她的反应又如何？无论她的反应如何，孙中山在香港被这洋人施洗进入基督教的事情，肯定就此传开来了。

　　喜嘉理另外一个宣传对象是孙父。孙父乃一家之主，若他入教，其他人可能都会跟风。结果怎么样？喜嘉理在当时的书信和后来的回忆录中，只字未提孙父。但从喜嘉理当时所写的信函中，已隐隐约约可以听到弦外之音。他说："他们的心，似乎被层层黑暗与迷信包围得水泄不通。他们对自己的信仰和宗教充满虚假的骄傲。他们对我们待之有礼，但经常在有意无意之间就流露出鄙视的神情。传教士要对上帝有坚定不移的信仰，才可以想象到终有一天能推翻这些崇拜偶像的人所建立起来的制度。"[394] 这制度是什么？还用说？拜祖先嘛！看来喜嘉

[393]　Hager, "Dr Sun Yat Sen: Some Personal Reminiscences", *The Missionary Herald* (Boston, April 1912), pp. 171-174.

[394]　Hager to Clark, 23 July 1884, ABC 16.3.3: South China, v. 4, no. 20, p. 2.

理正是从拜祖先属迷信这个角度入手，向孙氏家族宣传基督教的教义。在这个问题上，热衷基督教教义的孙中山尚且不买账，孙氏家族不问可知。从喜嘉理字里行间，可见他对孙父等极端不满。

孙父的反应又如何？他没留言。但从孙眉接其父信后的表现，就可见一斑。孙眉把其弟急召到茂宜岛后，严责他曾入教，入教就等同与家庭决裂，于是宣布除非乃弟脱离耶教，否则与其决裂（见下文）。看来孙父说不出口的话——为父者怎能在洋客人面前公开地与新成亲的儿子决裂？——由孙眉代他说了。当时孙父的愤怒可知。怒极之余，虽不至于粗言辱骂，但说不出的愤怒，还是会在脸色中表达。喜嘉理不是傻子，怎会感觉不出来？这么不愉快的遭遇，让喜嘉理决定，在他写给总部的例信中，不提也罢。

后来，喜嘉理干脆设计了一篇简短的入教誓言（Confession of faith），任何信徒在接受他施洗入教时必须发该誓，而该誓言的第一句就是不膜拜任何形式的偶像。[395] 可见喜嘉理对孙中山成亲时拜祖先之事，一直耿耿于怀。

二十三、孙眉与孙中山决裂

上节提到，孙眉把其弟急召到茂宜岛。两兄弟之间的对话，后来由孙中山对美国人林百克描述如下：

孙眉说：

> 文，你要记得我给你我在火奴鲁鲁所积的一半财产。我们的发达就是全家的，但是你在你名下有了我由你的帮助所得的一半。我给你财产的时候，我相信你能效法祖宗的正确法则。但是我失望了，因为你固执着从外国学的法则，不依你应当尊重的习惯。所以为什么你还应当得这个财产呢？你有了财产就要浪费而使你个人和家庭都不安。我们的中国政府是好的。倘使你继续宣传反对他，一家都要受害了。你倾向外国使你反对我们的习惯、遗传和

[395]　Hager to Smith, 1 June 1885, ABC 16.3.3: South China, v. 4, no. 30, pp. 1-2.

使我们亲爱的事情。这个态度使你从你的家庭分离。这是不应当的，我现在要把给予你的财产重新取回。[396]

从孙眉言辞之严厉，态度之坚决，可以想象孙父对于这两位洋人突然到访的真正态度，是怒不可遏。试想：孙中山擅自决定热情地邀请两个怪里怪气[397]的洋人到家里住，喜嘉理连日以来赖着不走，并不断地用半生不熟的"洋泾浜汉语"对他啰啰唆唆，老是说拜祖先的不是，迷信北帝的不对等，怎么会不怒不可遏？但鉴于待客之道，不能无礼，才把强盛的怒火压下去。他又不能对孙中山怎么样：儿子新婚燕尔，怎能用粗言恶语对待？强忍怒气之余，干脆写信给孙眉一股脑儿发泄。

核对原文[398]，上述孙眉与其弟的对话大致是翻译得准确的。只是最后一句话有微妙的分别："给予你"的原文是"set aside for you"，直译的话是"放在一旁留给你"。其意思包含该财产是留待将来之用而不是马上能动用的。笔者考虑到孙眉划分给孙中山的财产都是不动产诸如牧场、商店等（或需要时间才能脱手的股份），而不是存在银行的现款，故认为英语原文比译文要准确得多。准此，我们明白为什么孙中山在1883年8月左右仓促逃到香港时一文不名了，因为如果他需要现金的话，就必须把不动产变卖才能得到现金，而变卖远在夏威夷的不动产是需要时间的。准此，我们会进而明白孙中山对喜嘉理在他最困难的时候的一饭之恩的感激之情。

听了其兄一席话，孙中山回答说："我抱歉我使你失望。我抱歉不能在中国古人所走的路上尽我的责任。如果我的良心允许我，我也愿意遵守中国的法律做事，不是一味要遵守外国的法律。但是中国自己并不能尽自己的责任。我不能遵守已败坏的习惯。你曾很慷慨地予我的产业，我很愿意还给你。我不再有什么要

[396] 林百克著，徐植仁译：《孙逸仙传记》，第166—167页。
[397] Preaching in the country, Hager remarked that the villagers "are always very curious to see me even if they have seen me on many previous occasions". See Hager to Smith, 12 July 1886, ABC 16.3.8: South China, v. 4, no. 41, p. 2.
[398] 原文见 Linebarger, *Sun Yat Sen and the Chinese Republic*, pp. 187-188。

求。财富不足以动我心。金钱是中国的灾害之一。金钱可以用之正当，也可以用之不正当，不幸在中国官场以金钱充贿赂，以致增加人民负担。兄长，请你完全告诉我怎么样把产业交还给你。"[399]

孙中山的回答可堪注意者包括下列各点：

第一，他所用的词汇"财产"（property），再一次证明孙眉留给他的是不动产，因而可以解释为什么孙中山在 1883 年 11 月左右仓促逃到香港一段时间之后还一文不名。

第二，他很爽快地把财产全部归还其兄，可以解释为他对理想的追求远远超过他对物质的恋栈。

第三，他在夏威夷和香港接受了超过五年的英美教育以后，法治的概念非常坚强。

第四，孙中山是迟至 1919 年才把他与其兄的对话告诉林百克的，内容却如许清晰，说明那席话对他印象之深，震动之大。

至于那席对话中，孙氏兄弟所用之词汇，是否就如上述孙中山向林百克追忆那样温文尔雅？窃以为不可能。兄弟各走极端以致决裂，语言肯定非常激烈。征诸时人口碑，则说孙中山"在菇剌牧场（Kula Ranch）与孙眉见面，孙眉大发雷霆，不仅罚令先生锯木，且加以责打。先生不甘示弱，跑到孙眉书房，将悬在壁上之关帝神像取下扔进厕所"[400]。这段口碑比较符合当时实际情况。孙眉比孙中山年长十二岁，又没读过太多书，靠出卖劳力起家，对那位他认为不肖的弟弟鞭教，毫不奇怪。类似的情况，在当时中国的农村社会屡见不鲜。从本书第四章之中，大家早已知道钟父是如何对待钟工宇的，唐父是如何对待唐雄的。另一方面，当年孙中山已经十八岁，年少气盛，哪儿能咽下这口气，在极度冲动的情况下而与其兄决裂，毫不奇怪。

事后孙中山不辞而别，坐船离开茂宜岛前往檀香山正埠火奴鲁鲁，向其老同学钟工宇求助：

[399] 林百克著，徐植仁译：《孙逸仙传记》，第 167—168 页。原文见 Linebarger, *Sun Yat Sen and the Chinese Republic*, p. 189.
[400] 黄彦、李伯新：〈孙中山的家庭出身和早期事迹〉，《广东文史资料》第 25 辑（广州：广东人民出版社，1979），第 274—290 页。

帝象到火奴鲁鲁来找我，我当然热情接待，以后的数星期，他与我同一张床睡觉。芙兰·谛文牧师深表同情，鼓励他必须继续其学业，又支持他继续探索基督真理。帝象表示渴望回东亚读医科，惜苦无盘川，谛文牧师就请缨为帝象筹款，我记得 W. A. Bowen（当时是 Castle and Cooke 的雇员）慨捐五元，我也捐五元（当时是我在裁缝店里整个月的薪金）。[401]

终于，芙兰·谛文为孙中山在当地的华洋教友中共筹得三百金。[402] 离檀在即，钟工宇对孙中山说："你需要什么衣服，就尽管在裁缝店里挑吧。"于是孙中山选了一些心仪的服装。他离开火奴鲁鲁所乘坐的是新一代的汽轮，属远洋汽轮公司 (Oceanic Steamship Company)。在火奴鲁鲁的代理是哈克菲尔德公司 (Hackfeld and Company)。新一代的汽轮吃水很深，必须停泊在火奴鲁鲁外港，距离岸边三海里的地方。故哈克菲尔德公司必须用平底船一批又一批地来回把乘客从岸边送上船。孙中山离开火奴鲁鲁当天早上，钟工宇陪同他坐平底船登上汽轮，回到岸上时已经是下午 2 时，光一来一回就超过四个小时。他们之间友谊之深可知。[403] 这种友谊，既有老同学的深情，也有宗教的挚谊。总的来说，若没有火奴鲁鲁基督教会诸教友的支持，孙中山很可能就会流落异乡；而为了生存，他可能像钟工宇一样去当学徒。果真如此，历史就要改写。

喜嘉理在孙中山回到香港时，向他询问檀香山之行的情况，不在话下。待得悉孙眉向孙中山讨回一半家产，方知自己翠亨之行闯了大祸。但他却额手称庆地写道：孙中山与其兄闹翻后，"侨居〔檀香山〕之中华信徒，廉得其情，乃酿资遣之归国，学习传道科"[404]。

孙中山在檀岛时对芙兰·谛文说的是"渴望回东亚读医科"[405]，喜嘉理说的是

---

[401] Chung Kung Ai, *My Seventy Nine Years in Hawaii*, pp. 106-107.
[402] 《国父年谱》(1985)，第一册，第 39 页，1885 年 4 月条。
[403] Chung Kung Ai, *My Seventy Nine Years in Hawaii*, pp. 106-107.
[404] Hager, "Dr Sun Yat Sen: Some Personal Reminiscences", *The Missionary Herald* (Boston, April 1912), pp. 171-174. 汉语译本见冯自由：《革命逸史》(1981)，第二册，第 12—18 页；其中第 13 页。该文又收进尚明轩等编：《孙中山生平事业追忆录》，第 521—524 页；其中第 522 页。
[405] Chung Kung Ai, *My Seventy Nine Years in Hawaii*, pp. 106-107.

"学习传道科"[406]，两语不必构成严重冲突，很可能孙中山当时已依稀有当个医疗传教士的想法。当时孙中山对宗教的热情的确是非常高涨的。

孙中山不辞而别后，孙眉大悔；待得悉他已经去了香港，急汇巨款接济。[407]但正如前述，孙中山回到香港时以现款无多而似乎抓紧时间在中央书院跳班求学，故不待接到孙眉接济之时。那么孙中山又可曾后悔？窃以为后悔的可能性极大。一个人在感情冲动的时刻，会干出一些平常不会干的事情。孙中山宁舍家产不弃信仰，自有他对宗教信仰忠诚的一面。但与家庭决裂，到底大违中国的伦常观念，违背了圣贤教训。综观孙中山的一生，他非常重视中国的传统道德，责怪的只是当时的满清政府没有从古训而廉吏治。因此，窃以为孙中山会像其兄一样感到后悔。

二十四、分析兄弟决裂闹剧对孙中山的影响

这次孙中山与其兄决裂，是继拜祖先之后，外来的基督教规定第二次严重地冲击了他本土的传统价值观，不能不引起他深思。以后他做人，是百分之百地凛遵纲纪慎会的有关规定，还是有选择地信奉基督教。若他自忖不能一成不变地凛遵教规，那么无论他对基督教的热情如何高涨，也必须放弃当传教士的念头。喜嘉理光看到孙中山表面上对基督教的热诚，而没看到当时的孙中山，心情其实并不平静。在此重温一下上文提到过的，孙中山在香港中央书院读书时的汉译英试题，就很有意思：

一、书曰以亲九族……（上文已引全文，在此只引第一句）

二、父老子弟联为一体安乐忧患视同一家……[408]（上文已引全文，在此只引第一句）

[406] Hager, "Dr Sun Yat Sen: Some Personal Reminiscences", *The Missionary Herald* (Boston, April 1912), pp. 171-174. 汉语译本见冯自由：《革命逸史》(1981)，第二册，第12—18页；其中第13页。该文又收进尚明轩等编：《孙中山生平事业追忆录》，第521—524页；其中第522页。

[407] 冯自由：〈孙眉公事略〉，载《革命逸史》(1981)，第二册，第1—9页；其中第2页。

[408] Translation into English Examinaition Paper, Tables and Examination Papers of the Prize Examination held at the Government Central School in January 1885, Government Notification No. 174, 25 April 1885, *Hong Kong Government Gazette*, 25 April 1885, pp. 357-360: at p. 360.

正如前述，这些试题是从当时的教科书中挑选出来的。孙中山早年在翠亨村之村塾已读过部分四书五经。现于中央书院重温《书经》之教人亲九族，《礼记》又教人睦族；总之，父老子弟联为一体安乐忧患视同一家！孙中山却与其兄决绝，算是什么玩意儿？在檀香山一时冲动而干了与其兄决裂的蠢事，回到中央书院重温古训时难道就没有悔意？

又 1886 年 1 月中央书院常识试题中的第七题，问中国哪句古训说明某些东西比性命更为珍贵者。[409] 答案应是："生，亦我所欲也；义，亦我所欲也。二者不可得兼，舍生而取义也。"《孟子·告子上》；而孟子只不过是发挥孔子说过的话，即《论语·卫灵公》："子曰志士仁人，无求生以害仁，有杀身以成仁。"故总的答案是儒家视仁义比性命更重要。而这答案，似乎也是当时中央书院汉译英的课本提到的。[410] 什么是仁义？孝、悌、忠、信也。1883 年孙中山在故乡毁渎神像已把老父气得发抖，1884 年又因为擅自带领喜嘉理牧师回翠亨村向家人传教而再把老父气个半死，已是大为不孝。1885 年更与其兄决裂，行为与"遇贼争死"[411] 典故刚刚相反，是为不悌，能不汗颜？总的来说、孙中山一而再、再而三地违反了睦族的古训。

孙中山读过圣贤书，结果行动却不孝不悌不睦族！事后能无悔意？

综观孙中山的一生，自少而壮而老，先是反对满清腐败，后是反对军阀横行，反对的理由都是责怪他们没有遵从古训而为人民谋福祉。他没有反对中国传统道德诸如仁义等价值观。回顾上述孙中山与其兄决裂时的对话，则他说："我也愿意遵守中国的法律做事，不是一味要遵守外国的法律。但是中国自己并不能尽自己的责任。"[412] 就是说，他拥护中国圣贤的古训，但反对后人为了一己之私

[409] Question 7, General Intelligence Examination Paper, Tables and Papers connected with the examination of the First Class held at the Government Central School during the week 9-16 January 1886, Government Notification No. 24, 23 January 1886, *Hong Kong Government Gazette,* 23 January 1886, pp. 48-52: at p. 49.
[410] 见本章第十四节。
[411] Question 8, General Intelligence Examination Paper, Tables and Papers connected with the examination of the First Class held at the Government Central School during the week 9-16 January 1886, Government Notification No. 24, 23 January 1886, *Hong Kong Government Gazette,* 23 January 1886, pp. 48-52: at p. 49.
[412] 林百克著，徐植仁译：《孙逸仙传记》，第 167—168 页。原文见 Linebarger, *Sun Yat Sen and the Chinese Republic*, p. 189.

而离经叛道。若把他这句话再进一步演绎，则他似乎在说，他不满当时的满清官僚，因为他们说一套但做的却是另一套，所以他佩服那些身体力行的基督教传教士，并因而决定受洗进入基督教。后来，尽管在五四运动中差不多全国学子都高呼打倒孔家店，但孙中山并没有随波逐流，反而在 1924 年于其三民主义演讲中，高度赞扬儒家的王道等价值观。可见圣贤古训对他影响之深。但他到底由于一时冲动而与其兄决裂了，这行动本身就是离经叛道。当孙中山冷静下来时，能无悔意？

那么，喜嘉理又可曾为自己那翠亨村之行导致孙中山兄弟决裂而后悔？1884 年的喜嘉理肯定是不会的。分析当时他写给总部的书信，他巴不得信教的人都与其固执迷信的亲人决裂，又何来悔意？但若孙中山已经因为与亲人决裂而后悔，但导致他兄弟决裂的人却幸灾乐祸，他心里会怎么想？喜嘉理自以为是，从下列事例可见一斑。他认为在广州传教已有四十年的长老会传教士、后来创立岭南大学前身的哈巴安德博士对中国人的性格毫无认识。[413] 言下之意，他才到了香港不足三年，就对中国人的性格认识透彻了！这种狂言，也只有这位不顾一切而只顾传教的喜嘉理才会冲口而出。为何他出此狂言？因为，对于纲纪慎会应该如何在广东地区展开传教的问题，哈巴安德与喜嘉理意见分歧也。[414]

二十五、"推"、"拉"之间

用上述"推""拉"的譬如，本章目前所述者皆"推"，即事态发展把孙中山"推"离其对自己当耶教传教士的想法。下面浅谈他在香港读书的中学时代，把他"拉"向革命的实例，其中包括：

第一，1884 年 7 月 27 日发生了一件足以大大挑起其民族主义情绪的事情。当天，与孙中山同时住在比列者士街 2 号、喜嘉理牧师所设福音堂兼宿舍的厨子曹国谦（音译），和该福音堂主日学的主管宋毓林，共同坐在一张公共长椅上欣

[413] "One missionary alone (Rev. A.P. Happer, D.D. Presbyterian) coincides with the Pacific view, and *he does not know the Chinese*, although he has been 40 years in China." See Hager to Smith, 1 June 1885, ABC 16.3.3: South China, v. 4, no. 30, p. 4.

[414] Ibid.

赏从军营里传出来的当地驻军演奏的铜管乐。突然来了一位英国人查尔斯·邦德，高举手杖，像赶狗般要赶他们离座，以便他自己和他的妻、女能坐下来。宋毓林乖乖地站起来走开。厨子却勃然大怒，用"洋泾浜"英语（Pidgin English）指着该英人臭骂曰："你又不是什么达官贵人，凭什么赶我走，你狗娘养的！"说罢拉开架子就要跟该英霸厮打。[415]英霸外强中干，不敢接招之余却召来警察。警察把厨子逮捕，罚款三元后才把他释放。按当时香港法律，公共长椅是专为欧洲人而设，华人尽管是先到也不许先得。[416]此外，当时香港佣人之如厨子等的工资每月只有八元左右。[417]该厨子被欺负以后还被罚了约半个月的工资，气愤可知。他天天为孙中山等烧饭，向这位年轻人诉点苦水，在所难免。宋毓林则是喜嘉理牧师第一位在香港领洗入教的人（孙中山是第二位）[418]，与孙中山有"同窗"之谊。孙中山听了两人的遭遇后，心中会有何感想？

第二，1884年8—10月，在中法战争期间，攻打台湾受创的法国军舰开到香港，华工拒绝为其修理。法国商船开到香港，艇工拒绝为其卸货。香港政府对该等工人罚款，导致全港苦力大罢工。罢工工人与警察摩擦之余又导致警察开枪，造成不少伤亡。[419]香港的《循环日报》评论说："中法自开仗之后，华人心存敌忾，无论商贾役夫，亦义切同仇……此可见我华人一心为国，众志成城，各具折冲御侮之才，大有灭此朝吃之势。"[420]孙中山耳濡目染，大受影响。翌年清朝其实没有打败却屈辱求和，对孙中山更是一个很大的冲击。事后他回忆说："予自乙酉中法战败之年，始决倾清廷，创建民国之志。"[421]这段回忆，佐证了本书开

---

[415] *China Mail* (Hong Kong), 28 July 1884, quoted in Carl T. Smith, *Chinese Christians* (Hong Kong: Hong Kong University Press, 2005), p. 90. 笔者对该书所引这条史料极感兴趣，欲观全豹，故于2003年12月11日再飞往香港与香港档案馆的许崇德先生并肩作战，把该报纸前前后后地翻遍了，就是没找到。再查该作者存放在该馆的研究卡片，也无踪影。致电该作者候教，则说去了澳门。没法之余，只好委托许崇德先生继续为我联系。若等到本书付梓时仍无音信，则保留此注，留待将来追查。

[416] Carl T. Smith, *Chinese Christians*, p. 91.

[417] Carl T. Smith, *A Sense of History* (Hong Kong: Hong Kong Educational Publishing Company, 1995), p. 330.

[418] 《中华基督教会公理堂庆祝辛亥革命七十周年特刊》，第2页。

[419] Tsai Jung-fang, *Hong Kong in Chinese History: Community and Social Unrest in the British Colony, 1842-1913* (New York: Columbia University Press, 1993), pp. 142-146.

[420] 香港《循环日报》，1884年10月9日。

[421] 孙中山：《建国方略·孙文学说》，第八章"有志竟成"，《国父全集》，第一册，第409页。《孙中山全集》，第六卷，第229页。

宗明义第一条，即孙中山自称其走上革命道路，是由于在香港念书时所受到的影响。[422] 回顾 1883 年年底孙中山受洗时，为他洗礼的喜嘉理牧师观察到他虔诚之至，甚至萌生了当传教士之想。[423] 曾几何时，孙中山现在又说要从事革命。但窃以为人的思想瞬息万变，此时作是想，那刻又作他想。这一切都是人性自然的表现。孙中山最后决定采取革命行动，还有待 1894 年甲午中日战争爆发，中国惨败之时；因为，他随即赴檀成立兴中会，是为中国近代史上第一个革命党。

第三，香港中央书院大考时有下列这么一道汉译英的考试题目：

水为朝夕烹饪之需必求清洁方合饮食之宜乡村近山之地水多不洁饮之辄易生病此其故亦缘中国以近山附郭之区为坟墓所在掩埋浅薄猝遇暴雨冲刷萃多积尸秽水不免混注于溪涧之中人所食之疠疾遂起 [424]

这段没有标点的文言文，是 1888 年 1 月大考的汉译英题。当时孙中山已经离开了中央书院，而在西医书院念医科了。故表面上，此道试题似乎与孙中山无关。不！据笔者考证：

第一，中央书院翻译这门课，是有课本的。

第二，当时课本一经编定，便长期使用，多年不变。该校过去甚至有一个制度，学生向校方租用教科书，每本每年租金港币十元，升班或毕业时交还校方。[425]

第三，考试时，老师就从课本之中抽一两段给考生翻译，以至教育署派到该校的主考官抱怨说，由于上课时学生把老师教导他们的译文死背硬记，考试时就

---

[422]　*China Mail* (Hong Kong), Wednesday 21 February 1923.

[423]　〈美国喜嘉理牧师关于孙总理信教之追述〉，载冯自由：《革命逸史》，第二册，第 12—17 页：其中第 14 页。

[424]　Translation from Chinese into English, First Class Examination, January 1888, Tables and Papers connected with the examination of the First Class at the Government Central School, Government Notification No. 37, *The Hong Kong Government Gazette,* 28 January 1888, pp. 89-93: at p. 93.

[425]　Item 10, in Report by the Head Master of the Government Central School, by Mr G. H. Bateson Wright, to the Colonial Secretary, The Hon. W.H. Marsh, 3 January 1885, attached to E. J. Eitel, *Educational Report for 1884,* Hong Kong, Education Department, 25 February 1885; Government Notification No. 24; Presented to the Legislative Council by command of His Excellency the Governor, n.d., Government Notification No. 24, *Hong Kong Legislative Council Sessional Papers 1885*, pp. 241-258: at p. 247.

凭记忆把译文默写出来，只有极少数高年级的考生能灵活地运用语法翻译。[426]

第四，当时的中央书院不容许选修，凡是在那一级所开的课程，该级学生都必须攻读。[427] 尽管是翻译课中的汉译英，哪怕是汉语根底极差的洋学生也必须勉为其难。既然上文已经考证出，孙中山在 1886 年极可能已经是第一级高年班的学生 [428]，而第一级高年班的课程又包括翻译，故孙中山肯定读过该课本。

这个发现，非同小可。笔者连忙再次赶往翠亨村实地调查，考察孙中山童年从其取水回家饮用的山水井。结果发觉该井就在金槟榔山山脚，且赫然看到山上有多穴坟墓。后来杨鹤龄去世后，他的尸体竟然也葬在这山水井之上的金槟榔山山腰！

当孙中山在课堂上读到上述引文，突然想起他多年从金槟榔山山脚的水井中挑回家饮用的山水，原来渗有死尸水！心里会怎么想？接下来会产生怎么样的情绪？后来他愤怒地对翠亨村的同乡说："天子替你们在这翠亨村干了什么事呢？没有！"[429] 陈建华教授认为村民一般把弊政归咎于地方政府，孙中山却直接怪罪于天子，殊不合普通故事常例，却符合伟人传记应有的情节。陈建华此说甚有见地。但沿着他这思路想下去，结论必然是：孙中山"自小就有帝王思想"[430]，"足以说明他的狂妄"[431]。但陈建华郑重地补充说，由于"中山先生坚持'共和'"，反而"显得更为可贵"[432]。笔者在撰写了《孙逸仙伦敦蒙难真相》[433]、《孙逸仙在伦

[426] R.F. Cobbold and Thomas W. Pearce, Joint Examiners, to the Governing Body of Queen's College, 31 January 1896, in Government Notification No. 49, *Hong Kong Government Gazette,* 15 February 1896, pp. 120-124: at p. 124.

[427] Item 4, in Annual Report of the Head Master of the Government Central School for 1887, 16 January 1888, by G. H. Bateson Wright to the Honourable Frederick Stewart, Colonial Secretary; Presented to the Legislative Council by command of H.E. the Governor, n.d., Government Notification No. 2/88, *Hong Kong Legislative Council Sessional Papers 1888*, pp. 107-110: at pp. 107-108.

[428] 见本书第六章的考证。

[429] 林百克著，徐植仁译：《孙逸仙传记》，第 137 页。

[430] 陈建华：〈孙中山与现代中国"革命"话语关系考释〉，载《"革命"的现代性——中国革命话语考论》（上海：上海古籍出版社，2000），第 60—150 页：其中第 102 页。

[431] 同上书，第 103 页。

[432] 同上书，第 107 页。

[433] *The Origins of An Heroic Image.* 汉语版见黄宇和：《孙逸仙伦敦蒙难真相：从未披露的史实》（台北：联经，1998）。汉语简体字版则见黄宇和：《孙逸仙伦敦蒙难真相》（上海：上海书店，2004）。

图 5.20　翠亨村金槟榔山脚的山水井

图 5.21　翠亨村金槟榔山腰的杨鹤龄墓

敦：三民主义思想探源》[434] 及《中山先生与英国》[435] 之后，对孙中山毕生行事方式有了一定程度的了解后，觉得他夸夸其谈有之，狂妄则不至于此。那么，为何他不骂别人，却专门骂天子？

于是笔者另辟思路：英国人从 1841 年占领香港的港岛以后，马上着手基本建设。港岛本来就是光秃秃的，食水奇缺。开埠后人口激增，食水更成问题。香港殖民地政府最初是靠打井以及在主要溪流上游建储水池等，皆不敷应用。于是在 1859 年 10 月 14 日悬赏 1 000 英镑，征求开发水源的方案，并拨款 25 000 英镑备用。1863 年建成薄扶林水塘，以后不断把该水塘的水坝加高及扩大集水区，至 1877 年全部竣工时，集水区共 416 英亩（即 1 683 552 平方米），蓄水量 6 800 加仑（即 30 913 公升）。[436]

该水塘距离市区很远，于是香港政府就不惜工本建设一条长长的暗渠，把干净的食水引到市区，供市民饮用。目前港岛半山区的干德道，是英文 conduit 的英译，而 conduit 是暗渠的意思。当年把食水从薄扶林水塘引到中区的暗渠，就是沿目前半山区干德道这条路线走。1965—1968 年间，笔者在香港大学念书而在卢吉堂（Lugard Hall）宿舍寄宿，每天清晨沿干德道跑步，神游冥想 1883—1892 年间，孙中山在香港读书时，他在干德道下面的拔萃书室、中央书院和西医书院的食水，都是来自薄扶林水塘。1967 年的夏天，笔者在薄扶林水塘脚下附属香港大学的"大学堂宿舍"（University Hall）暂住，晨昏均在水塘旁边的小路散步。水塘三面环山，山上没有一座坟墓，没有一幢民居，有的是纯粹的大自然，有的是青葱树木、鸟语花香。置身其中，恍若世外桃源。

笔者不禁又神游冥想当年在香港求学的孙中山，所喝的水，就是来自这水塘。当他喝这干净的山水时，回想故乡翠亨村紧靠槟榔山山脚那受污染了的井水，心情会怎样？改喝其他水井的水不行吗？笔者频频跑翠亨村实地调查时，发觉村内无处不是井，大户人家还有自己家里的私人水井，当今孙中山故居之内

[434]　黄宇和：《孙中山在伦敦，1896—1897：三民主义思想探源》（台北：联经，2007）。
[435]　黄宇和：《中山先生与英国》（台北：学生书局，2005）。
[436]　http://www.info.gov.hk/water150/mbook/ENG/Construction/construction_pl_content_txt .html, accessed on 2 May 2006.

图 5.22　翠亨村附近最高的山头——𤲞头尖山顶

图 5.23　从𤲞头尖山俯视翠亨村所在之山谷（孙中山故居纪念馆供图）

也有一口水井。笔者询诸翠亨村村民，他们都异口同声地说，村内水井的水质不好，不能喝，只能作洗涤之用。但他们又说不出一个道理。笔者另辟蹊径，爬上翠亨村附近最高的山头——犁头尖山，环视周遭环境。

从犁头尖山顶俯视翠亨村，发觉该村位于五桂山脉众多山谷之中朝东的一个山谷。该山谷狭而长，三面环山。金槟榔山在东偏南，犁头尖山在北方，五桂山最高的主脉在西南。据考证，该主脉海拔是 531 米 [437]，在此发源的一条小溪，过去名叫石门溪 [438]，现在称兰溪，由西往东流。兰溪两旁有果园、菜地，也有稻田，青葱怡人，甚为优美。这个山谷，无以名之，美国人林百克似乎是按照孙中山的意思而称之为 Blue Valley[439]（碧翠的山谷，简称翠谷），笔者觉得此词甚富诗意，一直沿用至今。当兰溪流了约 4 公里而到达翠亨村附近时，就拐一个弯，改向东北方向流，注入珠江。[440] 翠亨村位于该山谷靠近珠江的地方，笔者深深地吸了口新鲜空气，凝视该谷，陷入沉思：地下水多从五桂山主脉流来，经过不少农地、果园，才进入翠亨村。农民在农地上施肥，孙中山那个时代所用的肥料都是人、畜的粪便。口述历史说：孙中山的父亲孙达成，就曾经在挑粪经过杨氏大宅时，因臭气熏天，被乳臭未干的杨宝常当场斥责。[441] 笔者曾审视过翠亨村的农地，发觉沙多泥少，粪便很快就会浸入地下水，流进翠亨村家家户户的水井，从该等水井取水煮饭泡茶，一定异味难当。

村内的水不能喝，山水井的水又不宜喝，全村没有能喝的干净水！孙中山愤怒地提问：为何远在天边的英国皇帝能为香港殖民地解决食水问题，中国的天子却对脚下的翠亨村子民漠不关心？

孙中山凭什么认为英国的维多利亚女王，为遥远的香港解决了食水问题？盖因香港殖民地政府所干的一切，皆以英女王陛下的名义进行。君不见，在孙中山那个时代，所有香港政府发出的公函所用之信封，上面都印有 "On Her

---

[437]　黄宇和：〈翠亨村调查报告〉（手稿），2007 年 9 月 28 日。

[438]　厉式金主修：《香山县志续编》，卷二《舆地·山川》，页 11a。

[439]　Linebarger, *Sun Yat Sen and the Chinese Republic*, p. 1.

[440]　黄宇和：〈翠亨村调查报告〉（手稿），2007 年 9 月 28 日。

[441]　李伯新采访陆天祥（1876 年生），1962 年 5 月 23 日，载李伯新：《孙中山史迹忆访录》，第 68—70 页；其中第 69—70 页。

图 5.24 香港薄扶林水塘

图 5.25 香港大潭水塘

Majesty's Service"（为女王陛下服务）等字样？实情也符合这一名义：香港殖民地政府决定建筑薄扶林水塘，必须请示远在伦敦的殖民地部大臣，说明理由，开列所需费用清单，需时多久等情。获其批准，才能动工。[442] 伦敦的殖民地部大臣用以寄出其批示到香港的公函所用之信封，上面同样印有"On Her Majesty's Service"等字样。

英女王不单为香港居民建筑了薄扶林水塘，在孙中山抵达香港读书的1883年，容量更大的大潭水塘建筑工程又如火如荼地展开了。塘址在港岛南部，水坝用花岗石和混凝土建造，坝高27.432米，宽121.92米，坝基厚18.288米。配套工程有三：

1．一条长2 219.192米的隧道，贯穿黄泥涌峡谷；

2．一条长5 027米的引水道，用石头和砖块砌成；

3．六个滤水池，总面积达2 712.82平方米，池深9.144米，每天可过滤25 912.2立方米的水。

第一期工程在1888年完成，已耗资1 250 000元。该水塘储水量1 136 500立方米！[443] 当时孙中山在香港西医书院念第二年级，全港上下欢腾，热烈庆祝之际，孙中山回顾翠亨故乡的食水，心中会有何感想？

笔者从孙中山在香港的生活体验出发，来考虑他那怒斥中国天子的话，就觉得该话是青少年怒发冲冠时自然感情的爆发，而丝毫不存在着"帝王思想"、[444] "狂妄"[445] 等等因素。

怒斥天子就是造反了！现实生活把他"拉"向革命！

---

[442]　且不要说建造水库这么大的工程，就是花5 000元，作为补助拔萃书室扩建工程费用的一半，香港总督也必须请示殖民地部大臣。见Extracts from the Minute Books, 18 August1891, in Rev. W. T. Featherstone (comp.), *The Diocesan Boys School and Orphanage, Hong Kong* (Hong Kong: Ye Olde Printers, 1930), p. 106.

[443]　http://www.info.gov.hk/water150/mbook/ENG/Construction/construction_p1_frm.html.

[444]　陈建华：〈孙中山与现代中国"革命"话语关系考释〉，载《"革命"的现代性——中国革命话语考论》，第60—150页：其中第102页。

[445]　同上书，第103页。

第六章

大专时代：
寓广州博济医院及香港
雅丽氏医院的两所西医书院

一、广州博济医院

上章提到，孙中山在香港中央书院读书直到 1886 年放暑假时，就离开了。当时美国传教士在广州已经设有博济医院，兼授医学，于是孙中山就求助于同是美国传教士的喜嘉理牧师，请其介绍给该院院长嘉约翰牧师医生。[1] 1886 年秋，孙中山就到该医院习医了。[2]

博济医院在 1835 年由美国医疗传教士创立，附属医学院则成立于 1855 年。最初只收男生，1879 年开始兼收女生，全部在医院里寄宿。[3] 孙中山住在哥利支堂十号宿舍。同学男十二人，女四人。[4] 学习甫开始，孙中山从西方教育中所学到的那种独立思考，马上让他显得鹤立鸡群。事缘该院考虑到中国“男女授受不亲”的传统，禁止男生到产房做接生实习。孙中山对嘉约翰院长说：“学生毕业后行医救人，遇有产科病症也要诊治。为了使学生获得医学技术，将来能对病者负责，应当改变这种不合理的规定。”嘉约翰院长从善如流，接纳了他的建议，从此男生也能参加产科的临床实习。[5]

据云孙中山在宿舍中藏有自置之二十四史全部。“学友每嘲笑之，以为购置此书，不事攻读，只供陈设而已。一日，同学何允文抽检一册，考问其内容，思以难之。先生应对如流，分毫不爽。历试数册，皆然。允文惊奇钦佩。”[6] 又有当

[1] Charles Robert Hager, "Dr Sun Yat Sen: Some Personal Reminiscences", *The Missionary Herald* (Boston, April 1912)，pp. 171-174: at p. 172, col. 2.

[2] 《国父年谱》(1985)，上册，第 41 页，1886 年条。

[3] 孙逸仙博士医学院筹备会编：《总理业医生活史》(广州，约 1935)。

[4] 简又文：〈总理少年时期逸事〉，载《国父文物展览会特刊》(广州：广东省立文献馆，1946)，转引于《国父年谱》(1985)，上册，第 41 页，1886 年条。

[5] 据刘谦一口述，载黄彦、李伯新：〈孙中山的家庭出身和早期事迹〉，载《广东文史资料》第 25 辑：孙中山史料专辑 (广州：广东人民出版社，1979)，第 274—290 页；其中第 287 页。刘谦一乃孙中山在广州博济医院读书时的同学，见同书第 276 页。

[6] 简又文：〈总理少年时期逸事〉，转引于《国父年谱》(1985)，上册，第 41 页，1886 年条。

年博济学友回忆说，孙中山"平时寡言笑，有事则议论滔滔，三教九流，皆可共语"[7]。所谓冰冻三尺，非一日之寒。孙中山甫进医学院已经对二十四史和三教九流如此稔熟，显示他在此之前已经通过自学而读过有关典籍。

上段两宗记载，有其他史料佐证。翠亨村耆老陆天祥就亲眼看过孙中山在故居的藏书部分，其中有《三国志》、《水浒传》、《东周列国志》[8]、《四书备注》[9]等。故居现在则藏有《太平天国演义》、《孙子兵法》、《八家讨论集》和韩愈、柳宗元、三苏、王安石、欧阳修、曾国藩等人的文集。[10]可见孙中山所看的中国书是比较广的。

入读博济医院的附属西医书院后，仍然于课余时间勤修国学。广州国学人才济济，比香港更易觅名师，故不久即从陈仲尧学习。[11]一说从"陈慕儒秀才补习，不但孔孟之道学说，诸子百家古籍，同样爱读"[12]，则不知这位陈慕儒是否即陈仲尧？

《国父年谱》（1985 年增订本）更说："适先生旧交区凤墀归自柏林……因相与过从，朝夕契谈，倍极欢洽。"[13]言下之意，孙中山也从区凤墀那里学了不少有关国学的东西。所据乃孙逸仙博士医学院筹备会编的《总理业医生活史》。[14]经考证，此说有两个错误的地方：

第一，区凤墀并非适归自柏林，他是于 1890 年至 1894 年才应德国柏林大学

---

[7]　孙逸仙博士医学院筹备会编：《总理业医生活史》，转引于《国父年谱》（1985），上册，第 42 页，1886年条。

[8]　李伯新采访陆天祥（1876 年生），1964 年 5 月 13 日，载李伯新：《孙中山史迹忆访录》，中山文史第 38辑（中山：中国人民政治协商会议广东省中山市委员会文史学习委员会，1996），第 68—71 页：其中第 69 页。

[9]　同上书，第 710 页。

[10]　李伯新等采访杨连合（1914 年生），1974 年 9 月 17 日，载李伯新：《孙中山史迹忆访录》，第 91—94页：其中第 92 页。

[11]　《国父年谱》（1985 年增订本），上册，第 43—44 页，1886 年条。

[12]　杨连逢复述谭虚谷（孙中山在香港中央书院读书时的同学）之言，1966 年 4 月无日，载李伯新：《孙中山史迹忆访录》，第 129—131 页：其中第 129 页。

[13]　《国父年谱》（1985 年增订本），上册，第 43—44 页，1886 年条。

[14]　孙逸仙博士医学院筹备会编：《总理业医生活史》，转引于《国父年谱》（1985），上册，第 43—44 页，1886 年条，注 12。

东方研究所之聘请前往讲学四年。[15] 他离开广州的具体时间是 1890 年 10 月。[16]
任满仍回广州。[17] 准此，可知 1886 年孙中山到博济医院学医时，区凤墀还未去
柏林而仍在广州。

第二，孙中山与他也非旧交，关于这一点，本书第五章已有所交代。孙中山
之认识区凤墀，似乎是到了广州之后，先结交了在博济医院任医务兼翻译医书的
尹文楷，再通过尹文楷才认识尹的岳父区凤墀，进而"相与过从"[18]。但有一点是
肯定的，既然孙中山与区凤墀投契，则他从区凤墀言谈中受惠于区凤墀的国学修
养，甚或不时向他请教，因而提高自己的国学知识，自不在话下。

由于孙中山课余之暇不但勤于国学，且综论国事及救亡之策，虽人多忽视，
却引起同学郑士良的注意而与其订交。郑士良者，广东归善县淡水墟人。毕业于
广州的德国基督教礼贤会学校，曾受洗为基督徒，与孙中山有共同语言。同样重
要的是，郑士良乃广东三合会（又名天地会）会众，该会以反清为宗旨，与孙中
山更有共同语言。[19] 几年以后郑士良终于表露身份，并于孙中山 1895 年 10 月在
广州密谋举义时，号召天地会之会众参与。[20] 广州举义失败，郑士良像孙中山一
样逃到香港，接着又与孙中山同坐货船逃往日本。[21] 后来更参加 1900 年的惠州
起义。可以说，孙中山到广州博济医院习医最大的收获之一，是认识了一位对革
命事业忠心耿耿，哪怕暂时仍不显露其三合会身份的未来战友。

孙中山在广州博济医院习医时，认识的另一位朋友是尤列。关于尤列之姓
氏，该作"尤"还是"尢"，则前香港政府高官尤曾家丽的丈夫尤迪桓是尤列的

[15] Rev. Thomas Pearce to Rev. Warlaw Thompson, 20 February 1895, CWM, South China, Incoming
      correspondence 1803-1936, Box 13 (1895-1897), Folder 1 (1895).
[16] Thomas Pearce's Decennial Report (Canton & Outstations) for 1880-1890, 27 February 1891, p. 5. CWM,
      South China, Reports 1866-1939, Box 2 (1887-1897), Envelope 25 (1890).
[17] Rev. Thomas Pearce to Rev. Warlaw Thompson, 20 February 1895, CWM, South China, Incoming
      correspondence 1803-1936, Box 13 (1895-1897), Folder 1 (1895).
[18] 国民党党史会：《总理年谱长编钞本》，第 10 页，转载于《国父年谱》(1985)，上册，第 43—44 页，
      1886 年条。
[19] 冯自由：《革命逸史》（北京：中华书局，1981 年重印），第一册，第 24 页。以下简称《革命逸史》
      (1981)。又见《国父年谱》(1985)，上册，第 42—43 页，1886 年条。
[20] 《国父年谱》(1985)，上册，第 43 页，1886 年条。
[21] 陈少白：《兴中会革命史要》，载柴德赓主编：《中国近代史资料丛刊·辛亥革命》（上海：上海人民出
      版社，1981)，第一册，第 21—75 页；其中第 32 页。以下简称《辛亥革命》。

曾孙，尤曾家丽在年届五十三岁的 2009 年向香港大学递交了一篇硕士论文，题为〈尤列与辛亥革命〉，其中第 4 页注释 7 提到这个"尤"字有如下解释：

> "尤"字用作部首，应音"汪"；用作姓则音"由"。尤嘉博著〈尤氏考证〉（载《尤列集》第 329 页）有详细说明"尤"字有点无点的因由。他解释《正字通》及各大字典如《康熙字典》、《中华大字典》等，皆指出"尢"乃属"尤"本字。他更忆述尤列的一番话："无锡尤氏本来亦无点，后来清高宗乾隆皇南游时，抵无锡，曾将尢字误写作尤。族人当即禀告谓尢字并无一点，高宗乃将错就错说'既然如此，由朕御赐一点可也'。"尤列既从事反清革命，自然要摒弃所谓的御赐，故坚持以"尢"字为本。

鉴于：

第一，几乎所有近代史之史料与史籍均作尤列，若本书改作尢列，会造成不少混乱，甚至让年轻学子无所适从；

第二，据本章第十二节考证所得，尤列仅于早年在香港"四大寇"时代高谈反满，后来从未参加过革命的实际行动，与辛亥革命更是风马牛不相及。若用诸如"尢列既从事反清革命"之借口，而把"尤"改作"尢"，属查无实据。

第三，尤列有把此"尤"作彼"尢"的个人自由，其后人所娶的媳妇也有撰文把此"尤"作彼"尢"的个人自由；但若行使此个人自由时，有害公众利益诸如造成学术界的混乱甚至让年轻学子无所适从，同时又犯了查无实据等毛病，则从法律上说，个人自由必须服从公众利益。

第四，若尤曾家丽女士认为其男家应姓"尢"，为何她自己不改姓"尢"？若尤曾家丽自己不改，就无法奢望他人为"尤列"改姓也。

第五，尤曾家丽女士所写的是尤列传，却不在正文谈论其姓氏渊源，反而把它贬到注释中，更难期望史学界遵从尤列先生个人私下对"尢"字之偏爱也。

基于上述理由，本书仍作"尤列"。

言归正传，某天孙中山与郑士良等几位同学在十三行果摊欲购荔而囊中金尽，嘱卖果者翌晨往校取款又遭拒，结果双方发生争执，适有博济毕业生尤裕堂与族人尤列路过该地，裕堂睹状即代付果价，共同返校。[22] 是夕，众人以水果消夜，孙中山兴致勃勃地大发议论。尤列正中下怀，盖尤列也是喜欢高谈阔论的人，遂与之订交。尤列者，广东顺德人，少肄业于广州算术馆，充广东舆图局测绘生。后来孙中山去了香港新成立的西医书院读书，尤列适逢其会也去了香港华民政务司署当书记 [23]，两人得以继续高谈阔论，更有陈少白与杨鹤龄参加，号称"四大寇"。此乃后话。

为何孙中山要转到香港刚成立的西医书院学习？用他自己的话说，是以其"学科较优，而地较自由，可以鼓吹革命，故投香港学校肄业" [24]。他具体是在什么时候回香港念医科的？罗香林教授权威的《国父之大学时代》说是 1887 年 1 月。[25] 广州市中山大学的陈锡祺教授说是 1887 年 9 月。[26] 孰是孰非？且看下回分解。在此值得一提的是，1887 年冬孙父达成公病笃，孙中山回乡侍奉汤药，孝心可见。孙眉闻讯亦自檀香山归，"兄弟相逢，芥蒂尽释" [27]。孙达成终于在 1888 年 3 月 24 日仙游 [28]，孙中山从香港奔丧，不在话下。

二、香港西医书院的创立

有关香港西医书院的创立这个微观课题，表面上与本书探索孙中山如何走上革命道路之宏观主旨毫无关系，其实关系可真紧密，因为该书院的创办人不单对孙中山的抱负有深远影响，后来更多次拯救他性命。为何多次救他性命？因为康德黎医生极希望中国现代化，并衷心支持孙中山要促使中国现代化的决心。故必须在此花点笔墨。

---

[22] 冯自由：〈兴中会四大寇订交始末〉，载《革命逸史》(1981)，第一册，第 8—9 页；其中第 8 页。
[23] 冯自由：〈尤列事略〉，载《革命逸史》(1981)，第一册，第 26—28 页；其中第 26 页；又见〈尤列事略补述一〉，载《革命逸史》(1981)，第一册，第 29—33 页；其中第 29—30 页。
[24] 孙中山：《建国方略·孙文学说》，第八章"有志竟成"，载《国父全集》，第一册，第 491 页。《孙中山全集》，第六卷，第 229 页。
[25] 罗香林教授权威的《国父之大学时代》(重庆：独立出版社，1945)，所附学生名录。
[26] 见陈锡祺：〈关于孙中山的大学时代〉，载陈锡祺：《孙中山与辛亥革命论集》(广州：中山大学出版社，1984)，第 35—64 页；其中第 40—44 页。
[27] 《国父年谱》(1985)，上册，第 46 页，1887 年冬条。
[28] 同上书，第 47 页，1886 年条，1888 年 3 月 24 日条。

1887 年 8 月 30 日，当时在香港行医的苏格兰人康德黎医生（James Cantlie, *M.A., M.B., F.R.C.S.*），召开了一个会议。出席的人士除了召集人康德黎医生本人以外，还有（按会议记录名次排列）湛约翰博士牧师（Rev. John Chalmers, *M.A., LLD.*）、何启医生大律师（Ho Kai, *M.D., C.M., M.R.C.S., Barrister-at-law*）、杨威廉医生（William Young, *M.D.*）、孟生医生（Patrick Manson, *M.D., LLD.*）、格拉克医生（D. Gerlach, *M.D.*）、卡特奥先生（W. E. Crow, *Esq.*）、佐敦医生（Gregory P. Jordan, *M.B., M.R.C.S.*）等。康德黎医生谦虚地把自己的名字排在最后。[29]

笔者发现，出席者全是香港雅丽氏医院（Alice Memorial Hospital）的在职人员。难怪会议地点是该医院，时间是当天办公时间过后的黄昏 5 时 15 分。[30] 当 1886 年夏孙中山离开中央书院时，雅丽氏医院还在建造中，1887 年 2 月 17 日才完成，并正式启用。[31]

会议开始。大家公推湛约翰牧师当主席，主持会议。主席就座后，恭请召集人说明他召开这次会议之目的。康德黎医生就说，曾征询过何启、孟生、佐敦等医生，大家都觉得成立一所西医书院是个好主意。于是他就召开这个会议，征求大家的意见。

经过一番讨论后，大家表决一致赞成他的主意。接着主席邀请康德黎医生阐明他构思中的西医书院蓝图，以资讨论。讨论结果，由康德黎医生动议，佐敦医生附和，一致通过由当天会议出席人士共同组成该西医书院的学术委员会（senate），并有权邀请其他人士参加他们的行列。大家推举孟生医生为教务长（dean），负责在当年 10 月 1 日于香港大会堂（City Hall）的创校仪式上致创院词（inaugural address）。同时推举康德黎医生为秘书（secretary），负责印刷创院计划并广为传播，同时在报章上刊登创院启事。会议又通过了邀请史钊域博士当名誉院长（rector），以及香港总督为庇护人（patron）的决议。最后，会议通过了

[29]　Minute-book of the Senate, 1st meeting, 30 August 1887, College of Medicine for Chinese, in the Registrar's Office, University of Hong Kong. Cf. *College of Medicine for Chinese, Hong Kong* (Hong Kong, 1887), p. 9, Royal Commonwealth Institute Library.

[30]　Ibid.

[31]　Rev. John Chalmers's Decennial Report (Hong Kong District) for 1880-1890, 12 February 1891, pp.18-21, CWM, South China, Reports 1866-1939, Box 2 (1887-1897), Envelope 25 (1890).

图 6.1　雅丽氏医院，1887 年（伦敦传道会供图）

图 6.2　康德黎医生
[Neil Cantlie and George Seaver, *Sir James Cantlie: A Romance in Medicine* (London: John Murray, 1939), frontispiece]

由该会成员之一的杨威廉医生，代表学术委员会出席将要成立的西医书院董事局（court）会议。[32]

经考证，史钊域博士乃香港殖民地政府的辅政司（Colonial Secretary）。[33] 他不可能亲躬院长之事，故笔者把 rector 一词翻译成名誉院长。当然香港总督之为该校庇护人，也属名誉性质。学术委员会之决议邀请香港政府第二号人物辅政司和香港第一号人物香港总督，分别充当名誉院长与庇护人，目的无疑是希望借助两人的地位作号召。此举只不过是沿袭苏格兰大学传统之以名人作号召而已，别无他意。准此，窃以为罗香林先生之把 rector 一字翻译为掌院，并说他总领院务[34]，是一种误解。《国父年谱》[35] 和《孙中山年谱长编》[36] 将其转录，是以讹传讹。奈何编者职在编书，所赖乃同行的研究成果，同行搞错了，编者与读者同时遭殃。愿与同行共勉之。

既然总领院务的人并非院长，那么剩下来的就只有教务长了。孟生医生这位教务长，在 1889 年 2 月就辞掉一切职务回英国去了，教务长一职又落到康德黎医生这位倡议建立西医书院的人身上。[37]

1887 年 9 月 27 日，西医书院董事局举行第一次会议。出席者有：康德黎医生、孟生医生、杨威廉医生和他们邀请来当西医书院名誉院长的史钊域博士。会议一致通过邀请雅丽氏医院派出代表，作为董事局成员之一，并决定首任代表应为湛约翰牧师。[38] 由此可知，根据西医书院的宪法，西医书院是一个完全独立于雅丽氏医院的单位：雅丽氏医院借出地方给予西医书院师生上课、实习和提供宿

[32] Minute-book of the Senate, 1st meeting, 30 August 1887, College of Medicine for Chinese, in the Registrar's Office, University of Hong Kong.

[33] See G. H. Bateson Wright, Head Master of the Government Central School, to the Hon. Frederick Stewart, *LLD.*, Colonial Secretary, 16 January 1888, Government Notification No. 2/88, Presented to the Legislative Council by Command of H. E. the Governor, n.d.; *Hong Kong Administrative Report, 1888*, pp. 107-109.

[34] 罗香林：《国父之大学时代》，第 17 页。

[35] 《国父年谱》(1985)，上册，第 46 页，1887 年 10 月条。

[36] 《孙中山年谱长篇》，上册，第 46 页，1887 年 9 月条。

[37] Minute-book of the Senate, 7th meeting, 9 February 1889, College of Medicine for Chinese, in the Registrar's Office, University of Hong Kong.

[38] Minute-book of the Court, 1st Meeting, 27 September 1887, College of Medicine for Chinese, in the Registrar's Office, University of Hong Kong. There were only three donors and three subscribers this round, yielding a total of $305.

舍饭堂；如此而已，其他就没什么直接的法律关系了。对这一点，湛约翰牧师最清楚不过。[39] 而康德黎医生为了强调这一点，以后凡是西医书院学术委员会开会，他都特意安排在雅丽氏医院以外的地方。以至于第二次 [40] 和第三次 [41] 会议就在香港会所（Hong Kong Club）召开。以后为了节省时间，更干脆就在康德黎医生那所位于汇丰银行大楼内的医馆里举行。

这种法律概念，以孙中山和康德黎医生关系之亲切（见下文），相信孙中山会毫不犹疑地向恩师询问，而恩师也会毫无保留地向他解释。后来果然有雅丽氏医院的神职人员试图干扰西医书院的正常运作，自然就会引起西医书院师生——包括康德黎和孙中山——的不满。这种纠纷直接影响到孙中山最终走向革命道路的选择（详见下文）。

1887 年 9 月 29 日，西医书院学术委员会举行第二次会议，授权该院秘书康德黎医生找印刷商来印刷西医书院公用信笺、购买笔记簿以便开课时分发给学员、学生上课点名册（class register）以及一应文具等。[42]

1887 年 9 月，孙中山从广州重临香港，到寓于雅丽氏医院内的西医书院报名入学，发觉该院就在港岛荷李活道与鸭巴甸街交界处，已改名为维多利亚书院（Victoria College）的中央书院新校舍就在斜对面，步行到原来的中央书院也只需要一分钟（见本书第三章图 3.12）。

西医书院学术委员会的会议记录证明该西医书院不曾在 1887 年 10 月 1 日正式成立以前就为学生上课。[43] 但窃以为预先招生却无不可，学生应招似乎不需

[39]　Rev. John Chalmers's report for 1887, 6 March 1888, CWM, South China, Reports 1866-1939, Box 2 (1887-1897), Envelope 22 (1887).

[40]　Minute-book of the Senate, 2nd meeting, 29 August 1887, College of Medicine for Chinese, deposited in the Registrar's Office, University of Hong Kong.

[41]　Minute-book of the Senate, 3rd meeting, 23 December 1887, College of Medicine for Chinese, deposited in the Registrar's Office, University of Hong Kong.

[42]　Minute-book of the Senate, 2nd meeting, 29 September 1887, College of Medicine for Chinese, in the Registrar's Office, University of Hong Kong.

[43]　见陈锡祺：《孙中山与辛亥革命论集》，第 35—64 页；其中第 40—44 页。笔者有幸得阅西医书院学术委员会会议记录（见上注），确知学院不曾在 1887 年 10 月 1 日星期六宣布正式成立以前就为学生开课。陈先生推测错了。但预先招生却无不可。故入学日期可否酌定为 1887 年 10 月 3 日星期一。学问功夫是一点一滴地建筑在前贤的血汗上，信焉！见下注。

要通过"统一入学考试"之类的手续，有意者谒见过康德黎医生后，得他首肯便可报名入学。笔者这种想法是基于一份主证和两份旁证。主证是后来继康德黎医生出任该西医书院学术委员会秘书的汤姆森医生[44]，他公文承认学生入学时，历来是不须预先考核的。[45]旁证则有二：

第一，康德黎自己说，当初有二十四位少男来谒并要求入学。[46]

第二，后来陈少白经孙中山引谒康德黎并经他首肯后便上课了。[47]

1887年10月1日星期六，香港西医书院于香港大会堂正式宣布成立了。

孙中山与同学们清早从雅丽氏医院内的宿舍起来，早餐过后即列队步行到香港大会堂，参加他们西医书院的成立典礼。他们进入大会堂后，与其他华人坐在一起时，装束显得非常和谐——都是清一色的长袍马褂，长长的辫子垂在背后。

坐在礼台上的嘉宾就不一样了，全部西装革履；当中当然包括何启医生，他是雅丽氏医院的创办人、英国皇家外科医学院院士兼大律师。由于他对香港的贡献巨大，后来被英女王册封为爵士。

主席是署理香港总督金马伦少将（Major-General William Gordon Cameron）。其他嘉宾包括香港殖民地政府的辅政司史钊域博士，他是荣誉院长；英国皇家外科医学院院士康德黎医生，他是西医书院秘书。当然还有教务主任孟生医生。他对热带疾病有深入的研究并取得巨大成就，正是他发现了疟疾是由蚊子所传染的。后来他回到伦敦后，就创办了伦敦大学之中的热带医学院（School of Tropical Medicine），最终被册封为爵士。

典礼开始，署理港督致开幕词，孟生医生宣布西医书院成立。他说：

[44] Minute-book of the Senate, Twelve meeting, 19 January 1891, College of Medicine for Chinese, in the Registrar's Office, University of Hong Kong.

[45] B. C. Ayres and J. M. Atkinson, "Reservations by Dr Ayres and Dr Atkinson", paragraph 10, 20 July 1896, pursuant to the "Report of the Committee Appointed by His Excellency the Governor to Enquire into and Report on the Best Organization for a College of Medicine for Hong Kong", 15 July 1896, *Hong Kong Legislative Council Sessional Papers 1896*, pp. 479-485, No. 30/96, Hong Kong University Libraries, http://lib.hku.hk/Digital Initiatives/Hong Kong Government Reports/Sessional Papers 1896/College of Medicine.

[46] See Neil Cantlie and George Seaver, *Sir James Cantlie: A Romance in Medicine* (London: John Murray, 1939), p. 97.

[47] Howard L. Boorman, ed., *Biographical Dictionary of Republic China*, 6 vs. (New York: Columbia University Press, 1967-1970), v.1, pp. 229-231: entry on "Ch'en Shao-pai".

图 6.3　香港大会堂（1887 年 10 月 1 日香港西医书院在此宣布成立）

图 6.4　香港西医书院所用之徽印，题有"For Chinese"字样

尊敬的署理总督，女士们，先生们：

香港西医书院的学术委员会，特别邀请各位光临的原因，是希望借这个机会：

1. 向各位宣布，香港西医书院，在今天成立了。

2. 向各位阐明，本院的宗旨、院规和发展计划。

3. 争取各位暨广大社会人士对本院使命的同情和支持。

作为本院的教务长，本人谨代表本院同仁说几句话。

香港，虽然自 1841 年起已成为女王陛下的殖民地，又虽然，香港的人口在不断地增加、经济愈来愈繁荣，更虽然，多年以来，已有不少专为华人治病的西式医院，在中国各通商口岸以及内陆各地陆续成立了；但是，香港——这个应该是中国全面走向文明的带路人——却直到今年才成立了一家专门为华人看病的西式医院（雅丽氏医院）。当然，在今年以前，香港已经有好几家所谓医院。但是，尽管是东华医院吧，也没达到西方医院的标准。而其院规、董事局与支持者的取向、医疗方法与行政程序，都不是欧洲式的。至于香港政府设立的、专为市民治病的公立医院，对广大华人来说，则除了洋气太重和规定过严以外，还会挑起华人不愉快的情绪，与不吉利的联想。在过去，不少人为了试图满足这种公众需要，而作过多次努力。最后，在今年 2 月，才终于取得成功。那就是雅丽氏医院的启用。该院甫启用，病床马上就全满了，门诊部大排长龙。可以说，该院在启用一个月内，就证明它是完全成功的。该院的医疗工作，由本港的四位内科医生，一位土生土长的外科医生，以及一批护理人员和学生来担当。为了使这批护理人员和学生胜任，我们有必要给予他们适当的训练。谈到训练，教几位学员与教几十位学员，没有什么分别。教六个学员，与教六十个学员，所需的教员和时间都是一样。基于这个逻辑，有人就想到，因利乘便地，在雅丽氏医院里成立一所西医书院。因为，在该医院里，有的是现成的老师、学生与现成的教学设备。但是，要求该医院的四位医生同时又当老师，教授医科以及有关课目，是太苛刻了。因此，这四位医生又邀请了其他医生，在他们各自的专业范围内，传授他们的专业知识。

　　由于西医书院用英语教学，所以学员们都必须具备基本的英语知识。香港政府设立的中央书院的毕业生，都具备这种条件。所以，我们不缺乏学员。目前，我们已经录取了数目可观的学员。将来，他们经过四五年的学习与实习，笔试与口试都及格的话，我们将会给他们颁发执照，批准他们以本西医书院的名义行医。

　　西医书院的日常行政，将由行政首长执行。从第二年开始，行政首长将由学员们每年公举。西医书院的成员大会，由该院的全体老师暨毕业生（愈多毕业生参与愈好）组成，每年举行一次会议，讨论有关该院的大事，并作出相应的决定。西医书院的学术委员会，由该院全体老师组成，任务是设计教程和执行教学计划。西医书院的校务委员会，是该院的最高权力机关，成员是行政首长、学术委员会的一位代表、雅丽氏医院的一位代表、西医书院行政首长所聘请的律师、西医书院的教务长和一位秘书。

　　上述就是发起建立西医书院的过程及有关规定。其目标，当然是要把西方的医疗科学传遍全中国，以便减少人民的痛苦，延长其寿命，以及提高其卫生条件来增加其生活上的舒适。毫无疑问，我们的工作是符合实际需要的。但是，我同时也可以想象到，有人会反对由香港来担负这重任。他们会说：为什么不在中国大陆里边推行这项工作？为什么不在北京、天津、上海、广州或其他大城市，分别或同时进行？说实在的，已经有人在这些城市和其他地方不断地作过同样的尝试。但是，到目前为止，他们所取得的成绩是非常有限的。他们所遇到的困难，集中体现在医师不足——一位、两位，顶多是三位。在医师人数少得这么可怜的情况下，尽管他们有天大的魄力与良好的健康，也寸步维艰。不错，这些开荒牛都曾经用他们的血汗取得了骄人的成绩，像合信牧师医生（Rev. Dr B. Hobson）那忘我的劳动、嘉约翰牧师医生（Rev. Dr John Kerr）之在广州、马根济牧师医生（Rev. Dr J. K. MacKenzie）之在天津、莫尔斯牧师医生（Rev. Dr Morse）之在台湾等。还有其他的，不太著名但同样可敬的医师，在默默地耕耘。但是，他们所作出的一切努力，都是没有组织起来的个别行动。他们所建立起来的每一所小型西医书院，能维持多久，则视乎其创立人的健康、精力或其寿命之长短。正因为如此，每一所小型西医书院都可能随时关闭，以致前功尽费。本人就认识了一位、两位甚至三位这样的医师。他们致力于医治和传授医疗知识于华人。他们是我最尊敬的人。他们是医学界中的伽拉哈斯爵士（Sir Galahads）。他们献身于中国内陆非常落后的小镇，周遭都是贫穷、污垢和疾病。他们放弃了原有的舒适生活，远离了亲戚朋友，在没有同情与鼓励的情况下，他们静静地、悄悄地、近乎成功地追求他们崇高的理想。他们不稀罕别人的赞扬，甚至不愿意别人赞扬。他们对自己的壮举三缄其口。他们即使在写报告给总部时，也不愿意多谈。当我跟他们见面和目睹或耳闻他们的壮举时，我当然钦佩他们的品德和赞扬他们大无畏的精神。但也不禁为他们惋惜，惋惜他们巨人般的精力、学问、才智和魄力，由于没有组织起来而被迫单干。结果徒劳无功，或顶多事倍功半。我们固然可以说，从来没有任何一个好人是白活的，也没有任何一桩善举会被人遗忘。但是，在今天，如果要高效率地工作，则哪怕是伽拉哈斯爵士，也必须作为一个有纪律的团队成员来战斗。[48]

该院其他医师相继发言，还有香港首席外科医官（Surgeon-General）。最后署理港督宣布闭幕并感谢大家出席。[49]

这是孙中山有生以来第一次参加这么隆重的西方式典礼，出席者都是香港政府的最高领导，场面远远超越他过去所经历过的翠亨村村塾、意奥兰尼学校、瓦胡书院预备学校和博济医院。区区一所西医书院的成立，竟然如此大费周章，比诸1887年2月17日，雅丽氏医院以简单祈祷的形式开幕，真有天渊之别！这样加以比较，就让孙中山深深地体会到英国人极度重视权力的划分：这个典礼是一个庄严的宣言，它宣布西医书院是一个完全独立的个体，它与雅丽氏医院的关系只限于借用其地方开课，教授同时又是为该医院义务服务的医生，学生借该医院上课、实习、值班；在该医院的饭堂吃饭；在该医院的宿舍居住，如此而已。雅丽氏医院同时也招收自己的学生，在该院学习与服务。

---

[48]　孟生：〈教务长在香港西医书院开院典礼上致辞〉，1887年10月1日；地点：香港大会堂；典礼主持人：署理港督；黄宇和译自该院出版的单行本，题为"The Dean's Inaugural Address"。
[49]　*Daily Press* (Hong Kong), 3 October 1887.

那么，孙中山何时正式上课？窃以为是 1887 年 10 月 3 日星期一。因为：

第一，香港西医书院已由孟生医生在 1887 年 10 月 1 日星期六于香港大会堂宣布正式成立了。[50] 该院从此便可以名正言顺地开课。

第二，西医书院学术委员会举行第二次会议，通过康德黎所讲授的解剖学逢星期一到星期五的早上 7 时 30 分上课。[51] 而康德黎自己又说，孙中山是第一位加入该课程的人。[52]

第三，康德黎在 1887 年 10 月 9 日星期天即举行解剖学测验，看来是要检查学员的进展程度，而这次测验孙中山榜上有名。[53] 别以为星期天康德黎就不举行考试：这位活跃的医生当时忙到被迫把一切在雅丽氏医院进行的手术都安排在星期天。[54]

把 1887 年 10 月 3 日星期一酌定为孙中山在西医书院上课的第一天，带来了两个后果：

第一，我们因此知道孙中山不多不少地念了英国式的正规医科五年并如期毕业；因为据考证，他是在 1892 年 7 月 23 日毕业的。[55] 从 1887 年 10 月 3 日到 1892 年 7 月 23 日，加上 1892 年 7 月开始的暑假，刚好是五年，符合英国医科五年制的规定。若罗香林教授所倡的 1887 年 1 月入学属实，则孙中山念了共五年半的西医科课程，会引起孙中山是否因为某些学科不过关而留级半年的误会。

第二，有关孙中山具体何时入学的争论，可告一段落。首先，在上述众多确凿史料面前，罗香林教授在其权威的《国父之大学时代》中所倡的 1887 年 1 月

---

[50]　*China Mail* (Hong Kong), Saturday 1 October 1887; *Daily Press* (Hong Kong), Monday 3 October 1887.

[51]　Minute-book of the Senate, 2nd meeting, 29 September 1887, College of Medicine for Chinese, in the Registrar's Office, University of Hong Kong.

[52]　See Neil Cantlie and George Seaver, *Sir James Cantlie: A Romance in Medicine*, p. 97.

[53]　List of examinees, 1887, and Sun Yatsen's handwritten examinations scripts for Anatomy, 9 October 1887, Wellcome Institute Western MS 2934.

[54]　Dr John Thomson's supplementary report for 1889, 14 February 1890, paragraph 17, CWM, South China, Reports 1866-1939, Box 2 (1887-1897), Envelope 24 (1899). See also Dr John Thomson's supplementary report for 1893, January 1894, Section 6 "Observance of the Lord's Day", CWM, South China, Reports 1866-1939, Box 2 (1887-1897), Envelope 28 (1893).

[55]　Anon, "College of Medicine for Chinese— Presentation of Diplomas by Sir William Robinson", *China Mail* (Hong Kong), Saturday 23 July 1892, p. 3, cols. 1-5.

入学之说 [56]，再也站不住脚。因为在 1887 年 1 月，西医书院还未成立，何来入学？至于陈锡祺教授所持的 1887 年 9 月 [57]，则笔者有幸得阅西医书院学术委员会会议记录（见上文），确知该院不曾在 1887 年 10 月 1 日星期六宣布正式成立以前就为学生上课。故窃以为陈先生的推断是错误的。而推断错误的原因，窃以为可能是由于中国大学一般在 9 月 1 日左右开课，而英国大学一般是 10 月 1 日左右开课。陈锡祺教授习惯于中国大学的运作规律，以致作出孙中山是 1887 年 9 月开课的推测。

三、康德黎医生倡议并孕育了西医书院

酌定了孙中山在西医书院开课的具体日期是 1887 年 10 月 3 日星期一，为慰。让人更感欣慰的是，确定了康德黎医生其实是香港西医书院的创始人。后来康德黎医生在 1896 年 10 月孙中山伦敦蒙难时拯救他脱险的故事，举世皆知。他构思并推动了孙中山就读的西医书院的成立，确凿证据则时至今日才被披露。该确凿证据，正是上文引述过的、西医书院学术委员会会议记录。这份主证，有旁证扶持：

其一，乃该西医书院的第一任名誉司库 [58] 骆克（Stewart Lockhart）先生的话。他说：香港西医书院之诞生，全赖康德黎医生的倡议和孕育。[59] 骆克后来更在 1895 年继任为香港辅政司及西医书院名誉院长 [60]，可不是一个随便说话的人。

---

[56]　罗香林：《国父之大学时代》，所附学生名录。

[57]　陈锡祺：〈关于孙中山的大学时代〉，载陈锡祺：《孙中山与辛亥革命论集》，第 35—64 页；其中第 40—44 页。

[58]　Minute-book of the Senate, 2nd meeting, 20 September 1887, College of Medicine for Chinese, deposited at the Registrar's office, University of Hong Kong.

[59]　"I am sure all medical gentlemen here present and others who have been connected with the Chinese College of Medicine will bear me out when I say that it is to a great extent owing to Dr Cantlie, our worthy Dean, that the College is in existence today. I think I am not wrong in saying that it was at his suggestion that the College of Medicine first became a quality worthy of consideration. It was at his suggestion, I think, that the meeting was first called to consider the matter, and I am certain that since it was formed there has been no more active member than he has been, or a more energetic promoter of its welfare (applause)." See Stewart Lockhart's speech at the first graduation ceremony of the College of Medince for Chinese, *China Mail* (Hong Kong), Monday 25 July 1892, p. 3, cols. 1-6: at col. 4.

[60]　Minute-book of the Court, 16th meeting, 6 December 1895, Hong Kong College of Medicine for Chinese, University of Hong Kong.

其二，乃该西医书院的第一任常务法律顾问弗朗西斯大律师（J. J. Francis, Q.C.）的话："可以说，康德黎是香港西医书院的创始人。"（"practically the founder of the College of Medicine for the Chinese"）[61] 大律师也不是随便讲话的。而且，辅政司与这位大律师都是亲历其事的人，是有力的人证。

本来，《康德黎医生传》已婉转地暗示过康德黎是该校的创始人，但语焉不详。[62] 加上写传记的人一般都有为主人翁歌功颂德之嫌，故读者对《康德黎医生传》中的话都持"姑妄言之，姑妄听之"的态度。现经考证，可知确有其事。还历史本来面目，为慰。

不单如此，在西医书院成立后很长的一段时候，该院是在康德黎医生的精心栽培下茁壮成长的：

第一，孟生医生这位教务长，在 1889 年 2 月就辞掉一切职务回英国去了，繁重的教务长事务又落到康德黎医生这位倡议建立西医书院的人身上。[63]

第二，1892 年 7 月 23 日西医书院举行了首届毕业典礼后，当天晚上康德黎医生就自掏腰包在高贵的柯士甸山酒店（Mount Austin Hotel）设宴招待五十多位贵宾。

贵宾包括香港总督兼西医书院庇护人罗便臣爵士（Sir William Robinson）、陆军少将伯加阁下（Major-General Digby Barker）、首席按察司兼西医书院名誉院长克拉克阁下（His Honour Chief Justice Fielding Clarke）、辅政司骆克阁下等。还有一位丹尼斯先生（Mr L. L. Dennys）。当然还有那两位应届毕业生孙中山和江英华。[64] 为何康德黎如此破费宴请这么多客人？无他，为西医书院及师生拉关系也。效果在眼前：客人当中的丹尼斯先生，正是那位后来 1895 年 10 月广州起义失败后，孙中山逃回香港向康德黎请教行止时，康德黎转而请教的资深律师。孙中山性命有所系焉。[65]

---

[61] J. J. Francis's farewell speech, *Overland China Mail,* 13 February 1896, quoted in Cantlie and Seaver, *Sir James Cantlie*, p. 89.

[62] See Neil Cantlie and George Seaver, *Sir James Cantlie*, pp. 68-89.

[63] Minute-book of the Senate, 7th meeting, 9 February 1889, College of Medicine for Chinese, in the Registrar's Office, University of Hong Kong.

[64] Anon, "College of Medicine for Chinese", *China Mail* (Hong Kong), Monday 25 July 1892, p. 3, cols. 1-6.

[65] Harold Schiffrin, *Sun Yat-sen and the Origins of the Chinese Revolution* (Berkeley: University of California Press, 1968), p. 87.

第三，在孙中山毕业前一年，西医书院财政出现困难，康德黎医生主动提出每年捐献 500 元予该书院，为期五年。[66] 结果西医书院得以维持下去，否则孙中山可毕不了业。康德黎同时希望此举会带动其他人士慷慨解囊，并触动政府捐献地皮，以便西医书院最终能建造起自己的校舍。[67] 其苦心孤诣之处，感人肺腑。

考证出香港西医书院的创始人其实是康德黎医生，并且书院于成立后很长的一段时间里在他的精心栽培下茁壮成长的事实，带来两个后果：

第一，推翻了罗香林教授在其权威著作《国父之大学时代》所倡的何启创办西医书院之说。[68] 而《国父年谱》采录其说之处 [69]，亦须修订。其实，罗香林先生没有提出任何证据支持其说，只是由于何启是雅丽氏医院的创办人（见下文），而西医书院又诞生于雅丽氏医院，于是想当然而已。其据此而又进一步误认为西医书院与雅丽氏医院属两位一体，更是其对法治观念缺乏认识所致。

第二，香港西医书院凝聚了康德黎医生的无限心血，而他又是孙中山崇拜的偶像（见下文），若当时有基督教的神职人员干扰该书院的正常运作而令康德黎难堪的话，孙中山的反应会如何？

四、伦敦传道会试图行医的历史

为何会有基督教的神职人员干扰香港西医书院？君不见，那位被邀主持创建西医书院会议、后来又被邀参加该院董事局的湛约翰牧师，并非别人，他正是基督教伦敦传道会香港地区的主牧（Senior Missionary, Hong Kong District Committee, London Missionary Society）。[70] 不是说湛约翰牧师本人曾干预西医书院的运作，只是他的同僚如此而已（见下文）。

---

[66] Minute-book of the Court, 7th meeting, Saturday 14 March 1891, College of Medicine for China, in the Registrar's Office, University of Hong Kong.
[67] Ibid.
[68] 罗香林：《国父之大学时代》，第 5—26 页。
[69] 《国父年谱》（1985 年修订本），上册，第 46 页，1887 年 10 月条。
[70] Rev. John Chalmers's Report (Hong Kong District) for 1887, 6 March 1888, CWM, South China, Reports 1866-1939, Box 2 (1887-1897), Envelope 22 (1887).

　　伦敦传道会在香港开埠两年后的 1843 年，即派员前往传教。而且从一开始就以治病作为手段：第一批派往香港的三位传教士当中就有两位持有医生执照，在香港的港岛甚至深入至当时还是中国领土的九龙城行医。可惜从 1853 年开始就后继无人了。虽然该会三番五次地不断尝试，希望恢复提供医疗服务，结果都成泡影。终于，到了 1884 年才有转机。[71] 当年何启医生的爱妻——英妇雅丽氏（Alice Walkden）[72] 病殁。何启悲痛之余，决定斥巨资建立一所慈善医院以资纪念。同年 9 月 5 日，何启商诸湛约翰牧师。双方同意：由伦敦传道会筹款买地，何启出资建筑医院。1887 年 2 月 17 日建成并于当天早上以简单祈祷的形式开幕。[73]

　　因为湛约翰牧师本身不是医务人员，所以医院一切具体业务都委托该院专业医务人员处理。这批专业医务人员包括上述名医诸如孟生、康德黎与佐敦等医生，而以佐敦医生总理一切行政事务。这批医生都是义务为这所慈善医院服务的。所以湛约翰牧师说，如果没有这批优秀医生的鼎力支持，这所医院是建不起来的。医院的最高权力机关是该院的医务委员会（medical committee），由该院医生组成，湛约翰牧师和另一位名叫邦菲尔德的牧师（Rev. G. H. Bondfield）在该委员会中只是充当辅助角色（co-operation in Committee）。委员会的秘书是佐敦医生，而他正是以医务委员会秘书的身份总理医院行政事务[74]，无形中成了临时院长。医院成立甫半年，康德黎医生就倡议建立西医书院了。

　　由于西医书院成立后的好几年都在雅丽氏医院内授课，而孙中山五年医科学生的生涯（1887—1892），都在雅丽氏医院里度过——上课、实习、值班、寄食和寄宿等[75]，所以笔者就必须在该医院的事情上多花一点笔墨。

[71]　Rev. John Chalmers's Decennial Report (Hong Kong District) for 1880-1890, 12 February 1891, pp.18-19, CWM, South China, Reports 1866-1939, Box 2 (1887-1897), Envelope 25 (1890).

[72]　See G. H. Choa, *The Life and Times of Sir Kai Ho Kai* (Hong Kong: Chinese University Press, 1981), p. 17. See also Carl. T. Smith, *A Sense of History: Studies in the Social and Urban History of Hong Kong* (Hong Kong: The Hong Kong Educational Publishing Co., 1995), p. 332, n. 8.

[73]　Rev. John Chalmers's Decennial Report (Hong Kong District) for 1880-1890, 12 February 1891, pp.20-21, CWM, South China, Reports1866-1939, Box 2 (1887-1897), Envelope 25 (1890).

[74]　Rev. John Chalmers's Report (Hong Kong District) for 1887, 6 March 1888, CWM, South China, Reports 1866-1939, Box 2 (1887-1897), Envelope 22 (1887).

[75]　*Report of the Alice Memorial Hospital, Hong Kong, in connection with the LMS ociety, for the year 1889* (Hong Kong: Printed at the *China Mail* Office, 1890), CWM, South China, Reports 1866-1939, Box 2 (1887-1897), Envelope 24 (1889).

五、孙中山与康德黎的深厚友谊

上文说过，康德黎医生是孙中山崇拜的偶像。何以见得？当 1895 年 10 月广州起义失败，孙中山逃回香港时，前途茫茫而不知所措之际，他拜见这位恩师问计。[76] 若孙中山不是对这位恩师极度尊敬而又极度信任的话，他不会在这生死攸关之刻这样做。师生之间这份深厚情谊，是如何建立起来的？

西医书院芸芸老师中，康德黎是第一位为孙中山上课的老师。何以见得？康德黎是负责讲授解剖学的；而从下列时间表看，孙中山在西医书院所上的第一课正是解剖学。其实，每天第一课都是康德黎讲授的解剖学，时间是清早 7 时 30 分到 8 时 30 分：

表 6.1　西医书院 1887 年第一学期上课时间表 [77]

	星期一	星期二	星期三	星期四	星期五	星期六	星期天
解剖学	07:30	07:30	07:30	07:30	07:30	—	—
生理学	19:00	19:00	19:00	19:00	19:00	—	—
化学	08:30	—	08:30	—	08:30	—	—
植物学	20:00	—	20:00	—	20:00	—	—
临床诊察	17:30	—	17:30	—	17:30	—	—
物理	—	20:00	—	20:00	—	—	—

与孙中山同期入学、同期毕业的同学江英华回忆说，某天，康德黎医生带了他和孙中山出诊，为一位洋人治病，该洋人痊愈后，感激之余，就捐了一笔钱给西医书院作为奖学金。结果他和孙中山都拿了这奖学金。[78] 这件事情发生在什么

---

[76]　孙中山：《伦敦被难记》，转载于《国父全集》（1989），第二册，第 197 页；《孙中山全集》，第一卷，第 54 页。

[77]　Minute-book of the Senate, 2nd meeting, 29 September 1887, College of Medicine for Chinese, in the Registrar's Office, University of Hong Kong.

[78]　郑子瑜：〈总理老同学江英华医师访问记〉，载孟加锡《华侨日报》，1940 年 1 月 26 日，剪报藏中国国民党党史会，档案编号 041·117。《近代中国》第 61 期（1987 年 10 月 31 日）第 112—114 页又转载了郑子瑜先生的文章。

图 6.5　康德黎医生在西医书院讲授解剖学（承康德黎孙子赐告，此图摄于 1893 年，时孙中山已毕业离去）[Neil Cantlie and George Seaver, *Sir James Cantlie: A Romance in Medicine* (London: John Murray, 1939)，facing p.78]

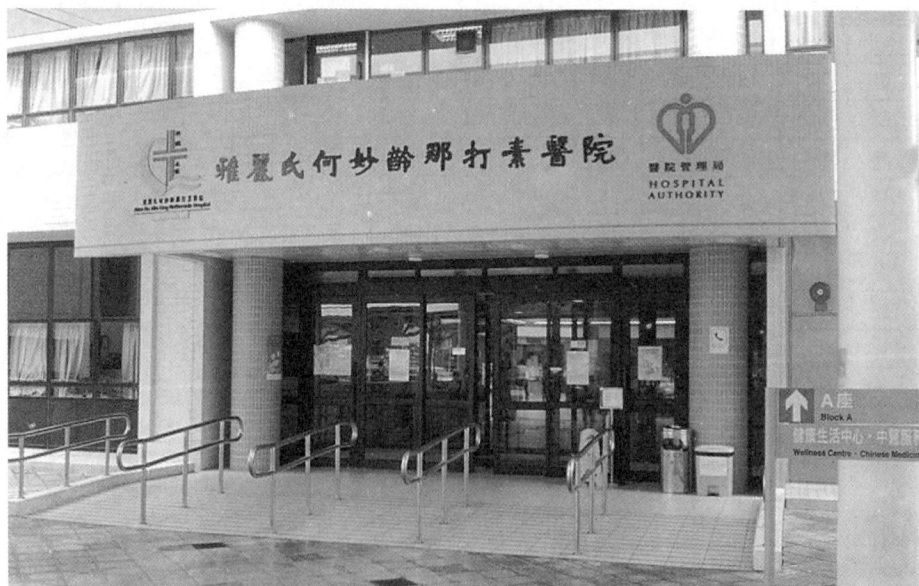

图 6.6　今日之雅丽氏何妙龄那打素医院。1954 年雅丽氏医院与那打素医院、何妙龄医院合并为此

时候？可有佐证？征诸西医书院学术委员会的会议记录，可知 1888 年 3 月 20 日开会时，康德黎医生向会议报告说，堪富利士先生（Mr J. D. Humpherys）慷慨解囊，捐赠了两个奖学金予西医书院，为期十年，每个奖学金每年值 60 元。堪富利士先生不愿意别人知道他捐赠了这笔款项，但西医书院可以把该奖学金命名为屈臣奖学金（Watson Scholarships）。至于如何颁发，则授权西医书院学术委员会便宜行事。准此，该会决议，把该奖学金每年颁发一次给两名品学兼优的学生。得奖者每月可领到五元，若翌年还是品学兼优者，仍有资格竞争该奖学金，直到四年期满为止。[79] 该会议没有议决奖学金颁发给谁，但从江英华的回忆，我们知道是颁发给了他和孙中山。

把开会的日期结合江英华的回忆来分析，可知孙中山进入西医书院学习约半年后，就得到康德黎医生的信任而随恩师出诊。师徒并肩战斗，来日方长！当时麻风病肆虐中国。康德黎医生为了找寻治疗麻风的办法，1890 年 12 月 30 日亲往广州的麻风村调查研究，还带了妻子当助手。康德黎伉俪都不懂汉语，就带孙中山随行当翻译。[80] 值得顺便一提的是，由于孙中山随行当翻译，就有学者视康德黎为"传教士医生"（medical missionary，又称"医疗传教士"），更说孙中山"在很多传道事业中协助康德黎"[81]。实属不确。笔者看过的所有原始文献和已出版史料，通通证明康德黎不是医疗传教士，广州治疗麻风村之行也绝对不是为了传教，他是为了进行纯粹的医学调查。

师徒友谊日深，就难怪康德黎在他当东道的西医书院第一届毕业典礼的宴会上，特意安排孙中山代表毕业生致辞，让这位初出茅庐的小年轻在香港总督、陆军少将、辅政司等大人物面前亮亮相，见见世面。[82]

笔者集中探索康德黎医生和孙中山与他的深厚友谊，最终目标是要带出一个问题：若康德黎遭到攻击时，孙中山的反应会是怎样？若攻击康德黎的人是基督教会

[79] Minute-book of the Senate, 4th meeting, 20 March 1888, College of Medicine for Chinese, deposited in the Registrar's Office, University of Hong Kong.

[80] Mrs Cantlie's diary, 30 December 1890. See also Neil Cantlie and George Seaver, *Sir James Cantlie*, pp. 72-73.

[81] 见陈建明：〈孙中山与基督教〉，载《孙中山研究论丛》，第五集（广州：中山大学，1987），第 5—25 页：其中第 6 页。

[82] Anon, "College of Medicine for Chinese", *China Mail* (Hong Kong), Monday 25 July 1892, p. 3, cols. 1-6.

的传教士，而孙中山又有过当基督教传教士的依稀想法的话[83]，那么这种攻击对于孙中山要当传教士的依稀想法，又会起到什么冲击？这个问题就留待下文探索。

六、雅丽氏医院：推离传道

在建立雅丽氏医院这个问题上，传教士与专业医护人员的目标是一致的：济世。但传教士有个更重要的目标：传教。对传教士来说，济世只不过是手段，争取更多的教众才是最终目标。正因为如此，雅丽氏医院的管理层很快就出现了严重的意见分歧。接下来便是更激烈的权力斗争。

事情是这样的。建院不久，湛约翰牧师就正式要求伦敦总部派遣一位持有医生执照的传教士到香港主持雅丽氏医院的工作，以便充分利用该医院所能提供的传教机会。[84] 翌年，总部就决定派出一位医疗传教士汤姆森医生（John C. Thomson, *M.A., M.B., C.M.*）。消息传来，该医院的医务委员会就指示总理该院院务的佐敦医生给他写了一封聘请信。信的日期是1888年10月24日，但迟至1889年1月初，汤姆森医生到达香港后才亲自交给他。汤姆森医生接信后怒不可遏。让他同样愤怒的是，作为该医院医务委员会成员之一的湛约翰牧师，竟然有分参与构思，并投票通过该聘请信的内容！[85]

它的中心内容是什么？雅丽氏医院是一所公共慈善医院，其运作模式和管理制度皆仿效英国本土的慈善医院（charity hospital）——它不是一所传教医院（mission hospital）。[86] 换句话说："本院的最终目的是治病救人，请不要把传教放在治病之前。"持此见最坚者，莫如倡议建立西医书院的康德黎医生。[87] 为何湛约

---

[83]　见本书第八章。

[84]　Rev. John Chalmers's Report (Hong Kong District) for 1887, 6 March 1888, CWM, South China, Reports 1866-1939, Box 2 (1887-1897), Envelope 22 (1887).

[85]　Rev. Dr John Thomson to Rev. R. Wardlaw Thomson, 24 April 1889, CWM, South China, Incoming correspondence 1803-1936, Box 11 (1887-1892), Folder 3 (1889).

[86]　Dr G. P. Jordan to Dr John C. Thomson, 24 October 1888, enclosed in Dr John C. Thomson to Rev. Ralph Wardlaw Thompson, 24 April 1889.

[87]　See Dr John Thomson's Report (Hong Kong District) for 1889, 14 February 1888, CWM, South China, Reports 1866-1939, Box 2 (1887-1897), Envelope 24 (1887).

翰牧师又投票赞成这种指导思想？因为他本人不是医生，对医学一窍不通，雅丽氏医院全靠这批义务医生支撑，只好尊重他们的意见。医院的经费又是一个严重的问题。1887 年和 1888 年的经费都是靠多次举行义卖和一年一度地在公园举行园游会（fete）所筹得。1888 年的园游会更蒙香港总督德辅爵士（Sir William Des Voeux）伉俪鼎力支持而筹得 6 000 元——足够一年的经费了。[88] 湛约翰牧师恐怕过分强调传教而忽视了济世的形象时，香港上下人士就不会再那么热心在经费上支持雅丽氏医院了。最后，他认为以伦敦传道会的名义办医院济世，本身就是宣传基督真爱的好办法，以至于一位信仰天主教的医生——夏铁根医生（Dr William Hartigan）——也不分畛域地到雅丽氏医院来当义务医生。当然，如果能在医院多做传教工作固然好，但限于当前形势，只好期待新人到任后情况会有所改善。[89]

新人汤姆森医生很年轻，城府却极深。他虽然怒不可遏，却不动声色。趁年长的孟生医生去了福州 [90]，而刚巧杨威廉医生又去世不久 [91]，医生人数锐减之际，他召开了医务委员会会议。[92] 出席的医生只有康德黎、佐敦与夏铁根三位。出席的牧师则有湛约翰、邦菲尔德与汤姆森自己。是三对三的局面。在会上汤姆森毫不客气，从一开始就以新任院长的身份自居，接着按部就班地实践他的策略：

第一，出示伦敦传道会总部发给他的指示。

第二，感谢各位医生过去对医院所作出的贡献。

第三，挽留他们继续在原医疗岗位上继续工作。

第四，表示他会集中精神致力于医院的行政工作和发展传教方面的具体事业。

各医生皆表示了友好合作的精神。"让湛约翰牧师、邦菲尔德牧师和我都如

[88] Rev. John Chalmers's Report (Hong Kong District) for 1888, 6 March 1889, CWM, South China, Reports 1866-1939, Box 2 (1887-1897), Envelope 23 (1888).

[89] Rev. John Chalmers to Rev. R. Wardlaw Thompson, 19 December 1888, CWM, South China, Incoming correspondence 1803-1936, Box 11 (1887-1892), Folder 2 (1888).

[90] Dr John Thomson to Rev. R. Wardlaw Thompson, 15 January 1889, CWM, South China, Incoming correspondence 1886-1939, Box 11 (1887-1892), Folder 3 (1889).

[91] Rev. John Chalmers's Report (Hong Kong District) for 1888, 6 March 1889, CWM, South China, Reports 1866-1939, Box 2 (1887-1897), Envelope 23 (1888).

[92] Dr John Thomson to Rev. R. Wardlaw Thompson, 15 January 1889, CWM, South China, Incoming correspondence 1886-1939, Box 11 (1887-1892), Folder 3 (1889).

释重负"[93]，汤姆森向伦敦总部报告说。

汤姆森的第二步是重组雅丽氏医院的最高权力机构，即组织一个院务管理委员会（house comittee）来代替原来的医务委员会。[94]顾名思义，医务委员会的灵魂是医务人员。而院务管理委员会的中心人物，则是该院的行政领导诸如汤姆森自己和其他两位牧师。康德黎医生可能已注意到这个微妙变化。但他为人热情爽直，不拘小节，仍乐观地干下去。两个月后，老于世故的孟生医生从福州回到雅丽氏医院时即辞职，并收拾行装回英国去了。[95]康德黎医生又失去一位可靠盟友。

汤姆森的第三步是架空这个新的最高权力机构。办法是长期不召开院务管理委员会会议。当他终于召开会议时，已是一年之后的事情。而在这次会议上，其他委员只有听他工作报告的份儿。[96]就是说，他剥夺了该最高权力机构的决策权。此后，他甚至连一年一度的会议都不召开。如此再过三年，他就很骄傲地向伦敦总部报告说，院务管理委员会已名存实亡。[97]那么，医院的重大决策由谁来决定？伦敦传道会香港委员会——委员全部是传教士与传教妇。他们的决策，初期汤姆森还以"通告"（circular）的方式定期通知医务人员。[98]后来他干脆连这种正规手续也免了，他爱在什么时候选择告诉医务人员些什么，都一切由他随意所之。[99]就是说，他不但剥夺了该医院医务人员的决策权，也剥夺了他们的知情权。

[93] Ibid.
[94] Dr John C. Thomson (HK) to Rev. R. Wardlaw Thompson, 15 January 1889, CWM, South China, Incoming correspondence 1803-1936, Box 11 (1887-1892), Folder 3 (1889). See also Dr John Thomson's Report (Hong Kong District) for 1889, 14 February 1888, CWM, South China, Reports 1866-1939, Box 2 (1887-1897), Envelope 24 (1887).
[95] Dr John C. Thomson (HK) to Rev. R. Wardlaw Thompson, 18 March 1889, CWM, South China, Incoming correspondence 1803-1936, Box 11 (1887-1892), Folder 3 (1889).
[96] Dr John Thomson's Report (Hong Kong District) for 1889, 14 February 1890, CWM, South China, Reports 1866-1939, Box 2 (1887-1897), Envelope 24 (1889).
[97] See Dr John Thomson's Report (Hong Kong District) for 1893, pp. 2-3 [January 1894], CWM, South China, Reports 1866-1939, Box 2 (1887-1897), Envelope 28 (1893).
[98] Dr John C. Thomson (HK) to Rev. R. Wardlaw Thompson (London, LMS Foreign Secretary), 4 September 1890, CWM, South China, Incoming correspondence 1803-1936, Box 11 (1887-1892), Folder 3 (1890). See also Dr John C. Thomson to the LMS District Committee, 14 June 1890, in ibid., enclosed in Dr John Chalmers to Rev. R Wardlaw Thompson, 26 June 1890, ibid.
[99] Dr John Thomson's Report (Hong Kong District) for 1893, pp. 2-3 [January 1894], CWM, South China, Reports 1866-1939, Box 2 (1887-1897), Envelope 28 (1893).

难怪该医院的医务人员越来越为自己的前途而担忧。[100] 到了 1892 年 6 月——即孙中山医科毕业前一个月[101]——他们终于在忍无可忍的情况下，公推康德黎医生代表他们私下与湛约翰牧师熟商，目的是澄清他们在该医院的法律地位，让大家知道何去何从。湛约翰牧师同意了。但此举正中汤姆森院长下怀。他乘机宣布说："从今以后所有医生都是在他的邀请之下才能在该医院工作。"就是说，他可以随时随地把任何医生解雇。康德黎尴尬之余，打个哈哈，一边接受现实，一边戏谑地指汤姆森是个"无可救药的暴君"。汤姆森院长也打个哈哈，洋洋得意地向伦敦总部报告说，以后总部派员来继承他的位置时，委任状可以书明他在雅丽氏医院享有绝对权力。[102]

康德黎医生惨败了，孙中山有何感想？师徒两人感情之好，可以从下列事例看出：

第一，正如前述，当时麻风病肆虐中国，康德黎为了找寻治疗办法，1890 年12 月 30 日亲往广州的麻风村调查研究，还带了妻子当助手。他们都不懂汉语，就带孙中山随行当翻译。[103] 须知麻风是可怕的传染病。师徒就是不怕，并肩战斗，从此建立了战友般的友谊。

第二，孙中山毕业后，康德黎医生就想尽办法把孙中山与江英华推荐给李鸿章，并带病率领他们到广州办手续北上（见本书第七章）。

第三，孙中山毕业后，在澳门行医，每个星期天例行为病人动手术。康德黎生怕爱徒因经验不足而出事，故每个星期天都牺牲休息而不辞劳苦地从香港坐小汽船到澳门与其并肩战斗[104]，师生感情之深可知。

第四，后来广州起义失败，孙中山逃回香港，赶快向康德黎仰询行止，对恩师信赖可知。[105]

[100]　Dr John C. Thomson (HK) to Rev. R. Wardlaw Thompson (London, LMS Foreign Secretary), 18 June 1892, CWM, South China, Incoming correspondence 1803-1936, Box 11 (1887-1892), Folder 6 (1892).
[101]　Sun Yatsen graduated on 23 July 1892. See *China Mail* (Hong Kong), Saturday 23 July 1892, p. 3, cols. 1-5.
[102]　Dr John C. Thomson (HK) to Rev. R. Wardlaw Thompson (London, LMS Foreign Secretary), 18 June 1892, CWM, South China, Incoming correspondence 1803-1936, Box 11 (1887-1892), Folder 6 (1892).
[103]　Mrs Cantlie's diary, 30 December 1890. See also Neil Cantlie and George Seaver, *Sir James Cantlie*, pp. 72-73.
[104]　Neil Cantlie and George Seaver, *Sir James Cantlie*, p. 97. 冯自由：《革命逸史》(1981)，第二册，第 10,15—16 页。
[105]　Harold Schiffrin, *Sun Yat-sen and the Origins of the Chinese Revolution*, p. 98.

第五，康德黎让其以第一时间商诸律师，对爱徒之关怀可知。[106]

第六，1896 年康德黎举家取道夏威夷回英国，偶遇孙中山，乃给予伦敦住址，嘱其来访，继续深造医学，爱护可知。[107]

第七，孙中山甫抵伦敦，即频频造访康家，亲密可知。

第八，孙中山被满清驻伦敦公使馆幽禁后，康德黎忘我地日夜奔走营救，友情真是非同小可。[108]

准此，我们可以推论，孙中山在雅丽氏医院学医和实习五年以来，该院的政海汹涛，通过康德黎医生冲击了他。窃以为华人之献身基督教者，多少带有佛家出世之想。孙中山可没想到耶教的新派（Protestant）是非常入世的，其争权夺利之烈，绝对不亚于俗家人。若孙中山当初曾依稀有过当基督教宣教师之想法，是带有出世之想的话，那么汤姆森医生牧师的手段，足以令这种幻想破灭。

总结孙中山在檀香山和香港所遇到的耶教传教士，可以说在檀香山时他看到的多是传教士无私奉献的一面，而在香港则是狭隘与偏激的一面。无私奉献曾吸引他有过当传教士的依稀想法；狭隘与丑恶的一面又有力地消除他这种想法。

汤姆森医生牧师让孙中山反感之处，还不止此。

七、雅丽氏医院：强人所难

在孙中山的耶教热情高涨时，如果有人作推广基督教信仰的活动，相信他会积极支持。在孙中山对某基督教传教士已显得反感时，若该传教士用"强人所难"的方式来推广基督教宣传工作，恐怕他会加倍地反感。这是人之常情。加倍反感之余，就加倍地把他推向相反的方向。这相反的方向，就是孙中山的民族主

[106]　Ibid.

[107]　Neil Cantlie and George Seaver, *Sir James Cantlie*, p. 100.

[108]　J. Y. Wong, *The Origins of An Heroic Image: Sun Yatsen in London, 1896-1897* (Oxford University Press, 1986), chapter 1.

义情绪。刚巧，用"强人所难"方式传教的一位传教士，在这关键时刻出现了，他就是上节提到的汤姆森医生牧师。由于西医书院当时还没有自己的校舍，同学们都在雅丽氏医院上课、见习、寄食和寄宿[109]，所以作为该医院院长的汤姆森医生牧师所推行的一切政策，都直接地影响到每一位西医书院的学生。

当 1887 年 10 月孙中山进入香港西医书院学习时，雅丽氏医院的运作模式与一般公共慈善医院无异。病人来看病，医生给予治疗，赠医施药，院方对病人没有任何要求。这是真正的济世。孙中山慢慢也习惯了这种运作模式。1889 年 1 月，新任院长汤姆森到达后，马上改变这种运作模式。汤姆森的第一步是，下令门诊部每天为大批轮候的病人看病前，都必须举行祈祷礼拜仪式。院方同时为留院治疗的病人每天举行祈祷礼拜。[110]病人——无论是基督徒或非基督徒——通通要参加，没有选择的余地。[111]外国医生们诸如康德黎等倒觉得没什么[112]；因为身为基督徒，他们自己也有早经晚课的习惯。但从中国那种救急扶危的传统道德观念来说，汤姆森院长那种做法就有点乘人之危之嫌了。孙中山固然是基督徒，但也读过华夏圣贤书，反应会如何？

慢慢地，这种每天一次的宗教活动，发展成为每天多次无休无止的繁文缛节及啰里啰唆。规律如下：

07:45　在医院里的五个病房同时举行祈祷礼拜。

10:00　在医院的门诊部举行祈祷礼拜。

11:00—关门　在医院的门诊部与轮候的病人逐个谈心。

13:00—17:00　在病房里与留医的病人在病榻旁边逐个谈心。

16:30　逢星期二和星期五，在眼科门诊部举行祈祷礼拜。

19:00　在医院里的五个病房同时举行祈祷礼拜。

[109]　孙中山是寄宿生之一，与他同房的是关景良。见罗香林：《国父之大学时代》，第 39 页。

[110]　Dr John C. Thomson to Rev. R. Wardlaw Thompson, 18 March 1889, CWM, South China, Incoming correspondence 1803-1936, Box 11 (1887-1892), Folder 3 (1889).

[111]　Dr John C. Chalmers (HK) to Rev. R. Wardlaw Thompson (London, LMS Foreign Secretary), 30 April 1890, CWM, South China, Incoming correspondence 1803-1936, Box 11 (1887-1892), Folder 4 (1890).

[112]　Dr John Thomson's supplementary report for 1889, 14 February 1890, paragraph 13, CWM, South China, Reports 1866-1939, Box 2 (1887-1897), Envelope 24 (1889).

汤姆森院长哪儿来的人力干这事儿？——伦敦传道会哺育成长的香港道济会堂教友和西医书院的基督徒学生（包括孙中山在内）。比方说，早上7时45分在五个病房同时举行祈祷礼拜，是由王煜初牧师、两位宣教师和两位西医书院的学生共五人分别轮番进行的。汤姆森院长骄傲地向伦敦总会报告说："在雅丽氏医院的传教工作，自清晨到黄昏，都一息不间断地进行着。但又毫不影响医院的其他工作。"[113]

汤姆森院长如此明目张胆地利用雅丽氏医院作为传教工具，难道他不怕因此而引起社会反感而拒绝支持该院的筹款活动诸如义卖和一年一度的园游会吗？不怕。自从他在1889年1月初上任以来，他就努力搜集雅丽氏医院的各种数据，到了年底就刊刻《年报》公布这些数据：包括医院建立的前因后果、医院管理委员会委员的名单、医生龙虎榜、一年以来诊治了多少病人、处理了哪些疾病、收支平衡如何等。[114]拿着《年报》，就与湛约翰牧师联袂挨家挨户地探访，请人家定期捐款（subscribe）。[115]集腋成裘，医院的经费有了保障，不必依靠义卖、园游会等不规则的经费来源。结果是财大气粗，才不怕那种批评！为何过去的临时院长佐敦医生不做同样努力？他有自己的私人诊所，个人收入主要靠该诊所。在雅丽氏医院的职务是义务性质，在那儿多花时间，对他个人收入无补。湛约翰牧师也想过这个问题，但他不是医务人员，搞不出这样的《年报》。又不敢催促佐敦医生。[116]结果是，佐敦医生从来就没把1887年和1888年的《年报》弄出来。汤姆森不同，他是全职院长，以他的才干，要搞一份《年报》，不费吹灰之力。

汤姆森在雅丽氏医院是彻底地胜利了。以至他在1892年4月30日——孙中山毕业前三个月——骄傲地向伦敦传道会总部报告说：该会在香港的分支从今可

[113] Dr John Thomson's supplementary report for 1890, February 1890, p. 3, CWM, South China, Reports 1866-1939, Box 2 (1887-1897), Envelope 25 (1890).

[114] *Report of the Alice Memorial Hospital, Hong Kong, in connection with the LMS, for the year 1889* (Hong Kong: Printed at the *China Mail* Office, 1890), CWM, South China, Reports 1866-1939, Box 2 (1887-1897), Envelope 24 (1889).

[115] Dr John Thomson's supplementary report for 1890, February 1891, pp. 4-5, CWM, South China, Reports 1866-1939, Box 2 (1887-1897), Envelope 25 (1890).

[116] Rev. John Chalmers's report for 1888, 6 March 1889, CWM, South China, Reports 1866-1939, Box 2 (1887-1897), Envelope 23 (1888).

以改名为"香港医学传道会"（Hong Kong Medical Mission）[117]！

八、基督神掌伸入西医书院

汤姆森的基督神掌也伸展到了西医书院本身。

1889年9月25日，继康德黎医生任西医书院秘书的何启医生，受该院学术委员会委托，公函邀请汤姆森参加该院的教师行列，负责教授病理学。[118] 汤姆森欣然答应，但马上就在每个星期天早上召集西医书院的所有学生到一块阅读《圣经》。没有一个学生缺席。他大感满意。[119] 他可没想到，中国学生很听话的，与英国学生独立思考独立行动的作风不一样。尤其是19世纪90年代的中国学生，尊师重道之处，远远超过当今的中国学生。老师有请，焉敢不从？更何况是老师亲自主持的阅读课？至于同学们心里到底怎么想的，这位洋老师就不知道了，也不管。

不单如此，汤姆森还得寸进尺。每个星期四的黄昏都把西医书院所有学生都召集到家里，借口是练习唱圣诗，以便在星期天主日礼拜时演唱。程序是：先练唱半个小时，然后喝茶和闲谈半个小时，再练唱半个小时。最后是祈祷、结束。汤姆森很愉快地向伦敦总会报告说：每次聚会，所有学生总是到齐[120]，孺子可教！汤姆森沾沾自喜之余，可没想到，中国学生固然很乖，但也异常用功。读医科非常艰难，医科学生巴不得争分夺秒地把时间花在书本上。在1887年与孙中山同时入学并参加首次考试的共有十七人。[121] 到1892年7月拿到毕业证书的，只有孙中山和江英华两人。艰难可知。汤姆森却每周都夺去他们一个上午和一个

[117]　Dr John C. Thomson to Rev. R. Wardlaw Thompson, 30 April 1892, CWM, South China, Incoming correspondence 1803-1936, Box 11 (1887-1892), Folder 6 (1892).

[118]　Dr Ho Kai to Dr John Thomson, 19 September 1889, transcribed in Dr John C. Thomson (HK) to Rev. R. Wardlaw Thompson (London, LMS Foreign Secretary), 25 September 1889, CWM, South China, Incoming correspondence 1803-1936, Box 11 (1887-1892), Folder 3 (1889).

[119]　Dr John C. Thomson (HK) to Rev. R. Wardlaw Thompson (London, LMS Foreign Secretary), 24 February 1890, CWM, South China, Incoming correspondence 1803-1936, Box 11 (1887-1892), Folder 4 (1890).

[120]　Ibid.

[121]　List of examinees [1887], Wellcome Institute Western MS 2934.

黄昏的读书时间！尤幸孙中山聪敏过人，尽管多了这些课余活动，到毕业考试时，十二科中有十科考了优等成绩。[122] 不单如此，他似乎还从汤姆森的行动得到启发而发起华人教友少年会。[123] 但汤姆森那种强人所难的做法，对孙中山那越来越淡化的要当传教士的热情，曾起过什么影响？

汤姆森在西医书院同样是彻底胜利了！他利用自己的职权，把康德黎医生构思并创立的一所公立高等学府、一所与伦敦传道会没有任何直接关系的公立学府[124]，改变成了一所教会学校！但他的彻底胜利将导致后来的彻底失败。事情是这样的。1912年香港大学成立，收纳了西医书院为该校的医学院。雅丽氏医院的老师本应顺理成章地继续当该校医学院的老师；而雅丽氏医院顺理成章地本来也应继续是该医学院的实习医院。但香港大学当局决定彻底割断与雅丽氏医院的一切关系。[125] 其中原因是复杂的。但不难让人联想到，香港大学当局处心积虑要摆脱伦敦传道会那汤姆森式的基督神掌。以此类推，难道孙中山就不是同样地急于摆脱这基督神掌的控制？

九、西医书院：推向革命

当孙中山在西医书院习医时，还发生了其他事情，让孙中山越来越觉得当基督教宣教师不是味儿。

首先，正如上文提到过的，孙中山所尊敬的康德黎老师也屈服于雅丽氏医院的汤姆森医生牧师的淫威。为什么？因为：

第一，如果跟汤姆森闹翻了，康德黎所孕育的西医书院就变得无家可归。须知该院是他构思并推动而成立的，但由于西医书院没有自己的校舍，所以

---

[122] College of Medicine: Exam results, 1892, KMT archives, Taipei, consolidated and tabulated by J. Y. Wong.
[123] 见本章第六节。
[124] Dr John Chalmers's Report (Hong Kong District) for 1887, 6 March 1888, CWM, South China, Reports 1866-1939, Box 2 (1887-1897), Envelope 22 (1887).
[125] Peter Cunich, "Godliness and Good Learning: The British Missionary Societies and HKU", in Chan Lau Kit-ching and Peter Cunich (eds.), *An Impossible Dream: Hong Kong University from Foundation to Re-establishment, 1910-1950* (Oxford: Oxford University Press, 2002), pp. 39-64: at pp. 59-60.

甚至董事局的大部分会议，都要靠康德黎医生挪出他自己的私人医务所才能举行。[126] 后来西医书院遇到财政困难，康德黎医生又保证每年私下掏腰包 500 元钱作津贴，为期五年。[127] 可谓出钱出力，呵护备至。康德黎可真不愿意见到西医书院夭折。

第二，自从孟生医生在 1889 年 7 月辞掉西医书院教务长的职位以来，康德黎一直就继他而当了西医书院的教务长。[128] 而教务长其实就是负责该院具体事务的首长；所谓院长的职位，纯粹是名誉性质的虚衔，只不过是找社会上位高势隆的人来挂名填补，以增加号召力而已。[129] 康德黎任重而道远啊！对汤姆森的种种苛刻要求，只好逆来顺受。

第三，退一步说，康德黎是外科医生，外科医生离不开手术室。只有医院这样的机构才能负担得起手术室的设备和动手术所带来的庞大开支，私人医务所是负担不起的。而康德黎不是一般的外科医生，他是英国皇家外科学院的院士（Fellow of the Royal College of Surgeons）。在当时西医书院所有的教员当中，只有他有这个非凡荣誉，比他年长的孟生医生也没有。[130] 汤姆森医生牧师也承认，尽管康德黎在香港的时间不如其他医生那么长，但他的医术恐怕是全港首屈一指的。[131] 以康德黎声誉之高，地位之隆，人品之佳，却要受汤姆森医生牧师的气！孙中山打抱不平之余，对于自己曾有过当基督教宣教师哪怕是模糊的想法，会再次起了什么变化？

第二件重大事情则与孙中山在道济会堂的知己朋友有关。该堂主牧王煜初健

[126] Minute-book of the Court, 5th meeting, 28 January 1891, College of Medicine for Chinese, in the Registrar's Office, University of Hong Kong. See the records of subsequent meetings until Dr Canltie's departure from the Colony in 1896.

[127] Minute-book of the Court, 7th meeting, 14 March 1891, College of Medicine for Chinese, in the Registrar's Office, University of Hong Kong.

[128] Minute-book of the Senate, 7th meeting, 9 July 1889, College of Medicine for Chinese, in the Registrar's Office, University of Hong Kong.

[129] 现有文献无法让我们知道第一任院长是谁。

[130] *College of Medicine for Chinese, Hong Kong* (Hong Kong, 1887), p. 9. See also *College of Medicine for Chinese, Hong Kong* (Hong Kong, 1893), p. 5.

[131] Dr John Thomson's Supplementary Report for 1889, 14 February 1890, CWM, South China, Reports 1866-1939, Box 2 (1887-1897), Envelope 24 (1889). In this report, Dr Thomson described Dr Cantlie as "perhaps the leading doctor in Hong Kong, though not the longest established".

康不佳，原因是什么？其一是他在 1889 年精神崩溃了！[132] 是什么造成他精神崩溃？当时道济会堂的教众与哺育他们成长的伦敦传道会香港地区委员会剑拔弩张。导火线是伦敦传道会把教众拒于愉宁堂（Union Church）门外。[133]

过去，在 1845 年筹建愉宁堂时，中外教友都积极捐款。建成后，该堂的董事局却没有一位华人代表。而该堂董事局除了让华人教友在星期天下午 2 时用该堂做粤语礼拜外，其余聚会都用英语进行，以致英人教友总认为华人教友是挪用他们的教堂。[134] 后来华人教友下定决心筹建自己的教堂。待建成房子后已人财枯竭，无力再置家具，故暂时仍沿用愉宁堂。伦敦传道会香港地区委员会的传教士们不耐烦之余，干脆在星期天上午的英语礼拜结束后就把愉宁堂重门深锁。华人教友怒不可遏，声称要采取法律途径解决。[135]

双方势成水火，王煜初受不了，结果疯了好一阵子。[136] 孙中山在雅丽氏医院里与道济会堂的华人教友朝夕相处——该医院除了医生以外的庞大工作队伍几乎全是香港道济会堂的教友 [137]——会有什么感受？星期天跟大约 280 位 [138] 道济会堂的教友一起礼拜时，又会有什么感受？他要不要步王煜初后尘？

翌年发生了第三件事情，对孙中山同样地起了很大的冲击。当时他在西医书院念第三年级。1890 年 2 月 21 日星期天，是伦敦传道会香港委员会一年一度的华洋教友共同庆祝的传道周年礼拜（Annual Missionary Service）。委员会特别邀请了该会在广州河南地区宣教的区凤墀，到香港的愉宁堂作主日宣教。理由是：

---

[132]　Rev. John Chalmers (HK) to Rev. R. Wardlaw Thompson (London, LMS Foreign Secretary), 27 July 1889, CWM, South China, Incoming correspondence 1803-1936, Box 11 (1887-1892), Folder 3 (1889).

[133]　Rev. John Chalmers (HK) to Rev. R. Wardlaw Thompson (London, LMS Foreign Secretary), 5 February 1889, and 21 May 1889, CWM, South China, Incoming correspondence 1803-1936, Box 11 (1887-1892), Folder 3 (1889).

[134]　王志信：《道济会堂史》，第 11 页。

[135]　Rev. John Chalmers (HK) to Rev. R. Wardlaw Thompson (London, LMS Foreign Secretary), 21 May 1889, CWM, South China, Incoming correspondence 1803-1936, Box 11 (1887-1892), Folder 3 (1889).

[136]　Ibid.

[137]　Rev. John Chalmers's Report for 1887, 6 March 1888, CWM, South China, Reports 1866-1939, Box 2 (1887-1897), Envelope 22 (1887).

[138]　Rev. G. H. Bondfield (HK) to Rev. R. Wardlaw Thompson (London, LMS Foreign Secretary), 17 July 1889, Encl., LMS (HK) balance sheet, 15 May 1889, CWM, South China, Incoming correspondence 1803-1936, Box 11 (1887-1892), Folder 3 (1889).

由一位著名的本地宣教师向本地人宣教，必定会比一位外国传教士向本地人宣教的效果要好得多。因为参加这盛会的教众，除了英人以外，还有大批本地人。此外，区凤墀应德国柏林大学聘请，行将往该校教导汉语（确切说是粤语）四年，能邀请到这样的一位教授到香港宣教，应该更具号召力。孙中山身为基督徒，又是通晓英文、汉语的大学生，与伦敦传道会和道济会堂关系密切，与区凤墀更是好朋友，故窃以为他当了不懂英语的区凤墀在宣教时的翻译，毫不奇怪。英人教众听了区凤墀通过翻译的宣教后，非常不满。有些英人教众甚至鼓噪起来，嚷着不应该让一个华人来向他们讲道："一周以来我已经被那些华人弄得糟糕透了，不料到了星期天休息日，还搞一个华人来给我啰唆！"[139] 孙中山听得懂英语，能听出其中浓厚的种族歧视，不由此而产生同样浓厚的民族主义反感情绪才怪呢！

孙中山这种民族主义情绪，在1884年中法战争期间、香港工人拒绝修理受创的法国军舰而导致大罢工时，已激荡起来。[140] 现在更如翻江倒海。为什么？他历来所敬重的外国传教士，在他们心目中本来已经褪色不少，现在在邀请区凤墀讲道失利后的表现，也真不怎么样！由于英国教众歧视区凤墀这个华人宣教者，所以在奉献的时候都以拒绝奉献或减少奉献的行动来表达他们的不满。以致奉献所得，不及过往同样场合所得的三分之一。[141] 传道会损失了超过三分之二的收入，传教士群也怨声载道。孙中山听了，反应又会怎样？可以想象，他要当基督教宣教师或传教士的念头慢慢淡出，而爱国主义情绪就越来越浓厚起来。同时也可以想象到，区凤墀由于不懂英语而可能没听进英国教众那些难听的话，而孙中山可能又觉得不好意思复述给他听，以致思想感情没受到同样的冲击。结果四年后他从德国柏林大学卸任时，仍乐天安命地回到广州河南当他的基督教宣教师，满足于当"稳健分子"，做革命派的"后卫支援"。[142]

第四件重大事情则与孙中山的学科有关。当他获得越多的医学知识，就发

---

[139] Rev. G. H. Bondfield (HK) to Rev. R. Wardlaw Thompson (London, LMS Foreign Secretary), 7 March 1890, CWM, South China, Incoming correspondence 1803-1936, Box 11 (1887-1892), Folder 4 (1890).

[140] 见本书第八章。

[141] Rev. G. H. Bondfield (HK) to Rev. R. Wardlaw Thompson (London, LMS Foreign Secretary), 7 March 1890, CWM, South China, Incoming correspondence 1803-1936, Box 11 (1887-1892), Folder 4 (1890).

[142] 王志信：《道济会堂史》，第36页，引杨襄甫：《区凤墀先生传略》。

觉自己与基督教的距离拉得越远。回顾他在中学念书时，是没有生物学这门课的。[143] 在西医书院，他念生物学了：而且是分门别类的很细致的生物学。[144] 他读了生物学后，思想感情起了什么变化？1896 年 11 月 14 日，[145] 他在〈复翟理斯函〉中写道："于西学则雅癖达文之道（Darwinism）"[146]。达尔文（Charles Darwin, 1809—1882）是著名的英国生物学家。生物学，作为一专门科学，始自 19 世纪初。1802 年法国科学家拉马克（Jean Baptiste de Lamarck, 1744—1829）创造了生物学这个名词。从那个时候开始，人类的身体就成为英国科学家努力研究的对象。到了 19 世纪中，达尔文经过环球实地考察和钻研后，在 1859 年推出其进化论。他认为物竞天择，适者生存。人类能够生存下来，主要是因为战胜了其他动物。而战胜的原因，是因为人类是高等动物（higher organism）。[147] 若人类果真是进化而来的，则基督教那"神造人"的说法就真的变成神话了。孙中山说他雅癖达文之道，表示他这个虔诚基督徒的信仰，已经基本动摇了。

第五件重大事情则与孙中山的私人生活有关。此事令他感到自己的思想感情与基督教会已经到了水火不容的地步：他谈恋爱了！[148] 犹记他已于 1884 年 5 月 26 日与卢慕贞结了婚。[149] 但那是盲婚哑嫁，双方没有感情。卢慕贞又是文盲[150]，看不了什么书，双方更无共同语言。现在孙中山遇到自己的至爱，何去何

[143] Cf. E. J. Eitel, *Educational Report for 1888, Presented to the Legislative Council by command of His Excellency the Governor*, Hong Kong, Education Department, 11 February 1889: Table IX "Enrolment and Attendance at the Central School during 1888", p. 3, Table "Government Central School — Number of boys passed in Each Subject in 1888".

[144] *College of Medicine for Chinese, Hong Kong* (Hong Kong: Printed at the *China Mail* Office, 1893), p. 8.

[145] 参见拙著《孙逸仙在伦敦，1896—1897：三民主义伦敦探源》（台北：联经出版事业公司，2007），第 272—273 页，第四章 961114 条。

[146] 孙中山：〈复翟理斯函〉，原件无日期，笔者酌定为 1896 年 11 月 14 日，原件藏中国国民党中央党史委员会。转载于《孙中山全集》，第一卷，第 46—48 页：其中第 48 页。

[147] Charles Darwin, *The Origin of Species of Natural Selection; or the Preservation of Favoured Races in the Struggle for Life* (London: John Murray, 1859).

[148] 杨惠芬：〈旧书函揭孙中山有妾侍〉，《星岛日报》，2002 年 9 月 14 日。该报道还刊出原始文献、照片等。过去已有学者凭各种口碑提过孙中山有第二位夫人的事情，见庄政：《孙中山的大学生涯——拥抱祖国、爱情和书的伟人》（台北：中央日报，1995），第四章。现在原始文献面世了，应再无异议。

[149]《国父年谱》（1985），上册，第 37 页。

[150] 李伯新采访杨连合（1914 年生），1965 年 9 月 20 日，载李伯新：《孙中山史迹忆访录》，第 86—91 页：其中第 91 页。按杨连合乃孙中山姐姐孙妙茜的长孙。

图 6.7 孙中山与陈粹芬合影（翠亨村孙中山故居纪念馆供图）

图 6.8 陈粹芬（左）与卢慕贞合影

从？悬崖勒马，他不愿意。继续下去，则以当时基督教会的严厉态度，是绝对不能容忍的，认为是不道德的事情。[151] 雅丽氏医院本身的首批医科学生（不是西医书院的学生）当中，就有三位被湛约翰牧师以行为不道德为理由开除了。[152] 汤姆森医生牧师掌院不出三个月，又以类似理由开除另一位该医院的高年班医科学生，医院管理委员会的其他医生极力反对都无效。[153] 不错，这些似乎都是雅丽氏医院自己的学生而不是西医书院的学生，但像西医书院的学生一样，孙中山当时是在雅丽氏医院上课、实习、值班、寄食和寄宿的。万一他的婚外情曝光，肯定难逃汤姆森牧师的基督神掌。不要低估爱情的力量：热恋中人可以干出不可思议的事情。孙中山情愿冒着莫大风险，天天提心吊胆地过日子，也不愿意放弃所爱。他对教会越是恐惧，对教会的离心力就越强。当基督教宣教师云云，那岂不是开玩笑！[154]

另一方面，孙中山既然已经领洗成为基督徒，理应遵循基督教对于一夫一妻的规定。但正如他处理基督教禁止拜祖先一样（见本书第五章），"其信奉之教义，为进步的及革新的，与世俗之墨守旧章思想陈腐者迥然不同"[155]。

十、阅兵典礼所引起的思想震撼

就在孙中山要当基督教宣教师的念头越来越淡化，爱国主义情绪越来越浓厚起

---

[151] See Rev. Charles Robert Hager (HK) to Rev. C. N. Clark (Boston), No. 20, 23 July 1884, p. 4, Papers of the American Board of Commissioners. ABC 16: Missions to Asia, 1827-1919. IT 3 Reel 260, 16.3.8: South China, vol. 4,1882-1899, Letters C-H: Hager, Charles Robert Hager: 3-320: No. 20 [microfilm frame 0055b-0057b]. Also, Cf. Rev. Carl. T. Smith, *Chinese Christians*, p. 97.

[152] Rev. John Chalmers's Report for 1887, 6 March 1888, CWM, South China, Reports 1866-1939, Box 2 (1887-1897), Envelope 22 (1887).

[153] Dr John C. Thomson to Rev. R. Wardlaw Thompson, 18 March 1889, paragraph 4, CWM, South China, Incoming correspondence 1803-1936, Box 11 (1887-1892), Folder 3 (1889).

[154] 女方陈粹芬（1873—1960），原籍福建厦门，出生于香港屯门，排行第四，革命党人尊称陈四姑，屯门基督教纲纪慎会教友。与孙中山同样是受洗于该会的喜嘉理牧师。孙中山在西医书院念书时两人堕入爱河成伴侣。后来孙中山到广州行医为名革命为实，陈粹芬积极参与之余，并从暗地转为公开地与孙中山以夫妻名义出现，以资掩护。见庄政：《孙中山的大学生涯》，第179—180页。翠亨村孙氏长房孙眉承认陈粹芬为家族一员，名分为"孙文之妾"，载诸族谱。见庄政：《孙中山的大学生涯》，第191页。

[155] 冯自由：〈孙总理信奉耶稣教之经过〉，载《革命逸史》（1981），第二册，第9—12页；其中第12页。

来的关键时刻，西医书院发生了另一件事情，又将他的爱国主义情绪向前推进了一步。康德黎医生说，香港庆祝建埠五十周年而在跑马地举行阅兵典礼时，他曾带领西医书院全院学生步操走过检阅台，接受香港总督德辅爵士和伯加少将的检阅。[156]

按英军于 1841 年 1 月 28 日在香港的港岛登陆并宣布该岛为英国殖民地。[157]故建埠五十周年应为 1891 年 1 月 28 日。庆祝活动该在这个日子前后。征诸香港《德臣西报》，可知阅兵典礼在 1891 年 1 月 22 日举行。[158]当时孙中山正在西医书院念书，而他又是非常活跃的学生，与康德黎又有师生之谊，而且交情深厚，应该是响应了乃师号召而参加了这次检阅。又按康德黎医生抵达香港不久即加入当地的后备兵团（Reserve Forces of Hong Kong），他说是以后备兵团成员的身份带领学生步操走过检阅台的。他又说，由于他事前没有通知当局，所以当他带领着这批年轻人步操走过检阅台时，香港总督德辅爵士和伯加少将都非常惊讶。[159]

征诸《德臣西报》，可知康德黎所言不虚。该报在简短的报道中突出地提到康医师所带领的、由西医书院学生所组成的救伤队在步操走过检阅台时特别显眼。[160]学生哥以后备兵团附属救伤队员的身份操兵，自然不能穿便服。军服从哪儿来？康德黎医生自己掏腰包——当他还在伦敦的查灵十字医院（Charing Cross Hospital）教学的时候，为了吸引医科学生参加他所组织的志愿军医队（Voluntary Medical Staff Corps）并接受检阅，他就曾经自己掏腰包为一百几十人量身缝制一百几十套军服！[161]

孙中山与同学们穿上军装，不光是要来观赏的。为了接受检阅事先还必须操练，接受一定程度的军训。对孙中山来说，军训并不陌生，他在檀香山的意奥兰

---

[156]　Anon, "College of Medicine for Chinese", *China Mail* (Hong Kong), Monday 25 July 1892, p. 3, cols. 1-6: at col. 1.

[157]　Commodore Bremer to Colonel Lai Enjue of Dapeng, 28 January 1841, FO682/1974/27, as summarised in J.Y. Wong, *Anglo-Chinese Relations 1839-1860: A Calendar of Chinese Documents in the British Foreign Office Records* (Published for the British Academy by Oxford University Press, 1983), p. 52.

[158]　Anon, "Naval and Military Review", *China Mail* (Hong Kong), 23 January 1891, p. 4, cols. 2-3.

[159]　Anon, "College of Medicine for Chinese", *China Mail* (Hong Kong), Monday 25 July 1892, p. 3, cols. 1-6: at col. 1.

[160]　Anon, "Naval and Military Review", *China Mail* (Hong Kong), 23 January 1891, p. 4, cols. 2-3: at col. 3. All the articles about the jubilee celebrations previous printed in the *China Mail* were later collected in *Fifty Years of Progress: the Jubilee of Hong Kong as a British Crown Colony, being an historical sketch, to which is added an account of the celebrations of 21st to 24th January 1891* (Hong Kong: *Daily Press*, 1891).

[161]　Neil Cantlie and George Seaver, *Sir James Cantlie*, p. 59.

图 6.9 康德黎医生曾自己掏腰包为一百几十人每人量身缝制军服
[Neil Cantlie and George Seaver, *Sir James Cantlie: A Romance in Medicine* (London: John Murray, 1939), facing p.54]

图 6.10 康德黎医生身穿医疗军官的军服
[Neil Cantlie and George Seaver, *Sir James Cantlie: A Romance in Medicine* (London: John Murray, 1939), facing p.6]

尼学校时，就接受过军训（见本书第四章）。后来孙中山决定以革命手段推翻满清而于 1894 年冬在檀香山成立兴中会后，即创建华侨兵操队，并聘丹麦教习维克托·巴克当义务教练，又借其原瓦胡书院受业恩师芙兰·谛文牧师所设的寻真书院（Mill's School）操场为兴中会会员举行军事训练，以便将来回国参加革命。[162] 如此种种，皆一脉相承。

孙中山甚至把他在檀香山所学到的军事训练带回故乡翠亨村使用。他的姐姐孙妙茜回忆说："孙中山在香港学医时，逢寒假暑假必回家乡办好事。由于当时盗贼四起，因此中山认为要安全必须有组织，将青年组织搞'明更'。全村青年，不论穷富，都出来参加。有钱人多出枪出人；穷人出人力。是当义务的，没有增加更夫收费。"[163] 把年轻人组织起来，省不了要操练，孙中山从英国人那里学来的步操，正派上用场。不单如此，在翠亨村的操练是荷枪实弹的。孙中山回忆说：当时，他每次从香港放假回到家里，"第一件事情就是检查随身带备的手枪是否运作正常，是否有充足的子弹。因为我必须准备好，哪怕在晚上也可以随时作自卫战"[164]。

那么，孙中山所组织的"明更"如何运作？当时"翠亨村周围建有四个闸门，每到傍晚将闸上了木栅栏，青年轮班守卫"，相约"若有火箭或电光炮（爆竹）响，即全村'明更'起来，拿枪自卫"[165]。这么如临大敌，是否有点神经质？不是。大约在 1895 年，即孙中山从香港西医书院毕业三年后，一群强盗摸到了村民守卫规律后，天未入黑，就化整为零地先后进入了翠亨村。然后他们集中抢占更夫馆，戴上更夫用的竹帽子，并由一名大个子贼人把一名更夫夹在腋下，鱼贯而行，一如孙中山所组织起来的"明更"，只是目的刚好相反，他们准

[162]　冯自由：《中国革命运动二十六周年组织史》，转载于《孙中山年谱长编》，上册，第 76 页。苏德用：《国父革命运动在檀岛》，转载于《国父年谱》，上册，第 87 页；另参《国父年谱》，第 32，39 页，以及 Chung Kun Ai, *My Seventy-nine Years in Hawaii, 1879-1958,* p. 107。

[163]　李伯新采访杨珍（1867 年生），1965 年 8 月 18 日，载李伯新：《孙中山史迹忆访录》，第 97—99 页：其中第 97 页。

[164]　"When I arrived home, I had to be my own policeman and my own protector. The first matter for my care was to see my rifle was in order and to make sure plenty of ammunition was left. I had to prepare for action for the night." See Sun Yatsen's speech at the Univeristy of Hong Kong, *Daily Press* (Hong Kong), Wednesday 21 February 1923.

[165]　李伯新采访杨珍（1897 年生），1965 年 8 月 18 日，载李伯新：《孙中山史迹忆访录》，第 97—99 页：其中第 97 页。

备打劫翠亨村内的杨姓富户。突然带头的因故停步，后者低声喝骂："行啦，丢那妈！"结果给某村民听出口音不是本村人，马上枪击强盗，全村闻声纷纷鸣枪响应。强盗拖着两具被打死的同伴尸体慌忙逃走，留下血迹斑斑。[166] 村民如何枪击强盗？原来村中富户都懂得射击，他们在自己屋顶铺上阶砖，可以迅速行走。如此则既从屋顶枪击强盗，也可从屋内向外射击。若村民必须到村外办事又如何？例如结婚办喜事，新郎三朝去新娘母家饮酒，则必定有一班青年带枪陪同，以防贼人把新郎掳走。[167]

犹记 1877 年 9 月，孙眉从檀香山回到翠亨村成亲时，仍放心让孙中山带了一篮子礼物，独自前往数十华里（一华里等于半公里）之遥的三乡平岚村，送给过去同赴檀香山做工的朋友郑强的家人。[168] 但到了 19 世纪 90 年代，新郎独自空手走路已经不安全。在短短不足二十年之间，治安就变得如此之坏！

难怪孙中山感叹地说：在香港，人们安居乐业，有条不紊。但每年放寒假与暑假回乡两次，马上进入另外一个世界，那里只有危险和扰攘，人民提心吊胆地过日子。两地相隔只有五十英里之遥，却犹如天渊之别。为何英国人在短短七八十年之间能建立起来的香港，中国花了四千多年还办不出一个类似香港的地方？于是他决心改变中国这种现状，以至于他公开宣称，他那种革命的现代化思想来自香港读书那段时候。[169]

孙中山参加 1891 年 1 月 22 日在香港举行的阅兵典礼[170] 所得到的启发还不止此。

中国的北洋舰队提督丁汝昌是庆典贵宾之一，自始至终在检阅台上站在香港总督和伯加将军旁边观礼。[171] 当孙中山把这位穿上宽袍大袖满清官服的丁提督与

---

[166]　同上书，其中第 98 页。

[167]　同上书，其中第 97 页。

[168]　见本书第二章，其中引孙中山的姐姐孙妙茜的口述，载黄彦、李伯新：〈孙中山的家庭出身和早期事迹〉，载《广东文史资料》第 25 辑：孙中山史料专辑（广州：广东人民出版社，1979），第 274—290 页：其中第 284 页。

[169]　Sun Yatsen's speech at the Univeristy of Hong Kong, *Daily Press* (Hong Kong), Wednesday 21 February 1923.

[170]　Anon, "Naval and Military Review", *China Mail* (Hong Kong), 23 January 1891, p. 4, cols. 2-3.

[171]　Anon, "Naval and Military Review", *China Mail* (Hong Kong), 23 January 1891, p. 4, cols. 2-3: at col. 3. All the articles about the jubilee celebrations previous printed in the *China Mail* were later collected in *Fifty Years of Progress: The Jubilee of Hong Kong as a British Crown Colony, being an historical sketch, to which is added an account of the celebrations of 21st to 24th January 1891.*

穿着贴身军装的伯加少将比较，会有什么感想？满清的八旗官兵穿长袍马褂，是为了骑在马上时双膝被盖上后暖和好作战，所用的武器是刀剑弓矛。伯加少将穿着贴身军装是为了行动灵活好指挥，武器是机枪大炮。在 1891 年的世界，贴身军装代表现代化，日本的官兵早已全部脱下和服而换上贴身军装了！可怜那位受过现代军事训练的丁提督，还被迫穿上那宽袍大袖的满清官服而显得那么保守落后，令人惨不忍睹。[172]

至于康德黎医生，可能比谁都要忙。他在自己的私人医务所为病人看病以谋生，在雅丽氏医院当义务外科医生，创办西医书院义务为其教书并主持校务而当教务长，创办香港山顶医院（Peak Hospital）并总理其事务[173]，创办了香港疫苗研究所（Vaccine Institute）并长期在那儿做实验，筹建了香港公共图书馆。这一切早已把他忙垮了，但他还抽出时间参加香港后备兵团。[174]当义务军人是一种高度爱国的表现。孙中山与这位恩师非常接近，他会受到什么启发？

不当宣教师！那么搞革命去？不。孙中山还面临着另一种选择：改革耶？革命耶？

十一、西医书院：改革耶？革命耶？

提供这新的选择者，不是别人，还是伦敦传道会和它哺育成长的香港道济会堂。

先谈革命。孙中山说，他在 1887 年离开广州的博济医院回香港到西医书院读书，原因之一是以其"地较自由，可以鼓吹革命"[175]。但后来他在西医书院鼓吹革命多年，来来去去就只得包括他自己在内的"四大寇"[176]。若真要造反，谈何容易？四个人去对付满清的千军万马，无异蚍蜉撼树。孙中山尽有满腔革命热情，也不能不面对这残酷的现实。

---

[172] 笔者在悉尼大学所开的中国近代史课程中，有一次学生讨论，一位澳大利亚同学特别用投影仪放出当时日本官兵和清朝官兵所穿的服装做比较，痛诋清军落后，让人不忍卒听。
[173] 包括从英国邀来了第一位受过正规训练的护士。
[174] Speech by Mr. J. J. Francis, *Q.C.,* acting as spokeman for the residents of Hong Kong, 5 February 1896, quoted in Niel Cantlie and George Seaver, *Sir James Cantlie*, pp. 88-90.
[175] 孙中山：《建国方略·孙文学说》，第八章"有志竟成"，《国父全集》，第一册，第 491 页。《孙中山全集》，第六卷，第 229 页。
[176] 其余三人是杨鹤龄、陈少白、尤列。见冯自由：《革命逸史》(1981)，第一册，第 13—15 页。

　　相形之下，香港道济会堂就显得人多势众了。更重要的是，香港道济会堂的教友是雅丽氏医院的中坚。该院除了医生以外，其庞大的工作队伍几乎全是香港道济会堂的教友——助手、见习生、工人等[177]，还有汤姆森院长赖以在该院连绵不断地宣教的人。[178]这批人除了接受西方传教士带来的基督教义以外，也接受了该会带来的西学。王煜初便是一例。[179]甚至陈少白之成为"四大寇"之一的主要原因，也因为其叔父从广州带回一些传教士散发的有关西学的印刷品而深为所动。[180]可见当时传教士所带来的西学对中国年轻人所产生的影响。

　　据云王煜初牧师"比孙先生年长十来岁，王牧师的几个儿子宠勋、宠光等，则比孙先生小了几岁，很容易谈得来。加上其他年长有识教友如何启等的支持，年轻教友如陈少白等的唱和，于是道济会堂的副堂，自自然然便成了这一群青年人谈新政、论国情的大好场所了"[181]。这段描述，除了明显的错误之处如提前了区凤墀在香港活动的时间以外[182]，的确发人深省。为什么？它佐证了笔者的看法：笔者认为，在改良与革命之间何去何从，孙中山有很长一段时间是踌躇不决的。否则我们将没法解释他在1894年6月下旬上书李鸿章提倡改革。[183]当时的现实是：与他有共同语言并深受西方新学影响的人，绝大部分都是奉公守法的基督教徒。讲爱国与论新政，可以。用暴力手段推翻政府，则"闻吾言者，不以为大逆不道而避之，则以为中风病狂相视也"[184]。鉴于这种形势，孙中山曾认为自己太过曲高和寡因而退而求其次，有过改革的想法，是毫不奇怪的。而且，孙中山的最终目的是使中国现代化，如果能用不流血的办法达到这个目的，总比流血

[177]　Rev. John Chalmers's Report for 1887, 6 March 1888, CWM, South China, Reports 1866-1939, Box 2 (1887-1897), Envelope 22 (1887).

[178]　Dr John Thomson's supplementary report for 1890, February 1890, p. 3, CWM, South China, Reports 1866-1939, Box 2 (1887-1897), Envelope 25 (1890).

[179]　见本章第二节。

[180]　Howard L. Boorman, ed., *Biographical Dictionary of Republican China*, 6 vs. (New York: Columbia University Press, 1967-1970), v.1, pp. 229-231: entry on "Ch'en Shao-pai", p. 230.

[181]　王志信：《道济会堂史》，第30页，引张祝龄：《香港少年德育会三十周年纪念册》，卷首语。原文还提到区凤墀和郑士良之名，其实两人当时均不在香港，故笔者引用时取消，避免以讹传讹。

[182]　见本章第一节。

[183]　《国父全集》，第四册，第3—11页。《孙中山全集》，第一卷，第8—19页。

[184]　孙中山：《建国方略·孙文学说》，第八章"有志竟成"，载《国父全集》，第一册，第491页。《孙中山全集》，第六卷，第229页。

甚至牺牲性命更佳。

另一份佐证是：1891年，孙中山在上海的《中西教会报》，署名孙日新发表了一篇题为〈教友少年会纪事〉的文章，报道了该会于1891年3月27日在香港成立的盛况：

> 辛卯之春，二月十八，同人创少年会于香港，颜其处曰"培道书室"。中设图书、玩器、讲席、琴台，为公暇茶余谈道论文之地，又复延集西友于晚间在此讲授专门之学。[185]

西友讲授的专门之学，除了西学还有什么？孙中山很可能是发起人之一，目的是希望在全国造成一种提倡西学的气候，并借此为改革造势。而他之发起教友少年会，很可能是受了汤姆森医生召集学生唱圣诗的行动而得到启发。[186]孙中山在该〈纪事〉的结尾部分是这样写的：

> 是晚为开创之夕，同贺盛举，一时集者四十余人，皆教中俊秀。曰叨其列，喜逢千古未有之盛事。又知此会为教中少年之不可少者，望各省少年教友亦仿而行之，故不辞简陋，谨书之以告同道。[187]

"望各省少年教友亦仿而行之"，志气可不小啊！

综观该〈纪事〉之重西学，以及"联络教中子弟，使其毋荒其道心，免渐堕乎流俗"之意，与之前在1883年于檀香山由年轻华裔知识分子成立的中西扩论会，以及之后在1892年3月13日于香港成立的辅仁文社（均见本书第八章），皆有异曲同工之妙，与差不多同时间凑合的"四大寇"，亦如出一辙，故笔锋就

---

[185] 孙日新：〈教友少年会纪事〉，无日期，附陈建明：〈孙中山早期的一篇佚文——"教友少年会纪事"〉，《近代史研究》，1987年第3期，第185—190页：其中第189—190页。

[186] 见本章第五节。

[187] 孙日新：〈教友少年会纪事〉，无日期，附陈建明：〈孙中山早期的一篇佚文——"教友少年会纪事"〉，《近代史研究》，1987年第3期，第185—190页：其中第189—190页。

转到"四大寇"这更广为世人传诵的事例。

十二、所谓"四大寇"

香港文化老人孙述宪先生在 20 世纪 90 年代香港和澳门知识界最为心仪刊物《信报》，用"名满天下"之词来形容"四大寇"[188]，可谓推崇备至。但像所有著名的历史事例一样，被人传诵得越是厉害，就越是远离历史真相。"四大寇"之传奇也不例外。实际情况如何？"四大寇"各人的具体名字是什么？孙述宪先生没说。他对四人的生平都清楚吗？可能不甚了了。因为，若他都清楚的话，可能他就不会这样崇拜那"四位一体"了。准此，让我们来研究分析一下"四大寇"的个别史略。

孙中山（1866—1925）的生平是大家知道得最多的。他为了救国救民，奔走一生。可谓鞠躬尽瘁，死而后矣，是"四大寇"当中最为后人所敬仰者。在此不必多费笔墨。

陈少白（1869—1934），广东省新会县人，1888 年 3 月 28 日，广州格致书院（1917 年改为岭南大学）开办时，他是第一批入学学生。格致书院是美国医疗传教士哈巴安德医生牧师所创办，所以陈少白从一开始就受到基督教影响，他有没有领洗入教，目前还没有相关记录，但他与当时在广州的华人宣教师区凤墀友好，却是众所周知。1890 年 1 月，区凤墀介绍陈少白至香港与孙中山认识，即被孙中山转而介绍于康德黎医生，承其俯允即以陈闻韶之名字注册入读西医书院。[189] 1895 年陈少白积极参与策划广州起义，因而未完成西医书院的课程就退学。此后追随孙中山革命，最大的贡献是奉孙中山之命于 1899 年在香港创办《中国日报》，借此宣传革命和联络革命党人，不畏疲劳，不惧艰苦，不怕危险，为世敬仰。1900 年积极参与策划惠州起义。1905 年同盟会在香港成立分会时，他当选会长，将《中国日报》编辑工作交给冯自由。辛亥革命成功，胡汉民为广东都督，委陈少白主外事，不数月而自称不善政治辞去职务。1921 年 9 月应孙中山力邀而当总统府顾问。不久孙中山出师广西，陈少白亦随师出发，唯很快又自称

---

[188]　见孙述宪的书评，香港《信报》，1991 年 9 月 7 日。

[189]　Howard L. Boorman, ed., *Biographical Dictionary of Republican China*, vol. 1, p. 230. 陈占勤：《陈少白先生年谱》（1991），第 25 页。

图 6.11 "四大寇" 合影。左起杨鹤龄、孙中山、陈少白、尤列，后立者关
景良不在四寇之列。此图摄于西医书院，以致不少学者误以为杨鹤龄与尤
列为西医书院学生

图 6.12 香港歌赋街 8 号杨耀记遗址今
貌（原来那幢房子已拆除），1965 年摄

缺乏政治才干而引退，隐居新会老家。1923 年滇军乱穗，陈少白走香港，文书尽失。1934 年病死北平。[190] 他没有像孙中山那样坚持革命到底，未免美中不足。

杨鹤龄（1868—1934），广东省香山县（今中山市）人。他与孙中山是翠亨村同乡，两人认识最早。后来杨鹤龄到广州算术馆肄业，与尤列同学。杨鹤龄毕业后即继承父业，到香港歌赋街杨耀记商店经商，毗邻西医书院，与当时在西医书院读书的孙中山和陈少白交游，后来尤列也到香港做事，四人就经常一起在杨耀记高谈阔论，批评满清，被店员称为"四大寇"。杨鹤龄为人亢爽不羁，喜谐谑。[191] 但是到了孙中山策划广州起义时，杨贪生怕死，不敢参与。[192] 此后也始终拒绝参加革命的实际行动。

虽然如此，但孙中山在 1912 年当了临时大总统后，还是怀旧而聘其为秘书。[193] 1912 年 4 月 1 日孙中山解职，1913 年袁世凯派人暗杀宋教仁，迫使孙中山举行二次革命时，杨鹤龄袖手旁观，回到澳门蛰居。1919 年 5 月 16 日，杨鹤龄写信向孙中山求职，曰："此数十年中因孙党二字几于无人敢近，忍辱受谤，不知凡几。"[194] 杨鹤龄不思报国，却埋怨被"四大寇"之名牵累。孙中山批曰："代答，函悉。此间现尚无事可办，先生故闭户著书。倘他日时局转机，有用人之地，必不忘故人也。"[195] 孙中山的回答已经很客气了。惜杨鹤龄毫无分寸，于 1920 年 1 月 9 日再度函催，曰："始谋于我，而收效岂可无我乎？"[196] 孙中山批曰："真革命党，志在国家，必不屑于升官发财；彼能升官发财者，悉属伪革命

[190] Howard. L. Boorman, ed., *Biographical Dictionary of Republican China*, vol. 1, p. 229, col. 1 to p. 231, col. 1. 随孙中山出师广西事，见余齐昭：《孙中山文史图片考释》（广州：广东省地图出版社，1999），第 446 页。

[191] 见陈少白：〈杨鹤龄之史略〉，载陈少白：《兴中会革命史别录》，转载于《辛亥革命》，第一册，第 76—84 页；其中第 77 页。又见余齐昭：《孙中山文史图片考释》，第 3 页。

[192] 见陈少白：〈杨鹤龄之史略〉，载陈少白：《兴中会革命史别录》，转载于《辛亥革命》，第一册，第 76—84 页；其中第 83 页。

[193] 杜元载主编：《革命文献》，第十一集（台北：中央文物供应社，1973），第 363 页。

[194] 杨鹤龄致孙中山函，1919 年 5 月 16 日，载杨效农主编：《孙中山生平史料及台报纪念特刊选集》（北京：新华社《参考消息》编辑部，无出版年份），第 42 页。又见《孙中山全集》，第五卷，第 57 页。

[195] 孙中山：〈批杨鹤龄函〉，1919 年 5 月 24 日，《孙中山全集》，第五卷（北京：中华书局，1986），第 56—57 页。

[196] 杨鹤龄致孙中山函，1920 年 1 月 9 日，载杨效农主编：《孙中山生平史料及台报纪念特刊选集》，第 42 页。该函藏中国国民党中央党史委员会，原日期书 1 月 9 日，16 日收到。经中山大学余齐昭老师考证，年份应作 1920 年，与《国父年谱》所列吻合。见余齐昭：《孙中山文史图片考释》，第 450 页，注 8。

党，此又何足为怪。现无事可办，无所用于长才。"[197]

　　孙中山作复后，似乎又于心不忍，在 1921 年 5 月 5 日在广州重新当上总统后，于 1921 年 9 月 14 日"敦聘杨鹤龄先生为〔总统府〕顾问"[198]。同时受聘为总统府顾问者还有尤列和陈少白。孙中山又拨专款修葺在越秀山南麓、与总统府毗邻的"文澜阁"，让陈、尤、杨三位故友居住。孙中山此举，与其说是"为了能与陈、尤、杨时相聚首，切磋政要"[199]，不如说是孙中山念旧。因为到了 1921 年 9 月 14 日的杨鹤龄，由于长期蛰居澳门，没有丝毫实践经验，其对政事的认识，仍停留在 19 世纪 90 年代初期的高谈阔论，不切实际。若听信其信口雌黄，不误大事才怪！

　　1921 年 10 月 10 日，广州政府庆祝武昌起义十周年，杨鹤龄骄傲地应邀参加庆祝大会，并在北校场的阅兵典礼上与孙中山等合照留念。但过了五天，孙中山在 1921 年 10 月 15 日出征广西时，杨鹤龄这位顾问就贪生怕死地找个借口遁回澳门去了。只有陈少白像过去一样，忠心耿耿地随孙中山出征。[200] 所以说，杨鹤龄虽受厚遇，到底还是经不起考验。

　　如此这般，杨鹤龄在实际困难面前再一次抛弃了孙中山。经此一役，任何稍具自尊心的人，肯定就此罢休。但杨鹤龄似乎就是缠着孙中山不放而不断求职。孙中山不得已，于 1923 年 4 月 4 日"派杨鹤龄为港澳特务调查员，此令"[201]。调查什么呢？该令没说，还不是个闲职！该令也没提到经费，弦外之音是：杨鹤龄本来就居住在澳门，并经常来往于香港和澳门之间，不需额外经费。而且，若他真心为国，也应该不在乎有无薪饷！杨鹤龄连一毛钱也捞不到，多少滋味在心头？

　　尤列（1865—1936），广东省顺德县人，少肄业于广州算术馆，与杨鹤龄是同学。毕业后充广东舆图局测绘生。后来孙中山去了香港新成立的西医书院读书，尤

---

[197]　孙中山：〈批杨鹤龄函〉，1920 年 1 月 16 日，《孙中山全集》，第五卷，第 205 页。
[198]　孙中山：〈对杨鹤龄的委任状〉，1920 年 9 月 14 日，据杨国锵藏原件。该件复印于余齐昭：《孙中山文史图片考释》，第 446 页。
[199]　余齐昭：《孙中山文史图片考释》，第 446 页。
[200]　同上。
[201]　孙中山：〈批杨鹤龄函〉，1923 年 4 月 4 日，载《孙中山全集》，第七卷（北京：中华书局，1986），第 293 页。

列也去了香港华民政务司署当书记。[202] 适逢其会，就参加了"四大寇"的行列。尤列"放诞流浪，喜大言"[203]。1895 年，孙中山与陈少白等在广州密谋起义，尤列怕死，不敢参与。[204] 但对孙中山在广州设农学会，却极感兴趣，以为有油水可捞，不知死活地跑到广州，"借宿会中，以创办织布局相号召，每出入必肩舆，假厨役为长随，以从其后，其放诞多若此。乙未事败，始知可危，亦出亡"[205]。

数年后，尤列又"谋诸孙先生，挟数百元走星（新）加坡，资尽则悬牌行医以资日给"[206]。这就奇怪了！尤列没有受过正规医科训练，竟然去为病人治病，这已经再不是放诞不羁的问题而是草菅人命了。"尤性本懒而颇多嗜好，行医每有所人，即入西菜馆大嚼一顿，或寄宿西式旅馆一宵，以为无上之享受。及资将罄，则以其余购阿芙蓉若干，面包若干，携归，穷日夜之力以尽其阿芙蓉，觉饿，则啮面包以充饥。及两者皆尽，则拥衿僵卧，经日不起，必俟有来就诊者，始起床。所得医金，用途仍如上述。"[207] 此段记载，出自"四大寇"之一的陈少白之手，读来有如晴天霹雳。

陈少白又说，1913 年，"二次革命起，尤往沪，扬言能解散革命党。袁世凯信之，罗致北京，斥数千金为之供张，声势显赫。后悉其伪，讽使之去。自此不敢复见孙先生"[208]。若说尤列之无牌行医、吸鸦片烟等等属私人生活而难找旁证，那么被袁世凯罗致北京是公开的事情，而且如此铺张，相信当时会有很多人知道。

陈少白更说 1921 年，"孙先生回广州，驻观音山总统府，命许崇智出资三千，修府右之文澜阁，并建天桥以通之，使予布置而居之。复忆及居港时之'四大寇'，乃遣人召杨鹤龄与尤俱来，杨至而尤则观望于香港，促之三四次不

[202] 冯自由：《革命逸史》(1981)，第一册，第 26、29—30 页。
[203] 陈少白：〈尤少纨之略史〉，载陈少白著：《兴中会革命别录》，转载于《辛亥革命》，第一册，第 79—81 页；其中第 79 页。
[204] 陈少白：〈四大寇名称之由来〉，载陈少白著：《兴中会革命别录》，转载于《辛亥革命》，第一册，第 83 页。
[205] 陈少白：〈尤少纨之略史〉，载陈少白著：《兴中会革命别录》，转载于《辛亥革命》，第一册，第 79—81 页；其中第 79—80 页。
[206] 同上书，第 80 页。
[207] 同上。
[208] 同上。

应，盖惧不测也。迫经剀切表白无他意，乃至"[209]。这段记载，就不缺诸如许崇智、杨鹤龄的人证，还有诸如那俗称"四寇楼"的文澜阁这物证。[210]

尤列受到如斯礼遇，可曾思恩图报？没有。陈少白说："乃坐席未暖，故态复萌，见人辄大言，并刊其语于报端，谓孙先生特修文澜阁，为伊驻跸之地，以备随时咨询，故勉循孙氏之请而来此。举止多令人不可耐。府中人恶之，举以告孙先生，先生使人以数百金，令之退去，自是不复相见。"[211]若尤列果曾将其言刊诸报端，那就是公开的秘密了。

事情就此了结？没有。1925年，陈少白说："孙先生逝世，尤时在上海，谓孙先生袭其说而倡革命，以后革命党之领袖，非伊莫属。"[212]

治史不能依靠一家之言。那么，可有人挺身而出，为尤列辩护？有。冯自由就写了三篇文章为尤列辩护。其一说："辛丑1910年后尤至南洋，初在星（新）加坡牛车水单边街悬壶济世，竟精医花柳杂病，男妇咸称其能。"[213]此段虽赞尤列医术好，但也佐证了尤列没有经过正规医科训练就行医之说。冯自由继续写道："尤志在运动工界，恒于烟馆赌徒中宣传革命排满，遂亦渐染阿芙蓉癖，久之，每有所得，辄购阿芙蓉膏若干，烧肉面包各若干，归寓闭门停业高卧不起，必俟黑白二米（时人称鸦片曰黑米）俱尽，然后重理旧业，然就诊者固门庭如市也。"[214]此段与陈少白所言大致相同，唯一不同的是冯自由为尤列开脱，说其抽大烟是由于宣传革命而引起，又赞尤列尽管如此肆意妄为，但依旧门庭如市。

1912年孙中山让位于袁世凯后，尤列去了北京。冯自由说："袁世凯以为革命元老，谓足与总理抗衡，欲羁縻之，使为己用，特馆之于东厂胡同荣禄旧宅，民三后，尤知袁有异志，乃移居天津避之。"[215]此段与陈少白所言亦大致相同，

[209]　同上。
[210]　余齐昭：《孙中山文史图片考释》，第446页。
[211]　陈少白：〈尤少纨之略史〉，载陈少白著：《兴中会革命别录》，转载于《辛亥革命》，第一册，第79—81页：其中第80页。
[212]　同上书，第81页。
[213]　冯自由：〈尤列事略〉，《革命逸史》(1981)，第一册，第26—28页：其中第27页。
[214]　同上。
[215]　同上书，第28页。

但不同者有二：

第一，陈少白说尤列主动向袁献媚而受到招揽，冯自由则说是袁世凯主动羁縻尤列。

第二，陈少白说袁世凯看穿了尤列无能制孙后把他轰走，冯自由则说尤察袁有异志而自动离开。

但陈、冯都异口同声地说尤列受到了袁世凯长时间的厚待。而且，在荣禄旧宅优居三年，天天抽大烟，费用可是开玩笑的？此事后来颇受非议，冯自由再度撰文为尤列辩护，说：袁世凯"知尤先生乃党中耆宿，乃委曲招致，居以石驸马大街醇王邸，待遇优渥。有若曹瞒之笼络关羽"[216]。怎么东厂胡同荣禄旧宅突然又变成更高档的石驸马大街醇王邸？至于后来尤列为何离京，冯自由说是由于尤列拒绝"大书孙某罪恶史"；尤列婉拒，乃走天津。[217] 这再度辩护，仍跳不出第一次辩护的框框，只是增加了一些细节而已。

至于陈少白指控尤列在1921年"见人辄大言，并刊其语于报端，谓孙先生特修文澜阁，为伊驻跸之地，以备随时咨询，故勉循孙氏之请而来此。举止多令人不可耐"[218]，以及1925年"孙先生逝世，尤时在上海，谓孙先生袭其说而倡革命，以后革命党之领袖，非伊莫属"[219] 等情，冯自由就没有进行任何辩护了。冯自由的《革命逸史》"写成于1939年至1948年"[220]，比诸1935年陈少白逝世约一周后出版的《兴中会革命史要》[221]，晚了五到十五年，冯自由完全有足够时间去为尤列辩护，但他没有这样做，是否等同默认？

尤门有幸，尤列的曾孙尤迪桓先生娶了一位念念不忘光宗耀祖的媳妇曾家丽女士，她后来尽管当上香港政府高官，但仍于五十开外的年龄，拨冗回到母校香港大学攻读硕士学位，并写就硕士论文〈尤列与辛亥革命〉。该论文：

[216] 冯自由：〈尤列事略补述二〉，《革命逸史》(1981)，第一册，第33—41页：其中第34页。
[217] 同上书，第35页。
[218] 陈少白：〈尤少纨之略史〉，载陈少白著：《兴中会革命别录》，转载于《辛亥革命》，第一册，第79—81页：其中第80页。
[219] 同上书，第81页。
[220] 中华书局近代史编辑室：〈说明〉，1980年6月，载冯自由：《革命逸史》(1981)，第一册，第1页。
[221] 〈编者按〉，载陈少白：《兴中会革命史要》，收录在国使馆编：《中华民国建国文献：革命开国文献》，第一辑史料一（台北：国史馆，1995），第88页。

1．第 3 页说尤列"1865（乙丑）年 2 月 22 日出生于有水乡之称的顺德杏坛北水。他在新基坊漱坊园松溪别墅长大，家中亭台楼阁，乡间尽是小桥流水桑基鱼塘。"——笔者按：尤列像杨鹤龄一样出生富裕家庭，与那出生于穷苦农家的孙中山，显然幸福得多。结果是"乙未年广州之役，杨与尤亦皆不与焉"[222]。

2．第 6 页曰："兴中会酝酿期为 1893 年，由尤列借得广州广雅书局抗风轩开会，有志之士议定成立兴中会以'驱除鞑虏，恢复华夏为宗旨'。之后兴中会在檀香山及日本先后成立。"——笔者按：1893 年尤列在广州成立了兴中会？比 1894 年孙中山在檀香山成立之兴中会更早一年？但尤曾家丽没有为其言提供注释，不知所据为何？

3．第 6 页又曰："历史对乙未（1895）广州起义经过，史书已很多详尽记录，不在此赘述。"——笔者按：在此，尤曾家丽对于陈少白所说，到了广州起义时，尤列拒绝参加之事，就避而不谈，反而列了一个表，说尤列是领导人物之一，负责策划、接应等，但又无法提供任何史料以证之。

4．第 8 页曰："1900 年（庚子）惠州三洲田起义。详情很多历史书已有记载，故不再在此重复。"——笔者按：尤曾家丽撰写该硕士论文之主要目的是描述甚至突出尤列在历次起义中具体做了些什么，不能三番五次地推说"历史书已有记载"而不提供任何信息。其实，这些历史书都众口一词地说，尤列没有做什么；若尤曾家丽真的要重复，也只会自讨没趣！结果她接下来写道"不过必须指出惠州起义的历史意义，比之五年前的广州起义更形重要"。这纯粹是顾左右而言他的写法。

5．第 8 页说惠州起义失败后，"尤列不再以香港为大本营，在日本横滨与孙中山同居前田町 121 番馆约半年，便赴南洋经营革命，一去十年。"——笔者按：换而言之，尤列借南洋道，逃避了此后孙中山所领导的历次起义。

6．第 11 页曰："1911 年武昌起义爆发，尤列命中和堂将领负责广东军事，自己则往东三省和云南联络吴禄贞（1880—1911）、蔡锷（1882—1916）等反正。吴、蔡是尤列在日本时期认识的留学生，回国后任清廷将领，其实都是革命党

[222] 陈少白：〈四大寇名称之由来〉，载陈少白著：《兴中会革命别录》，转载于《辛亥革命》（1981），第一册，第 76—84 页：其中第 83 页。

人。尤列在途中得悉吴禄贞遇害，遂转往云南昆明。蔡锷于 10 月 30 日起义成功宣布独立，并被推举任云南都督。"——笔者按：此段同样是顾左右而言他，也同样没有提供任何注释以证其言，究竟尤列为辛亥革命具体做了些什么？

7. 第 11 页又曰："1913 年，袁世凯（1859—1916）继孙中山总理退位而成为大总统，曾出手笼络尤列，以为用尤列来牵制孙中山。尤列初未洞悉其动机，民国既已建立，中和堂亦需要正式恢复其实为革命党（有别于其他会党堂口）的定位，所以尤列乐于赴京，以中和党党魁身份，将中和党盖章交给内政部存档，并立刻获批。"——笔者按：难道一句"尤列初未洞悉其动机"，就能掩盖了尤列接受袁世凯利用"来牵制孙中山"这段史学界公认的史实？

8. 第 12 页曰："由 1916 年至 1921 年（51 岁至 56 岁）在神户著《四书章节便览》（*Oriental Bible*）及《四书新案》二书，先后在日本出版。前者至今仍留有缩微胶卷存于日本国立图书馆。"——笔者按：此段以及该硕士论文共 103 页的其余部分，与主题〈尤列与辛亥革命〉完全离题，故在此不再多花笔墨。

9. 尤曾家丽在其硕士论文开宗明义用英语写就〈论文摘要〉（Abstract of thesis）如下："The study aims to present Yau Lit as a brilliant yet subtle revolutionary, an educator, a Confucian scholar and finally as a statesman whose life is dedicated to one Cause for achieving egalitarianism and democratic governance for his country."谨将此段翻译如下："本论文之目标，是要展示尤列那卓越幽香的革命家风范，他作为教育家、儒学家以及政治家的一生，毫无保留地为祖国之平等与民主而奋斗所做出的不懈努力。"

我的天！也不翻翻字典。卓越革命家的定义是什么？有高明的革命理论、过人的革命实践、长期从事革命事业者也。尽管孙中山有革命理论诸如《三民主义》，有屡败屡起的革命实践，毕生无私奉献于救国救民的事业，鞠躬尽瘁，死而后已，中国大陆也只称他为"革命先行者"而已。尤列毫无革命理论，更从未参加过革命的实际行动，连革命者之名也够不上，有的只是年轻时曾与孙中山等人一起高谈（当代大陆年轻人称之为"吹水"）反满，如此这般就把他歌颂为卓越幽香的革命家，算是什么玩意儿？ Statesman（政治家）的定义是什么？世界史上有哪几位名人够得上政治家的称号？政治家者，有高明的政治理论、卓越的政

绩，让千万人受惠，荫及广大后人者也。尤列毕生没有从政，连政客（politician）
之名也够不上，把尤列描述为政治家，这种"吹水"也太离谱？至于儒学家，难
道幼从私塾老师随口唱几句四书五经、年长后胡乱写几句相关按语，就能当上儒
学家？又至于教育家，唉！尤列在教育上有何创新？曾调教出哪些出色的学生？

罔顾史实而"吹水"之处，莫此为甚。究竟这是一篇公开的学术论文，还是
私藏家里以逗儿孙的小品？难怪香港黄泥涌峡的"七月流火"在其《孙中山的女
人们》一书中，表示对两岸三地的史学界彻底绝望了（见本书第九章）。

上述种种史实证明，孙中山在香港西医书院读书时经常聚首之所谓"四大
寇"，其所放之厥词，来自肺腑而又真正有意付诸行动者，似乎只有孙中山和陈少
白。其中又只有孙中山走尽了革命之途才魂归天国，可谓鞠躬尽瘁，死而后已。

准此，孙述宪先生之用"名满天下"之词来形容"四大寇"[223]，其褒扬之处，
中山先生自是当之无愧，陈少白也可以；至于尤列与杨鹤龄，则不提也罢！孙述
宪先生身为香港的资深文化人，对一些特定历史情节，不花点工夫去搞清楚就在
报章上大事美化，无助后人以史为鉴。其实，孙述宪先生只需花几分钟时间去翻
翻"四大寇"之一的遗著，读读陈少白下面那短小精悍的描述，对"四大寇"名
称的来源与性质就一目了然："每遇休暇，四人辄聚杨室畅谈革命，慕洪秀全之
为人。又以成者为王，败者为寇，洪秀全未成而败，清人目之为寇，而四人之
志，犹洪秀全也，因笑自谓我侪四人，其亦清廷之四大寇乎，其名由是起，盖
有慨乎言之也。时孙先生等尚在香港医学堂肆业，而时人亦以此称之，实则纵
谈之四大寇，固非尽从事于真正之革命也。而乙未年广州之役，杨与尤皆不与
焉。"[224] 而陈少白之所谓"时人亦以此称之"，这些"时人"是谁？人数有多少？
冯自由说："杨耀记店伙闻总理等放言无忌，遂以此名称之，而四人亦居之不
辞。"[225] 吓！绰号在几名店伙之间打转转就算是"名满天下"？看来孙述宪先生对
冯自由所写的《革命逸史》也陌生得很！

[223] 见孙述宪的书评，香港《信报》，1991年9月7日。
[224] 陈少白：〈四大寇名称之由来〉，载陈少白著：《兴中会革命别录》，转载于《辛亥革命》，第一册，第
76—84页；其中第83页。
[225] 冯自由：〈尤列事略〉，《革命逸史》（1981），第一册，第26—28页；其中第26页。

其实，被美化了的历史最能误导读者，连内行人有时候也难免掉进陷阱，哪怕《国父年谱》的编者也免不了。兹举一例：《国父年谱》（1985 年增订本）说，孙中山在西医书院读书时"与同学杨鹤龄、陈少白、尤列……时人咸以'四大寇'呼之"[226]。陈少白固然是孙中山在西医书院的同学，但杨鹤龄与尤列则从来没在该校注册及列席上课，说不上是孙中山的同学。但空穴来风，窃以为该书编者可能被一幅照片所误导（见图 6.11）。"四大寇"为后人遗留了唯一的一幅合照之中，四寇平排而坐，关景良站在后排。尤列亲笔书明该照片"摄于香港雅丽氏医院"[227]。关景良则说得更具体：该照片摄于"雅丽氏医院三楼骑楼"[228]。既然该照片摄于香港雅丽氏医院，而西医书院的学生都在雅丽氏医院上课，以致一不小心，就会误认照片中人全是西医书院学生，并因此而进一步误会"四大寇"全是西医书院学生。如此这般，杨鹤龄和尤列就被误称为孙中山的同学了。这些虽属细节，但不容忽视。从这个意义上说，中山大学的余齐昭老师考证出该照片应该是拍摄于 1892 年而非尤列所说的 1888 年 10 月 10 日，纠正了多年以来的以讹传讹，就真个于无声处听惊雷。[229]

十三、他想得很多

本章重点探索，年轻的孙中山学了些什么知识？这种知识，当然包括书本以外的知识。更由于本书集中探索孙中山如何走上革命的道路，则书本以外的知识似乎起了更大的作用。西医书院的正规课程诸如解剖学、药物学、生理学等，不一定能启发他的革命思想。反而他与师友的交往，能起到刺激作用。例如，作为所谓"四大寇"之一，天天与其他三寇谈反满，尽管杨、尤是闹着玩的，孙中山可当真，并由此而得到启发与鼓舞。又例如他越来越敬重他的恩师康德黎医生，而当恩师遭到基督教神职人员打击时，他会对基督教产生反感，把他初时那种拯

[226]　《国父年谱》（1985），上册，第 51 页，1890 年条。
[227]　尤列在该照片上亲笔所书，照片藏北京历史博物馆。见余齐昭：《孙中山文史图片考释》，第 4 页及第 5 页注 7。
[228]　广东文物展览会编：《广东人物》（1941），第 102 页，见余齐昭：《孙中山文史图片考释》，第 4 页及第 5 页注 8。
[229]　见余齐昭：《孙中山文史图片考释》，第 3—5 页。

救中国人灵魂的基督教热情[230]，进一步转化为救国救民的决心。故本章不事罗列孙中山在西医书院攻读过的课程，也不赞美他的成绩如何优越，这种功夫罗香林先生早已做过，在此不赘。相反地，本章着重探索他与康德黎医生慢慢建立起来的深厚友谊，以及他与所谓"四大寇"其他三寇的结交始末，因为这些特殊的人际关系，让他想得很多。他想些什么？鉴于本书集中探索他如何走上革命的道路，故在此也只提有关实例。

孙中山想到，他童年在翠亨村时遇到的种种社会不平现象。在此重提要者三则：

第一，他家为了先人过去卖地没有把白契变红契而每年都备受税吏敲诈之苦。[231]

第二，当孙中山还只有十岁而仍在乡间读私塾时，"翠亨村有某姓兄弟三人，勤俭致富，与孙家素善。先生散学时，辄游其园。一日，见衙役偕勇弁围宅，捕三人去，其一处死，余则系狱，村人莫审罪名，愤恨不平。先生曾挺身而诘清吏，吏怒，以刀刺之。先生急避去。自是深恨清吏横暴，慨然以拯民水火为己责"[232]。

第三，"先生在塾，忽闻盗劫本村殷富，村民相率逃避。先生从容往觇之，至则群盗搜刮已毕，乃目睇其去。既而富商向村人泣诉谓：曩者经商海外，犹得法律保障，不意甫返国门，竟被劫一空，何祖国法纪之荡然耶？先生闻而询村中长者，渠等认为盗患亦类蝗虫水旱天灾之不可皆免者。然先生不以为然也。"[233] 孙中山之不同意盗匪犹如天灾，是因他读了圣贤书，由此知道政治严明则民生安定而盗匪绝。

世人皆爱谈孙中山幼仰慕洪、杨，而鲜及其当时之亲身经历。这种现象，给人没头没脑的感觉。因为，孤立地讲洪、杨故事，不一定能引起孙中山共鸣。但是，正由于孙中山曾目睹清吏横行，故当他听到已有前人挺身而出反对满清时，仰慕之情油然而生，就在所难免了。

孙中山想到他在夏威夷所受的教育："忆吾幼年，从学村塾，仅识之无。不

---

[230]　见本书第七章。

[231]　Linebarger, *Sun Yat Sen and the Chinese Republic* (New York, 1925; Reprinted New York: AMS Press, 1969), chapter 10, entitled "The White Deed".

[232]　林百克著，徐植仁译：《孙逸仙传记》（上海：商务印书馆，1926），第51—59页。

[233]　同上。

数年得至檀香山，就傅西校，见其教法之善，远胜吾乡。故每课暇，辄与同国同学诸人，相谈衷曲。而改良祖国，拯救同群之愿，于是乎生。当时所怀，一若必使我国人人皆免苦难，皆享福乐而后快者。"[234] 他更自言在英国人办的意奥兰尼学校三年所受的教育引起他身心变化最大，其中最重要者莫如学校中纪律严明的好处，让他感到必须竭诚遵守校中纪律，并准此而渴望中国同样意识到遵守纪律的重要性。[235] 他的同窗唐雄回忆，孙中山"好读史乘"，而所读者乃"华盛顿林肯诸伟人勋业，尤深景仰"[236]。众所周知，华盛顿正是领导美国人起来反抗英国殖民主义压迫、争取美国独立的领袖。孙中山心仪华盛顿，会从他的生平中得到启示和鼓励，加强他反对满清政权的决心。唐雄又回忆说："是时檀香山种族问题，发生许多不平现象，国父刺激甚深，遂启发其对于中国革命运动的思想。"[237] 是什么种族问题？据史扶邻教授考证，当时美国野心勃勃要并吞檀香山。为了达到这个目的，不少美国野心家不断在檀岛闹事企图制造并吞借口，激发起檀香山土人的民族主义情绪。当地的华侨是同情夏威夷人的，譬如后来 1894 年11 月在檀香山兴中会成立时，先当选为副主席而不久又当上正主席的何宽，就在同年 7 月旅檀美人发动政变推翻王室成立"共和临时政府"时，不满美人所为而参加了夏威夷人的反抗行列。[238] 1879 年至 1883 年的孙中山，早已感受到夏威夷人反抗美帝的暗流，既相应地激发起他自己的民族主义情绪，又认识到华盛顿的后人在自己取得独立以后，竟然不顾别人对独立自主的渴求而企图强加并吞！[239]

[234]　孙中山：〈在广州岭南学堂的演说〉，1912 年 5 月 7 日，载《孙中山全集》，第二卷，第 359—360 页：其中第 359 页。

[235]　林百克著，徐植仁译：《孙逸仙传记》，第 121 页。

[236]　苏德用：〈国父革命运动在檀岛〉，载《国父九十诞辰纪念论文集》（台北：中华文化出版事业委员会，1955），第一册，第 61—62 页，转载于《国父年谱》(1985)，上册，第 24—25 页，1879 年秋条。又见佚名：〈檀山华侨〉，载《檀山华侨》（火奴鲁鲁，1929），第 15 页，转载于《孙中山年谱长编》，上册，第 28 页，1880 年条。

[237]　苏德用：〈国父革命运动在檀岛〉，载《国父九十诞辰纪念论文集》，第一册，第 61—62 页，转载于《国父年谱》(1985)，上册，第 26 页，1879 年秋条。

[238]　马兗生：《孙中山在夏威夷：活动和追随者》（北京：世界知识出版社，2003），第 22—23 页。

[239]　有关书籍见 William Richards Castle, *American Annexation of Hawaii* (Honolulu, 1951); William Adam Russ, *The Hawaiian Republic, 1894-1898, and Its Struggle to Win Annexation* (Selinsgrove, PA: Susquehanna University Press, 1961); Michael Dougherty, *To Steal a Kingdom* (Waimanalo, HI: Island Style Press, 1992); Stephen T. Boggs, *US Involvement in the Overthrow of the Hawaiian Monarchy* (place and publisher unclear, 1992).

基督教教义当中重要的一条是，在上帝面前，人与人之间是平等的，民族与民族之间是平等的。一个民族不应该欺负另外一个民族。以此类推，满族入主中原，让其贪官污吏横行，是满族欺负汉族，必须矫正。这一点，正符合孙中山当时的反满情绪并丰富了他的理论根据。

其实，很多热情洋溢的基督教年轻传教士，带着这种信仰到了南美洲、菲律宾等地传教时，看到种种不平现象，愤怒之余就拿起武器当了解放斗士，并创立了一种崭新的学说，名为"解放神学"（liberation theology）。从这个角度看问题，则孙中山深受基督教那种解放意识所感染，并终于决定入教，就毫不奇怪了。入教后，把基督教那种解放意识运用到他民族解放的决心中，这在他心灵中就如一种圣战。如此这般，我们可以理解为何孙中山革命的一生当中，无论条件如何艰苦、处境如何恶劣，他都从不气馁，屡败屡起，而且永远是那么乐观的。因为他很清楚，他奋斗的目标，不是个人荣辱，而是遵从并实践上帝的意旨而已。凭着这种精神，他就能做到鞠躬尽瘁，死而后已。中国成语也有"替天行道"[240]之谓；但中国这个"天"意思比较模糊，而基督教的上帝是一位非常具体的、有意志和性格的、至高无上的神。可以说，本来已经从中国古籍中接受了"天"这个模糊概念的孙中山，又从基督教义里吸收了营养而把这个模糊的概念定型为具体的"上帝"，从概念变成一种信仰。据云孙中山临终时对孔祥熙说："正如上帝曾派遣耶稣到人间，同样地，把我派遣到这个世上来。"[241]孔祥熙又把这句话在北京协和医院举行的、采基督教仪式的孙中山追悼会上复述了，此话得以公之于世。[242]

孙中山想到他在香港读中学和大学近乎九年（1883—1892），放假期间回到故乡时，"曾一度劝其乡中父老，为小规模之改良工作，如修桥、造路等，父老

---

[240] 《三国演义》，第四十七回："统曰：'某非为富贵，但欲救万民耳。丞相渡江，慎勿杀害。'操曰：'吾替天行道，安忍杀戮人民！'"不以人废言，曹操之言，就变了成语。见宋永培等编：《汉语成语词典》（成都：四川辞书出版社，2000），第738页。

[241] "Just as Christ was sent by God to the world, so also did God send me." Diary of Professor L. Carrington Goodrich, 19 March 1925, quoted in Martin Wilbur, *Sun Yatsen: Frustrated Patriot* (New York: Columbia University Press, 1976), p. 281. Professor Goodrich was one of the double male-quartet singers at the service.

[242] Ibid.

毗之，但谓无钱办事。我乃于放假时自告奋勇，并得他人之助，冀以自己之劳力贯彻主张。顾修路之事涉及邻村土地，顿起纠葛，遂将此计划作罢。未几我又呈请于县令，县令深表同情，允于下次假期中助之进行。迨假期既届，县令适又更迭，新县官乃行贿五万元买得此缺者，我无复希望，只得回香港。"回到香港，孙中山反复思量此段经历，并把它与他在香港的所见所闻相比较，结果他决定："由市政之研究进而为政治之研究。研究结果，知香港政府官员皆洁己奉公，贪赃纳贿之事绝无仅有，此与中国情形正相反。盖中国官员以贪赃纳贿为常事，而洁己奉公为变例也。"怎么办？"我至是乃思向高级官员一试，迨试诸省政府，知其腐败尤甚于官僚。最后至北京，则见满清政府政治下之龌龊，更百倍于广州。于是觉悟乡村政治乃中国政治中之最清洁者，愈高则愈龌龊。"[243] 满清王朝到了孙中山那个年代，贪官污吏横行霸道，比比皆是。目睹这种情况，孙中山就产生了为民请命推翻满清的想法。正由于当时的政府是外族政权，推翻政府就等同反满，反满就是一种民族主义情绪了。

　　总结孙中山在檀香山所接受的三年英式教育和半年（两个学期）的美式教育，从意识形态上说，代表了他对基督教的向往而结果被孙眉遣返之事例（见本书第四章），世人传颂得最多；代表了法治精神的学校纪律却鲜为人道。殊不知这种法治精神大大加强了他本来已经具备的救国救民决心。救灵魂与救国救民两种思想不断地在他脑海中互相激荡。他徘徊于两者之间，有时此消彼长，有时此长彼消。在他到香港读书的十年（1883—1892）和医科毕业后的几年，他还是摇摆于两者之间。无论摇摆得多么厉害，也摆脱不了一个严肃问题：投身革命并推翻了满清政权后，将来的中国政府应该是怎么一个模式？

十四、对万能政府的构思

　　孙中山经过长期思考，终于到了1906年就认为"无文宪法，是英国的最

---

[243]　Sun Yatsen, "Dr Sun's Address", *Daily Press* (Hong Kong), Wednesday 21 February 1923, cols. 1-3. 汉译本见孙中山：〈革命思想之产生：1923年2月20日在香港大学演讲〉，载《国父全集》，第三册，第323—325页：其中第324页，第5—7行；《孙中山全集》，第七卷，第115—117页：其中第116页。

好"。但是，英国的宪法"是不能学的"。因为其"所谓三权分立，行政权、立法权、裁判权各不相统"[244]。

"各不相统"有何不好？他们互相制衡不正是防止揽权独裁、贪污腐败的好方法吗？孙中山不这么想。他认为这些问题可以成立一个负责纠察的权力机关来解决。三权加纠察权再加考选权就成了他五权宪法的基础[245]，而五权都同时统辖于一个"万能政府"[246]。他又认为："在人权发达的国家，多数的政府都是弄到无能的；民权不发达的国家，政府多是有能的。"[247] 他还举了一个例子："近几十年来欧洲最有能的政府，就是德国俾斯麦当权的政府。在那个时候的德国政府的确是万能政府。那个政府本来是不主张民权的，本来是要反对民权的，但是他们的政府还是成了万能政府。其他各国主张民权的政府，没有哪一国可以叫做万能政府。"[248]

说穿了，孙中山属意的万能政府，其实就是集行政、立法、司法、监察、考选五权于一身的政府。大别于英国的行政、立法、司法三权分立互相制衡的机制。为何孙中山属意这样的政府？归根结底是因为他认为这样的模式更有利于把"一片散沙"的中华民族团结和调动起来。他说："我们是因为自由太多，没有团体，没有抵抗力，成一片散沙。因为是一片散沙，所以受外国帝国主义的侵略，受列强经济商战的压迫，我们现在不能抵抗。要将来能够抵抗外国的压迫，就要打破各人的自由，结成很坚固的团体，像把士敏土（笔者按：即水泥）掺加到散沙里头，结成一块坚固石头一样。"[249]

孙中山对万能政府的构思，不是开始于成长后读到德国历史，而是能追溯到

---

[244] 孙中山：〈三民主义与中国民族之前途——在东京《民报》创刊周年庆祝大会的演说，1906 年 12 月 2 日〉，载《国父全集》(1989)，第三册，第 8—16 页：其中第 13 页，第 4—5 行。又见《孙中山全集》，第一卷，第 323—331 页：其中第 329 页。

[245] 孙中山：〈三民主义与中国民族之前途——在东京《民报》创刊周年庆祝大会的演说，1906 年 12 月 2 日〉，载《国父全集》(1989)，第三册，第 8—16 页：其中第 13—14 页。又见《孙中山全集》，第一卷，第 323—331 页：其中第 330—331 页。

[246] 孙中山：〈民权主义第六讲〉，《国父全集》(1989)，第一册，第 113—128 页：其中第 126 页，第 3 行。又见《孙中山全集》，第九卷，第 334—355 页：其中第 347 页。

[247] 孙中山：〈民权主义第五讲〉，《国父全集》(1989)，第一册，第 99—113 页：其中第 104 页，第 9 行。又见《孙中山全集》，第九卷，第 314—333 页：其中第 321 页。

[248] 同上。

[249] 孙中山：〈民权主义第二讲〉，载《国父全集》(1989)，第一册，第 67—76 页：其中第 74 页，第 11—13 行。《孙中山全集》，第九卷，第 271—283 页：其中第 281 页。

更早的时期。本书第三章就提及，他童年时代非常仰慕其父亲在极度艰苦的情况下，把家庭管理得井井有条，家人和睦相处——那是一种家长式的管理方法。第四章提到他在火奴鲁鲁读书时，独揽大权的韦礼士主教，把意奥兰尼学校办得非常出色。本章提到他在香港西医书院读书时，同样是独揽大权的雅丽氏医院汤姆森院长把该院岌岌可危的经济建筑在一个牢固的基础上。此外，他在香港读书的前后十年，摆在他眼前的，有活生生的极有说服力的实例：香港政府的稳定、廉洁和高效率。关于这一点，从他在 1923 年 2 月 20 日于香港大学用英语所作的演说[250]可见一斑：

> 我之思想发源地即为香港。至于如何得之，则三十年前在香港读书，暇时辄闲步市街，见秩序整齐，建筑宏美，工作进步不断，脑海中留有甚深之印象。我每年回故里香山二次，两地相较，情形迥异。香港整齐而安稳，香山反是。我在里中时竟须自作警察以自卫，时时留意防身之器完好否？恒默念香山、香港相距仅五十英里，何以如此不同？外人能在七八十年间在荒岛上成此伟绩，中国以四千年之文化，乃无一地如香港，其故安在？[251]

笔者特别重视这段引文最后的一句话，盖有鉴于孙中山"一片散沙"之说也。同时笔者希望郑重指出，1883 年至 1892 年间孙中山在香港求学时期的香港政制，绝对不是像英国本土般三权分立的。香港总督几乎是集三权于一身。他的权力，来自两份文件：

第一份文件是《英王制诰》（*Letters Patent*）[252]，1843 年 4 月 5 日维多利亚女王亲

---

[250] *Daily Press* (Hong Kong), Wednesday 21 February 1923. 这是一篇报道，文字非全部都是演讲词原文，语气也非第一人称。上海《国民日报》1923 年 3 月 7 日把该报道换成第一人称的语气刊登后，《孙中山全集》第七卷第 115—117 页转载如仪。该报的《国民周刊》第一卷第一号把该报道重载，《国父全集》(1989) 第三册第 323—325 页亦据此转载如仪。但为了避免重新翻译，笔者下面的引文，就姑且采用这现成的译稿。见下注。

[251] 孙中山：〈革命思想之产生：1923 年 2 月 19 日在香港大学演讲〉，载《国父全集》(1989)，第三册，第 323—325 页；其中第 323 页，第 17—20 行。《孙中山全集》，第七卷，第 115—117 页；其中第 115 页。

[252] Patent（制诰）者，公开也，即非机密的意思。

自签署，并盖上英伦三岛联合王国（United Kingdom）的国玺（Great Seal）。[253]

第二份文件是《皇家训令》（*Royal Instructions*）[254]，1843 年 4 月 6 日维多利亚女王亲自签署，并盖上女王的私章（personal seal）。[255]

两份文件都采取这种形式，目的是在彰显英王正在使用君主特权（royal prerogative）的意思。[256] 为何采取这种形式？据笔者了解，这与英国长期以来在海外夺取他人土地来建立自己殖民地的悠久历史有关。当英国最初在海外夺取殖民地时，都是以英王的名义夺取。这种形式就一直被保留下来。

而两份文件的内容也蛮有意思。《英王制诰》建立了香港总督这个职位并对他的权力范围作了原则性的规定。其中最重要者有四：

第一，立法权：经咨询立法局后，总督有制定香港法律和法例的全权。

第二，行政权：总督有权召开行政局会议，而该局的任务是向总督提供咨询，以便决定行政政策。

第三，总督掌有任命最高法院和地区法院法官的全权；而且在必要时，经过规定程序后，有权停职和罢免该等法官。

第四，军权：总督是香港驻军的总司令。[257] 就在这些大前提下，第二份文件《皇家训令》填补了各种有关细节。例如，规定立法局和行政局的议员皆由总督任命等。可以说，香港总督享有"绝对权力"（absolute power）。[258] 两份文件共同组成了管治香港的所谓"宪法"。

而这所谓"宪法"的理论基础是：英国以武力夺走了别国的土地和人民以成立一个殖民地，受害国家的政府和人民以至该殖民地内之原住民肯定非常敌视这殖民地政府，所以该殖民政府的领导人必须拥有绝对权力来调动一切人力物力以

---

[253]　Stephen Davies with Elfed Roberts, *Political Dictionary for Hong Kong* (Hong Kong: MacMillan, 1990), p. 270, col. 1.

[254]　Royal Instructions, 6 April 1843, CO381/35, pp. 17-52.

[255]　Davies with Roberts, *Political Dictionary for Hong Kong*, p. 270, col. 1.

[256]　Ibid.

[257]　Norman Miners, *The Government and Politics of Hong Kong,* 5th edition (Hong Kong: Oxford University Press, 1991), p. 56.

[258]　Davies with Roberts, *Political Dictionary for Hong Kong*, p. 270, col. 1.

应变，借此保证殖民地安全。[259]

当孙中山在香港西医书院念三年级的时候，他的恩师之一何启被香港总督任命为立法局议员。[260] 此事对香港华人社会来说无疑是一件大事，对西医书院来说更是无限光荣，在该院华人学生团体当中所起的轰动及所挑起他们对香港政治制度的极大兴趣可知。而何启更是向孙中山等同学们解释香港体制的上佳人选，因为他除了有医生执照以外，同时又是英国伦敦林肯法学院的毕业生，是在香港的执业大律师。孙中山那"万能政府"的构思，相信很大程度是通过亲身经验以及诸如何启等老师对他的潜移默化，促成他对香港管治架构的认识和管治效率的仰慕。关于这一点，他在上述香港大学演讲词中就表露无遗。[261]

后来在 1896 年和 1897 年间，孙中山在英国遇到的是三权分立的政治制度。并通过学习而了解到三权分立的理论基础是让三权互相制衡以避免独裁政治。这样的一个制度和理论，与他前半生所体验到的，以及在香港学习到的管治模式和理论是极端矛盾的。他该作何选择？他觉得英国的宪法"是不能学的"。因为其"行政权、立法权、裁判权各不相统"[262]，这样的模式解决不了中国"一盘散沙"的问题。他还是属意香港那个"万能政府"的模式。但作为一个民族领袖，他不能标榜英国在中国土地上成立的殖民政府，故只好顾左右而言德国俾斯麦的"万能政府"。其实，他从没有在俾斯麦的"万能政府"之下生活过，但对香港的"万能政府"的运作却有超过十年亲身的深切体会，结果说出了肺腑之言。

既然孙中山不赞成英国议会政治模式（Westminster System）的民权 [263]，那么他的民权主义在说什么？他提出了"政权"与"治权"分家的概念。"政权"

---

[259]　Ibid.

[260]　G. H. Choa, *The Life and Times of Sir Kai Ho Kai*, pp. 16-17.

[261]　孙中山：〈革命思想之产生：1923 年 2 月 19 日在香港大学演讲〉，载《国父全集》(1989)，第三册，第 323—325 页：其中第 323 页，第 17—20 行。《孙中山全集》，第七卷，第 115—117 页：其中第 115 页。

[262]　孙中山：〈三民主义与中国民族之前途——在东京《民报》创刊周年庆祝大会的演说，1906 年 12 月 2 日〉，载《国父全集》(1989)，第三册，第 8—16 页：其中第 13 页，第 4—5 行。又见《孙中山全集》，第一卷，第 323—331 页：其中第 329 页。

[263]　孙中山：〈民权主义第五讲〉，载《国父全集》(1989)，第一册，第 99—113 页：其中第 104 页，第 9—10 行。又见《孙中山全集》，第九卷，第 314—333 页：其中第 321 页。

属于人民，这就是"民权"。[264] 这"民权"包括选举、罢免、创制和复决政府四权。[265]"治权"则包括立法、司法、行政、考试和监察五权；[266] 把这五权"完全交到政府的机关之内，要政府有很大的力量，治理全国事务"[267]。换句话说，这是"权"与"能"分家的概念。他阐明道：

> 我们现在分开权与能，说人民是工程师，政府是机器。在一方面要政府的机器是万能，无论什么事都可以做。又在他一方面，要人民的工程师也有大力量，可以管理万能的机器。[268]

人民凭什么去驾驭这"什么事都可以做"的"万能政府"以避免其独揽大权而流于专制？孙中山认为人民可以依靠选举、罢免、创制和复决政府之权来进行。[269]

窃以为这种想法太天真了。一个集五权于一身而又控制了军权的万能政府，人民岂可以如此轻而易举地罢免它？而这种天真的想法，似乎又是在孙中山天真年纪的时候先入为主而变得根深蒂固。他在西医书院念书的时代，通过恩师何启会认识到，香港那个万能总督，虽然名义上是由英王委任，实质上是从英国政府中的殖民地部里的有关文官之中挑选的。他的一切行动，都必须向殖民地部大臣直接负责。如果政绩不佳，殖民地部大臣有权随时罢免他。就连那著名的《英王制诰》和《皇家训令》，都是殖民地部里的有关文官起草的，英王只不过是盖个"橡皮图章"而已。[270] 年轻的孙中山灵机一动，似乎认为把殖民地大臣换作人民，

---

[264]　孙中山：〈民权主义第六讲〉，载《国父全集》(1989)，第一册，第113—128页：其中第126页，第1—2行。又见《孙中山全集》，第九卷，第334—355页：其中第347页。

[265]　孙中山：〈民权主义第六讲〉，载《国父全集》(1989)，第一册，第113—128页：其中第126页之图案。又见《孙中山全集》，第九卷，第334—355页：其中第352页之图案。

[266]　同上。

[267]　孙中山：〈民权主义第六讲〉，载《国父全集》(1989)，第一册，第113—128页：其中第123页，第2—3行。又见《孙中山全集》，第九卷，第334—355页：其中第347页。

[268]　孙中山：〈民权主义第六讲〉，载《国父全集》(1989)，第一册，第113—128页：其中第126页，第4—5行。又见《孙中山全集》，第九卷，第334—355页：其中第351—352页。

[269]　孙中山：〈民权主义第六讲〉，载《国父全集》(1989)，第一册，第113—128页：其中第126页之图案。又见《孙中山全集》，第九卷，第334—355页：其中第352页之图案。

[270]　这个结论，是笔者三十六年来不断钻研英国殖民地部、外交部等档案以及英国政制、香港历史所得。

把委任换作选举，把万能总督换作万能政府，那不就万事大吉了。

孙中山有这种想法，看来是受了下列因素影响：

第一，中国积弱，亟须一个强有力的政府来收拾那档烂摊子。在这大前提下，追求一个"万能政府"就成了当务之急。至于用什么方法来制衡这万能政府，就成了次要的问题。救亡要紧！

第二，孙中山1883年至1892年间，身在香港殖民地而构想出万能政府这概念就不奇怪，但到了1896年至1897年他身在殖民地老家的英伦长期观察，仍认为殖民地的制度比英伦老家的好，就显得不寻常。关键在于孙中山并非以英国的标准量高低，而是从当时中国的国情考虑问题，盖1896年至1897年间，中国的国运比1883年至1892年间更为危殆：1894年至1895年间，中国在甲午战争之中惨败后"强邻环列，虎视鹰瞵，久垂涎于中华五金之富，物产之饶，蚕食鲸吞，已效尤于接踵，瓜分豆剖，实堪虑于目前"[271]。就在这同时，欧洲列强把非洲瓜分了！若中国人无必死之决心，团结一致抵抗列强，终有亡国灭种的一天！在这种情况下，万能政府更显得不容或缺。

第三，到了1924年，孙中山有系统地通过演讲方式发表其民权主义时，中国已经进入军阀时代，国家四分五裂，情况比过去任何一个时候更危殆。孙中山本人的处境也非常凶险。笔者在撰写《中山先生与英国》的第八章"现实抉择，1924—1925"和第九章"挑战英国，1924—1925"时，一边写书一边为他捏把汗。当时他困于广州一隅，市内有滇军、桂军、湘军、豫军等各路客军，在不同程度上拒绝接受孙中山政府的节制，横征暴敛，无法无天。近在咫尺的东江，又有其叛变了的旧部陈炯明的军队，随时准备对广州发起攻击。省外有北洋军阀虎视眈眈。市内更有广州商团这心腹大患，必欲置他于死地而后快。当时商团的阴谋若得逞，孙中山就真个死无葬身之地。正史曰：三民主义之讲述，"原定每周一次"，"至8月24日后因北伐督师韶关而停止"[272]。说得轻松！实际情况是：当时广州太危险了，他被逼得借北伐美名，体面地忍痛离开广州这唯一的心肝宝贝根

---

[271]　冯自由：〈兴中会组织史〉，载《革命逸史》(1981)，第四册，第1—22页。
[272]　《国父年谱》(1985)，下册，第1160页，1924年1月27日条。

据地，连三民主义的演讲也中断了。在如此凶险的情况下，谈什么自由民主都是废话，救亡要紧。而救亡最有效的办法，是促请国人牺牲小我的自由，服从"万能政府"的命令，以成全大我。其逻辑是，没有大我的自由，就没有小我生存的空间。所谓覆巢之下，焉有完卵？孙中山民权主义有关"万能政府"的演讲，是在这种情况之下面世的。至于成全了大我以后，应该组织怎么样的一个政府，则孙中山无暇顾及，唯有寄望于古圣贤所说的"选贤与能"，如此就带出接下来的第四点。

第四，孙中山十三岁出国以前在翠亨村念私塾时读《三字经》之类的书籍及部分四书五经，全是儒家范畴。他在香港念书的时节，或在课堂上学习中国语文，或通过英译本自修国学，他看的也全是儒家的经典著作。当然，儒家主张人治："选贤与能，讲信修睦。"[273] 只要找到圣贤来为政府掌舵，则万事皆吉。以至于他在〈民权主义〉的演讲中，不断地提及尧、舜、禹、汤、文、武。[274] 又按儒家的思维方法把人类分成圣、贤、才、智、平、庸、愚、劣等级别。[275] 结果，他把他那理想中的"万能政府"建筑在圣贤掌舵的空中楼阁之上，而忽略了法治的重要性。

替孙中山思前想后，则最终无论孙中山自己想得如何多，1892 年 7 月他从西医书院毕业时，他必须面对一个非常实际的问题：如何谋生？过去高谈阔论时指点江山，谈谈革命可以，真干起来，从何干起？下一章就探索孙中山借医术谋生的过程，以及他如何最终走上革命道路的逻辑。

---

[273]　《礼记·礼运·大同篇》。

[274]　孙中山：〈民权主义第五讲〉，载《国父全集》(1989)，第一册，第 99—113 页；其中第 104, 105, 107 页。又见《孙中山全集》，第九卷，第 314—333 页；其中第 322, 325 页。

[275]　孙中山：〈民权主义第三讲〉，载《国父全集》(1989)，第一册，第 76—88 页；其中第 79 页。又见《孙中山全集》，第九卷，第 283—299 页；其中第 287 页。

第七章

澳穗济世：
治病救人莫如治病救国要紧

一、导　言

1892 年 7 月 23 日，孙中山在香港西医书院毕业了[1]，干什么好呢？他不能在香港挂牌行医，因为他所取得的学位不是内外医科全科学士（*M.B.B.S.*）学位，只是"考准权宜行医"（licentiate）。

《国父年谱》（1985 年增订本）说，孙中山毕业后在 1892 年 12 月 18 日于澳门设中西药局，为贫病义诊。[2] 时距他毕业的 1892 年 7 月 23 日约五个月，在这五个月当中，他干了些什么？征诸《孙中山年谱长编》，则说是年"秋，拟赴北京任职，因两广总督衙门刁难，不果"[3]。所据乃吴相湘先生的《孙逸仙先生传》当中所引述的江英华回忆录，追阅吴相湘先生的大作，则吴先生又说所据乃李敖先生所著《孙逸仙和中国西化医学》。[4] 经过如此间接又间接地辗转引用的史料，笔者无法追阅原文之余，只好望洋兴叹。

但空穴来风，事出有因。笔者乃从其他途径追查。后阅英语《康德黎爵士传》，则说毕业典礼过后，康德黎希望把孙中山和江英华这两位首期毕业生"推荐给李鸿章，可惜不果"[5]。此话可作为江英华回忆录中所说过的话之佐证。可惜《康德黎爵士传》语焉不详，令人心痒难搔。后阅庄政先生大作，方知江英华回忆录乃郑子瑜先生于1930 年采访所得，最先刊登于孟加锡 1940 年 1 月 26 日出版的《华侨日报》第三版。[6]

---

[1] 孙中山是在 1892 年 7 月 23 日毕业的。见 *China Mail* (Hong Kong), Saturday 23 July 1892, p. 3, cols. 1-5。

[2] 《国父年谱》（1985），上册，第 61—62 页。

[3] 《孙中山年谱长编》，上册，第 60 页，秋条。

[4] 吴相湘：《孙逸仙先生传》，上册，第 102 页，注 3。

[5] Neil Cantlie and George Seaver, *Sir James Cantlie: A Romance in Medicine* (London: John Murray, 1939), p. 79.

[6] 庄政：《孙中山的大学生涯》（台北：中央日报出版社，1995），第 89 页，注 70。笔者按：该注谓有关剪报藏中国国民党中央党史馆，编号为 041·117。笔者在 2009 年 7 月 1 日专程前往该馆查阅档案，发觉此编号并不存在。经查询，回答是该系列最后一个编号是 041/60。故笔者引用该件时，改为已经出版了的郑子瑜：〈孙中山先生老同学江英华医师访问记〉，附录于郑子瑜：〈一页开国史料——记中山先生指示江英华密谋在穗发难书〉，《近代中国》（台北），第 61 期（1987 年 10 月 31 日），第 110—114 页；其中第 112—114 页，以方便读者追阅。

时江英华正在山打根行医。[7] 于是笔者放心引述如下：

　　1892 年，余与孙先生同时毕业于雅丽氏医院，余年廿一，孙先生年廿六。同班三十余人，仅吾二人及格而已。毕业后，因英政府未有位置，香港总督罗便臣乃驰书北京英公使，托其转荐于北洋大臣李鸿章，谓孙先生与余两人识优学良，能耐劳苦，请予任用。李复书，云可来京候缺，每人暂给月俸五十元；并欲授吾二人所谓"钦命五品军牌"。孙先生为潜身京都，运动诸人臣反满计，允即前行。吾二人遂偕康德黎师上广州，请英领带见两广总督德寿（笔者按：应为李瀚章，李鸿章之兄）领牌，然后晋京，免惹清政府之忌。讵德寿诸多为难。欲吾二人填写三代履历，方准领得。孙先生气怒而返港；余亦劝其莫轻易进京，以免身危，遂不果。自是孙先生愈不满于清吏，而反满之心益决，此事外人知之者绝鲜，孙先生亦不喜对人言。[8]

　　笔者飞到英国，征诸康德黎夫人日记，可知康德黎医生赴穗之具体日期是1892 年 9 月 22 日至 24 日。他是 22 日星期四起程前往广州 [9]，24 日星期六下午 2 时回到香港。[10] 康德黎夫人没法陪伴左右，故派一位护士随行。[11] 为何要护士随行？因为自从 18 日星期天起，康德黎医生的肾就再次犯病，被迫整天躲在家里休息不能外出。[12] 翌日亦如此。[13] 20 日稍为好转 [14]，22 日就带着两个学生北上广州去。康德黎医生带病勉为其难之处，感人肺腑。康德黎夫人在日

[7]　承香港吴志华博士相告："山打根即 Sandakan，位于现时马来西亚北婆罗洲 (Borneo) 的沙巴省 (Sabah)，曾经是该省首府。孟加锡即 Makassar（旧作 Macassar），是现时印尼南苏拉威西省（South Sulawesi，前称 Celebes）的首府，在 16、17 世纪时该市曾是重要的商港，为荷兰人所控制。山打根与孟加锡均聚居了不少华人。"（吴志华复黄宇和函，2004 年 11 月 24 日）
[8]　郑子瑜：〈孙中山先生老同学江英华医师访问记〉，附录于郑子瑜：〈一页开国史料——记中山先生指示江英华密谋在穗发难书〉，《近代中国》（台北），第 61 期（1987 年 10 月 31 日），第 110—114 页；其中第 112—114 页。
[9]　Mrs Cantlie's diary, Thursday 22 September 1892.
[10]　Ibid., Saturday 24 September 1892.
[11]　Ibid., Thursday 22 September 1892.
[12]　Ibid., Sunday 18 September 1892.
[13]　Ibid., Monday 19 September 1892.
[14]　Ibid.

记中没有道明此行目的，但既然她的儿子在写乃父传记时说是为了把孙中山和江英华推荐予李鸿章[15]，则可知该行之目的与江英华之言吻合，显然是康家凭口碑传下来的信息。

像所有回忆录一样，江英华的回忆录难免有枝节上的错误。例如他说同班三十余人就不准确。1887年与孙中山和江英华同期入学并参加第一次测验的学生总共只有十八人[16]，到了1892年首期学生毕业时，则留班的留班，退学的退学，故人数会更少。结果原班学员当中只有孙中山和江英华两人如期毕业。若所指乃全校三十余人，那倒差不多。又例如1892年的两广总督并非德寿而是李瀚章。[17]但这种枝节性的错误不影响回忆录主体的准确性。故窃以为其主体是准确的，因为此条有康德黎夫人日记和《康德黎爵士传》所提供的信息佐证。

但笔者对此仍不满足，希望能找到更多的佐证。鉴于江英华说过，"香港总督罗便臣乃驰书北京英公使，托其转荐于北洋大臣李鸿章"，而香港总督罗便臣乃英国殖民地部所派出的官员，驻北京的英国公使乃英国外交部官员，故笔者再飞伦敦的英国国家档案馆查阅英国外交部和殖民地部的有关档案，希望找到该总督和公使与李鸿章的来往信件，以便找出更多的、更准确的细节。可惜无功而返。其实，吴志华博士在2001年已经做过类似的尝试，也同样没有结果。[18]准此，窃以为该等信件很可能没有被保存下来。因为此等信件属私事性质，又与英国的国家利益无关，很可能香港总督和英国公使都没有存档。他们不存档，后人在政府档案里自然无法找到，唯望将来在他们的私人文书里找到原件，以丰富我们的历史知识。

另一个可能性是康德黎医生直接写信给李鸿章。盖香港西医书院与李鸿章是有渊源的。该院首任教务长孟生医生曾"救过李鸿章一命"。事缘1887年11月，李鸿章被告知患了舌癌，自忖必死，姑且召孟生医生从香港赴津诊治。孟生诊断

[15] Cantlie and Seaver, *Sir James Cantlie*, p. 79.
[16] Dr Canlie's handwritten record of the examination results, 1887, Wellcome Institute Archives, MS2934.
[17] 见钱实甫：《清季重要职官年表》（北京：中华书局，1959），第150页。
[18] 吴志华：〈认清楚历史搞清楚事实　有关中区警署古迹的种种回应〉，香港《明报》，2004年11月12日，第D08版世纪版。

结果是舌下脓肿，经排脓即痊愈。[19] 有过这种关系后，翌年该院董事局（court）就邀请李氏当该院的庇护人，以壮声威。李氏回信接受院长（president）殊荣。[20] 接着康德黎医生就函复李鸿章，感谢他接受此荣誉。[21] 现在首批学生毕业了，把他们推荐给李鸿章，为国效力，也顺理成章。正如孟生医生 1887 年 10 月 1 日在西医书院成立典礼上说过的，香港西医书院的主要目的是为中国培养西医，以促进中国现代化。[22] 康德黎医生 1892 年 7 月 23 日在首届毕业典礼上则说得更具体："经过五年的辛劳：现在我们毫无保留地把我们的劳动成果无私地奉献给伟大的中国，因为在目前的中国，科学还鲜为人知，也没人懂西医；外科手术亦没人尝试过去做。只有巫师神婆横行，谎称能治病救人，害得成千上万的产妇枉死、婴儿夭折。"[23] 故现在康德黎亲函李鸿章，把香港西医书院首批毕业生推荐给他，也是最自然不过。可惜伦敦大学韦尔科姆研究所（Wellcome Institute）所收藏的康、李来往信件当中，却没有康德黎医生推荐孙中山和江英华给李鸿章的来往信件。

无法找到香港总督和英国驻华公使与李鸿章的来往信件，以及康德黎医生推荐孙中山和江英华给李鸿章的来往信件，固然美中不足，但也不影响江英华的回忆录主体的可靠性，因为正如前述，该回忆录有康德黎夫人日记和《康德黎爵士传》所提供的信息佐证也。而且，笔者看不出江英华和康氏家族有任何撒谎的动机，故应为信史。

---

[19] 见陈锡祺：〈关于孙中山的大学时代〉，载陈锡祺：《孙中山与辛亥革命论集》，第 62 页，引王吉民、伍建德合著：*A History of Chinese Medicine*, p. 320. 此言有佐证，见 Minute-book of the Senate, 3rd meeting, 23 December 1888, College of Medicine for Chinese, in the Registrar's Office, University of Hong Kong.

[20] 显然是李鸿章的幕僚把 "patron" 的汉译再倒译为英语时就变成了 "president"。See Li Hongzhang to the Directors of the Hong Kong College of Medicine, n.d., Wellcome Institute Western MS6931/96.

[21] Cantlie to Li Hongzhang, 12 July 1889, MS 6931/95, in ibid., thanking Li Hongzhang for his acceptance of the honour.

[22] 孟生：〈教务长在香港西医书院开院典礼上致词〉，1887 年 10 月 1 日；地点：香港大会堂，典礼主持人：署理港督。黄宇和译自该院出版的单行本，题为 "The Dean's Inaugural Address"。

[23] "... freely we hand our offering to the great Empire of China, where science is as yet unknown, where the ignorance of our own medical times is current, where the astrologer stalks abroad with the belief that he is a physician, where the art of surgery has never been attempted, and where thousands of women suffer and die by the charmed potions of the witchcraft practices of so-called obstetricians". James Cantlie, "The Dean's speech", as reported in Anon: "College of Medicine for Chinese", *China Mail* (Hong Kong), Monday 25 July 1892, p. 3, cols. 1-6: at cols. 2-3.

江英华回忆录的重要价值之一，是说明了一个问题：尽管学生时代的孙中山平时高谈革命，若要实践起来，谈何容易；故毕业后又顺从恩师好意，企图在李鸿章那里谋个差事，先进入建制然后再从建制里边着手改良中国。可惜这个愿望遭遇挫折，徒增其对满清政权的反感。但对政权反感不能当饭吃，人总是要谋生的，现存史料显示，他到澳门行医去了。

过去，有关孙中山在澳门行医的史料寥寥无几，主要的消息来源大致有三。若按面世先后排列，则有：

第一，1897 年出版的英语《伦敦被难记》。[24]

第二，1935 年出版的《总理开始学医与革命运动五十周年纪念史略》。[25]

第三，1939 年初版的冯自由《革命逸史》。[26]

三则史料内容均甚简单。按事发先后排：

第三则曰："当先生在香港学医时，偶一返乡，道经澳门，澳绅曹子基、何穗田家人，延之诊治，久病不愈，一药便瘳，惊为神奇。乃先生毕业，曹、何与港绅陈赓虞，资助先生在澳门组织中西药局，挂牌行医。镜湖医院者，为澳门华人所设立，向用中医中药施赠贫病。中国医药经验数千年，当有可采取之处，唯欠缺近世科学之研究，先生屡以此献议于该院值理，卒得其接受。一旦破除旧例，兼用西医西药，聘先生为之主持，先生慨然担任义务，不受薪金。"[27]

第二则所述，与第三则雷同，可能是冯自由所提供。

第一则曰："葡人定例律凡行医于葡境内者必须持有葡国文凭，澳门葡医以此相龃龉，始则禁阻予不得为葡人治病，继则饬令药房见有他国医生所定药方，不得为之配合。以是之故，而予医业之进行猝遭顿挫，虽极力运动，终归无效。

[24] Sun Yatsen, *Kidnapped in London* (Bristol: Arrowsmith, 1897). 汉语译本见孙中山：《伦敦被难记》，转载于《国父全集》(1989)，第二册，第 193—223 页：其中第 194 页；《孙中山全集》(1981)，第一卷，第49—86 页：其中第 50 页。

[25] 广州岭南大学孙中山博士纪念医院筹备委员会编：《总理开始学医与革命运动五十周年纪念史略》(广州：岭南大学，1935)，第 17—18 页，转引于陈锡祺主编：《孙中山年谱长编》，上册，第 60—61 页。

[26] 冯自由：〈孙总理之医术〉，载冯自由：《革命逸史》(上海：商务印书馆，1939 年初版；北京：中华书局，1981 年重版)，第一册，第 9—10 页。

[27] 陈锡祺主编：《孙中山年谱长编》，上册，第 60—61 页，转引自《总理开始学医与革命运动五十周年纪念史略》(1937)，第 17—18 页。

顾予赴澳之初，并不料其有是，资本损失为数不少，旋即迁徙至广州焉。"[28]

短短三则史料，把孙中山在澳门行医始末概括了。澳门这弹丸之地（见图7.1），过去所发生过的事情本来就寥寥无几。

继 1984 年的《中英联合声明》宣布 1997 年香港回归后，经过多年交涉，终于在 1987 年 4 月 13 日签署的《中葡联合声明》宣布了澳门在 1999 年回归。无独有偶，从中葡交涉快接近尾声的 1986 年 11 月孙中山诞辰 120 周年开始，突然涌现出大量有关孙中山在澳门行医的信息，让人眼花缭乱。笔者把这众多的信息收集起来，分门别类地整理一下，发觉可以将它们归纳为三大类：

第一，孙中山在澳门下环正街三号创办了《镜海丛报》（中文版），并当该报编辑和主笔，又经常撰稿，鼓吹革命。

第二，孙中山在澳门草堆街设立中西药局，以此作为据点，策划革命。

第三，孙中山在澳门议事亭前地十四号设立"孙医馆"，既做诊所又是寓所，与夫人卢慕贞和幼子孙科一起在那里居住。

这三大类的信息，排山倒海而来，比诸过去那三则简单的史料，犹如石破天惊，学术界纷纷引用。尤其是关于孙中山创办《镜海丛报》（中文版）之信息，让很多"文章和书籍大多认为，该刊是孙中山早年在澳门活动时为宣传革命，在葡人好友飞南第支持下，两人合作创办的中文周刊，孙中山是该刊匿名的编辑和主笔"[29]。至于孙中山在澳门议事亭前地十四号设立"孙医馆"的信息，更被权威的国家级出版社——文物出版社——所采纳，[30] 并被广为转引，影响深远。

把这三大类信息放在一起分析，不难发觉孙中山既当报纸的编辑和主笔，同时又策划革命，再同时又行医。三管齐下，他哪儿来的时间和精力？这个问题引起笔者注意，决心追查到底。经考证，笔者发觉这三大类信息都有一个共同的源头——《澳门日报》的报道。而该等报道均出自同一个人的手笔——《澳门日报》

---

[28]　孙中山：《伦敦被难记》，转载于《孙中山全集》，第一卷，第 45 页。

[29]　姜义华：《〈镜海丛报〉序》，载澳门基金会、上海社会科学院合编：《镜海丛报》（影印本）（上海：澳门基金会、上海社会科学院联合出版，2000），第 2 页。以下简称《镜海丛报》(2000 年影印本)。

[30]　盛永华、赵文房、张磊：《孙中山与澳门》（北京：文物出版社，1991），图 61 和说明。

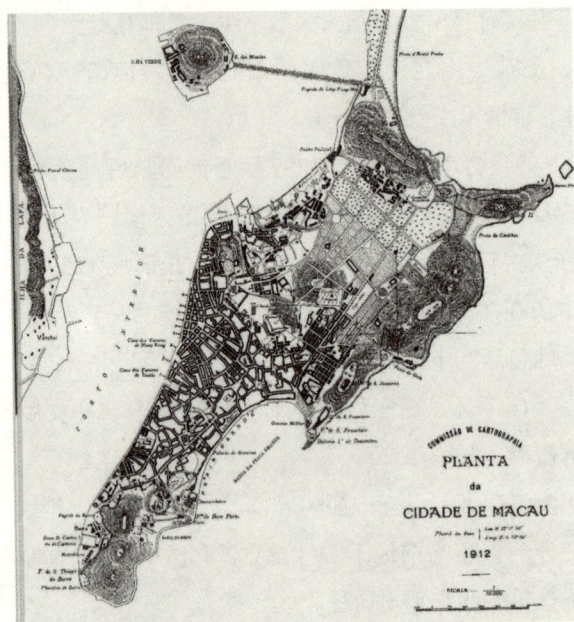

图 7.1　澳门旧地图

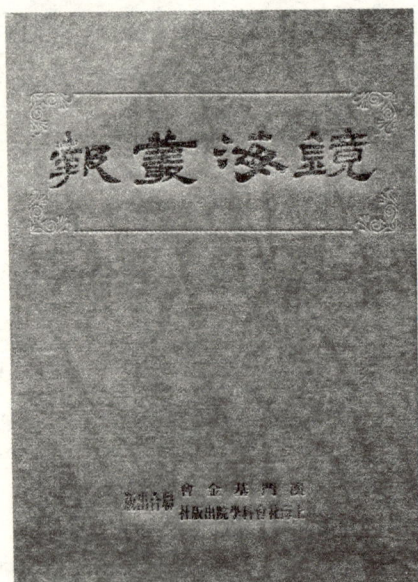

图 7.2　《镜海丛报》复印本封面

20 世纪 80 年代和 90 年代的副总编辑陈树荣先生。他分别用陈树荣、梅士敏、濠江客、鲁传等笔名甚至佚名，在《澳门日报》发表了大量有关文章。[31] 这个发现，引起笔者更大兴趣，决心逐条鉴定这三大方面报道的可靠性，方予采用。

二、孙中山创办了《镜海丛报》（中文版）？

首先，笔者把有关报道用表格的方式开列清单，以便分析。

表 7.1　陈树荣在《澳门日报》刊登有关孙中山创办《镜海丛报》的文章（1986—2001）

（表中日期部分，首两数目字代表年份，中两数目字代表月份，末两数目字代表日子，例如 861111 代表 1986 年 11 月 11 日。）

日期	作者	题目	引文
861111 (1)	佚名	纪念孙中山先生诞辰一百二十周年特刊：孙中山与澳门（事迹摘记）	1893 年 7 月，孙中山与葡籍友人飞南第合作，出版中文周刊《镜海丛报》，孙中山当匿名编辑和主笔，发表革命言论。
861111 (2)	佚名	纪念孙中山先生诞辰一百二十周年特刊：孙中山在澳门活动遗迹	下环正街三号，是中山先生创办的《镜海丛报》社址。
861111 (3)	佚名	纪念孙中山先生诞辰一百二十周年特刊：创办《镜海丛报》与飞南第结友谊·孙中山当年在澳门脱险，葡籍友人掩护避过鹰犬	孙中山与飞南第的友谊长进，更表现在创办《镜海丛报》的过程中。飞南第〔从香港〕回澳，在其祖居旁边，开办了一间印刷店，出版了一份葡文报纸。孙中山为宣传革命，得到飞南第的大力支持，于 1893 年 7 月 18 日开办了《镜海丛报》，销路相当广，销量相当大。 其时，孙中山虽离澳往广州行医，但仍经常来往穗澳间，并保持在澳门的中西药局继续营业，成为其革命活动的一个据点。孙中山担任《镜海丛报》的匿名编辑和主笔，经常在《镜海丛报》发表政治论文，抨击时局，影响甚大，并在报上刊登一些相当于现在读者投函的文章，文末有"孙中山医生启"的字样。

[31]　笔者在 2006 年 3 月 29 日和 5 月 23 日专程到澳门拜访陈树荣先生时，承他亲口赐告，梅士敏和濠江客都是他在《澳门日报》发表文章时所用的笔名。2006 年 12 月 5 日专程往澳门拜访《澳门日报》李鹏翥社长和陆波总编辑，得到的答案也相同。

续表

日期	作者	题目	引文
861111 (4)	佚名	纪念孙中山先生诞辰一百二十周年特刊：创办《镜海丛报》与飞南第结友谊·孙中山当年在澳门脱险，葡籍友人掩护避过鹰犬	1960 年 11 月 8 日，法新社从澳门发出一段消息，八十六岁的澳门老居民乌苏拉·飞南第，在其祖屋——下环正街一号去世。消息说她是澳门葡人飞南第家族中最后一人，又说她哥哥是孙中山生前的好友。
871109	本报记者：鲁传	本报特稿：孙中山当年来澳门行医寄寓议事亭前地十四号	《镜海丛报》这份周报创刊于 1893 年 7 月，由土生葡人飞南第任社长，当时孙中山尚居澳，与飞南第是好友，创刊之初，孙中山积极参与该报，为其撰稿，写评论。(按：孙中山为葡文《镜海丛报》撰稿，写评论？若所指乃中文《镜海丛报》，则事隔一载，陈树荣再不坚称孙中山是该报创办人、编辑和主笔，只是轻描淡写地说为其撰稿、写评论。用笔名"鲁传"来写这篇文章的人是谁？陈树荣后来在《澳门日报》署名说该文是他写的[32]；同时又在《广东社会科学》署名说"孙中山当年来澳门行医寄寓议事亭前地十四号"这篇报道是他写的[33]。)
900808	陈树荣	人物：孙中山与澳门初探（五）	《镜海丛报》是孙中山早年在澳门活动时，在葡人好友法连斯哥·飞南第支持下，合作创办的中文周报…… 《镜海丛报》是怎样创办的？以往的资料显示，是居澳葡人法连斯哥·飞南第支持孙中山合作创办的。报主飞南第原已创办和经营葡文周刊《澳门回声》(Echo Macaense)。中文《镜海丛报》的东主是飞南第，孙中山则主理编务。《镜海丛报》的社论……所署"黔上味味生"的笔名，或许是孙中山早期的笔名。(按：四年之后，陈树荣忽然又重新坚称飞南第支持孙中山合作创办了《镜海丛报》，并主理编务。)
900809	陈树荣	人物：孙中山与澳门初探（六）	《镜海丛报》……1895 年 11 月 6 日，正是孙中山在广州首次起义失败后抵澳的第二天。[按：这个日期是绝对错误的。1895 年 10 月 26 日广州起义失败，孙中山 27 日离开广州，28 日到达澳门，29 日到达香港，11 月 2 日离开香港，11 月 10 日到达神户。沿途均有人证物证。详见本书第八章第九节(iv)—(vi)。]报上刊登了是次武装起义的"电讯"，在社论〈是日邱言〉中，加以类似今日"编者按"的文字，并全文"特录"经修订过的孙中山的〈农学会序〉。这一期《镜海丛报》，很可能是由孙中山负责主理编务的最后一期了。(按：1895 年 11 月 6 日，孙中山正在坐船自香港往神户途中，怎有可能在澳门主理《镜海丛报》的编务？)……从现有的史料、文献等来看，孙中山自己完全没有谈及《镜海丛报》，这或许是出于早期革命工作的需要，孙中山不便于透露，以防清廷耳目。(按：早期不说，晚期说也无妨吧？)

---

[32] 陈树荣：〈人物：孙中山与澳门初探（三）〉，《澳门日报》1990 年 8 月 6 日。

[33] 陈树荣：〈孙中山与澳门初探〉，《广东社会科学》1990 年第 4 期，第 28—36 页；其中第 29 页。

续表

日期	作者	题目	引文
900810	陈树荣	人物：孙中山与澳门初探（七）	孙中山与飞能第（sic）的友谊长进，尤为突出表现在合作开办《镜海丛报》。当孙中山在广州策划首次武装起义失败后逃抵澳门，《镜海丛报》还刊登有关消息，在头版刊登孙中山在起义前发表的〈农学会序〉并加上类似"编者按"的评述，介绍孙中山的事迹……
911110	陈树荣	风采：孙中山在澳门居住过的地方	5.《镜海丛报》——下环正街三号，是澳门葡人飞南第的祖屋，孙中山在澳门时，常到那里参与办报。
911207	濠江客	澳门图说：飞南第与孙中山的友谊	飞南第在澳门创办了中、葡文《镜海丛报》……孙中山经常为《镜海丛报》撰稿，写社评。
921006	本报记者：梅士敏	孙中山澳门行医一百周年	1893 年由居澳葡人印刷商、孙中山的好朋友飞能弟（sic）开设的中文、葡文《镜海丛报》，刊登了许多篇广告……孙中山在澳门行医一年内，还参与创办和编辑《镜海丛报》……
941113	梅士敏	孙中山与澳门关系密切	5. 下环正街三号的《镜海丛报》馆址。
981114	陈树荣	特稿：澳门宜发挥孙中山名人效应	一、铸造纪念牌，悬挂在有关的纪念地——例如……下环《镜海丛报》遗址。
011224	濠江客	澳门图说：孙中山鸿文首篇发表于澳门行	翻开《孙中山全集》，鸿文第一篇是〈致郑藻如书〉，这是孙中山于 1890 年前后给郑藻如的函件，发表在 1892 年的澳门报纸上。（按：费成康在 2000 年出版于澳门的《镜海丛报》复印本的序言第 4 页中已经指出是不可能的，陈树荣却不予理会。）

本表首项 861111 之（1），清楚书明孙中山是《镜海丛报》的匿名编辑和主笔。接下来的 861111（2）项，言之凿凿地说孙中山创办了《镜海丛报》。再接下来的 861111（3）项，除了在文章标题彰显孙中山创办了《镜海丛报》之外，又在正文里说创办之目的是为了宣传革命，更说孙中山在报上刊登一些相当于现在读者投函的文章，文末有"孙中山医生启"的字样。

第一，先处理所谓孙中山写读者投函的事。笔者查阅《镜海丛报》，发觉确实有"来稿照登"，于是把现存的六十九期《镜海丛报》共 412 页，作地毯式搜索。谨将所得全部列表如下：

表 7.2　澳门《镜海丛报》之"来稿照登"统计表

(1893 年 7 月 18 日—1895 年 12 月 25 日)

期号	日期	书页	来稿照登	署名
2/10	940926	28	著名阔佬何连旺系大体面大威势大物件	阙如
2/11	941003	34	南北行捐助药剂芳名列左	同善堂
2/12	941010	40	甲午捐助药剂各善信芳名列左	同善堂
2/14	941024	52	甲午绸缎行捐助同善堂药剂芳名列左	同善堂
2/16	941107	64	永义堂行芳名：广元生、永悦隆、祥利号……	〔同善堂〕
2/17	941114	70	洋货军装行捐助同善堂药剂芳名	〔同善堂〕
2/18	941121	76	山货行捐助同善堂药剂芳名	〔同善堂〕
2/24	950102	112	尝言少年子弟不可作狭邪游此父兄之督责	阙如
2/25	950109	118	抵澳以来……自成七律二章聊抒所怀	渠敖培

从本表看，"孙中山医生启"的字样毫无踪影。至于宣传革命云云，也踏破铁鞋无觅处。

第二，所谓孙中山是《镜海丛报》的匿名编辑和主笔云云，则负责搜集、整理和复印出版现存中文《镜海丛报》的费成康博士，就做过很好的考证。他细心钻研过中文《镜海丛报》各期内容后，断然写道：

> 《镜海丛报》上的一些文章明确地指出，该丛报的主笔是贵州人王真庆，
> 又作王孟琴，"黔中味味生"是他的笔名。在 1895 年 1 月 16 日的《镜海丛
> 报》上，有份"丛报局主稿王真庆"的告白 [34]，……同年 12 月 4 日的新闻
> 〈两为存志〉[35] 指出，"澳门《镜海丛报》局主笔为黔人王君孟琴"。[36]

---

[34]　按即《镜海丛报》(2000 年影印本)，第 124 页。

[35]　同上书，第 394 页。

[36]　费成康：〈孙中山和《镜海丛报》〉，是为《镜海丛报》(2000 年影印本)"序言"，第 7 页。在费成康博士的结论面世之前，《澳门日报》的那篇报道也曾引起过《孙中山年谱长编》的编者注意，但处理时很小心，只是在脚注中写道："说者或谓先生担任该报'匿名编辑和主笔'，是先生'为宣传革命，得到费尔南德斯（按即飞南第）的大力支持'而开办的。"此外就不加评论，由读者自己去判断，是聪明的做法。见陈锡祺主编：《孙中山年谱长编》，上册，第 61 页，注 2。

到了上述引文中〈两为存志〉出版的 1895 年 12 月 4 日，孙中山已经因为广州起义失败而途经香港、日本等地跑到夏威夷与家人团聚。尽管有人异想天开般假设王真庆是孙中山的化名，也绝对不能成立。因为在香港、日本和夏威夷等地都有人见过他。而到达夏威夷后，亲戚朋友皆目睹其本人长时间与家人在一起。反观在澳门的王真庆，却在此时因文章开罪了澳督，"判监三日，第一日发苦狱，次日改押头等监房"，后经王真庆竭力解释以求开脱之后，"判令羁留三日，静思己过"[37]。一个在夏威夷与家人欢庆团圆，一个在澳门银铛入狱，两地又相隔十万八千里，怎可能是同一个人？

第三，所谓孙中山创办《镜海丛报》，则经费从何而来？他开设中西药局，也要向镜湖医院贷款。其次，他从来没有办报的知识、训练与经验，贸然办报，智者不为。再次，孙中山虽然童年时代曾在翠亨村读过约三年私塾，但此后在夏威夷、香港等地所读的正规学校皆采英语教学。1895 年 11 月 6 日《镜海丛报》头版曰："香山人孙文，字逸仙，少从亚美利加洲游学，习知外洋事态、语言文字，并精西医，笃信西教。壮而还息乡邦，尚不通汉人文。"[38]孙中山甫到澳门之时，正是他从香港西医书院毕业不久之日，若说他"尚不通汉人文"，似乎过分夸大，但让他来办一份中文报纸，则肯定力有未逮。

第四，所谓孙中山创办《镜海丛报》之目的是为了宣传革命，这就先入为主地认为他到澳门并不是为了行医而是为了从事革命。若是如此，则为何他向镜湖医院贷款开设中西药局？开设中西药局同样是为了从事革命？

三、开设中西药局是为了从事革命？

为了回答这个问题，笔者又把搜集到的有关报道，按其出版先后排列成表，以便分析。

---

[37] 按即《镜海丛报》（2000 年影印本），第 394 页。
[38] 佚名：〈是日邱言〉，《镜海丛报》1895 年 11 月 6 日头版，载《镜海丛报》（2000 年影印本），第 395 页。

表 7.3　陈树荣在《澳门日报》刊登有关孙中山中西药局的文章（1990—2003）

日期	作者	题目	引文
861111 (1)	佚名	纪念孙中山先生诞辰一百二十周年特刊：孙中山在澳门活动遗迹	草堆街八十四号。当年的中西药局，而今的"大生布匹头店"。
861111 (2)	佚名	纪念孙中山先生诞辰一百二十周年特刊：孙中山与澳门（事迹摘记）	1892 年 12 月，孙中山两次向镜湖医院借款，共三千一百六十八两。在草堆街八十到八十四号，开设"中西药局"。孙中山在镜湖医院义务行医，由"中西药局"免费供应西药作为支付向医院借款的利息，生意颇佳。
861111 (3)	佚名	纪念孙中山先生诞辰一百二十周年特刊：创办《镜海丛报》与飞南第结友谊·孙中山当年在澳门脱险，葡籍友人掩护避过鹰犬	孙中山为宣传革命，得到飞南第的大力支持，于 1893 年 7 月 18 日开办了《镜海丛报》，销路相当广，销量相当大。 其时，孙中山虽离澳往广州行医，但仍经常来往穗澳间，并保持在澳门的中西药局继续营业，成为其革命活动的一个据点。
871112	本报记者：陈树荣	本报特稿：孙中山澳门行医史料新探（下）	这则由"孙中山谨启"的声明告白，刊登于……1893 年 9 月 20 日，其时距孙中山抵澳行医的 1892 年秋，已逾一年时间。……（按："孙中山谨启"这则声明告白，并非刊于 1893 年 9 月 20 日，当天并没有出版葡语《澳门回声》。该告白刊登在 1893 年 9 月 26 日。） 在"声明告白"中，孙中山仅称"本医生晋省有事"，才将"所有中西药局事务，统交陈孔屏兄代理"。但这仅是"代理"，还不是说"结业"。孙中山不愿意轻易放弃"中西药局"这个"地盘"，放弃这个开展革命活动的"阵地"。
900318	陈树荣	特稿加强研究"孙中山与澳门"	孙中山（于 1892 年秋）来澳工作约一年……在草堆街八十四号开设"中西药局"，赠医施药。（按：孙中山并非在"中西药局"赠医施药，而是在镜湖医院赠医。）
900805	陈树荣	人物：孙中山与澳门初探（二）	孙中山…… 1892 年…… 12 月向镜湖医院借款一千四百四十四两，在草堆街开设"中西药局"。
900806	陈树荣	人物：孙中山与澳门初探（三）	一则由"中西药局"谨启的"中西圣药"的广告，甚至每周登报，达一年之久。（按：若每周一次，刊登一年就是五十二次。笔者作了一个统计，共二十次，见下文表 7.5。）
900807	陈树荣	人物：孙中山与澳门初探（四）	从《春满镜湖》的广告，可知孙中山在澳门行医，有几个突出的地方。 一、固定诊症的地点有三个，除了镜湖医院，还有"草堆街中西药局"和"仁慈堂右邻写字楼"，即孙中山来澳的寓所，位于"议事亭前地十四号"。

日期	作者	题目	引文
911110	陈树荣	风采：孙中山在澳门居住过的地方	3．中西药局——草堆街八十四号。 4．议事亭前地的"孙医馆"是孙中山居澳较长的寓所。
911116	濠江客	澳门图说：孙中山在澳创办"中西药局"	在草堆街八十到八十四号开办。 草堆街上的这间"中西药局"，现址尚有，为一间二层的古式楼房（按：笔者实地调查的结果是三层），后门开在内街，便于撤走，这或许是孙中山当时的巧妙安排，以便于革命工作。革命党人常聚那里，策划谋事。
921006	本报记者：梅士敏	孙中山澳门行医一百周年	孙中山医生在澳门行医的一年多时间里，每日固定诊症的地方有三处，除了镜湖医院，还有"草堆街中西药局"和"仁慈堂右邻写字楼"。这座写字楼，即年轻的孙中山来澳的寓所。
940218	本报记者：梅士敏	孙中山百年前返澳门度岁	1892年……12月底，在草堆街八十四号开设"中西药局"。
941113	梅士敏	孙中山与澳门关系密切	3．草堆街的中西药局。
981112	本报记者：梅士敏	本报特稿：孙中山的澳门遗物在何方？	〔孙中山〕每日分别在三处地方挂牌行医。其中在镜湖医院、中西药局和孙医馆都各自工作二小时。
981114	陈树荣	特稿：澳门宜发挥孙中山名人效应	二、收购中西药局遗址—— 辟作孙中山陈列馆——位于草堆街八十四号的中西药局，创办于1893年初，由孙中山向镜湖医院借钱开办中西药局，作为赠医施药的重要地方。（按：如前所述，孙中山并非在"中西药局"赠医施药，而是在镜湖医院赠医。）
000312	本报记者：梅士敏	本报特稿：澳门须重视孙中山事迹——向特区政府提五项建议	位于草堆街八十四号的中西药局。
011120	濠江客	澳门图说：孙中山澳门三地方诊症	晨早7点钟至9点钟止，在草堆街诊症，无论男女，诊金每位二毫。
011203	濠江客	澳门图说：孙中山澳门行医的用品	孙中山向镜湖医院借钱开办中西药局。
030915	濠江客	澳门图说：孙中山借钱开药局	孙中山开设的中西药局，位于草堆街八十号，是一幢逾百年的古老大屋，楼高三层，内间颇为宽敞，且有后门通往卢石塘街，便于孙中山的革命活动，有利躲避清朝"探子"的追缉。

　　本表最引人注目者，是声称孙中山在澳门进行革命活动的四大则：按时间先后是：

　　第一，861111（3）一则说："其时（指1893年7月18日），孙中山虽离澳往广州行医，但仍经常来往穗澳间，并保持在澳门的中西药局继续营业，成为其革命活动的一个据点。"

　　第二，871112一则说：中西药局是孙中山在澳门开展革命活动的地盘、阵地。

　　第三，911116一则说："草堆街上的这间'中西药局'，现址尚有，为一间二层的古式楼房，后门开在内街，便于撤走，这或许是孙中山当时的巧妙安排，以便于革命工作。革命党人常聚那里，策划谋事。"

　　第四，030915一则说："孙中山开设的中西药局，位于草堆街八十号，是一幢逾百年的古老大屋，楼高三层，内间颇为宽敞，且有后门通往卢石塘街，便于孙中山的革命活动，有利躲避清朝'探子'的追缉。"

　　笔者对这四大则报道的按语是：目前没有确凿史料显示孙中山在澳门行医时曾有革命活动，遑论追缉。不错，中国国民党中央党史委员会编撰和出版的《国父年谱》，在介绍孙中山在澳门行医的情况时，劈头第一句就说："澳门原属香山县治，与先生故乡翠亨村陆路相连，又与香港、广州水程畅通，便于革命活动。"[39] 言下之意，是孙中山之选择到澳门行医是为了从事革命。但这只是一个自傲为革命党的党史会对其创党领袖的描述，并没有提出任何根据。反观北京中华书局所出版的《孙中山年谱长编》，就没有这种花絮[40]，因为北京没有必要增添这种花絮。

　　《孙中山年谱长编》的主编陈锡祺先生，在1979年曾向笔者查询，孙中山在

---

[39] 罗家伦主编，黄季陆、秦孝仪、李云汉增订：《国父年谱》（台北：中国国民党中央党史委员会，1994），第69页。该页没注明该说之出处。追查该书1985年的版本，则引岭南大学孙中山博士纪念医院筹备委员会编：《总理开始学医与革命运动五十周年纪念史略》。但所引乃宣传品，且该宣传品先入为主地说孙中山学医是为了从事革命，难怪李云汉先生，作为一位严肃的学者，在修订《国父年谱》以便在1994年出版时，就删掉这个注释；但作为党史会的主任委员，看来不便把正文也删掉。不删掉似乎也有多少据理，盖孙中山自己也曾说过"借医术为入世之媒"（见孙中山：《建国方略·孙文学说》，第八章"有志竟成"，《国父全集》，第一册，第491页。《孙中山全集》，第六卷，第229页）。但能否将"入世之媒"解释为"革命之媒"，就见仁见智了。

[40] 陈锡祺主编：《孙中山年谱长编》，上册，第60页。

其《伦敦被难记》中所提到之"少年中国党"究竟是怎么回事？现在就让笔者尝试回答这个问题。"少年中国党"者，《伦敦被难记》中之英语原文称之为 Young China Party。其大动作包括 1895 年"定计于广州突举义旗，据省城而有之，尽逐诸官吏。……起事之谋已败……电香港令缓师……广州诸党魁亦纷纷四散……"所述无疑是兴中会 1895 年之广州起义，以致该书原译者把 Young China Party 翻译为兴中会。但 1981 年由北京中华书局出版的《孙中山全集》第一卷的编者们，却认为是翻译错了，他们认为不可能是兴中会。理由是："将少年中国党与兴中会等同起来"，是不妥当的。[41] 至于如何不妥当，编者就没做解释了。2006 年出版的《孙文选集》的编者黄彦先生，同样认为 Young China Party 不是兴中会，理由是"与原意不符"[42]。至于原意是什么，黄彦先生就没有道明原委。窃以为《伦敦被难记》所述的一些细节，的确与我们目前所掌握到的有关兴中会的资料不符。兹举两例：

1．"予在澳门始知有一种政治运动，其宗旨在改造中国，故可名为'少年中国党'……予当时不禁深表同情而投身为彼党员。"现存史料显示，兴中会是 1894 年 11 月孙中山在檀香山亲手缔造者，而不是他在 1892 年秋初到澳门行医时已经由别人组织起来之后他才参加的。

2．"兴中会之总部设于上海"。现存史料显示，兴中会之总部设于香港，当时上海似乎连分会都没有。若有，也可能只是在上海工作的陆皓东一个人孤军作战。为什么会出现这些矛盾？据笔者考证，《伦敦被难记》之英语原著的作者并非孙中山，枪手是其恩师康德黎医生。[43] 康德黎医生是陆陆续续地听了孙中山的陈述而趁热打铁地日夜赶写该书，赶在清朝驻伦敦公使馆的职员，在光天化日之下，公然从街头把孙中山绑架进入公使馆，并把其幽禁起来这桩轰动一时的大案，仍然受世人关注的时刻出版。在这种情况下，一些细节无暇顾及得周全，可以理解。

其实，兴中会这名字，目前西方史学界普遍把它翻译成为 Revive China

[41] 《孙中山全集》，第一卷，第 50 页，注 1。
[42] 黄彦编：《孙文选集》（广州：广东人民出版社，2006），中册，第 29 页，注 2。
[43] 见拙著《孙逸仙伦敦蒙难真相》（上海：上海书店出版社，2004），第四章第三节。

Society。若当时孙中山对恩师说是 Young China Party，也差不离儿。笔者甚至认为，兴中会成立之初，虽然所取中文名字叫兴中会，但英文名字很可能就叫做 Young China Party。因为当时兴中会的会员，绝大部分是受过西方教育的年轻人，血气方刚，充满理想。若取名 Young China Party，正符合他们的思想感情。若取名 Revive China Society，反而给人一种老气横秋的感觉，不符合他们的年纪和脾气。

至于把"予在澳门始知有一种政治运动，其宗旨在改造中国，故可名为'少年中国党'"作为根据而大做文章，说孙中山在澳门积极进行革命活动，就是从根本上误解了这句话的原意。该话原意是改良，不是革命。该话接下来的句子是这样的："其党有见于中国政体不合于时势所需，故欲以和平之手段、渐进之方法请愿于朝廷，俾倡行新政。"[44] 陈树荣三番五次说孙中山在澳门行医期间积极从事革命，甚至在上述表 7.3 之中的 030915 一则说："孙中山开设的中西药局……有后门通往卢石塘街，便于孙中山的革命活动，有利躲避清朝'探子'的追缉"等情，值得商榷。诚然，待"朝廷悍然下诏，不特对于上书请愿之人加以谴责，且谓此等陈请变法之条陈以后概不得擅上云云。吾党于是……徐图所以倾覆而变更者"[45]。等到孙中山决定倾覆朝廷时，人已离开澳门多时了。在澳门从事革命云云，从何谈起？

此外，表 7.3 另有引人注目者，是声称孙中山在草堆街三个不同地方设立中西药局之九则：

一、861111（1）说：中西药局设在"草堆街八十四号"。

二、861111（2）说：中西药局设在"草堆街八十到八十四号"。

三、900318 说：中西药局设在"草堆街八十四号"。

四、911110 说：中西药局设在"草堆街八十四号"。

五、911116 说：中西药局设在"草堆街八十到八十四号"。

六、940218 说：中西药局设在"草堆街八十四号"。

---

[44]　孙中山：《伦敦被难记》（译文），收入黄彦编：《孙文选集》，中册，第 27—71 页；其中第 29 页。
[45]　同上书，第 31 页。

七、981114 说：中西药局设在"草堆街八十四号"。

八、000312 说：中西药局设在"草堆街八十四号"。

九、030915 说：中西药局设在"草堆街八十号"。

总之，究竟是八十号、八十四号，还是八十至八十四号？另一个问题是：究竟中西药局这幢房子是二层还是三层？911116 一则说是二层；030915 一则说是三层。据笔者多次到草堆街实地考察所得，则无论是八十、八十二还是八十四号的楼房，都是三层。而且看来楼龄皆超过一百年，似是原来的房子，未经加建。接下来的问题是，庞然大物的一所三层高房子，尽管一楼做药局，孙中山一个人同时住二楼和三楼，不是太浪费吗？又即使多了个陈萃芬，也只是两口子而已。2006 年 3 月 29 日，承陈树荣先生带领参观该列房子时，笔者就提出这个问题。陈树荣先生回答说，孙中山利用二楼与同志开会，策划革命，自己住在三楼。据笔者实地考察毗邻的七十八号"金兴金铺"为例子，该栋楼房面积是很大的，三楼有五个房间，孙中山何须住五个房间？空置二楼专门为革命同志开会，也完全没这必要。

此外，究竟孙中山的"中西药局"是设在草堆街几号？这都是亟待解决的问题。但鉴于陈树荣又说孙中山的寓所在议事亭前地十四号的"孙医馆"（见下节），难道孙中山有两个寓所？到了这个地步相信读者已经估计到，笔者重点探索这些鸡毛蒜皮的微观细节，目的正是要回答一个重大的宏观问题，即孙中山如何走上革命的道路？准此，就容笔者预告一下探索结果所带出的问题：若孙中山只是在镜湖医院和草堆街中西药局行医，而从未在议事亭前地设立过"孙医馆"，那么孙中山在澳门行医这段历史，就不必在本书多费笔墨。若孙中山果真在议事亭前地设立过"孙医馆"，那么他在澳门行医这段历史，意义就非同小可。此话怎说？笔锋就转到议事亭前地了。

四、"孙医馆"设在议事亭前地十四号？

一如既往，笔者把搜集到的有关报道，按其出版先后排列成表，以便分析。

表 7.4　陈树荣在《澳门日报》刊登有关孙中山"孙医馆"的文章（1990—2003）

日期	作者	题目	引文
871109	本报记者：鲁传	本报特稿：孙中山当年来澳门行医寄寓议事亭前地十四号	九十五年前，孙中山来澳门行医约一年，留下一段光辉的里程。……孙中山在澳门行医这一年间，住在哪里？……据 1895 年 9 月 4 日仁慈堂管理委员会的"会议记录"，孙中山当时寄寓于"议事亭前地十四号"……这份会议记录，发表在 1895 年 11 月 9 日的葡文《镜海丛报》。……仁慈堂这份"会议记录"，有这样的记载："议事亭前地十四号这座房子，曾租给中国人孙中山，租期一年，月租十二元，担保人叶来新。"……议事亭前地十四号，与仁慈堂毗邻，隔着罗结地巷。（按：用笔名"鲁传"来写这篇文章的人是谁？陈树荣后来在《澳门日报》署名说该文是他写的，[46] 同时又在《广东社会科学》署名说"孙中山当年来澳门行医寄寓议事亭前地十四号"这篇报道也是他写的。[47]）
880313	本报记者：梅士敏	孙中山医术精湛镜湖耀彩——从《镜海丛报》创刊号发现的新史料	《镜海丛报》创刊号中……已有提及"孙医馆"，文字如下："惠顾挂号，请到下环正街或宜安公司，仁慈堂右街孙医馆，草堆街中西药局，均可阅报。"……从上述资料，可说明两点：一、"孙医馆位于议事亭前地的仁慈堂右街。据仁慈堂当时的会议记录，孙中山于 1892 年秋居澳，租住仁慈堂物业——议事亭前地 16 号，约一年时间。"[48]（按：据笔者实地调查所得，仁慈堂主楼是议事亭前地十六号，它的右街的房子，又是议事亭前地十六号？）该址在 60 年前建邮电大厦时已被拆，未拆前与"仁慈堂右街孙医馆"，可能是同一址，只是门口位置不同，门牌也有别。（按：事隔四月，陈树荣再不言之凿凿了。）
900318	陈树荣	特稿：加强研究"孙中山与澳门"	（孙中山）于 1892 年秋来澳工作约一年向仁慈堂租了议事亭前地十四号开设"孙医馆"。
900807	陈树荣	人物：孙中山与澳门初探（四）	从《春满镜湖》的广告，可知孙中山在澳门行医，有几个突出的地方。一、固定诊症的地点有三个，除了镜湖医院，还有"草堆街中西药局"和"仁慈堂右邻写字楼"，即孙中山来澳的寓所，位于"议事亭前地十四号"，为居葡人民间慈善团体仁慈堂的物业，租与孙中山，称之为"孙医馆"。五、医术高明……包括"补崩牙、崩耳、割眼膜……"（孙中山是牙医？眼医？）

[46]　陈树荣：〈人物：孙中山与澳门初探（三）〉，《澳门日报》，1990 年 8 月 6 日。

[47]　陈树荣：〈孙中山与澳门初探〉，《广东社会科学》1990 年第 4 期，第 28—36 页；其中第 29 页。

[48]　飞南第：〈创办《镜海丛报》条列利益布启〉，中文《镜海丛报》，1893 年 7 月 18 日，载《镜海丛报》（2000 年影印本），第 1—2 页；其中第 2 页。

续表

日期	作者	题目	引文
900810	陈树荣	人物：孙中山与澳门初探（七）	这份中文《镜海丛报》出版的三天后（按：即 1895 年 11 月 9 日），飞能第（sic）主办的葡文《澳门回声》报，又刊登孙中山事迹的文章，其中谈到了在澳门行医时，曾寓于"议事亭前地十四号"，这是仁慈堂的物业，记录在仁慈堂管理委员会的"会议记录"上："议事亭前地十四号这座房子，曾租给中国人孙中山，租期一年，月租十二元，担保人叶来新。"这份会议记录刊登在这一期的《澳门回声》报上。…… （按：从此以后，陈树荣又言之凿凿地大谈仁慈堂管理委员会的"会议记录"了。）
911107	本报记者：梅士敏	1892 年与 1896 年孙中山两度向镜湖医院借钱（上）	仁慈堂旁的孙医馆（六十多年前已拆去）。
911110	陈树荣	风采：孙中山在澳门居住过的地方	3. 中西药局——草堆街八十四号。 4. 仁慈堂右街孙医馆——位于"议事亭前地十四号"，为居澳葡人民间慈善团体仁慈堂的物业，租与孙中山，月租十二元，记载在仁慈堂的物业租赁登记册上（迄今尚可查阅）。孙中山在那里开设孙医馆，并作为其寓所。…… 议事亭前地的"孙医馆"是孙中山居澳较长的寓所。
911114	濠江客	澳门图说：孙中山在澳门设"孙医馆"	"孙医馆"由孙医生逸仙开办，馆设于"议事亭前地十四号"（位于今日邮电大厦前的花园空地），这是仁慈堂的物业，故亦有称之为"仁慈堂右邻写字楼"，由仁慈堂租给孙中山，月租十二元，有关此段租务情况，在仁慈堂 1892—1893 年的"租簿"中，有逐月的记录，而仁慈堂管理委员会的"会议记录"，亦有记载。这份"会议记录"，发表在 1895 年 11 月 9 日的葡文《镜海丛报》。其"会议记录"如下："议事亭前地十四号这座房子，曾租给中国人孙中山，租期一年，月租十二元，担保人叶来新。"孙医馆的左边与仁慈堂毗邻，隔着一条罗结地巷，而右边则是 1892 年与"孙医馆"同年诞生的同善堂。
921006	本报记者：梅士敏	孙中山澳门行医一百周年	孙中山医生在澳门行医的一年多时间里，每日固定诊症的地方有三处，除了镜湖医院，还有"草堆街中西药局"和"仁慈堂右邻写字楼"。这座写字楼，即年轻的孙中山来澳的寓所，位于"议事亭前地十四号"，此为居澳葡人民间慈善团体仁慈堂的物业，租与孙中山（每月十二元），称之为"孙医馆"，孙中山与原配夫人卢慕贞和一岁多的儿子孙科一起住在那里。
940116	梅士敏	永丰舰与澳门一段情	1922 年……陈炯明叛变……孙中山偕夫人宋庆龄冒着枪林弹雨连夜突围，几经周折，登上永丰舰。（按：所有史料都说当时孙中山、宋庆龄是劳燕分飞的。）
940218	本报记者：梅士敏	孙中山百年前返澳门度岁	1892 年……12 月底…… 以月租十五（sic）元，向仁慈堂租借议事亭前地十四号，开设"孙医馆"。

续表

日期	作者	题目	引文
941113	梅士敏	孙中山与澳门关系密切	孙中山还有租赁仁慈堂的地方开设的孙医馆……（4）仁慈堂右街孙医馆（原位于议事亭前地十四号，七十多年前已拆除）。
980301	陈树荣	人物：孙中山与澳门华人	他（孙中山）在议事亭前地开设的诊所，也署名"孙医馆"。该座房子，是属葡人民间慈善团体仁慈堂的物业，以每月十二元租与孙中山，他与原配夫人卢慕贞和一岁多的儿子孙科一起住在那里。
981112	本报记者：梅士敏	本报特稿：孙中山的澳门遗物在何方？	（孙中山）每日分别在三处地方挂牌行医。其中在镜湖医院、中西药局和孙医馆都各自工作二小时。
981114	陈树荣	特稿：澳门宜发挥孙中山名人效应	三、树立孙中山澳门行医纪念碑，立于议事亭前地邮电大厦侧面——这是百多年前著名的"孙医馆"所在地，1892年秋，孙中山于香港西医学堂毕业后应邀来澳门行医济世，曾向仁慈堂租赁其旁边的一座二层房子（月租十二元），开办的诊所，孙中山自称为"孙医馆"（刚好旁为最早的同善堂）。该一列房子，后来因邮电局建大厦而拆去。
000312	本报记者：梅士敏	本报特稿：澳门须重视孙中山事迹——向特区政府提五项建议	一处在仁慈堂右侧（罗结地巷旁），向仁慈堂月租十二元租赁一间两层房子，开办诊所，孙中山自称为"孙医馆"（孙中山夫人卢慕贞与一岁儿子孙科居于上址）……
011028	濠江客	澳门图说：孙中山·镜湖·公民教材	孙中山在澳门行医时，自称为"孙医生"，将设在议事亭前地十四号的二层楼，称为"孙医馆"。
011120	濠江客	澳门图说：孙中山澳门三地方诊症	中午由1点钟至3点钟止，在仁慈堂右邻写字楼（孙医馆）诊症。
011126	濠江客	澳门图说：孙医馆·仁慈堂·月租十二元	孙医馆位议事亭前地十四号，原是仁慈堂物业，由孙中山于1893年初向仁慈堂租赁，月租十二元，以孙新的名字租赁了一年多。
011203	濠江客	澳门图说：孙中山澳门行医的用品	……向仁慈堂租屋开设孙医馆。
030915	濠江客	澳门图说：孙中山·孙医馆	议事亭前地在一百年前有一座二层洋房，是孙中山于1893年在澳门开设的"孙医馆"。这座小洋房，原是仁慈堂的物业，由孙中山以月租十二元，向仁慈堂租用，当时的仁慈堂会议记录有记载。……孙中山诊金价格单中，列了"孙医馆"的诊金："一、凡亲自到仁慈堂右邻写字楼诊症者，送医金壹圆。"由此可知，孙医馆位于"仁慈堂右邻"，既是"医馆"诊所，且是"写字楼"（办公室）。到诊者须交"医金壹圆"。孙中山在《镜海丛报》刊登的另一则广告中，列明"孙医馆"位于"议事亭前地十六号"。（按：查！——查探的结果，见后文。）

本表之 871109、900807、911110、921006、941113、000312、011028、011226 八项，都说孙中山将议事亭前地十四号作为寓所；其中 921006、980301、000312 三项，更说其夫人卢慕贞和一岁多的儿子孙科一起住在那里。这就与先前所言孙中山居住在草堆街之说，直接冲突。难道孙中山真的同时有两个寓所这么浪费？此外，几乎所有史料都说卢慕贞留在翠亨村侍奉守寡的家姑（家翁已于 1888 年去世）。若她真的去了澳门居住，则谁照顾那位留在翠亨村的小脚家姑？最后，据上述熊永华老先生说，在过去，议事亭前地那些两层高的小洋房，房东都是葡人，只是用作写字楼或商户，从来不住人的。办公时间过后，马上关门大吉，葡人回半山区或海边寓所，华仆回华人区过夜。[49] 若孙中山真的居住在议事亭前地，岂非破坏葡人规矩？可堪参考的是，居住在草堆街七十八号的熊永华老先生曾回忆说，其祖父熊子鎏常唤那位居住在草堆街八十号的孙中山去饮早茶 [50]，故窃以为孙中山极可能是居住在草堆街。果真如此，则孙中山哪用得上一座庞然大物做居所？尽管当时陈粹芬跟他在一起，加起来才两口子，而隔壁同样大小的草堆街七十八号的永兴金铺连商店、工场、员工宿舍、饭堂、老板家宅等容下十多二十人！[51] 故窃以为孙中山很可能只租用一楼已经绰绰有余，房东大可把二楼、三楼另租给别人。笔者这种想法，得到永兴金铺老板熊永华先生证实。他说，草堆街七十八号、八十号等房子过去都有后门的，一楼做生意从前门出入；二楼、三楼是普通人家，可以从后门的楼梯出入。[52]

鉴于本章主旨是探索孙中山在澳门行医的情况，而孙中山曾居住在草堆街还是议事亭前地之考证，也是为了彻查其医务所甚至所谓其革命据点所在何方。准此，现在再查证孙中山是否真的曾租用过议事亭前地十四号作为诊所。

鉴于这个问题，在本表出现得最早、描述得最具体，同时又是陈树荣署名的文章，是 900810 那一则，它说：

这份中文《镜海丛报》出版的三天后（按即 1895 年 11 月 9 日），飞能第

---

[49] 黄宇和：〈澳门调查报告〉（手稿），2006 年 6 月 5 日。
[50] 黄宇和：〈澳门调查报告〉（手稿），2006 年 3 月 29 日。
[51] 黄宇和采访永兴金铺老板熊永华（1939 年生），2006 年 3 月 29 日。
[52] 同上。

(sic) 主办的葡文《澳门回声》（按即 *Echo Macaense*）报，又刊登孙中山事迹的文章，其中谈到了在澳门行医时，曾寓于议事亭前地十四号，这是仁慈堂的物业，记录在仁慈堂管理委员会的"会议记录"上："议事亭前地十四号这座房子，曾租给中国人孙中山，租期一年，月租十二元，担保人叶来新。"这份会议记录刊登在这一期的《澳门回声》报上。[53]

笔者注意到，在这之前，陈树荣又已经用鲁传这笔名，传播过同样的信息。笔者从何得悉"鲁传"即陈树荣？陈树荣后来在《澳门日报》署名撰文说明该文是他所写的。[54] 同时，他又在《广东社会科学》署名撰文说〈孙中山当年来澳门行医寄寓议事亭前地十四号〉这篇报道也是他写的。[55] 兹将陈树荣用"鲁传"这一笔名所写文章的有关部分引述如下：

> 孙中山在澳门行医这一年间，住在哪里？……
> 据 1895 年 9 月 4 日仁慈堂管理委员会的"会议记录"，孙中山当时寄寓于"议事亭前地十四号"……
> 这份会议记录，发表在 1895 年 11 月 9 日的葡文《镜海丛报》。……
> 仁慈堂这份"会议记录"，有这样的记载："议事亭前地十四号这座房子，曾租给中国人孙中山，租期一年，月租十二元，担保人叶来新。"……
> 议事亭前地十四号，与仁慈堂毗邻，隔着罗结地巷。[56]

准此，笔者一连串的疑问是：

第一，孙中山是 1893 年在澳门租屋行医的，为何迟至 1895 年才有租屋记录？

第二，是什么促使仁慈堂在两年之后将会议记录发表？

---

[53]　陈树荣：〈人物：孙中山与澳门初探（七）〉，《澳门日报》，1990 年 8 月 10 日。

[54]　陈树荣：〈人物：孙中山与澳门初探（三）〉，《澳门日报》，1990 年 8 月 6 日。

[55]　陈树荣：〈孙中山与澳门初探〉，《广东社会科学》1990 年第 4 期，第 28—36 页：其中第 29 页。

[56]　见表 7.4 之中 871109 一项，即鲁传：〈本报特稿：孙中山当年来澳门行医寄寓议事亭前地十四号〉，《澳门日报》，1987 年 11 月 9 日。

图 7.3　葡文《澳门回声》(*Echo Macaense*)，第十六、
十七、十八期（均没刊登过仁慈堂管理委员会会议记录）

第三，"孙中山"这个名字，有待 1897 年秋孙文到达日本之后才启用，故 1895 年的澳门会议记录不可能称他为"孙中山"。查核盛永华、赵文房、张磊等编：《孙中山与澳门》（北京：文物出版社，1991），其中图 61 的说明为："议事亭前地十四号这座房子，曾租给中国人孙逸仙，租期一年，月租十二元，担保人叶来新。"在此，编者们竟然把陈树荣所引述的文献中之"孙中山"改为"孙逸仙"。不去核实陈树荣所引述文献之可靠性，却削足适履般改动"文献"内容，为何如此？

疑云阵阵之余，决定首先从 1895 年 11 月 9 日的葡文《澳门回声》入手调查。笔者预先约好了陈树荣先生，以及澳门历史档案馆代馆长 Marie Imelda MacLeod（汉语译作张芳玮）女士，在 2006 年 5 月 23 日专程往澳门拜访她。当天甫出澳门的边检大楼，陈树荣先生已在那里等候笔者。我们坐出租车直奔澳门历史档案馆，道明来意后，笔者即求张芳玮代馆长派一位熟悉葡文的职员，与我们一道查阅 1895 年 11 月 9 日的葡文《澳门回声》缩微胶卷。她欣然答应，并委托阅览室职务主管朱伟成先生亲自与我们并肩作战。结果发觉：

第一，1895 年 11 月 9 日的葡文《澳门回声》并不存在。有的是 1895 年 11 月 6 日出版的第十七期。该期共六页，没有任何有关孙中山租用仁慈堂物业的消息。

第二，往前查第十六期（1895 年 10 月 30 日），同样没有。

第三，往后查第十八期（1896 年 2 月 2 日）[57]，也没有。

准此，可确知该报没有刊登过仁慈堂管理委员会记录，"议事亭前地十四号这座房子，曾租给中国人孙中山，租期一年，月租金十二元，担保人是叶来新"云云，查无实据。

既然陈树荣先生曾言之凿凿地、三番五次（见表 7.4 所列各项）说过，葡文《澳门回声》刊登过该会议记录，坐在我们旁边的他，应该很快就能从缩微胶卷中指出该会议记录曾出现过的具体位置。可惜他不断地顾左右而言他。

上穷碧落下黄泉，也要查个水落石出。2006 年 6 月 5 日，承翠亨村孙中山故居纪念馆萧润君馆长大力支持，派黄健敏和张咏梅再度陪笔者专程往澳门历史档

---

[57]　第十八期头版有一说明，谓该刊因为开罪了澳门总督，被勒令停刊三十天。故第十八期迟至翌年 2 月 2 日才出版。

案馆，这次专心追查仁慈堂管理委员会会议记录。该会议记录浩瀚如海，幸有目录。笔者拿着葡英字典，慢慢咀嚼、抄录。又请朱伟成先生核实笔者所抄者确实是仁慈堂管理委员会会议记录。再请黄健敏和张咏梅帮笔者一起核对所抄日期，结果发现，孙中山在澳门行医期间的 1892 年秋到 1894 年初，仁慈堂管理委员会会议记录并不存在。"议事亭前地十四号这座房子，曾租给中国人孙中山，租期一年，月租金十二元，担保人是叶来新"云云，又是查无实据。

山穷水尽疑无路，柳暗花明又一村。表 7.4 之中的 911110 一则显示，陈树荣在其署名文章中提供了另外一条线索：

> 仁慈堂右街孙医馆——位于"议事亭前地十四号"，为居澳葡人民间慈善团体仁慈堂的物业，租与孙中山，月租十二元，记载在仁慈堂的物业租赁登记册上（迄今尚可查阅）。[58]

在这篇文章中，舍"仁慈堂管理委员会会议记录"而采"仁慈堂的物业租赁登记册"，笔者凝视"迄今尚可查阅"这句话，于是在 2006 年 6 月 20 日，再度前往澳门历史档案馆，这次目标是查阅"仁慈堂物业租赁登记册"，结果又是查无实据。

种种查无实据的现象，该作何解释？究竟孙医馆曾否存在？

五、究竟"孙医馆"曾否存在？

窃以为孙医馆确实曾存在过。因为在现存的葡文《澳门回声》之中，就有关于孙中山诊所的广告，题为〈春满镜湖〉。该广告是澳门的几位乡绅卢焯之等出资为孙中山刊登者，其中一项曰："凡亲自到仁慈堂右邻写字楼诊症者，送医金壹圆"[59]（见图 7.4）。

由此而进一步可知，孙医馆位于"仁慈堂右邻"[60]。在这个基础上，陈树荣

[58] 陈树荣：〈风采：孙中山在澳门居住过的地方〉，《澳门日报》，1991 年 11 月 10 日。
[59] 卢焯之等：〈春满镜湖〉，*Echo Macaense*，26 September 1893, p. 4。
[60] 濠江客：〈澳门图说：孙中山·孙医馆〉，《澳门日报》，2003 年 9 月 15 日。

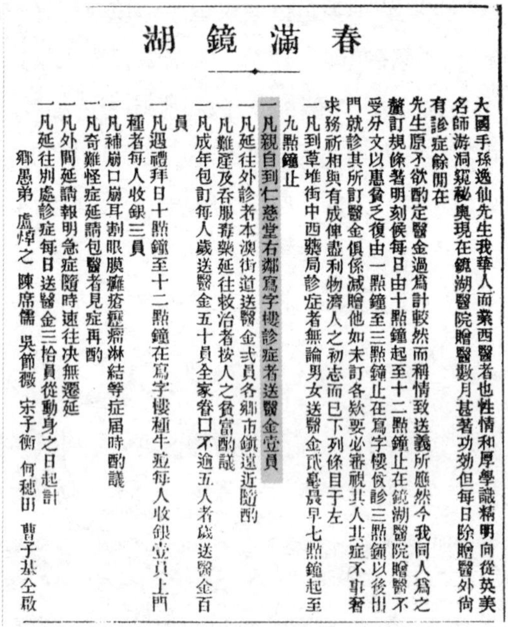

春滿鏡湖

大國手孫逸仙先生我華人而業西醫者也性情和厚學識精明向從英美名師游洞窺秘奧現在鏡湖醫院贈醫數月甚著功効但每日除贈醫外倘有診症餘閒在先生原不欲酌定醫金過爲計較然而稍情致送義所應今我同人爲之釐訂規條著明刻候每日一點鐘起至十二點鐘止在鏡湖醫院贈醫不受分文以惠貧乏之復由一點鐘至三點鐘止在寫字樓俟診三點鐘以後出門就診其所訂醫金俱係減贈他如未訂各款要必審視其人其症不事苟求務祈相與有成倘盡利物濟人之初志而已下列各條目在左

一凡到草堆街中西藥局診症者無論男女送醫金武毫晨早七點鐘起至一九點鐘止

一凡親自到仁慈堂右鄰寫字樓診症者送醫金壹員

一凡延往外診者本澳街道送醫金式員各鄉市鎮遠近隨酌

一凡難產及吞服毒藥延往救治者按乎人之貧富酌議

一凡成年包訂每人歲送醫金五十員全家眷口不逾五人者歲送醫金百員

一凡週禮拜日十點鐘至十二點鐘在寫字樓種牛痘每人收銀三員上門

一凡補唇崩耳割眼膜癰疽痔瘻淋結等症屆時酌議

一凡奇難怪症延請時速往決無遷延

一凡外間延請報明急症包醫者見症再酌

一凡延往別處診症每日送醫金三拾員從動身之日起計

鄉愚弟 盧焯之 陳席儒 吳節薇 宋子衡 何穗田 曹子基 仝啟

图 7.4 〈春满镜湖〉载葡文《澳门回声》（*Echo Macaense*）1893 年 9 月 26 日

图 7.5 澳门议事亭前地（右起二号、四号、六号、八号、十号、十二号、十四号、十六号〔仁慈堂〕最高）

三番五次坚称孙医馆在议事亭前地十四号。他的推论能否成立？关键是，我们对"仁慈堂右邻"这个表述，应该如何理解？

第一，按照西方人的习惯，若说右邻，是以第一人称的左右手为标准。比方说，笔者注视一幅照片，"右起"表示从笔者右手的方向数起。受过现代教育的当代华人，也接受了这个习惯。所以当代华人若看着一幅仁慈堂的照片，就会把右邻理解为该华人的右手那一边。若在议事亭前地仁慈堂那一排的房子，是从右面开始计算，而仁慈堂本身的门牌号码若是十六号，那么，二号、四号、六号、八号、十号、十二号、十四号、十六号（仁慈堂）这样计算，仁慈堂右邻就的确应该是十四号。

第二，征诸旧图片（见图7.5），可见仁慈堂的右边在过去确实有过二号、四号、六号、八号、十号、十二号、十四号七幢房子[61]，可作为该推论的另一佐证。

第三，2006年7月28日，笔者再往澳门实地考察，把议事亭前地的每一幢房子的门牌号码都抄录下来，以便分析研究。发觉该地西南边的一排房子，门牌号码全部是单数：从新马路（Avenida de Almeida Ribeiro）那端数起，是三、五、七、九等。[62]该地东北边的一排房子（其中包括仁慈堂），则过去门牌号码是二、四、六、八、十、十二、十四共七幢房子。虽然这批房子早已全部被拆除，但仁慈堂的门牌号数不改，仍然是十六号。已经全部被拆掉房子的遗址成为空地，栽了树木，美化市容。结果东北边那一排房子，第一幢的门牌号码就是十六号，那就是仁慈堂。这种现象，应可再次被视为"仁慈堂右邻"即"议事亭前地十四号"这种推论的佐证。

但是，笔者追查仁慈堂管理委员会会议记录等原始文献，又发觉孙中山把诊所设在"议事亭前地十四号"这种说法，查无实据。这种矛盾，又如何解释？

笔者苦苦思索之余，突然想起2006年4月6日，承广东省档案局帮忙，笔者到广州市花都区做实地调查时，苏惠珍副局长介绍其祖屋的情况。当时我们站在大厅正中，背向神台，面向天井，她用左手指着"左"边的厢房说："左厢房本来是我父亲住的，因为按传统，大儿子住左厢房。"谈话间，我们不知不觉地站了相反的方向，即面向神台，背向天井，她用左手指着"右厢房"说："右厢房本来是

---

[61] 见陈树荣主编、撰稿：《同善堂一百一十周年纪念册》（澳门：同善堂值理会，2002年10月31日），第78—79页。
[62] 第一幢房子是三号。没有一号者，很可能是扩建新马路时拆掉了。

我三叔住的——二叔早夭——但由于我父亲不在这所祖屋居住，三叔就住了左厢房（说话时用右手指着左厢房），结果断嗣。他怀疑是由于自己违反了传统，上天责怪他僭用了大哥的左厢房，所以又搬回右厢房（说话时用左手指着右厢房）。"[63]

　　就是说，按中国传统习惯，该是左厢房就是左厢房，该是右厢房就是右厢房，左右之分，并不决定于说话的人所站的位置。而按中国传统习惯来分左右，后果与西方习惯刚刚相反。1893 年为孙中山出资刊登广告的那几位澳门乡绅，当他们说"仁慈堂右邻"，究竟是以中国传统还是西方习惯命名？若以中国传统命名，那么"仁慈堂右邻"就应该是目前议事亭前地的十六 A 号。因为仁慈堂是十六号。

　　同时，斥资刊登广告的卢焯之等乡绅必须考虑到读者的意识形态。当澳门的华人，看到"仁慈堂右邻"等字样，害病时会到议事亭前地十六 A 号还是十四号求诊？带病求诊者若被误导而找错地方，肯定会怨声载道。苏惠珍副局长的父执辈皆 20 世纪下半叶的人，他们对于左右之分，仍然是以中国传统为标准。19 世纪下半叶的澳门华人，行事方式是否一样？

　　另一方面，当时的澳门是葡人管治的地方，澳门华人的行事方式可能按照葡人习惯而不是中国传统。那就关系到澳葡是入乡随俗，还是强人所难。据笔者研究澳门历史的微小心得，觉得澳葡是非常尊重当地华人风俗习惯的。此外，据笔者长期研究香港历史所得，则霸道如大英帝国，占领香港之后，也非常尊重当地华人的风俗习惯。这种尊重，在行政上会否伸展到左右之分？这个问题让笔者想起某次到澳门实地考察时，恍惚看过一条街道的名称叫"仁慈堂右巷"。不过当时对此不够重视。于是翻查自己的〈调查报告〉（手稿），果然在 2006 年 6 月 5 日那份报告之中提及此事，赶紧于 2006 年 6 月 20 日专程再往澳门核实，发觉"仁慈堂右巷"果然是以中国传统左右之分来命名，位置就在中国传统说法的仁慈堂右方。

　　于是跑进仁慈堂二楼的博物馆，再次向郑志魂先生请教：

　　　　他指着窗外、仁慈堂北面的横巷说："这是仁慈堂右巷。"继而指着隔巷

[63]　黄宇和：〈花都调查报告〉（手稿），2006 年 4 月 6 日。感谢广东省档案局张平安副局长，派关彩霞、李春辉（电脑技术员，负责摄影）、司机蒋文兵，陪笔者到花都调查。并感谢花都区档案局陈耀辉局长和苏惠珍副局长，花了一整天时间，陪笔者下乡了解情况。

图 7.6 "仁慈堂右巷"街道牌
(墙壁上钉着街道牌的建筑物正
是孙医馆,2006 年 6 月 5 日黄宇
和摄)

图 7.7 孙中山在澳门议事亭前地十六 A 号设立的孙医馆(今便民大药房,小巷是仁
慈堂右巷,2006 年 6 月 5 日黄宇和摄)

那幢房子说："这幢房子也是仁慈堂的物业。"然后带我到仁慈堂南面，伸首出窗外指着那条横巷说："过去这横巷叫仁慈堂左巷。"继而指着隔巷那片空地说："这里过去是一列房子，后来拆掉了。"最后他带我到大堂，指着其中的一幅油画，说："他就是罗结地先生（Francisco S. Roquete），过去为了扩建仁慈堂左巷，他就捐资把该巷左边的房子买来拆掉，因此市政厅就把该巷以他的名字来命名，即把仁慈堂左巷改为'罗结地巷'。"[64]

笔者离开仁慈堂往北走，越过仁慈堂右巷而视察第一幢房子。门牌号码是十六A，外墙镶嵌了一小方块云石，上面刻了葡中双语曰"Património da Santa Casa de Misericordia 仁慈堂物业"等字样。笔者恍然大悟。既然这幢毗邻仁慈堂的房子是属于仁慈堂的物业，它与仁慈堂主楼属两位一体，以至号码也列为十六A而不作十八号，则当时的澳门华人惯于称之为"仁慈堂右邻写字楼"，也绝对不奇怪！

终于水落石出：孙中山在澳门行医时，私人诊所设在议事亭前地十六A号，房子至今完好无损。目前被药剂师租用，宝号称"便民大药房"（Pharmacia Popular）。准此：

第一，"议事亭前地十四号这座房子，曾租给中国人孙中山，租期一年，月租十二元，担保人叶来新"[65] 云云，就烟消云散。

第二，葡文《澳门回声》1895年11月9日、仁慈堂管理委员会会议记录、仁慈堂的物业租赁登记册等查无实据的现象，也完全可以解释。

第三，遗憾的是，北京文物出版社1991年出版的《孙中山与澳门》的编者早被误导了；该书编者在其书图61的说明中一字不漏地写道："议事亭前地十四号这座房子，曾租给中国人孙中山，租期一年，月租十二元，担保人叶来新——仁慈堂管理委员会会议记录，《澳门回声》1895年11月9日。"

上面所引葡文《澳门回声》所刊登的那则题为〈春满镜湖〉的广告，不但帮助了笔者驱散阵阵疑云，也大有助于我们探索孙中山在澳门行医的情况。这就必

---

[64] 黄宇和：〈澳门调查报告〉（手稿），2006年6月20日。
[65] 陈树荣：〈人物：孙中山与澳门初探（七）〉，《澳门日报》，1990年8月10日。

须感谢陈树荣先生，因为这道广告是他首先发掘出来的。

六、孙中山澳门行医情况

兹将〈春满镜湖〉这则广告，全文转录，以便分析：

春满镜湖

大国手孙逸仙先生，我华人而业西医者也。性情和厚、学识精明。向从英美名师游，洞窥秘奥。现在镜湖医院赠医数月，甚著功效。但每日除赠医外，尚有诊症余闲在。

先生原不欲酌定医金，过为计较。然而称情致送，义所应然。今我同人，为之厘订规条，著明刻候，每日由十点钟起至十二点钟止，在镜湖医院赠医，不受分文，以惠贫乏。复由一点钟至三点钟止，在写字楼候诊。三点钟以后，出门就诊。其所订医金，俱系减赠。他如未订各款，要必审视其人其症，不事奢求，务祈相与有成，俾尽利物济人之初志而已。下列条目于左：

一、凡到草堆街中西药局诊症者，无论男女，送医金贰毫，晨早七点钟起至九点钟止。

二、凡亲自到仁慈堂右邻写字楼诊症者，送医金壹圆。

三、凡延往外诊者，本澳街道送医金贰圆。各乡市远近随酌。

四、凡难产及吞服毒药，延往救治者，按人之贫富酌议。

五、凡成年包订，每人岁送医金五十圆。全家眷口不逾五人者，岁送医金百圆。

六、凡遇礼拜日，十点钟至十二点钟，在写字楼种牛痘，每人收银一圆。上门种者每人收银三圆。

七、凡补崩口、崩耳；割眼膜、烂疮、沥瘤、淋结等症，届时酌议。

八、凡奇难怪症，延请包医者，见症再酌。

九、凡外间延请，报明急症，随时速往，决无迁延。

十、凡延往别处诊症，每日送医金三拾圆，从动身之日起计。

乡愚弟　卢焯之、陈席儒、吴节薇、宋子衡、何穗田、曹子基同启。[66]

从这则广告，可知孙中山在澳门行医的病例、地点和时间。下面逐一鉴定和分析：

病例则包括接生，补崩口、崩耳；割眼膜、烂疮、沥瘤、淋结等症。有谓孙中山也"补崩牙"者[67]，属手民之误还是无知？盖补崩牙是牙医的专业，也必须特殊器材，孙中山这普通医生，绝不能胜任。

行医的地点有三：

第一，仁慈堂右邻写字楼。现经考证，具体位置是目前议事亭前地第十六 A 号这幢房子。

第二，镜湖医院。虽经两度拆除重建，但院址没改，具体位置依旧，并有扩充。[68] 笔者找出原址旧图复制如下，谨供读者参考（见图 7.8）。

第三，草堆街中西药局。唯过去的史料和现在发现的这则广告，都没有说明其具体门牌号码。另一方面，表 7.3 显示，陈树荣先生在不同的文章里先后道出三个不同的门牌号码：八十号、八十四号以及八十至八十四号。在说出一个新的门牌号码时，又没有解释为何新的是对的、旧的是错的，更没有说明所据为何。窃以为这三个门牌号码之中，同时租用八十至八十四号之说是绝对不能成立的。据实地考察，八十号、八十二号、八十四号这三幢房子，全部是三层高，孙中山完全没必要租赁三幢庞然大物来开设一家药房。他极可能只是租赁其中一幢。哪一幢？可能是八十号，因为笔者 2006 年 7 月 28 日到草堆街实地考察时，七十八号的东主熊永华老先生说，隔壁八十号的街门过去是用多条木柱直竖以防盗的，黄昏上柱，早上卸柱，每条木柱上面都刻有"中西药局"等字样。中西药局结业后，接手租赁该房子的人开布匹店，但为了节省，并没有把木柱换掉，只是上柱

[66]　卢焯之等：〈春满镜湖〉，*Echo Macaense*，26 September 1893, p.4.
[67]　陈树荣：〈人物：孙中山与澳门初探（四）〉，《澳门日报》，1990 年 8 月 7 日。
[68]　澳门镜湖医院慈善会：《澳门镜湖医院慈善会会史，1871—2001》（澳门：镜湖医院慈善会，2001）。又见澳门镜湖医院慈善会：《镜湖医院慈善会创办一百三十周年纪念特刊》（澳门：镜湖医院慈善会，2001 年 10 月 28 日），第 83, 120 页。

图 7.8　孙中山 1892 年末至 1894 年初在澳门行医时的镜湖医院
（翠亨村孙中山故居纪念馆供图）

图 7.9　今日的镜湖医院前立有孙中山的行
医雕像

图 7.10   东兴金铺的东主熊永华老先生
（图中为熊永华先生，2006 年 3 月 29 日黄健敏摄）

图 7.11   孙中山设在草堆街八十号的中西药局旧址
（楼高三层，2006 年 3 月 29 日黄健敏摄）

时，把柱子上刻有"中西药局"等字样的一面朝内，避免途人看到该等字样而造成误会而已。这种情况维持了几十年。再后来到了20世纪80年代左右，接手租赁的人开电器店，改设金属拉门，才把诸木柱处理掉。[69] 窃以为此说朴实可靠。但为何卢焯之等人在设计该广告时，不直言中西药局的门牌号码？笔者也无法解释，唯考虑到草堆街很短，单数的门牌号码是一号至九十七号，双数是二号至一百一十六号[70]，到了草堆街这弹丸之地，一目了然，可能卢焯之等人认为没有必要刊登门牌号码。

笔者这个观察，得到七十八号东兴金铺的东主熊永华老先生证实。他又说，像草堆街这种华人区，都是楼高三层；像议事亭前地那样的葡人区，皆楼高二层，征诸旧图片，证实所言不虚。

至于行医的时间，则：

一、从晨早七点钟起至九点钟止，在草堆街中西药局诊症。

二、从早上十点钟起至十二点钟止，在镜湖医院赠医。

三、从下午一点钟至三点钟止，在仁慈堂右邻写字楼候诊。

四、从下午三点钟以后，出诊。出诊包括澳门全市甚至澳门以外的乡郊。

五、星期天也不休息，十点钟至十二点钟，在写字楼种牛痘。

六、动手术，也在星期天进行，有时候恩师康德黎医生从香港来帮忙。

由此可知，孙中山为了医务，由清晨到晚上都忙个不亦乐乎。准此，孙中山创办中文《镜海丛报》并主理编务、当匿名主笔、在草堆街中西药局策划革命云云，读来犹如天方夜谭。

有关孙中山在澳门行医的情况，在本章第八节中继续探索。现在亟待解决的问题是：上述大量脱离事实的信息为何能出现并被广泛引述？

---

[69]　黄宇和采访熊永华（1939年生），2006年6月20日，〈澳门调查报告〉（手稿），2006年6月20日。熊永华老先生又说：电器铺装修，工人找到一块牌匾，被对面卖手袋之人买了，可能是孙中山遗物，但不知道是什么。又见黄宇和：〈澳门调查报告〉（手稿），2006年7月28日。至于何时从布匹店改为电器店，则1986年11月11日的《澳门日报》，仍称草堆街有布匹店，故改变之时间可能在这日期之后。见佚名：〈纪念孙中山先生诞辰一百二十周年特刊：孙中山在澳门活动遗迹〉，《澳门日报》，1986年11月11日，第13版。

[70]　Cadastro des Vias Públicas e Outros Lugares da Cidade de Macau (Macau: Leal Senado de Macau, 1993), p. 1303.《澳门市街道及其他地方名册》（澳门：澳门市政厅，1993），第1307页。

七、为何脱离事实的信息能出现并被广泛引述?

首先探索为何不实信息能大量出现的问题,窃以为这与20世纪80年代两岸三地微妙的政治局势有关:

第一,1979年9月30日,中国大陆领导人叶剑英提出和平统一台湾的方案。[71] 台湾的领导人蒋经国回应说:"三民主义统一中国。"三民主义是孙中山的主体政治思想,孙中山马上变成中国统一大业的最高象征。本来属于学术领域的孙中山研究,对很多人来说,立即成了政治任务。过去很多对孙中山漠不关心、所知甚少的人,都一哄而起,争先恐后地"请缨"。

第二,至于澳门这个案例,则正如上文指出:经过多年交涉的《中葡联合声明》,终于在1987年4月13日签署,宣布了澳门在1999年回归。结果在中葡交涉快接近尾声的1986年11月孙中山诞辰120周年开始,陈树荣那有关孙中山在澳门行医的信息就大量出炉。陈树荣的做法,还有比"请缨"更深层次的原因,那就是"表忠",动机与本书第四章所及澳门大学霍启昌教授如出一辙。

果然,上述大量不实信息的第一炮,就发放在1986年11月11日,此为孙中山诞辰120周年前夕。该炮题为"纪念孙中山先生诞辰一百二十周年特刊",刊于《澳门日报》第13版,占了全版篇幅,其中有多篇文章,题目如下:

一、孙中山从澳门走向世界,早期革命运动留下遗迹(红色大字标题)

二、创办《镜海丛报》与飞南第结友谊

三、孙中山与澳门(事迹摘记)

四、孙中山在澳门活动遗迹

五、澳门的中山纪念馆

六、伟大的爱国者值得同胞敬仰:隆重纪念孙中山先生诞辰,澳门各界已展开多样活动

诸题目当中,最火爆者,莫如第一道,而以"早期革命运动"几个字最为瞩

---

[71]　新华社:〈叶剑英提出的九条和平统一主张〉,1979年9月30日,http://news.xinhuanet.com/taiwan/2004-12/17/content_2346416.htm。

目。孙中山早期曾经在澳门从事过革命运动？笔者已逾耳顺之年，毕生所看过的所有中英原始史料以及出版物，这算是独家新闻。看该文内容，则似乎只有第二节回应了题目。该节标题为："二、澳门是孙中山最早发表革命言论的论坛"。什么革命言论？

第一曰：孙中山在香港西医书院读书时"与陈少白、尤列、杨鹤龄志趣相投，被人称为'四大寇'，发表不满清廷的言论，公开提出'勿敬清廷'的口号"。怎么能把发生在香港的事情硬搬到澳门去呢？

第二曰：孙中山的〈致郑藻如书〉，"最早发表在 1892 年的澳门报纸上"。查〈致郑藻如书〉绝对不是什么革命言论，而是鼓吹改良之作。试问，〈致郑藻如书〉倡议的："兴办农会以倡导农桑，立会设局以禁绝鸦片，创置学会、学校以普及教育"[72]，怎能算是革命言论？

而且，发表革命言论的论坛是 1892 年的澳门中文报纸？果真如此，则 1893 年 7 月 18 日才创刊的中文《镜海丛报》，竟然自傲乃"澳门数百年来仅仅有一华报"[73]，"开三百年未开之局，发千万人欲发之情"[74]，以及"澳门自三百年来，今始有《镜海丛报》"[75]。如此种种又应作何解释？费成康博士有很好的解释："孙中山的〈致郑藻如书〉不可能在此时（1892 年）发表于澳门〔尚未诞生〕的报刊之上。"[76]

又是一桩查无实据的案子。

诸题目当中之第二道，煞有介事般声称孙中山在澳门创办了《镜海丛报》；上文已证实并无其事。该题目的副标题曰："孙中山当年在澳门脱险，葡籍友人掩护避过鹰犬"，结果正文劈头就说：

---

[72]　濠江客：〈澳门图说：孙中山鸿文首篇发表于澳门行〉，《澳门日报》，2001 年 12 月 24 日。〈致郑藻如书〉的全文，见《孙中山全集》，第一卷，第 1—3 页。这里引述陈树荣先生以濠江客的笔名撰写的文章，证明他明知〈致郑藻如书〉的内容，却把它说成是革命言论。

[73]　黔中味味生（王真庆）所写的社论：〈危地论〉，《镜海丛报》，1894 年 12 月 26 日，载《镜海丛报》（2000 年影印本），第 101—102 页：其中第 102 页。

[74]　〔王真庆〕：〈如日之升〉，《镜海丛报》，1895 年 7 月 24 日，载《镜海丛报》（2000 年影印本），第 280 页。

[75]　〔王真庆〕，《镜海丛报》，1894 年 12 月 26 日，载《镜海丛报》（2000 年影印本），第 389—390 页：其中第 389 页。

[76]　费成康：〈孙中山和《镜海丛报》〉，此乃《镜海丛报》（2000 年影印本）"序言"，第 4 页。

　　1896 年 10 月，孙中山伦敦蒙难，幸得他的老师、英人康德黎教授多方奔走营救，幸免于难。此段传奇性事迹，很多人都耳熟能详。

　　然而，在此一年前，孙中山在 1895 年 10 月策划武装起义未遂，逃难来澳，幸得他的好友、葡人飞南第的帮助，而安全脱险。有关此段传奇性事迹，却是鲜为人所知。

　　〔广州起义失败，孙中山〕于 10 月 27 日乘船逃离广州，抵澳后，即去下环正街找其葡籍好友飞南第。而飞南第当时已从澳门政府官员中获得消息，清政府已通缉孙中山。飞南第为安全计，还陪孙中山一同去香港。据澳门历史学家、汉学家高美士记述，当时孙中山还扮了女装，由飞南第陪同，乘船往香港，才避过清政府的爪牙耳目。[77]

整个故事的根据，似乎就是该文之中的下面这一段：

　　……1960 年 11 月 8 日，法新社从澳门发出一段消息，八十六岁的澳门老居民乌苏拉·飞南第，在其租屋——下环正街一号去世。消息说她是澳门葡人飞南第家族中最后一人，又说她哥哥是孙中山生前的好友。[78]

　　这位八十六岁的老太太，只说她哥哥是孙中山生前的好友。她肯定做梦也没想到，她的一句话就衍生出一个力求赛过伦敦蒙难的传奇故事。

　　遗憾的是，北京中华书局 1991 年出版的《孙中山年谱长编》上册的编者被误导了。该书编者在第 96 页照抄如仪："于 10 月 27 日乘船逃离广州，抵澳后，即去下环正街找其葡籍好友……当时已从澳门政府官员中获得消息，清政府已通缉孙中山……"[79] 按孙中山是在 1895 年 10 月 28 日抵达澳门的。而在同一天的清晨，"保安"号轮船从香港抵达广州，朱贵全等被捕，供出孙中山种种，当局

---

[77]　佚名：〈纪念孙中山先生诞辰一百二十周年特刊：创办《镜海丛报》与飞南第结友谊·孙中山当年在澳门脱险，葡籍友人掩护避过鹰犬〉，刊于《澳门日报》，1986 年 11 月 11 日，第 13 版。

[78]　同上。

[79]　陈锡祺主编：《孙中山年谱长编》，上册，第 95—96 页，1895 年 10 月 28 日条。

才正式地公开下令通缉他。[80] 通缉令一下，澳门政府官员马上就能知道？不要忘记，当时是 1895 年，而 1895 年的科技能把发生在广州的事情马上传到澳门？当时最先进的通信工具是有线电报，结果 1895 年 10 月广州起义时，杨衢云从香港发十万火急密电给广州的孙中山说"货不能来"，翌日才到。孙中山从广州发同样是十万火急密电给香港的杨衢云说"货不要来"，也同样是隔了一天才到（详见本书第八章）！实情是：发生在 1895 年 10 月 26 日的广州起义，迟至 1895 年 11 月 6 日才在澳门的《镜海丛报》见报。[81]

可惜，一个传奇的故事诸如澳门官员马上就获知广州当局通缉孙中山的消息，在 1986 年 11 月 11 日发表后，被广泛地接受了，结果鼓舞了该故事的匿名作者在后来既署真名而又进一步写道：

> 这样传奇性的事迹，令人想到孙中山在早年的反清革命活动中，对他帮助最大的外国友人，除了曾在伦敦蒙难中营救他的英国康德黎博士外，还有这一位葡人飞能第（sic），而飞能第悉力机智营救孙中山，是在孙中山伦敦蒙难之前一年。飞能第是拯救孙中山的第一位外国人。[82]

什么叫"营救"、"拯救"？孙中山被伦敦公使馆的职员幽禁起来，并准备把他偷运回国正法，康德黎得悉后为了令他重获新生与自由而日夜奔跑，像这样的行动，才能称得上"营救"、"拯救"。孙中山还未被抓起来，即使他曾如陈树荣所说般跑到飞南第家里过夜暂避，又即使飞南第曾陪他往香港一转[83]，都谈不上"营救"、"拯救"。更何况，孙中山曾否如陈树荣所说般跑到飞南第家里过夜暂避，又由飞南第陪他往香港一转等情，则仍然有待证实。

为何孙中山途经澳门逃往香港的故事被夸大到这个程度？本节开宗明义地指

---

[80] 黄宇和：《中山先生与英国》（台北：学生书局，2005），第二章，有详细的分析报道。

[81] 〈本澳新闻·要电汇登〉，《镜海丛报》，1893 年 11 月 6 日，第 5 版，载《镜海丛报》（2000 年影印本），第 369 页。

[82] 陈树荣：〈人物：孙中山与澳门初探（七）〉，《澳门日报》，1990 年 8 月 10 日。

[83] 孙中山与飞南第以及《镜海丛报》的关系，将在下一节探索。

出，20 世纪 80 年代台海两岸局势所产生的政治需要，使很多过去对孙中山漠不
关心、所知甚少的人，都争先恐后地千方百计寻找史料。上述大批查无实据的信
息，正是那个时代的产物。更由于澳门回归在即，促使澳门知识分子诸如霍启昌
教授、陈树荣副总编辑等，迫不及待地向有关方面表忠。

　　为何中国大陆的学术界竟然跟着他们团团转？这也与 20 世纪 80 年代大陆
的政治环境和史料严重缺乏有关。在 1984 年签订《中英联合声明》以及 1987
年签订《中葡联合声明》之前，中国学术界从来不重视港、澳研究，结果对两
地所知极少。社会主义中国突然要准备接管资本主义的港、澳，难度极大。仓
促间，广州市的中山大学、暨南大学、广东省社会科学院等，纷纷受命成立港
澳研究中心，如饥似渴地搜集材料，当然也包括购买港、澳的报纸诸如《澳门
日报》等。广东省社会科学院金应熙院长甚至亲自翻译霍启昌一些有关香港历
史的论文。

　　中国大陆过去这种闭关自守的情况，也直接影响了大陆"孙中山研究"的发
展。解放前，在长期的国共斗争当中，国民党创始人孙中山，固然不会受到共产
党重视。解放后，广州市中山大学的陈锡祺教授，一枝独秀地研究孙中山，其志
可敬，其情可悯。因为，从其 1957 年初版之《同盟会成立前的孙中山》一书看，
即使是 1984 年的修订本，可用之史料仍极为贫乏，结果连苏联的历史教科书也
用上了。准此，窃以为该书可歌可泣。到了 1984 年，陈锡祺教授在十年"文革"
结束后所培养出来的孙中山研究队伍，开始成长，于是大展宏图，从 1985 年起
着手编辑《孙中山年谱长编》，1988 年定稿。[84] 由于编辑该《年谱长编》的需要，
中山大学公开地设法找寻《澳门日报》中一些有关孙中山曾在澳门行医报道的复
印件，自然不会放过自 1986 年 11 月 11 日起在《澳门日报》出现的有关文章，而
该等文章作者的名字——陈树荣——就不胫而走。

　　也就在这关键时刻，陈树荣在葡文的《澳门回声》中，发现了几则中文广告：

　　其一，是上述那则〈春满镜湖〉，这是个突破。从此，世人方知孙中山在澳
门行医时，除了镜湖医院和中西药局两个据点以外，还有"仁慈堂右邻写字楼"。

---

[84]　陈锡祺:〈编后附记〉，载陈锡祺主编:《孙中山年谱长编》，下册，第 2137—2138 页；其中第 2137 页。

该广告还详列应诊时间、地点、病例等。对于我们了解孙中山在澳门行医的情况，大有帮助。

其二，是中西药局所连续刊登的广告〈中西圣药〉，最后一则广告刊于1894年1月31日。[85] 由此可知孙中山在澳门行医，为期大约一年多一点，推翻了过去冯自由所说的"数月"。

其三，是驻守前山寨的广州海防同知魏恒出资为孙中山刊登〈神乎其技〉的广告，开列孙中山曾为他和他的朋友所治愈的各种顽疾，这又是一则珍贵史料。

在这三则广告和中文《镜海丛报》的一则题为〈镜湖耀彩〉的新闻等基础上，陈树荣陆续写了〈孙中山当年来澳门行医寄寓议事亭前地十四号〉[86]、〈孙中山澳门行医史料新探〉[87]、〈孙中山医术精湛镜湖耀彩〉[88] 等文章，刊于《澳门日报》上。通过陈树荣所撰写的介绍文章，《孙中山年谱长编》的编者，转引了该新闻和三则广告。[89] 该书由权威的北京中华书局出版，全国发行，时值孙中山研究高潮，影响既广且深。

陈树荣也由于这些重大发现而成为澳门传媒的宠儿，应邀到处发表演说，澳门电视台频频采访他[90]，以至中国新闻社驻澳门记者发出了一则新闻，称赞陈树荣是"澳门历史"的权威。[91] 这么一闹，不但全中国都知道有陈树荣其人，就连澳门历史学会成立时，也公推他当副理事长。广东省社会科学院邀请他当了一个时期的客座研究员，他就写了一篇论文来凝聚他曾在《澳门日报》发表过的文章，题为〈孙中山与澳门初探〉，刊登在该院的院刊《广东社会科学》上。[92]

该院之邀请陈树荣当短期客座研究员，似乎是希望他尽量提供他所掌握的孙中山与澳门的图片资料，因为该院的张磊院长，当时正与北京文物出版社的一位

[85]　*Echo Macaense*, 31 January 1894, p. 4.
[86]　鲁传：〈孙中山当年来澳门行医寄寓议事亭前地十四号〉，《澳门日报》，1987 年 11 月 9 日。
[87]　陈树荣：〈孙中山澳门行医史料新探（上）〉，《澳门日报》，1987 年 11 月 11 日；陈树荣：〈孙中山澳门行医史料新探（下）〉，《澳门日报》，1987 年 11 月 12 日。
[88]　陈树荣：〈孙中山医术精湛镜湖耀彩〉，《澳门日报》，1988 年 3 月 13 日。
[89]　陈锡祺主编：《孙中山年谱长编》，上册，第 61、63—64、64—65 页。
[90]　此节承《澳门日报》总编辑陆波先生赐告，见黄宇和：〈澳门调查报告〉（手稿），2006 年 12 月 7 日。
[91]　此节承《澳门日报》社长李鹏翥先生赐告，见黄宇和：〈澳门调查报告〉（手稿），2006 年 11 月 5 日。
[92]　陈树荣：〈孙中山与澳门初探〉，《广东社会科学》1990 年第 4 期，第 28—36 页。

编辑盛永华女士，共同编写一本画册，名为《孙中山与澳门》，准备由文物出版社在 1991 年出版，目的是纪念辛亥革命八十周年暨孙中山先生诞辰 125 周年。陈树荣也不负所托，倾囊相授；这可从该书的"后记"之中一目了然："我们衷心感谢《澳门日报》陈树荣先生的帮助，他的有关研究成果和收集的资料大有裨益于图册的编辑工作。"[93]"后记"中的其他鸣谢，一概与学术无关。结果，"议事亭前地十四号这座房子，曾租给中国人孙中山"云云，就从《澳门日报》移师到国家级的权威出版社——文物出版社。该图册出版后，雅俗共赏，畅销全国。（图 7.12、图 7.13）

　　1996 年是孙中山诞辰 130 周年，距离澳门回归也只有三年。为了纪念这个政治性很强的日子，澳门基金会斥资出版一本纪念图册，决定请编者把现成的《孙中山与澳门》（北京：文物出版社，1991）从单语（汉语）改为葡、汉、英三语，并修改和补充了一些图片资料，如此这般，另一本关于孙中山与澳门的图册又面世了。其中很显著地、曾被改动过的地方，是原来的图 61 以及"议事亭前地十四号这座房子，曾租给中国人孙中山"等说明消失了。取而代之者，是图 81—81A。该图再也不是议事亭前地全景，而是该地十二号的同善堂这座建筑物；而该图的说明则谓孙中山设医馆及寓所在"仁慈堂右邻的同善堂"，又说"同善堂位于议事亭前地十四号"[94]，而不是其真正位置十二号。真是一塌糊涂！英语的说明更有意思："Most people believe that when Sun Yat-sen practised medicine in Macao, he treated patients at the Tong Sin Tong next to the Santa Casa de Misericordia. ... The hall was also probably his residence in Macao. It is at No. 14 Largo Leal Senado." [95] 该英语说明劈头第一句说："大多数人相信……"（图 7.14）。这大多数人是谁？

　　随后在 2001 年，中国大百科全书出版社出版了《中国民主革命的伟大先驱孙中山》，其中第 23 页同样是印刷了同善堂的图片，图片说明曰："孙中山在澳

---

[93]　盛永华、赵文房、张磊：《孙中山与澳门》，"后记"。

[94]　张磊、盛永华、霍启昌合编：《澳门：孙中山的外向门户和社会舞台》（澳门：版权页上没有注明出版社是哪家，1996），图 81—81A。

[95]　同上。

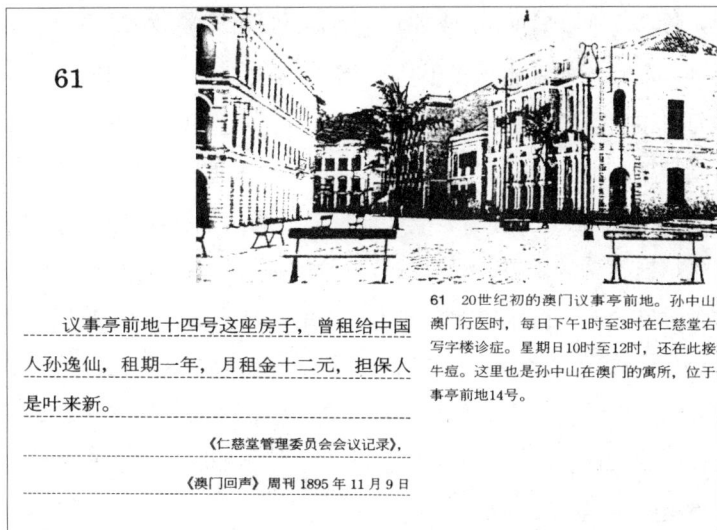

图 7.12 盛永华等编：《孙中山与澳门》（北京：文物出版社，1991）图 61

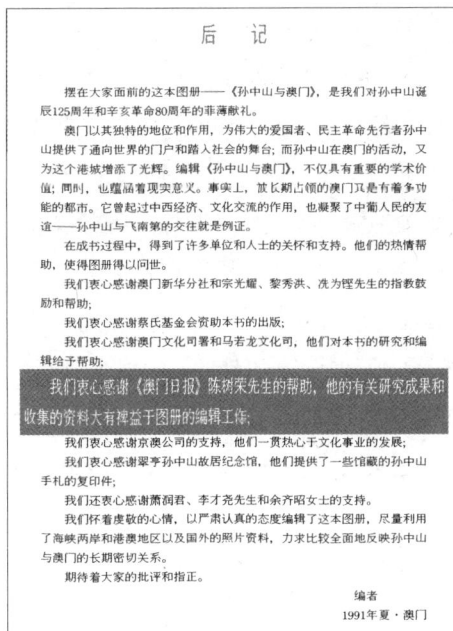

图 7.13 盛永华等编：《孙中山与澳门》
（北京：文物出版社，1991）"后记"

门行医时，曾将议事亭前地 14 号同善堂作为诊所和寓所。"[96] 该书是由国家级的权威出版社出版，绝非那本连出版社也没列出来的、在澳门印刷的《澳门：孙中山的外向门户和社会舞台》可比 [97]，影响自然更深且远（图 7.15）。

同善堂是澳门华人创办的慈善团体，其主要工作是赠医施药。从旧图片看，楼高二层。笔者参观过目前位于华人地带、楼高三层而又更为宽敞的同善堂现址，一楼是赠医施药的地方，设有派筹、轮候、医生室、药房、厕所等部分。二楼以上，全是办公室、会议室等，挤得满满的。这样的布局，能容得外人在此居住以及另设私人诊所？此外，孙中山愿意居住在人流这么复杂的地方？若他在赠医施药的同善堂设诊所而向每位病人收医金一圆，会有病人光顾？能付得起医金一圆的人，会到人流这么复杂的地方看病？当年的一圆不是个小数目，孙中山的父亲过去在澳门当鞋匠时，月薪才四圆。[98]

原文物出版社的编辑盛永华女士，是唯一的一位自始至终地先后参与了《孙中山与澳门》（北京：文物出版社，1991）、《澳门：孙中山的外向门户和社会舞台》（澳门，1996）和《中国民主革命的伟大先驱孙中山》（北京：中国大百科全书出版社，2001）这三本书编纂工作的编者。[99] 三本书有关孙中山在澳门行医的图片和说明，不同程度上都由她经手。但是，第一本书的"议事亭前地十四号"，为何变成第二、第三本书的议事亭前地十四号的"同善堂"？此外，当时的"同善堂"其实是在议事亭前地十二号而非十四号。所有这些矛盾，她都没做任何解释。可能她一直专心一意地只顾编书，没有察觉那位著名的澳门权威送来的货物当中掺杂了不少查无实据的东西。

孙中山在同善堂设私人诊所这独家新闻，究竟来自何方？ 2001 年出版的《中国民主革命的伟大先驱孙中山》，似乎是继承了 1996 年出版的《澳门：孙中山的外向门户和社会舞台》之说法，而推翻了 1991 年出版的《孙中山与澳门》的说

---

[96]　孙中山故居纪念馆编：《中国民主革命的伟大先驱孙中山》（北京：中国大百科全书出版社，2001），第 23 页。

[97]　张磊、盛永华、霍启昌合编：《澳门：孙中山的外向门户和社会舞台》。

[98]　孙中山的姐姐孙妙茜语，记录在王斧：〈总理故乡史料征集记〉，载《建国月刊》，第五卷第 1 期，1931 年出版。转载于孙中山故居纪念馆编：《孙中山的家世：资料与研究》（北京：中国大百科全书出版社，2001），第 113—119 页；其中第 117 页。

[99]　她是第一、第二本书的编辑，第三本书的编审，在各书版权页上均有说明。

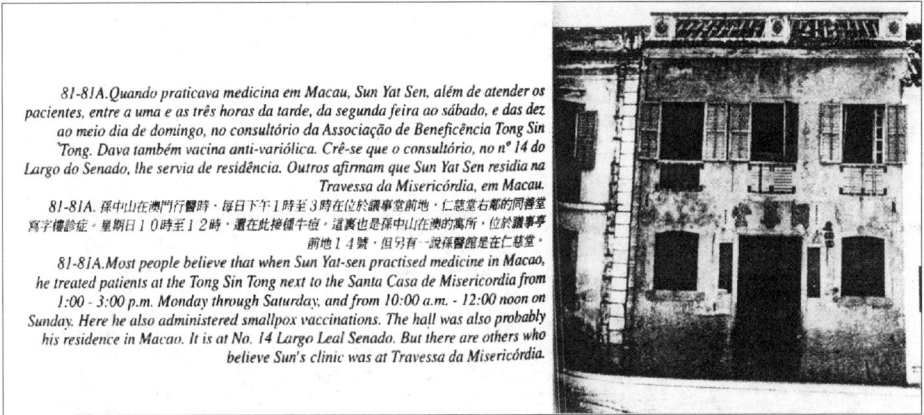

81-81A.*Quando praticava medicina em Macau, Sun Yat Sen, além de atender os pacientes, entre a uma e as três horas da tarde, da segunda feira ao sábado, e das dez ao meio dia de domingo, no consultório da Associação de Beneficência Tong Sin 'Tong. Dava também vacina anti-variólica. Crê-se que o consultório, no nº 14 do Largo do Senado, lhe servia de residência. Outros afirmam que Sun Yat Sen residia na Travessa da Misericórdia, em Macau.*
81-81A.孫中山在澳門行醫時，每日下午1時至3時在位於議事亭前地，仁慈堂右鄰的同善堂寫字樓診症，星期日10時至12時，還在此接種牛痘。這裏也是孫中山在澳的寓所，位於議事亭前地14號，但另有一說孫醫館是在仁慈堂。
81-81A.*Most people believe that when Sun Yat-sen practised medicine in Macao, he treated patients at the Tong Sin Tong next to the Santa Casa de Misericordia from 1:00 - 3:00 p.m. Monday through Saturday, and from 10:00 a.m. - 12:00 noon on Sunday. Here he also administered smallpox vaccinations. The hall was also probably his residence in Macao. It is at No. 14 Largo Leal Senado. But there are others who believe Sun's clinic was at Travessa da Misericórdia.*

图 7.14　盛永华等编：《澳门：孙中山的外向门户和社会舞台》（澳门，1996）第 164 页

孙中山在澳门行医时，曾将议事亭前地14号同善堂写字楼作为诊疗所和寓所。

When Sun Yat-sen practiced medicine in Macao, he opened up a clinic in the Tongshantang Office building, located at No. 14 Largo Leal Senado. He also lived there.

图 7.15　孙中山故居纪念馆编：《中国民主革命的伟大先驱孙中山》（北京：中国大百科全书出版社，2001）第 23 页

九十多年前的議事亭前地，圖右為同善堂初址。

图 7.16   陈树荣编撰：《同善堂 110 周年纪念册》（澳门，2002）图 75

图 7.17   今日的澳门议事亭前地全景

法（即过去陈树荣的说法）。为何如此？因为后来陈树荣改变了口风，而改变口风的根据并非发现了新史料，而是他应澳门同善堂邀请编写《同善堂110周年纪念册》，于是他就把孙中山在议事亭前地的孙医馆写进同善堂的功劳册。准此，他又必须把过去他一直认为孙医馆在议事亭前地十四号的说法，改变为十二号（图7.16）。若所有的人都把历史如此这般地随意篡改，就真的天下大乱了。

上述种种矛盾之能出现，部分责任恐怕要由中国的出版制度来负。为什么？

西方国家的出版社，有一套审查制度，由出版社恭请书稿所在领域的两位权威学者写匿名审查报告，以该稿学术成就为依归。若出版物有严重差错诸如出现查无实据等情，出版社的威信自然受到打击，但不会牵涉到政府的威信。中国的出版社也有一套审查制度，由政府官员负责审查，标准包括政治和学术两方面。若审查通过而书稿又顺利出版之后，才发现出版物有严重差错诸如出现查无实据等情，则不但出版社的威信会受到打击，政府的威信同样受到影响。若出版社属一个政府部门，像文物出版社之直属国家文物局，那么政府威信所受到的影响就更大。若中国大百科全书出版社的国家刊物，在准确性上出现问题，就直接影响到国家的声誉了。犹幸随着中国大陆对澳门的认识慢慢有所提高，首先就有费成康博士指出，孙中山创办《镜海丛报》并当匿名编辑、主笔之说不实。[100] 继而笔者又考证出孙中山借中西药局从事革命、在中文《镜海丛报》写署名读者来函鼓吹革命、把议事亭前地十四号作诊所和寓所、在其实是议事亭前地十二号的同善堂行医和居住云云，均属子虚乌有。

驱散了种种查无实据之说，只是个开始。接下来的工作，是系统地继续探索孙中山在澳门行医的情况，以及为何他终于离开澳门。

八、是什么迫使孙中山离开澳门？

孙中山之终于离开澳门，与他在澳门行医的业务有关。上文提到，1892年秋，澳门名流曹子基、何穗田、吴节薇等邀请孙中山到澳门行医，并于大约三个

---

[100] 费成康：〈孙中山和《镜海丛报》〉，是为《镜海丛报》（2000年影印本）"序言"，第7页。

月后的 1892 年 12 月 18 日，由吴节薇做担保人，向澳门镜湖医院药局贷款 2 000
银元，以便"开创中西药局……寄办西国药材"。利息方面："每百圆每月行息一
圆"。如何还债？清还利息方面，双方同意孙中山采取两个步骤，同时执行：第
一、在镜湖医院赠医。第二、蒙赠医的病人，凭单到中西药局免费取药。至于债
本 2 000 银元，则孙中山必须在五年之内，寻其他途径赚钱还足。[101]

　　孙中山似乎还同时向镜湖医院借了第二笔钱。揭单原件已经遗失，但是镜湖
医院 1896 年 2 月 19 日堂期向下届移交财产记录内有两单。其一曰："存孙中山
翁揭本银 1 440 两，壬十一月初一日（1892 年 12 月 19 日）单吴节薇翁署保。"其
二曰："存中西药局孙中山揭本银 1 728 两（即 2 400 银元），五年揭单一纸吴节
薇翁署保。"[102] 这第二笔钱，很可能是用来租用及装修议事亭前地的孙医馆。两
笔债共 3 168 两（即 4 400 银元）。

　　这两笔债就直接牵涉到孙中山在澳门行医的经济情况。谨将现存的葡文《澳
门回声》之中的有关广告列表，以便作系统的分析。该表第一行是广告的题目，
余下各行则抽出广告内容之中较有代表性者填上。

表 7.5　葡文《澳门回声》（Echo Macaense）的有关广告

日期	〈神乎其技〉[103]	〈中西圣药〉[104]	〈春满镜湖〉[105]	〈声明告白〉
930725	魏恒谨识			孙医生谨启[106]
930801		已于十七日开市		
930808	魏谨识	已于十七日开市		
阙如				
930822		已于十七日开市		
930829		（无孙刊登之广告）		
930905	魏谨识			飞南第谨启[107]
930912		已于十七日开市		
930919		已于十七日开市		

---

[101]　〈揭本生息赠药单〉，1893 年 12 月 18 日，照片复印在澳门镜湖医院慈善会：《镜湖医院慈善会创办
　　　一百三十周年纪念特刊》（澳门：镜湖医院慈善会，2001 年 10 月 28 日），第 66 页。

[102]　镜湖医院 1896 年 2 月 19 日堂期向下届移交财产记录，照片复印在澳门镜湖医院慈善会：《镜湖医院
　　　慈善会创办一百三十周年纪念特刊》，第 66 页。

续表

930926	已于十七日开市	仁慈堂右邻写字楼	本医生晋省有事[108]
931004	已于十七日开市	仁慈堂右邻写字楼	
阙如			
931017	已于十七日开市		《镜海丛报》局谨启
931024	已于十七日开市		《镜海丛报》局谨启
931031	已于十七日开市		《镜海丛报》局谨启
阙如			
931107	（无孙刊登之广告）		
931114	已于十七日开市		《镜海丛报》局谨启
931121	已于十七日开市		
931128	已于十七日开市		
931205	已于十七日开市		
931212	已于十七日开市		
931219	已于十七日开市		
931227	已于十七日开市		
940103	已于十七日开市		
940109	（无孙刊登之广告）		
940116	（无孙刊登之广告）		
940123	已于十七日开市		
940131	已于十七日开市		
940208	（全没中文广告）		
940215	（全没中文广告）		
940221	（全没中文广告）		
阙如			
940307	（只有政府通告一则：葡汉并列）		

---

[103]　详见下文。
[104]　全文曰："本局拣选地道良药，各按中西制法，分配成方。中药则膏丹丸散，色色俱备，并择上品药材，监工督制。每日所发汤剂，皆系鲜明饮片。参著术桂，不惜重资购储极品，以待士商惠顾，冀为传播。所制西药，早已功效昭昭，遍闻远近，无烦赘述焉。中西各药，取价从廉。"

从这表看，中西药局似乎迟至 1893 年 7 月 29 日才终于开业。笔者作如是想，理由有三：

第一，1893 年 8 月 1 日出版的葡文《澳门回声》第三期，刊有中西药局谨启的〈中西圣药〉的广告，说"已于十七日开市"。[109] 所谓十七日，应指阴历光绪十九年六月十七日，因为该广告所用的语言是汉语，对象是华人，而当时的澳门华人以阴历计算日子。故笔者认为广告中所谓十七日是阴历，将其转为阳历就是 1893 年 7 月 29 日。

第二，1893 年 7 月 25 日出版的葡文《澳门回声》第二期，没有刊登中西药局的广告；这也难怪，若中西药局在 29 日才开业，总不能在 25 日就说已开市。

第三，孙中山在 1892 年 12 月 18 日才签了〈揭本生息赠药单〉，[110] 此后选址、租屋、装修、雇人、从英国购买西药等等，都需要时间，他在大约七个月内开业，合乎情理。奇怪的是，以后所有以〈中西圣药〉为题的中西药局广告，都一字不改地含有"已于十七日开市"等字样。这意味着什么？一字不改的广告较为便宜，可能是出于经济的考虑，反正已经开市了，从哪一天开始都没关系。这是否进一步意味着身负重债的孙中山在审慎理财？

在签订〈揭本生息赠药单〉与中西药局正式开业之间这七个月内，孙中山除了筹备开设中西药局和议事亭前地之孙医馆以外，还干了些什么？窃以为他已经用部分时间在镜湖医院赠医。理由有二：

---

[105]　全文转录于本章第六节。

[106]　全文曰："启者：本医生写字楼及中西药局各伴如有在外揭借银两赊取货物倘无本医生亲笔签名不得作数，一唯经手人是问，本医生概不干涉。恐有冒托本医生之名向人揭借银两赊取货物等事，特此声明，以免后论。孙医生谨启。"

[107]　所启关乎《镜海丛报》销售事宜。飞南第者，葡名 Francisco H. Fernandes。他在此白纸黑字自称为飞南第，陈树荣却时而称之飞能第，实混淆视听。见陈树荣：〈人物：孙中山与澳门初探（七）〉，《澳门日报》，1990 年 8 月 10 日。也有学者将其音译为佛兰德斯、费尔南德斯。见陈锡祺主编：《孙中山年谱长编》，上册，第 195 页，注 1，同样应统一为飞南第。

[108]　全文曰："启者：本医生晋省有事，所有中西药局事务，统交陈孔屏兄代理，壹切出入银两，揭借汇兑等件，陈孔屏兄签名即算为实，别无异言。光绪十九年八月十六日（1893 年 9 月 25 日）孙中山谨启"。

[109]　广告〈中西圣药〉，*Echo Macaense*, 1 August 1893, p. 4. 该报藏澳门历史档案馆，编号 Arquivo Histórica de Macau: L2333: IC-014.

[110]　〈揭本生息赠药单〉，1893 年 12 月 18 日，复印在澳门镜湖医院慈善会：《镜湖医院慈善会创办一百三十周年纪念特刊》，第 66 页。

第一，若归还利息的方式是采取赠医和施药两个步骤的话，那么尽管在中西药局成立之前，他仍可以从香港进口西药，储藏在镜湖医院里，并在镜湖医院内馈赠他的病人。

第二，1893年7月18日出版的中文《镜海丛报》创刊号，在"本澳新闻"纲下有〈镜湖耀彩〉诸目，其中一则新闻历陈孙中山在澳门医治过的病例六则。就是说，在1893年7月29日中西药局开业以前，孙中山在澳门已经有过行医记录，其中第一则就说是在"医院"进行。兹将该全文转录，以便分析：

镜湖耀彩

陈宇，香山人，六十一岁，患沙麻八年矣，辛楚殊常，顷在医院为孙医生割治，旬日便痊，精健倍昔。

昔又西洋妇某，胎产不下，延孙治之，母子皆全。

又卖面人某，肾囊大如斗，孙医用针刺去其水，行走如常。

又大隆纸店两伴，误为毒药水焚炙心胸头面，势甚危殆，孙医生用药敷之，旬时就愈。

又某客栈之伴，与妻角口，妻于夜半吞洋烟求死。次晨八点钟始有人抬到孙馆，如法救之，亦庆更生。

又港之安抚署书写人尤其栋，患吐血症多年不瘳，华医束手，亲造孙医求治，一月奏效。[111]

这篇报道的第一则，说孙中山在"医院"为陈宇在割治沙麻，这所医院，应是镜湖医院，因为孙中山没有在澳门其他医院行医。

这篇报道的第二则，耐人寻味：西洋妇某延孙治之？镜湖医院是华人的慈善团体，位置在华人区，主要功能是为贫穷华人赠医施药，专业一向是中医中药，只有孙中山抵达后才增设西医门诊。过去自视极高的洋人，不会涉足这幢

---

[111] 佚名：〈镜湖耀彩〉，中文《镜海丛报》，1893年7月18日，第5页；载《镜海丛报》（2000年影印本），第3页。

位于华人区的华人慈善医院。为何洋妇却延孙中山接生？广告的第五则提供了线索："孙馆"。这孙馆所指为何？它不会是镜湖医院，若是，则会像广告第一则那样书明是医院。它不会是中西药局，因为这时候中西药局还未开业，装修期间，乱七八糟，不能作诊所。那么它究竟所指为何？窃以为很可能就是上述〈春满镜湖〉那则广告之中所提到的"仁慈堂右邻写字楼"，其具体位置是议事亭前地当今的十六 A 号，处于高贵的洋人区，洋妇从那里延孙中山接生，丝毫不影响其身份。在这个基础上，我们可以推测，1893 年 7 月 18 日该广告出现之前不久，议事亭前地的孙医馆开业了。同时我们可以勾画出如下一幅孙中山澳门行医图：

第一，上门诊症：最显著的例子，莫如那位出资为他登广告的前山寨广州海防同知魏恒。该广告在 1893 年 7 月 25 日刊登，曰："去岁腊月封篆后延请孙逸仙诊视。"[112] 所谓去岁腊月，即 1893 年 1 月 7 日到 2 月 5 日，就是说，孙中山在 1893 年 1 月起，即开始上门诊症，不待六个月后孙医馆及中西药局之开业也。这丝毫不奇怪，自从 1892 年 12 月他从镜湖医院贷来共 4 400 银元的两笔重债之后，必须尽快赚钱还债。至于魏恒，则他患痔疮二十余年，"其苦已甚，其累日深"。经孙中山诊治七天，"其痔遂脱"，于是"家内男女老幼、上下人等，亦皆信之不疑，请其医治。或十数年之肝风，或数十年之脑患，或六十余岁之咯血，均各奏神速"[113]。魏恒感激之余，就在葡文《澳门回声》创刊以后，在 1893 年的 7、8、9 三个月内，分别为孙中山刊登各一次广告鸣谢。[114] 接着，一批华人富商又合资为他刊登了题为〈春满镜湖〉的广告共两次。[115]

第二，孙中山在议事亭前地设医馆，对象是葡人和土生葡人，他们都习惯看西医，也有能力付较高的医疗费；他们会为孙中山提供一定数目的客源。当中自然也有信赖他的华人富商，诸如那批出资为他登广告的卢焯之、陈席儒、吴节薇、宋子衡、何穗田、曹子基等。对这些华商来说，亲自到议事亭前地求诊而付医金一圆，

---

[112]　魏恒：〈神乎其技〉，*Echo Macaense*, 25 July 1893, p. 4。
[113]　同上。
[114]　见表 7.5。
[115]　见表 7.5。

或延请上门者，"本澳街道送医金贰圆、各乡市远近随酌"[116]，他们绝对能负担得起。在言语上，孙中山可以对洋人说英语，对华人说白话，应用自如。

第三，在草堆街中西药局诊症，对象相信是中层及以上的华人。当时的草堆街是华商聚集做生意的地方，非常繁盛。它与营地大街、卖草街并称为"三街"，且有"三街会馆"之设。[117] 孙中山在这里开诊所，无论男女，一律收费贰毫，对华商来说，绝无问题，华工也负担得起。言语方面，华商华工皆粤人，他们跟孙中山说粤语，如鱼得水。

第四，在镜湖医院赠医，对象是赤贫的华人。此举既帮助了他还利息，又做了好事，更赢得好名声，何乐而不为？

总之，孙中山在澳门行医，对各阶层人士的利益都照顾到，可谓广结善缘，应该是前途无限的。但他很快就离开澳门了，为什么？目前史学界有两个解释：

第一，孙中山自言："葡人定例律凡行医于葡境内者必须持有葡国文凭，澳门葡医以此相龃龉，始则禁阻予不得为葡人治病，继则饬令药房见有他国医生所定药方，不得为之配合。以是之故，而予医业之进行猝遭顿挫，虽极力运动，终归无效。顾予赴澳之初，并不料其有是，资本损失为数不少，旋即迁徙至广州焉。"[118]

第二，费成康博士在搜集现存中文《镜海丛报》的过程中，发现一则要闻。那就是该报 1893 年 12 月 19 日首页以社论方式刊登的〈照译西论〉。该文原文是葡文，刊登在同日同号的葡文版上。据费成康博士考证："这篇由葡人执笔，揭露该医院弊病并为孙中山鸣不平的文章，显然体现了孙中山对该医院现状的不满以及整顿该医院的主张。该文发表后，孙中山与该医院值事、司事和中医的冲突必定更加尖锐。大约在一个月后，孙中山便被迫离开澳门。"[119] 准此，费成康的结论是："葡籍医生的排挤，只构成孙中山离开澳门的部分原因，而与镜湖医院有关人士的冲突当是他离去的又一重缘由。"[120]

---

[116]　卢焯之等：〈春满镜湖〉，*Echo Macaense,* 26 September 1893, p.4。

[117]　濠江客：〈澳门图说：孙中山在澳创办"中西药局"〉，《澳门日报》，1991 年 11 月 16 日。笔者到草堆街做实地调查时，也从草堆街七十八号东兴金铺老板熊永华老先生那里得到证实。

[118]　孙中山：《伦敦被难记》，转载于《孙中山全集》，第一卷，第 45 页。

[119]　费成康：〈孙中山和《镜海丛报》〉，载《镜海丛报》(2000 年影印本)，其中费序第 6 页。

[120]　同上。

现在，让我们评估这两种解释：

第一，葡医悍然出面阻止孙中山为葡人治病，证明有不少葡人到议事亭前地的孙医馆看病，甚至延到家里诊治，才会引起葡医妒忌而出面干预。若孙中山的医馆门可罗雀，葡医只会在旁窃笑，而不至于出面干涉那么有失斯文。孙中山自言"予赴澳之初，并不料其有是"，也值得深思。他在香港也因为没有取得英国认可的牌照而不能在香港行医，若澳门例同，他也不会明知故犯，他的恩师康德黎医生见多识广，亦会出言劝止。他之决定在议事亭前地设诊所为澳门上层人士治病，当是经过评估后，认为其可行，才斥资租屋装修设诊所。结果医务蓬勃，而蓬勃的原因，也直接与其恩师康德黎医生有关。康德黎医生是英国皇家外科医学院院士，离英前已是伦敦查灵十字医院的外科顾问医生，手术高明。孙中山在澳门遇到重大手术，康德黎医生都在星期天专程赴澳给予援手。[121] 相信当时澳门所有葡籍医生，很难与康德黎匹敌。由于在生死关头有保障，澳门的葡人及土生葡人很可能趋之若鹜。

收入方面，若我们作最乐观的假设：孙中山在孙医馆行医两小时满员，10 分钟看一位病人，每位收费 1 元，120 分钟看 12 位，共收入 12 元。一个星期六天满员，收入 72 元。一年工作 50 周满员，收入 3 600 元。但世界不是那么乐观的，假设收入减半，一年也有 1 800 元，若是悲观一点，收入再减半，一年也有 900元。加上出诊的收入，若悲观地计算只有 100 元。他一年最悲观的总收入约有 1 000元。他欠镜湖医院 2 000 元，分五年清还，每年必须归还大约 400 元的本银，剩下 600 元自用。

他在中西药局的收入，若我们作最乐观的假设：行医两小时满员，10 分钟看一位病人，每位收费贰毫，120 分钟看 12 位，共收入 2.4 元。一个星期六天满员，收入 14.4 元。一年工作 50 周满员，收入 720 元。但世界不是那么乐观的，假设收入减半，一年有 360 元，若是悲观一点，收入再减半，一年有 180 元。这是光从诊金着眼计算，中西药局卖药盈亏不算在内。若一年只有 180 元收入，光是偿

---

[121]　Neil Cantlie and George Seaver, *Sir James Cantlie*, p. 97；冯自由：〈孙总理之医术〉，载《革命逸史》(1981)，第一册，第 9—10 页：其中第 10 页。

还预计的一年 400 元债务，已是望尘莫及，遑论其他。

他在镜湖医院没有收入，因为他在那里是赠医的。不单如此，还要支出，因为按照合约规定，接受他赠医的病人，可以拿着他所开的药方，到中西药局免费领取药物。

这么一计算，事情就很清楚。孙中山与镜湖医院当局发生冲突，绝对不影响他的生计。至于议事亭前地孙医馆，则是他收入的主要来源。若孙医馆办不下去，他就无法在澳门立足。无牌行医是犯法的：若孙中山最初推说不知情而在议事亭前地为葡人治病，勉强还能说得过去。若经葡医抗议，孙中山向澳葡政府申请执照而遭拒后，却继续行医，就是以身试法，肯定遭逮捕检控，智者不为。尽管医名显赫并持有英国行医执照者诸如康德黎医生，由于没有澳葡所发的行医执照，同样不能在澳门行医、动手术或帮助孙中山动手术，否则同样会遭到逮捕检控。所以，葡医一闹，孙中山就绝对待不下去了。

第二，若孙中山与镜湖医院发生摩擦，顶多不在该院赠医，也不在中西药局施药，而用现金归还利息，以"每百圆每月行息一圆"[122]计算，本银 2 000 元一年的利息共 240 元，若他在议事亭前地的生意兴隆，一年 240 元的利息，他是能负担得起的。退一步说，尽管他与镜湖医院闹翻了，他仍可照常前往该院赠医并在中西药局施药。若镜湖医院当局阻止他进入医院行医，那么从法律上来说，他不能履行合约的责任不在于他，他只要在医院门外蹲两个小时，就算付清了当天的利息，优哉游哉。如此种种，皆足以说明他不必因为与镜湖医院发生摩擦而离开澳门。另一方面，费成康列举两个理由，来质疑葡医干预导致孙中山离澳之说。他认为：孙中山有自己经营的中西药局，"不必为他的药方无处配药而担忧"[123]。窃以为中西药局在人烟稠密的华人区，葡人之不屑涉足其间，就像同时期的香港英人绝对不会到港岛的太平山地区买药一样。费成康又认为，"不久后有位只有'英人之医照'的西医刘香甫又在镜湖医院'赠诊病众'"[124]，葡医也没有排挤他，

[122]　〈揭本生息赠药单〉，1893 年 12 月 18 日，复印在澳门镜湖医院慈善会：《镜湖医院慈善会创办一百三十周年纪念特刊》，第 66 页。

[123]　费成康：〈孙中山和《镜海丛报》〉，载《镜海丛报》(2000 年影印本)，其中费序第 6 页。

[124]　同上。

故质疑孙中山离开澳门是由于被葡医排挤之说。追查费成康所引史料，可知这位西医刘香甫是香港西医书院的后期毕业生。[125] 窃以为葡医反对的，不是华人西医在镜湖医院为华人治病，因为这不影响他们的经济利益；而是华人西医为葡人治病，甚至非常成功而生意兴隆，这就直接伤害到他们的利益而群起攻之了。

孙中山被迫离开澳门，经济损失是惨重的，加上一番心血付诸流水，心灵所受的创伤会更大。他不禁要问：澳门本来就是中国的土地，中国人不能在中国的土地上行医，这像什么话！他最终会怪罪清朝政府无能，反清情绪油然而生？窃以为这种情绪是难免的，他早年从檀香山回到翠亨村看到家乡依旧落后时，就大骂天子了。[126] 但这些都只是情绪，并未见诸行动：目前笔者能掌握的史料，没有任何证据显示 1892 年秋到 1894 年 1 月左右孙中山在澳门行医的这段时间，他曾有任何反清活动。有的，只是改良的言论：此话怎说？笔者将在下文交代。[127]

总结本章到目前为止发掘所得，则孙中山 1892 年秋到 1894 年 1 月左右在澳门居留期间，并无任何进行革命的迹象。他似乎只是希望老老实实地当个西医。奈何这种朴实的诉求，也无法实现，他被葡医逼走了。深痛清朝丧权辱国之余，反满情绪难免加深。而这种反满情绪，又会把他朝革命方向推进一步。

但是，革命的最终目的是为了让中国"现代化"，并非为了革命而革命。革

---

[125] 〈临别赠言〉，《镜海丛报》，1895 年 4 月 17 日，载《镜海丛报》(2000 年影印本)，第 196 页。所云〈在港之雅丽氏医院〉，正是当时西医书院临时借以教学的地方。

[126] 林百克著，徐植仁译：《孙逸仙传记》(上海：商务印书馆，1926)，第 137 页。

[127] 陈树荣先生之能发掘葡文《澳门回声》及中文《镜海丛报》等，是因为他有一股强烈的好奇心。澳门的大街小巷，上下高低，他都如饥似渴地探索。笔者两次承他带领，在澳门进行实地调查，就深深地感受到这一点。他对掌故的搜集，尤其不遗余力；他掌握的澳门掌故的数量，可以说是首屈一指。哪怕是矛盾百出的，他也照单全收——他三番五次地说，孙中山在草堆街八十号、八十四号、八十至八十四号设中西药局，就是明显照单全收的例子之一。掌故者，道听途说也，不能作为翔实可靠的史料看待。若掌故多听了，习以为常之余，自己又去发明一些掌故；不但在报章上发表，更在严肃的学术期刊上刊登，又向国家级的出版社提供这些东西，辗转向全世界传播，宁不天下大乱？现在终于水落石出，笔者把孙中山在澳门行医的情况，勾画出一个比较接近历史事实的轮廓，为慰。陈树荣先生发掘了葡文《澳门回声》的几则汉语广告，以及中文《镜海丛报》几则有关孙中山在澳门行医的消息，功不可没，笔者谨致敬意。唯他在这些发现的基础上，发表了大量查无实据的文章，也实属不该。笔者利用他所发掘的材料，配以其他史料，并用了大约三十个月的时间，频频从澳大利亚飞香港，又从香港或广州前往澳门进行实地调查，在议事亭前地和草堆街进行地毯式搜索，到澳门历史档案馆寻幽探秘，继而转飞台北、美国、英国等地参照核实各方史料，与海外学者深入讨论，终于把孙中山在澳门行医的情况理出一个头绪，都要感谢陈树荣先生作了一个开始。准此，笔者恳请中国大百科全书出版社、文物出版社、中华书局及大批曾被误导的大陆学术界同仁，容许陈树荣先生将功抵过，为祷。

命只是在通往"现代化"的道路被堵死后的迫不得已的途径——必须采取激烈手段来排除这些障碍。1893 年至 1894 年的孙中山，还是希望采取温和的办法来争取中国"现代化"的。这种温和的办法，姑且名之为"改良"。

九、用温和办法来争取中国"现代化"

上文提到，孙中山在澳门行医期间，虽没任何反清活动，却有改良的言论。这种改良言论，在香港西医书院读书的学生时代、当世人的注意力都集中在"四大寇"的革命言论之时，就诞生了。目前史学界所掌握的第一篇提倡改良的文章，是孙中山大约在 1890 年撰写的〈致郑藻如书〉。笔者酌定 1890 年这个日期，是因为该文第二段开始就说："某今年二十有四矣"[128]。孙中山在 1866 年 11 月 12 日出生，若以虚岁计算，到他虚年二十四岁时，当是 1890 年他在西医书院读三年级的时候。郑藻如者，广东省香山县濠头乡人，与孙中山可谓有同邑之谊；1851 年举人，受知于李鸿章，襄办洋务。曾任津海关道，1881 年出使美国、西班牙、秘鲁三国大臣，1886 年患半身不遂，病休居乡。[129] 为何他给郑藻如写信？因为：

第一，"伏以台驾为一邑物望所归，闻于乡间，无善不举，兴蚕桑之利，除鸦片之害，俱著成效。倘从此推而广之，直可风行天下，利百世，岂唯一乡一邑之沾其利而已哉！"[130]

第二，"某留心经济之学十有余年矣，远至欧洲时局之变迁，上至历朝制度之沿革，大则两间之天道人事，小则泰西之格致语言，多有旁及。方今国家风气大开，此材当不沦落。某之翘首以期用世者非一日矣。"[131] 在 1890 年说十有余年，就是从孙中山在 1879 年 9 月于夏威夷的意奥兰尼学校读书开始，就不忘经世致用了。

在〈致郑藻如书〉中，孙中山提倡：

---

[128]　孙中山：〈致郑藻如书〉，《孙中山全集》，第一卷，第 1—3 页：其中第 1 页。
[129]　罗家伦主编，黄季陆、秦孝仪、李云汉增订：《国父年谱》（台北：中国国民党中央党史委员会，1994），第 57 页。
[130]　孙中山：〈致郑藻如书〉，《孙中山全集》，第一卷，第 1—3 页：其中第 1 页。
[131]　同上。

1. 农桑：在"吾邑东南一带之山，秃然不毛，本可植果以收利，蓄木以为薪……道在鼓励农民，如泰西兴农之会，为之先导。此实事之欲试者一"。

2. 戒烟："今英都人士倡禁鸦片贸易于中国，时贤兴敌烟会于内，印度教士又有遏种、遏卖、遏吸，俱有其人，想烟害之灭当不越于斯时矣。然而懦夫劣士惯恋烟霞，虽禁令已申，犹不能一时折枪碎斗，此吾邑立会以劝诫，设局以助戒，当不容缓。推贵乡已获之效，仿沪土戒烟之规。此实事之欲试者二。"

3. 兴学：国家"虽多置铁甲、广购军装，亦莫能强也。必也多设学校，使天下无不学之人。……如是，则……风俗安得不良，国家安得而不强哉！然则学校之设，遍周于一国则不易，而举之于一邑亦无难。……此实事之欲试者三"[132]。

孙中山提出的三项建议，都是很具体的。其中第二项，更证明他对时事之远如伦敦民间团体的禁烟运动、在印度传教士之倡议禁烟，都很熟识。参照近人对当时禁烟运动的研究[133]，益觉年轻的孙中山已相当有见识。尤其难能可贵的是，他对国家命运的深切关怀，且看他在结论中怎么说："之斯三者，有关于天下国家甚大，倘能举而行之，必有他邑起而效者，将见一倡百和，利以此兴，害以此除，而人才亦以此辈出，未始非吾邑之大幸，而吾国之大幸也。某甚望于台驾有以提倡之。台驾其有意乎？兹谨拟创办节略，另缮呈览，恳为斧裁而督教之，幸甚！"[134]

郑藻如阅后有什么反应？迄今没发现任何史料加以说明。唯郑藻如已半身不遂，卧病在家，很难奢望他有任何重大作为。所以没有什么反应也不奇怪。

孙中山并不气馁，而是锲而不舍，接着似乎在1891年又写了〈农功〉一文，交另一位香山同乡郑观应。[135]郑观应，有祖居"郑家大屋"在澳门[136]，当时正在编写其《盛世危言》，结果就把孙中山的〈农功〉收进去。在该文中，孙中山在

---

[132] 同上书，第1—2页。

[133] Joyce A. Madancy, *The Troublesome Legacy of Commissioner Lin: The Opium Trade and Opium Suppression in Fujian Province, 1820s to 1920s* (Cambridge: Harvard University Asia Center, 2004).

[134] 孙中山：〈致郑藻如书〉，《孙中山全集》，第一卷，第1—3页；其中第3页。

[135] 《国父年谱》，第62—63页，1891年10月20日条。

[136] 佚名：〈纪念孙中山先生诞辰一百二十周年特刊：孙中山与澳门（事迹摘记）〉，《澳门日报》，1986年11月11日，第13版。

劈头第一段就说："昔英国挪佛一郡本属不毛，后察其土宜遍种萝卜，大获其利。伊里岛田卑湿，嗣用机器竭其水，土脉遂肥。撒里司平原之地既枯且薄，自以鸟粪培壅，百谷无不勃茂。"[137] 按挪佛者，英国东岸之 Norfolk 也；伊里者，Ili 也；撒里司者，Salisbury 也。笔者在英国生活多年，所知与孙中山略同，但孙中山当时还未到过英国，故显示出他对阅读过的西方书籍，曾深思熟虑，是一位很认真而又亟望学以致用的学子。

他同时对中国古籍也有涉猎："稽古帝王之设地官司徒之职，实兼教养。孔子策卫，曰富之教之。其时为邑宰者，劝农课耕，著有成效。近世鲜有留心农事者。惟泰西尚有古风。"[138]

于是他建议说：

> 我国似宜专派户部侍郎一员，综理农事，参仿西法，以复古初。委员赴泰西各国，讲求树艺农桑、养蚕牧畜、机器耕种、化瘠为腴一切善法，浏为专书，必简必赅，使人易晓。每省派藩臬道府之干练者一员，为水利农田使，责成各牧令于到任数月后，务将本管土田肥瘠若何，农功劝惰若何，何利应兴，何弊应革，招徕垦辟，董劝经营，定何章程，作何布置；决不得假手胥役生事扰民，亦不准故事奉行，敷衍塞责。如果行之有效，开辟利源，使本境居民日臻富庶，本管道府查验得实，乃得保以卓异，予以升迁。仅仅折狱催科，只得谓之循分供职。苟借此需索供应，骚扰闾阎，别经发觉，革职之外，仍重治其罪。[139]

为什么孙中山如此焦急农务？"盖天生民而立之君，朝廷之设官，以为民也。今之悍然民上者，其视民之去来生死，如秦人之视越人之肥瘠然，何怪天下流亡满目，盗贼载途也。"[140]

那么孙中山自己又身体力行了些什么？"今吾邑孙翠溪西医，颇留心植物之理，

---

[137] 孙中山：〈农功〉，《孙中山全集》，第一卷，第3—6页：其中第3页。
[138] 同上书，第5页。
[139] 同上。
[140] 同上。

曾于香山试种罂粟，与印度所产之味无殊。犹恐植物新法未精，尚欲游学欧洲，请求新法，返国试办。惟恐当道不能保护，反为之阻遏，是以踌躇未果。"[141]

从郑观应之决定把孙中山的〈农功〉收入他自己的《盛世危言》，则他似乎颇了解孙中山的心情与动机，甚至与他有过多次交谈。这也不奇怪，《盛世危言》在 1893 年刊刻，那个时候孙中山已经到了澳门行医，很可能经常拜访郑观应，谈论时艰。看来当时在澳门志同道合者，大有人在。盖孙中山在《伦敦被难记》中描述过他在澳门行医的情况后，马上补充说：

> 予在澳门始知有一种政治运动，其宗旨在改造中国，故可名之为"少年中国党"（Young China Party）。其党有见于中国之政体不合于时势之所需，故欲以和平之手段，渐进之方法请愿于朝廷，俾倡行新政。其最要者则在改行立宪政体，以为专制及腐败政治之代。予当时不禁深表同情而投身为彼党党员，盖自信固为国利民福计也。[142]

观诸孙中山的〈致郑藻如书〉，上面引述过的内容，的确是真心实意地提倡改良。未及引述的序言说："每欲上书总署"[143]，总署者，总理各国事务衙门也，佐证了"请愿于朝廷"[144]之言。有云孙中山"后曾对戴季陶等言及，郑观应编著《盛世危言》一书，中有先生论文二篇。其中一篇陈少白所记系关于农政者，另一篇则忘记篇名。观诸该书卷三〈农功〉一文，内容与先生〈致郑藻如书〉、〈上李鸿章书〉及〈创立农学会征求同志书〉等思想脉络，前后一贯，故冯自由等盖已确认〈农功〉为先生作品"[145]。这些前人的血汗，都是珍贵的参考资料。

那么这 Young China Party 究竟是什么组织？过去有人把它翻译为兴中会，不确。理由有四：

---

[141] 同上书，第 6 页。
[142] 孙中山：〈伦敦被难记〉，《孙中山全集》，第一卷，第 45 页。
[143] 孙中山：〈致郑藻如书〉，《孙中山全集》，第一卷，第 1—3 页：其中第 1 页。
[144] 孙中山：〈伦敦被难记〉，《孙中山全集》，第一卷，第 45 页。
[145] 《国父年谱》，第 62—63 页，1891 年 10 月 20 日条，引罗香林：《国父之大学时代》（重庆：独立出版社，1945），第 61 页。

第一，兴中会是孙中山自己发起的，不是别人发起后他才参加的。

第二，发起的时间是 1894 年，不是 1893 年。

第三，发起的地点是檀香山，不是澳门。

第四，兴中会的目标不是改良，而是革命。

对于 Young China Party 这个组织，目前能掌握的线索，只有孙中山的一句话。但按情理推，则很可能是当时澳门的一群文化人。一般来说，在通商口岸的人，目睹口岸与内地强烈的对照，都有一股改良中国的强烈愿望。当时在香港就有"辅仁文社"这样的组织。那么，当时澳门这群文化人，究竟是谁？窃以为很可能是《镜海丛报》的有关人员，蛛丝马迹如下：

第一，现存的中文《镜海丛报》创刊号，头版印有该报主人飞南第的布启，曰："到下环正街（按即该报社址）或宜安公司、仁慈堂右街孙医馆、草堆街中西药局，均可阅报。"[146] 所列四个地方，后两个均为孙中山所开设，孙中山与《镜海丛报》当局的关系，密切可知。

第二，《镜海丛报》1893 年 12 月 19 日头版印有类似社论之〈照译西论〉，猛烈抨击澳门镜湖医院种种腐败现象，如"医院每日只医十数人而一年开销六七千元经费。今西医局每日医百数十人，其功十倍，乃令一人担持"等内幕消息，只有当时人的孙中山能提供。该文接着提出整顿办法四种：

一、将院内医生考试方准入院医人。

二、旧时司事尽行撤换，再由各善士拣选实力办事、有心爱人之人，以当斯职。

三、院内经费，当分一半以给西医经费。

四、病人入院，不说人情，只论其症应否入院医治。[147]

这些建议，也符合孙中山力求改良中国的积极态度。一天在镜湖医院、中西药局、孙医馆三个地方轮流诊症以及出诊而疲于奔命的孙中山，偶尔向《镜海丛报》同仁倾诉苦水，他们于是撰就斯文，既为他打抱不平，又为他宣传改革镜湖

[146]　飞南第：〈创办《镜海丛报》条列利益布启〉，《镜海丛报》，1893 年 7 月 18 日，载《镜海丛报》（2000 年影印本），第 1—2 页：其中第 2 页。

[147]　佚名：〈照译西论〉，《镜海丛报》，1893 年 12 月 19 日，第 1—2 版，载《镜海丛报》（2000 年影印本），第 11—12 页。

医院的方案，堪称知己。

第三，后来1895年10月26日孙中山计划在广州举行的起义失败了。1895年11月6日，《镜海丛报》在该报第五页"本澳新闻"纲下的〈要电汇登〉目内，刊登了下列消息："查得省垣双门底王家祠云冈别墅，有孙文即孙逸仙在内，引诱匪徒，连筹画策，即于初九日（1895年10月26日）带勇往捕，先经逃去。……复于十一日派勇前往火船埔头及各客栈严密查访，未几而香港夜火船保安由港抵省，船上搭有匪党四百余人……"[148] 这份要电，没有在先一期，即1895年10月30日的《镜海丛报》刊登。而据考证，孙中山于1895年10月27日离开广州，28日经过澳门，29日到达香港。[149] 就是说，《镜海丛报》收到广州起义的电文时，孙中山早已离澳抵港。但《镜海丛报》诸公仍不忘为其说句好话，结果在下一期，即1895年11月6日出版的《镜海丛报》，于刊登上述〈要电汇登〉的同时，在头版的〈是日邱言〉中，加以类似今日"编者按"的文字来全文"特录"经修订过的孙中山的〈创立农学会征求同志书〉。兹转录该编者按如下：

> 香山人孙文，字逸仙，少从亚美利加洲游学，习知外洋事态、语言文字，并精西医，笃信西教。壮而还息乡邦，尚不通汉人文。苦学年余，遂能读马班书，撰述所学，盖亦聪颖绝伦之士也。惟是所志甚大，殊皆楚项借学剑学书之意，期于高远，忽于细微。缘是而所就，事多不克裹厥成。往曾上书京朝造报张香帅李傅相，皆能如其意愿。退而薄游欧美，结交俊杰。今春返居香港，溯长江穷五岭，考察地利民生之益，创为农学会，布书集事，欲建无穷之利。呜呼，今时正患无才，犹患有才而无以用。未甘落寞。此等之忧，恐比强邻而更甚。昔武曌读骆宾王檄而顾问宰相，深叹其才之不用。今兹伴食中书，其亦能明斯故耶？动曰求才，人才亦安在哉！待录其农学序如左。[150]

---

[148] 〈本澳新闻·要电汇登〉，《镜海丛报》，1893年11月6日，第5版，载《镜海丛报》（2000年影印本），第369页。

[149] 见本书第八章。

[150] 〔主笔王真庆〕：〈是日邱言〉，《镜海丛报》，1895年11月6日，第1—2版：其中第1版，载《镜海丛报》（2000年影印本），第365—366页：其中第365页。

从这引文可以看出，执笔的人对孙中山颇为了解，对其抱负亦知甚深。在他落荒而逃之际，称赞他"聪颖绝伦"，更是患难见真情。

第四，孙中山在广州起义失败而逃抵檀香山后，似乎对那位曾护送他家人到檀的陆灿描述他过去在澳门行医时，与当地进步人士来往的情况："在澳门，孙和各种秘密社团的成员讨论政治和议论政府。他惊奇地发现许多青年对中国有着和他同样的想法和希望。很多人和他一样，在教会学校上过学，通过旅行和接受西方教育开阔了眼界。他们回到中国，自然会看到她的缺点和落后，要求变革。"[151]

准此，窃以为孙中山在澳门行医时，的确结交了一批志同道合的朋友。至于这批朋友是否就是 Young China Party，则至今查无实据。作为一个正规的党，必有党章、党魁、党员册等，并向政府登记注册。这一切，目前都没有踪影。故很可能只是一帮朋友，经常聚集在一起聊天，纵有高谈阔论，却没有正规组织，像孙中山在香港西医书院读书时的所谓"四大寇"，或后来之香港辅仁文社一样。

十、行医目睹"苛政猛于虎"

孙中山在澳门行医大约一年而被迫提前结业。其中颇堪注意者，乃其治愈驻守前山寨的广州海防同知魏恒患痔疮二十余年之举。魏恒那"其苦已甚，其累日深"的痔疮，经孙中山诊治七天，"其痔遂脱"，于是"家内男女老幼、上下人等，亦皆信之不疑，请其医治。或十数年之肝风，或数十年之脑患，或六十余岁之咯血，均各奏神速"。[152] 看来孙中山通过行医而结交了一些地方官吏。

孙中山离开澳门赴穗济世后，悬牌于双门底圣教书楼。[153] 2007 年 12 月 26 日笔者往该处实地调查时，承深谙广州地方沿革的区少武先生赐告，据最近考古所得，该地原来有新旧两道城门，故称双门。"双门底"就是在该两道城门下面

[151] 陆灿著，傅伍仪译：《我所了解的孙逸仙》（北京：中国和平出版社，1986），第 43 页。
[152] 费成康：〈孙中山和《镜海丛报》〉，载《镜湖丛报》（2000 年影印本），其中费序第 2 页，引魏恒：〈神乎其技〉，*Echo Macanese*, 25 July 1893。
[153] 《总理开始学医与革命运动五十周年纪念史略》，第 18 页，转载于《孙中山年谱长编》，上册，第 66 页。

和附近的意思。[154] 而在双门底的圣教书楼，乃长老会的左斗山所开设，出售新学
书籍。[155] 书楼内进为基督教礼拜堂，宣教师为王质甫。[156] 又于西关设东西药局。
欲知该两地在广州的具体位置，可参阅本书第八章图8.14。[157]

从此，孙中山又与中国官场结下不解之缘，让他亲眼看到"苛政猛于虎"的
种种惨状。后来孙中山在1897年于伦敦用英语发表了篇文章，细诉不少惨绝人
寰的案例：

有一次，我到某县衙拜访县官。他邀我共同观摩一种"新发明"的讯
刑。美其名曰"白鸟再造"。犯人被剥光衣服后，全身被贴上两英寸宽、六
英寸长的纸条。如此装扮过后，疑犯看来就像只白鸟。接着，各纸条被点火
燃烧。只要身体不起疤，便可把纸条燃而复贴，贴而复燃。最后，疑犯的全
身被擦上浓盐水。其痛楚之烈，非笔墨所能形容。

目睹这惨状，我心中的痛楚不亚于受害者。情不自禁之余，借故暂退，
于无人处咽泪水。[158]

孙中山感同身受，对满清政权的不满可知。他又写道：

数年前有某病人来向我求医。他说他的膝盖和脚踝僵硬难当。我对他进
行诊视时，发觉他从肩到肘，自臀到膝，四肢伤痕累累。我问他，关节如何
变僵？伤痕从何而来？他回答说："曾被诬为海盗，后虽无罪释放，但在审
讯过程中，三次已被死神唤，结果又让活下来。"让他活下来，目的是为了
能对他继续严刑逼供。

[154] 黄宇和：〈广州调查报告〉（手稿），2007年12月26日。
[155] 陈建明：〈孙中山早期的一篇佚文—"教友少年会纪事"〉，《近代史研究》，1987年第3期，第185—
190页；其中第187页。
[156] 《总理开始学医与革命运动五十周年纪念史略》，第18页，转载于《孙中山年谱长编》，上册，第66页。
[157] 孙中山博士医学院筹备会编：《总理业医生活史》，转载于《国父年谱》，上册，第64页。
[158] Sun Yatsen, "Judicial Reform in China", *East Asia* (July 1897), v. 1, no. 1, pp. 3-13. 黄宇和将此文翻译成
汉语，见黄彦编：《孙文选集》，第94—104页。

图 7.18　圣教书楼旧址
（当年的双门已经拆掉，变
成今天的北京路，2007 年
12 月 26 日黄宇和摄）

图 7.19　广州冼基东三十三
之二东西药局旧址（承区少
武先生赐告，2007 年 12 月
26 日黄宇和摄）

　　要治好这种早已僵化的关节，看来是无望了。但该病人的病例和他的故事却深深地吸引着我，使我继续为他进行护理了一段时候，以便我深切了解他曾受过的酷刑，对他身体会起什么影响，以及听全他的故事。这个故事，我现在就在本文复述一遍，让读者能了解到在中国，执"法"究竟是怎么回事。无辜被控者，又能惹来怎样的无妄之灾。

　　我发觉，该病人双脚所有的关节，不是肿大了就是变了形。有些踝骨已经完全黏结成一块。膝骨组织则已肿大到了或黏结成了不能个别辨认的程度。如果在一个终于无罪获释者的身上，能留下如此触目惊心的伤痕的话，这个审讯又是怎么回事？[159]

孙中山看到满清官吏酷刑所造成的悲惨后果，能不义愤填膺而矢志推翻满清？那么，造成这悲惨后果的过程是怎样的？

　　该病人是个船夫。某天清晨，他在河边走路时，突然遇到一队兵勇。
　　该队兵勇，不由分说，便把他拉到新会县令那里受审。受审时，他还来不及开口，屁股已挨了二百大板。跟着县官命他从实招供。招认什么呢？他如坠五里雾中。

他所熟悉的香港法律，其精髓是任何嫌疑犯都是清白的，直到该嫌疑犯被判有罪为止。该县官不由分说，先命衙差打船夫二百大板。受过十三年英式教育并在法治的英国殖民地香港生活了近十年的孙中山，听后一定大吃一惊！号称父母官的县丞毒打一个清白的人二百大板？！

　　县官喝道："大胆海贼，还不招供！"
　　答曰："小人乃一介船夫，从未为贼，也从未有过丝毫越轨的行为。"

---

[159]　Sun Yatsen, "Judicial Reform in China", *East Asia* (July 1897), v. 1, no. 1, pp. 3-13. 黄宇和将此文翻译成汉语，见黄彦编：《孙文选集》，第94—104页。

"嘿！"县官说，"不认就让他跪铁链！"

船夫双手被锁在木枷^[160]上。双膝被迫跪在两卷尖利的铁链上。整个身体和木枷的重量就积压着双膝。跪了一夜又半天，再被带到县官面前。

县官问："受够了没有？招认不招认？"

答曰："小人从未犯法，从何招认？"

县官说："他所受的，仍不足以令其招供。给他压杠杆！"

按他所熟悉的香港法制，执法与司法两个部门是完全分开并各自独立的。警察执法，搜集证据逮捕犯人，并将证据交有关部门起诉犯人。法官司法，职在按照起诉人提供的证据审判犯人。现在该县官集执法、起诉、司法于一身，孙中山已大感不妥。该县官竟然用酷刑招供，更是大违法治精神！但该县官只是按照大清律例办事，那么对孙中山来说，这个制度就必须推翻！

准此，船夫双手再次被锁上枷。双膝被平放在地上。膝上被压以一条杠杆。两个大男人各站在杠杆一头，你上我下，我上你下地玩跷跷。船夫剧痛得马上失去知觉。也不知道那跷跷究竟玩了多长时间。恢复知觉后再被关在牢里十天。稍事喘息后，又被带到县官面前审讯。结果仍不得要领。

县官再换一种严刑逼供。船夫的双手被吊起来。足踝即遭板球棒一般的硬棍敲打，以致每根踝骨都被打碎。受刑过程中，船夫并不致失去知觉，但奇痛难当。以致虽然他已准备自诬，以便结束这场煎熬，但已痛得口舌不灵。结果，又被关进牢里十多天。

这简直是草菅人命！孙中山还能听下去？

再被审讯时，县官似乎比以往多留心审问，多问了些问题，而不马上动

---

[160]　中山先生在英文原著中所说的 wooden framework（木架），其专有名词应为 cangue，即枷。这种东方特有的刑具，其英文名字 cangue 在一般的牛津词典（*Concise English-Chinese Dictionary*）里找不到，其罕可知。若华人倒译过来时也作"木架"，就要闹笑话。

刑。但阶下囚仍然照实供称他只不过是一介船夫。并声称自己是"老街坊",人尽皆知其品性良好。

但县官不单止不召来人证,反而下令绑着船夫的大拇指和大脚趾,然后把他吊起来,面朝下。他本来已筋疲力尽。这么一吊,悬空之间立刻不省人事。如此这般,又避过一次逼供。但次晨,在牢中恢复知觉时,已虚弱不堪。

休审三周。县官估计船夫已恢复得可以承受最后一次审问。于是船夫再次被带到公堂——不,应该说是地狱。这次县官也不多说,只是厉声警告船夫,促他赶快招供。船夫仍拒绝自诬。结果"地狱的程序"又开始了。四根"柴枝"(我的病人如此称呼它们的)被绑在船夫的手臂和大腿上,然后就点上火,让它们燃烧。

听到这里,孙中山追问船夫这些"柴枝"是什么玩意儿?船夫解释了,让孙中山后来可以继续写道:

> 我应该补充说,这些所谓"柴枝",其实是由压缩的锯木屑、木炭碎和其他材料做成的锥形物品。点燃后,烧得很慢,却发出炽热,燃尽方息。能抵受这种酷刑者,万中无一。故不供认者鲜有。但很奇怪,他似乎难受得马上又失去知觉。对那漫长的剧痛一无所觉,再次逃过一场逼供。
>
> 酷刑徒劳,县官不得已把他释放了。因为,在中国,如果嫌疑犯不认罪,官方是不能判刑的。加上船夫是名穷光蛋,酷刑也榨不出任何油水来。如果长期把他监禁,又太破费,干脆把他逐出衙门算了。[161]

有那样的制度就产生那样的行事方式。孙中山行医愈久,碰到的类似的案例就愈多,改变那个制度的决心就愈固。

正史说孙中山"所得诊金药费,悉充交结之用"[162]。结交谁?"纳交官绅,争

---

[161] Sun Yatsen, "Judicial Reform in China", *East Asia* (July 1897), v. 1, no. 1, pp. 3-13. 黄宇和译。
[162] 《国父年谱》(1985),上册,第 64 页,引孙中山博士医学院筹备会编:《总理业医生活史》。

取同情，且谋掩护"[163]。窃以为造反而向官绅争取同情谋掩护，无异与虎谋皮。因为谁都知道，一旦事败，受牵连的官绅必然被诛九族，智者不为；所以，若说孙中山花大钱去结交官绅以争取其对革命之同情，有待商榷。鉴于当时孙中山要争取的主要对象是秘密会社中人，窃以为他花大钱结交的正是这批喝大杯酒吃大块肉的江湖草莽。孙中山如何认识秘密会社中人？

有云某天"四大寇"相偕去广州，游观音山三元宫，有所感触，大放厥词，诽谤朝廷。在三元宫内潜修之八十老人郑安，闻之大异，招入垂询。孙中山兴之所至，乃畅言革命，磅礴之处，至为动人。郑谓倘若反满，必须联络会党，始克有望。因详述会党之组织宗旨，及各地会堂分布地址。孙中山一一牢记。[164] 若此言属实，则孙中山终于找到了他梦寐以求的反满群众，而这批群众的人数比香港道济会堂的教友多上何止千百万倍。但孙中山不是会党中人，各个会堂又有自己的联络暗号。没有暗号，会众绝对不会表露身份，以免招来杀身之祸。孙中山如何去联络会党，并把各会党的会众团结起来一起行动？

苦无良策之余，很可能他在志同道合的小圈子里说了一些苦恼的话，于是他的挚友郑士良终于表露了身份。这么一个偶然场合，有史可征。冯自由说，"四大寇"聚谈之杨耀记，"同志郑士良、陆皓东等来往广州、上海〔而经〕过〔香〕港时，亦常下榻其间，故该店可称革命党人最初之政谈俱乐部"[165]。郑士良与三合会颇有渊源，于两广秘密会社交游甚广。正是孙中山所需要的突破点。其实，早在1886年孙中山在广州博济医院念医科时，已认识郑士良。当时他们是该医院的同学：郑士良刚卒业于德国礼贤会在广州开办的学校，并受洗为基督徒，继而在博济医院学医。[166] 由于郑士良有三合会背景，具反清复明的思想感情，因而不会像普通基督教徒那样对革命谈虎色变，甚至可能默许。难怪孙中山"奇其为人，过从甚密，欢

---

[163]　同上。

[164]　南洋会党领袖邓宏顺谈述，文载《大同杂志》创刊号，转载于《国父年谱》，上册，第52页。原文乃追述间接听来的故事，其真实性有待考证，这里姑从其说。事发具体日期又不详，如果真有其事，则大概是孙中山在西医书院读书五年中的后期。

[165]　冯自由：〈华侨革命开国史〉，载《华侨与辛亥革命》（北京：中国社会科学出版社，1981），第2页。

[166]　孙中山博士医学院筹备会编：《总理业医生活史》，转载于《国父年谱》（1985），上册，第42页。

治逾恒"[167]。后来孙中山转到香港习医，郑士良则仍留博济医院肄业，但两人往返穗港频繁，保持联系。正由于郑士良本身属三合会，长期以来必须隐藏身份，故言辞谨慎，不能像"四大寇"那样肆无忌惮。后来经过与孙中山长期来往，慢慢对他建立了信心，深信孙中山不会出卖他的，于是就表露了真正身份。

须知秘密会社有他们反清复明的一面，也有他们"黑社会"犯罪的一面。准此，野史可以提供珍贵的参考资料。据云："先生在〔香〕港曾接纳三点会首领，并亲自切实调查其实力，约定时间在茶楼饮茶，先生入时，凡起立者即会员。先生如约前往，至十余处，每处茶客起立者百数十人，喜出望外。实则其头目事先邀集工人充数，为一骗局。"[168] 按中国风俗习惯，这一百数十人共十余次的饮茶钱，亟欲结交他们的孙中山会主动提出为他们付账。结果当然是尽入该黑社会头目的口袋中。

又例如正史所说的，后来在 1895 年 10 月 27 日从香港开往广州参加起义的、"在香港召集的会党三千人"[169] 之所谓"决死队"[170]，其实都是会党中人临时召集的苦力，召集的借口是为广州招募兵勇，苦力对革命内幕全不知情，而应招人数实际上也只有大约四百人。[171] 又是一个骗局！

诸如此类的骗局，一个接一个，孙中山愈是急于从事革命，受骗的次数就愈多。东西药局能提供多少钱给他受骗？结果就如陈少白所说：1894 年初的某天，"我在香港，他在广州，忽然药房里有信来，说：'孙先生失踪了，药房开销很难，收入不敷，只剩十几块钱了。'我接到信，就去广州……替他把两间药房收拾起来，交回那些出过股本的人"[172]。

东西药局不出一年就面临破产。孙中山因为从事革命而走进了死胡同。

---

[167] 同上。
[168] 田桐：〈革命闲话〉，《太平杂志》，第一卷，第二号，转载于《孙中山年谱长编》，上册，第 88 页。负责编辑该册的诸位先生，把这段野史也收进去，宁纵无枉，可谓别具眼光。
[169] 冯自由：《中国革命运动二十六年组织史》，第九章乙未，转载于《中华民国开国前革命文献》，第一编，第九册《革命至倡导与发展：兴中会》，第 531 页。
[170] 《孙中山年谱长编》，上册，第 90 页。
[171] Memorandum by the Acting Assistant Colonial Secretary F. J. Badeley on the Canton Uprising of October 1895, enclosed in Robinson to Chamberlain, 11 March 1896, CO129/271, pp. 437-447. Robinson was the Governor of Hong Kong and Chamberlain was the Secretary of State for the Colonies.
[172] 陈少白：《兴中会革命史要》，转载于《中国近代史资料·辛亥革命》（上海：上海人民出版社，1981），第一册，第 21—75 页；其中第 27 页。以下简称《辛亥革命》。

十一、上书李鸿章

孙中山突然失踪！他到哪里去了？据陈少白说，他跑回翠亨村躲起来起草〈上李鸿章书〉。[173] 后来更有学者在 1894 年 2 月 15 日（农历正月初十）广州的《中西日报》发现一则东西药局的广告，曰："……大医生孙君逸仙……旧岁底因事返澳度年，今已由澳回省。"[174] 两条史料没有冲突的地方：当时从广州往翠亨最快捷的途径是坐船到澳门，再从澳门采水路或坐肩舆返翠亨。回程也一样。笔者甚至怀疑，他回程再次途经澳门时，很可能登门拜访郑观应，出示所拟之〈上李鸿章书〉，征求他的意见。笔者作如是想，是因为后来郑观应为孙中山写了介绍信给有关人士（见下文）。看来，孙中山过去在澳门行医时，与郑观应的交往，现在起了实际作用。

为什么孙中山要上书李鸿章？很明显，他的思路又回到改良途上。对于自己过去不但曾有过追求改良的想法，甚至有上书的行动，则孙中山日后由于专心致志地从事革命，当然就没有兴趣也没有必要再提起来。正由于日后他绝口不提此事，以致孙中山在生之年，人们一直不知道他曾上书李鸿章。至于陈少白的话，则在 1934 年陈少白去世后才发表，而孙中山又比他早九年在 1925 年去世了。尽管有人看了陈少白的《兴中会革命史要》，都已是死无对证。

偏偏一位有心人陈桓看了陈少白的《兴中会革命史要》后不放过它，商诸另一位博闻强记的史学家顾颉刚，顾颉刚终于在 1894 年 9 月 10 日的上海广学会所办的《万国公报》(*Review of the Times*) 第六十九、七十号上找到了一篇没有署名的连载文章，题为"上李傅相书"，副题是"广东香山来稿"。由于作者没有署名，而当时孙中山还是籍籍无闻，所以文章发表时，恐怕没人知道他是孙中山。但经顾颉刚考证，证明他正是孙中山，而该文正是陈少白所指的〈上李鸿章书〉。[175] 顾颉刚之发现和考证，造福学林，功德无量。

---

[173]　同上。

[174]　广州《中西日报》广告，1894 年 2 月 15 日（农历正月初十），转录于岭南大学孙中山博士纪念医院筹备委员会编：《总理开始学医与革命运动五十周年纪念史略》（广州：岭南大学，1935），见《孙中山年谱长编》，上册，第 71 页，1894 年 2 月 15 日（农历正月初十）条。

[175]　李敖：《孙中山研究》（台北：李敖出版社，1987），第 23—24 页。

　　〈上李鸿章书〉的中心思想是，欧洲富强之本，不尽在于船坚炮利，垒固兵强，而在于人尽其才、地尽其利、物尽其用、货畅其流。而此四大办法的要义如下：

　　第一，人尽其才：在教养有道、鼓励有方、任使得法三方面。教养方面，他认为"泰西诸邦崛起近世，深得三代之遗风，庠序学校遍布国中"。鼓励方面，他建议"学者倘能穷一新理，创一新器，必邀国家之上赏……此泰西各种学问所以日新月异而岁不同"。任使方面，他认为泰西文官、武将、农长、监工、商董，"皆就少年所学而任其职"，"此泰西之官无苟且，吏尽勤劳者，有此任使之法也"。窃以为他的建议，可以归纳为一句话：将教育和仕途专业化。清朝的文官制度，沿旧例以科举入仕途，而科举是毫无专业可言的。后来康有为在1898年的百日维新中也有同样的建议，但在时间上比孙中山迟了四年。康有为是否在《万国公报》上看了孙中山这篇不署名文章而有所启发，则有待进一步探索。

　　第二，地尽其利：在农政有官、农务有学、耕耨有器三方面。农政方面，中国政府不管，泰西则"特设专官经略其事，凡有利于农田者无不兴，有害于农田者无不除"。农务方面，则地学、化学、植物学、动物学、农医学等专门学问，均须推广。耕耨方面，则"自古深耕细耨，皆借牛马之劳。近世制器日精，多以器代牛马之用"。所以，他建议中国宜购泰西之器而仿制之。他的结论是"农政有官则百姓勤，农务有学则树畜精，耕耨有器则人力省"。

　　第三，物尽其用：在穷理日精、机器日巧、不作无益三方面。穷理方面，"泰西之儒，以格致为生民根本之务，舍此则无以兴物利民，由是孜孜然日以穷理致用为事。如化学精，则凡动、植、矿质之物，昔人已知其用者，固能广而用之，昔人未知其用者，今亦考出以为用"。机器方面，"机器巧则百艺兴，制作盛，上而军国要需，下而民生日用，皆能日就精良而省财力"。不作无益方面，"泰西之民，鲜作无益。我中国之民，俗尚鬼神，年中迎神赛会之举，化帛烧纸之资，全国计之每年当在数千万。此以有用之财作无益之事，以有用之物作无用之施。此冥冥一大漏卮，其数较鸦片为尤甚，亦有国者所当并禁也"。这最后一点，反映出基督教对他的影响。

　　第四，货畅其流：在关卡之无阻难、保商之有善法、多轮船铁道之载运三方面。关卡方面，"泰西各国体恤商情，只抽海口之税"，故"百货畅流，商贾云集，财源日裕，国势日强"。中国则"处处敛征，节节阻滞"。故"谋富强者，宜急为留意"。保商方面，"泰西之民出外经商，国家必设兵船、领事为之护卫，而商亦自设保局、银行与相倚恃。国政与商政并兴，兵饷与商财为表里。故英之能倾印度，扼南洋、夺非洲、并澳土者，商力为之也"。中国利权皆为所夺，"以彼能保商，我不能保商，而反剥损遏抑之"。"谋富强者，可不急于保商哉！"轮船铁道方面，"夫商务之能兴，又全恃舟车之利便。故西人于水，则轮船无所不通"。"于陆，则铁道纵横，四通八达"。中国宜急起直追。

孙中山认为实行这四大端，已急不容缓，盖中国的"形势已岌岌不可终日"。因为除了外患频仍，内乱亦一触即发；盖"上则仕途壅塞，下则游手而嬉，嗷嗷之众，何以安此？明之闯贼，近之发匪，皆乘饥馑之余，因人满之势，遂至溃裂四出，为毒天下"[176]。

除了上书的原文以外，陈少白所说的孙中山上书李鸿章之举，是有佐证的。那就是上海图书馆藏盛宣怀的文书档案中的三封书函，分别是魏恒、盛宙怀和郑观应为孙中山所写的共三封推荐信。这三封信，先由沈渭滨教授发掘[177]，后由戈止曦教授订正[178]。准此，可知1894年春夏之间孙中山写成〈上李鸿章书〉后，首先请求前澳门海防同知魏恒写介绍信给盛宣怀的堂弟盛宙怀，要求盛宙怀推荐孙中山给盛宣怀。孙中山希望见到盛宣怀后，再面恳盛宣怀引荐予李鸿章。

魏恒同意了。为什么？这是一个关键问题。若没有魏恒的介绍信，以后所发生的一系列事情就无从谈起，故笔者愿意花点笔墨探索这个问题。

魏恒同意写介绍信的原因，某学者曾解释说：澳门"海防同知署驻前山寨。孙中山家乡香山县，与澳门毗邻，魏恒亦可算作父母官。孙中山托其介绍，当近情理"[179]。窃以为这个推理有倒果为因之嫌：该学者似乎认为既然魏恒为孙中山

[176]　孙中山：〈上李鸿章书〉，《孙中山全集》，第一卷，第8—18页。
[177]　沈渭滨：〈1894年孙中山谒见李鸿章一事的新资料〉，《辛亥革命史丛刊》，第一辑（北京：中华书局，1980），第88—94页。
[178]　戈止曦：〈对"1894年孙中山谒见李鸿章一事的新资料"之补正〉，上海《学术月刊》（1982），第8期，第20—22页。
[179]　沈渭滨：〈1894年孙中山谒见李鸿章一事的新资料〉，《辛亥革命史丛刊》，第一辑，第88—94页：其中第91页。

写了介绍信，就足以证明可能是出于父母官之心。但从实际情况出发考虑问题，则一般当官的哪儿会管这些事情？

另有学者推测说，由于孙中山悬壶行医，知者甚多，魏恒作为知者，"为提携后进起见，向盛宣怀推荐孙中山，是可以想象得到的"[180]。想象力诚丰富，但同样有倒果为因之嫌。

窃以为魏恒愿意为孙中山写介绍信，原因大致有下列几种：

（1）因为孙中山曾经治好了魏恒"其苦已甚，其累日深"的、患了二十余年的痔疮。[181] 魏恒感恩图报，写封信乃举手之劳，何乐而不为？

（2）魏恒在信中把孙中山描述为"善中西医术，知者甚多，妒者亦复不少"[182]。由此可知魏恒对孙中山在澳门行医时所遭受到镜湖医院的值班事、司事和中医打压[183]和遭到当地葡籍医生排挤等情[184]，甚为熟悉。以至魏恒在感恩的基础上再多一重同情，愿意为他写信。

（3）魏恒从何得悉孙中山在澳门遭到中医打压和葡医排挤而最终提前结束营业离开澳门？很可能是孙中山亲口对他说的。这种情况，让笔者怀疑，孙中山与魏恒的交情甚深，乐意为他写信。

（4）魏恒在信中提到："省中新政，谅已早有风闻。兹不多赘"[185]，证明魏恒是个关心新政的人。孙中山在〈上李鸿章书〉中，重点提倡新政中的农业，对魏恒来说，是友情之上再加同志之谊，更是乐意写这封介绍信。函曰：

荔孙世丈大人赐览：久违矩训，驰系实深。伻卸前山篆回省，值台旌已先期

[180]　戈止曦：〈对"1894年孙中山谒见李鸿章一事的新资料"之补正〉，上海《学术月刊》（1982），第8期，第20—22页；其中第21页，第2栏。
[181]　费成康：〈孙中山和《镜海丛报》〉，载《镜湖丛报》（2000年影印本），其中费序第2页，引《镜湖丛报》葡文版 *Echo Macanese* 中魏恒：〈神乎其技〉，*Echo Macanese, 25 July 1893*。
[182]　见下文。
[183]　费成康：〈孙中山和《镜海丛报》〉，载《镜湖丛报》（2000年影印本），其中费序第6页。
[184]　孙中山：《伦敦被难记》（中译本），转载于《孙中山全集》，第一册，第49—86页；其中第50页。《伦敦被难记》英语原文于1896年12月21日定稿（见康德黎夫人日记，1896年12月21日），1897年1月21日出版（见康德黎夫人日记，1896年12月20日，伦敦《泰晤士报》，1897年1月21日，第12版第2栏）。
[185]　见下文。

遄发，未获面别，殊深怅疚。兹恳者：香山县医士孙生名文号逸仙，人极纯谨，精熟欧洲掌故；政治、语言、文字皆精通，并善中西医术，知者甚多，妒者亦复不少。现拟远游京师，然后作欧洲之游。久仰令兄观察公[186]德望，欲求一见，知侄与世丈处，既有年谊世好[187]，又蒙青照有素，特嘱函恳赏赐书于令兄观察公前先容，感激之情，不啻身受者矣。侄赋闲省寓，毫无善状，幸上下人口平安，堪以告慰。省中新政，谅已早有风闻。兹不多赘。匆匆泐布，敬请崇安，唯照不庄。兴里侄恒顿首。廿八日。[188]

从这封信中我们又知道，孙中山求魏恒写信的时候，魏恒已经卸去澳门海防同知之职而居住在广州，以致孙中山是在广州请求他写介绍信的。孙中山拿了魏恒的信，就起程前往上海，并与陆皓东结伴同行。为什么去上海？因为当时盛宙怀在上海。为什么邀陆皓东同行？因为陆皓东是上海电报局的领班生[189]，熟悉上海情况，而他任职的上海电报局之总办又正是盛宣怀；孙中山希望陆皓东能设法打通那条请盛宣怀介绍见李鸿章的途径。

盛宙怀鉴于魏恒情面而接见了孙中山，并致函其堂兄盛宣怀，曰：

敬禀者：顷有沪堂教习唐心存[190]兄之同窗孙逸仙兄，系广东香山县人，精

---

[186] 按即盛宣怀，时任津海关道。
[187] "年谊"，泛指科举考试同年登科的举人或进士彼此之间的友谊。"世好"，两家世代有厚谊者。见戈止曦：〈对"1894年孙中山谒见李鸿章一事的新资料"之补正〉，上海《学术月刊》(1982)，第8期，第20—22页：其中第20页，第1—2栏。
[188] 魏恒致盛宙怀函（1894年6月1日），原件藏上海图书馆，转载于沈渭滨：〈1894年孙中山谒见李鸿章一事的新资料〉，《辛亥革命史丛刊》，第一辑，第88—94页：其中第89页。该信日期，是沈渭滨教授推算出来的，见其文第91页。窃以为言之成理。
[189] 陈少白：《兴中会革命史要》，载《辛亥革命》，第一册，第26页。
[190] 有人怀疑此人可能是唐元湛，广东香山县人（孙中山同乡），1862年生，长孙中山四岁。所谓"同窗"者，可能是故乡私塾先后校友含糊之词。至于"沪堂"，则可能是电报学堂上海分班之简称，是盛宣怀所开办，故不必全称。此皆上海图书馆葛正慧先生考证，转载于沈渭滨：〈1894年孙中山谒见李鸿章一事的新资料〉，《辛亥革命史丛刊》，第一辑，第88—94页：其中第93页。有人不同意唐心存即唐元湛之说，并谓他们是两个人。见戈止曦：〈对"1894年孙中山谒见李鸿章一事的新资料"之补正〉，上海《学术月刊》(1982)，第8期，第20—22页：其中第22页，第1—2栏。香港学者林嘉明先生也认为唐心存不是唐元湛，盖早在1881年，二十岁的唐元湛仍以大清留美幼童在美国学习之时，唐心存已经在上海与胡翼南（即胡礼垣）合作译著《量电浅说》。但至于唐心存究竟是何许人，则仍有待进一步考证。

熟欧洲医理，并由广东前山同知魏直牧函托求转吾哥俯赐吹植。附呈原信，
〔尚〕祈察阅。特此禀达。恭叩福安。弟宙怀谨禀。初十日。[191]

在得到盛宙怀的推荐信后，孙中山在上海巧遇郑观应，结果郑观应也为孙中
山谒见李鸿章之事写了一封推荐信，曰：

杏翁仁兄方伯大人阁下敬肃者：敝邑有孙逸仙者，少年英俊，曩在香港考取
英国医士，留心西学，有志农桑生殖之要术，欲游历法国讲求养蚕之法，及
游西北省履勘荒旷之区，招人开垦，免致华工受困于外洋，其志不可谓不
高，其说亦颇切近，而非若狂士之大言欺世者比。兹欲北游津门，上书傅
相，一白其胸中之素蕴，弟特敢以尺函为其介，俾其叩谒台端。尚祈进而教
之，则同深纫佩矣。专肃，敬请勋绥，唯祈

　钧鉴不备

教小弟制郑观应顿首。

再肃者：孙逸仙医生拟自备资斧，先游泰西各国，学习农务，艺成而后返
国，与同志集资设书院教人；并拟游历新疆、琼州、台湾，招人开垦，嘱
弟恳我公代求傅相，转请总署给予游历泰西各国护照一纸，俾到外国向该
国外部发给游学执照，以利遄行。想我公有心世道，必俯如所请也。肃此，
再叩勋绥不备。

教小弟名心又肃。[192]

上述魏恒和郑观应的两封信，其珍贵之处，除了佐证了孙中山的确曾上书李

---

[191]　盛宙怀致盛宣怀函（1894 年 6 月 13 日），转载于沈渭滨：〈1894 年孙中山谒见李鸿章一事的新资
　　　　料〉，《辛亥革命史丛刊》，第一辑，第 88~94 页；其中第 89 页。
[192]　郑观应致盛宣怀函，无日期，转载于沈渭滨：〈1894 年孙中山谒见李鸿章一事的新资料〉，《辛亥革命
　　　　史丛刊》，第一辑。

鸿章之事以外，还证明了孙中山不但有改良的理论（见其〈上李鸿章书〉的内容），还有把理论付诸实践的具体行动方案（欧洲之行与回国报效）。看来这个时候的孙中山，的确打消了革命的念头而全心全意地去设法和平改良中国了。

但李鸿章贵为傅相，权倾中外，孙中山凭什么企望傅相垂顾？而且，正如上述，当1892年夏天孙中山刚毕业的时候，康德黎曾尝试过把应届毕业生——孙中山和江英华——给李鸿章引见而不果。[193] 但是，那次之没有成功，并非由于李鸿章拒绝用人。相反地，他接受了康德黎的建议并欲授孙、江二人"钦命五品军牌"[194]。那次引见不成是因为孙中山不满广东官吏从中刁难而已。现在孙中山避开广东官吏而直接上书李鸿章，他相信会有成功的机会。因为，他认为：

第一，上文提到，1888年香港西医书院董事局邀请李氏当该院的庇护人。李氏回信接受院长殊荣。[195] 准此，按中国风俗习惯，李鸿章与孙中山就有了挂名的师生关系。故孙中山上书时一开始就说"曾于香港考授英国医士"[196]。

第二，上文又提到，1892年7月孙中山在香港西医书院毕业后，康德黎医生把孙中山与江英华推荐给李鸿章，故李鸿章应该是听过孙中山之名字。当时已经授予五品军牌，这次待遇不应比上次差。

第三，孙中山通过聆听西医书院教务长康德黎医生在孙中山的毕业典礼中的致辞，对李鸿章产生了好感与希望。康德黎透露，1888年李鸿章回信接受提名为西医书院庇护人时，建议该院重点讲授化学和解剖学这两门学问。康德黎对李鸿章这种观点的分析非常精辟，认为李鸿章在说："给我们科学，其他都好办。"而

---

[193]　郑子瑜：〈孙中山先生老同学江英华医师访问记〉，附录于郑子瑜：〈一页开国史料——记中山先生指示江英华密谋在穗发难书〉，《近代中国》（台北），第61期（1987年10月31日），第110—114页：其中第112—114页。又见 Cantlie and Seaver, *Sir James Cantlie*, p. 79。

[194]　同上书，第110—114页：其中第112页。

[195]　显然是李鸿章的幕僚把"patron"的汉译再倒译为英语时就变成了"president"。See Li Hongzhang to the Directors of the Hong Kong College of Medicine, n.d., Wellcome Institute Western MS6931/96. See also Cantlie to Li Hongzhang, 12 July 1889, MS 6931/95, in ibid., thanking Li Hongzhang for his acceptance of the honour.

[196]　孙中山：〈上李傅相书〉，原载上海《万国公报》，1894年第六十九、七十期，转载于《孙中山全集》，第一卷，第8—18页：其中第8页。《国父全集》（1989）未收进该文。*China Mail* (Hong Kong), Saturday 23 July 1892, p. 3, cols. 1-5: at col. 3.

全 — 504 三十岁前的孙中山

不是像一般凡夫俗子那般，光是一股劲地喊："治好我的病呀！"这种尊重科学的态度，会让孙中山产生幻想，认为他与一般守旧官僚不同。[197]

最后探索一个很实在的问题。谚云：兵无粮草不行。孙中山在书写〈上李鸿章书〉时，他在广州的东西药局已濒临破产边缘，何来经费跑上海、天津等地？孙中山的外甥孙杨连合留有口碑说："谭虚谷，崖口村人，在烟台做生意，是孙中山的朋友，有经济能力。当孙中山上书李鸿章，往天津又折回上海出国时，有些活动经费是谭虚谷接济的。"[198]若此言属实，则杨连合很可能是从其祖母孙妙茜口中得悉，而孙妙茜又是从孙中山那里听来，盖孙妙茜乃孙中山的姐姐也。

孙中山带了魏恒、盛宙怀和郑观应三封推荐信，北上天津，要求当时正于该处筹办东征转运事宜的盛宣怀协助。盛宣怀收到三封书函后，曾否推荐孙中山予李鸿章？孙中山见了李鸿章没有？

十二、孙中山见了李鸿章？

孙中山上书时，亲自见了李鸿章没有？多种报道说有。

第一种，1928 年由上海商务印书馆出版的由胡去非执笔的《孙中山先生传》说：

> 壬辰，先生年二十七，以第一名毕业于香港医校，乃悬壶澳门广州两地，托名行医。其为人治病也，富者取资，贫者施与；迹时国人业西医者绝少，先生之名大振，党徒渐多，遣郑士良结纳会党，联络防营，端倪略备。乃与陆皓东北游京津，以窥清廷之虚实……至北京时，冒险谒李鸿章，密陈北京政府之横暴腐败，革命之不可缓，议论雄快。李谢之曰："今日之革命，余亦知其不可；然余年七十有九，精力既衰，断不能大有为，幸君努力为

---

[197] Anon, "College of Medicine for Chinese", *China Mail* (Hong Kong), Monday 25 July 1892, p. 3, cols. 1-6.

[198] 李伯新访问杨连合 (1914 年生)，1960 年 5 月 10 日，载李伯新：《孙中山史迹忆访录》，中山文史第 38 辑 (中山：中国人民政治协商会议广东省中山市委员会文史学习委员会，1996)，第 79—80 页；其中第 80 页。

之，中国前途，唯君等是赖，余必为君后援。"[199]

此段引文，上半部与本书发掘所得完全相反。至于下半部，怎么回事？孙中山上书的内容是劝李鸿章改良的，怎么突然变成劝他革命？

第二种，1952 年吴敬恒述，杨成柏编《国父年系及行谊》说：

> 中日交战前，先生由湖南出扬子江口，由海路入北京，深夜冒险晤李鸿章于私邸，陈说大计，劝李革命，李以年老辞。[200]

此说不但把劝李改良说成是劝李革命，而其"深夜冒险晤李"云云，更大有把孙中山描述成一位能飞檐走壁、视傅相侍卫如无物的武林高手的味道。而我们都知道，孙中山并非武林高手。有人听翠亨村孙梅生说过："我和孙中山在翠亨村童年同学，有时我和孙中山、杨帝贺等人，常去客家村的石门坑攸福隆村、生猪窦村和大象埔村偷看三合会中人练武术。自己愚昧，老是学不懂，而孙中山记性好，学得快，很快会打几路拳脚。"[201] 窃以为孙梅生说过的话即使属实，则偷学了几路拳脚，没有师傅解说其中奥妙，孙中山更没有天天苦练，也没跟人过招，怎能当上武林高手？他甚至不算是武林中人。

第三种，1965 年 11 月 11 日，台北《新生报》发出中央社特稿，题为〈万世风范的国父〉，说过去孙中山演讲时曾担任过记录的中国广播公司董事长梁寒操讲了八个有关孙中山的小故事。其中第一个故事是这样说的：

> 有一次他满怀爱国报国的热忱，上书李鸿章，并由唐绍仪陪同，去见李鸿章。当时李鸿章还没有看完国父所上的书，就老气横秋地对国父说："天下大事困难重重，不是你们年轻人所能够了解的。"国父辞出后，大为光火，

---

[199]　胡去非：《孙中山先生传》（上海：商务印书馆，1928），第 7 页。该书在 1968 年由台湾商务印书馆重印。

[200]　吴敬恒述，杨成柏编：《国父年系及行谊》（台北：帕米尔书店，1952），第 4 页。

[201]　见李伯新采访杨连合（1914 年生），1962 年 5 月 24 日，载李伯新：《孙中山史迹忆访录》，第 82—85 页；其中第 83 页。

眼睛冒出愤怒的光芒对唐绍仪说:"我起先以为李鸿章很行,现在才知道他根本不行。我的建议他干不了,我自己来干!"[202]

说这个故事的梁寒操曾当过国民党中央宣传部部长,说这个故事的目的是为了"纪念国父百年诞辰"。

第四种,1983年6月1日,台北《传记文学》刊登了桂崇基的文章,题为〈中山先生见李鸿章〉。文曰:

> 中山先生上书李鸿章,世人固多知之。他是否见过李鸿章,则因缺乏资料,难以臆断。据唐绍仪言,一次,他返回香港,曾晤中山先生,见其器宇轩昂,其时不过二十许人,即怀有大志,便断言其必将为大器。中山先生出示其所拟〈上李鸿章书〉,并请唐设法介绍见李鸿章。时唐在高丽袁世凯幕府任事,对北洋有关人物多直接或间接认识,便代为介绍天津海关候补道徐秋畦。中山先生去天津,由徐秋畦向李鸿章为之先容。届期,徐秋畦陪中山先生往见。李鸿章见中山先生即问你叫什么名字?中山先生答孙文。其时中山先生发言犹带浓重广东音,把文字念门音。李鸿章一听,便说,你官话都不会讲,怎能做官?未及二三语,即端茶,差官乃高呼送客。徐秋畦乃拉中山先生一同起身告辞。行至二门,中山先生便在庭中大骂李鸿章是官僚……[203]

该文作者桂崇基是国民党老党员,写该文时八十三岁。调子与国民党中央宣传部前部长梁寒操有异曲同工之妙。

《传记文学》的编者是位慎重的学人,鉴于桂崇基"未说明出处",故"特专函请教桂先生,顷接其复告,系得自唐绍仪亲口所述"[204]。编者还是不放心,特

---

[202]　中央社特稿:〈万世风范的国父〉,《新生报》(台北),1965年11月11日,转引于李敖:《孙中山研究》,第11—12页。

[203]　桂崇基:〈中山先生见李鸿章〉,《传记文学》(台北),第42卷第6期(1983年6月1日),第48页。

[204]　编者按语,附桂崇基:〈中山先生见李鸿章〉,《传记文学》(台北),第42卷第6期(1983年6月1日),第48页。

将桂先生亲笔复函制版刊出。函曰：

> 绍唐我兄大鉴：民国二十年左右，唐绍仪任中山模范县长，弟由澳门往见，唐亲为言此一段经过，如能代为注明此一出处，甚感。专此顺颂撰祺。弟桂崇基手启。五、二十二。[205]

另一方面，可有记载说孙中山上书时未曾见到李鸿章？有。

那是陈少白的《兴中会革命史要》：

> 王韬有一个朋友在李鸿章幕下当文案，王韬就写了封信，介绍孙先生到天津，见这位李鸿章幕下的老夫子，同老夫子商量，或者可以见李鸿章。孙先生快乐极了，就到天津去见老夫子。那时候，刚刚中日大战，打得很厉害，李鸿章至芦台督师。军书旁午，老夫子把孙先生的大文章送到李鸿章那边去，李鸿章是否看过，就不得而知了。不过后来李鸿章说："打仗完了以后再见吧！"孙先生听了这句话，知道没有办法，闷闷不乐地回到上海。[206]

由是观之，笔者所搜集到的、孙中山曾否见过李鸿章的有关报道的比例是四比一：四种说见过，一种说没有。正反双方，哪方可信？窃以为陈少白所言孙中山并没有见过李鸿章之言较为可信，原因有六：

第一，已有学者指出，李鸿章当时是北洋大臣，常驻天津，上述第一、二种报道说北京相见似不甚合。

第二，该学者同时又指出：孙中山劝李革命，揆诸当时局势，恐无此可能。[207]

第三，笔者则已于上文进一步提出"深夜冒险晤李"云云，大有把孙中山描述成能飞檐走壁、视傅相侍卫如无物的武林高手的味道。夸张之处，让人怀疑全文的

---

[205]　桂崇基复函，1983 年 5 月 22 日，附桂崇基：〈中山先生见李鸿章〉，《传记文学》（台北），第 42 卷第 6 期（1983 年 6 月 1 日），第 48 页。

[206]　陈少白：《兴中会革命史要》，转载于《辛亥革命》，第一册，第 27 页。

[207]　《国父年谱》（1985），上册，第 68 页，注 4。

可靠性。因为我们都知道，孙中山并非武林高手。现在笔者欲另外补充下列几点：

第四，陈少白之得悉孙中山撰写〈上李鸿章书〉，是孙中山亲口对他说的，并曾要求他订正该稿。[208] 后来陈少白之直书孙中山没有见到李鸿章，相信也是孙中山亲口对他说的。当时陈少白是孙中山最亲密的战友，孙中山无事不对他直言。

第五，在 1928 年倡第一种说法的胡去非 [209]，在 1935 年陈少白的《兴中会革命史要》出版后的 1937 年出版他的《总理事略》时，就作了"先生见李鸿章不遂"的更正。[210]

第六，上述四种指孙中山曾经见过李鸿章的报道，第一、二种说孙中山见到李鸿章时劝他革命，第三、四种说孙中山见过李鸿章后大骂他的官僚作风。四种说法似乎都在重点显示孙中山革命家的风范。须知第一、二种说法的出现是国民党一党专政的 20 世纪 30 年代，第三、四种说法则是国民党迁台后仍然是一党专政的 60 年代到 80 年代初期出炉的。当时的国民党拼命推行对孙中山的个人崇拜以自重，说他是天生的、自始至终都是坚定不移的革命家。但顾颉刚之在上海广学会《万国公报》第 69、70 期发掘出孙中山的〈上李鸿章书〉就为国民党出了难题。堂堂革命家，求见满清大吏已属丢脸，不获接见更是无颜，故非把拒见说成是接见不可，并且硬把孙中山建议李鸿章改良说成是劝其革命；最后痛骂李氏一顿，方显威风！其完全漠视孙中山上书中内容之处，莫此为甚。

但是一经查出上述第三种说法的作者是国民党前宣传部部长梁寒操的杰作，马上就意识到它是政治宣传品而非严肃负责的史学著作。同时也意识到与它同一口径的其他三种说法，都是政治宣传品。既然属政治宣传，就难怪梁寒操的杰作出炉后的一段时间，台湾宣传媒体"不但把孙中山见李鸿章的电视画面弄成李鸿章一派诚惶诚恐模样，并且干脆就说孙中山当时是去'招降李鸿章'了！"[211] 其滑稽无聊之处，莫此为甚。但是，从事历史研究的人都很清楚，通过大众媒体所作的政治宣传，比历史工作者写一百本书的效应要高强得多。其深入人心之处，恐怕好几代的历史工作者共同努力也洗不清。

---

[208]　陈少白：《兴中会革命史要》，转载于《辛亥革命》，第一册，第 27 页。
[209]　胡去非为其《孙中山先生传》写弁言的日期是 1928 年 4 月 13 日。
[210]　胡去非：《总理事略》（上海：商务印书馆，1937），第 21 页。该书曾由台湾商务印书馆在 1972 年再版。
[211]　李敖：《孙中山研究》，第 12 页。

不但过去的中国国民党如此，过去的中国共产党也如此。1963 年 5 月 2 日，广州市中山大学历史系系主任金应熙教授和该系的党总支部委员陈胜粦讲师，在共同接受翠亨村孙中山故居纪念馆征询该馆展览安排时，金应熙教授说："我们从翠亨中山故居陈列室中也看到孙中山〈上李鸿章书〉，是有些改良主义愿望，但革命因素是重大的。你们的陈列室应从正面多点反映革命因素问题。"[212] 利用改良的铁证来强行为革命因素作政治宣传，只有在 20 世纪 50 年代和 60 年代中国大陆特定的历史环境才能作出的决定。

俱往矣！言归正传，孙中山企图通过他与香港西医书院的关系向李鸿章进言之举失败了。都怪孙中山没有经验，不知道西医书院董事局之获得李鸿章答应当该院庇护人，是事先大费周章的。尽管有了孟生医生治愈其病之恩，还是首先通过天津的埃尔文医生（Dr J.O'malley Irwin）探听李鸿章当该院庇护人的可能性。[213] 待埃尔文医生谒见过李氏后回信说，如蒙正式邀请，将欣然接受，该院董事局才决议发公函邀请。[214] 孙中山似乎还未懂这种先探听后行动的做法，贸然上书，自然碰壁。

而且，事分轻重缓急。大战在即，若李鸿章真的曾说过类似"打仗完了再说"的话，也不算过分。孙中山在这个时候企图与李鸿章谈那些与该场战争毫无关系的事情，自然不会如愿。其实，孙中山也不是特意选择这个时刻上书的。只是碰巧他在这个时候从事革命的企图走进死胡同，药局只剩下十几块钱，无计可施而又救国心切之余，思想转向改良而急于求见李鸿章而已。

有谓"上书失败，先生决志以革命手段推翻清廷"[215]。窃以为此说尚有待商榷，盖上书虽然失败，孙中山还是把该书全文八千余字刊刻于当年上海出版的

---

[212]　翠亨村孙中山故居纪念馆征询金应熙、陈胜粦，1963 年 5 月 2 日，载李伯新：《孙中山史迹忆访录》，第 137—139 页；其中第 139 页。

[213]　Minute-book of the Senate, 3rd meeting, 20 July 1888, College of Medicine for Chinese, in the Registrar's Office, University of Hong Kong.

[214]　Minute-book of the Senate, 4th meeting, 28 September 1888, College of Medicine for Chinese, in the Registrar's Office, University of Hong Kong. 原文把 Dr J. O'malley Irwin 误作 Dr Irving。查该医生为英国天津海关医官，1881 年被李鸿章聘为家庭医师，1888 年被聘为北洋海军医官，1896 年任李鸿章出访欧美随从医生。详见杨明哲：〈李鸿章与近代西方医学在中国的传播〉，载《长庚人文社会学报》，第 2 卷第 2 期（2009 年），第 299—340 页。

[215]　《孙中山年谱长编》，上册，第 73 页。

《万国公报》月刊。[216] 此举目的很明显：他希望借此引起李鸿章重视，或其他大员注意。如果他的改革建议得到接纳，并被邀请参加推动新政，则仍有望采取和平手段改变清廷以图强。无奈日复一日，仍如石沉大海。同时，在 1894 年 7 月 25 日，甲午中日战争就爆发了。清军节节败退，清廷显得愈是腐败无能，他的革命决心就愈是坚决。终于"怃然长叹，知和平之法无可复施"[217]。结果他的思路又返回革命的途径。

接下来的，就是策动 1895 年 10 月的广州乙未起义。此事将在下章探索。

十三、小　结

世人多属意孙中山自小即矢志革命之说，并津津乐道其童年于乡间听太平天国老兵谈洪、杨逸事以为据。[218] 此说完全忽视了孙中山少年和青年时代（十三岁至二十六岁）在夏威夷和香港所受到的英式教育，尤其是法治概念对他的深远影响，以及他医科毕业后在澳门和广州行医时进一步目睹满清官吏那种无法无天和严刑拷打嫌疑犯所造成的人间悲剧，皆加强了他改变当时制度的决心。

改变制度，既可从外面用革命手段把它推翻，也可以从里面用改良方法把它从根本上改变。本章所发掘出来的史料，经鉴定，证明孙中山的思想历程经过了改良、革命、改良、革命等多次转折，最后还是被迫走上革命的道路。同时证明，孙中山自小即矢志革命之说不能成立，此说把复杂的历史现象简单化了。

最后值得郑重一提的是：在辛亥革命一百周年前夕的 2011 年 4 月，曾任"台北驻澳门办事处"主任（1984—1999）的王允昌先生赶写了《孙中山与澳门》一书，由台湾御书房出版有限公司出版了。书讯云：

　　孙中山先生在香港西医书院深造期间，常利用周末假期赴澳门与革命志士论政，即所谓"四大寇"。而后于澳门行医，即秉持"借行医为入世之媒，

---

[216]　以"上李傅相书"为题在第 69、70 期（1894 年）两册连载。
[217]　孙中山：《伦敦被难记》，转载于《孙中山年谱长编》，上册，第 73 页。
[218]　《国父年谱》(1985)，上册，第 19 页。

以革命为救国之实"的理念。1894 年孙中山先生受到澳门维新改革人士郑观应影响,上书李鸿章,提出"人尽其才,物尽其用,货畅其流"主张。1895年孙中山在广州策划起义失败,遭到清政府通缉,潜逃澳门避难,幸受葡国友人飞南第暗中协助,将孙中山化装成村姑乘船赴香港,转日本神父(神户),救了孙中山先生一命。倘无葡国友人之助,孙中山先生的革命事业可能无法完成,则中国现代史亦将要改写。[219]

为了一睹全豹,笔者迫不及待地先后恳请台湾与香港的朋友代购一本快递掷下,阅后发觉该书作者对陈树荣先生各项重大"发明",无论真伪,皆囫囵吞枣,令人惊讶。其绝口不提陈树荣先生之处,更是令人叹息。离谱的例子包括第 37页之"图片说明":"中山先生向澳门葡人团体'仁慈堂'租用议事亭前地罗结地巷口的一幢两层楼房,开设'孙医馆'。"所指其实是陈树荣先生之重大发明"议事亭前地十四号孙医馆"。如此拐弯抹角地把陈树荣先生的发明据为己有,已属过分,"图片说明"继续曰:"该址后拆除改建为现时的邮政总局",更是不可饶恕,盖该房子被拆除后一直是空地,栽了花草树木以美市容,邮政总局建在邻近的另外一个地方;若该作者在工余或假日到议事亭前地该址走走,在澳门这弹丸之地,属举手之劳,他却连这一点也没小到。须知微观探索若差之毫厘,宏观结论就谬以千里,本书一个接一个例子都说明这不易之理,作者能不慎焉!

---

[219] 〈出版之门〉,据澳门《新华澳报》2011 年 6 月 22 日消息报道,http://www.publishing.com.hk/pubnews/NewsDetail.asp?NewsID=20110622005。

第八章

广州起义：
出师未捷唯足见大公无私

举义是密谋性质，极少留下原始资料甚或蛛丝马迹。要探索 1895 年的广州起义，难度绝对不亚于本书其他章节。

一、筹备起义

孙中山上书李鸿章失败，接着甲午中日战争爆发，清军节节败退，对孙中山刺激很大，他下定决心投身革命。

起义必须有经费，孙中山先前在澳门和广州等地靠行医赚到的钱都已用罄，还欠了澳门镜湖医院一大笔债务，再往哪儿找钱从事革命？

他在香港雅丽氏医院念西医医学时，学会了两种筹款方法：

第一，1887 年和 1888 年，在湛约翰牧师领导下于公园举行园游会作公开义卖为雅丽氏医院筹款。[1] 这种活动，不但师出有名，而且招牌是冠冕堂皇的，以至香港总督伉俪也乐意出面赞助，而香港上下人士也踊跃支持。筹得的款项可观。作为该院学生的孙中山，也积极参加了工作。

第二，1889 年至 1892 年间，汤姆森院长每年公布该院的工作报告，让世人有目共睹，然后与湛约翰牧师挨家挨户地探访，请人家定期捐款（subscribe）。[2] 这种活动，同样师出有名，招牌同样亮丽。每年所筹得的款项不但可观而且稳定可靠。

若用这两种方法筹款造反，师出有名。亮出名堂后群众也只会争相走避，而当事人肯定要遭到逮捕。但孙中山到底是聪明人，从汤姆森的方法得到启发，变通一下，就想到"中国商务公会股单"[3]（Commercial Union of China Bond）[4] 这

---

[1]　Rev. John Chalmers's Report (Hong Kong District) for 1888, 6 March 1889, CWM, South China, Reports 1866-1939, Box 2 (1887-1897), Envelope 23 (1888).

[2]　Dr John Thomson's Supplementary Report for 1890, February 1891, pp. 4-5, CWM, South China, Reports 1866-1939, Box 2 (1887-1897), Envelope 25 (1890).

[3]　《国父全集》(1989)，第九册，第 546—547 页。

[4]　《国父全集》(1989)，第十册，第 477 页。

个主意。变通之处有三：

第一，汤姆森的捐款对象是明的，孙中山就创造一批暗的捐款对象。即成立一个秘密会社——兴中会，而会员就成了捐款对象了。

第二，汤姆森公布工作报告，报道已取得的成果，捐款人可以从中确知其捐出的金钱会妥善地用于慈善义举而得到精神上的安慰。孙中山发行股单，预期革命成功后，新政府会利用财政收入付款予持股人，让其得到经济上的回报。每股股金为 100 美元。[5]

第三，汤姆森在香港运作，孙中山则打算回到他少年时代上学的夏威夷活动。理由很简单，他在香港多年而能找到的知音寥寥无几，檀香山华侨约四万人，他希望有发展的空间。

于是他在 1894 年中从天津回到香港后，就于同年秋再度赴檀香山，发动华侨支持革命。无奈在檀"鼓吹数月，应者寥寥"[6]。舌敝唇焦之余，更令亲戚故旧避而远之；当孙中山在火奴鲁鲁的中国城街上走过，甚至有华侨在其背后指指点点，称他为"疯子"。[7] 最后，表示支持他的，多为本书第四章提到的中西扩论会。该会由一些受过西方教育的华裔知识分子于 1883 年组成，原意是一起练习英语会话，但越来越变得畅谈国事，讨论时艰。时值甲午中日战争，清军节节败退，消息传来，檀香山华侨莫不义愤填膺。故当孙中山向他们宣传革命时，中西扩论会的会员诸如何宽、李昌等，都热烈响应，结果在 1894 年 11 月 24 日，大家约同在娥玛王后巷（Queen Emma Lane）140 号何宽家聚集。不久以来人太多，转往较为宽大的同巷 157 号李昌家开会。[8]

当时共有二十余人参加会议，由孙中山主持，议决成立一个名为兴中会的革命团体。议定会章后，即按章推举职员。选出刘祥、何宽为正副主席，黄华恢为

---

[5] 《国父全集》(1989)，第九册，第 547 页，注 3。
[6] 孙中山：《建国方略·孙文学说》，第八章"有志竟成"，《国父全集》，第一册，第 409—422 页。《孙中山全集》，第六卷，第 228—246 页。
[7] 马兖生采访陈志昆，1998 年 8 月，载马兖生：《孙中山在夏威夷：活动和追随者》（北京：世界知识出版社，2003），第 15 页。
[8] 项定荣：《国父七访美檀香山考述》（台北：时报文化出版事业有限公司，1982），第 48 页。可惜何宽的房子在 20 世纪 30 年代被拆掉，李昌的房子亦在 20 世纪 60 年代被拆除，后人无法凭吊。见马兖生：《孙中山在夏威夷：活动和追随者》，第 17 页。

司库，程蔚南、许直臣为正副文案等。[9] 孙中山自己则不居任何职位，理由很简单：他要回国投身革命，居任何职位都等于白费。[10] 入会则采宣誓结盟方式：各人在开卷《圣经》上置其左手，右手向上高举，恳求上帝鉴察，然后宣读誓词曰："联盟人某省某县人某某，驱除鞑虏，恢复中国，创立合众政府，倘有二心，神明鉴察。"[11]

方式不采中国传统的歃血为盟，而用基督教手按《圣经》发誓，可见入会者可能大多数为基督徒或受西方文化影响甚深的人。

兴中会在火奴鲁鲁成立后，会员宋居仁和李昌赶往茂宜岛，试图说服孙眉参加兴中会。当时孙眉也确实受到甲午中日战争中清军惨败的震撼，故马上同意。值得注意的是，孙眉之加入兴中会，宣誓时同样在开卷《圣经》上置其左手，右手向上高举，恳求上帝鉴察。犹记 1883 年夏，孙眉才因为孙中山要求领洗进入耶教而把乃弟遣返回乡。真是士别十年，刮目相看。孙眉虽然始终没有领洗进入耶教，但已经接受了西方的宣誓方式，也同情和支持乃弟的抱负。他又介绍友好邓松盛（字荫南）参加。[12] 如此辗转介绍，参加的人数慢慢递增，据〈兴中会会员及收入会银时日与进支数簿〉所载，从 1894 年 11 月 24 日到 1895 年 9 月 2 日，先后共有 112 人加入兴中会。[13] 为了有朝一日回国参加起义，兴中会借芙兰·谛文牧师在火奴鲁鲁所设之寻真书院的操场举行军事训练，聘请一位曾任中国南洋练兵教习队长的丹麦人做教练。"一开始，有四十人参加练兵活动。但是，那丹麦教练太严格了，学员一个一个退出；后来没剩下几个人，这就是中国人说的虎头蛇尾吧。"[14]

---

[9]　冯自由：〈兴中会组织史〉，载冯自由：《革命逸史》（北京：中华书局，1981），第四册，第 1—23 页：其中第 3 页。

[10]　偏偏有学者说孙中山当选了该会会长，看来该学者是把主持兴中会成立大会的主席孙中山误作该会成立后选出来的会长。见 Mary Chan Man-yue, "Chinese Revolutionaries in Hong Kong, 1895-1911" (M.A. thesis, University of Hong Kong, 1963), p. 49。

[11]　冯自由：《华侨革命开国史》（台湾：商务印书馆，1953），第 26 页，引述于《国父年谱》(1985)，上册，第 70 页。

[12]　马充生：《孙中山在夏威夷：活动和追随者》，第 20—22 页。

[13]　同上书，第 19 页。

[14]　Chung Kung Ai, *My Seventy Nine Years in Hawaii, 1879-1958* (Hong Kong: Cosmorama Pictorial Publisher, 1960), p. 315.

至于经费方面，则综合会员所缴的会费、售卖股单等所获，仅得 1 388 美元[15]，难成气候。孙中山异常焦急，其兄孙眉乃贱售其牛牲一部，邓荫南则尽数变卖其商店及农场[16]，宋居仁也出售其饭馆[17]，以充义饷。综合各款，亦仅美金六千余元，折合港币约 13 000 元，孙中山遂于 1895 年 1 月间放舟返回香港。后来陆续前往香港与孙中山会合，并参加广州起义的有邓荫南、宋居仁、夏百子、陈南（厨师）、李杞、侯艾泉（裁缝）等人。宋居仁的妻子是夏威夷人，有两个儿子，宋居仁把两个儿子都带回中国参加革命，后来全部牺牲。[18]

在此必须解决一桩历史悬案：由于兴中会的誓词非常激烈——"驱除鞑虏，恢复中国，创立合众政府"——而当时的誓词又没有用文字记载下来，以至有两位前辈学者质疑此誓词之真实性。首先是旅美华人学者薛君度先生，他认为"立誓词一事是逐步发展起来的，而后人则据以推断一开始就是如此"[19]。以色列学者史扶邻教授同意这种看法，并进一步认为"这个誓词未必是在香港提出的，在夏威夷使用它就更加不可能了"[20]。他们的理由是：如此激烈的造反誓词，会吓跑支持者。

窃以为没有文献记载可以理解：若当时马上就把它写下来而又被清朝奸细抓着，就变成是罪证了：出师未捷身先死！但没有文献记载并不等同没有该誓词。而且，窃以为两位前辈过虑矣，理由如下：

第一，在夏威夷，从一开始孙中山就公开宣称他争取支持者及筹款之目的是

---

[15] 〈兴中会会员及收入会银时日与进支数簿〉，载马兖生：《孙中山在夏威夷：活动和追随者》，第 20 页及第 198 页之附件五。

[16] 冯自由：《中国革命运动二十六年组织史》，第 16 页，转载于陈锡祺主编：《孙中山年谱长编》（北京：中华书局，1991），上册，第 77 页。

[17] 马兖生：《孙中山在夏威夷：活动和追随者》，第 25 页。

[18] 宋谭秀红、林为栋：《兴中会五杰》（台北：侨联出版社，1989），第 69—71 页。又见马兖生：《孙中山在夏威夷：活动和追随者》，第 24 页；冯自由：《中国革命运动二十六年组织史》，第 16 页，转载于《孙中山年谱长编》，上册，第 77 页。

[19] 薛君度著，杨慎之译：《黄兴与中国革命》（长沙：湖南人民出版社，1980），第 30 页。

[20] 史扶邻著，丘权政、符致兴合译：《孙中山与中国革命的起源》（北京：中国社会科学出版社，1981），第 37 页。由于史扶邻曾在美国读书，其书又在美国出版，所以很多人误会他是美国人，其实他是以色列人，在耶路撒冷大学教书。

要推翻满清，以致亲戚故旧皆避而远之，更有人讥讽他是疯子。公开说话尚且如此，誓词何必闪闪烁烁？

第二，后来卖掉了他们在夏威夷的一切产业，把性命豁出去而随孙中山回国投身革命的兴中会会员诸如邓荫南、宋居仁等，难道就是为了温和的改良而不是激烈的起义？慷慨激昂的誓词能激动人心，闪闪烁烁的誓词不宜也罢。

第三，宣誓加入兴中会者缴会费五银元，钟工宇在火奴鲁鲁当裁缝师傅的月薪才五银元，而以当时的物价算，一银元可以买到一头一百磅重的绵羊了（见本书第四、五章）。故普通会员之加入兴中会，也不是闹着玩的。他们当时皆受甲午中日战争之中，清军兵败如山倒的猛烈冲击，断然加入兴中会的。若把孙中山之毅然决定造反、檀香山华侨之断然加入其兴中会这等果断行动，抽离其当时中日战争这历史条件，就必然会认为兴中会誓词过激了。

第四，兴中会成立不久，会员公开地举行军事训练，以行动来宣示造反势在必行！

第五，至于香港方面，从下文可知，由孙中山的兴中会和杨衢云的辅仁文社合并而成的新的兴中会，行动骨干都是出钱出命的志士。把身家性命全豁出去了，为何就不能作慷慨激昂的宣誓？

孙中山返港后，即召集旧友陈少白、陆皓东、郑士良、杨鹤龄等组织兴中会总部。既然夏威夷分部都有会章，并按章推举出各职员；那么总部肯定也应有会章并按此选举各职员，但是没有。这种现象好解释，这个总部当时所有群众才只有五六个人，暂时用不上会章和推举职员。

但像火奴鲁鲁和澳门一样，香港这个中西交会之地方也孕育出一批爱国的热血青年，并已经组织起来，称辅仁文社。该社社员在香港都很有社会基础。社长杨衢云，祖籍福建省海澄县（今厦门杏林）霞阳村对岸之翁厝社。父清水公，幼旅居马来亚之槟榔屿，壮从海泊远航，后寄居东莞虎门寨，娶东莞县白沙水围村郑女为妻，生衢云。后清水公转业香港闽籍商行，家亦移居香港。[21] 陈少白谓

[21] 杨拔凡：〈杨衢云家传〉（手稿），1955年冬定稿，收入杨拔凡、杨兴安合著：《杨衢云家传》（香港：新天出版社，2010），第14—50页；其中第14页。

图 8.1　孙中山

图 8.2　陈少白
[采自倪俊明：《辛亥革
命在广东》（广州：广
东教育出版社，2001），
图 53]

图 8.3　陆皓东 [采自倪俊明：《辛亥革命在广东》(广州：广东教育出版社，2001)，图 60]

图 8.4　郑士良 [采自倪俊明：《辛亥革命在广东》(广州：广东教育出版社，2001)，图 72]

图 8.5　香港辅仁文社合影。前排右起第三人是杨衢云，第四人是谢缵泰 [采自倪俊明：《辛亥革命在广东》(广州：广东教育出版社，2001)，图 53]

图 8.6 邓荫南

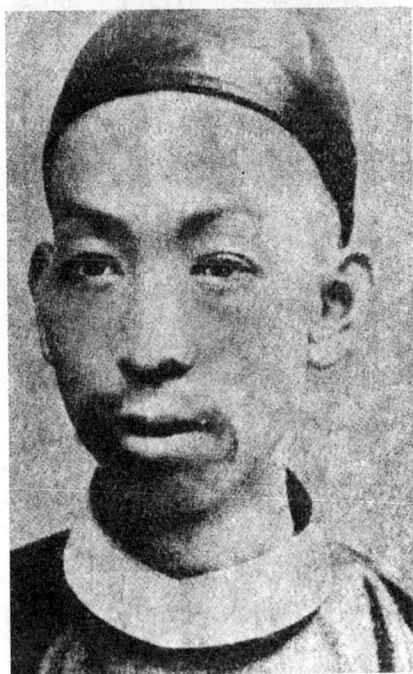

图 8.7 黄咏商

图 8.8　香港士丹顿街 13 号乾亨行旧址，1965
年 8 月摄

图 8.9　香港结志街百子里为辅仁文社旧
址，图为百子里入口处

杨衢云"幼时偏重英国文"[22]，成长后任教于香港一家著名中学名叫圣若瑟书院（St Joseph's College）。[23] 后入香港具国际规模的沙宣洋行（David Sassoon and Sons Company）任书记，生活优裕，唯痛时艰，恒集友论国是与救亡之策[24]，1892 年 3 月 13 日组织辅仁文社，众推为社长。并推谢缵泰为秘书。谢缵泰，澳大利亚悉尼出生。七岁受洗入基督教。在格拉夫敦中学（Grafton High School）念书到十五岁回香港，在香港中央书院完成学业后，加入香港政府的工务局当书记。[25]

辅仁文社社友，有名字可考者十人（图 8.5 所示香港辅仁文社社员也刚好是十人），这十人当中，七人是中央书院毕业生，两名是圣保罗书院（St Paul's College）毕业生，最后一名是圣若瑟书院毕业生。可见皆为香港年轻一代受过现代西方教育的本地精英。他们毕业后或在政府机关任事，或当洋行买办，或留校教书。[26] 更难得的是：他们没有被英国殖民地教育所奴化，反而是非常关心国家前途。辅仁文社的座右铭是"*Ducit Amor Patriae*"（尽心爱国）。[27] 用拉丁文作座右铭，教养与西化的程度可见一斑。至于他们为该社取名辅仁，则该名源自《论语》。曾子曰："君子以文会友，以友辅仁。"[28] 可见这批年轻人，不但西学很好，国学的基础也不错，是很有教养和生气的一群。

辅仁文社之成立，让笔者不得不郑重重提孙中山在檀读书最后一年的 1883 年，在火奴鲁鲁受过西方教育的华侨成立了性质雷同的中西扩论会（见本书第四

---

[22] 陈少白：〈兴中会革命史别录——杨衢云之略史〉，转载于柴德赓等编：《中国近代史资料丛刊·辛亥革命》（上海：上海人民出版社，1981），第一册，第 76 页。

[23] Hsueh Chun-tu, "Sun Yat-sen, Yang Chu-yun, and the Early Revolutionary Movement in China", *Journal of Asian Studies*, v. 19, no. 3 (May 1960), pp. 307-318:at p. 307, quoting 佚名：《杨衢云略史》（香港，1927）。

[24] Chan, "Chinese Revolutionaries in Hong Kong, 1895-1911", p. 37.

[25] 谢缵泰生平，见 Chesney Duncan, *Tse Tsan-tai: His Political and Journalist Career* (London, 1917)。

[26] 吴伦霓霞：〈孙中山早期革命运动与香港〉，《孙中山研究论丛》，第三集（广州：中山大学，1985），第 67—78 页：其中第 72—73 页。所据乃香港皇仁书院校刊《黄龙报》，但未列期号与页数，故有待查核。关于辅仁文社社员的人数和人名，莫世祥教授有最新的考证，并认为吴伦霓霞所列十二社员之中陆敬科、何汝明、温德都不可能是社员。见其《中山革命在香港，1895—1925》（香港：三联书店，2011），第 36—38 页。

[27] Tse Tsan-tai, *The Chinese Republic: Secret History of the Revolution* (Hong Kong: South China Morning Post, 1924), p. 8.

[28] 《论语》，第十二颜渊，第 24 章。

章），以及 1892 年 12 月孙中山到澳门行医时参与的 Young China Party 即少年中国党（见本书第七章）。在中国近代史上，最先感觉到中国"现代化"的急切性者，皆首批受过西方教育的热血青年，他们觉得比诸西方列强，中国是太落后了，必须迎头赶上，否则无法立足于地球上。

辅仁文社的社纲共六条：

一、磨砺人格，臻于至善；

二、不得沉溺于当世之恶习；

三、为未来中国青年作表率；

四、以多种途径增进中外文、武学识；

五、精通西学；

六、以爱国者自励，努力扫除吾国之乖误。[29]

可见辅仁文社之初衷，纯粹是出于爱国而臻改良祖国的深切愿望。上述〈辅仁文社社纲〉，乃美国华人学者薛君度先生所获辅仁文社两份原始文献其中的一份，薛先生将其交贺跃夫发表如上。另一份是〈辅仁文社序〉，结尾部分曰："兹我同志七人，以为此社。"可知最初只有社员七人。后来吸收新血而发展到"17人或 10 余人"——香港树仁大学的莫世祥教授对辅仁文社有最新的研究，发掘了不少有关个别社员的履历，其中"介入内地政事最广，后来竟成为历史丑角者，是温宗尧（1876—1946）……1940 年日本扶持汪精卫在南京组织伪'国民政府'之后，温出任司法院院长"[30]。由此可见，坚持爱国到最后一口气的其他社员诸如杨衢云、谢缵泰等，是多么不容易。

若说中西扩论会是夏威夷第一个兼有爱国感情的组织，教友少年会是香港第一个有慕西学爱祖国倾向的团体，辅仁文社则是香港第一个目标鲜明的爱国团体，经常聚会讨论国是。这些活动是不能见容于香港殖民政府与满清政权的。为了避免英、满双方密探的干预，故取名文社，采其舞文弄墨、政治上无伤大雅之意。又虽有社址，但聚会则分在各社友的办公室不定期举行，同样是为了

[29] 贺跃夫：〈辅仁文社与兴中会关系辨析〉，载陈胜粦主编：《孙中山与辛亥革命史研究：庆贺陈锡祺先生九十华诞论文集》（广州：中山大学出版社，2001），第 21—39 页；其中第 24 页。
[30] 莫世祥：《中山革命在香港，1895—1925》，第 40 页。

图 8.10　香港辅仁文社社长杨衢云
[采自倪俊明：《辛亥革命在广东》
(广州：广东教育出版社，2001)，
图 52]

图 8.11　香港辅仁文社秘书谢缵泰
[Tse Tsan-tai, *The Chinese Republic:
Secret History of the Revolution*
(Hong Kong: South China Morning
Post, 1924), frontispiece]

避人耳目。[31]

由于他们的聚会属秘密性质,似乎没有保存会议记录,也似乎未曾有系统地登记会员名单,故我们对他们所知甚少。后来又冒出个朱贵全和邱四。[32] 据香港警探掌握的材料,"朱贺(音译,指朱贵全),多年以来是香港某船的合伙人"[33]。他与杨衢云认识,可能是通过业务关系,因为杨衢云是"招商局总书记,及新沙宜洋行副总经理"[34]。香港警方的材料又说,朱贵全"曾经当过虎门炮台程将军(音译)麾下一名把总之流的军官"[35],又是香港的会党中人[36]。而杨衢云"为人仁厚和蔼,任侠好义,尤富于国家思想。尝习拳勇,见国人之受外人欺凌者,辄抱不平"[37]。这些素质,都是曾当过军人而同时又是会党中人的朱贵全所仰慕的。难怪朱贵全也参加了辅仁文社。

孙中山向社长杨衢云、秘书谢缵泰等提出与其合并,该社欣然答应。[38] 1895年2月21日两会正式合并,人数乃不过数十人而已。会名仍称兴中会,这并非显示人多势众的辅仁文社被兴中会并吞了,只足以证明辅仁文社成员下了决心投笔从戎而已。入会仪式为一律举右手向天宣誓。誓词曰:"驱除鞑虏,恢复中华,创立合众政府。倘有贰心,神明鉴察。"[39] 方式不采中国传统的歃血为盟,可能是为了照顾深受西方教育影响的新一代香港人之思想感情;也不用基督教手按《圣经》发誓,可能是为了照顾会党中人诸如朱贵全等人之思想感情。故采折中办法,一律举右手向天宣誓。

---

[31] Chan, "Chinese Revolutionaries in Hong Kong, 1895-1911", pp. 36-37.

[32] 冯自由:〈香港兴中会总部与起义计划〉,载《革命逸史》(1981),第四册,第8页。

[33] "Chu Ho was for some years a ship's partner in Hong Kong". Memorandum by the Acting Assistant Colonial Secretary F. J. Badeley on the Canton Uprising of October 1895, enclosed in Robinson to Chamberlain, 11 March 1896, CO 129/271, pp. 437-447: at p. 445, paragraph 15(2).

[34] 冯自由:〈杨衢云事略〉,载《革命逸史》(1981),第一册,第4页。

[35] Memorandum by the Acting Assistant Colonial Secretary F. J. Badeley on the Canton Uprising of October 1895, enclosed in Robinson to Chamberlain, 11 March 1896, CO 129/271, pp. 437-447: at p. 445, paragraph 15(2).

[36] Memorandum by the Acting Assistant Colonial Secretary F. J. Badeley on the Canton Uprising of October 1895, enclosed in Robinson to Chamberlain, 11 March 1896, CO 129/271, pp. 437-447: at pp. 441-443.

[37] 冯自由:〈杨衢云事略〉,载《革命逸史》(1981),第一册,第4页。

[38] Tse Tsan-tai, *The Chinese Republic*, p. 7.

[39] 冯自由:《革命逸史》(1981),第四册,第8—9页。

二、部署广州起义

由于清军在甲午中日战争中惨败，清廷威信扫地，民心激愤已极，发难机不可失，促使兴中会会员加紧准备。按照当时实际情况和个人专长，大致安排了三大领域分工：

第一，前往广州冲锋陷阵。

第二，留守香港运筹帷幄。

第三，占据香港英语的舆论阵地，争取外国人支持。

(i) 前往广州冲锋陷阵

这方面由孙中山统率最合适，他曾在广州行医多时，熟悉情况，且长期以来"以医术结交于军政各界，督抚司道以其医术优越，咸器重之"；虽然他平时高谈时政，放言无忌，语涉排满，但闻者仅目为疯狂，不以为意。[40] 他又有当地华人基督教会支持，以兹掩护。那么他如何率领众人到广州？似乎是特别买了一艘小汽船，盖邹鲁说孙中山事败后离开广州时所乘乃自备拖带军队来省之小轮。[41] 这也言之成理，有了自己的小汽船，不但可以不动声色地到达广州，而且到达广州后，也可灵活行动。

1895 年 4 月下旬，孙中山率众到达广州后，租得广州南城门以南称"双门底"之王家祠作为起义总部。[42]

这王家祠具体位置在哪儿？广东省人民政府外事办公室的区少武副巡视员是有心人，搜集了一幅广州起义后不久由外国人绘成的地图（见图 8.14）。其中用英语标出"HQ"（总部）的地方即是。孙中山借以悬壶行医的圣教书楼则用"Book Shop"标出。发现武器的地方则用"Weapons discovered"标出。孙中山在洗基开设之东西药局则用"Dispensary"标出。

革命党人决定在阴历乙未年九月九日重阳节（1895 年 10 月 26 日）起义。起义总部假农学会名义作为掩饰，孙中山甚至邀得两广总督李瀚章作为赞助人之

---

[40] 冯自由：《中华民国开国前革命史》，第一册，第 17 页。

[41] 邹鲁：《乙未广州之役》，转载于《辛亥革命》，第一册，第 22 页。

[42] 冯自由：〈广州兴中会及乙未庚子二役〉，载《革命逸史》(1981)，第四册，第 10 页。

一。[43] 巡抚马玉山亦极为赞成。[44] 另粤中官绅署名赞助者数十人，没有人怀疑其挟有危险性质者。为了进一步掩饰其真正目的，区凤墀宣教师起草了 [45] 〈拟创立农学会征求同志书〉，最初以油印件面世，[46] 在起义前二十天的 1895 年 10 月 6 日，更在广州《中西日报》发表了。该书开宗明义曰：

> 今特创立农学会于省城，以收集思广益之实效，首以翻译为本，搜罗各国农桑新书，译成汉文，俾开风气之先。即于会中设立学堂，以教授俊秀，造就其为农学之师。且以化学详核各处土产物质，阐明相生相克之理，著成专书，以教农民，照法耕植。再开设博览会，出重赏以励农民。又劝纠集资本，以开垦荒地。[47]

孙中山与区凤墀兄弟般的战斗友谊，本书第五章有所提及，现在不妨回顾一下。区凤墀乃伦敦传道会广州站所雇用的宣教师，长期以来在广州河南的福音堂宣教。[48] 1890 年至 1894 年间应聘在德国的柏林大学教授汉语四年，任满仍回广州河南重操旧业。[49] 但已有如脱胎换骨：当时的德国，教育水平之高与受教育人

---

[43] 《孙中山年谱长编》，上册，第 85 页，注 2。同注谓李瀚章于 1895 年 4 月 14 日因病去职，则大有商榷之余地。承香港学者林嘉明先生赐告，当时广东赌风盛烈，"赌税"成为粤府主要收入之一，亦是官员敛财之源。然而清廷三令五申禁赌，李氏却无视政令；就在李氏解职前三个月，御史谢希铨、管廷献参了李瀚章一本"纵赌营私、尽饱贪囊"。详见《德宗景皇帝实录》卷 358，页 662，二十一年正月初六（1895 年 1 月 31 日）。李氏解职回乡四余年后，才于光绪二十五年（1899）病卒，安徽巡抚邓华熙以闻，谕曰："……李瀚章着加恩予谥，照总督例赐恤，任内一切处分，悉予开复，应得恤典。"[详见《清史列传·李瀚章传》（卷 59），北京：中华书局，1986]。所谓"任内一切处分，悉予开复"，即李氏"戴罪"告老还乡，而非因病去职也。笔者补充此细节，绝非向《孙中山年谱长编》的编者吹毛求疵——笔者尊敬还来不及，只是希望借此让读者进一步了解当时广州的社会景象而已。

[44] 《孙中山年谱长编》，上册，第 86—87 页，引《大陆报》1904 年第 9 号。

[45] 《孙中山全集》，第一卷，第 24 页，注 *（即注 1）。

[46] 党史会藏，编号 054/28，载《国父全集》（1989），第四册，第 13 页，注 1。

[47] 佚名〔区凤墀〕：〈拟创立农学会书〉，广州《中西日报》，1895 年 10 月 6 日，转载于《孙中山全集》，第一卷，第 24—26 页；其中第 25 页。又见《国父全集》（1989），第四册，第 11—13 页。

[48] Rev. T.W. Pearce to Rev. Wardlaw Thompson, Canton 5 April 1889, p. 6. CWM, South China, Incoming letters 1803-1936, Box 11 (1887-1892), Folder 3 (1889). 此件没 "preacher" 及 "preaching hall" 的汉语专有名词，笔者不愿随意翻译，参之王志信的《道济会堂史》，可知该会分别称之为宣教师和福音堂。笔者为了尊重该堂教友及避免混淆，决定沿用之。

[49] Rev. Thomas Pearce to Rev. Thompson, 20 February 1895, CWM, South China, Incoming correspondence 1803-1936, Box 13 (1895-1897), Folder 1 (1895).

图 8.12 广州王家祠内之王氏书舍，1895 年
（2008 年 1 月 21 日区少武先生供图）

图 8.13 广州圣教书楼圣贤里
（2007 年 12 月 26 日黄宇和摄）

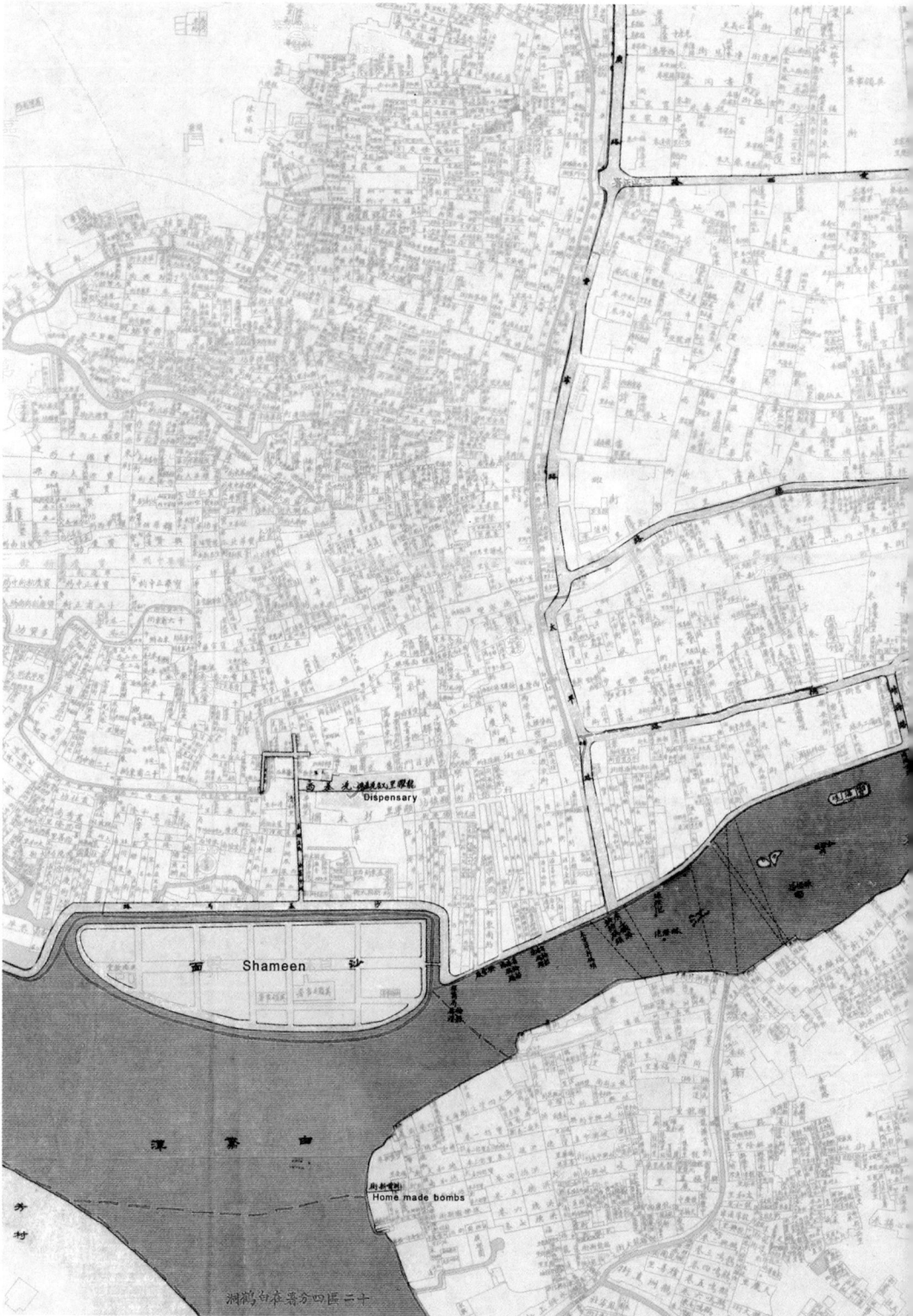

Dispensary

Shameen 沙

西

Home made bombs

图 8.14　广州起义示意图，1895 年（区少武先生供图，广州伍星会展公司整理及扫描）

Book Shop

HQ

GZ Academy

Survey Academy

Weapons discovered

Weapons discovered

Piers

数之众，与人口比例为全球之冠。政治之廉洁，纪律之严明，与当时区凤墀在满清治下之广州，犹如天壤之别。稍存爱国心的人都会矢志改变中国的落后局面，更何况他是先知先觉的知识分子！难怪他与孙中山有强烈的共同语言。在德国期间，区凤墀的妻子去世，"归国后寄寓广州河南瑞华坊其婿尹文楷家"[50]。孙中山到广州策划起义后，则住在河南崎兴里[51]，两人"朝夕契谈"[52]，投契可知。

　　起义前五天，伦敦传道会广州站的代理主任传教士威礼士（Herbert R. Wells）[53]兴高采烈地写信给伦敦总部说："区先生目前正在致力于创办一所农学院，所有建筑所需费用和将来的日常开支都由他们华人自己去筹措。"[54]他可不知道，农学会的真正目的是为革命打掩护，而所谓"为农学院筹措建筑费用和将来的日常开支"，则其真正用途是广州起义。

　　威礼士牧师接着又写道："他们更在努力筹款以便创建一家名叫《大光报》（Light）[55]的日报。领导这个计划的都是我们自己人，包括区先生和来自香港的王牧师（Pastor Wong）。"[56]轻描淡写的一句话，却道出两个惊人的信息：

　　第一，过去的权威记载，像邹鲁的《乙未广州之役》[57]、陈少白的《兴中会革命史要》[58]以及邓慕韩的〈乙未广州革命始末记〉[59]，谈到广州起义时，多集中描述孙中山如何联结绿林、运动民勇等。殊不知伦敦基督教传道会在广州的教友在

[50]　冯自由：〈区凤墀事略〉，载《革命逸史》（1981），第一册，第 12 页。

[51]　邹鲁：《乙未广州之役》，转载于《辛亥革命》，第一册，第 229—230 页。又见黎玩琼：〈谈谈道济会堂〉，1984 年 1 月 6 日，载王志信：《道济会堂史》，第 85—87 页：其中第 86 页。

[52]　《国父年谱》（1985），上册，第 43—44 页，1886 年条，引国民党党史会：《总理年谱长编钞本》，第 10 页。

[53]　Wells 一般音译作韦尔斯。见《新英汉辞典》，第 1670 页。鉴于王志信编著之《道济会堂史》把他音译作威礼士，而王志信似乎又是沿用张祝龄牧师遗作〈合一堂早期史略〉的称呼，笔者为了尊重该堂教友及避免混淆，这里姑沿旧习称之为威礼士。

[54]　Rev. Herbert R. Wells to Rev. Wardlaw Thompson, 21 October 1895, CWM, South China, Incoming correspondence 1803-1936, Box 13 (1895-1897), Folder 1 (1895).

[55]　按英语"Light"一般翻译作光明或光线。鉴于区凤墀后来于 1912 年终于在香港成功地创办了一家名为《大光报》的日报，让笔者推测区凤墀和王煜初在 1895 年拟创办的日报很可能就是《大光报》。因为 Light 同样可以翻译成为《大光报》。关于 1912 年创办《大光报》事，见王志信：《道济会堂史》，第 96 页。

[56]　Rev. Herbert R. Wells to Rev. Wardlaw Thompson, 21 October 1895, CWM, South China, Incoming correspondence 1803-1936, Box 13 (1895-1897), Folder 1 (1895). In another document, Wong Yuk ch'o.

[57]　《辛亥革命》，第一册，第 225—234 页。

[58]　同上书，第 29 页。

[59]　邓慕韩：〈乙未广州革命始末记〉，载《辛亥革命史料选辑》（长沙：湖南人民出版社，1981），上册，第 9—19 页。

不同程度上支持了孙中山的广州起义。难怪起义失败后，威礼士牧师的夫人忧心忡忡地向伦敦总部报告说："我们的教友是起义首领们的朋友。虽然我们深信我们的教友是无辜的，但很难逆料他们的命运将会怎样。"[60]

第二，经考证，王牧师者，香港道济会堂主牧王煜初是也。[61]王煜初原属德国礼贤传道会（Rhenish Mission），在该会香港的巴陵育婴堂任教师。[62]1884年被伦敦基督教传道会香港华人自理会聘为主牧，品德之高尚，被誉为"穷赞美之词仍不足"（Above all praise）。[63]同年春，孙中山转学到香港中央书院读书，每星期日恒至邻近福音堂听王煜初牧师说教。[64]1887年该华人自理会建成自己的教堂[65]，1888年启用，称道济会堂。[66]王煜初既曾多年在德国传教士领导下工作，深受德国人严谨的工作作风与浓厚的爱国主义思想感情所感染。目睹时艰，转而忧国忧民，他与区凤墀可以说有共同语言。当时香港已为英属，言论与结社等自由都比内地充分，王煜初传教之余亦授西学。[67]当时香港道济会堂的二百多名教友，原都是伦敦传道会历代传教士在香港辛勤传教的成果，与广州教友是一脉相承的。而且，自1890年以来，每年的农历新年，王煜初牧师都带领香港道济会堂的代表团到广东与当地教友联欢，每年轮流在广州和广州以外的分站博罗、从

---

[60] Mary M. Wells to Rev. Wardlaw Thompson, 2 November 1895, CWM, South China, Incoming correspondence 1803-1936, Box 13 (1895-1897), Folder 1 (1895).

[61] Rev. Thomas Pearce to Rev. Wardlaw Thompson, 18 February 1890, p. 6, CWM, South China, Incoming correspondence 1803-1936, Box 13 (1895-1897), Folder 1 (1895). Mr Pearce spelt Pastor Wong's name as Wong Yuk Choh. In another document, Pastor Wong himself spelt his own name as Wong Yuk ch'o. 征诸王志信：《道济会堂史》，第11页，可知乃王煜初。

[62] Rev. John Chalmers's Decennial Report (Hong Kong District) for 1880-1890, 12 February 1891, p. 6, CWM, South China, Reports 1866-1939, Box 2 (1887-1897), Envelope 25 (1890). 此件只说王煜初乃Rhenish Mission的教师。征诸王志信：《道济会堂史》，第11页，可知乃巴陵育婴堂教师。

[63] Rev. John Chalmers (Hong Kong) to Rev. R. Wardlaw Thompson (London, LMS Foreign Secretary), 30 April 1890, CWM, South China, Incoming correspondence 1803-1936, Box 11 (1887-1892), Folder 4 (1890).

[64] 冯自由：《革命逸史》(1981)，第二册，第11页。冯自由把中央书院说成是皇仁书院，不确。中央书院迟至1894年才改名为皇仁书院。冯自由又把原来的福音堂说成是道济会堂，亦不确。道济会堂迟至1887年才建成并以此命名。见下文。

[65] Rev. John Chalmers (HK) to Rev. R. Wardlaw Thompson (London, LMS Foreign Secretary), 28 July 1887, CWM, South China, Incoming Correspondence 1803-1936, Box 11 (1887-1892), Folder 1 (1887).

[66] 王志信：《道济会堂史》，第16页。

[67] 同上书，第29—30页。

化、佛山等地进行。[68]

参与密谋的其他基督徒包括左斗山。正如本书第七章所述,他在双门底开设圣教书楼,孙中山曾借该书楼一角悬牌行医。[69] 现在则成了起义机关之一。[70] 王质甫则像区凤墀一样,乃基督教宣教师,主理圣教书楼、内进之福音堂,现用其身份与福音堂作掩护,偷运枪械。[71]

除了伦敦传道会广州站的华人基督教会以外,第二种势力就是三合会。随孙中山赴广州的郑士良乃三合会人士,由他去联络广州方面的会党(包括在防营、水师内的会党中人)。第三种势力最为薄弱但同样忠心耿耿,他就是"四大寇"之一的陈少白。

(ii) 留守香港运筹帷幄

这方面由杨衢云的原辅仁文社一股负责,他们在香港有良好的社会和经济基础,人脉也广,由他们购买军火,并率领香港会党三千人的决死队,准备在1895年10月26日重阳节,趁为扫墓而出入广州的人潮拥挤之际,于25日晚乘夜轮去广州,并用木桶装载短枪,充作水泥。26日晨抵达广州时劈开木桶取出枪械,首先进攻各重要衙门。同时由孙中山、郑士良等率领的、埋伏在水上及附近之会党,分路响应。

买军火必须经费;除了谢缵泰暗中捐款以外(见下文),辅仁文社一众社员在香港的人脉关系再一次发挥了作用。著名的黄胜之子黄咏商[72],巨富余育之等,都没有名列辅仁文社社员,唯皆心仪其宗旨而与杨衢云、谢缵泰等有密切往来。他们像名人何启等,都暗中支持其策划的广州起义。结果黄咏商卖掉了香港苏杭街的祖产洋楼一所,得资八千[73],余育之则慷慨捐助"军饷万数千元,密约衢云、黄咏襄(商)等至红毛坟场交款,虽同志中亦鲜有知之者"[74]。

---

[68]　Rev. Thomas Pearce to Rev. Wardlaw Thompson, 18 February 1890, p. 6, CWM, South China, Incoming correspondence 1803-1936, Box 11 (1887-1892), Folder 4 (1890).

[69]　《总理开始学医与革命运动五十周年纪念史略》,第18页,转载于《孙中山年谱长编》,上册,第66页。

[70]　王志信:《道济会堂史》,第35页。

[71]　同上。

[72]　Tse Tsan-tai, *The Chinese Republic*, pp. 7-8. 同见邹鲁:《中国国民党史稿》(上海:商务印书馆, 1947),第14页。

[73]　冯自由:〈黄咏商略历〉,载《革命逸史》(1981),第一册,第6页。

[74]　冯自由:〈余育之事略〉,载《革命逸史》(1981),第一册,第45页。

一直困扰学术界的一个问题是：杨衢云等从哪里买到军火并将其偷运进香港？香港岭南大学博士生邹一峥同学专题研究谢缵泰，并通过国际长途采访已经移民加拿大的谢家后人谢国昌（Andrew Tse Kwok-cheong）先生。谢国昌先生说：

> 一开始在香港搞革命，非常危险，不是一般人可以做的。谢家在香港是有头有脸的人物，有钱有势，和香港政界关系很好（强调）。谢缵泰之父是三合会洪门大哥，谢缵泰可以做些一般人不能做的事情，也有人保护他，警察局也给谢配枪，也有小印刷厂（所以可以给革命印布告），这些都是谢可以搞事的条件。革命的资金谢（家）出了很多。我问杨衢云不也有钱么，答杨衢云穷，我问他不是说革命资金来自一些香港富商么，他说哪有，钱都是自己出的，而且那时候买枪很难，都要到国外去买，况且买来之后还要进入香港，这就需要谢家来摆平。[75]

期待着邹一峥同学的研究成果早日问世，造福学林。

但是，有一种迹象越来越明显，即杨派与孙派"账目分明"：杨派在香港筹得的款项由杨派操纵，买军火、充军饷。孙派在夏威夷筹得的款项由孙派带到广州运动绿林。杨派在香港的人马由杨衢云调度；孙派的人马在广州由孙中山指挥。破例者只有一两桩小事情，即杨衢云通过他自己的商业网络，把一小部分洋枪预先秘密托运到广州，藏孙派王质甫牧师在南关双门底的圣教书楼及南关咸虾栏的张公馆。[76]

(iii) 占领香港英语的舆论阵地，争取外国人支持

乍看这标题，很多读者会认为笔者在接近天马行空般神游冥想，[77] 实质其来有自，而且是经过一番转折的。笔者发觉，当时在香港除了辅仁文社敢怒而不敢

---

[75] 邹一峥电访谢国昌，2010 年 11 月 26 日。承邹一峥电邮赐告，至以为感，见邹一峥电邮黄宇和，2011 年 6 月 22 日。

[76] 香港《华字日报》，1895 年 10 月 30 日星期三，第 2 版，第 2 栏。

[77] 陈寅恪：〈冯友兰中国哲学史上册审查报告〉，载《金明馆丛稿二编》（上海：古籍出版社，1982），第 247 页。

公开发言以外，有另一批有识之士，却可以对中国时局畅所欲言。他们就是英国人圈子之中的舆论界。类似下面一篇《德臣西报》社论的观点经常在香港的英文报章出现。该社论一开始就痛陈时弊：

> 对于中国那种无穷无尽的痛苦、无休无止的社会动乱、满清的专制与行政的紊乱、广大民众那忍无可忍的贫穷与那官僚之贪污腐败，中国传统的读书人都视若无睹而不去改变这不合理的制度。究其原因，是因为这个制度符合传统读书人的利益。[78]

这段社论，让笔者联想到辅仁文社。该社社众都是在香港受教育，英语甚佳的一群。成长后又在香港政府或洋行任职，天天与洋人打交道，看的又是英语报章——杨衢云"幼时偏重英国文"[79]，而谢缵泰更好为文"登诸英文日报"[80]——上述那段社论，不正是辅仁文社社众想说但又不敢公开说的话？他们对于香港英文报章的有关观点，会不会感到越来越亲切？该社论继续说，时代不同了，中国正出现一线曙光：

> 有一批新型的知识分子出现了。由于他们长期与外国人生活在一起，所以见识与众不同。更由于他们不是现存制度的既得利益者，所以他们不会像传统知识分子那样埋没良心地只顾自己仕途而不管贫苦大众的死活。中国之亟须改革，是任何稍具头脑而又能独立思考的人都能看得出来的。问题是，中国要等到现在，才出现一批敢于提出改革的人。[81]

这段社论，让笔者再次联想到辅仁文社的社众。该社论的主笔从哪里得悉香

---

[78]　Editorial, *China Mail*(Hong Kong), 14 October 1895, p. 3, col. 6.

[79]　陈少白：〈兴中会革命史别录——杨衢云之略史〉，转载于《辛亥革命》，第一册，第76页。陈少白的全句是："幼时偏重英国文，故中国文字所知独少。"笔者对后一句话是有保留的。乙未广州起义失败，孙、杨两派积怨甚深。孙派的陈少白更与杨派的谢缵泰在香港的英文报章上骂战（见下文以及本书第三章），谎话连篇。故凡是陈少白对杨派的微词，笔者都抱保留态度。

[80]　陈少白：〈兴中会革命史别录——杨衢云之略史〉，转载于《辛亥革命》，第一册，第77页。

[81]　Editorial, *China Mail*(Hong Kong), 14 October 1895, p. 3, col. 6.

港已出现了一批矢志改革中国的新型知识分子？窃以为个别社众，天天与洋人打交道，建立了良好私交，就毫不奇怪。茶余饭后，与洋朋友谈及香港英文报章的观点，也属意料中事。甚至有个别社众诸如在澳洲出生及长大的谢缵泰，写信给主笔表示赞同社论的观点，也最为自然不过。实情是，由于谢缵泰英语甚佳，毕业后在香港政府服务，由此而认识了香港两大英语报章的主笔：《德臣西报》的黎德（Thomas H. Reid）和《士蔑西报》（*Hong Kong Telegraph*）的邓勤（Chesney Duncan），争取他们对革命的同情。[82] 慢慢地双方建立了深厚友谊，更是有经典可寻：《德臣西报》主笔黎德后来回到英国以后，还写信给谢缵泰说："……当在华和在远东地区的其他报章皆视阁下之改革运动如蛇蝎之时，鄙人带头在《德臣西报》公开表示支持，至今仍以为荣为幸。"[83]《士蔑西报》主笔邓勤后来更为谢缵泰树碑立传：他在 1917 年于伦敦出版了一本题为《谢缵泰的政治与记者生涯》的著作。[84]

笔者初阅《国父年谱》，谓 1895 年 3 月 16 日孙中山在香港"举行兴中会干部会议，议取广州军事策划"时，"《德臣西报》主笔黎德亦来谒见，愿为臂助"[85]。当时笔者直觉的反应是"存疑"。看其注释，则所据为谢缵泰的《中华民国革命秘史》，心里更是狐疑。盖笔者考证过谢缵泰的写作，觉得他吹嘘的本领丝毫不亚于陈少白。[86] 故多年求证，希望找到原始史料诸如黎德本人的公私文书或日记等，惜皆不可得。但谢缵泰的另一句话给了笔者启发。他说 1895 年 8 月 29 日兴中会在香港再度会议，黎德答允尽力向英国政府及人民争取其同情与助力。[87] 黎德会通过什么渠道以达到他之目的？很明显地，他可以在《德臣西报》发表社论作这种呼吁。于是笔者就到香港向政府档案处所存的 1895 年的《德臣西报》求证。果然有所斩获。

笔者又发觉，在谢缵泰所说的 1895 年 3 月 16 日"举行兴中会干部会议"三

[82]　Tse Tsan-tai, *The Chinese Republic*, pp. 7-9. 邹鲁：《乙未广州之役》，载《辛亥革命》，第一册，第 225 页，却说是何启联系两报主笔的。这可能也是实情。但邹鲁只字不提谢缵泰的关系，则显然是由于原兴中会会员与辅仁文社之间的矛盾，而有意埋没谢缵泰所起过的作用。关于这一点，笔者在本书第四章第一节还有做进一步分析。

[83]　Thomas Reid to Tse Tsan-tai, 9 October 1912, quoted in Tse, *The Chinese Republic*, p. 33.

[84]　Chesney Duncan, *Tse Tsan-tai: His Political and Journalist Career*.

[85]　《国父年谱》（1985），上册，第 75 页。

[86]　见本章第二节。

[87]　《国父年谱》（1985），上册，第 76 页。

天之前，《德臣西报》的社论已呼吁列强不要干涉一场快要来临的革命。兹翻译如下。首先，该文指出，中国传统式的叛乱是枉然的：

> 中国的芸芸众生，背负千年文明的包袱，有的是可悲的惰性。他们缺乏人类应有的果断行动与优越的智慧以踏着先烈的尸体去实现他们的理想。他们对现存制度不满的表达方式，不是同心同德地团结起来推翻那猛于虎的苛政，而是加入秘密会社寻求庇护……而那些秘密会社又是那么散漫，以至于他们数不清的举义的企图都以失败告终。[88]

该社论马上又郑重宣称说，据该社掌握的情报，一群有组织、有头脑、有理想而又

> 不属于任何秘密会社的开明人士，为了改革中国政治制度，正准备采取不流血方式（如果那是可能的话）进行政变。他们改革党（Reform Party）希望成立的政权是对外开放、欢迎西方文明和贸易的，一改目前那种闭关自守的作风。……他们的计划值得支持，列强理应欢迎这种自发的、要求彻底改变中国政治制度的企图。内战，无可避免会扰乱贸易和带来其他可怕的暂时困难。但是，若列强不付出这种代价，苛政猛于虎的局面将永远不会改变，而中国广大的市场也永远不会获得开放。[89]

英国以商立国。有什么比开放广大中国市场更能打动英国朝野之心？准此，社论呼吁列强不要敌视这改革党：

> 我们希望，列强不要用过去对付太平天国的那种态度与手段来对待目前正在酝酿中的政变。太平天国诸王倒行逆施，充分证明当时英人戈登

---

[88]　Editorial, *China Mail*(Hong Kong), 12 March 1895, p. 3, cols. 6-7: at col. 6.

[89]　Editorial, *China Mail*(Hong Kong), 12 March 1895, p. 3, cols. 6-7.

(Charles Gordon) 之协助满清政府镇压太平军是做得对的。但是，如果列强默许目前正在酝酿中的文明政变，则该政变肯定会成功！对于该政变的具体行动细节，我们还不太清楚。但有一点我们却可以肯定地说，他们所草拟的宪法，是以西方模式作为基础，并借此作为沟通中国古代文明与当今世界的桥梁。[90]

列强为何要付出内战所带来暂时困难的代价？因为内战所带来的好处是长远而巨大的，改革党已拟就施政大纲：

公布宪法：中央政府和地方政府的一切行为均依照这宪法办事。彻底整顿司法制度：废除严刑逼供，建立陪审员制度和辩护律师制度。以西方制度训练文武官员。定期发俸，而薪俸必须高到能杜绝贪污纳贿的行为。承认所有现存条约。承担一切外债并继续以海关盈余作为该等债务的抵押。废除厘金。[91]

一提到废除厘金，该社论主笔马上欢呼曰：

准此，在华贸易将马上突飞猛涨，关税的收入也滚滚而来，让新政权完全有足够的能力应付所有开支。因此，只要改革运动能发动起来，则成功可期。成功以后，就像日本和埃及一样，中国必须聘请外国专家来指导各个政府部门的成立和运作，直到一切都上了轨道为止。接着大修铁路，开发矿场。这一切都会为英国的企业家和资本家提供大展宏图的机会，以至我们长期以来梦寐以求的、可盼而不可达的"开放中国"的凤愿，终于将会得到实践。[92]

《德臣西报》这份英文报章，是当时香港殖民地的主流大报。虽谈不上是政府喉舌，但立场完全站在英国那边，对殖民政府与英国利益极尽保驾护航之能

[90]　Editorial, *China Mail*(Hong Kong), 12 March 1895, p. 3, cols. 6-7: at col. 7.

[91]　Ibid.

[92]　Ibid.

事，却是有目共睹的事实。孙中山亟欲得到英国政府默许其革命事业——至低限度不像过去对付太平军那样若明若暗地帮助清廷进行镇压——而一厢情愿地认为该社论代表了英国政府本身对其革命事业的同情和支持，则毫不奇怪。这种幻想一直维持到他临终之日！[93]

　　如果说，《德臣西报》只不过是一家之言，那么在华的其他英语报章对时局的看法又如何？兹将当时《北京与天津时报》发表的一篇社论有关部分翻译如下：

> 中国人民对官吏的贪污腐败都非常清楚。……尽管是这个城市（北京）最高的大官，在本市民众当中也是臭名昭彰。因为民众心中都很清楚：正是这批贪官污吏的昏聩无能把他们的国家弄到目前这个凄惨的地步。……朝廷四分五裂，军队是乌合之众，饱受迫害的民众只会发出无奈的哀鸣。中国的现状真让人绝望！难道在好几亿的中国人当中，就找不到几位爱国者挺身出来，振臂高呼说："我们再也受不了！现在是决裂的时候了！"[94]

《上海信使报》的一篇社论（由《德臣西报》转载）的有关部分也值得翻译：

> 中国的广大民众是否永远蹲在无知与黑暗当中而不吭一声？是否永远不会出现一位领袖来解放这大批可怜的、被压迫得死去活来的贫苦大众？我们相信，不，我们确信，这个陷人民于水深火热之中的腐败政府很快就会被打倒！[95]

　　上述两篇社论，都在 1895 年 3 月 15 日被香港的《德臣西报》全文转载。当时在香港准备开兴中会高层会议的孙中山看后，会得到这么一个信息：即华北、华中、华南的三家英文大报都有一个共同看法，满清政府已腐败到无可救药的地步，必须推翻。其中的《德臣西报》更进一步说：据该报所掌握的内幕消息，已

---

[93]　见拙著《中山先生与英国》（台北：学生书局，2005），第十章。

[94]　Reprinted from the *Peking and Tientsin Times* in the Hong Kong *China Mail* and "The Impending Revolution in China", 15 March 1895, p. 4, col. 3.

[95]　Anon, "The 'Impending Revolution in China'", *China Mail*(Hong Kong), 15 March 1895, p. 4, cols. 3-4: at col. 3.

有一个开明的改革党正在紧锣密鼓地准备起义，并因此而呼吁列强默许。[96] 准此，该报在转载华北、华中两家报社的社论时，还特别指出：由于该两家报社对这内幕消息懵然不知而喟然叹息。

把《德臣西报》1895 年 3 月 12 日的社论，与孙中山 1897 年 3 月 1 日在伦敦《双周论坛》用英语发表的文章〈中国的现在和未来——改革党呼吁英国善持中立〉[97] 作比较，发觉两篇文章的精神与论据如出一辙。用词也雷同：例如用改革党（reform party）这个词来描述兴中会这个组织，但说着说着，慢慢就用革命（revolution）这个词来描述该会准备采取的行动等。同时并用"改革"与"革命"两词，表面上似乎是互相矛盾，但窃以为是经过深思熟虑的一种策略。因为，保守的英国人，一看到革命党（revolutionary party）这个名词，可能马上就会产生反感。但若看到改革党这个名词，会由衷地欢迎。因为他们都一致认为，当时的中国实在需要改革。所以，从一开始就采用改革党这个名词，让英国人先入为主地认为这是一个采取和平手段来改革中国的政党，因而对它产生好感。然后慢慢地再说，在迫不得已的情况下，将不惜采取革命手段，以争取英国人认可。因为当时的英国人对满清朝廷的腐败无能也实在忍无可忍。从上述三篇"各自为政"的独立社论可知这种不满的普遍性。

有人曾因为迟至 1895 年 3 月 16 日孙中山在香港举行兴中会干部会议时，《德臣西报》主笔黎德才允为臂助[98]；而该报在此三天前已发表社论支持革命[99]，而"感觉困惑"[100]。其实，这种现象好解释。冰冻三尺，非一日之寒：黎德乃大报主笔，见多识广，不会仅仅参加过兴中会一次会议就允为臂助那么冒失。肯定是谢缵泰、孙中山和其他兴中会的高层人士曾经对黎德做过耐心细致的思想工作。很明显，在 1895 年 3 月 16 日黎德出席兴中会的会议之前，他已被争取过来

[96]　Editorial, *China Mail* (Hong Kong), 12 March 1895, p. 3, cols. 6-7: at col. 7.

[97]　Sun Yatsen, "China's Present and Future: The Reform Party's Plea for British Benevolent Neutrality", *Fortnightly Review* (New series), v. 61, no. 363 (1 March 1897), pp. 424-440.

[98]　《国父年谱》(1985)，上册，第 75 页。

[99]　Editorial, *China Mail* (Hong Kong), 12 March 1895, p. 3, cols. 6-7.

[100]　霍启昌：〈几种有关孙中山先生在香港策进革命的香港史料试析〉，载孙中山研究学会编：《回顾与展望：国内外孙中山研究述评》（北京：中华书局，1986），第 440—455 页；其中第 452 页。

而早在三天前就刊登了那篇社论。[101] 综合上面分析，可知 1895 年孙中山在香港跟《德臣西报》主笔黎德和香港英语舆论界混得熟稔，并已经争取了他们的同情和支持。而"混熟"与"争取"的媒介，正是孙中山的新盟友——辅仁文社，尤其是该社秘书谢缵泰。

《德臣西报》1895 年 3 月 12 日的社论刊出以后，各方反应如何？反应得最快的是香港本地的华人：香港街头马上谣言满天飞，说在一两天内就会爆发革命。于是《德臣西报》就借 1895 年 3 月 16 日的社论澄清其事，说："根据我们所掌握的情报，我们可以肯定地说，虽然该改革党组织起来已有几个月，但举义的时机还未成熟。主要原因是他们当中还没有一位众望所归的领袖。这样一位领袖的出现，恐怕要等到事发以后，谁表现得最有领导才干，谁才会令其他人心悦诚服。"[102] 这篇社论准确地反映了当时香港兴中会的真实情况：例如该会成立才几个月、孙中山所领导的兴中会与杨衢云所领导的辅仁文社合并后两人争当首领的事实等，皆佐证了上段有关孙中山等与黎德混得很熟的"神游冥想"。

在华的英人反应又如何？可以想象，在香港的英国人（包括香港政府的官员），会在茶余饭后口头跟黎德谈论他们的看法，或写信表达他们的意见。至于华中和华北的报章，也会转载并发表评论，一如《德臣西报》曾转载并评论过他们的社论一样。从《德臣西报》很快地就在 1895 年 3 月 18 日发表第二篇有关社论，可见各方反应之迅速。从该第二篇社论的内容，可窥各方反应的性质。这第二篇社论很长，占了两栏半的篇幅（平常的社论只有半栏或一栏不到）。它首先用非常明确有力的语言痛陈中国时弊，并指出甲午之惨败正是这些时弊的集中表现。中国是没望了。当局者迷的人自然看不到这一点，但对于那些曾留过洋的、旁观者清的改革党成员，就昭然若揭。[103]

那么改革党有何灵丹妙药？"据本社所取得的该党的救亡草案"：

在政制方面，他们不打算成立一个共和国。将来的中央政府将以一位君

---

[101]　Editorial, *China Mail*(Hong Kong), 12 March 1895, p. 3, cols. 6-7.

[102]　Ibid., p. 3, col. 7.

[103]　Ibid., p. 3, cols. 6-8: at col. 6.

主（Emperor）为国家元首。……至于这位君主将会从过去哪个朝代的后人当中挑选出来，则不是当前急务，留待将来再从长计议。……中央政府各部门则包括内政部、外交部、财政部、陆军部、海军部、最高法院、工务部、农业部、贸易部、警察部和教育部。总的来说，是把西方的施政方法灌进现存的架构，用旧瓶新酒的办法来适应中国国情。[104]

综观整个政治蓝图，皆英国君主立宪的翻版。可以想象，该报第一篇社论提到的所谓改革党推翻满清，已引起一些英国读者的不安；怕该革命党是以改革为名革命为实。推翻满清王室不利于英国立宪体制的稳定。法国大革命曾引起英国与欧洲其他王朝联手对付欧洲革命派，英人心理可见一斑。窃以为黎德被邀请参加 1895 年 3 月 16 日兴中会高层会议，目的很可能是共同商议如何回应 1895 年 3 月 12 日社论所引起的反弹，而 1895 年 3 月 18 日的社论，正是该高层会议商量对策的结果。

1895 年 3 月 18 日的社论继续说：

> 特别值得一提的是该改革党所提出对司法制度的改革。众所周知，中国的司法制度真是糟糕透顶，其最大的污点是对证人和嫌疑犯严刑逼供……（改革党认为）判刑必须符合人道与文明的标准；监狱必须彻底改革；法制必须为原告与被告都提供辩护律师的服务；陪审员制度必须确立。[105]

这段社论严厉批评中国严刑逼供的恶习，与孙中山后来在 1897 年 7 月 1 日于伦敦的《东亚》杂志所发表的论文〈中国法制改革〉[106] 互相呼应。又一次佐证了本章上一段的神游冥想，即 1895 年 3 月 16 日兴中会高层会议曾商议如何回应 1895 年 3 月 12 日社论所引起的反弹。准此，容笔者进一步推论：孙中山通过这次会议

---

[104]　Ibid., col. 6.

[105]　Ibid., col. 7.

[106]　Sun Yatsen, "Judicial Reform in China", *East Asia* (July 1897), v. 1, no. 1, pp. 3-13. 黄宇和将此文翻译成汉语，见黄彦编：《孙文选集》（广州：广东人民出版社，2006），第 94—104 页。

而更深切认识到英国人对中国时局的看法。该社论在结尾时说，若改革党能：

> 成功地改变现状，在外国顾问的协助下按照现代的标准重新组织一个新
> 政府……满清政权将会从地球上消失后，而那可笑的、作为臣服于满清统治
> 象征的辫子，也会随风而逝……只要中国人能向全世界证明他们有诚意建立
> 一个不再是压迫和愚民的政府，列强将会承认并全力支持这个新政权。

孙中山在 1895 年 3 月 16 日兴中会高层会议上先听到了黎德这番高论，后来
又在《德臣西报》1895 年 3 月 18 日的社论中通过白纸黑字看到了相同的观点，
宁不欢欣鼓舞！

三、采取行动

一、经费方面：革命党人不能公开筹款，于是黄咏商如前述般卖掉了祖产香
港苏杭街洋楼一所，得资八千，支持起义。[107] 随孙中山从檀岛回香港的邓荫南也
卖掉其私产得资万数千元、余育之助款万数千元。[108] 至于这批款项纯属捐赠还是
偿以股单，则现存文献没有记载。窃以为很可能是偿以股单。

二、国际关系：1895 年 3 月 1 日，孙中山拜会日本驻香港领事中川恒次郎，
请其援助起义，不果。[109] 接着孙中山拜会德国驻香港领事克纳普[110]，看来目的
与结果相同。为何要孙中山出面？看来生活在香港的辅仁文社诸社员以至上述英
文报章的编辑都有所不便。但在此前后，《德臣西报》的社论及文章曾多次暗示
有革命党密谋推翻满清，并呼吁外人给予支持。[111] 黎德对清廷之不满，与传教

---

[107]　冯自由：《革命逸史》(1981)，第一册，第 6 页。

[108]　同上书，第 43 页；第四册，第 4 页。

[109]　中川致原敬函，1895 年 3 月 4 日，《原敬关系文书》（东京：日本放送出版协会，1984），第二卷，书
翰篇，第 392、393 页，转载于《孙中山年谱长编》，上册，第 81—82 页。

[110]　史扶邻：《孙中山与中国革命的起源》，第 68 页。有关此事的进一步叙述和分析，见李吉奎：《孙中
山与日本》（广州：广东人民出版社，1996），第 3—7 页。又见：《孙中山与日本关系研究》（北京：
人民出版社，1996），第 35—36 页。

[111]　Editorials, *China Mail*(Hong Kong), 12, 15, 16, 18 March 1895.

士如出一辙，只是言论更公开而已。至于何启，则常在中西各报发表中国改革政见，名重一时。现他又暗中表示同情革命。[112] 其摇摆于改革和革命之间，与孙中山的情况一样，只是鉴于身份，言论不能像学生哥的孙中山那么肆无忌惮而已。可见是当时曾受过西方教育的有志之士的一种比较普遍的现象。此外，在 1895年 3 月 18 日的社论中，黎德指出革命党不准备创立合众政府而准备成立君主立宪。[113] 有学者因为此说有悖兴中会誓言而大感困惑。[114] 其实这现象好解释：内外有别。兴中会的誓词是秘密的，怎能随便公开？向外国人公开的言论必须服从于一个目标——争取他们的同情和支持。试想，当时孙中山正奔走于日本领事、德国领事和英报主编之间，而三国政制都是君主立宪。他若明倡废掉君主，就会失去他们的同情和支持了。智者不为。而且黎德也没参加兴中会，故没作誓词，自然不知誓词内容是什么。

三、战略部署：兵分三路。第一路由孙中山带领郑士良、陈少白等赴穗负责阵地指挥，陆皓东则从上海来参加。第二路是由杨衢云留守香港运筹帷幄：包括招兵买马，偷运军火到广州。第三路负责事成后对外宣言，该宣言由香港《德臣西报》编辑黎德起草，何启等修改，以便届时通告各国，要求承认为"民主国家交战团体"[115]。窃以为所谓"民主国家交战团体"，可能是从英语的"belligerent party"翻译过来的。按国际法，如果外国视革命军为这样的一个团体，则保持中立；若目为叛党，就有可能帮助与其具有邦交的政府平乱。

四、未举先败：1895 年 10 月 26 日重阳节清晨 6 时，在广州各路人马的首领纷纷来讨口令待命，却迟迟不见杨衢云答应派来的、配备了枪支弹药的"决死队三千人"。该决死队是起义的主力，而在广州方面聚集的各路人马都没有现代化武器，且大多数是一般的绿林和散勇，全属配合性质，不能单独行动。迟至当天早上 8 时许，方接杨衢云电报说："货不能来。"怎么啦？拟 1895 年 10 月 26 日

[112]　冯自由：《中华民国开国前革命史》，第一册，第 10—11 页，转载于《国父年谱》(1985)，上册，第 74 页。
[113]　Editorial, *China Mail*(Hong Kong), 18 March 1895.
[114]　霍启昌：〈几种有关孙中山先生在港策进革命的香港史料试析〉，载《回顾与展望》，第 440—455 页：其中第 452 页。
[115]　冯自由：〈广州兴中会及乙未庚子二役〉，载《革命逸史》(1981)，第四册，第 11 页。

清晨到达广州的香港夜渡，1895年10月25日晚上就从香港开出了，"决死队"没上船，杨衢云最迟在1895年10月25日晚上就知道，怎么他的电报迟至1895年10月26日早上8时许才递到孙中山手里？须知当时是有线电报，很慢，第二天收到已经很了不起。但孙中山该怎么办？陈少白说："凡事过了期，风声必然走漏，再要发动一定要失败的，我们还是把事情压下去，以后再说吧！"孙中山同意，便发钱给各绿林首领，让他们回家，将来待命。又电杨衢云曰："货不要来，以待后命。"孙、陈均以处境危险，宜尽快离开。但孙让陈先走，自己留下善后。陈就于当晚乘"泰安"号轮船夜航去香港。[116]果然当天已走漏了风声，尤幸两广总督谭钟麟"以孙文时为教会中人，无举义凭据，万一办理错误，被其反噬，着李家焯不可卤莽从事"[117]。故李家焯仍不敢逮捕孙中山。当天晚上，孙中山还与区凤墀宣教师联袂赴王煜初牧师宴。[118]李家焯的探勇仍是不敢动手，甚而被孙中山奚落一番。[119]孙中山可知道，是他与基督教会的关系救了他一命！

翌日，1895年10月27日，孙中山避过探勇后，坐自备之小汽船辗转逃往香港。[120]终于，"决死队"在28日清晨6时抵穗，比原定时间迟了两天，比孙中山离开广州的时间也迟了约二十小时。军令如山，误了军机是要杀头的，虽然杨衢云不是军人，但这么简单的道理难道杨衢云也不懂？

四、为何"决死队"没有按时到达？

孙中山在29日即辗转自澳门坐船抵达香港。可以想象，此时的孙、杨两派矛盾之深：孙派怨杨派不如期"发货"；杨派怨孙派拒不"接货"。应该指出，孙中山回到香港后有没有再见到杨衢云，目前还是桩悬案。对于这个问题，《国父

[116] 陈少白：《兴中会革命史要》，转载于《辛亥革命》，第一册，第21—75页；其中第31—32页。

[117] 邹鲁：《乙未广州之役》，转载于《辛亥革命》，第一册，第23页。

[118] 黎玩琼：〈谈谈道济会堂〉，1984年1月6日，载王志信：《道济会堂史》，第85—87页；其中第86页。该宴会是王煜初牧师为儿子王宠光娶媳妇而设。

[119] 邹鲁：《乙未广州之役》，转载于《辛亥革命》，第一册，第23页。

[120] 同上书，第22页；邓慕韩：〈乙未广州革命始末记〉，载《辛亥革命史料选辑》，上册，第9—19页；其中第18页。

年谱》和《孙中山年谱长编》都没有谈及。究其原因，很可能是没有掌握到确凿证据，所以不谈为佳。就连当事人之一的谢缵泰，在其后来所撰的《中华民国秘史》和孙中山的追忆，均没提及。可能双方都不愿意再提这让人痛心的事情。但从情理推论，双方在香港再见过面的可能性是很高的。[121]

关键是：香港有一篇英语报道，作者痛斥孙中山在那批苦力到达广州之前的二十个小时，已经逃之夭夭。这篇英文报道的作者是谁？笔者在撰写《三十岁前的孙中山》时，还无法确定孙中山到达香港后，曾否与杨衢云、谢缵泰等人见面。现在重温上述那篇英语报道，细细咀嚼该报道把报道人描述为"From our own correspondent"的含义，笔者有了进一步的想法。按照英语的用法，它有两个含义，第一是报章自己常年雇用的记者，第二是经常为报章撰写报道文章的不具名人士。若按照第二种用法探索，则此人应是谢缵泰无疑。难怪他破口大骂孙中山在"香港同志们到达广州之前的二十个小时，他已经逃之夭夭"[122]。这种痛骂，真是千古奇冤。

窃以为孙、杨两派都分别被香港与广州方面的三合会欺骗了。香港的会党曾向他们保证派出"决死队"三千人，实际上只是骗当地的苦力去做替死鬼。据香港政府事后的一份调查报告说，1895 年 10 月初，香港警方已获线报，谓有三合会分子正在香港招募壮勇。10 月 27 日，香港警官士丹顿探长（Inspector Stanton）更获线报，谓该等分子已募得约四百人，并将于当晚乘"保安"号轮船往广州。士丹顿亲往码头调查，发觉为数约六百名的最穷苦的苦力，因无船票而被拒登船。此时，不久大批警员也步操进现场搜查军火，既搜船也将各苦力逐一搜身，不果。结果有为数约四百名的苦力登船。"保安"号起航后，朱贵全对诸苦力说：船上藏有小洋枪，抵埠后即分发候命。众苦力方知中计。他们早已被政府的威力——如临大敌的香港警察——吓得魂飞魄散，现在更是加倍坚决拒绝参与起义。朱贵全等见形势不对，船甫泊定即潜逃上岸。该香港事后调查报告强调说：当时派驻码头的兵勇人数一如平常，可知广州当局全不知情。待五十多名"募

[121] 见拙著《中山先生与英国》，第四章第一节。
[122] From our Own Correspondent, "The Situation at Canton", *China Mail*(Hong Kong),2 November 1895, p.4, col. 5.

勇"向码头驻兵申冤，才东窗事发。[123]

此报告不尽不实之处，下文分析。当务之急是追查"决死队"在 1895 年 10 月 25 日晚为何无法如期从香港出发，而其原因很可能是与会党滥竽充数不足有关。会党这样做，带来的严重后果有五：

第一是误了出发日期。

第二是丧尽军心。试想：以募勇之名骗人去造反，谁甘心？那算什么"决死队"？

第三是绝对的误导。"决死队"之名给人的印象是训练有素的军人，哪怕是会党中人，也应该暗中受过训练。但那些苦力却完全是乌合之众，甚至可能毕生也未沾过枪支弹药的边，给他们洋枪他们也不会放。

第四是人丁单薄。就算全部四百苦力都同意造反，与预定之人数三千相差悬殊。

第五是招疑以至暴露密谋。香港的一位英国人向当地记者透露，他曾命其华仆雇用四名苦力当其轿夫，1895 年 10 月 27 日开始工作。不料该四名苦力却没有如期报到。该华仆解释说，四名苦力都赴广州打仗去了！[124] 香港这个鸟蛋般的小地方（当时还没有新界，只有港岛和九龙半岛），突然缺少了四百苦力的人力供应，能不招疑？

那么，谁是在香港负责招募苦力的会党人士？据那四十多名在广州码头被兵勇带走问话的苦力所供：

系朱贵铨（全）[125] 偕其兄朱某及邱四声言招募壮勇，每名月给粮银十元，惟未知何往。其兄朱某前数日经已招得四百人，先行他往。当在火船时有银八百余元，由朱贵铨及邱四交轮船水脚（按即船票）外，每人先给过银五毫。其银系朱贵铨亲手分派，并由邱四每人给红边带四尺五寸，以为暗号。

[123]　Memorandum by the Acting Assistant Colonial Secretary, F. J. Badeley, on the Canton Uprising of October 1895, enclosed in Robinson to Chamberlain, 11 March 1896, CO 129/271, pp. 437-445: at pp. 441-445.

[124]　Anon, "The Threatened Rising at Canton—Searching the Canton Steamer", *China Mail* (Hong Kong), 28 October 1895, p. 4, col. 2.

[125]　不同文献用不同名字，在引文之中更是不能改，故本书在引文中忠实地按原文照录"朱贵铨"或"朱贵全"，而在正文评述该引文时，也只好交替使用，敬请读者留意。

又教以除暴安良口号四字，言到省登岸即分给军装。[126]

　　这段供词的内容，与香港警官士丹顿探长在香港方面所了解到的情况雷
同[127]，可互相佐证。而其中提到的朱贵铨（全）乃兄，招得四百苦力以后就"先
行他往"，让乃弟去冒险。看来这位会党中人，不但骗了孙中山、杨衢云等，也
骗了乃弟。此人为了金钱而欺骗乃弟让其当替死鬼，连最起码的江湖道义也没
有！骗了乃弟，在中国近代史上没发生深远影响。骗了孙、杨，就加深了两派之
间的怨恨，破坏了革命事业。

　　至于广州方面的会党，则孙中山又追忆说，在预定起事当天清晨："忽有密
电驰至，谓西南、东北两军中途被阻。两军既不得进，则应援之势已孤，即起事
之谋已败。然急使既遣，万难召回。一面又连接警报，谓两军万难进行。"[128] 这
很可能是广州方面的会党连滥竽充数的办法也没有，因而到了关键时刻，空头支
票无法兑现之余，而推搪塞责的一派胡言。因为，在香港还可以冒险借募勇之名
骗来苦力，在内地则连这种欺骗手段也施展不开。

　　如此说，则尽管香港方面果真能派出"决死队"三千人，到了广州仍是孤军
作战，必败无疑。

　　无奈香港方面的会党募勇不足，而无法如期起程，不单误了广州方面的军机，
也害死了杨衢云。盖杨衢云在1895年10月26日得悉原拟在10月25日晚上出发
的"决死队"不能成行后加紧催办，结果朱贵全兄等似乎保证10月27日晚上必能
起程，以至杨衢云下令藏有军械的士敏土预先托运于10月27日晚上开往广州的夜
渡，以便军火与"决死队"同船前进。待杨衢云在10月27日接孙中山先一日发出
电止进兵时，七箱藏有军械的士敏土已经下船，收不回了！[129] 当晚10时香
港的士丹顿探长即获报，谓沙宣洋行买办杨衢云曾购入大批军火，并藏在刚开往

[126]　香港《华字日报》，1895年10月30日星期三，第2版，第3栏。
[127]　Memorandum by the Acting Assistant Colonial Secretary, F. J. Badeley, on the Canton Uprising of October 1895, enclosed in Robinson to Chamberlain, 11 March 1896, CO 129/271, pp. 437-445: at pp. 441-443.
[128]　孙中山：《伦敦被难记》，转载于《国父全集》（1989），第二册，第197页；《孙中山全集》，第一卷，第54页。
[129]　邓慕韩：〈乙未广州革命始末记〉，载《辛亥革命史料选辑》，上册，第9—19页：其中第17页。

广州的夜渡"保安"号。经调查确有其事后 [130]，故士丹顿探长的下一个目标，就是缉拿杨衢云归案了。

五、缺乏经验

导致失败的另一个原因，是孙中山、陆皓东等人，皆初生之犊不畏虎，严重缺乏经验。一个很明显的问题是：为何孙中山认为来自香港的主力——会党"决死队"三千人——就能打败驻扎在广州数以万计的正规军？关键似乎是于1883年秋、孙中山从檀香山回到翠亨村不久所发生的一件事情。孙中山回乡后与同村青年陆皓东结成好友，并经常共同谈论时政之腐败。当时广东正在举办团防，满清政府派遣阅兵大臣方耀到香山县，准备在濠头乡举行检阅。由于香山官府过去一直虚报兵额，以便中饱私囊，接命后慌忙向各乡招募壮丁冒充兵勇。陆皓东与同村多人应征参加，但更多的应征者是烟鬼、乞丐。以至检阅时队伍不整，放枪时参差不齐，丑态百出。陆皓东回到翠亨村后，将检阅经过告诉孙中山，两人皆认为以清朝军队之腐败，只消五六十名健儿便可夺取虎门炮台。[131] 若此口碑属实，则按照孙、陆两人的逻辑，三千健儿应能克服广州，更何况这三千健儿是"决死队员"！又由于孙中山似乎是误信了香港的会党能提供三千"决死队员"，于是就决定起义了。

真是初生之犊！此二犊感情极好，而促进他们真挚友情的因素之一，是"英雄所见略同"。君不见，也就是于1883年秋孙中山从檀香山回到翠亨村不久，二犊就甘冒全村之大不韪，携手毁渎该村祖庙里的北帝像。[132] 正如本书第四章所指出，当时若被村民抓着，恐怕就会被活活打死。[133] 结果孙中山亡命香港，陆皓东

---

[130]　Memorandum by the Acting Assistant Colonial Secretary, F. J. Badeley, on the Canton Uprising of October 1895, enclosed in Robinson to Chamberlain, 11 March 1896, CO 129/271, pp. 437-445.

[131]　陆文灿：《孙中山公事略》（稿本，藏翠亨村孙中山故居纪念馆）。该稿后来刊登于《孙中山研究》，第一辑（广州：广东人民出版社，1986）。陆灿，又名陆文灿，乃陆皓东堂侄，檀香山兴中会会员。1895年回翠亨村成亲，适孙中山在广州举义失败，陆灿就主动帮助孙家大小逃往澳门转香港再转檀香山。

[132]　李伯新访问陆天祥(1876年生)，1959年无月日，载李伯新：《孙中山史迹忆访录》，中山文史第38辑（中山：中国人民政治协商会议广东省中山市委员会文史学习委员会，1996），第59—64页；其中第62页。

[133]　本书第四章第十七节。

也逃往上海。[134] 1892 年，目前的翠亨村孙中山故居建成了，孙中山有了自己的书房。陆皓东常常到孙中山的书房谈论时局到深夜。太晚了，两人就干脆同睡在书房的铁床上。[135] 两犊感情之笃，可见一斑。

孙中山等过分低估当时清廷驻扎在广州之兵力，亦可从另一事例看出。1895 年 3 月 16 日，孙中山与杨衢云等商议起义计划时，孙中山说：

> 发难之人贵精不贵多，人多则依赖而莫敢先，且易泄露，事败多由于此。当年太平天国时，刘丽川以七人取上海，今广州防兵之众，城垣之大，虽不可与上海同日而语，然而只有敢死者百人奋勇首义，则事便可济。[136]

此语与上述"只消五六十名健儿便可夺取虎门炮台"[137] 之言，如出一辙。出此豪言之孙中山，其逻辑为何？他解释说：

> 盖是时广州之重要衙署不外将军、都统、总督、巡抚、水提等七处，虽为军事机关，第承平日久，兵驻左右，有名无实，绝不防卫，只有衙役数人把守而已。

此言佐证了孙中山经常出入高官之门，为他们及家眷治病。孙中山既有此第一手资料，故：

> 拟以五人为一队，配足长短枪械及炸弹，进攻一署，直入署后官眷之房，将其长官或诛或执，如是全城已无发号施令之人，尚恐有城外兵队闻变入援，则择最重要之街道，如双门底、惠爱街二处，伏于店铺两旁，以宝垒掩护，伺其来突发枪掷弹击之，援兵不知虚实，突遭迎头痛击，必不敢前。

[134] 冯自由：《革命逸史》(1981)，第二册，第 2，10 页。
[135] 李伯新访问陆天祥 (1876 年生)，1962 年 3 月 31 日，载李伯新：《孙中山史迹忆访录》，第 65—68 页；其中第 67 页。
[136] 邓慕韩：〈乙未广州革命始末记〉，载《辛亥革命史料选辑》，上册，第 9—19 页；其中第 12 页。
[137] 陆文灿：《孙中山公事略》（稿本，藏翠亨村孙中山故居纪念馆）。该稿后来刊登于《孙中山研究》，第一辑。

犹虑其由横街小巷经过，则预先将此等道路轰炸，则两旁铺屋倾塌，粤垣街道阔仅数尺，铺砌白石，投以炸弹即易爆炸，砖瓦堆塞，援兵必不能过，担任握守重要街道之敢死队二三十人便足，西门、归德门二处城楼则以二三十人占领，以延城外响应者入，围攻旗界又以一二十人，与进攻衙署任务已完之队分头防火为号，且壮声势，如此则大事成矣。[138]

全属纸上谈兵。难怪"孙先生以此计划与同志商，多以为人少力薄，偶有蹉跎，同归于尽，冒险太甚，赞成者只得三数人"[139]。更难怪谢缵泰批评说："孙逸仙看来是个轻率的莽汉"，又说："孙念念不忘'革命'，而且有时全神贯注，以至一言一行都显得奇奇怪怪！……一个人固然可以置生死于度外，但在行动上，却必须认识到领导人的性命不可能作无谓的牺牲。"[140]后来孙中山改为建议分路攻城，动议才获通过。[141]

其实，孙中山之种种表现，皆显示出他是在忘我地奉献。正因为孙中山本人在忘我地奉献，所以他以为其他人都会像他一样地忘我奉献。真的，若所有战士都像他一样地忘我奉献，舍命战斗，广州焉能不克？但谢缵泰等人早认识到，绝大多数人是不会忘我奉献的，甚或认为忘我奉献的人绝无仅有，所以才觉得孙中山像疯疯癫癫的。君不见，1894年秋孙中山回到檀岛鼓吹革命时，也有华侨在其背后指指点点，称他为"疯子"。[142]孙中山这种在别人眼中是"疯疯癫癫"的现象，也表现在他似乎丝毫没想到家人的安危：他好像从未想过万一事败，在翠亨村的家人肯定惨遭毒手，因而也没为他们安排后路。郑照回忆说，广州起义失败后：

清吏捕索甚急，而其家人则仍居住乡间，甚为危险。时达成公早已去

[138] 邓慕韩：〈乙未广州革命始末记〉，载《辛亥革命史料选辑》，上册，第9—19页；其中第12—13页。
[139] 同上书，第13页。
[140] 《孙中山年谱长编》，上册，第87页，引谢缵泰：《中华民国革命秘史》（英文原著）。
[141] 邓慕韩：〈乙未广州革命始末记〉，载《辛亥革命史料选辑》，上册，第9—19页；其中第12—13页。
[142] 马兖生采访陈志昆，1998年8月，载马兖生：《孙中山在夏威夷：活动和追随者》，第15页。

世，其母则尚健在。卢夫人居家奉姑养子（公子科已出世数年）。是年侨居
檀岛之陆文灿君，回粤结婚，见此险状，乃自告奋勇担任搬取先生及眉公家
眷之事。于是老夫人、眉公夫人、卢氏夫人及公子科全家随其迁往澳门，复
至香港得陈少白兄之接济而乘轮赴檀。抵岸后，全体先在舍下暂住，旋迁往
茂宜岛眉公处，始得安居焉。[143]

　　此段回忆的最后一句话值得注意：孙家大小抵达火奴鲁鲁时，似乎先在郑照
的家里暂住，所以他的故事，是从当时的孙家大小口中得悉。若这口碑属实，则
孙中山在事前的确没有为家人预先安排后路。

　　那么，拯救孙家的当事人陆文灿自己又怎么说？陆文灿，简称陆灿，乃翠亨
村人，陆皓东之侄。他在1946年8月之后[144]，用英语写了一本回忆录。[145]这回
忆录后来被翻译成汉语。[146]他说：广州起义失败后，孙中山逃到香港，

捎话来叫我去香港会见他。陆皓东的死对他是一个沉重的打击。……他问我
能否把他的妻子、母亲和三个孩子带到夏威夷去给孙眉抚养。他说他们在中
国是不安全的。我立即答应并很快送他的家属去夏威夷。[147]

　　这就佐证了郑照之言。但是，陆文灿在同书后部又写道：

　　当第一次起义准备就绪的时候，他意识到任何差错都会危及家庭。他
让他们离开翠亨村，搬到香港去，希望他们能在英国租界地内安全生
活。[148]

---

[143]　见郑照：〈孙中山先生逸事〉，载尚明轩、王学庄、陈崧编：《孙中山生平事业追忆录》（北京：人民
　　　　出版社，1986），第516—520页；其中第518页。
[144]　陆灿著，傅伍仪译：《我所了解的孙逸仙》（北京：中国和平出版社，1986），第1页。
[145]　Luke Chan, Betty Tebetts Taylor, *Sun Yat Sen: As I Knew Him: Memoirs of Luke Chan, Boyhood Friend of
　　　　Sun Yat Sen*.
[146]　陆灿著，傅伍仪译：《我所了解的孙逸仙》。
[147]　同上书，第18页。
[148]　同上书，第42—43页。

这就变得前言不对后语了。是什么因素造成这种矛盾？线索不难寻找。在两段引文的中间，陆文灿写道：

> 当我离开香港时，我感到孙中山变得果断、冷静、像将军那样深思熟虑，胸有成竹。一个轻举妄动的男孩帝象变成一个我们所期待的精明的、坚定不移的领袖。[149]

看来陆文灿为了证明孙中山已从轻举妄动变得深思熟虑，于是笔锋一转，就把没有考虑家人安危的孙帝象，写成起义前就把家人搬到香港的孙中山。至低限度陆文灿认为孙帝象曾经有过轻举妄动的时刻，所指乃毁渎北帝神像之事。[150] 陆文灿的书，实话掺杂着不少善意的假话。为了让人相信其善意的假话，陆文灿甚至编造了下面一个故事。他说，孙中山把家人搬到香港后：

> 他们在香港租住的房子并不像孙希望的那样秘密。第一次革命失败后，清廷特务要来搜查，幸而房主是个英国人，他要他们出示证件，否则不准搜查，并声称如搜查不出东西来，他要控告他们；特务只好离去。[151]

稍懂英国殖民史或香港历史的人，都不会编出这样的一个故事。英国人统治日不落大帝国的秘密武器之一，是刻意制造一个假象：即英国人是世界上最优越的民族，被征服的人最好是乖乖地被统治。制造这种假象的重要手段之一，是在殖民地里把自己与当地人隔开来。譬如在香港的港岛，从半山区到山顶的地带，只许英国人或其他白种人居住。陆文灿说，作为英国人的房东把房子租给孙家，若属实则房东必须经常与房客接触，想香港的英国殖民政府也不容许！

承陆文灿冒死帮忙，孙家大小逃过一劫。但是，在翠亨村的房子，命运又如何？村中耆老回忆说："清兵不相信翠亨村有孙文，拉大队封了翠薇村。也有十

---

[149]　同上书，第 18 页。
[150]　同上书，第 10 页。
[151]　同上书，第 43 页。

多个清兵来过封屋，后不知怎样却受贿走了，未把屋封上。"[152] 此话读来，让人扑朔迷离，孙中山是钦犯，案情重大，军机大臣字寄两广总督谭钟麟等严拿，可不是开玩笑的。清兵急急如律令般搜捕钦犯，怎会错把翠薇作翠亨？这桩历史悬案，必须解决。有学者说：清兵到了翠亨村，发觉是这么小的一座村庄，不相信是带头造反人的故乡，于是他往。笔者则从另外一个方向探索：当时清兵手头掌握了什么信息去封屋抓人？窃以为信息之一是革命党人的供词。经追查，果然发觉陆皓东的供词一开始是这样说的："吾姓陆名中桂，号皓东，香山翠薇乡人。"[153] 陆皓东受审时可能说过这样的话，目的是把清兵引离翠亨村。但现存的〈陆皓东供词〉是很有问题的，详见下文。

清兵到了翠薇村查问，当然谁也不知道孙中山、陆皓东是何许人。结果另派小队士兵到其他村庄骚扰，也不奇怪。孙中山是钦犯，封屋挖祖坟是惯例。但据上述口碑，则似乎该小队清兵到了翠亨村，受贿之后就轻易地放过孙中山故居一马。[154] 究竟是谁贿赂了清兵？据陆灿说，是他自己到唐家湾（按：译者误作董家村）一个做过官的叔祖父向其请教：

> 他问我们族长有没有关于治安条例的书。我说我不知道。叔祖父拿出他的书说应当让族长看看有关查封的几段。他还说村里当事人要好好招待士兵，陪着他们去搜查，〔尽可能带他们〕绕弯路。然后说，根据书上规定，可以按军队行走的路程给予"报酬"。你只能提出这点建议。士兵得到了报酬，认为没什么可"充公"，他们可能立即离去。……事实上并没有发生麻烦，士兵们无意追究此事，他们收了"报酬"，让我们领他们到孙中山空无一人的家，最后平静无事地离去。[155]

---

[152] 李伯新采访陆天祥 (1876 年生)，1962 年 5 月 23 日，载李伯新：《孙中山史迹忆访录》，第 68—70 页；其中第 69 页。

[153] 陆皓东供词，载邹鲁：《乙未广州之役》，转载于《辛亥革命》，第一册，第 229 页。

[154] 李伯新采访陆天祥 (1876 年生)，1962 年 5 月 23 日，载李伯新：《孙中山史迹忆访录》，第 68—70 页；其中第 69 页。

[155] 陆灿著，傅伍仪译：《我所了解的孙逸仙》，第 16—18 页。该书原文是英语，译者似乎是北方人，不太清楚翠亨村及周遭地理，误将唐家湾译作董家村，属情理之常。后来翠亨村孙中山故居纪念馆的黄健敏把该译文中误译之人名地名纠正过来另行出版。见陆灿、泰勒 (Betty Tebbetts Taylor) 合著，黄健敏译：《我所认识的孙逸仙——童年朋友陆灿的回忆》(北京：文物出版社，2008)。

此段读来，似乎是属于陆文灿回忆录中真话的那一种。理由有二：

第一，此话不牵涉到陆文灿最关心的问题，即孙中山英雄形象的问题，他不必编故事。

第二，陆文灿似乎是一个不爱居功的人。君不见，郑照说是陆文灿回到翠亨村时见到孙家险象环生，于是自告奋勇，主动把孙家大小带往香港；陆文灿却说是孙中山要求他，他才这样做，后来甚至说孙中山在起义前早已安排家人去了香港。陆文灿不居功之处，让人钦佩，增加其有关封屋之言的可靠性。

至于会党，则在孙中山漫长的革命生涯中，于推翻满清那段时候，初期有很长的一段时间是依靠会党的，理由是他过分相信会党的"反满"决心，而忽视了会党同时也是非法的犯罪组织，有其唯利是图、不择手段的另一副面孔。结果是，虽然广州起义失败了，他仍然只会一股劲儿地怪杨衢云调度失宜，而没有怀疑会党三番五次地欺骗他，以至他此后的革命手段仍坚守两个方针：

第一，在海外向华侨募捐；

第二，把捐款用在国内联络会党，利用会党推翻满清。结果当然仍是屡起屡败，直到1905年同盟会成立后，留学生与新军代替了会党作为革命骨干，才取得武昌起义的成功。

六、为何密谋瓦解？

重温广州起义这段历史：孙中山没有任何显著的举动，为何广州当局这么快就侦知？关于这个问题，有多种解释：

第一，党属告密。冯自由说，举义前一二日，有朱湘者，以其弟朱淇列名党籍，且作讨满檄文，恐被牵累，"竟用朱淇名义向缉捕委员李家焯自首，以期将功赎罪。李得报，一面派兵监视总理行动，一面亲赴督署禀报……粤督谭钟麟闻李家焯报告有人造反，急问何人。李以孙某对。谭大笑曰：'孙乃狂士，好作大言，焉敢造反？'坚不肯信，李失意而退"[156]。看来孙中山平日与官场中人交

---

[156] 冯自由：〈广州兴中会及乙未庚子二役〉，载《革命逸史》(1981)，第四册，第11—12页。

往时放言无忌的习惯，在生死关头救了他一命。"是日（1895 年 10 月 26 日）总理方赴省河南王宅婚礼宴会，见有兵警侦伺左右，知事不妙，乃笑语座客曰：'此辈岂来捕余者乎？'放言惊座，旁若无人。宴后从容返寓。兵警若熟视无睹。"[157] 但关键是：虽然谭钟麟"坚不肯信"，难道李家焯会就此罢休？他在官场混迹多年，深知将来若出问题，粤督还不是仍然对他限期破案？所以他还是我行我素，当晚仍派遣探勇监视孙中山不放。

第二，穗府侦知。据谭钟麟事后奏曰：

> 旋据管带巡勇知县李家焯率千总邓惠良等，于初十日（1895 年 10 月 27 日）在双门底王家祠拿获匪伙陆皓东、程怀、程次三名，又于咸虾栏屋内拿获程耀臣、梁荣二名，搜出洋斧一箱，共十五柄。十一日（1895 年 10 月 28 日）香港泰安（保安）轮船搭载四百余人抵省登岸，李家焯率把总曾瑞璠等往查获朱桂铨（朱贵全）、邱四等四十五名，余匪闻拿奔窜。[158]

李家焯从何得悉双门底王家祠藏有武器？谭钟麟奏稿没作解释。冯自由则说，密谋被粤吏"驻港密探韦宝珊所侦知，遂电告粤吏使为戒备。……谭督于初十日（1895 年 10 月 27 日）闻报，急……令李家焯率兵至王家祠……"[159] 冯自由从何得悉此事，则他也没作解释。至于李家焯又从何得悉轮船上藏有匪伙，则谭钟麟与冯自由都没作交代。

承香港学者林嘉明先生赐告，1895 年乙未广州之役时，韦宝珊乃香港政府

[157] 同上书，第 12 页。
[158] 两广总督谭钟麟奏稿，载中国第一历史档案馆编：《光绪朝朱批奏折》，第 118 辑（北京：中华书局，1996），第 137—139 页：其中第 137 页。该稿又转载于邹鲁：《乙未广州之役》，转载于《辛亥革命》，第一册，第 232—234 页：其中第 233 页。
[159] 冯自由：〈广州兴中会及乙未庚子二役〉，载《革命逸史》（1981），第四册，第 12 页。窃以为要么是同名同姓，要么是冯自由搞错了，因为香港名流韦玉被英女王册封的名字正是韦宝珊爵士（Sir Poshan Wei Yuk）。见 G. H. Choa, *The Life and Times of Sir Kai Ho Kai* (Hong Kong: Chinese University Press, 1981), p. 18. 窃以为这位韦宝珊的身份，不至于沦为满清密探。而且，若真的曾当过满清密探，香港政府在调查他身家底细以便在 1896 年由香港总督任命他为立法局议员和 1919 年册封他为爵士时，恐怕都会被查出来。但真相如何，还有待历史学家去耐心考证。

图 8.15 从珠光路进入咸虾栏的长兴直街今貌
（2007 年 12 月 26 日黄宇和摄）

图 8.16 广州咸虾栏 14 号张公馆（有湾窗 baywindow 者）今貌
（2007 年 12 月 26 日黄宇和摄）

太平绅士兼团防局局绅；翌年 7 月，港府改革政治架构，韦氏出任定例局非官守议员。[160] 他同时又当清政府官员，唯官衔不详，很可能是"捐官"，候补道员之类[161]，当今仍流传着其清朝官服照片。[162] 韦氏与当时的广东清政府关系密切，甚至与后来在 1900 年任李鸿章机要幕僚的广东赌商刘学询等在广东合资组办"宏丰公司"，经营闱姓博彩业。[163]1895 年乙未广州之役，香港政府早已侦得革命党人异动，韦宝珊通报两广总督谭钟麟，不在话下。至于为何出现"驻港密探"一词，则林嘉明先生估计是冯自由、邓慕韩、邹鲁等看过两广总督谭钟麟的奏折，有"韦宝珊（葆山）"者，通告粤督有关革命党人起事，结果误以为韦氏是清廷密探，也是很自然的事。[164]

第三，有学者认为是香港政府侦破，根据是上述的香港政府报告[165]，并因此而批评正史之谓 1895 年 10 月 28 日"晨，该轮抵埠时，南海县令李征庸及缉捕委员李家焯已率兵在码头严密截缉"[166] 云云，实属不确。[167] 该学者追源溯始，认为是两广总督谭钟麟奏稿[168] 在作怪。该学者的结论是：谭钟麟文过饰非，虚构故事，"其可靠性值得怀疑"[169]。言下之意是诸位依靠《革命文献》来撰写正史的贤达纷纷中计。[170]

笔者旁征其他史料。看了《德臣西报》在 1895 年 10 月 28 日星期一刊登的

[160]　Chan Lau Kit-ching, *China, Britain and Hong Kong, 1895-1945*(Hong Kong: Chinese University Press, 1990), p.6.; G.B.Endacott, *Government and People in Hong Kong, 1841-1962*(Hong Kong: Hong Kong University Press, 1964), p.125; 王庚武（主编）：《香港史新编》（香港：三联书店，1997），上册，第 83 页。团防局乃制定香港治安政策的政府机关。
[161]　莫世祥：《中山革命在香港（1895—1925）》（香港：三联书店，2011），第 80 页，注 29。
[162]　见香港岭南大学刘智鹏：《香港早期华人菁英》（香港：中华书局，2011），第 34 页。
[163]　详见胡根：《澳门近代博彩业史》（广州：广东人民出版社，2009），第 414 页。
[164]　林嘉明电邮黄宇和，2011 年 9 月 24 日、27 日、10 月 23 日。
[165]　Memorandum by the Acting Assistant Colonial Secretary, F. J. Badeley, on the Canton Uprising of October 1895, enclosed in Robinson to Chamberlain, 11 March 1896, CO 129/271, pp. 437-445: at pp. 441-445.
[166]　《国父年谱》(1985)，所据乃冯自由：《革命逸史》(1981)，第四册，第 12—13 页。
[167]　霍启昌：〈几种有关孙中山先生在港策进革命的香港史料试析〉，载《回顾与展望》，第 440—455 页：其中第 448—449 页。
[168]　两广总督谭钟麟奏稿，载中国第一历史档案馆：《光绪朝朱批奏折》，第 118 辑，第 137—139 页。该稿又转载于邹鲁：《乙未广州之役》，转载于《辛亥革命》，第一册，第 232—234 页。
[169]　霍启昌：〈几种有关孙中山先生在港策进革命的香港史料试析〉，载《回顾与展望》，第 440—455 页：其中第 449 页。
[170]　同上书，第 448—449 页。

一篇报道，深受启发。既是 28 日星期一刊登，当然是 27 日星期天发稿。发稿之日，正是那四百名苦力在香港登船之时。按西方习惯，新的一周从星期天算起。所以，在 27 日星期天发稿时说"上周"，所指的日期就包括了 10 月 20 日星期天到 10 月 26 日星期六的一周。该报道一开始就说："上周在广州发现了由一批革命党人企图占领该城的计划。"[171] 此话佐证了冯自由所说的在举义前一、二日（即 1895 年 10 月 24、25 日），有朱湘假其弟"朱淇名义向缉捕委员李家焯自首"之事。[172] 而且，这样的消息传到香港，证明事情已公开了。该报道继续说：这个发现，让广州当局马上动员起来，千方百计侦缉祸首以防患于未然。[173] 此话间接佐证了冯自由所说的 1895 年 10 月 26 日孙中山赴王宅婚礼宴时，已有李家焯的兵勇侦伺孙中山左右。[174] 该《德臣西报》的报道又说，广州当局早就派员在香港进行秘密调查。[175] 此话间接佐证了冯自由所说的驻港密探韦宝珊[176] 侦知兴中会准备在广州起义的密谋。[177]

《德臣西报》驻广州记者在 1895 年 10 月 29 日星期二从广州发来的报道也值得注意。他说："谣言导致当局在码头等候抵穗夜渡并逮捕了数名怀疑是〔该大批苦力的〕首领。"[178] 该报道在 29 日晚刊刻（30 日面世），所说的自然是 28 日的事。

《德臣西报》又翻译并刊登了香港《华字日报》（Chinese Mail）的有关报道。[179] 笔者将该报道倒译后不感满意（理由之一是其中有些专有名词诸如人名地名等被该报译者省略或回避了而令人很难准确掌握），于是在 2003 年 7 月下旬，

---

[171]   Anon, "The Threatened Rising at Canton—Searching the Canton Steamer", *China Mail*(Hong Kong), 28 October 1895, p. 4, col. 2.

[172]   冯自由：〈广州兴中会及乙未庚子二役〉，载冯自由：《革命逸史》，第四册，第 11 页。

[173]   Anon, "The Threatened Rising at Canton—Searching the Canton Steamer", *China Mail*(Hong Kong), 28 October 1895, p. 4, col. 2.

[174]   冯自由：〈广州兴中会及乙未庚子二役〉，载《革命逸史》(1981)，第四册，第 11 页。

[175]   Anon, "The Threatened Rising at Canton—Searching the Canton Steamer", *China Mail*(Hong Kong), 28 October 1895, p. 4, col. 2.

[176]   正如前面说过的，这位韦宝珊的真正身份有待考证，因为香港名流韦玉被英女王册封的名字正是韦宝珊爵士 (Sir Poshan Wei Yuk)。见 G. H. Choa, *The Life and Times of Sir Kai Ho Kai*, p. 18.

[177]   冯自由：〈广州兴中会及乙未庚子二役〉，载《革命逸史》(1981)，第四册，第 12 页。

[178]   From our Own Correspondent, "The Threatened Rising at Canton—Numerous Arrests", *China Mail*(Hong Kong), 30 October 1895, p. 4, col. 3.

[179]   Ibid.

再飞香港查阅《华字日报》原文。[180] 喜得珍贵报道数则，兹转录以作分析：

> 统带巡防营卓勇李芷香大令（按即李家焯）……查得省垣双门底王家祠内云冈别墅，有孙文即孙逸仙在内引诱匪徒运筹画策，即于初九日（按即1895年10月26日星期六）带勇往捕。先经逃去，即拿获匪党程准、陆皓东二名。又在南关咸虾栏李公馆拿获三匪并搜获大饭锅二只、长柄洋利斧十五把。是屋崇垣大厦，能容千人。阅前两日有数十人在屋内团聚。续因风声泄露，先被逃去。[181]

《华字日报》这段报道消息来源为何？该报解释说："正据省城访事人来函登报间，忽接阅省中《中西日报》所载此事甚详，因全录之以供诸君快睹。"[182]
那么，《华字日报》本身在省城访事人的来函又怎么说？

> 初十日（按即1895年10月27日星期天），前任西关汛官管带中路办理善后事务邓守戎惠良会同卓营勇弁潜往城南珠光里南约空屋内，搜出洋枪两箱及铅弹快码等件，即拿获匪徒四名。两匪身着熟罗长衫，状如纨绔。〔其〕余二匪，则绒衫缎履，类商贾中人。是晚番禺惠明府开夜堂提讯四匪，供称所办军火，因有人托其承办，并供开伙党百数十人，定十一日由香港搭附轮来省，或由夜火船而来。[183]

当局得到这项情报，会采取什么行动？

> 十一日（按即1895年10月28日星期一）早，邓守戎于晨光熹微之际，即带兵勇驻扎火船埠头，俟夜轮船抵省，按图索骥，一遇生面可疑之人，立

---

[180] 由于时间紧迫，承香港大学郑承陈桂英、张慕贞两位大力帮忙，破格让笔者翻阅原件，让笔者很快就查出原文，特致深切谢意。
[181] 香港《华字日报》，1895年10月30日星期三，第2版，第2栏。
[182] 同上。
[183] 同上。

行盘诘。遂拿获廿余人，解县审办。[184]

这位访事人的报告可有佐证？有。广州的《中西日报》报道说：

> 十一日早，〔李家焯〕派勇前往火船埔头及各客栈，严密查访。未几而香港夜火船"保安"，由港抵省船上，搭有匪党四百余人。勇等见其形迹可疑，正欲回营出队截捕，已被陆续散去，只获得四十余人回营讯问，内有朱贵铨、邱四二名，均各指为头目。[185]

上述中西记者当时从广州发出的报道都有一个共同点：1895 年 10 月 28 日星期一清晨，广州当局在码头布了兵勇等候从香港来的夜渡并当场逮捕了朱贵全、邱四两名首领。这共同点佐证了谭钟麟的奏稿和冯自由的叙述，并直接抵触了香港政府的事后调查报告中所说的广州当局事前全不知情，码头驻兵人数如常，待为数大约五十名船上苦力向该等驻兵申诉被骗过程而报告李家焯后才东窗事发，以至朱贵全、邱四等首领成功地潜逃上岸逸去。[186]

为何出现这种矛盾？

窃以为香港政府的调查报告本身就提供了线索：

第一，该报告不是当时香港政府为了本身需要而雷厉风行般调查的结果，而是英国殖民地部大臣得悉香港苦力曾牵涉入广州起义后，在 1895 年 12 月 23 日和 1896 年 1 月 6 日先后公函质问香港总督为何不曾吭一声[187]，香港总督转而下令调查其事，最后由一位署助理辅政司经过调查后撰写而成的。

第二，该报告有关"保安"号轮船上发生的事情和该轮抵穗靠岸的情况，全赖

---

[184] 同上。

[185] 同上书，第 2—3 栏。"均各指为头目"按广东话理解应是互指之意，广东口语"互"字绝无仅有，因为发音很别扭。

[186] Memorandum by the Acting Assistant Colonial Secretary, F. J. Badeley, on the Canton Uprising of October 1895, enclosed in Robinson to Chamberlain, 11 March 1896, CO 129/271, pp. 437-445: at p. 444, paragragh 12.

[187] Robinson to Chamberlain, 11 March 1896, CO 129/271, pp. 438-440: at p. 438, paragragh 1.

乘客中一位香港华籍警察[188]回港后向上司的报告。可以想象，船还没靠岸，几百名心急如焚的苦力已经把船的出口塞得水泄不通，该警察能把岸上情况看得有多清楚？船一靠岸，就有约五十名苦力急跑向驻兵表示清白，其他约三百五十名苦力即发足狂奔，火急逃命，码头立刻乱成一团，当然还有其他急于上岸乘客，在人山人海、你推我挤的情况下，广州轮渡的码头面积又非常狭小，作为乘客而不是以记者身份进行采访的这位香港警察，对周遭所发生的事情会有多大兴趣？

第三，窃以为该调查报告有推卸责任之嫌。笔者发现，香港《士蔑西报》在其1895年11月15日的社论是这样写的：

> 香港的警察当局正快马加鞭地赢得文过饰非之恶名。就以最近广州起义为例吧，六百名香港人，在香港政府的眼皮底下，被招募去屠杀我们的邻居！至于香港政府那禁运军火的法令，也形同废纸：看！好几百支手枪在香港被购入、装箱、运往广州！[189]

香港殖民政府的老爷们，看了该社论后仍是无动于衷。等到英国外交部得悉其事而询诸殖民地部[190]，殖民地部又转而公函质问香港总督，该督才下令调查。在这种情况下出笼的报告，不尽推诿之能事才怪！推诿的高招，莫过于把最系生死存亡的广州当局也描述成毫不知情！经这么一摆弄，则早已侦出会党在香港募勇的香港警方，无形之中就显得特别高明了。

总的来说，该事后聪明的调查报告中有关香港方面的情节——例如香港警察在

---

[188] 有学者称其为警长。见霍启昌：〈几种有关孙中山先生在港策进革命的香港史料试析〉，载《回顾与展望》，第440—455页：其中第447页。笔者查核原文，可知为"A Chinese Police Constable"，即普通警员而已。见 Memorandum by the Acting Assistant Colonial Secretary, F. J. Badeley, on the Canton Uprising of October 1895, enclosed in Robinson to Chamberlain, 11 March 1896, CO 129/271, pp. 437-445: at p.443. 感谢香港历史档案馆的许崇德先生及时为笔者复印原件航空掷下，让笔者解决了一个关键问题，关键之处见下文。

[189] Editorial, *Hong Kong Telegraph*, 15 November 1895, p. 2, col. 3. 感谢香港历史档案馆许崇德先生，为笔者扫描相关资料并电邮掷下。

[190] FO 22134, FO 51/95.6, being minutes in the margin of Robinson to Chamberlain, 11 March 1896, CO 129/271, p. 438.

码头搜查该等苦力以寻找武器、有六百苦力候命但只有四百苦力登船等——是翔实可靠的，也有其他史料佐证其事。[191] 而在香港众目睽睽之下，对这些情节既不能夸大也不能隐瞒，只能老老实实地报道。否则是拿仕途开玩笑。至于其对广州码头情况的报道，就有大量反证而显得有问题了。上述学者依赖这份英方的调查报告中有问题的部分来质疑谭钟麟的奏稿，就显得同样有问题。此外，该学者说，该份英方调查报告中有关广州码头情况，所据乃香港的一位华籍"警长"的报告。[192] 笔者核对原文，可知该人乃"A Chinese Police Constable"，即普通"警员"而已。[193] "警长"与"警员"所作的报告，水平自有高低之分。该学者整篇论文的中心是拿这位所谓"警长"所作的、有问题的报告，来质疑赖谭钟麟奏稿以成文的《革命文献》部分（指邹鲁的《乙未广州之役》）[194]，也显得同样有问题了。

此外，该学者赖以质疑谭钟麟奏稿可靠性的理由，还包括该"奏稿全文对同样事件的报道，就有几处是前后矛盾的"。[195] 接着该学者就列举两个例子：

第一，最初是"据称9月间香港'保安'轮船抵省"。其后是"11日香港'泰安'轮船搭载四百余人抵省"。该学者批评谭钟麟"报道同一件事，先是指'保安'轮，其后已改为'泰安'轮"[196]。笔者核对原文，发觉谭钟麟的奏稿其实是奏复。凡是奏复，其开头部分都扼要地重复上谕的主要内容，随后才是奏复本身。正是上谕部分提及"保安"号轮船[197]；奏复部分提到"泰安"号轮船[198]。两句话分出两人

[191] Anon, "The Threatened Rising at Canton—Searching the Canton Steamer", *China Mail*(Hong Kong), 28 October 1895, p. 4, col. 2. 该报道说：有四百名不带任何行李的男汉，坐星期天的夜渡上广州，香港警察大举搜查个透彻，目的自然是为了该船的安全而不是为了照顾广州当局，但没有找到任何武器。此话有力地佐证了香港政府的事后调查报告。
[192] 霍启昌：〈几种有关孙中山先生在港策进革命的香港史料试析〉，载《回顾与展望》，第440—455页；其中第447页。
[193] Memorandum by the Acting Assistant Colonial Secretary, F. J. Badeley, on the Canton Uprising of October 1895, enclosed in Robinson to Chamberlain, 11 March 1896, CO 129/271, pp. 437-445: at p. 443.
[194] 霍启昌：〈几种有关孙中山先生在港策进革命的香港史料试析〉，载《回顾与展望》，第440—455页；其中第448—449页。
[195] 同上书，第449页。
[196] 同上。
[197] 两广总督谭钟麟奏稿，载邹鲁：《乙未广州之役》，转载于《辛亥革命》，第一册，第232—234页：其中第232页。
[198] 同上书，第233页。

之口，不能说谭钟麟自相矛盾，只能说他把船的名字搞错了。而搞错的原因有多种，要么是部下把船名记错了，要么幕僚之误。不影响奏复主要内容的可靠性。

第二，该学者批评谭钟麟原先报道"千总邓惠良等探悉前往截捕，仅获四十余人"。但在原奏稍后则已经不是邓惠良，而改为"李家焯率把总曾瑞璠等往查获朱桂铨、邱四等四十五名"[199]。笔者核对原文后，发觉该学者犯了同样的毛病。即提"邓惠良"者乃上谕部分[200]，提"李家焯"者是奏复本身[201]，谭钟麟没有自相矛盾。若要批评谭钟麟奏稿，只能说它把朱贵全误作朱桂铨。但据笔者看过的清代原始档案中的供词，大部分名字都出现同音异字的情况。当时没有身份证，当局对登记准确名字的重要性似乎都不够重视。

该学者又指出邹鲁在其《乙未广州之役》中犯了自相矛盾的毛病。[202]查该学者所据，正是邹鲁附录于其文中的谭钟麟的奏复。[203]该学者分不出正文与附件，并因此进而质疑邹文的可靠性。又由于邹文被收入了《革命文献》，更进而认为《革命文献》也不可靠。[204]实在冤枉。

澄清了上述的一些关键细节，可知广州起义密谋败露，似乎主要是出了两件事故：

第一是来自广州的密探在香港侦知。但据各方史料显示，他所侦知者只是会党在港招勇赴穗，而不是兴中会在穗的机关及首脑人物。这种公开招勇行为，而且一招就是数以百计，穗探不轻而易举地侦得才怪。

第二是革命党人朱淇乃兄告密。这是密谋败露的关键：朱淇被抓，受不了严刑而供出王家祠、咸虾栏等机关重地，以及香港夜渡等情节，是可以想象得到的。

[199]　霍启昌：〈几种有关孙中山先生在港策进革命的香港史料试析〉，载《回顾与展望》，第440—455页：其中第449页。

[200]　两广总督谭钟麟奏稿，载邹鲁：《乙未广州之役》，转载于《辛亥革命》，第一册，第232—234页：其中第232页。

[201]　同上书，第233页。

[202]　霍启昌：〈几种有关孙中山先生在港策进革命的香港史料试析〉，载《回顾与展望》，第440—455页：其中第449页。

[203]　两广总督谭钟麟奏稿，载邹鲁：《乙未广州之役》，转载于《辛亥革命》，第一册，第232—234页：其中第233页。

[204]　霍启昌：〈几种有关孙中山先生在港策进革命的香港史料试析〉，载《回顾与展望》，第440—455页：其中第448—449页。

七、外人的介入

有关广州起义的中方史料，显示在广州参加实际行动的全是中国人。英方史料则显示至少有一个英国公民参加。当时英国外交部急于了解这个英国人的底蕴，心急的程度，可从该部在 1895 年 12 月 31 日除夕还公函询诸殖民地部。[205]殖民地部接函后，又马上于 1896 年 1 月 1 日元旦函询香港总督。[206] 英国外交部的消息，源自英国驻广州领事壁利南（Bryon Brenan）的报告：

　　似乎有两位外国人——一个英国人和一个德国人——曾经服务于试图在广州起义的人。那位英国公民的名字叫克特（Crick）。[207]

笔者一看到克特（Crick）这个名字，眼睛一亮。多年以来，笔者不断地追查一位名字类似克特这样的人。事缘《俄国财富》[208]（中译本见有关《全集》[209]）曾报道说，在伦敦报章刊登了孙中山被绑架消息后数星期，俄国的一些流亡分子在伦敦会见了孙中山。孙中山向在场的人士推荐了《伦敦被难记》，其中的一位俄国人似乎答应把它翻译成俄文。后来果然不负所托，俄文版于 1897 年年底全书发表于《俄国财富》。至于会谈的地点，《俄国财富》[210] 的底本说是在一位名叫КРЭГС 的英国人的家里。此人是何方神圣？中译本把此人的名字音译作克雷各斯 [211]，帮助不大。笔者的同仁、俄国史专家 Zdenko Zlater 教授帮忙笔者为这奇怪的名字倒译为英文字母，大约得到 Cregs 这样的英语拼音。英文名字中没有 Creg

---

[205]　Francis Bertie (FO) to CO, 31 December 1895, CO 129/269, p. 442.

[206]　CO Minuntes, 1 January 1896, on Francis Bertie （FO） to CO of 31 December 1895, CO 129/269, p. 441. It is poetic justice that Francis Bertie was to handle Sun Yatsen's kidnapping case in London less than a year later. See J. Y. Wong, *The Origins of an Heroic Image: Sun Yatsen in London, 1896-1897* (Hong Kong: Oxford Univeristy Press, 1986) .

[207]　Brenan to O'Conor, 12 November 1895, enclosed in FO to CO, 31 December 1895, CO 129/269, pp. 441-446: at pp. 445-446.

[208]　1897 年第 12 期。

[209]　《国父全集》(1989)，第二册，第 381—382 页；《孙中山全集》，第一卷，第 86—87 页。

[210]　1897 年第 12 期。

[211]　《国父全集》(1989)，第二册，第 382 页，注 1；《孙中山全集》，第一卷，第 86 页，注 1。

这个词，却有 Crick 这个词或其所有格 Crick's。在英语用法上，"在 Crick's"即"在 Crick 的家里"的意思。所以 Cregs 字应作 Crick's 字无疑。笔者联想至此，不禁欢呼。1897 年 1 月，那位介绍孙中山认识俄国流亡者的英国人，正是 1895 年 10 月参与孙中山广州起义的英国人克特先生。他们在英国又恢复了联系。

根据英国驻广州领事的调查报告，克特先生：

> 先前曾卷入三明治群岛（Sandwich Islands）的政治动乱而被递解出境。广州起义前三个月即移居广州，并租了一幢房子居住。他的行止没有引起任何人的注意。直到广州起义的密谋曝光后，人们才回忆起他经常与孙文在一起。数日前他才离开广州，离开前谁也没有对他产生怀疑。他离开后，海关人员搜查他曾居住过的房子，发现了一些盛士敏土的空箱。由于盛有士敏土的箱子已被海关发现藏有军械，故海关人员怀疑该等空箱曾用作偷运军火给他暂时收藏。海关人员又发现，房子的地下曾被人挖了一个洞，洞里藏有炸药、导爆线、化学药剂等。他是一位化学师，他正是以这种专业为谋反者提供服务。[212]

这位克特先生，先卷入了三明治群岛动乱，后参与了广州起义，现在又与俄国的流亡分子混在一起并把他们介绍给孙中山，可见其行动具有一贯性。

更重要的是，所谓三明治群岛者，是英国人最初给夏威夷群岛所起的名字，就是说，孙中山在夏威夷群岛的檀香山读书之时，或最迟在 1894 年他回檀香山组织兴中会时就认识了这位克特先生，并得到他慨允帮忙在广州举义。后来孙中山到了伦敦，他又为孙中山穿针引线，结交俄国的流亡分子。可以说，他是这个时期的孙中山生命中的一位承上启下的英国人。

这一发现，有助我们进一步对檀香山、香港、广州、伦敦等地在孙中山生命中的连贯性。

同样重要的是，它让一些莫名其妙的汉语史料突然获得生命。比方说，陈少

---

[212]　Brenan to O'Conor, 12 November 1895, enclosed in FO to CO, 31 December 1895, CO 129/269, pp. 441-446: at pp. 445-446.

白回忆广州起义前一个月的1895年9月一个晚上："再次联席会议，出席的人中，还有一个英国人和美国人（系化学师），是孙先生由檀香山约来的。"[213] 这位孙中山由檀香山约来的无名化学师，现在看来肯定是 Crick 无疑。虽然陈少白误记 Crick 是美国人，但误记的原因很可能是因为 Crick 是从檀香山来的，而陈少白在追忆该往事时，檀香山已经被美国并吞，故误以为是美国人。此外，另一条汉语史料也生猛起来，盖罗香林曾把分散在各方的片言只字像拼图般拼出下列叙述："奇列为国父在檀香山所结识的化学师。1895年（乙未）秋天，以奇列洋行名于广州河南之洲头咀设置商行，实是制造炸弹之所，制得炸弹不少。因系洋人所开，故未为清吏所注意。惜该年广州之役，以事泄失败，未能发挥炸弹力量。"[214] 这位"奇列"者也应是 Crick 无疑，盖冯自由以粤音记 Crick 也。由此可知他制造炸弹的工场，是在以奇列洋行名于广州河南之洲头咀。

八、叙事排列

本章为了解决有关乙未广州起义中涌现出来的各桩历史悬案，叙述方面就变得四分五裂了。为了弥补这一缺点，现将各节所及之具关键性的大事列表如下：

表 8.1　乙未广州起义关键各节

以下词句，若文法上无主语（subject），主语就是孙中山。

日期方面，首二数目代表年份，次二数目代表月份，后二数目代表日子。若后二数目是 00，则代表该月某日。

941124　兴中会在檀香山成立。

950221　香港兴中会与香港辅仁文社合并，仍称兴中会。

950301　拜会日本驻香港领事中川恒次郎，请其援助起义，不果。

[213]　陈少白：《兴中会革命史要》，载《中国近代史资料丛刊·辛亥革命》（上海：上海人民出版社，1981），第一册，第21—75页；其中第31页。
[214]　罗香林：《国父与欧美之友好》（台北：中央文物供应社，1951），第11页。

950318　香港《德臣西报》发表社论，指出革命党准备成立君主立宪。

951000　10月初，香港警方获线报，谓有三合会分子正在香港招募壮勇。

951000　朱贵全偕其兄朱某及邱四声言招募壮勇，每名月给粮银十元。

951010　兴中会选举会长（总办），杨衢云志在必得，孙中山退让，杨当选。

951023　〔日期酌定〕朱贵全之兄招得四百人，先行他往，壮勇由朱贵全带领。

951024　穗南关咸虾栏张公馆有数十人在屋内聚集。是屋崇垣大厦，能容千人。

951025　星期五：朱湘假其弟朱淇名义向缉捕委员李家焯自首。

951025　原定"决死队"在香港乘夜轮去广州，但会党骗募苦力不足，无法成行。

951026　重阳节：原定趁机举义，但苦候"决死队"不果。

951026　晨8时许，接杨衢云电报说："货不能来。"

951026　晨8时许，忽有密电驰至，谓西南、东北两军中途被阻。

951026　晨8时后，决定取消起义，遣散埋伏水上及附近准备响应之会党。

951026　复电杨衢云曰："货不要来，以待后命。"

951026　黄昏，陈少白乘"泰安"号轮船夜航返香港。孙中山留穗善后。

951026　黄昏，缉捕委员李家焯拟逮捕孙中山。

951026　黄昏，两广总督谭钟麟以孙中山为教会中人，着李家焯不可卤莽从事。

951026　晚，与区凤墀宣教师联袂赴河南王煜初牧师为儿子王宠光娶媳妇的婚宴。

951026　晚，李家焯探勇掩至婚宴，仍不敢动手，反被孙中山奚落一番。

951027　清晨，扮女装避过探勇租小汽船赴唐家湾，转乘轿子到澳门。

951027　李家焯突然掩至双门底王家祠农学会拿获陆皓东、程怀、程次三人。

951027　李家焯于咸虾栏屋拿获程耀臣、梁荣二名，搜出洋斧一箱，共十五柄。

951027　邓守戎惠良在城南珠光里南约空屋内，搜出洋枪两箱及铅弹快码等。又当场逮四人：二人身着熟罗长衫，状如纨绔；余绒衫缎履，类商贾中人。

951027　晚，番禺惠明府开夜堂提讯该四人，供称所办军火，因有人托其承办，并供开伙党百数十人，将于翌日由香港搭火轮来省，或乘夜火船而来。

951027　香港士丹顿探长获线报谓，会党已募得约四百人，将于当晚乘船赴穗。该探长亲往码头调查，发觉为数约六百名苦力，因无船票被拒登船。

951027　朱贵全等带了一袋银元来为苦力买船票。

951027　大批警员步操进现场搜查军火，既搜船也将各苦力逐一搜身。

951027　杨衢云早已同船托运多只载有短枪的木桶，充作水泥，未被搜出。

951027　黄昏，为数约四百名的苦力登上"保安"轮夜渡赴穗。

951027　起航后，朱贵全给四百名苦力各五毫银；又对诸苦力说：船上藏有小洋枪，抵埠后即分发候命。

951028　邓守戎于晨光熹微之际，即带兵勇驻扎火船埔头，俟夜轮船抵省。

951928　清晨 6 时，朱贵全等及四百名苦力抵穗，比原定时间迟来了两天。

951028　船甫靠岸，四百名苦力即发足狂奔，其中约五十名自首表示清白。

951028　朱贵全、邱四同时被捕，两人互指对方为头目。

九、后　话

后来 1911 年武昌起义的成功，为 1895 年的广州首义增添了不少光彩，同时也增添了颇多传奇式的故事。有关孙中山的天方夜谭，上文已处理了一些，这里再探索其他问题，包括〈陆皓东供词〉是真是伪？孙中山是什么时候离开广州的？采取什么方式离开？回到香港有没有被抓起来送进域多利监狱做客？等等。

(i) 所谓〈陆皓东供词〉

有关陆皓东的传奇，包括其供词，由于行文需要，必须留待这里处理。

翠亨村有口碑流传说："皓东能书善画，起草'青天白日满地红'军旗的图案。"[215] 此话倒没什么，因为有其他史料佐证。但该口述历史接下来的话，就有待商榷了："1895 年，在广州武装起义，叛徒朱淇向其兄朱清（清廷青平局）告

---

[215]　李伯新采访杨连合 (1914 年生)，1962 年 5 月 24 日，载李伯新：《孙中山史迹忆访录》，第 82—85 页；其中第 84 页。

密，再转报省管带省河缉李家焯，由两广总督谭钟麟派兵围捕。"说此话的人，似乎是看了冯自由的著作，但记忆有误，把其中细节搞错了。[216] 最后，该说指出："皓东很快得到情报，离开广州双门底王家祠农学会所在地。但发觉忘带党人的花名册，和朱贵全、邱四决返取回，陆怕他们临阵退缩，他们不怕。朱、邱作掩护，到所在地焚册，结果三人被捕。"[217] 则据本章考证所得，可证此说明显错误，盖陆皓东被捕时，朱、邱所坐的船，还未从香港开出。[218]

另一个有关陆皓东的传奇，是他的所谓供词。全文曰：

> 吾姓陆，名中桂，号皓东，香山翠薇乡人，年二十九岁。向居外处，今始返粤。与同乡孙文同愤异族政府之腐败专制、官吏之贪污庸懦、外人之阴谋窥伺，凭吊中原，荆榛满目。每一念后，真不知涕泪何从也。

> 居沪多年，碌碌无所就，乃由沪返粤，恰遇孙君，客寓过访，远别故人，风雨连床，畅谈竟夕。吾方以外患之日迫，欲治其标，孙则主满仇之必报，思治其本。连日辩驳，宗旨遂定，此为孙君与吾倡行排满之始。

> 盖务求惊醒黄魂，光复汉族。无奈贪官污吏，劣绅腐儒，觍颜鲜耻，甘心事仇，不曰本朝深仁厚泽，即曰我辈践土食毛。讵知满清以建州贼种，入主中国，夺我土地，杀我祖宗，掳我子女玉帛。试思谁食谁之毛，谁践谁之土？扬州十日，嘉定三屠，与夫两王入粤，残杀我汉人之历史尤多，闻而知之，而谓此为恩泽乎？

> 要之今日，非废灭满清，决不足以光复汉族，非诛除满奸，又不足以废灭满清，故吾等尤欲诛一二狗官，以为我汉人当头一棒。

> 今事难不成，此心甚慰。但我可杀，而继我而起者不可尽杀。公羊既

---

[216] 冯自由说：举义前一二日，有朱湘者，以其弟朱淇列名党籍，且作讨满檄文，恐被牵累，"竟用朱淇名向缉捕委员李家焯自首，以期将功赎罪"。见冯自由：〈广州兴中会及乙未庚子二役〉，载《革命逸史》(1981)，第四册，第 11—12 页。

[217] 李伯新访问杨连合 (1914 年生)，1962 年 5 月 24 日，载李伯新：《孙中山史迹忆访录》，第 82—85 页；其中第 84 页。

[218] 见本章第三、第四节。

殁，九世含冤，异人归楚，五说自验。吾言尽矣，请速行刑。[219]

尽管陆皓东受审时的确说过这样的话，清吏也绝对不会把这种痛斥清廷的话照书如仪（除非他自己也想被杀头）。又尽管陆皓东当时自己执笔直写，主审的官员也会当场撕毁以表示其效忠清廷，原稿是不会流传下来的。但为什么能流传下来？窃以为有两个可能性：

第一，像孙中山追认陆皓东曾领洗入耶教一样，这可能又是孙中山等革命党人的杰作，借此以褒扬已经牺牲了的陆皓东，以及借此声讨满清及激励同志奋勇前进。

第二，有云："美国驻广州领事喜默（Charles Seymour）得知陆皓东被捕消息后，亲自前往南海县署说项营救，并担保陆皓东是上海电报局翻译员，并非乱党，同时亦指出他是个基督徒。但县署拿出陆皓东的供词，以示当事人既已招供，证据确凿。事已至此，喜默有心无力，营救陆皓东之举遂告失败。"[220]

第二种说法，《华人基督教史人物辞典》与"中国共产党新闻网"都争先恐后般提出来。[221] 但正如本书第五章考证所得，陆皓东并未曾正式领洗，恐怕不宜列入《华人基督教史人物辞典》；而陆皓东受刑之时，中国共产党还未诞生，把他列入党史，同样不太适宜。其实，两者虽未注明出处，但所据明显地皆冯自由之言："时有美国领事亲访南海县署，谓陆皓东系耶稣教徒，向充上海电报局翻译员，绝非乱党，依可为之保证，李令以供词示之，美领无言而退。"[222] 但无论如何，第二种说法道出一个可能性：若当时美国驻广州领事果真亲往南海县署说项营救，则南海县令临急智生而凭空炮制出一份〈陆皓东供词〉，并借此堵住美国驻广州领事的嘴巴，就见怪不怪！

由于所谓〈陆皓东供词〉之真实性存在着很大的问题，故后来国史馆编纂《中华民国建国文献·革命开国文献》时，就没有将此件收进去。[223]

---

[219]　〈陆皓东供词〉，载邹鲁：《乙未广州之役》，转载于《辛亥革命》，第一册，第 229 页。

[220]　佚名：〈陆皓东〉，《华人基督教史人物辞典》，http://www.bdcconline.net/zh-hant/stories/by-person/l/lu-haodong. php, viewed 7 June 2011. 又见吴晓红：〈陆皓东：为共和革命而牺牲者之第一人 (6)〉，2011 年 1 月 26 日，"中国共产党新闻网"，http://dangshi.people.com.cn/BIG5/85038/13820335.html, viewed 7 June 2011。

[221]　同上。

[222]　冯自由：〈广州兴中会及乙未庚子二役〉，载《革命逸史》(1981)，第四册，第 10—14 页；其中第 12 页。

[223]　见国史馆编纂：《中华民国建国文献·革命开国文献》，第一辑，史料一至五（台北：国史馆，1995—1999）。

（ii）孙中山何时离开广州？

关于这个问题，目前史学界有两个版本：

第一个版本是孙中山自己所写的回忆录。他说：广州事"败后三日，予尚在广州城内；十余日后，乃得由间道脱险出至香港"。[224] 如此推算，他离开广州的日期当在 1895 年 11 月中旬左右。孙中山是亲历其境的人，他的话应该甚为可靠。

第二个版本是《孙中山年谱长编》。它说日期是 1895 年 10 月 27 日；[225] 所据乃《澳门日报》。据该报说：孙中山在"10 月 27 日乘船逃离广州。抵澳后，即去下环正街找其葡籍友好费尔南德斯。而费尔南德斯当时已从澳门政府官员中获得消息，清政府已通缉孙逸仙。费尔南德斯为安全计，还陪孙逸仙一同去香港。据澳门历史学家、汉学家高美士记述，当时孙逸仙还扮了女装，由费尔南德斯陪同，乘渡船往港，才避过了清政府的爪牙耳目"[226]。按费尔南德斯原名 Francisco Fernandes [227]，又有音译作飞南第。[228]

但两个版本，日期相差十多天，哪一个版本比较可靠？

笔者找到佐证两种，都是支持第二个版本的。其一是陈少白的回忆。他说密谋在 1895 年 10 月 26 日泄露以后，"孙先生说自己有事要办，叫我先走。我就在当晚乘'泰安'夜航船回到香港去了。第二天，是星期日，孙先生租到一只小轮船，驶到香山唐家湾坐轿子到澳门，再从澳门搭船到香港。他这样兜了一个圈子，费了两天工夫。我在香港……着急了两天，才见孙先生到我家里来了。"[229] 陈少白所说孙

---

[224]　孙中山：《建国方略·孙文学说》，第八章"有志竟成"，载《国父全集》(1989)，第一册，第 410 页，第 20 行。

[225]　《孙中山年谱长编》，上册，第 94—96 页，1895 年 10 月 27 日条。

[226]　《孙中山年谱长编》，上册，第 95—96 页，引当代《澳门日报》1986 年 11 月 11 日的文章。该文自始至终都用孙中山这名字，为了符合当时历史情况，笔者在引用该文时全部还原为孙逸仙。又该文题为〈创办《镜海丛报》与飞南第结友谊〉，见姜义华：《〈镜海丛报〉序》，载澳门基金会、上海社会科学院合编：《镜海丛报》（上海：澳门基金会、上海社会科学院联合出版，2000），姜序第 2 页。《澳门日报》的文章没有注释，不知所据为何。征诸《镜海丛报》(2000 年影印本)，则 1895 年 10 月 30 日、11 月 6 日、11 月 13 日、11 月 20 日和 11 月 27 日的周报都没有是项报道。又《镜海丛报》另有葡文版，"二者的内容有较大的差异"，见费成康：〈孙中山和《镜海丛报》〉，载《镜海丛报》(2000 年影印本)，费序第 1 页。

[227]　《国父年谱》(1994 年增订本)，上册，第 93 页，1895 年 10 月 29 日条。

[228]　见姜义华：《〈镜海丛报〉序》，载《镜海丛报》(2000 年影印本)，第 2 页。

[229]　陈少白：《兴中会革命史要》，载《辛亥革命》，第一册，第 21—75 页：其中第 31—32 页。

中山继他离开广州后的第二天离开广州，日期正好是 1895 年 10 月 27 日。这个日期看来是孙中山重逢陈少白时亲口对他说的。另外一种佐证是一名英文记者所写的报道。他说：孙中山"在他的香港同志们到达广州之前的二十个小时，他已经逃之夭夭"[230]。所谓"香港同志们"，乃指那批由朱贵全、邱四所率领的从香港坐夜船到广州的四百苦力。他们是于 1895 年 10 月 28 日清晨抵达广州的。[231] 若孙中山在这之前的二十小时离开广州，则日期正好是 1895 年 10 月 27 日。

准此，窃以为《孙中山年谱长编》所说的孙中山在 1895 年 10 月 27 日离开广州之说甚为可靠。但为何在这个问题上最有发言权的孙中山，却说 1895 年 10 月 26 日广州事"败后三日，予尚在广州城内；十余日后，乃得由间道脱险出至香港"？[232] 此说明显是错误的。因为三日加十余日，已是 1895 年 11 月中旬，而到了这个时候，又有确凿的证据证明孙中山已经抵达日本的横滨并在冯镜如的文经印刷店二楼组织了兴中会分会，人证物证俱在。[233] 而他到达横滨之前在香港的活动情况，目前史学界也已经掌握到大量人证物证（见下文）。为何孙中山编了这个故事？究其原因，窃以为有两种可能性：

第一是孙中山记忆错误，因为他写该回忆录的时候已经是二十四年之后的 1919 年。[234]

第二是他故意这么说，以图抵消香港英文报章排山倒海般的指责他不顾"香港同志们"的死活而预先"逃之夭夭"，更希望借此化解该英文记者接下来的其他批评："这算是什么首领？但由于他的头颅已经不保，这对于他的追随者和朋友来说，是个大解脱，因为他再没法子缠着他们不放了。"[235] 正如前述，香港的

---

[230]　From our Own Correspondent, "The Situation at Canton", *China Mail*(Hong Kong), 2 November 1895, p. 4, col. 5.

[231]　香港《华字日报》，1895 年 10 月 30 日星期三，第 2 版，第 2 栏。

[232]　孙中山：《建国方略·孙文学说》，第八章"有志竟成"，载《国父全集》(1989)，第一册，第 410 页，第 20 行。

[233]　当时陈少白和冯自由均在场，并留有文字记载。见陈少白：《兴中会革命史要》，载《辛亥革命》，第一册，第 21—75 页；其中第 34 页。又见冯自由：《革命逸史》(1981)，第四册，第 15 页。至于开会的具体日期，《孙中山年谱长编》酌定为 1895 年 11 月 13 日。见该书上册第 102 页，1895 年 11 月 13 日条。《国父年谱》(1994 年增订本) 则酌定为 1895 年 11 月 15 日。见该书上册第 97 页，1895 年 11 月 15 日条。为何两书都要酌定？因为陈少白和冯自由都没有说明开会的具体日期也。

[234]　孙中山：〈建国方略：孙文学说 "自序"〉，载《国父全集》(1989)，第一册，第 351—353 页：其中第 352 页，注 1。

[235]　From our Own Correspondent, "The Situation at Canton", *China Mail*(Hong Kong), 2 November 1895, p. 4, col. 5.

英文报章与杨衢云、谢缵泰等非常友好，现在出了事故，杨衢云、谢缵泰等肯定把全部责任推到孙中山头上。孙中山如何抵消这种批评？若把离穗日期说成是事发之后十几天，就洗脱预先逃之夭夭之嫌了。

衡量之下，窃以为两个可能性之中的第二个可能性较高。出生入死的时刻，自然毕生难忘，以至错记日期的机会较少。但遭到公开的诬蔑侮辱而蒙受不白之冤时，同样是毕生难忘；而为了自卫，编个日期，似乎是孙中山说这句话之唯一目的。按普通法，自卫杀人也属无罪。孙中山为了捍卫自己的声誉而编个故事，相信会得到后人谅解。

后来孙中山被尊称为国父，他说过的话就恍如圣旨，鲜有敢违，偏偏党史会的邓慕韩依旧尊重史实并刚直敢言，他指出孙中山在其《孙文学说》第八章"有志竟成"云："三日尚在城内系误记"[236]。"三日"尚且误记，就别提"十余日"[237]了。

(iii)　孙中山如何离开广州？

考证出孙中山离开广州的具体日期后，接下来探索他离开广州的具体情况。英语史料方面，有下列几个版本，兹按其面世先后排列：

第一，1896年10月24日星期六，即孙中山被清朝驻伦敦公使馆释放后的第二天，公使馆翻译邓廷铿接受《伦敦晚报》记者采访时说："孙文在一些朋友的帮助下，坐进一只竹箩，朋友们从城墙上把载着他的竹箩慢慢下放到城外地上，最后逃到香港。"[238] 1896年10月26日星期一，孙中山接受伦敦《每日记事报》采访时，也说是朋友们从城墙上把载着他的竹箩慢慢下放到城外地下，并增添了下列细节："十一名革命首领被斩首了，其他逃脱；我是逃脱的幸运儿之一，办法是乘箩下墙进入一艘在珠江河上等候的小汽船然后开往澳门，最后逃到新加坡及美国。我本来打算参观几个欧洲首都后即回新加坡，但现在反而不知何去何

---

[236]　邓慕韩：〈乙未广州革命始末记〉，载《辛亥革命史料选辑》，上册，第9—19页；其中第18页。

[237]　孙中山：《建国方略·孙文学说》，第八章"有志竟成"，载《国父全集》(1989)，第一册，第410页，第20行。

[238]　"Others escaped, among them Sun Yat Sen, who, with the assistance of friends, was lowered, in a large basket over the city wall, and succeeded in reaching Hong Kong and from there to America." See Anon, "Sun's Dramatic Career—Interview with Mr T.H. Tang, the official interpreter of the Chinese Legation", in *The London Evening News*, Saturday 24 October 1896, p. 2, col. 6.

从，但有一点是肯定的，我不能回中国去了。"[239] 此两段报道可堪注意者有三：

1. 孙中山说从广州走新加坡，是查无实据。至于他说曾准备回新加坡，则可能他当时作如是想，姑且先说说，探听英国人的反应。

2. 小说家采城门关闭后"借筜遁"之写法不知凡几。当时缉捕委员李家焯矢志抓拿孙中山归案，派多名得力密探日夜监视，孙中山暗遁恐难逃其慧眼。为何笔者说得如此肯定？

3. 盖起义总部与后来发现武器诸分部均在城墙以南的"南关"，孙中山的东西药局在西城门以西的"西关"（详见上文图 8.14 及说明和下文图 8.18 和图 8.19 及说明）。计划是攻打城内各衙门；唯未举先败，孙中山还未涉足城内，天机就被泄露了。既然还未踏足城内，故绝对不必出城逃亡。邓廷铿远在伦敦而说三道四，还可以理解；孙中山亲历其境，仍信口开河，就不可思议。当时也在伦敦的孙中山天天看报，以求紧贴舆论脉搏，若是读了邓廷铿之言而抄袭其说也大有可能，但为什么？且听下文分解。

第二，由孙中山口述、其恩师康德黎医生执笔的英文原著《伦敦被难记》，1896 年 12 月 21 日定稿[240]，1897 年 1 月 21 日出版[241]，当时孙中山仍在英国，该书说："至广州诸党魁，亦纷纷四散。予于奔避之际，遇险者数，后幸得达一小汽船，乘之以走澳门。在澳门留二十四小时，即赴香港。"[242] 此段无甚要闻，只

[239]   "Quite so, and eleven of the leaders were beheaded at Canton. Several, including myself, escaped, the manner of my escape being that I was let down from a wall into a steam launch lying in the Canton River. Then I got down the river to Macao, which is a Portuguese settlement, and eventually to Singapore and America. I had meant to return to Singapore after visiting one or two of the capitals of Europe, but what I shall do now I don't altogether know. Obviously I cannot go back to Chinese territory." See Anon, "Sun and the Plot", in *The Daily Chronicle,* Monday 26 October 1896.

[240]   On 19 November 1896 Mrs Mabel Cantlie wrote in her diary that her husband had just started to help Sun Yatsen write the history of his life. On Monday 21 December 1896, she wrote: "Hamish has just written the history of Sun Yatsen & sent it to the printers."

[241]   On 21 January 1897, Mrs Mabel Cantlie wrote in her diary: "The book on Sun Yatsen came out to-day(sic), numerous good critiques on it." See also *The Times*, 21 January 1897, p.12, col.2.

[242]   "The leaders in Canton fled, some one way, some another; I myself, after several hairbreadth escapes, getting on board a steam launch in which I sailed to Macao. Remaining there for twenty-four hours only, I proceeded to Hong Kong." See Sun Yatsen, *Kidnaped in London* (Briston: Arrowsmith, 1897), pp.26-27. 中译本见孙中山：《伦敦被难记》，收入《孙中山全集》，第一卷，第 49—86 页；其中第 54 页。

说孙中山乘小汽船离开广州。所述是坐小汽船离开广州，但如何到达小汽船，就只用"遇险者数"敷衍了事，没有任何"借箩遁"之类的传奇。

第三，1911 年 11 月中旬，孙中山重访英国，于接受伦敦《河滨杂志》(The Strand Magazine) 的采访时说，1895 年 10 月 26 日重阳节当天清晨，得悉革命党从汕头开赴广州的主力部队受阻，意识到从香港开来的特遣队无补于事，于是："我们拍了一封电报到香港，想阻止特遣队的进发，但已经来不及了。四百名强力特遣队已乘轮离开香港，带有十箱左轮手枪。我们大伙儿开始惊慌，接着便是一阵混乱，大家都希望能在风暴到来之前逃走。我们把所有的文件都焚烧了，并且把军火都埋起来。我潜至珠江三角洲海盗出没的运河地区躲藏了好几昼夜。之后，我登上了一个朋友的汽船。在抵达澳门之后，我读到了一纸以一万两银子为酬捕拿孙文（我自己）的告示，很感荣幸。同时，我也听说有一批警察，截住了由香港开来的轮船，立刻逮捕了船上人员。1895 年的广州之役，就此结束。"[243]

此段同样说孙中山乘小汽船离开广州，但突出者有四点：

1．所谓从汕头开赴广州的特遣队，属子虚乌有。

2．从香港的特遣队（其他文献称"决死队"或"敢死队"）开出时孙中山仍在广州。

3．此后数天孙中山仍在广州所在地的珠江三角洲。

<hr/>

[243] "All seemed going well, when a bombshell exploded. It was a telegram from the Swatow leader addressed to me: 'Imperial troops on the alert. Cannot advance.' It was the Swatow army that we depended. We tried to recall our scouts; we sent telegrams to Hong Kong. In vain; the contingent, four hundred strong, had left by steamer, carrying ten cases of revolvers. Our conspirators took alarm, and then commenced a scene of confusion, as everyone who could fled before the storm. All our papers were burnt and our arms and ammunition buried. I spent several days and nights a fugitive hiding in the pirate-haunted canals of the Kwantung delta before I managed to get on board a little steam-launch, whose owner I knew. On reaching Macao I had the pleasure of reading a proclamation offering ten thousand taels for the capture of Sun Wen (myself), and of hearing that a body of police had met the Hong Kong steamer and promptly arrested all on board. So ended the Canton conspiracy of 1895." See Sun Yatsen, "My reminiscences", *The Strand Magazine* (1912), pp. 301-307: at pp.302-303. 此文由张玉法院士翻译成汉语，题为〈我的回忆〉，见其〈译介孙逸仙博士几篇英文传记资料〉，载李云汉编：《研究孙中山先生的史料与史学》（台北：中华民国史料研究中心，1975）。后收入《国父全集》(1989)，第二册，第 264—273 页：其中第 265—266 页。《孙中山全集》的编者采张玉法院士的译文而改变了一些字句就刊于该集第一卷，第 547—558 页。此种情况是《孙中山全集》第一卷出版的 1981 年之时，海峡两岸对立的写照。后来孙中山在其《建国方略·孙文学说》，第八章"有志竟成"中，简略地重复了这样的故事，载《国父全集》(1989)，第一册，第 410 页，第 20 行。

4. 孙中山再不提"借箩遁"之类的传奇。

上文已经证实头三点皆不真实。为何孙中山说这不实的话?

须知这些话是对英国人说的,很多 1895 年在香港生活而又读过香港报章批评孙中山在"决死队"到达广州之前就"逃之夭夭"的英国人,像康德黎医生一样,到了 1911 年 11 月已经回到英国生活;而 1911 年 11 月孙中山在武昌起义后专程赴英之主要目的,是希望说服英国政府支持中国新生的革命政权[244],如此又怎能让英国人仍然误信他乃"贪生怕死"的革命领袖?而他也实在没有贪生怕死啊!为了增加其公信力,孙中山不惜在采访笔录上签字认可(见图 8.17)。[245] 这种异乎寻常做法,可称为革命策略吧。

不要低估"逃之夭夭"这污蔑,在精神上对孙中山的重大打击;上文提到,他在 1919 年撰写《建国方略·孙文学说》,第八章"有志竟成"时又旧事重提,甚至夸大其词说"败后三日,予尚在广州城内;十余日后,乃得由间道脱险出至香港"[246]。

"逃之夭夭"这种对孙中山的污蔑,就连陈少白也受不了,以至 1896 年孙中山伦敦脱险后,一方面是孙中山在伦敦信誓旦旦地对英国人说他是被绑架进入公使馆的,陈少白却在日本的《神户纪事报》(Kobe Chronicle)用英语撰文说孙中山以革命家的大无畏精神跑进公使馆宣传革命,结果被认出庐山真面目而被抓起来。此文后来由香港的《德臣西报》在 1896 年 11 月 26 日转载[247],是陈少白故意把剪报寄《德臣西报》以便其转载也极有可能。[248] 结果《德臣西报》转载《神户纪事报》文章之后两日,有人写信给《德臣西报》编辑:

先生:

为了纠正最近因为孙逸仙医生被伦敦清使馆拘禁而造成的错误印象,请允许我告诉您,革新派的领袖是杨衢云,一位真金般高贵、白璧般无瑕的进

---

[244] 见拙著《中山先生与英国》,第五章。

[245] 孙中山:〈我的回忆〉,载《国父全集》(1989),第二册,第 272 页,注 1。

[246] 孙中山:《建国方略·孙文学说》,第八章"有志竟成",载《国父全集》(1989),第一册,第 410 页,第 20 行。

[247] 香港《德臣西报》,1896 年 11 月 26 日,第 2 版,第 5 栏。

[248] 见拙著《孙逸仙伦敦蒙难真相》,第三章对此事的分析。

步人士，一位彻底的爱国者和革新派人物。他被称为护国公，孙逸仙医生只不过是革新运动的组织者之一……

附记：姓名住址暂不奉告，望原谅。1896 年 11 月 28 日于香港。[249]

窃以为这位匿名者正是谢缵泰，因为革命党人当中这时候只有他仍然留在香港，由于他隐藏得很深，故没有曝光。此后，尽管辛亥革命成功了，中华民国也成立了，谢缵泰还是不断地对孙中山口诛笔伐。到了 1924 年，孙中山已是垂死之人，凡是当时报章上所刊登他的照片，都能看出他命不久矣，谢缵泰还利用他控制的香港《南华早报》（South China Morning Post）用英语出版其专著《中华民国革命秘史》，其中对孙中山进行肆意攻击的部分如下：

1895 年 10 月 19 日杨衢云当选为革命一旦成功后的临时政府大总统，孙中山大为不悦，此后一直怀恨在心。其实，黄咏商（黄胜的二儿子）早就看出孙中山的无能，并于 1895 年 10 月 12 日就发誓与孙中山绝交。[250]

陈少白也不甘示弱，在其《兴中会革命史要》书稿中写道：

我们要知道，当时孙先生如何会被公使馆拘留起来呢？照孙先生自己作的《伦敦被难记》所说，是道遇公使随员邓廷铿，自言是香山同乡，他乡遇故知，就提议到邓家内谈天。原来他的家，就是中国公使馆，以后先生又遇到好几次。末了一回即被挟持登楼，禁诸室中。但实际并不是这样一回事。当时孙先生对我说，他早已知道公使馆，他故意改换姓名，天天跑到公使馆去宣传革命。后来，公使馆的人疑惑起来，因为当时广州起义之事，传闻还

---

[249] 香港《德臣西报》，1896 年 11 月 30 日，第 3 版，第 2 栏。

[250] "10th October 1895 — Yeung Ku-wan was elected President of the 'Provisional Government', preparatory to the attempt to capture Canton. [Note: The election of Yeung Ku-wan displeased Dr Sun Yat-sen, and it always rankled in his breast. On the 12th October 1896, Wong Wing-sheung (second son of Hon. Wong Shing) remarked, when strongly censuring Dr Sun Yat-sen for his incapacity: 'I will have nothing to do with Sun in the future']." See Tse Tsan-tai. *The Chinese Republic: Secret History of the Revolution*, p. 9, col. 2.

盛，以为这人或许就是孙逸仙。公使随员邓廷铿因为是同乡，就试出他的确是孙逸仙，于是孙先生就被他们拘禁起来了。[251]

1911 年 11 月中旬，孙中山接受伦敦《河滨杂志》的采访之中，另一个不寻常的地方是：他把珠江三角洲错综复杂的自然河道说成是人工挖成的运河，为什么？此难题借下一点（即第四点）分解。

第四，1912 年康德黎医生与人合撰《孙中山与中国的睡醒》时说：

> 事败，改革派中央委员会取消总部，烧毁一切档案，收藏起各种武器后，分别逃亡。孙中山躲进一个朋友的家里，趁夜阑人静之际，朋友们从城墙上用箩载着他，然后连人带箩下放到城外。此后他在广州城外以南纵横交错的运河群中躲起来，慢慢朝着故乡〔翠亨村〕逃走。有时乘坐运河的船，当兵勇查船时又上岸落荒而逃。几经艰苦，终于到达澳门，躲在朋友家。但是，澳门也不是安全的地方，结果去了香港，然后赴夏威夷，最后取道美国到达伦敦。[252]

这个故事值得分析者有下列数点：

1．什么？"借箩遁"的传奇又死灰复燃？

2．若孙中山果真曾在水道纵横交错的珠江三角洲左闪右避，旷时日久，则自他在 1895 年 10 月 27 日离开广州之日，绝对无法在 1895 年 10 月 29 日经澳门到达香港。

3．在此，康德黎医生不单把孙中山离开"广州城外以南"地区的时间，推迟好几天，还添加了不少惊险镜头诸如"借箩遁"、日夜躲避官兵追捕、历尽艰

[251] 陈少白：《兴中会革命史要》，收入《辛亥革命》，第一册。
[252] "Thereupon, the Central Reform Committee broke up their headquarters in Canton, burnt their papers, hid their arms, and escaped from the city as best they could. Sun gained a friend's house; at night he was let down over the city wall and sought refuge on the canal banks to the south of the city. Here he wandered on towards home, now travelling in canal boats, now seeking the shore when soldiers came to search the boats for refugees, and finally reaching Macao, where he was hidden by friends. Macao, however, became too dangerous, and he went from thence to Hong Kong, and, as we know, sailed for Honolulu and thence to London, via America." See James Cantlie and C. Sheridan Jones, *Sun Yat Sen and the Awakening of China*, pp. 59-60.

辛才逃出生天等；比 1911 年 11 月中旬孙中山接受《河滨杂志》时所说的在"珠江三角洲海盗出没的运河地区躲藏了好几昼夜"更为紧张刺激。为什么？

4．此外，康德黎医生在香港生活近十年，经常到广州与珠江三角洲其他地方，深知珠江三角洲有的是无数自然水道而没有运河，为什么他像 1911 年 11 月的孙中山一样，指鹿为马？

5．窃以为康德黎医生很可能在暗助爱徒一臂之力，力图抵消香港英语报章在 1895 年广州事败后对孙中山"逃之夭夭"的诽谤。

6．笔者甚至认为 1911 年 11 月中旬孙中山之接受《河滨杂志》采访，极有可能是康德黎医生安排的，而该杂志的编辑是其好友，且看《河滨杂志》编者是怎样写按语的："中华民国临时大总统孙逸仙先生，蜚声全球。不管其将来事业如何，任何人都不能否认，他是世界上一位最杰出的人物，同时也是一位伟大的革命组织者。盱衡世界革命史，盖无出其右者。"[253] 这种异乎寻常的赞美，在当时英国报章杂志一片敌视中国新生革命政权与孙中山之声中，属绝无仅有。

该杂志的编辑与孙中山非亲非故，对孙中山的抱负也毫无认识，何出此言？

窃以为关键同样在于孙中山的恩师康德黎医生。康德黎医生认同孙中山的抱负并极力支持[254]，又曾两次救他性命——第一次是 1895 年广州起义失败后，孙中山逃回香港后仰询行止并得以及时逃避清朝刺客；第二次是 1896 年伦敦蒙难时康德黎奔走呼吁将其救出生天。[255] 康德黎医生人脉极广，人缘更好，他与《河滨杂志》的编辑熟稔，毫不奇怪，但编辑之能出此语，则两人之交情肯定非比寻常，因此应康德黎之邀而写此按语？

实地调查证明，《河滨杂志》社就在伦敦著名的河滨路（The Strand），故名。当时孙中山旅居的宾馆——Hotel Savoy——也在河滨路。河滨路很短，徒

[253] "What ever career the future has in store for the celebrated Sun Yat Sen, as President of the Republic of China, none can deny his claim to be considered one of the most remarkable men in the world and the organizer of the greatest revolution, considering the numbers involved, that history can record." See Editor's Note, in Sun Yatsen, "My reminiscences", *The Strand Magazine* (1912), pp. 301-307: at p. 301. 正如前述，此文由张玉法院士翻译，题为〈我的回忆〉，后收入《国父全集》(1989)，第二册，第 264—273 页；其中第 272 页。
[254] 详见本书第六章。
[255] 详见拙著《孙逸仙伦敦蒙难真相：从未披露的史实》（台北：联经出版事业公司，1998；上海：上海书店出版社，2004）。

步走，全程不出 15 分钟。若孙中山前往该杂志社接受采访，或记者到该旅馆采访他，不费吹灰之力。康德黎医生服务的查灵十字医院，就在河滨路靠北徒步约一分钟的路程。若康德黎曾替他或他的亲属看病，甚或是他们的救命恩人，也大有可能。果真如此，则他感恩图报而应康德黎之请采访孙中山并写此按语，不在话下。

果真如此，则"运河"云云，均可解释：当时伦敦到处都是运河，把孙中山说成是在英国人熟悉的运河群中左躲右藏，倍增亲切。

那么孙中山到底是如何离开广州的？

汉语史料方面，《孙中山年谱长编》编者们辛勤劳动的结果，是为研究者搜集了多种版本。

笔者开宗明义，首要提出一点，即所有这些汉语版本都没有"借箩遁"这个神话。究其原因，则汉语诸版本若如英语各版本之含有革命策略的话，汉语诸版本的目标再不是捂着英国人的嘴巴，而是抗衡杨衢云那一派之中，尤其是谢缵泰对孙中山不断发动的人身攻击。而且，"借箩遁"这个神话在汉语世界当中是没有市场的；因为大家都知道，起义大本营与各革命机关均在城外，战斗计划也是从城外攻向城内。但由于天机先泄，革命党人还来不及攻城就各自落荒而逃，故"借箩遁"绝对不能取信于人。

要对付杨派的人身攻击，孙派决定以其人之道还治其人之身。譬如，把杨衢云当选"未来总统"之事篡改为孙中山先当选，然后让位给杨衢云；关于此点，上文已证其非。孙派更是添油加醋地说：

> 杨衢云以要挟得总统名义，乃在港先编一小队，名为总统卫队。是时定章凡领队之人，除先发饷项外，另给以时表一枚，借知时刻；手枪一支，以资护卫。衢云对于卫队各人与领队同一待遇，各人领得手枪后在僻静之铜锣湾一带将其试验，领队所领有良有窳，而卫队所领，则尽精良。领队各人以衢云立心太偏，要求更换，否则初八晚不带兵落船。讵届时衢云不能将枪改换，故各领队竟不允许。然是时孙先生在广州不知此中情形，所调各路队伍均已如期到齐，集中候命，海陆军亦预备响应，专候香港一路到来，即行举

事……杨衢云发来电文谓港部须改迟二日方能出发。[256]

上文所考证之英语史料已经证实，港部之所谓"决死队"无法如期出发，是因为香港的秘密会社头头无法欺骗到足够数目的苦力上当，而绝非"各领队"拒绝"带兵落船"。又所谓"各领队"也属子虚乌有，只有朱贵全、邱四两个黑社会的头头而已。以此类推，"总统卫队"云云，很可能也是虚构，目的是把广州起义失败的责任，全部推卸到杨衢云头上。

下面分析汉语各版本，而以孙中山最亲密的战友之一郑士良和"四大寇"之一的尤列开始：

第一，郑士良的回忆：笔录该回忆的宫崎寅藏，先展示了当时危机四伏，谓粤督谭钟麟获兴中会起事确报，急调长沙营勇一千五百人回省防卫，并派李家焯率千总邓惠良等搜查王家祠、咸虾栏革命党机关部，捕去陆皓东、程奎光等六人。李家焯复派队在开往香港、澳门的各轮船码头，严密搜查，伺先生落船时拘捕之。关于孙中山脱险情形，则郑士良回忆之主体说：

> 当时，孙先生、我和另外一位同志正在广东的大本营。〔陆皓东被捕消息传来，〕知道此事的一个同志，马上跑出去，我也认为刻不容缓，因此拉着孙先生的袖子，怂恿他赶快一起逃。但孙先生却处之泰然，不慌不忙，脸色一点也没变，烧着同志们的名簿和文件，命令部下埋炸弹等等。当然我不能留孙先生一个人先逃，所以边发抖边帮忙处理善后，随即又催孙先生逃，可是孙先生却泰然地说："帮我找苦力的衣服来……"虽然讨厌但又不得不服从，遂找工人的衣服来给他。于是孙先生和我都换了苦力的衣服。此时孙先生才说："走吧！"说罢，遂站起来走在前头出门，我跟在他后面。这时，孙先生不但不避开人，而且故意走人多的地方，这样走到人群嘈杂的码头，走那里搭上开往澳门的船，然后在澳门转乘开往香港的船。[257]

---

[256] 邓慕韩：〈乙未广州革命始末记〉，载《辛亥革命史料选辑》，上册，第9—19页；其中第16页。

[257] 《孙中山年谱长编》，上册，第94页，引宫崎滔天：〈郑弼臣君〉，载宫崎滔天：《宫崎滔天全集》，第二卷，第549—550页。

郑士良的回忆录破绽百出：

1．当时的广东大本营就在王家祠，陆皓东等既然已经在大本营王家祠被捕，哪儿来另外一个大本营？若孙中山在同一个大本营，又怎能安然无恙？

2．孙中山虽然是农家子弟，但接受了十五年的西方教育，继而行医三年，已经变得文质彬彬，细皮嫩肉；尽管穿上苦力的衣服，也不能穿上苦力那古铜色的皮肤、戴上长满老茧的双手。医生走路无论如何也装扮不出一个苦力的模样，装女的还可以。

3．郑士良说自己已经怕得发抖，难道孙中山就不惊慌？但郑士良却说孙中山非常镇静，看来郑士良是故意说自己发抖来突出孙中山临危不乱的英雄形象，以抗衡香港英语传媒污蔑孙中山"逃之夭夭"之谗言，动机与上述陈少白坚称孙中山天天跑进清朝驻伦敦公使馆宣传革命，如出一辙。倒是孙中山直言"我们大伙儿开始惊慌，接着便是一阵混乱，大家都希望能在风暴到来之前逃走"[258]之语，较为可信。

4．当时广州与香港之间铁路未设，附近之三水、江门又未通商而无轮船开往香港，只有广州有船开往香港、澳门而已。[259]既然"李家焯复派队在开往香港、澳门的各轮船码头，严密搜查，伺先生落船时拘捕之"，孙中山公然跑往码头欲乘坐开往澳门的船，无疑自投罗网，智者不为。

5．后来邓慕韩"根据孙中山先生所谈，及当日亲与其事诸同志所述"，"复经陈少白先生审核"后说，当孙中山到达香港，"郑士良、邓荫南、陈少白诸公已经先行到港"[260]。郑士良所言与孙中山一道"搭上开往澳门的船"[261]，理应存疑。

第二，尤列说："先生匿居王煜初家三日，始与尤列、朱福全三人，俟一开往香山县唐家湾的小轮船起碇离岸一丈许时突围跃登上轮，朱福全因身体硕胖未能及，遂为清史捕杀。"[262]此说读来犹如武侠小说，但同样是破绽百出：

---

[258]　同注 243。
[259]　邓慕韩：〈乙未广州革命始末记〉，载《辛亥革命史料选辑》，上册，第 9—19 页；其中第 18 页。
[260]　同上书，第 19 页。
[261]　《孙中山年谱长编》，上册，第 94 页，引宫崎滔天：〈郑弼臣君〉，载宫崎滔天：《宫崎滔天全集》，第二卷，第 549—550 页。
[262]　《孙中山年谱长编》，上册，第 95 页，引叶夏声：《国父民初革命纪略》（广州：孙总理侍卫同志社，1948），第 9 页。

1．论距离：一丈是十华尺，当时的一华尺比一英尺长得多，尽管是十英尺，一位运动健将疾跑一轮然后奋然一跃，或能跃达十英尺，若之前不疾跑，则肯定跃不到十英尺。孙中山既不是运动健将又没疾跑，肯定跃不到十英尺，遑论十华尺！

2．论形势：若清兵已经把码头团团围住，搜查登船的客人，忽然看到有人突围跃登上船，不马上喝止停船才怪。该船离岸才一丈，船员是会听到喝止的。尽管没听到喝止而继续开船，则清兵不乘坐快艇追赶才怪！

3．怎么突然冒出个朱福全？此人名不见经传。

4．孙中山在广州匿居三日后才离开之说，上文已证其非。看来尤列是拾孙中山牙慧而故作是说，盖孙中山那"匿居三日"的追忆在 1919 年就刊登了。[263]尤列在 1948 年 [264] 透露同样的信息，得来全不费工夫。

5．尤列根本没有参加广州起义！据参加过广州起义的陈少白说："乙未广州之役，〔四大寇之中的〕杨与尤亦皆不与焉。"[265]

既然尤列没曾亲与其事，他怎能编出这样的一个故事蒙骗后人？据陈少白说：尤列"放诞流浪，喜大言。……民国二年，二次革命起，尤往沪，扬言能解散革命党。袁世凯信之，罗致北京，斥数千金为之供张，声势显赫。后悉其伪，讽使之去。……十四年，孙先生逝世，尤时在上海，谓孙先生袭其说而倡革命，以后革命党之领袖，非伊莫属"[266]。不是说凡是陈少白之言皆可信，笔者过去就曾考证出其不可信的一些言辞。[267] 但把尤列自言其在乙未广州之役失败后曾与孙中山等突围跃登上船之举 [268]，比诸陈少白所描述的尤列毕生行径，则大有奥妙。如此这般，就见怪不怪了。但为何尤列偏偏要编一个他曾与孙中山一块突围出险的故事？则窃以

[263] 孙中山：《建国方略·孙文学说》，"自序"，载《国父全集》(1989)，第一册，第 351—353 页：其中第 352 页，注 1。

[264] 叶夏声：《国父民初革命纪略》，第 9 页。

[265] 陈少白：〈四大寇名称之由来〉，载陈少白：《兴中会革命别录》，转载于《辛亥革命》，第一册，第 76—84 页：其中第 83 页。

[266] 陈少白：〈尤少纨之略史〉，载陈少白：《兴中会革命别录》，转载于《辛亥革命》，第一册，第 76—84 页：其中第 79—81 页。

[267] 详见拙著 *The Origins of an Heroic Image: Sun Yatsen in London, 1896-1897*。汉语修订本见《孙逸仙伦敦蒙难真相：从未披露的史实》(台北：联经出版事业公司，1998)。简体字修订本见《孙逸仙伦敦蒙难真相》(黄宇和院士系列之二，上海：上海书店出版社，2004)。

[268] 叶夏声：《国父民初革命纪略》，第 9 页。

图 8.17　孙中山在采访记录上签字

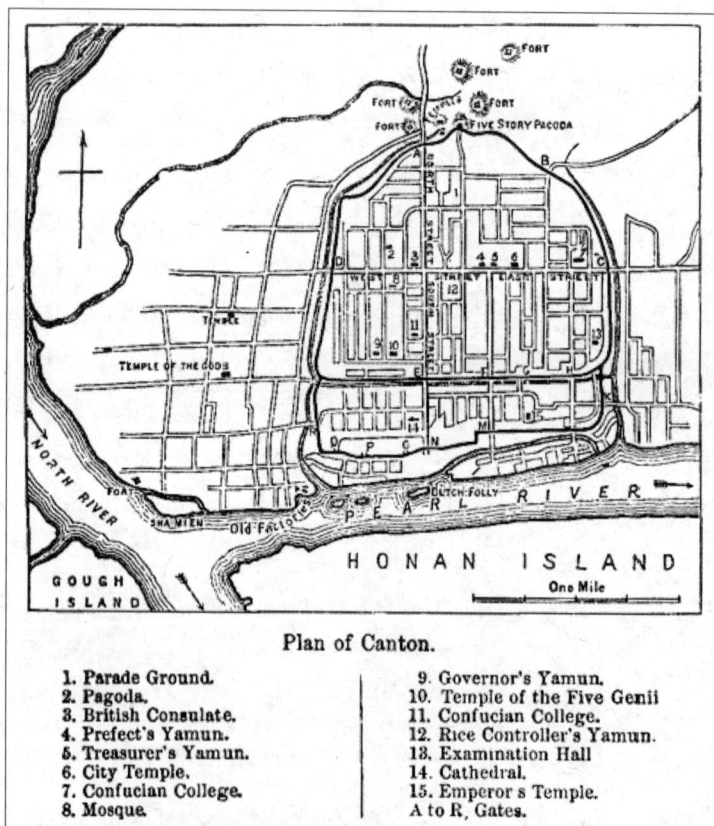

图 8.18　广州城护城之城墙均在珠江河以北
（城墙用粗线条代表）

为到了他编造该故事的 1948 年，辛亥革命已于 1912 年推翻了满清，孙中山亦已于 1940 年 4 月 1 日成了中华民国国父。[269] 没有参加国父领导首义的"四大寇"之一尤列，脸皮往哪儿搁？回头编个与国父冒死携手突围的故事，多写意！

第三，高良佐谓："先是，皓东于事败时，约总理同逃，既下轮矣，复返农学会，欲取回机密。濒行谓总理曰：'如两时不返，即不可等候，我可死，先生不可死也。'无何，果在会所被逮就义。"[270] 此言同样不可信。理由如下：

1．逃命刻不容缓，干等两小时犹如送死，陆皓东不会要求孙中山干等两小时，孙中山也不会死等。

2．结伴逃亡，倍增危险，盖只要其中一人被认出，其余遭殃。倒是孙中山借其恩师之口，道出"分别逃亡。孙中山躲进一个朋友的家里"[271]，较为可信。

3．取回机密：带在身边若被搜出，不是自取灭亡？

犹如孙中山追认陆皓东曾领洗入耶教（见本书第五章）一样，这可能又是孙中山等革命党人事后的杰作，为陆皓东塑造一个舍命救同志的英雄形象，借此以褒扬已经牺牲了的陆皓东，声讨满清及激励同志奋勇前进。

那么孙中山到底是如何离开广州的？

邹鲁说：当时孙中山住在广州的"河南崎兴里"，1895 年 10 月 26 日当天晚上还与区凤墀一道前往同样是居住在广州河南的王煜初儿子王宠光娶媳妇的婚宴。[272]"河南崎兴里"就在当今的海珠区，像河北的珠光里，现在已经扩建为珠

[269] 国民政府训令，渝字第 319 号，1940 年 4 月 1 日，载《国民政府公报》（重庆：国民政府文官处印铸局，1940 年 4 月 3 日），渝字第 245 号，第 11 页。转载于《国父年谱》(1985)，下册，第 1305 页，1940 年 4 月 1 日条。

[270] 《孙中山年谱长编》，上册，第 95 页，引高良佐：〈总理业医生活与初期革命运动〉，《建国月刊》，第十四卷第 1 期。

[271] "Thereupon, the Central Reform Committee broke up their headquarters in Canton, burnt their papers, hid their arms, and escaped from the city as best they could. Sun gained a friend's house; at night he was let down over the city wall and sought refuge on the canal banks to the south of the city. Here he wandered on towards home, now travelling in canal boats, now seeking the shore when soldiers came to search the boats for refugees, and finally reaching Macao, where he was hidden by friends. Macao, however, became too dangerous, and he went from thence to Hong Kong, and, as we know, sailed for Honolulu and thence to London, via America." See James Cantlie and C. Sheridan Jones, *Sun Yat Sen and the Awakening of China*, pp. 59-60.

[272] 邹鲁：《乙未广州之役》，转载于《辛亥革命》，第一册，第 229—230 页。又见黎玩琼：〈谈谈道济会堂〉，1984 年 1 月 6 日，载王志信：《道济会堂史》，第 85—87 页；其中第 86 页。

光路一样，崎兴里已经扩建为宽敞的崎兴直街。

婚宴上发生了什么事情？冯自由说："是日总理方赴省河南王宅婚礼宴会，见有兵警侦伺左右，知事不妙，乃笑语作客曰：'此辈其来捕余者乎？'放言惊座，旁若无人。宴后返寓，兵警若熟视无睹。"[273] 若宴会后孙中山回到自己寓所休息，要逃跑的话绝对不必借竹箩下城墙遁，因为河南是没有城墙的，城墙都在河北（见图8.18）。

同时，图8.18所示广州城分两部分：老城在北，面积很大，但距离珠江河边较远；后来在南城墙与河边之间的土地上扩建了新城。如此种种，在叶名琛档案的各式汉语地图都很清楚。尽管是新城的南城墙，与河边也有相当距离。把各种汉英地图放在一起比较，再加上实地考察，可以确知1895年广州起义各革命机关均在新城的南城墙与河边之间：圣教书楼、王氏书舍等所在地之"双门"，正是南城墙的城门；1895年10月27日缉捕委员李家焯于咸虾栏拿获程耀臣等并搜出洋斧一箱之张公馆、邓守戎惠良在城南珠光里南约搜出洋枪两箱及铅弹快码等之空屋，均在南城门以南的"南关"，孙中山的东西药局在西城门以西的"西关"。

所以1895年10月26日晚上的宴会结束后，万一孙中山是从河南回到河北总部甚至东西药局过夜，都不必入城；故后来出走，也不必出城！

若此说还不够说服力，笔者再出示另一地图（见图8.19），是1924年政府把城墙拆掉改为大马路后所绘，故大马路均按照原来老城与新城的城墙而建，若我们把图8.18与图8.19比较，可知当时广州起义各革命机关，全在城墙以外。

最后，宴会曲终人散时，孙中山在哪里过夜？冯自由说"宴后从容返寓。兵警若熟视无睹"[274] 此言有待考证，因为孙中山回到自己在河南崎兴里的寓所单独过夜太危险，窃以为很可能要求区凤墀让他在其福音堂与香港道济会堂到广州赴宴的教众一起过夜，较为保险，区凤墀也会义不容辞。甚至认为王煜初、区凤墀等和孙中山商量后而采取这种措施的可能性极大。此点有康德黎医生之言佐证，他说孙中山躲进一个朋友的家里过夜[275]，这位朋友极可能就是区凤墀，而区

---

[273]　冯自由：〈广州兴中会及乙未庚子二役〉，载《革命逸史》(1981)，第四册，第10—14页；其中第11—12页。
[274]　同上书，第11页。
[275]　James Cantlie and C. Sheridan Jones, *Sun Yat Sen and the Awakening of China*, pp. 59-60.

凤墀的福音堂同样是在广州河南的。

那么，孙中山在翌日，即 1895 年 10 月 27 日，是如何离开广州河南的？笔者翻查了薛仲三、欧阳颐合编的《两千年中西历对照表》，发觉当天是星期日[276]，该福音堂的教众都会扶老携幼前来做主日礼拜。不单如此，香港道济会堂的大批教众，在先一日从香港跟随王煜初牧师到广州河南参加其儿子王宠光娶媳妇的婚礼及晚宴后，很多没有亲戚投宿的都会到该福音堂过夜，翌日与当地教众一道做主日礼拜；礼成之后，孙中山就极有可能藏在大批人群之中离开，王煜初与区凤墀等安排心腹教友掩护孙中山离去，不在话下。当孙中山终于到达澳门时，他的葡萄牙朋友飞南第发觉孙中山男扮女装！[277] 笔者甚至怀疑，王煜初牧师挑选 1895 年 10 月 26 日为儿子娶媳妇，是其经过深思熟虑后的精心安排，盖当天是非比寻常的日子——重阳节！几乎所有中国人都在当天往扫墓的时候，他却为儿子举行婚礼及晚宴，从中国人的风俗习惯来说，属极不吉利，王煜初此举可谓空前绝后。王煜初牧师与区凤墀宣教师尝对孙中山说，革命需要冲锋陷阵的悍将，也必须处变不惊的殿后者并以此自命。事实证明，孙中山不顾一切地干革命，全没想到自身安全以及仍在翠亨村家眷的安危。后来事态发展也证明，无论孙中山成败如何，王煜初与区凤墀都止于从旁协助，孙中山当上临时大总统时邀其当官也婉拒，毕生仍然奉献于宗教事业。准此，窃以为王煜初与区凤墀预先考虑到万一事败时，如何掩护孙中山逃出生天，于是作此安排。

孙中山离开福音堂后，如何从广州河南到达澳门？邹鲁说：

> 事败时，李家焯遣人严搜赴香港、澳门之各轮码头，伺捕总理。而总理乃乘所备拖带军队来省之小轮，由广州经顺德至香山之唐家湾。行前，司机

---

[276] 薛仲三、欧阳颐合编：《两千年中西历对照表》（上海：商务印书馆，1961），第 379 页。

[277] 《孙中山年谱长编》，上册，第 95—96 页，引当代《澳门日报》1986 年 11 月 11 日的文章。该文题为〈创办《镜海丛报》与飞南第结友谊〉，见姜义华：〈《镜海丛报》序〉，载《镜海丛报》（2000 年影印本），姜序第 2 页。《澳门日报》的文章没有注释，不知所据为何。征诸《镜海丛报》（2000 年影印本），则 1895 年 10 月 30 日、11 月 6 日、11 月 13 日、11 月 20 日和 11 月 27 日的周报都没有是项报道。又《镜海丛报》另有葡文版，"二者的内容有较大的差异"，见费成康：〈孙中山和《镜海丛报》〉，载《镜海丛报》（2000 年影印本），费序第 1 页。故《澳门日报》的文章所据可能是葡文版。飞南第曾亲临其事，由他执笔用葡文写出来，得心应手。

图 8.19　1924 年广州地图
（区少武先生供图，广州伍星会展公司扫描）

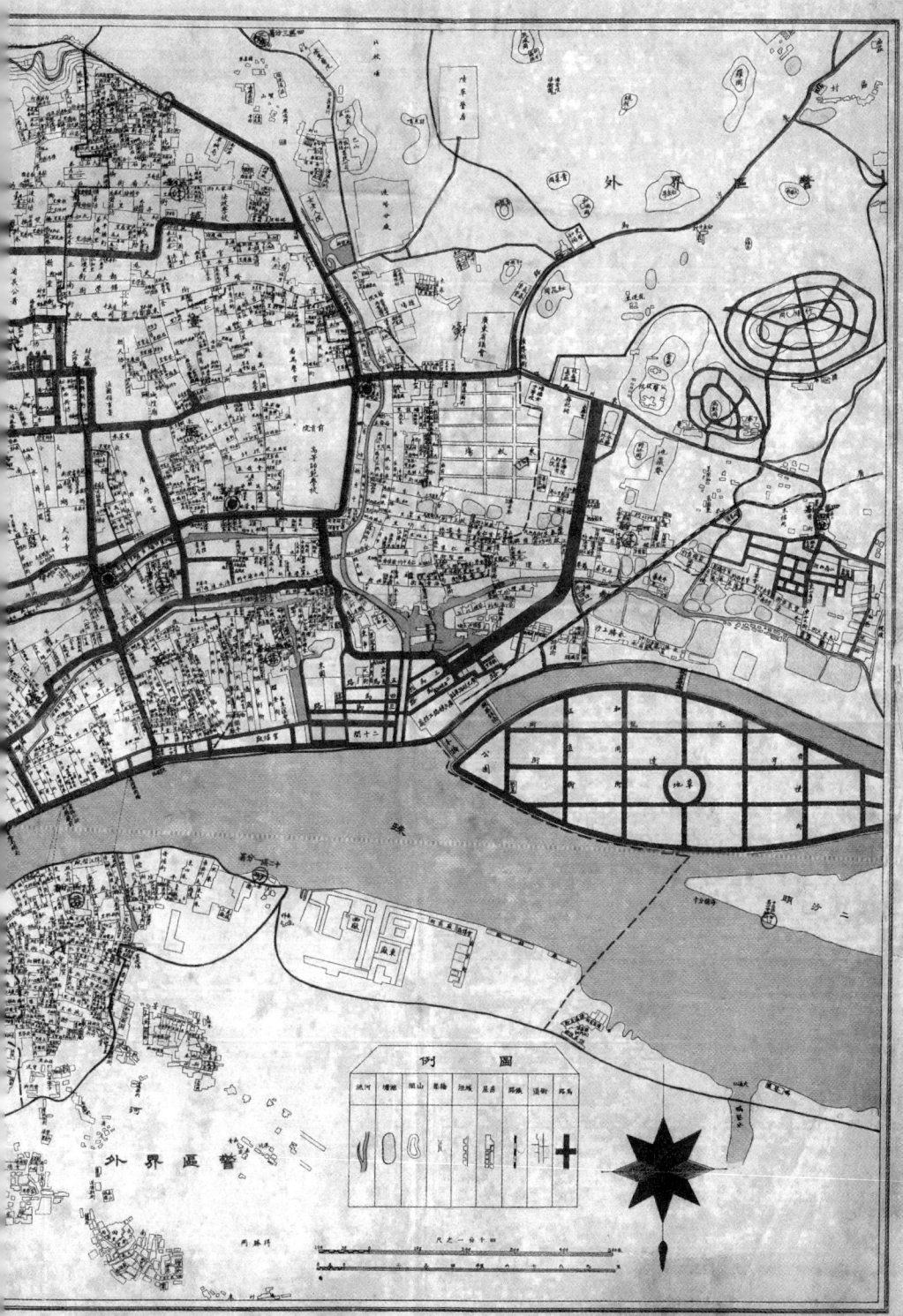

图 8.20 香港域多利监狱旧貌

图 8.21 香港域多利监狱今貌

不谙水道，有难色，总理乃亲自指引航线，卒能安抵目的地。[278]

在香港等待着孙中山的是什么呢？有云是域多利监狱。本文就试图集中探索是否真有其事。

(iv)　孙中山曾被囚于香港域多利监狱之说

2004 年 11 月 5 日，在翠亨村实地调查暂告一段落后，途经香港返回澳大利亚。中午时分拜见林钜成学长时，承林学长相告，香港盛传孙中山曾被囚于香港的域多利监狱。笔者听后，既惊且喜。既惊自己的功夫远未到家，怎么连这种大事也懵然不知；但更喜有贤达提出新说，盖推陈出新，乃史家梦寐以求之理想，也是推动历史研究向前发展的动力。

关键是：此说所据为何？笔者顿觉心痒难搔，于是决定虚心探求各位贤达所掌握的证据；并马上拜托香港朋友代为收集有关报道，以便进行分析。其中笔者的老同学伍杰忠先生尤其热情，连夜送来当天《明报》所刊登的韦基舜先生大文。当笔者返回澳大利亚后又陆续收到其他朋友寄来的剪报，感激之余，深觉香港人如此关心自己的历史，令人雀跃！

拜读过香港各位贤达的大文后，再参考母校香港大学美术博物馆所设有关《中区警署古迹群计划》网站中的资料 [279]，尤其是其中"专栏文章"那一部分，对于事件的来龙去脉取得了初步认识。孙中山曾被囚域多利监狱之说，似乎是在一片保护中区警署古迹群的声中出现。笔者首先必须声明自己坚决拥护保护中区警署古迹群的立场，同时对何东家族及其他四大家族共同斥巨资 5 亿港元作为信托基金以保育该古迹群致以崇高敬意，也向那批为了保护该古迹群而奔走呼吁的热心人士，尤其是执笔最力的韦基舜先生敬礼！笔者虽然移居澳大利亚多时，但 20 世纪 50 年代曾在香港念小学，60 年代曾在香港念中学和大学。对于这个哺育过笔者的地方，一草一木都有深厚感情。对于香港的古老建筑诸如中央邮政局等

---

[278]　邹鲁：《乙未广州之役》，转载于《辛亥革命》，第一册，第 22 页。

[279]　Hong Kong University's Museum and Art Gallery, the consultant of Hotung family's proposal, http：//www.hku.hk/hkumag/cps.

一幢接一幢地被推倒而感到痛心疾首。有云香港地价高昂，必须把大而不当的古老建筑推倒重建。那么难道伦敦的地价就不高？但有谁曾提出把伦敦的古老建筑诸如国会大楼、威斯敏斯特教堂等推倒重建？母校牛津大学各学院的建筑难道不是通通都大而不当？但有谁敢提出把它们推倒重建？英国人都非常珍惜他们自己的文化遗产。尽管是曾经当过英国殖民地的澳大利亚，也把殖民地时代建筑起来的古老建筑物保养得甚好。香港回归以后，香港人当家做主了，站起来提出保护自己的文化遗产，是理所当然的事，值得所有香港人甚至已经移居海外的前香港人支持。

　　笔者同时又是历史工作者，大半生竭力寻求历史真相。对于历史悬案更感兴趣。首先查出了英国用以发动第二次鸦片战争的借口，即所谓广东内河水师曾把"亚罗"号船上的英国国旗侮辱的指控，全属一派谎言。[280] 后来又鉴定出西方史学家史扶邻先生所谓孙中山 1896 年 10 月伦敦蒙难是由于孙中山傻乎乎地跑进公使馆宣传革命而被抓起来之说 [281] 是站不住脚的。[282] 结果史扶邻先生为拙著写书评时，也坦然承认证据不足 [283]，其胸襟之广阔，让人钦佩，成为世界史学界佳话。现在笔者不忖冒昧，试图探索孙中山曾否在香港域多利监狱坐过牢的问题，若有什么遗漏或差错，尤望读者诸君海量汪涵，为祷。

　　孙中山曾被囚域多利监狱之说，始作俑者，似乎是香港建筑师学会在 2004 年 9 月 14 日发行的一份问卷，由中区警署古迹关注组挂帅，该组成员包括香港建筑师学会、长春社和其他团体。问卷的标题是〈保育中区古迹群公众意见调查〉。该问卷的第二段说："中区古迹群作为香港开埠以来的中心发源地，国父孙中山先生曾被拘禁于域多利监狱内，附近的长命斜留下你我上一代以至两三代的珍贵集体回

[280]　见拙文 "The *Arrow* Incident: A Reappraisal", *Modern Asian Studies* (Cambridge University Press), v. 8, no. 3 (1974), pp. 373-389. 该文后来被翻译为汉语并刊于广州市《中山大学学报（社会科学版）》，1980 年第 3 期，第 45—57 页。后来经过更深入的探索后即修订收入拙著 *Deadly Dreams: Opium, Imperialism and the Arrow War (1856-1860) in China* (Cambridge: Cambridge University Press, 1998) 作为第二章。

[281]　Harold Z. Schiffrin, *Sun Yat-sen and the Origins of the Chinese Revolution* (Berkeley：University of California Press, 1968). 中译本见史扶邻著，丘权政、符致兴译：《孙中山与中国革命的起源》。

[282]　见拙著 *The Origins of an Heroic Image*.

[283]　该书评刊于 *Journal of Asian and African Studies*, v. 24, nos. 1-2 (1986/1987), pp. 144-146.

忆，你愿意见到她们消失吗？"[284] 短短三句话，却语重心长。其中最引人注目者，当然是"国父孙中山先生曾被拘禁于域多利监狱内"一句话。而说这句话的目的，显而易见是要指出域多利监狱有重大的历史意义，必须作为重点文物来保护。

2004 年 9 月 25 日，香港《苹果日报》刊登了左丁山先生的文章，题为"保留古迹"。左先生有感北京旅游局副局长指称香港没有文化旅游景点，于是向"哈佛博士 L"请教。L 博士回答曰，其实香港有不少文物古迹可以吸引游客者，譬如孙中山坐过牢的地方就是其中佼佼者。于是左先生建议把那座曾经"收押过孙中山"的"域多利监狱"中的各个监房改为艺术家教学或绘画的画室、图片展览室等。左先生并借 L 博士之口道出这正是何东等家族集资 5 亿元以保存中区古迹群的目标。最后左先生叹息香港特区政府一心只想发财而罔顾何东等家族的好意。[285]

这位"哈佛博士 L"是谁？是否李欧梵先生？姑勿论是与否，李先生是接着站出来说话了。李先生在 2004 年自哈佛大学退休后，即应香港中文大学之聘，当上该校文学院教授，定居香港。他撰文曰："最近发生的文物保存事件就是一个明证，中环的旧警察局（孙中山曾在此坐过牢，但香港政府不像澳门，似乎对孙中山毫无感情），是否可以保存得住，仍在未定之天。香港政府处处心思在发展旅游，却不把旅游视为保存文化遗产的一种手段。香港不少专栏作家早已指出：如今中国大陆人来港自由行，除了到各商场购物外，为什么没有设置文化或历史的自由行？"李先生大文的精神与左先生的专栏文章如出一辙。[286]

专栏作家乔菁华先生更以醒目的标题——〈拆掉国父遗迹〉——撰文曰：国父遗迹包括"国父洗礼处之香港必列者士街 2 号公理会、皇仁书院荷李活道与鸭巴甸街交叉处、歌赋街与城隍街交叉处、香港西医书院荷李活道雅丽氏医院、道济会堂（荷李活道）、国父密商大计之歌赋街八号、史丹顿街十三号、结志街五十二号、史丹利街二十四号（《中国日报》原址）……大都围绕着荷李活道一带，域多利监狱便是他曾坐牢的地方。上述古迹，除监狱外，已从我们的眼前消失了"。[287]

---

[284]　香港建筑师学会问卷，题为〈保育中区古迹群公众意见调查〉，2004 年 9 月 14 日发行。
[285]　左丁山：〈保留古迹〉，香港《苹果日报》，2004 年 9 月 25 日，第 E6 版。
[286]　李欧梵：〈情迷澳门、回眸香江〉，香港《亚洲周刊》，2004 年 10 月 31 日，第 17 页。
[287]　乔菁华：〈拆掉国父遗迹〉，香港《明报》，2004 年 10 月 9 日。

　　2004 年 9 月 28 日，香港的《快周刊》以〈大馆保卫战〉为题，开宗明义地写道："风雨百年，流金岁月。有'香港紫禁城'之称的中区警署建筑群，屹立香江一百六十年，任其周遭建筑物起得再高，玻璃幕墙再大，映照新时代的光辉再鲜艳，都只算花花哨哨的新潮摆饰。一旦置身辽阔无涯的历史帷幕，只有包括中区警署、前中央裁判司署，以及曾囚禁孙中山先生的域多利监狱，这三组香港最后仅有、富维多利亚及爱德华特色的建筑群，才算价值无可比拟的古玩，见证殖民地时代历史变迁。"可惜香港特区政府将这三组古建筑群拟作商业招标，就连何东家族及四大世家斥资 5 亿元保护遗产，都难逃"特首[288]请吃柠檬"的命运。该刊指责政府"以商业挂帅，欲发展成第二个上海'新天地'，一切向钱看"[289]。

　　2004 年 10 月 25 日，香港的《苹果日报》以"300 人手牵手保中区警署古迹"为题，报道了香港市民示威游行的情况。示威者"要求政府承诺建筑群内的十八座建筑物'一间也不能拆'，并于招标发展程序中，强制加入文物保护条款"。参加示威游行的有七十一岁高龄的体育界名人韦基舜先生，他对记者说：他自己已经"居于中西区超过七十年……对中区警署建筑群一草一木都有深刻印象及感情；国父孙中山先生更被拘留于域多利监狱，他批评港府发展古迹时加入新建筑物，严重破坏古迹完整性，好似'着长衫、打领带'"[290]。

　　专栏作家乔菁华先生阅报后颇感"意外。上星期日（10 月 24 日）的三百人游行，听说由民主派中人发起，舜哥与民主派甚少来往，彼此政见不同，但可能在保护中区警署古迹这件事情上，不同政治立场的人士，也会走在一起……他告诉乔菁华，域多利监狱曾是国父孙文给殖民政府扣押、驱逐的地方，很有历史价值"[291]。

　　综观上述各件，无论是问卷、报道、专栏或是散文，都有三个共同的特点：

　　第一，它们都热诚地表达了各撰稿人保护香港中区警署建筑群这文化遗产的衷心愿望。赤子之心，感人肺腑。

　　第二，它们都说，必须保护该建筑群的强烈理由之一，是国父孙中山先生曾经

---

[288]　当时的香港特首是董建华先生。
[289]　林因美：〈大馆保卫战〉，香港《快周刊》，2004 年 9 月 28 日，第 60—63 页；其中第 60 页。
[290]　佚名：〈300 人手牵手保中区警署古迹〉，香港《苹果日报》，2004 年 10 月 25 日，第 A6 版。
[291]　乔菁华：〈六四吧关门〉，香港《明报》，2004 年 10 月 28 日。

在域多利监狱坐过牢。国父在香港活动的其他遗迹差不多已经全被发展商的推土机铲平，这硕果仅存的文化遗产，绝对不能容忍它湮没。读来让人有声泪俱下之慨。

第三，它们都没有提出任何证据，证明孙中山曾经在域多利监狱坐过牢，令人顿足。

尽管它们没有提出证据，但是：

> 国父孙中山被囚域多利监狱这说法却经常被人提及，俨然成为"共识"，且变成保护历史建筑群的重要理据。一些记者和专栏作者把这说法引申下去，把域多利监狱说成是囚禁革命志士的地方。本以为一些研究国父生平的学者很快会出来澄清有关说法，然而故事流传了近两个月，报章亦多次复述，到上星期三才由古物古迹办事处的执行秘书吴志华于《明报》提出其中的谬误。更令人奇怪的是，直到今天，仍没有学术界中人站出来说明问题。[292]

(v) 分析孙中山曾否被囚于香港之争论

吴志华博士在 2004 年 10 月 27 日星期三刊登的大文，可归纳为一句话：根据他所看过的原始材料和有关著作，没有迹象显示孙中山曾经在香港的域多利监狱坐过牢。[293]

该文引起中区警署古迹关注组的关注，盖"监狱与中央警署及早期的中区裁判处毗邻，彼此息息相关。疑犯被捕后带到中央警署落案，然后解往裁判处审讯，定罪后便押往域多利监狱服刑"。"域多利监狱位于奥卑利街（Old Bailey Street），为香港第一所监狱，始建于 1841 年，当时男女犯人均被囚禁于此。"[294]

其中甘乃威和韦基舜两位先生甚至撰文回应。两位先生的大文同日同版在 2004 年 11 月 5 日的《明报》刊出。拜读之后，窃以为两位先生的回应显示出他们都是有原则的前辈。

---

[292] 高添强：〈国父被囚域多利监狱的谬误〉，香港《信报》，2004 年 11 月 3 日。
[293] 吴志华：〈孙中山被囚域多利监狱？〉，香港《明报》，2004 年 10 月 27 日，第 D04 版。
[294] http://www.arch.cuhk.edu.hk/server1/resch2/livearch/projects/Central_police_station_research_studies_history.htm.

甘乃威先生回应说："笔者曾请教香港历史博物馆总馆长丁新豹博士及香港大学龙炳颐教授,他们均认为国父并没有被囚禁于域多利监狱。"[295] 龙炳颐教授是香港大学建筑系系主任,历来关心孙中山在香港活动的古迹,香港大学最近之竖立孙中山铜像,就是他多年奔走的结果。丁新豹总馆长更是在香港历史研究方面卓然有成的学者。甘乃威先生向他们两位请教,是找对了学者。而且,外行人请教内行人,是既谦虚而又客观的态度。当内行的意见与自己所掌握的信息有冲突时不再坚持己见,是有原则的表现。当然,不能说所有内行人都是绝对正确的,关键是找到确凿的证据。像上述有关"亚罗"事件辱旗之控,英国的史学权威坚持了一百多年,最后证明他们全搞错了。[296] 时至三十年后的今天,他们仍然不再吭一声。不吭一声就等同默认。默认是由于没法回应。而没法回应是由于找不到更有力的反证以资回应也。

韦基舜先生对吴志华博士的回应同样是有原则的,因为他不正面回应吴志华的主要论点,即没有证据证明孙中山曾经在香港的域多利监狱坐过牢。他不作正面回应,窃以为很可能是找不到那些大家都在拼命找的确凿证据。在找到有力证据之前不作正面回应,是既有原则而又客观的表现。

另一方面,韦基舜先生从侧面回应了吴志华博士。侧面回应之一,是:"在该年代,孙文不用'孙中山'之名,至于'中山'乃后来从'中山樵'之名转用而来。"[297] 窃以为这个回应之目的很明显:若吴志华博士连当时孙文所用的名字也搞错了,内行有限。翻查吴文,的确自始至终都用孙中山这名字。[298] 至于韦基舜先生所说的"该年代"[299],则吴文既提到孙中山在"1883 年 11 月考入拔萃书室",又提到香港政府"一直到 1912 年民国成立后才解除"对他的驱逐令。[300] 就是说,"该年代"[301] 从 1883 年开始,1912 年结束。据笔者考证,"中山樵"这名

---

[295] 甘乃威:〈一间也不能拆!〉,香港《明报》,2004 年 11 月 5 日,第 D06 版。

[296] 见拙文 "The *Arrow* Incident: A Reappraisal", *Modern Asian Studies* (Cambridge University Press), v. 8, no. 3 (1974), pp. 373-389。

[297] 韦基舜:〈孙中山面见李鸿章?〉,香港《明报》,2004 年 11 月 5 日,第 D06 版。

[298] 吴志华:〈孙中山被囚域多利监狱?〉,香港《明报》,2004 年 10 月 27 日,第 D04 版。

[299] 韦基舜:〈孙中山面见李鸿章?〉,香港《明报》,2004 年 11 月 5 日,第 D06 版。

[300] 吴志华:〈孙中山被囚域多利监狱?〉,香港《明报》,2004 年 10 月 27 日,第 D04 版。

[301] 韦基舜:〈孙中山面见李鸿章?〉,香港《明报》,2004 年 11 月 5 日,第 D06 版。

字，在"该年代"中间的 1897 年 9 月（9 月之内的具体日子就不能确定了）间产生的（见下文）。准此，韦先生与吴博士各对一半：1897 年 9 月"中山樵"这一名字产生之前，大家称呼孙文为孙逸仙，之后就开始有人称呼他为孙中山了。

"中山樵"这名字源自日本人平山周回忆他与孙中山在日本最初交往的片段。他说：

> 1896 年秋……总理来京曰："昨夜熟虑，欲且留日本。"即同车访犬养，归途过日比谷中山侯爵邸前，投宿寄屋桥外对鹤馆，掌柜不知总理为中国人，出宿泊帖求署名。弟想到中山侯爵门标，乃执笔书〔姓〕中山，未书名；总理忽夺笔自署〔名〕樵。曰："是中国山樵之意也。"总理号中山，盖源于此。[302]

窃以为平山周把事发时间说成是 1896 年秋，是记忆错误了。1896 年初秋，孙中山在美国。1896 年 9 月 23 日星期三从纽约坐船往英国[303]，1896 年 9 月 30 日抵达英国利物浦。[304] 1896 年 10 月 11 日被满清驻伦敦公使馆人员绑架。[305] 被释后一直留在英国，直到 1897 年 7 月 1 日才离开，取道加拿大前往日本。[306] 1897 年 8 月 16 日抵达横滨。[307] 接下来才发生平山周回忆中的孙中山取名"中山樵"之事。窃以为平山周虽然错把 1897 年发生的事情记忆为 1896 年，但不影响他回忆主体的准确性。若把稍有瑕疵的史料都全盘否定的话，就鲜有可用的史料了。关键是把每条史料都鉴定其准确部分和不可靠的地方，去芜存菁，

---

[302] 据《总理年谱长编初稿各方签注汇编》（中国国民党中央执行委员会党史资料编纂委员会编，油印本），该文是平山周在"追怀孙中山先生座谈会"上的发言。后来全文收录在陈固亭编《国父与日本友人》（台北：幼狮，1977 年再版）。后来又转录于尚明轩、王学庄、陈崧编：《孙中山生平事业追忆录》，第 528—529 页。

[303] 驻美公使杨儒致驻英公使龚照瑗密电，1896 年 9 月 25 日，原藏伦敦公使馆，罗家伦引用于其《中山先生伦敦蒙难史料考订》（南京：京华印书馆，1935 年重版），第 16—17 页。

[304] Chinese Legation Archives, Slater to Halliday, 1 October 1896, 罗家伦引用于其《中山先生伦敦蒙难史料考订》，第 110—111 页：其中第 110 页。

[305] 见拙著 The Origins of an Heroic Image.

[306] 见拙文：〈孙中山第一次旅欧的时间和空间考订〉，载《孙中山和他的时代：孙中山研究国际学术讨论会》（北京：中华书局，1989），第三册，第 2298—2303 页。严格来说，当时还没产生孙中山之名字，但商诸中华书局的编审，则为了全书统一起见，他们认为还是用孙中山这名字较为恰当。笔者从之。

[307] 明治三十年 8 月 18 日神奈川县知事中野继明致外务大臣大隈重信，秘甲第 403 号。

这样才能重建起最为接近事实的历史。

韦基舜先生侧面回应吴文之二，是针对吴文之中："据另一同届毕业生江英华忆述，罗便臣及后更为孙中山撰写推荐信，介绍他到李鸿章的官署内任职"[308]等三句话。韦先生的回应是："我肯定，孙中山从未做过李鸿章的'幕僚'。"[309]这就有点对不上号了。吴文只说罗便臣曾写信把孙中山推荐予李鸿章任职，没有说孙中山曾上任，更没说孙中山所任乃李鸿章的"幕僚"。须知从推荐到上任之间是有个过程的：首先看李鸿章是否接受推荐而委孙中山任职，其次看孙中山是否接受聘请。有时候有人尽管接受了聘请也不一定最终上任。韦先生又针对吴文所说"罗便臣曾写推荐信之事"写道："既然吴先生言之凿凿，有请将港督罗便臣的推荐信刊登出来，一开读者眼界。"这回应同样对不上号，因为吴博士从一开始就声明其所据乃江英华的回忆，而不是根据罗便臣的推荐信而立论的。[310]

吴博士对韦先生的回应是把江英华回忆录的有关部分全部转载，并说当时负责采访江英华和记录其言的"郑子瑜教授仍健在"[311]。言下之意，不信可以问问香港中文大学中国文化研究所的郑子瑜教授。但由于吴博士在他自己的回应中没有处理"该年代"孙文的名字是孙逸仙还是孙中山的问题，以至韦先生在2004年11月29日的再度回应中，借此穷追猛打。此外，韦先生又重复前言说："孙逸仙不单没有在李鸿章官署任职，更从来没有与李鸿章会面。"[312]

关于"该年代"孙文是叫孙逸仙还是孙中山的问题，笔者在上文已有所交代。结论是韦先生与吴博士各对一半。其实对这个名称的争论已经远离双方讨论的焦点：盖该焦点是孙中山曾否在域多利监狱坐过牢的问题。笔者为了排难解纷，才在这里花了如斯笔墨。至于孙中山是否曾与李鸿章会过面，笔者在本书第七章已经交代过了，答案是没有。

---

[308] 吴志华：〈孙中山被囚域多利监狱？〉，香港《明报》，2004年10月27日，第D04版。
[309] 韦基舜：〈孙中山面见李鸿章？〉，香港《明报》，2004年11月5日，第D06版。
[310] 吴志华：〈孙中山被囚域多利监狱？〉，香港《明报》，2004年10月27日，第D04版。
[311] 吴志华：〈认清楚历史、搞清楚事实：有关中区警署古迹的种种回应〉，香港《明报》，2004年11月12日，第D08版。
[312] 韦基舜：〈事实与真相：回应古物古迹办事处执行秘书吴志华先生；及高添强先生〉，香港《信报》，2004年11月29日，第27版。

　　窃以为韦先生 2004 年 11 月 29 日的再度回应是显得情急了。何以见得？他把该回应用广告方式在香港的《明报》、《信报》、《苹果日报》、《东方日报》、《星岛日报》等各大报章刊登。用词也比他 2004 年 11 月 5 日的回应强烈得多了，例如他把高添强先生 2004 年 11 月 3 日的文章说成是为吴志华"帮腔""唱和"。但造成这种情急的原因，看来绝对不是由于一己之私，而是为了中区古迹群可能遭到损害而心焦如焚。不是吗？眼巴巴地看着由 2004 年 9 月 14 日香港建筑师学会发行问卷之时而慢慢地、无声无色地建立起来的"共识"，一下子被吴、高两位像大风刮烟霞般刮得无影无踪！正因为韦老先生的情急是为了全心全意保护香港的文化遗产而引起，所以让人肃然起敬，也令人觉得应该有更多的香港人站起来支持他保育香港文化遗产。回顾 2004 年 10 月 24 日星期天举行的"手牵手、护古迹"行动，只有三百来人参加。而且，"由于人数不足一千人，未能依原定计划包围中区警署一周。"[313] 可谓言者心酸、听者落泪。

　　香港号称有大约七百万人口，难道只有寥寥三百人关心自己的文化遗产？不见得。是否中区警署古迹关注组的宣传手法失当？笔者有感韦先生的热心，姑且提出一些粗浅看法。有可能香港的广大市民，由于看到该关注组在未能提出确凿证据之前，就说孙中山曾在域多利监狱坐过牢而有所疑虑。君不见：一些日本人曾修改课本，台独分子也曾修改课本。无论他们把修改课本的动机说得如何冠冕堂皇，在世界大家庭面前，该举都是见不得光的小动作。越是尊敬中山先生、越是热爱中山先生的人，越是不愿意见到他的英雄形象蒙上类似的阴影。2004 年 11 月 20 日刊出的龙应台女士的一篇特长文章，似乎就很有代表性：该文题为〈香港，你往哪里去？〉，在文中，龙女士力数香港政府"拆、拆、拆"的不是。而在孙中山曾否在域多利监狱坐牢的问题上，她就写道："史学家还在辩论。"[314] 看来龙女士是极力支持保护香港文化遗产的有心人，但她同时又不愿意为了这个目标而牺牲原则，这个原则就是：不能说没有事实根据的话。她的态度，是否代表了广大市民的心声？

---

[313] 佚名：〈300 人手牵手保中区警署古迹〉，香港《苹果日报》，2004 年 10 月 25 日，第 A6 版。
[314] 龙应台：〈香港，你往哪里去？〉，香港《明报》，2004 年 11 月 20 日，第 A4 版和第 D6 版。

　　窃以为韦先生也是很有原则的人，尽管记者和专栏作家说他曾自言孙中山在域多利监狱坐过牢[315]，但这样的文字从来就不在他所亲笔撰写的两篇回应文章中出现。又尽管后一篇回应显得相当激动，仍不写这样的话。韦先生的这种很有分寸的风范，是否也是代表了广大香港市民的心声？准此，窃以为韦先生甚至所有香港人，都应该感谢吴、高两位先生曾勇敢地站起来说出忠言逆耳的话。否则，若香港特区政府真的在"中山先生曾在域多利监狱坐过牢"之所谓"共识"的基础上保存了中区警署古迹建筑群，并以此向外国游客宣传，同时又提不出确凿证据证明是说，则迟早会成为国际笑柄，到时整个香港就真的无地自容了。

　　如何能调动香港广大市民的积极性而同时又能让香港特区政府信服必须保育中区警署古迹群？窃以为香港政府与市民都有一个真正的共识，那就是法治是香港繁荣安定的磐石。一旦丢了法治，香港也就完蛋了。

　　准此，既然该古迹群当中的警署曾是执法机关，中央裁判司署曾是司法机关，域多利监狱曾是惩教机关，为何不把该古迹群完全复修原貌而作为法治教育基地？正常运作的警署、法庭，平日都忙得不可开交，很难接待学生参观，也腾不出人手教育。监狱更是同学们难得一见的地方。中区古迹群则不一样，它们不再是办公的地方，作为法治教育基地，最是理想不过。如此这般，既保育了该古迹群的绝对完整性，又造福社会，为香港的繁荣安定做出重大贡献。这种贡献，金山银山也买不到！这是千载难逢的机会，稍具头脑的人都会紧紧抓住这机缘不放！目前中国大陆已经大力推广法治精神，香港特区政府焉能落后？尽管必须花大钱也要办好此事，更何况特区政府不必出钱，因为何东等家族已经捐出了共5亿大元成立信托基金，若把基金作稳妥投资，所得的回报就能长期维持该法治教育基地的日常经费。万一不足，相信广大香港市民会慷慨解囊，支持这么有意义的机构。

　　再宏观地看这问题，则"法治"是"现代化"的精髓，中国前途的磐石；中山先生革命的一生，就是为中国的"现代化"而奋斗。借修复香港中区古迹群作为法治教育基地来纪念孙中山，意义之重大，赛过在香港建筑一百座孙中山纪念馆。

---

[315]　佚名：〈300 人手牵手保中区警署古迹〉，香港《苹果日报》，2004 年 10 月 25 日，第 A6 版；乔菁华：〈六四吧关门〉，香港《明报》，2004 年 10 月 28 日。

(vi) 考证孙中山曾被囚于香港之说

言归正传。笔者在自己的研究过程中，有否发现任何证据证明孙中山曾在香港域多利监狱做过客？

由于香港的这项传闻没有说明孙中山在香港坐牢的具体时间，所以笔者在考证时，只好把所有的可能性都考虑进去。就是说，把探索范围扩大，而不局限于乙未广州起义失败后孙中山逃回香港作短暂停留然后再出走这段时间。准此，相信大家都有一个共识，若孙中山果真曾在域多利监狱做客的话，时间会在 1883 年 11 月到 1912 年 1 月 1 日之间。1883 年 11 月他开始到香港读书，1912 年 1 月 1 日他在南京宣誓就职临时大总统。而这两个日子之间大致可以分为三个阶段：

1. 学生时代：1883—1892 年。

2. 酝酿和策划广州起义时期：1892—1895 年。

3. 被香港政府放逐时期：1896—1911 年。

造成监狱做客的情况大致有两种：要么是他触犯了香港的法律而被抓起来；要么是他触犯了别国法律后逃到香港，而被该国成功地申请引渡回犯罪的地方去接受审判，因为在引渡过程当中他就会在香港被短暂地关起来了。

先谈第一种情况之发生在上述第一个阶段的可能性，即孙中山在香港读书的时代（1883—1892）触犯了香港的法律而被抓起来的可能性。目前史学界所掌握的史料，一致认为孙中山是品学兼优的好学生，从来未触犯过香港的法律。准此，窃以为他曾被邀请到域多利监狱吃皇家饭的可能性并不存在。不错，他经常表示过对满清政府的不满，批评它腐败。在西医书院念书时甚至经常与另外三位年轻朋友陈少白、尤列、杨鹤龄等一起"时假杨耀记商号为集会之所，高谈革命，意气激昂，时人咸以'四大寇'呼之"[316]。但他们这种讨论都有两个特点：

第一，他们是关起门来发牢骚，而不是跑上街头煽动群众。

第二，他们批评的对象从来就只是满清政府，而绝对不是香港的殖民政府。若他们公开批评香港殖民政府，马上就会被抓起来。英国殖民政府为了有效地控制殖民地，不会容忍任何对它的公开批评。君不见，香港直到 1967 年香港暴动

---

[316] 《国父年谱》(1994 年增订本)，上册，第 55 页，1890 年条。

和暴动期间，任何报章若对香港政府有任何批评，马上被援殖民地法例而封屋抓人。被抓的人若是香港出生者就被判入狱；若非香港出生者则递解出境。1967年还在香港圣保罗书院念书的高才生、曾钰成的弟弟曾德成，就是因为在学校散发反对香港政府的传单而被抓起来。由于他是香港出生，所以被判入狱而不是递解出境。但他攻读医科的理想从此烟消云散。[317] 暴动过后，英国人痛定思痛，深感如此严厉的法律已经不合时宜，于是有所放宽。退一步说，若孙中山在香港读书时真的曾因言入罪，在他那个时代恐怕绝对毕不了业。他之能毕业，证明他从未坐过牢。

后人很容易犯的一个毛病，就是以孙中山后来的盛誉移植到当时的历史环境。以"四大寇"这个问题来说，就有后人认为当时"四大寇"已经"名满天下"。[318]若当时孙中山果真是以激烈的反清言辞而名满天下，他早已被香港殖民地政府垂青：即使他不被邀请到域多利监狱做客，但一踏入中国大陆就会被满清官吏抓起来，同样是在西医书院毕不了业。倒是"四大寇"之一的陈少白道出当时实际情况。他说："实则纵谈之'四大寇'，固非尽从事于真正之革命也。"[319] 若孙中山在香港读书而当"四大寇"的时候就真正从事革命并因而"名满天下"，他不被抓起来才怪！但既然有后人一口咬定当时的"四大寇"已经"名满天下"[320]，就很容易被别人衍生为孙中山曾经在香港的域多利监狱坐过牢。以讹传讹，莫此为甚。

再谈第一种情况的第二个阶段，即孙中山在香港酝酿和策划广州起义时期（1892—1895）触犯了香港法律而被抓起来。在这段时期的1895年2月，孙中山在香港成立兴中会总部。此举就触犯了香港殖民地关于结社的法律，因为法定结社必须向政府申请并注册，开列执行委员和普通会员名单等，接受政府监管，方为合法团体。孙中山之在香港成立兴中会总部的目标是推翻满清政府，属秘密性质，所以不会向香港殖民政府注册并接受监管。他不注册就触犯了香

---

[317] 1967年香港左派暴动时，笔者正在香港大学读书，与曾钰成是同年异科的同学，同住在卢吉堂宿舍（Lugard Hall），又是隔壁房间。大家谈得来，很要好，所以对他弟弟的遭遇也清楚。后阅张家伟大作《香港六七暴动内情》（香港：太平洋世纪出版社，2000），第16章第2节〈曾德成对青春无悔〉，觉得还是符合笔者当时所见所闻。
[318] 见孙述宪的书评，香港《信报》，1991年9月7日。
[319] 陈少白：〈四大寇名称之由来〉，载陈少白：《兴中会革命别录》，转载于《辛亥革命》，第一册，第76—84页；其中第83页。
[320] 见孙述宪的书评，香港《信报》，1991年9月7日。

港法律，若当时被发现就会遭到逮捕。在遭到逮捕之后、提堂审讯之前，就有可能在域多利监狱做客。但没有证据证明他当时曾被发现，所以也不存在他曾坐牢的问题。

稍后兴中会又与杨衢云的辅仁文社合并，会名仍称兴中会。辅仁文社本身也没有注册，所以该会虽有社址，但聚会则分在各社友的办公室不定期举行，目的是为了避人耳目。[321] 合并后的兴中会同样没向香港殖民政府注册，甚至开始在香港秘密购买军火和把军火偷运往广州，那就严重地触犯了香港的有关法律。虽然具体负责购买和偷运军火的是杨衢云[322]，但若杨衢云被抓而供出孙中山是同党的话，孙中山也会受牵连。目前史学界所掌握的史料证明，部分军火随朱贵全、邱四及大约四百名苦力坐船于1895年10月28日抵达广州时就被查出。[323] 查出的消息传到香港后，杨衢云即机警地尽快离开香港而没有被香港警察抓着。[324] 所以孙中山也没有因为被杨衢云牵连而入狱。

孙中山在广州举事失败后逃回香港并往香港汇丰银行提款时，被香港的侦探盯上了，但没有当场遭到逮捕。[325] 该侦探事后所作的报告有佐证：香港的李纪堂先生回忆说，孙中山到汇丰银行提款时"有守卫上海汇丰银行之侦探告余，此即在省造反之孙中山先生，由广州来此。余即往视之，见总理尚留有辫发，身着白夏令长衫，余未与接谈"[326]。

孙中山也够机灵：一发现有人盯上他，马上转皇后大道一楼宇，"之后便失其行踪，大概是从后门遁走"[327]。时为1895年10月31日，而侦探也查出他提款

[321]　Chan, "Chinese Revolutionaries in Hong Kong, 1895-1911", pp. 36-37.
[322]　中文的有关史料见冯自由：〈广州兴中会及乙未庚子二役〉，载《革命逸史》(1981)，第四册，第11页。英文的原始文献见 Memorandum by the Acting Assistant Colonial Secretary, F. J. Badeley, on the Canton Uprising of October 1895, enclosed in Robinson to Chamberlain, 11 March 1896, CO 129/271, pp. 437-445。
[323]　香港《华字日报》，1895年10月30日星期三，第2版，第2栏。
[324]　Tse Tsan-tai, The Chinese Republic: Secret History of the Revolution, p. 10.
[325]　Memorandum by the Acting Assistant Colonial Secretary, F. J. Badeley, on the Canton Uprising of October 1895, enclosed in Robinson to Chamberlain, 11 March 1896, CO 129/271, pp. 437-447: at p. 445, paragraph 16.
[326]　陈春生：〈访问李纪堂先生笔录〉，载《辛亥革命史料选辑》，上册，第38—43页：其中第38页。
[327]　Memorandum by the Acting Assistant Colonial Secretary, F. J. Badeley, on the Canton Uprising of October 1895, enclosed in Robinson to Chamberlain, 11 March 1896, CO 129/271, pp. 437-447: at p. 445, paragraph 16.

数目是三百元。[328] 其实，当孙中山回到香港后马上就拜访恩师康德黎仰询去留，康德黎转询律师意见，律师劝他赶快离开以免遭满清刺客夺命。[329] 看来孙中山已经意识到此后很长一段时候不能再踏足香港了，故到银行把一个数目庞大[330] 的存款提出来以谋后计。提款期间发觉香港警察也要找他，险地不宜久留，故"不及与康德黎君握别，即匆匆乘日本汽船赴神户"[331]。

三谈第一种情况的第三个阶段，即孙中山被香港政府放逐时期（1896—1911），他违反了放逐令（即非法踏足香港）而被抓起来。1896 年 3 月 4 日，香港殖民政府以孙中山曾在香港组织革命团体反对友邦，有碍香港治安，乃援 1882 年颁布的第八号放逐出境条例其中第三条的规定，下令放逐出境，从当天开始，禁止孙中山在香港居留，为期五年。在这段期间，若孙中山踏足香港，马上就触犯了该令。倘被发觉，即可能遭到逮捕并扣留起来，等候法庭审讯。待法官验明正身，证明他的确是孙中山并违反了放逐令，再驱逐出境。遭到扣留期间，款待他的地方很可能就是域多利监狱。

自从香港殖民政府对孙中山发出放逐令以后，有多次传闻他在香港的足迹，但多数是说他停留在已经驶进香港港口的远洋船上。这倒没什么，因为他没有登陆办理入境手续或偷偷上岸，不算入境，所以没有违反放逐令。但在 1902 年 1 月 18 日至 24 日，他就真正踏足香港土地了：他是从日本乘坐日轮"八幡丸"号到达香港的。当时，香港殖民政府在对他所发出的、为期五年的放逐令已经过期，所以登陆无阻。登陆后就住在上环永乐街《中国日报》社三楼。唯居港仅数日，即被警方讽使他适。孙中山就于 1902 年 1 月 24 日离开香港再赴日本。他离开香港以后，港府重申禁令。[332]

至 1911 年辛亥革命爆发后，孙中山到伦敦寻求英国政府对革命派的支持时，

[328]　Ibid.
[329]　Schiffrin, *Sun Yat-sen and the Origins of the Chinese Revolution*, p. 98.
[330]　当时一名香港华人厨师的月薪才八元左右。见 Carl T. Smith, *A Sense of History: Studies in the Social and Urban History of Hong Kong* (Hong Kong: The Hong Kong Educational Publishing Co., 1995), p. 330。
[331]　孙中山：〈伦敦被难记〉，转载于《国父全集》(1989)，第二册，第 197 页；《孙中山全集》，第一卷，第 54 页。
[332]　《国父年谱》(1994 年增订本)，上册，第 189 页，1902 年 1 月 18 日条，引谢缵泰：《中华民国革命秘史》，第 21 页。

才由英国外交部建议英国殖民地部撤销香港殖民政府对孙中山的放逐令。尽管孙中山得悉该令已撤，但到达香港水域时，仍留在其所坐的远洋轮上而不贸然登岸，看来是恐怕其中有变而自找不必要的麻烦。[333] 据笔者所搜集到的史料，在香港殖民政府对孙中山所发出和重申的放逐令有效期间，孙中山没有在香港登陆居留。若有贤达找到证据证明他的确曾经上岸，千万赐告笔者，为祷。窃以为治史鲜有盖棺论定这回事，一切取决于确凿史料的发掘。发掘了新的反证，就能推翻前说。

英国外交部的文献有力地佐证了上述笔者采用中方史料所重建起来的历史：1911 年 11 月英国外交部对孙中山被放逐的整个历史过程，作备忘录如下：

> 孙中山在 1896 年被香港政府放逐五年。五年期满后他访问了香港。于是香港政府在 1902 年颁布了新的放逐令，该令在 1907 年 6 月期满时似乎再延续五年。
>
> 1908 年初，中国驻英公使要求把当时居住在新加坡的孙中山驱逐出境，并要求禁止他重新踏入英国在中国海域内和马来亚境内的任何属地一步。殖民地部不愿意在毫无根据的情况下采取这一行动，但警告孙中山说，若一旦发现他在新加坡进行颠覆中国政府的行动，他就会被驱逐出境。
>
> 他似乎在 1909 年离开新加坡，同时又向殖民地部申请访问香港，但殖民地部拒绝撤销〔香港政府曾对他发出过的〕放逐令。[334]

上述备忘录，是由于当时（1911 年 11 月）孙中山要求英国政府撤销香港殖民政府对他的驱逐令，应运而生。准此，助理外交次长作批示曰：

> 把有关信件咨会殖民地部，并告诉他们说：格雷爵士倾向于容许孙中山访问香港，条件是他不能定居于该殖民地，因为我们不能容许该地被利用作

[333] 详见拙著《中山先生与英国》。

[334] W. L.'s minute on Jordan to Grey, Tel. 289, 20 November 1911, FO Reg. No. 46374, FO 371/1095, pp.301-306: at p. 301. 按 W. L. 即自 1907 年起担任助理外交次长的 Sir Walter Langley，见 *Foreign Office List 1918*, pp. 621-623。

为在中国作政治或军事活动的基地。[335]

备忘录再上呈：外交次长把助理次长批文中的"访问"两字涂掉而代之以"路过"两字，并把最后一句话改为："或利用该地颠覆中国政府。"[336] 文件再上呈。外相把外交次长最后那句话涂掉，并批示曰："删掉它。咨文就以'殖民地'三字作结束。不管他利用不利用香港作为基地，我们就是不要他当居民。"[337]

如此这般，放逐令就无形解除。由于这几份英国外交部的文献没有提及孙中山在该放逐令有效期间踏足香港，所以我们可以相信孙中山没有触犯该放逐令而被关在域多利监狱。

现在谈第二种情况：即触犯了别国法律后逃到香港而被该国成功地申请引渡回犯罪的地方去接受审判。

首先谈这种情况发生在第一个阶段——孙中山在香港读书的时代（1883—1892）的可能性。目前史学界所掌握的有关资料，都充满了赞扬孙中山品学兼优、见义勇为等热情洋溢之词，与作奸犯科的事情丝毫沾不上边。所以窃以为他曾被引渡的可能性并不存在。

次谈第二种情况的第二个阶段：即孙中山在香港酝酿、策划和在广州准备起义时期（1892—1895）曾被引渡的可能性。在酝酿甚至策划时期，他肯定未曾被引渡，否则他就活不到广州乙未重阳之举。密谋曝光后孙中山逃回香港，留港期间他曾否被引渡？

要回答这个问题，先决条件之一，是必须找出孙中山在哪一天逃抵香港，以及哪一天再离开该地。关于这两道难题，2004 年 10 月至 11 月间在香港的那场争论中，涌现出两个版本。韦基舜先生写道："孙中山以当事人身份讲明自己在香港停留了两日，但是吴先生则说'经澳门逃亡到香港，只停留了四天，在汇丰银行

[335] Ibid.
[336] A. N.'s minute on Jordan to Grey, Tel. 289, 20 November 1911, FO Reg. No. 46374, FO 371/1095, pp.301-306: at p. 301. 按 A. N. 即自 1910 年起任外交次长的 Sir Arthur Nicolson, Bart，见 *Foreign Office List, 1918*, p. 287。
[337] E. G.'s minute on Jordan to Grey, Tel. 289, 20 November 1911, FO Reg. No. 46374, FO 371/1095, pp.301-306: at p. 301. 按 E. G. 即外交大臣 Sir Edward Grey。

取款三百元作路费便乘船到日本神户'。到底应该以当事人的自述为准？还是相信吴先生的‘考据’？"[338] 韦基舜先生的提问，一语道出所有历史工作者必须严肃对待的问题，即当事人的话是否每句皆可信而不必考证？本章伊始，就已证明并非如此。唯此一时也彼一时，笔者必须尽可能分别在每一个关键问题上都具体探讨。

陈少白说，由于孙中山兜了一个圈子往澳门，故多费了两天工夫，以至陈少白他自己在香港"着急了两天，才见孙先生到我家里来了"[339]。考虑到当时交通的落后情况，若孙中山于1895年10月27日离开广州辗转往澳门，相信要花上整整一天以上的时间。到达澳门后，乔装打扮、找朋友帮忙、觅船到香港等[340]，相信也需要一整天的时间才能到达香港。所以，窃以为陈少白说两天以后，即1895年10月29日，才在香港与孙中山重逢，应为信史。其次，孙中山是什么时候离开香港他往的？孙中山自己没有说出具体日期。[341] 陈少白则不断用"当天"、"第二天"等意思模糊的词汇：究竟当天具体是哪一天？第二天又从哪天算起？陈少白都没说清楚。[342] 但据香港警方的报告，他们的侦探在1895年10月31日还亲眼看着孙中山在香港汇丰银行提款。[343] 若他在"当天"离开，那么具体日期应该是1895年10月31日，以至孙中山在香港停留的时间是前后三天。若他在"第二天"离开，那具体日期就应该是1895年11月1日，孙中山在香港停留的时间是前后四天。的确，孙中山本来在1895年11月1日就打算与陈少白坐船离开，惜无客轮。[344] 幸亏他们在第二天，即1895年11月2日，就坐上了一艘开往日本的货轮离开香港。[345] 所以实际留港时间应该是前后五天。

[338] 韦基舜：〈事实与真相：回应古物古迹办事处执行秘书吴志华先生，及高添强先生〉，香港《信报》，2004年11月29日，第27版。
[339] 陈少白：《兴中会革命史要》，载《辛亥革命》，第一册，第21—75页；其中第31—32页。
[340] 《孙中山年谱长编》，上册，第95—96页，引《澳门日报》，1986年11月11日转载的《镜海丛报》1895年11月16日的报道。
[341] 见孙中山：〈伦敦被难记〉，转载于《国父全集》(1989)，第二册，197页；《孙中山全集》，第一卷，第54页。
[342] 陈少白：《兴中会革命史要》，载《辛亥革命》，第一册，第21—75页；其中第31—32页。
[343] Memorandum by the Acting Assistant Colonial Secretary, F. J. Badeley, on the Canton Uprising of October 1895, enclosed in Robinson to Chamberlain, 11 March 1896, CO129/271, pp. 437-447: at p. 445, paragraph 16.
[344] Schiffrin, *Sun Yat-sen and the Origins of the Chinese Revolution*, p. 98.
[345] Ibid.

为何笔者如此肯定 1895 年 11 月 2 日是孙中山离开香港之时？因为找到了人证和物证。人证有三位：其中两位是陈少白和郑士良。陈少白回忆说，他与孙中山、郑士良同坐一艘船离开香港前往日本神户。他又说，他们所坐的那条船，名字叫"广岛丸"[346]。物证是《神户又新日报》，征诸该报 1895 年 11 月 6 日的报道，可知"'广岛丸'于去月 2 日由香港出发驶往日本"[347]。准此，可以确定孙中山离开香港的日期是 1895 年 11 月 2 日。另外，第三位人证是在该船公司香港办事处任职的李纪堂先生。他回忆说：

> 过了一二天，总理派人至三菱洋行之日本轮船公司购船票往日本。是日大风，先买三等票。我在该公司当华经理，适在公司，说此船只有普通客位十二个，随后即买二等票，旋又改购一等票。余觉得奇怪，因往船看下，见了即是孙先生，因与他招呼。总理说："你何以知我为孙某？"我说："早二日在上海银行见过"……谈了几句话，船即开行。[348]

船开行的前二天，正是孙中山被香港侦探察觉在汇丰银行提款的 1895 年 10 月 31 日。[349] 汇丰银行的全名是香港上海汇丰银行（Hong Kong and Shanghai Banking Corporation）。李纪堂所说的上海银行正是汇丰银行。因此笔者可以进一步确定孙中山离开香港的准确日期是 1895 年 11 月 2 日。

在这五天当中，没有任何证据证明他曾被关起来等候引渡。而且，两广总督谭钟麟是在 1895 年 11 月 1 日才通过英国驻广州领事向香港总督罗便臣爵士要求把孙中山引渡回广州。[350] 幸亏英国有庇护政治犯的悠久传统，而应谭钟麟要求就违反了这种传统。违者将会被千夫所指。因此香港总督在 1895 年 11 月 12 日拒绝

---

[346] 陈少白：《兴中会革命史要》，载《辛亥革命》，第一册，第 21—75 页；其中第 32 页。

[347] 〈船报：内外船外航消息〉，《神户又新日报》，1895 年 11 月 6 日，见安井三吉编：《孙文と神户简谱》。

[348] 陈春生：〈访问李纪堂先生笔录〉，载《辛亥革命史料选辑》，上册，第 38—39 页。

[349] Memorandum by the Acting Assistant Colonial Secretary, F. J. Badeley, on the Canton Uprising of October 1895, enclosed in Robinson to Chamberlain, 11 March 1896, CO 129/271, pp. 437-447: at p. 445, paragraph 16.

[350] 谭钟麟致总理衙门密电，1896 年 4 月 5 日，载罗家伦：《孙中山伦敦被难史料考订》，第 1—2 页。同时见 Memorandum by the Acting Assistant Colonial Secretary, F. J. Badeley, on the Canton Uprising of October 1895, enclosed in Robinson to Chamberlain, 11 March 1896, CO 129/271, pp. 437-447: at p. 444, paragraph 14.

了谭钟麟的要求。[351] 就是说，到了这个时候，尽管孙中山还滞留在香港的话，他也没有被抓起来等候引渡。既然没有被抓起来，自然就不存在他被邀请到域多利监狱吃皇家饭的可能性。

最后谈第二种情况的第三个阶段，即孙中山被香港政府放逐时期（1896—1911）被抓起来等候引渡的可能性。按照笔者目前所掌握的史料，孙中山并没有在放逐令有效期间踏上香港陆地一步，所以不存在他曾被抓起来的可能性。尽管他曾被抓起来了，香港殖民政府也不可能援用引渡法把他引渡到中国大陆，因为香港政府与满清政府并没有引渡犯人的协定。又尽管满清政府提出引渡，也会像1895 年 11 月 12 日那样遭到拒绝。[352] 因此，窃以为孙中山在被香港政府放逐时期（1896—1911）在香港遭到逮捕等候引渡的可能性并不存在。

综合上述分析，必然的结论是：1895 年 10 月广州密谋曝光后，孙中山逃回香港作短暂停留时，并没有被抓起来关进域多利监狱。相反地，他平安地离开香港他往。尽管笔者把搜索范围扩大，往前推到 1883 年 11 月他初到香港读书之时，往后延迟到 1912 年 1 月 1 日他在南京宣誓就职临时大总统之日，同样找不到任何迹象显示孙中山曾在香港的域多利监狱做过客。

应该指出：没有找到证据并不等同没有发生过这种事情，只是在没有找到有关证据之前不能说发生过这种事情。长江后浪推前浪；若孙中山的确曾在香港的域多利监狱做过客，则期待着将来有后进找到真凭实据，了此悬案，为史学界增光，为中区古迹群添彩。

(vii) 1895 年孙中山可曾再见杨衢云？

1895 年广州起义失败了，孙中山逃回香港。在香港期间，除了与陈少白会合，拜见恩师康德黎请教去留，到汇丰银行提款以外，还干了些什么？很明显的探索

---

[351] Robinson to Tan Zhonglin, 12 November 1895, FO 17/1249, p. 46, quoted in Schiffrin, *Sun Yat-sen and the Origins of the Chinese Revolution*, p. 98.

[352] Memorandum by the Acting Assistant Colonial Secretary, F. J. Badeley, on the Canton Uprising of October 1895, enclosed in Robinson to Chamberlain, 11 March 1896, CO 129/271, pp. 437-447: at p. 444, paragraph 14. See also Robinson to Tan Zhonglin, 12 November 1895, FO 17/1249, p. 46, quoted in Schiffrin, *Sun Yat-sen and the Origins of the Chinese Revolution*, p. 98.

目标是：他有没有找杨衢云理论。按情理推，他会渴望找到杨衢云。如此，则接下来的问题是他有没有成功地找到杨衢云？要回答这个问题，就必须确定当时杨衢云是否已经离开香港避难他往。征诸《国父年谱》(1994 年增订本)，则该《年谱》说杨衢云于 1895 年 11 月 3 日离开香港，辗转经南洋、印度等地而最终去了南非。[353] 所据乃谢缵泰后来所撰的《中华民国秘史》。[354] 谢缵泰是杨衢云当时的亲密战友 [355]，其有关杨衢云行踪的信息应该甚为可靠。而据本章上文考证，孙中山在 1895 年 10 月 29 日已经回到香港，而在 1895 年 11 月 2 日才离开香港前往日本。准此，窃以为两人同时在香港的时间最少有三天，孙中山应该能找到杨衢云。

接下来的问题是：杨衢云有没有为了逃避香港警察而躲起来，以至连孙中山都见不到他？对于这个问题，《国父年谱》和《孙中山年谱长编》都没提及。究其原因，很可能是没有掌握到确凿证据，所以不谈为佳。就连当事人谢缵泰在后来所撰的《中华民国秘史》[356] 和孙中山后来所写的追忆 [357]，也没提及。按情理推，则在偷运军火曝光的消息传到香港后，杨衢云因畏罪而尽快躲起来伺机逃亡的可能性极高。这也难怪，当时孙中山最关心的问题同样是留在香港的安危问题而急于向恩师请教。"夫妻本是同林鸟，大难临头各自飞。"夫妻尚且如此，更何况是貌合神离的孙中山和杨衢云？逃命要紧：窃以为孙、杨两人无暇兼顾聚首的可能性是存在的。

另一方面，当时两人都年少气盛，为了"货不能来"与"货不要来"[358] 两道电文而把对方恨之入骨，是情理之常。不顾一切地非找对方理论一番不可，是意料中事。但结果两人有没有最终碰上头？依本书第 547 页之推敲，则双方见面机会甚高，否则谢缵泰无从知道孙中山在苦力抵穗前二十小时就离开了。

尽管如此，下面叙述仍值得商榷："孙中山曾斥杨衢云说：'你为什么到了时

[353] 《国父年谱》(1994 年增订本)，上册，第 96 页，1895 年 11 月 3 日条。
[354] Tse Tsan-tai, *The Chinese Republic*, p.10.
[355] 陈少白：〈谢缵泰之略史〉，载陈少白：《兴中会革命别录》，转载于《辛亥革命》，第一册，第 76—84 页：其中第 77 页。
[356] Tse Tsan-tai, *The Chinese Republic*.
[357] 孙中山：《建国方略·孙文学说》，第八章"有志竟成"，载《国父全集》(1989)，第一册，第 410 页。
[358] 陈少白：《兴中会革命史要》，转载于《辛亥革命》，第一册，第 31—32 页。

期，你自己不来？那还罢了，随后我打电止你不来，隔一日，你又不多不少派了六百人来。'"[359] 并称所据乃陈少白的《兴中会革命史要》。查阅《兴中会革命史要》，则没有这项记载。追查《兴中会革命别录》，同样没有这项记载。看来是引用者记错了出处。其实，孙中山不可能知道六百人这个数字，因为该批人在 1895 年 10 月 27 日黄昏于香港登船时，孙中山没有在场点人头。翌日清晨他们抵达广州时，他已于二十小时之前离开了广州。而事后报章的报道也只是提到约有四百名苦力自香港乘船到广州。六百人这个数字他无从得悉。

广州失败的无情结果是：除了极少数忠贞之士诸如陈少白、郑士良以外，大多数本来同情孙中山的人对他都不怎么样。谢缵泰谓自此再不言革命了。[360] 至于那位曾卖掉了祖产香港苏杭街洋楼一所得资八千以支持广州起义的黄咏商[361]，甚至宣布与孙中山绝交。[362] 孙中山若要继续其拯救中国的革命事业，前面是荆棘满途。

十、后论：
香港为孙中山的革命理论和革命实践打下基础

(i) 乙未事败

乙未广州起义失败了，原来的革命队伍也作鸟兽散。

兴中会方面的骨干，孙中山先走日本再只身逃回檀香山他哥哥孙眉的农场，以免在日本也被清廷设法引渡。盖当时甲午中日战争结束，和议已成，清廷新派公使领事等将依次抵达日本[363]，外传日本政府将允引渡革命党人，故孙中山非再度逃亡不可。跑哪儿？在檀香山有哥哥，是他唯一能暂时依靠的人。旅费怎么

---

[359] 韦基舜：〈事实与真相：回应古物古迹办事处执行秘书吴志华先生，及高添强先生〉，香港《信报》，2004 年 11 月 29 日，第 27 版，引陈少白《兴中会革命史要》。

[360] Tse Tsan-tai, *The Chinese Republic*, pp. 4-5.

[361] 冯自由：《革命逸史》(1981)，第一册，第 6 页。

[362] Tse Tsan-tai, *The Chinese Republic*, p. 9.

[363] 裕庚：〈出使日本大臣裕庚奏报到任呈递国书日期折〉，1895 年 9 月 1 日，载《清光绪朝中日交涉史料》(北平：故宫博物院，1932)，第 48 卷，第 4—5 页。

办？商借五百元于横滨同志，皆不能应命，幸冯自由的伯叔辈冯紫山慨赠，乃得成行。随他逃日的陈少白、郑士良又怎么办？孙中山各给一百元，让陈少白暂留日本，郑士良回香港潜伏。如此这般，原兴中会的骨干全部各散东西。[364]

原辅仁文社的骨干，则杨衢云逃离香港先赴越南西贡，再走新加坡、马六甲、科伦坡，而最后暂时定居于南非。至于谢缵泰和黄咏商，则由于他们自始至终没有在广州密谋之事露面，所以他们还可以在香港安居乐业。但黄咏商到底不放心，跑到澳门躲了起来，可能由于担心过度，次年在澳门病逝。但原辅仁文社的其他成员亦再也不敢聚会，谈论时艰。故原辅仁文社亦烟消云散。

由这两个组织合并而成的香港兴中会，已经全垮了，人去楼空。孙中山的革命事业，是否就此完蛋？没有，因为香港已经为他的革命理论和革命实践打下基础。只要他不放弃，他还可以在这个基础上茁壮成长。

(ii) 实践基础

不错，广州密谋失败了。但孙中山吸取了经验教训。教训之一是如何建立革命队伍的问题。革命队伍又包括革命骨干和革命群众。骨干方面，原来亲如兄弟的、"朝夕往还、相依甚密"[365]、"不谈革命无以为欢"[366]的"四大寇"，一到付诸实践的地步时，马上有两寇当了逃兵。[367]他吃了亏，吸取了教训，但苦欠良策，只能不断地寻找志同道合的人，直到1905年同盟会在东京成立后，他终于找到了一大批志同道合、既勇于任事而又不怕死的留学生当革命骨干。

至于革命群众，乙未之役，三合会让他吃了大亏。他吸取了教训，但同样是苦无良策，因为当时愿意反清的普通群众，在华南就只有三合会会众了，孙中山不能不继续依靠他们。直到同盟成立后，同盟会的骨干回国后渗透新军，孙中山才找到崭新的革命群众。

---

[364] 冯自由：《中华民国开国前革命史》，第一册，第32页。

[365] 冯自由：《革命逸史》(1981)，第一册，第13—15页。《国父全集》(1989年增订本)，第55页。

[366] 孙中山：《建国方略·孙文学说》，第八章"有志竟成"，《国父全集》，第一册，第491页。《孙中山全集》，第六卷，第229页。

[367] 陈少白：〈四大寇名称之由来〉，载陈少白：《兴中会革命别录》，转载于《辛亥革命》，第一册，第76—84页；其中第83页。

有了新的骨干、新的群众，1911 年 10 月 10 日的武昌起义终于成功了。从乙未广州起义到辛亥武昌起义，孙中山经历了七次失败，屡败屡起，最后才取得胜利。这胜利来得好不容易啊！

(iii) 理论基础

研究孙中山思想的论文、专著，不胜枚举。但研究其思想如何形成的，却寥寥无几。这形成的过程，正是 1879 年他往檀香山读书到 1892 年他在香港西医书院毕业这段约十三年的时光。偏偏同行对这关键的十三年，却是着力最少的。1896 年伦敦脱险后，孙中山留在英国自修共九个月，也是他思想形成的重要时刻，可惜研究这段时期的学者也绝无仅有。笔者先研究他 1896—1897 年旅英细节，再通过本书钻研他 1879—1892 年间的读书情况，前后呼应，总祈对他思想的来龙去脉，弄出一个轮廓。

出生于华南农村穷苦家庭、到了虚龄十岁才开始读书识字的孙中山，十三岁到檀香山英国圣公会主办的学校念了三年高小、美国人主办的学校念了半年初中以后，心里点燃了两个火头。第一，对基督教高度的热情。第二，以救国救民为己任。第一个火头表现在他对乃兄表达了领洗进入基督教的愿望，后果是被孙眉遣返故里。[368] 第二个火头表现在他回故里的旅途中，在快要返抵故乡的船上，强烈抗议清朝官吏的贪污腐败。[369]

回到故乡，两个火头还在他心中燃烧。第二个火头促使他在市集要冲疾呼改革 [370]，但无人理会。[371] 他发急了，第一个火头急升，一发不可收拾：他毁渎乡间神像。村民鸣锣聚众，大兴问罪之师，他只身逃往香港。

综观孙中山早年在香港活动前后约十二年（1883—1895）的光景，有几个突出的地方值得注意。

---

[368]　孙中山：〈复翟理斯函〉，载《孙中山全集》，第一卷，第 46—48 页：其中第 47 页。

[369]　Paul Linebarger, *Sun Yat Sen and the Chinese Republic* (New York: Century, 1925), pp. 135-139.

[370]　《国父年谱》(1994 年增订本），上册，第 35—36 页，浓缩了林百克著，徐植仁译：《孙逸仙传记》，第 131—139 页的内容。

[371]　同上。

第一，孙中山最后决定用革命手段推翻腐朽的满清政权，并付诸行动，有一个思想上的发展过程。这个过程，发生在香港。最初，他对基督教的信仰热情高涨；其拯救中国人灵魂的决心，到了考虑要献身教会当宣教师的地步。但在香港念中学的时候，发生了中法战争。清军战败，激发了他的爱国热情，以至他的思想开始从拯救个别中国人的灵魂转变到拯救整个中华民族的命运。换句话说，是国家的灾难把他的思想"拉"到救国救民的道路上。继而在香港西医书院读书，目睹基督教会内各种不平现象，尤其是传教士汤姆森牧师医生种种夺权的厉害手段。其庸俗之处，丝毫没有中国传统所谓"出家人"那种理想般的超尘脱俗，让他非常反感。这种反感，把他"推"离本来要献身传教事业的愿望，拉上革命的道路。"推"与"拉"之间共同形成一股强大力量，让他完全打消了当宣教师的念头，慢慢形成献身于救国救民事业的决心。

第二，救国救民，有两种方式。一种是帮助现有政权改良现状，另一种方式是推翻现有政权重组政府。两种想法，都是孙中山在香港读书时期萌芽的。而在很长的一段时间里，他摇摆于两者之间。首先，他的恩师康德黎医生，对甲午中日战争前的李鸿章是仰慕的，并称赞他是中国的俾斯麦。[372]康德黎的观点，对年轻的孙中山无疑有一定影响，以至孙中山在 1894 年春、夏间有上书李鸿章之举。[373]上书失败后，他还不灰心，把上书投到上海的《万国公报》刊登[374]，希望借此引起当局注意，可惜无人问津。最后他就被逼得决心革命，并利用香港的有利条件，组织革命团体及策动乙未广州起义。

第三，无论是改良或是革命，孙中山都得到香港第一个华人基督教团体——道济会堂——高层人士的支持。该堂的第一任主牧王煜初，关心国是，提倡新政，并在这方面有所著述。[375]该华人基督教团体在广州的宣教师区凤墀，更积极参与孙中山在广州策动的乙未起义。[376]为何王煜初、区凤墀和其他教友如此支持孙中山

[372]   Dr James Cantlie's speech, as reported by anon, "College of Medicine for Chinese", *China Mail*(Hong Kong), Saturday 23 July 1892, p. 3, cols. 1-5: at col. 3.

[373]   见本书第六章。

[374]   孙中山：〈上李傅相书〉，原载上海《万国公报》1894 年第 69、70 期。

[375]   见本书第一章。

[376]   见本章。

的抱负？因为，像孙中山一样，他们都是近代中华民族当中第一批接触到西方文化的人。他们对西方有了一定的认识以后，再比较一下当时中国的落后情况，会产生一种民族危机感。救国救民的思想，就油然而生。可惜后来中国大陆一度不但不了解这批基督教徒的爱国热情，反而指责他们卖国[377]，真是千古奇冤。

第四，孙中山也利用该华人教会作掩护来进行他的革命活动。正由于孙中山在广州与当地的基督教会有密切关系，以至两广总督谭钟麟尽管接到有关孙中山密谋的线报，也不敢轻举妄动。谭钟麟甚至警告那位提出逮捕孙中山的缉捕委员李家焯说，千万别由于逮捕孙中山而被基督教会反噬。[378]若孙中山与基督教人士没有密切往来，他早已做阶下囚。可以说，广州密谋已呈败象后，他与基督教会的关系间接地救了他一命。

第五，另一位间接救他一命的人也是基督徒——他的恩师康德黎医生。广州起义失败后孙中山逃回香港，仰询恩师何去何从？恩师是有识之士，第一个想到的是法律问题：若孙中山继续在香港居留，是否有被引渡回国的危险？故介绍他往见其律师丹尼斯。丹尼斯律师听了孙中山的故事后，认为香港尚无先例可援，但仍劝他马上离开，以防万一。于是他在当天（1895 年 11 月 1 日）就打算与陈少白坐船离开，惜无客轮。[379]也就在同一天，两广总督谭钟麟照会英国驻广州领事，咨照香港总督，要求交出被怀疑在香港避难的孙中山等五人。[380]幸亏他们在第二天就坐上了一艘开往日本的货轮离开。[381]待谭钟麟的咨照到达香港时，孙中山已人去楼空。孙中山逃过一劫。

第六，后来这位基督徒——孙中山的恩师康德黎医生，更直接地拯救了孙中山的性命，那就是伦敦蒙难。

第七，康德黎医生这位基督徒，不单拯救了孙中山的性命，也在广州起义

[377] Lucian Pye, "How China's Nationalism was Shanghaied", in Jonathan Unger ed., *Chinese Nationalism* (New York: M.E. Sharpe, 1996).

[378] 见本章。

[379] Schiffrin, *Sun Yat-sen and the Origins of the Chinese Revolution*, p. 98.

[380] 谭钟麟致总理衙门密电，1896 年 4 月 5 日，载罗家伦：《孙中山伦敦被难史料考订》，第 1—2 页。以后所引均据此版本，而非 1930 年 8 月之上海商务印书馆的初版。

[381] Schiffrin, *Sun Yat-sen and the Origins of the Chinese Revolution*, p. 98.

失败后这关键时刻，拯救了孙中山的革命事业。孙中山逃回香港时的荒凉景象，上文已有所及。回到檀岛，他更凉了半截。光举一例：每股 100 美元为股金股单 [382] 现在都全部变成废纸了。此外，面子也极不好过：捐了钱起义，但"起义军"连一枪也未打响就已土崩瓦解，一败涂地！[383] 孙中山自己追忆说："余到檀岛后，复集合同志以推广兴中会，然已有同志以失败而灰心者。"[384] 他说得倒轻松！审度当时形势，没人破口大骂才怪。当孙眉闻知广州起义失败而有多人被杀头时，他会否为乃弟极度担心而后悔没阻止过他？现在乃弟平安归来，他欢喜若狂之余会采取什么态度？当时他的母亲杨太夫人、孙中山的妻子卢慕贞、长子科、长女金琰等均刚逃离翠亨村而被接养檀岛 [385]，与孙眉合住。[386] 母亲、妻子等会对孙眉说些什么？孙眉的反应是否就是"勖先生不必气馁，应再接再厉"[387] 那么简单？果真如此，则我们将如何解释孙中山在檀岛滞留了六个月 [388] 仍无法去他早已准备去的美洲大陆？如果孙中山腰缠万贯而又矢志赴美的话，他可以不顾一切地去。但当时他不名一文：若哥哥不给盘川，同志不予贷款，他就行不得也哥哥！就在这关键时刻，事情又有了转机。时值恩师康德黎一家在 1896 年 2 月 8 日坐船离开香港 [389] 取道檀岛回国。3 月即于火奴鲁鲁与孙中山街头偶遇 [390]，现在重逢，恩师额手称庆之余，乃给予伦敦地址，勉其来访。[391] 有种种迹象显示，恩师此举是希望孙中山到伦敦深造，完成他的医学学位。[392] 因为正如前述，孙

[382] 《国父全集》(1989)，第九册，第 547 页，注 3。

[383] L. Eve Armentrout Ma, *Revolutionaries, Monarchists, and Chinatowns: Chinese Politics in the Americas and the 1911 Revolution* (Honolulu: University of Hawaii Press, 1990), p. 44.

[384] 孙中山：《建国方略·孙文学说》，第八章"有志竟成"，《国父全集》，第一册，第 411 页。《孙中山全集》，第六卷，第 230 页。

[385] 见郑照：〈孙中山先生逸事〉，载尚明轩、王学庄、陈崧编：《孙中山生平事业追忆录》，第 516—520 页：其中第 518 页。

[386] 《国父年谱》，上册，第 86 页。

[387] 同上。

[388] 孙中山说他在 1896 年 6 月离檀赴美，见其《伦敦被难记》，转载于《国父全集》(1989)，第二册，第 198 页。

[389] Neil Cantlie and George Seaver, *Sir James Cantlie*, p. 95.

[390] "On my way home from China in March 1896, I passed through Honolulu and by accident encountered Sun Yat Sen." See Cantlie to the Under Secretary of State for Foreign Affairs, 19 October 1896, paragraph 3, FO 17/1718, pp. 8-10.

[391] 孙中山：《伦敦被难记》，转载于《国父全集》(1989)，第二册，第 197 页；《孙中山全集》，第一卷，第 54 页。

[392] 见拙著 *The Origins of an Heroic Image*, chapter 4.

中山在香港西医书院所取得的并不是世界公认的内外医科全科学士学位，而是次一等的证书。在这种情况下，如果孙中山向乃兄说，准备到伦敦完成他的医科学业，相信是能打动孙眉之心的。结果事态演变成伦敦蒙难，从此孙中山就义无反顾地投身革命，结束了长期以来他摇摆于救灵魂还是救国家的苦楚。[393]

十一、总　结

广州起义一个突出的地方，是 1895 年 2 月 21 日孙中山的兴中会与杨衢云的辅仁文社正式合并时，双方争当主导，相持不下之余，选举会长（按兴中会章程称会长为总办）的事情就一推再延。[394] 直到 1895 年 10 月 10 日，"众以发难在即，始投票选举会长"[395]。这个会长（总办），不光是区区一个兴中会的会长，而是起事若成功后合众政府的当然大总统。[396] "杨衢云坚欲得总统，尝亲对总理言，谓非此不足以号召中外。"[397] 窃以为杨衢云此言，道出了当时实际情况：地头蛇他有一窝，具影响力的外国朋友他也有不少，甚至香港两大英文报章的主笔都是他的支持者。相形之下，孙中山虽然曾在香港读过书，但在香港没有任何社会基础。陈少白则连西医书院的课程也没念完就退学。郑士良在内地做事，陆皓东任职于上海等。所以，无论从什么角度看，孙派都是势孤力单。

但是，光从杨衢云这一番表演就可以看出，他搞革命的最终目的，是为了个人私利。据云郑士良听了孙中山复述杨衢云的话以后，就嚷着要把他宰了。[398] 郑士良这种表达不满的方式，充分表现出会党人士的本色，也反映了当时某些革命党人中存在着的一个严重问题：他们要推翻满清，但他们本身的意识形态，则仍

---

[393]　见拙著《中山先生与英国》，第三章。

[394]　有云 1895 年 2 月 21 日"召开兴中会成立会，推黄咏商为临时主席"。见《孙中山年谱长编》，上册，第 81 页。所据乃冯自由：〈兴中会组织史〉，载《革命逸史》(1981)，第四册，第 8—9 页及第一册，第 6 页。查《革命逸史》(1981)，第四册，第 1—23 页〈兴中会组织史〉；其中第 8—9 页及第一册第 6 页〈黄咏商略历〉，均没提此事，让人费解。复查冯自由：《中华民国开国前革命史》，也无结果。

[395]　冯自由：〈香港兴中会总部与起义计划〉，载《革命逸史》(1981)，第四册，第 9 页。

[396]　同上。

[397]　冯自由：〈郑士良事略〉，载《革命逸史》(1981)，第一册，第 24—25 页；其中第 24 页。

[398]　同上。

是非常陈旧的。试想，按现代民主程序，所有公民都有权公开竞选，哪有某候选人的支持者竟要手刃竞选对手那样骇人听闻的事！郑士良这种思想，与后来袁世凯之派人暗杀那位有意竞逐国务总理的宋教仁之独裁思想又有什么分别？而且，看来郑士良搞革命的最终目的，同样是为了个人私利。他认为他与孙中山等冒着性命危险到广州冲锋陷阵打江山，得江山后就应该是他们享江山的。从这个逻辑出发，孙派中人肯定会从一开始就质问杨衢云会不会亲自率领敢死队赴穗，而杨衢云很可能就推说辅仁文社有的是武将如朱贵全等，而朱贵全等推他为辅仁文社社长，就足以证明他是将将之才，不必亲自去冲锋陷阵。若杨衢云真的这么说，就难怪郑士良一气之下就嚷着要把杨衢云宰了。

陈少白对这次兴中会竞选会长的记述也反映出类似郑士良的陈旧闭塞思想。他说，选举结果，孙中山得胜。但后来杨衢云对孙中山说，让他暂时先当这个总办，以利指挥，待革命成功后再把位置还给孙中山。孙中山听后很伤心，对陈少白和郑士良说，还未行动已争权夺利。[399] 窃以为陈少白这段记述属虚构故事。孙中山没当上会长，陈少白就勉强说成是先当后让。而在虚构故事的过程中，又把自己的封建思想暴露无遗：在民主法治社会，当选人如果不愿意干下去，只能辞职，让选民另选贤能而绝对不能把位置私相授受。陈少白可能也没把兴中会的章程好好阅读，或一知半解，或打心里不愿意接受。

孙中山严诫郑士良、陈少白等别妄动，证明孙中山当时已接受了现代的民主思想。孙中山由于听了杨衢云的话而退出竞选，证明他搞革命不是为了个人名位与财富。他推翻满清，不是为了建立孙家王朝，而是为了建立共和国。所以，虽然他在童年时代曾敬重洪秀全反清之勇气，成长后反而非常鄙视洪秀全，斥他与杨秀清"互争皇帝"，是太平天国失败"最大的原因"。[400] 他建立共和国，也并非为了自己当总统。所以，虽然他当上了临时大总统，但为了国家福祉，避免打内战，就拱手把临时大总统的宝座让出，并把袁世凯推荐给国民议会选他当总统。虽云当时双方实力悬殊，若打内战则孙中山必败，但古今中外鲜有

[399]　陈少白：《兴中会革命史要》，载《辛亥革命》，第一册，第30—31页。
[400]　孙中山：〈民权主义第一讲〉，1924年3月9日，《国父全集》(1989)，第一册，第65页，第7—8行。

不恋栈权力者。美国人林百克也注意到，孙中山没有一点个人野心，甚至没有丝毫个人主义的味道，他所想的一切，所做的一切，都是为了中华民族的福祉而奋斗。[401]

　　若孙中山舍身革命不是为了个人财富与权势，那是为了什么？是什么无形的力量拉动他勇往直前？是以一己绝对的"无私奉献"来"救国救民"的理想。这种理想来自何方？时值辛亥革命一百周年，环顾全球各有关孙中山的遗址，形形色色的纪念活动，随时随地都能看到他亲手疾书"天下为公"的复制品。此言出自中国古籍《礼记·礼运》，则似乎孙中山"无私奉献"的理想来自中国的传统价值观。其实不然，《礼记·礼运》及中国其他古籍都没教人作"无私奉献"。而综观孙中山一批又一批国学修养比他深的革命同志，似乎都没有一个人像他那样"无私奉献"。倒数来说吧，他在国民党的继承人蒋中正，国学修养远远超过孙中山，但蒋中正谈不上是"无私奉献"的人。汪精卫的国学修养，更是孙中山所望尘莫及，但当汪精卫在战都重庆被蒋中正边缘化后，就投靠日本去了，谈不上"无私奉献"。黄兴接受过正规的传统教育，国学修养远远超过孙中山，而且在历次起义及武昌起义中，军功彪炳；但后来孙中山要求党员宣誓效忠于他时，黄兴就退出革命队伍。孙中山此举不一定妥当，但黄兴没有考虑到孙中山的动机是希望松懈的党员更能步伐一致，而不是出于个人的权欲。章太炎的国学修养更是了不起，他当上同盟会在东京革命喉舌《民报》的主编后，鼓吹革命，功劳至巨。但当孙中山被迫离开东京并带走一切款项后，章太炎就反目，对孙中山进行体无完肤的人身攻击，大大地破坏了革命队伍的团结。章太炎同样没有考虑到，孙中山此举不是为了个人享乐，这笔钱他是用来从事革命的。章太炎急缺经费继续办报，想办法筹款就是了。再倒数到孙中山在香港读书时高谈反满的"四大寇"之一的杨鹤龄，与孙中山是翠亨村的同乡。杨家有钱，雇私塾老师专门教导杨家子弟。孙中山家贫，适龄时连村塾也无力上，直到他虚龄十岁时，哥哥孙眉从夏威夷汇款回来，才开始读村塾，三年后就转到夏威夷读英语学校，故国学修养同样不如杨鹤龄。但到了真正采取行动来推翻满清——1895年的广州起义——的时候，

---

[401]　Linebarger, *Sun Yat Sen and the Chinese Republic*, p. 119.

杨鹤龄就拒绝参与了。[402] 上述一批又一批曾一度是孙中山的革命同志，其国学修养均超过孙中山，但想得更多的还是个人得失，而不是为了一个理想而"无私奉献"。他们所受的教育不包括"无私奉献"，而"光宗耀祖"的思想却不少。

　　那么，孙中山"无私奉献"的思想若非来自汉学，则是否来自西学？在1895年广州起义与孙中山合作的原辅仁文社社长杨衢云及社友，西学都很好的。但正如前述，广州起义还在筹备中，杨衢云就抢先说事成后他要当总统。孙中山干脆让步，集中精神投入广州起义的具体工作。在"无私奉献"这问题上，高下立见。就是说，深受西学影响的人不一定就能做到"无私奉献"。那么，孙中山与杨衢云的分别在哪儿？孙中山是位"无私奉献"的耶教徒。论财富，他把募捐而来的钱全部如言投放在革命事业，自己不留分毫。终于，辛亥革命成功了。反观康有为，他舍不得把募捐而来的钱如言投放在庚子勤王，却用之在南美置业，结果庚子勤王失败了。[403] 论遗产，孙中山留给爱妻宋庆龄的，只有他自己的几套衣服、一些书籍，以及加拿大华侨赠他的上海故居，如此而已。

　　至于杨衢云，则除了他矢志革命之志最终目的是为了自己当总统"光宗耀祖"这种传统思想以外，其他方面也表现出他深具"侠义心肠"这种同样是传统的价值。事缘广州起义失败后，杨衢云远走南非，本可就此隐姓埋名而定居下来，却心念祖国，终于又冒着生命危险返回香港，并于1898年往日本求见孙中山，希望继续携手合作救国。有云当时孙中山面斥杨衢云，杨衢云接受批评，促成两人再度合作，共同策划1900年之惠州起义。起义前一年的1899年，孙中山邀请长江流域的哥老会和珠江流域的三合会等秘密会社首脑在香港成立兴汉会，会上众人推举孙中山为总会长。孙中山吸取了1895年广州起义两派相争的惨痛教训，请杨衢云辞去兴中会会长之职，杨衢云当即答应，已见胸襟；更难得的是，杨衢云辞职后不单没有任何消极表现，且全身投入惠州起义，就连对他一直成见甚深的孙中山与陈少白也极为感动，以至惠州起义失败而杨衢云逃回香港并

---

[402]　陈少白：〈四大寇名称之由来〉，载陈少白：《兴中会革命别录》，转载于《辛亥革命》，第一册，第76—84页；其中第83页。

[403]　见拙文 "Three Visionaries in Exile: Yung Wing, K'ang Yu-wei and Sun Yat-sen, 1894-1911", *Journal of Asian History* (Otto Harrassowitz, Wiesbaden, West Germany), v. 20, no. 1(1986), pp. 1-32.

图 8.22　杨衢云被刺杀的遗址今貌。香港结志街 52 号，为其寓所兼书馆

图 8.23　杨衢云在香港的无名断头墓碑。立碑者怕清廷派人毁坟鞭尸，故意不刻碑文。2011 年时值辛亥革命一百周年，香港热心人士在旁另竖碑文，见证历史变迁

终于在 1901 年 1 月 10 日两广总督德寿派刺客将其杀死后[404]，孙中山闻讯即召集同志，为其举哀；更在海内外筹款以助遗孤；[405] 又亲笔修书对谢缵泰说："痛公之亡，晚膳皆不能下咽。"[406]

又哪怕是谢缵泰，由于他与孙中山不和，而对孙中山尽人身攻击之能事；但全盘考虑谢缵泰所做的一切，其主要动机还是盼望祖国进步，并为此而在精神和物质上都做了重大付出。光是这一点，就值得世人尊敬。总之，本书所及之首批受西方"现代化"思潮影响的通商口岸知识分子，即本书第四章提到的诸如孙述宪之辈污蔑为"番书仔"的热血青年，都是非常爱国的；他们的英雄形象，不会因为一些狭隘偏激的谰言妄语而有所褪色。

---

[404]　见拙文 "Chinese Attitudes Towards Hong Kong: An Historical Perspective", *Journal of the Oriental Society of Australia*, v. 15-16 (1983-1984), pp. 161-169. 又见杨拔凡：〈杨衢云家传〉（手稿），1955 年冬定稿，收入杨拔凡、杨兴安合著：《杨衢云家传》，第 14—50 页；其中第 19 页。杨衢云被刺杀时才四十岁。

[405]　杨拔凡：〈杨衢云家传〉（手稿），收入杨拔凡、杨兴安合著：《杨衢云家传》，第 14—50 页；其中第 22 页。

[406]　孙中山函谢缵泰，1901 年 2 月 13 日。该毛笔亲笔函全文拍照复制在杨拔凡、杨兴安合著：《杨衢云家传》，书首图片部分以及第 22 页；该图片说明却误作 1900 年 12 月 25 日。

第九章

任重道远:
"同志仍须努力"

革命尚未成功

同志仍须努力

孙文

一、任　重

辛亥革命距今百载，"孙中山研究"则为时更久——一个世纪以来已有不少人写过关于他的文章，然而成绩如何？"同志仍须努力"。为什么？"道远"也。

二、道　远

造成"道远"者，主要有两个因素：

1. 客观的因素：即自然的因素，主要是由于史料严重缺乏。

2. 主观的因素：即人为的、由于政治或个人的原因，替孙中山研究造成极大困难。

(i) 自然的因素

伟人成名之前，极少有人刻意保存有关文献。待他成名以后，再去追查，则绝大部分文献早已湮没，真相难明。

例如，很长的一段时候，历史学家连孙中山的出生年月日也说不清楚。孙中山生前最亲密的一位战友汪精卫回忆说：追随先生多年同志，屡欲知先生生日，先生咸不答。有时笑曰："我不说给你们知道，但到了那一日我必请你们吃晚饭。"而先生每年约同志晚餐者并非一次，同志终不能确定先生生日也。[1] 这种现象被当时一位外国作者抓着作为笑柄，嘲弄一番说："据最近出版的一本、由孙中山本人提供材料的孙中山传记（按即林百克的英文原著《孙逸仙传记》），孙中山连他自己是何年何月何日生也不清楚，也从不关心。另据一位在场的人说，最

---

[1] 汪精卫：〈孙先生轶事〉，《岭东民国日报》，1925 年 11 月 18 日；转载于《国父年谱》(1994)，上册，第 8 页，1866 年 11 月 12 日条。

后一次庆祝孙中山生日，是在 1924 年 11 月 2 日举行。在毫无头绪的情况下，国民政府竟然钦定孙中山的生日为 11 月 12 日，并从此就在每年的 11 月 12 日，大事庆祝'国父诞辰'。"[2]

孙中山也曾两次亲笔手书自传，第一次是在 1896 年，说他自己生于 1866 年"华历十月十六日"[3]，当为 1866 年 11 月 22 日。近年在孙中山夫人卢慕贞遗物中，发现孙中山生辰八字云："乾诞于同治五年十月初六寅时（丙寅、己亥、辛卯、庚寅）。"[4] 可确知为 1866 年 11 月 12 日。国民党先前误打误撞，结果撞对了！此日期比孙中山第一次手书的自传早了十天，孙中山可能记忆有误，或写错了。

孙中山第二次亲笔手书自传，是在 1919 年。[5] 笔者发觉其中也有错误。例如，他说 1895 年广州起义"败后三日，予尚在广州城内；十余日后，乃得由间道脱险出至香港"[6]。经考证，这笔史料是错误的，笔者并有理由相信，孙中山是为了达到某一个政治目的而故意这样说的，个中情由，请参看笔者在本书第八章的考证。

国民政府定都南京后，于 1930 年成立中国国民党中央党史编纂委员会，最初目的是编纂孙中山的年表。该会委托委员邓慕韩[7]、编纂王斧[8]、成员钟公任[9]等，在 1930 年和 1931 年先后到中山县（今中山市）采访其亲属，包括孙中山

[2] Lyon Sharman, *Sun Yat-sen, His Life and Its Meaning: A Critical Biography* (New York: John Day Co., 1934), p. 4.
[3] 孙中山手书自传墨迹原件：〈复翟理斯函〉，中国国民党中央党史会藏，转载于《孙中山全集》，第一卷，第 46—48 页。
[4] 黄季陆：〈国父生辰考证的回忆〉，《传记文学》（台北），第 11 卷第 2 期，1967 年 8 月号。复见黄季陆：〈国父生辰的再考证〉，《传记文学》（台北），第 11 卷第 3 期，1967 年 9 月号。均转载于《国父年谱》(1994)，上册，第 9 页，1866 年 11 月 12 日条。
[5] 孙中山：《建国方略·孙文学说》，第八章"有志竟成"，载《国父全集》(1985)，第一册，第 409—422 页。《孙中山全集》，第六卷，第 228—246 页。
[6] 孙中山：《建国方略·孙文学说》，第八章"有志竟成"，载《国父全集》(1985)，第一册，第 410 页，第 20 行。
[7] 邓慕韩：〈调查访问材料〉，载中国国民党广东省党部编：《新声》，第 18 期 (1930 年出版)。转载于孙中山故居纪念馆编：《孙中山的家世》（北京：中国大百科全书出版社，2001)，第 109—112 页。以下简称故居编：《家世》(2001)。按邓慕韩 (1881—1953)，广东三水人，1905 年后随孙中山革命，1930 年后任国民党中央党史编纂委员会委员兼广州办事处主任。
[8] 王斧：〈总理故乡史料征集记〉，载《建国月刊》，第五卷第 1 期，1931 年出版。转载于故居编：《家世》(2001)。按王斧 (1880—1942)，广东琼山（今属海南）人，1901 年起追随孙中山革命，1930 年后任国民党中央党史编纂委员会编纂。
[9] 钟公任：〈采访总理幼年事迹初次报告〉，1931 年 5 月 14 日，原件藏台北中国国民党中央党史馆，转载于故居编：《家世》(2001)，第 120—124 页。按钟公任 (1882—1947)，广东镇平（今蕉岭）人，1905 年后随孙中山革命，1930 年后任国民党中央党史编纂委员会成员。

的四姐孙妙茜（1863—1955），孙中山的原配夫人卢慕贞（1867—1952），以及村民陆华兴等。

可惜笔者发觉，孙妙茜对王斧所述内容是有错误的；例如她说：孙中山"跟眉公往美国读书，十八岁回香港续学英文。常亦回家。不料乡中神庙中，有数处偶像，忽然被人断颈裂胸……"[10] 严格来说：

1. 孙中山并非与孙眉同行。

2. 他是往夏威夷而非美国，盖当时的夏威夷尚未被美国并吞。

3. 他离开夏威夷后，并没有马上去香港读书，而是直接回到翠亨村。

4. "断颈裂胸"是言过其实了，其他史料只说是断了北帝的手指，划花了金花娘娘的脸；断指与划花脸都比较容易办到，也快捷；断颈裂胸则较难，也花时间。几个顽童仓促闹事，其实心里也有点发毛，必欲速战速决。

5. 他是在翠亨村毁渎神像之后才逃往香港，并非在香港读书期间回翠亨村毁渎神像。[11]

这些错误，窃以为是可以解释的。关于：

第1点：孙妙茜可能是泛指孙中山出国去依靠孙眉，而不一定是指两人同行。孙妙茜乃村妇，又不识字[12]，她用字遣词，不会像读书人那么严谨。

第2点：由于后来夏威夷在1894年7月4日被美国吞并，以至很多没深究其事的现代学者，都误会孙中山曾到过美国的夏威夷读书，就难怪文化水平不高的孙妙茜也有过这种误会了。至于

第3—5点，则事发的1883年，孙妙茜虚龄二十一岁，相信已经嫁出，回娘家时道听途说，对事情的经过一知半解，完全可以想象。这件事例说明，当事人间接了解到的情况，其可靠性要比亲历其境的描述要低。因此在运用口述史料时，首先必须鉴定讲述者所据是第一手还是第二手的信息，再核实其可靠性。

---

[10] 王斧：〈总理故乡史料征集记〉，载《建国月刊》，第五卷第1期，1931年出版。转载于故居编：《家世》（2001），第113—119页：其中第117页。

[11] 详见本书第四、第五章。

[12] 孙妙茜对王斧说："我是不识字的"，见王斧：〈总理故乡史料征集记〉，载《建国月刊》，第五卷第1期，1931年出版。转载于故居编：《家世》（2001），第113—119页：其中第116页。

　　从另外一个角度考虑问题，则孙妙茜虽然不识字，但似乎记忆力特别强。譬如，曾在孙中山故居工作多年的邹佩丛君，在分析研究孙氏家族源流的各种有关记载时，发觉尽管王斧在采访孙妙茜时，孙妙茜一面向其展示记载孙植尚为十四祖的《翠亨孙氏家谱》，同时仍说"十世植尚公，分房"[13]。孙妙茜的话有佐证：其一是孙眉所记《翠亨孙家家谱略记》；其二是孙社正所修《翠亨敦业堂茂成孙公家谱》。

　　两份资料都说孙植尚是十世。又鉴于《翠亨孙氏家谱》本身也有孙氏十世孙直（植）吴的记载，邹佩丛断定孙植尚与孙直（植）吴同属植字辈，皆十世。[14]又断定《翠亨孙氏家谱》把孙植尚列为十四世，与孙殿朝、孙殿侯等殿字辈[15]诸人同辈，是错误的。

　　准此，邹佩丛的结论是，孙妙茜的记忆是准确的，并认为她与乃兄"从小就将家族中口耳相传的自其十世至十七世直系祖先名讳写在纸上（孙眉），记在心中（孙妙茜），以至出口成诵"。[16]窃以为邹佩丛君言之成理，故对于使用孙妙茜的口碑，信心大增。至于孙妙茜的亲戚朋友，在复述她的口碑时，有可能掺杂了政治或其他因素的情况（见本书第三章），研究者又必须提高警惕。

　　孙中山的原配夫人卢慕贞，对钟公任所述内容也有错误。例如，她说她娘家"距总理家七八里"[17]。按她所说的里是华里，而一华里约半公里。回想 2006 年 3月 14 日，笔者在孙中山故居纪念馆的职员帮助下，专程前往参观卢夫人故居之后，坐小汽车回翠亨村时，车程约十分钟，估计两地距离约七八公里，比卢夫人所说的，远了一倍。[18]笔者感到不满足，于 2006 年 3 月 28 日再专程从广州坐长途车到珠海，同样在翠亨孙中山故居纪念馆的职员帮助下，重临卢夫人故居外沙村村口以外的直线公路，自那里坐小汽车到翠亨村村口，计程表显示了 5.5 公里。

[13]　邹佩丛：《孙中山家族源流考》，中山文史第 57 辑（中山：政协广东省中山委员会文史资料委员会，2005），第 64 页。
[14]　同上书，第 63 页。
[15]　同上书，第 60 页。
[16]　同上书，第 64 页。
[17]　钟公任：〈采访总理幼年事迹初次报告〉，1931 年 5 月 14 日，原件藏台北中国国民党中央党史馆，转载于故居编：《家世》（2001），第 120—124 页；其中第 124 页，回答第 19 条提问。
[18]　黄宇和：〈唐家湾、外沙村、崖口杨家村调查报告〉（手稿），2006 年 3 月 14 日。

若加上远眺蔡昌故居与小汽车所在地的距离，及过去弯弯曲曲的田间小路，上山下坡的羊肠小径，过去走路共应约 7 公里以上 [19]，与孙中山故居纪念馆的萧润君馆长在 2006 年 3 月 24 日星期四在电话里回答笔者提问时，所作的估计吻合，证明卢夫人所说的七八华里不够准确。卢夫人的错误比较难于解释。她出嫁后肯定多次回娘家，若走路则对距离会有一定认识，若坐肩舆也会询问肩夫以便付钱。1931 年她回答钟公任提问时才六十五岁，记忆应无大碍。问题在于现代学者要求之严谨，大别于过去村妇追忆之约略。

近人也重视搜集有关孙中山的口述史料，而以李伯新先生为著。正如前述，李伯新先生从 1955 年 9 月就开始在翠亨村孙中山故居工作。[20] 可惜到了那个时候，孙中山的四姐孙妙茜，已于同年 1 月 16 日去世 [21]，但李先生仍开始断断续续地采访有关人士及笔录其口述。首先是搜集了 1957 年 5 月杨连逢专程到澳门采访的记录。时久居澳门的卢慕贞夫人已于 1952 年 9 月 7 日逝世 [22]，杨连逢无法采访她，犹幸当时已经是虚龄九十七岁的孙缎仍健在，故采访了孙缎。[23] 孙缎者，孙中山的堂姐、孙中山三叔孙观成之女。

李伯新本人则于 1959 年开始采访有关人士，第一位是陆天祥。在此后的七年里，李伯新重访陆天祥六次，总共采访七次。初访时陆天祥虚龄八十三岁。[24] 准此，笔者推算他可能比孙中山少十岁。从 1960 年 5 月 10 日开始，李伯新又连续采访杨连合，也是共采访了七次，最后一次有目前的孙中山故居纪念馆馆长萧润君先生参加。[25] 杨连合者，孙妙茜长孙，孙中山外甥孙，平常喜听亲友讲述有关孙中山事迹。李伯新初访他时，年龄四十六岁。从 1965 年 8 月 15 日开始，李伯新又连续采访杨珍，也是共采访了七次。杨珍者，翠亨村人，孙妙茜的好友。

[19] 黄宇和：〈翠亨村调查报告〉（手稿），2006 年 3 月 27—30 日。
[20] 李伯新：《孙中山史迹忆访录》，中山文史第 38 辑（中山：中国人民政治协商会议广东省中山市委员会文史学习委员会，1996），"前言"。
[21] 孙满编：《翠亨孙氏达成祖家谱》，1998 年 12 月印本，转载于故居编：《家世》(2001)，第 12—28 页；其中第 18 页。
[22] 同上书，第 20 页。
[23] 杨连逢采访孙缎，1957 年 5 月，载李伯新：《孙中山史迹忆访录》，第 165—166 页。
[24] 李伯新采访陆天祥，载李伯新：《孙中山史迹忆访录》，第 59—64 页。
[25] 同上书，第 79—95 页。

李伯新初访她时，年龄六十八岁，故笔者推算她约比孙妙茜小三十四岁。由于孙妙茜很长时间负责看守孙中山故居，而杨珍又曾在孙中山故居工作，故从孙妙茜那里听了不少孙家故事。此外李伯新又采访了翠亨村其他老人，甚至邻村人士。终于集结成书，1996 年出版。[26]

　　本书就采用了不少李伯新先生所搜集到的口述史料。虽然其中无意之失诸如记忆错误者有之，故意褒贬而带感情用事者亦屡见不鲜；至于那些出于政治等因素而编造的神话，更不在话下。所以，像处理原始文献一样，口述史料都必须经过鉴定其真实性，验证其可靠性，衡量其可信程度，方能使用。方法包括多找旁证，实地考察，细密思索。日夜神游冥想之处，不亚于侦探破案之决心。

(ii) 自然因素可以克服

　　上述种种缺乏原始文献所造成"孙中山研究"重重困难的自然因素，是可以克服的，对策大致有二：即通过

　　1. 长期作地毯式的实地调查，可以弥补档案资料之严重不足。

　　2. 对有关细节的微观钻研，可以达到了解宏观历史的境界。例如本书当中的：

　　第一章"辛亥百年"：

　　为什么爆发辛亥革命？众说纷纭，莫衷一是。其实海纳百川，所有解释都可以归纳为一条大道理：中华民族必须"现代化"，否则落后的中国必定被"现代化"的列强征服，中华民族会变成亡国奴。

　　何以见得？在 19 世纪，欧洲列强挟其"现代化"的军事力量，排山倒海般东来，在两次鸦片战争（1839—1842 年与 1856—1860 年）中，攻打中国犹如摧枯拉朽[27]，中国被迫签订城下之盟。丧权辱国的不平等条约接踵而来。

　　此后百年间，中国被强迫签订了大约 745—1 000 条的不平等条约[28]，国人称此时期为"百年国耻"。准此，亡国灭种的惊呼不绝于耳，救国救民之喊声震耳欲聋。

---

[26]　李伯新：《孙中山史迹忆访录》。

[27]　见茅海建：《天朝的崩溃》（北京：生活·读书·新知三联书店，1995）。

[28]　见 Wang Dong, "The Discourse of Unequal Treaties in Modern China", *Pacific Affairs*, v. 76, no. 3 (Fall 2003), pp. 399-425: at p. 419.

　　因为，割地赔款的痛楚，不光是由于物质上的损失；在心灵上，中国精英遭受了前所未有的沉重打击[29]：两次鸦片战争彻底动摇了中国精英对华夏文化的信心，消极甚至绝望者无数。陈天华之蹈海，是显例之一。

　　先知先觉者诸如孙中山，不单不消极，反而从积极处着想，从而油然产生仰慕西学之心，并试图利用西学促使中华民族"现代化"，这是他与众不同之处。更由于他深受耶教传教士那种"无私奉献"思想的影响，以至他自己也无私地献身革命。结果是，孙中山所领导的辛亥革命，推翻了千年帝制，创立了中国历史上第一个共和国——中华民国。众望所归，孙中山当选为临时大总统，并于1912年1月1日宣誓就职，是为中国有史以来第一位总统。

　　所以，中国近代史上有非常清晰的一条脉络：没有鸦片战争，中国人就没有积极仰慕西学之心；没有仰慕西学之心，就没有我们所认识的孙中山；没有孙中山，就没有我们所认识的辛亥革命。

　　那么，这个宏观大道理，是通过什么微观细节建立起来的？笔者从1984年开始前往孙中山出生的翠亨村实地调查，近年去得更是频繁，结果发现：

　　第一，孙中山童年与姐姐上山打柴，无论从村南的金槟榔山山顶，还是从村北的犁头尖山山腰，都无可避免地看到珠江河口那万舟云集的金星门；洋人借这些船只，运来中国的全是鸦片。正当的商船会驶进正当的港口诸如广州，货物验关放行。见不得光的鸦片烟船，早在鸦片战争以前就惯于停泊在"治外"的天然"避风港"诸如珠江河口靠西的金星门，或更著名的珠江河口靠东之伶仃洋（见第四章图4.1和图4.2、第五章图5.23）。

　　第二，待穷苦的孙中山等到实龄九岁，而终于交得起学费进入村塾读书时，他第一位老师是一名瘾君子，烟瘾发作时，就频频缺课；不久更因为鸦片烟瘾大发，无钱买鸦片烟及时制止痉挛等极端痛楚，结果在村塾中一命呜呼，把学童们吓得魂飞魄散。

　　第三，这一切，对孙中山的幼小心灵，都是极大的震撼！后来，他先后在檀

[29]　Tu Wei-ming, "Cultural China: The Periphery as the Center", *Daedalus*, 120:2 (1991), pp. 1-32: at p. 2. See also Tu Wei-ming ed., *The Living Tree: The Changing Meaning of Being Chinese Today* (Stanford: Stanford University Press, 1994).

香山和香港所接受的西学教育，把他的世界观改变了——中国有出路，出路在于"现代化"。笔者把他接受的西学教育做微观分析，终于明白为何他最后走上革命道路：他矢志促使中国"现代化"。

第二章"家世源流"：

第一，查明孙中山家世源流这微观问题，可以了解到最初支持他革命的基本群众是广府人这宏观历史关键。若他是客家人，则客家人无论是在孙中山后来历次起义所在地之广东，或是出洋谋生的华工中，都是弱势社群，要号召人多势众的广府人参加他倡议的革命，难矣哉！

第二，彻查孙中山家世源流这微观细节，而牵涉到的另一个宏观问题，是孙中山是否贵胄后裔？盖罗香林教授所倡议的"紫金说"，坚称他是唐朝侯爵的后裔，耕读世家。中国国民党党史委员会所坚持的"东莞说"，则谓他只不过是普通农家子弟。贵胄后裔与贫穷的农家子弟，对于革命思想之萌芽，其脑袋提供了不同的土壤！

第三章"国学渊源"：

第一，鉴定了孙中山出生的房子是青砖大屋还是泥砖蜗居这芝麻绿豆的小事，才明白他投身革命，是为广大贫苦大众请命。结合这种情况，再探求他童年及青少年时代读过什么圣贤书，就明白他为何仰慕汤武革命[30]，孙中山之最终走上革命道路，自有其国学渊源。

第二，光有国学渊源诸如汤武革命的知识，还不足以促使孙中山献身革命。纵观孙中山一生之中，结交了一批又一批的革命志士，但似乎没有一人像他那样"无私奉献"。上述一批又一批曾一度与孙中山志同道合的人，其国学修养均超过孙中山，但他们想得更多的是个人得失，而不是为了一个理想而"无私奉献"。究其原因，他们所受的教育不包括"无私奉献"；"光宗耀祖"的思想倒是不少。孙中山"无私奉献"的精神来自耶教：他先后在檀香山和香港读书时，受到耶教传教士那种"无私奉献"的精神深深感染。故本书第三章就开始探索他1879年至1883年在檀香山的教会学校接受教育的情况。但做这种探索之前，

---

[30] 孙中山：〈复翟理斯函〉，载《孙中山全集》，第一卷，第46—48页；其中第47页。

对于孙中山国学渊源仍有不尽言之处，下面继续讨论。

第三，洋人一方面严厉批评科举出身的士大夫，自鸦片战争以降，百般阻挠中国向西方学习的进程。[31] 另一方面，对积极向西方学习的孙中山，又拾传统士大夫诸如康有为、章太炎等的牙慧，来批评孙中山国学根底浅。[32] 一句话，洋人总觉得当时的中国人，无论是进步还是落后，都一无是处。探索孙中山国学渊源各种微观细节，大有助于我们了解一个宏观大道理，即洋人甚至某些华人自己，对孙中山根深蒂固的偏见。

第四，中国四书五经所表现出来的精神，与基督教教义的价值观，既有劝人为善那相同的一面，也有基督教严禁中国信徒拜祖先等重大分歧。这种分歧，在孙中山生长的那个时代，发展成为多宗严重的流血事件，外国传教士与中国的士绅势同水火。[33] 孙中山既然有读圣贤书，怎么会信奉基督教？这个宏观大问题，也在第三章通过微观探索而了解到其中奥秘。孙中山认为基督教进取，儒家守旧，佛家、道家也如是；西方信奉耶教，结果"现代化"了，中国墨守成规，以至落后挨打；他的结论是：中华民族必须"现代化"，否则就有亡国灭种之虑。要"现代化"，就必须深切了解耶教精髓，从实用角度出发，诚所谓"不入虎穴，焉得虎子"。结果，在火奴鲁鲁意奥兰尼学校所有华裔学童当中，孙中山率先入教了，之后又鼓励同学唐雄领洗。

第五，孙中山领洗进入耶教后，其对耶教热情之高，曾经有过当宣教师的依

---

[31]　费正清教授说，中国西化的进程 was "obstructed at every turn by the ignorance and prejudice of the Confucian literati". See John King Fairbank, *China, A New History* (Cambridge, MA: Harvard University Press, 1992), p. 217.

[32]　Teng, Ssu-yu and John King Fairbank eds., *China's Response to the West* (New York: Atheneum, 1963), p. 193, which forms part of a section entitled "Sun Yatsen's Early Revolutionary Program". 史扶邻也批评孙中山"对经典缺乏全面的修养"，见其《孙中山与中国革命的起源》（北京：中国社会科学出版社，1981），第10页，所据乃陈锡祺：《同盟会成立前的孙中山》（广州：广东人民出版社，1957年初版，1981年重印），第8页。但陈先生是拿孙中山与康有为比较。平心而论，康有为毕生功力在古籍，孙中山只读过其中的四书五经，从数量上当然是无从比较。但问题是，四书五经是否最有代表性的国学的精髓？熟读四书五经而明白个中道理的人，当时以至当今又有多少？中国古籍浩瀚如海，康有为又是否全部看了？窃以为焦点是量还是质的问题。

[33]　See Paul Cohen, *China and Christianity: The Missionary Movement and the Growth of Chinese Antiforeignism, 1860-1870* (Cambridge, MA: Harvard University Press, 1963). 吕实强：《中国官绅反教的原因，1860—1874》（台北：中国学术奖助委员会，1966）。

稀想法，目的是把西方的先进思想在中国传播。但后来却决定从事革命，结果冯自由说："余在日本及美洲与总理相处多年，见其除假座基督教堂讲演革命外，足迹从未履礼拜堂一步。"[34] 多年跟随孙中山在东南亚奔走的张永福也说："先生为教徒，但永不见其到教堂一步。"[35] 这种现象该如何解释？上文介绍过了，孙中山信耶教最基本的理由，是借此促使中国"现代化"。革命是促使中国"现代化"最直接的途径，但耶教却与中国的传统价值观和思想感情有重大矛盾，他要革命就必须争取广大同胞支持，要取得这种支持，就不能大张旗鼓地做耶教徒，结果星期天上教堂做主日礼拜也免了。

第六，世人皆爱谈孙中山幼时仰慕太平天国的洪秀全与杨秀清，但极少提及孙中山当时之亲身经历。这种现象，给人以没头没脑的感觉。因为单独地讲洪、杨故事不一定能引起孙中山共鸣。但是，找出孙中山曾目睹清吏横行等微观细节，即明白当他听到已有前人挺身而出，反对满清暴政时，仰慕之情油然而生，就在所难免了。

第四章"檀岛西学"：

第一，查明孙中山在 1879 年 5 月，是采用什么交通工具，从翠亨村到达澳门这鸡毛蒜皮的小事，才明白他"慕西学之心"[36] 这句石破天惊的话之源头。盖此语"不特表示先生在思想上开拓新境界，而且在生命上得到新启示。此种自我之发现与生命之觉醒，实为先生一生伟大事业之发源"[37]。换句话说，这正是孙中山革命性之"现代化"改革开放思想的开始。

第二，接着探索孙中山从澳门到檀香山时，所坐的船是英人之船，还是葡人之舟；若是英人之船，孙中山会产生慕英学之心；若是葡人之舟，孙中山会有慕葡学之意。结果，证明了澳门大学历史系霍启昌教授所坚称的孙中山是坐葡人之舟，属子虚乌有；由此而证明启发孙中山"慕西学之心"者是当时如日中天的盎格鲁—撒克逊文化，不是夕阳斜照的葡萄牙文明。

---

[34]　见冯自由：〈孙总理信奉耶稣教之经过〉，载《革命逸史》（北京：中华书局，1981 年重版），第二册，第 9—18 页：其中第 12 页。

[35]　张永福：〈孙先生起居注〉，载尚明轩、王学庄、陈崧编：《孙中山生平事业追忆录》（北京：人民出版社，1986），第 820—823 页：其中第 822 页。

[36]　孙中山：〈复翟理斯函〉，载《孙中山全集》，第一卷，第 46—48 页：其中第 47 页。

[37]　《国父年谱》(1994 年增订本），上册，第 27 页，1897 年 6 月条。

　　第三，再查明孙中山在檀香山的意奥兰尼学校读书时，是寄宿生而非走读生，这貌似无关宏旨的小节，才明白他接受的，正是当时盎格鲁—撒克逊民族赖以建立与维持日不落大英帝国的所谓"公学"式的全面教育，意义就非同小可。

　　第四，继而设法了解意奥兰尼学校校监韦礼士主教的生平及其为人，这又似乎是离题的小节，方醒悟到韦礼士主教用他那种横眉冷对别人批评他"顽固"的态度，排除万难地打造一所卓越的学校。正所谓不知我者骂我顽固，知我者赞我顽强。韦礼士主教以身作则地投身教育，孙中山的顽强，是否深受韦礼士主教所影响？孙中山最终义无反顾地投身革命，是否也曾被韦礼士主教之无私奉献精神所启发？谚云："近朱者赤，近墨者黑"；孟母三迁，自有其千古不易之理。

　　第五，进而深入探索当时美国纲纪慎会传教士，在檀香山华人社会的传教活动，这又似乎与孙中山终于走上革命道路这宏观历史问题风马牛不相及的小节，才深切地了解到，当时孙中山为何滋生出如此高涨的宗教热情，为何他嚷着要领洗进入耶教，以及为何他甫返翠亨村，就毁渎北帝之像这种"造反"行为。

　　第六，最后寻求各种微观细节，印证孙中山对他自己在夏威夷所受教育所下的结论："忆吾幼年，从学村塾，仅识之无，不数年得至檀香山，就傅西校，见其教法之善，远胜吾乡。故每课暇，辄与同国同学诸人，相谈衷曲。而改良祖国，拯救同群之愿，于是乎生。当时所怀，一若必使我国，人人皆免苦难，皆享福乐而后快者。"[38]他更自言在英国人办的意奥兰尼学校三年所受的教育引起他身心变化最大，其中最重要者莫如学校纪律严明的好处，让他感到必须竭诚遵守校中纪律，并准此而渴望中国人同样醒悟到，自觉地遵守纪律的重要性。[39]

　　第五章"中学时代"：

　　第一，集中探索孙中山高涨的宗教情绪，如何慢慢地变成高涨的革命热情这深层次性的转折。通过微观钻研那位替孙中山施洗进入耶教的喜嘉理牧师，那种迹近狂热的狭隘宗教信仰，就不难发觉孙中山越来越体会到喜嘉理这种狂热与狭隘，对孙中山他本人已经接受了的国学渊源，愈发势成水火，而慢慢把孙中山

---

[38]　孙中山：〈在广州岭南学堂的演说〉，1912年5月7日，载《孙中山全集》，第二卷，第359—360页：其中第359页。

[39]　林百克著，徐植仁译：《孙逸仙传记》（上海：商务印书馆，1926），第121页。

"推"离最初喜嘉理牧师一厢情愿地认为孙中山的宗教热情已经高涨到要当宣教师的程度。

第二,国难越来越深重,慢慢把孙中山"拉"上革命的道路。正是他在香港中央书院读书的1884年,爆发了中法战争,香港的《循环日报》评论说:"中法自开仗之后,华人心存敌忾,无论商贾役夫,亦义切同仇……此可见我华人一心为国,众志成城,各具折冲御侮之才,有灭此朝吃之势。"[40] 孙中山耳濡目染,大受影响。翌年清朝屈辱求和,对孙中山更是一个很大的冲击。事后他回忆说:"予自乙酉中法战败之年,始决倾清廷,创建民国之志。"[41]

第三,再举一个例子:当时香港中央书院课程,促使孙中山把他在香港所喝的水塘水,与他自小在故乡翠亨村所喝山水井的水作比较,马上发觉香港政府用英女王的名义大费周章地建筑水塘,为市民提供干净的饮用水;继而领悟到家乡的山水井早已饱受污染,但清朝政府就是不管,于是孙中山就大骂天子了。须知在那个时代,大骂天子是造反的行为,要诛九族的!

第六章"大专时代":

第一,香港西医书院的创立这微观课题,表面上与本书探索孙中山如何走上革命道路之宏观主旨毫无关系,其实关系可真紧密,因为该书院的创办人——英国人康德黎医生——不单对孙中山促使中国"现代化"的抱负有深远影响,后来更多次拯救他性命。为何多次救他性命?因为康德黎医生也极望中国"现代化",并衷心支持孙中山要促使中国"现代化"的决心,故本书必须在这微观细节上多花笔墨。

第二,探索香港西医书院首任教务长孟生医生所说"香港应该是中国全面走向文明的带路人"[42] 这句微观的话,可了解后来孙中山所言"香港是他革命思想

---

[40]　香港《循环日报》,1884年10月9日。

[41]　孙中山:《建国方略·孙文学说》,第八章"有志竟成",载《国父全集》,第一册,第409页。《孙中山全集》,第六卷,第229页。

[42]　孟生:〈教务长在香港西医书院开院典礼上致辞〉,1887年10月1日;地点:香港大会堂;典礼主持人:署理港督,黄宇和译自该院出版的单行本,题为 "The Dean's Inaugural Address", Records of the College of Medicine for Chinese in Hong Kong, deposited at the Royal Commonwealth Society Library, Cambridge.

发源地"[43] 这一宏观道理。后来邓小平在 1978 年决定改革开放，1979 年即在毗邻香港的深圳设立经济特区，让香港带动深圳，深圳带动全国；这个宏观策略，也非偶然。

第三，找出 1887 年 10 月 1 日西医书院宣布创院仪式的微观细节，让人明白，孙中山深切领略在法律上权力划分的重要性这一宏观道理，对我们了解孙中山后来构思的"五权宪法"之缘由，不无帮助。试想，那所还没有自己院舍，所有教学活动必须借用雅丽氏医院进行的西医书院，其宣布创院的仪式却由署理香港总督主持，社会名流热情道贺；其隆重之处，比诸 1887 年 2 月 17 日雅丽氏医院以简单祈祷的形式，草草开幕[44]，真有天渊之别！这样一比较，就让孙中山深深地体会到，英国人极度重视在法律上权力的划分：这个典礼是庄严的宣言，它宣布西医书院在法律上是一所完全独立于雅丽氏医院的个体。

第四，探索香港西医书院所赖以生存的雅丽氏医院院长、英国伦敦传道会医疗传教士汤姆森医生的城府与手段，他借雅丽氏医院干预西医书院的运作，以及该传道会的英人教众与华人信徒之水火不容等种种微观细节，同样强有力地让我们深切了解到，是什么力量慢慢地把孙中山"推"离他最初要当宣教师哪怕是依稀的想法。

第五，一步一脚印地描绘香港西医书院的掌舵人康德黎医生千辛万苦地要把西方医疗科学推介到中国这一古老文明的雄心壮志，让我们更进一步体会到孙中山最终要拯救全中国的决心这一宏观道理。

第六，进一步细查康德黎医生的生活小节，可以理解到后来孙中山无私奉献的宏观图画：康德黎医生可能比谁都要忙：他在自己的私人医务所为病人看病以谋生；在雅丽氏医院当义务外科医生；创办西医书院，并义务为其教书，后来更当教务长主持校务；创办香港山顶医院并总理其事务[45]；创办了香港疫苗研究所

---

[43]   孙中山：〈革命思想之产生：1923 年 2 月 19 日在香港大学演讲〉，载《国父全集》(1989)，第三册，第 323—325 页。《孙中山全集》，第七卷，第 115—117 页。

[44]   Rev. John Chalmers's Decennial Report (Hong Kong District) for 1880-1890, 12 February 1891, pp. 20-21, CWM, South China, Reports 1866-1939, Box 2 (1887-1897), Envelope 25 (1890).

[45]   包括从英国邀来了第一位受过正规训练的护士。

并长期在该处做实验；又筹建香港公共图书馆。这一切，早已把他忙垮了，但他还抽时间参加香港后备兵团[46]，当义务军人，这是多么高尚的爱国主义精神。如此种种，皆让孙中山体会到，无私奉献不一定要当宣教师，康德黎医生那种"入世"的奉献，对于中国更切实际。

第七章"澳穗济世"：

继1984年的《中英联合声明》宣布了1997年香港回归后，1987年拟就的《中葡联合声明》，随即宣布1999年澳门回归。自从这关键时刻开始，突然涌现出大量有关孙中山在澳门行医的信息，让人眼花缭乱。笔者把这众多的信息搜集起来，分门别类地整理一下，发觉可以将它们归纳为三大类：

第一，孙中山在澳门下环正街三号创办了《镜海丛报》（中文版），并当该报编辑和主笔，又经常撰稿，鼓吹革命。

第二，孙中山在澳门草堆街设立中西药局，以此作为据点，策划革命。

第三，孙中山在澳门议事亭前地十四号设立"孙医馆"，既作诊所又是寓所，与夫人卢慕贞和幼子孙科一起在那里居住。

这三大类信息，排山倒海而来，比诸过去的简单史料，犹如石破天惊，学术界纷纷引用。笔者把这三大类信息放在一起分析，不难发现孙中山既当报纸的编辑和主笔，同时又策划革命，再同时又行医，三管齐下，他哪儿来的时间和精力？光是行医，则一天之内在镜湖医院、中西药局、"孙医馆"三个地方轮流诊症以及出诊，孙中山已疲于奔命，遑论其他。虽云其恩师康德黎医生在香港也做了很多事情，但他创办西医书院、创办山顶医院、创办疫苗研究所、筹建公共图书馆等，都是先后有序，让他同时进行是没有可能的。但却有人指称孙中山同时当报纸编辑和主笔、策划革命、日夜行医，就必须彻底调查是否有这可能，调查方式如下：

第一，笔者频频到澳门草堆街等地方做地毯式的实地考察，确定了孙中山的中西药局之具体位置是在草堆街八十号；再结合该建筑物的结构、方位和面积，又征诸文献记录等，证明孙中山在澳门行医这段时间，并没有像众人相信的那

[46]　Speech by Mr. J. J. Francis, *Q.C.*, acting as spokeman for the residents of Hong Kong, 5 February 1896, quoted in Neil Cantlie and George Seaver, *Sir James Cantlie*, pp. 88-90.

样，以中西药局为革命据点，也绝对没有创立《镜海丛报》及借该报来鼓吹革命。

第二，笔者继而重点探索孙中山曾否在澳门议事亭前地十四号设立"孙医馆"，这些鸡毛蒜皮的微观细节，目的正是要回答一个重大的宏观问题，即孙中山如何走上革命的道路？若孙中山果真在议事亭前地设立过"孙医馆"，那么他在澳门行医这段历史的意义就非同小可。笔者在澳门历史档案馆像大海捞针般搜索，以及在议事亭前地做地毯式的普查，终于找到充分的文献、物证、地证与人证等微观证据，证明孙中山确实曾在澳门葡人精英的心脏地带，议事亭前地十六A号设立过"孙医馆"，并曾为洋人治病，结果招致葡医嫉妒，逼他离开澳门，大大增加孙中山的民族主义情绪，并把他在革命道路上再"拉"前一步。

第三，孙中山转移到广州行医，通过发掘孙中山曾医治过的众多被贪官污吏严刑拷打成残废的穷苦大众这些微观细节，使我们明白为何他痛心疾首之余，加速了走向革命的步伐。

第四，锁定了哪些人曾分别为孙中山写介绍信给李鸿章，并找出这些推荐信，谁为他提供旅费往天津等微观细节，让我们更有信心地下一个宏观结论：孙中山竭尽了一切和平途径，企图促使中国"现代化"都失败以后，才毅然走上革命的道路。

第八章"广州起义"：

同样是通过中外文献资料和微观实地调查所得，澄清了一些宏观的历史问题，诸如：

第一，为何孙中山所带领的，准备在广州冲锋陷阵的那一股人马，未举先败？

第二，为何负责在香港运筹帷幄的杨衢云，不能如期派出"决死队"三千人赴穗？而终在两天后到达广州的所谓"决死队"，只有四百余名苦力，且船一靠岸就作鸟兽散，甚至有成员扭着领队向差役告发！

第三，为何香港的英文报章在广州起义前，暗中通过舆论为广州起义造势？为何事败后又一面倒地批判孙中山？

第四，广州起义失败后，孙中山并非如他自己所言："败后三日，予尚在广州城内；十余日后，乃得由间道脱险出至香港。"[47]因为如此推算，他离开广州的

---

[47]　孙中山：《建国方略·孙文学说》，第八章"有志竟成"，载《国父全集》(1989)，第一册，第410页，第20行。

日期当在 1895 年 11 月中旬左右。但笔者运用微观研究，证明孙中山在 1895 年 10 月 29 日已经到达香港，11 月 2 日离开香港赴日本。

第五，广州起义失败后，也并非如孙中山所言："乘箩下墙进入一只在珠江河上等候的小汽船，然后开往澳门。"[48] 盖起义总部的王家祠，以及其他机关诸如咸虾栏张公馆等，都在城外；孙中山借以行医的圣教书楼和东西药局，也在城外；孙中山的寓所在河南。若真的起义，自然要进攻城内各衙门，但未举先败，孙中山还未踏足城内，所以完全不必"借箩遁"出城。

第六，上述五点微观探索，道出当时孙中山与杨衢云两派内讧之烈这一宏观问题。

第九章"任重道远"：

本书主旨，是探索孙中山为了促使中国"现代化"，如何走上革命道路的历程。若从这宏观历史回复到微观问题，则"孙中山研究"这一领域已经"现代化"了没有？此问题且留待下文分析。但无论是否已经"现代化"，则本书所及种种，充分说明了两个研究标准：

第一，我们不要先入为主地认为微观研究不值一哂，不要再一口咬定，只有宏观研究才有价值；因为，只讲宏观问题，却忽略微观研究，很容易就流于"假、大、空"。本书证明，通过微观研究，可以解决很多宏观大问题。

第二，缺乏史料之自然因素是可以克服的，途径是实地调查各种微观细节，诸如孙中山是客家人还是广府人？他出生于什么房子？读过什么书？坐什么船前往檀香山？在意奥兰尼学校是寄宿生还是走读生？比较孙中山在香港所喝的水之质量和他一直在故乡翠亨村所喝的水之质量等一般人认为是微不足道的细节。

自然因素可以克服，人为因素又如何？

---

[48] "Quite so, and eleven of the leaders were beheaded at Canton. Several, including myself, escaped, the manner of my escape being that I was let down from a wall into a steam launch lying in the Canton River. Then I got down the river to Macao, which is a Portuguese settlement, and eventually to Singapore and America. I had meant to return to Singapore after visiting one or two of the capitals of Europe, but what I shall do now I don't altogether know. Obviously I cannot go back to Chinese territory." See Anon, "Sun and the Plot", in *The Daily Chronicle*, Monday 26 October 1896.

（iii）人为因素难矣哉！

人为的因素，本书也已经谈了不少。

在1949年之前的国民政府时代，最明显的例子，莫如罗香林先生用子虚乌有的"证据"，移花接木般强把孙中山说成是客家人，祖籍在紫金。此说导致一场旷日持久的民事诉讼，两场不大不小的政治风波，以及学术界无休无止之笔战；既破坏社会和谐，也造成民系分裂（见本书第二章）。尤幸罗香林先生在战火纷飞之艰难时期，仍刻意完整地保存了他所搜集到的原始文献，包括他的个人文书，交香港大学图书馆收藏，否则笔者就无法破此悬案，特向罗香林先生敬礼。

再替罗香林先生设身处地想想，则客家人饱受广府人欺负，偏激之余走向极端，结果编了"孙中山是客家人"的故事，替客家人把"国父"争过来，先出口气再说。但他心底里明显地还是戚戚然，故把证据保存下来，留待后人破案，以便还历史原貌。若果真如此，则笔者向罗香林先生三鞠躬。但追根究底，在严肃的中外学者眼中，罗香林替客家人争"国父"之举，是中国近代史上一桩无聊至极的历史事件，无助中国史学界在国际学坛上的声望与地位。

在1949年，国民政府迁往台湾，所有高等学府都设有三民主义研究所。然而，20世纪80年代一位台湾研究生到日本深造时，其日本教授却对他说："你们台湾没有一个是真正研究孙中山的。"他听后很气愤：在台湾有那么多他崇拜的名师、他佩服的名著，难道全不值一晒？后来他在日本研究的时间长了，见多识广了，看英日等外文著作多了，对比感觉就越来越强烈，他终于没话说了。[49]窃以为那位日本教授之言不无偏颇，过去台湾的党棍文痞固然不少，真正研究孙中山的学者也大有人在，其中蒋永敬、李云汉、张朋园、张存武、李国祁、陈三井等先生都是笔者敬重的前辈。他们那个时代无处不受制于政治、史料严重缺乏等因素，外文的书籍也不多，但还是孜孜不倦地钻研孙中山，让人钦佩。但是，李登辉执政期间（1988—2000），不少三民主义研究所改为社会科学研究所。陈水扁执政八年（2000—2008），强调台湾本土性，期间曾尝试把台北中研院近代史

---

[49]　感谢那位台湾学者，在2004年8月笔者到宝岛科研时赐告以藤井升三教授的话，使笔者深受鞭策，加倍认真地研究中山先生。

研究所改为台湾史研究所，此举虽然未果，唯影响所及，该所现职研究员当中，似乎已经没人研究民国史了，遑论"孙中山研究"。

在 1949 年以后的中国大陆，则由于孙中山是中国国民党的创始人兼党魁，中国共产党历来不鼓励"孙中山研究"，似乎只有广州市中山大学陈锡祺先生的《同盟会前的孙中山》（广州：广东人民出版社，1957 年初版）一枝独秀。到了在 1979 年 9 月 30 日，中华人民共和国人民代表大会常务委员会委员长叶剑英，向新华社记者发表谈话时，提出了九条和平统一台湾的主张。[50]"孙中山研究"马上在神州大地兴旺发达起来。至 1994 年法国学者白吉尔教授，用法文出版其《孙中山传》[51] 时，成绩如何？白吉尔"批评大陆自 1979 年发轫的孙中山史学，不值西方学者一顾"[52]。陈建华同样地认为白吉尔的"观点不免灼见与偏见"[53]：偏见在于她"对大陆孙中山史学的一笔抹杀"[54]；灼见在于中国人天天喊孙中山如何伟大，但对自己这位民族英雄，很多关键性的问题诸如他如何走上革命的道路，至今没有好好解决。但是，既然白吉尔教授自视这么高，又写了一本有关孙中山传记的洋洋巨著，她自己身为作者，解决了这个重大的历史问题没有？没有。她不屑为中国人效劳，去解决哪怕任何学术上的重大问题。这个重任，还必须由中国人（无论是在大陆、台湾、香港、澳门甚至海外的华人）来承担。

那么，自从 1994 年法国学者白吉尔发表了她的批评以后，两岸三地以至海外华人，对于肩负之重任，交差了没有？2006 年 11 月 6 日，中国社会科学院等单位在广东省中山市举行了"纪念孙中山诞辰 140 周年国际学术研讨会"，两岸三地的一些学者群起围攻一位华裔报告人所提供的新史料与新见解：来自香港的一位近代史教授严斥报告人不该"证实"有关孙中山历史的真伪；来自台湾的一

[50]　新华社：〈叶剑英提出的九条和平统一主张〉，1979 年 9 月 30 日，http://news.xinhuanet.com/taiwan/2004-12/17/content_2346416.htm。

[51]　Marie-Claire Bergère, *Sun Yat-sen* (Paris, 1994), translated by Janet Lloyd (Stanford: Stanford University Press, 1998).

[52]　陈建华：〈孙中山与现代中国"革命"话语关系考释〉，载《"革命"的现代性——中国革命话语考论》（上海：上海古籍出版社，2000），第 60—150 页；其中第 97 页。陈建华把 Bergère 音译为贝歇尔，大陆孙中山学者则音译为白吉尔。

[53]　同上书，第 88 页。

[54]　同上。

位资深学者吓唬报告人快要"走火入魔";来自大陆的会议主持人"命令"报告人中断其回答听众之提问,以便他自己发炮:"哼!……的确是读完了你这本书啊,还不知道你想讲什么!"什么书?听众之目的,是讨论当场提交该会的学术报告所含之最新发现,而不是讨论主持人看不懂的书。无奈主持人离题万里地乱枪扫射一轮后,突然宣布会议结束,比原定时间提前约半小时,以至无法深入讨论。从万里迢迢以外飞到中国参加盛会的外国学者,目瞪口呆,鸦雀无声地鱼贯离场。他们读书阅报,知有"反右"、"文革"等政治运动,但"文革"式的批斗,还是首次目睹。虽然有来自北京、天津、上海的教授提出异议,但可惜他们温文儒雅的声音,无法扭转大局。

特别有意思的是,一位在场的日本教授虽然当时不说什么,但三思以后,应邀在闭幕礼的大会上发言时,就情不自禁地重复广东省社会科学院孙中山研究所王杰所长在开幕式上所说过的话:"孙中山研究正在面临一些问题。其中之一,就是后继乏人。"为什么后继乏人?在场的年轻学者,目睹上述两岸三地那三位资深学者的表演,能不心惊胆战?其他在场的外国学者事后也评论说:两岸三地的资深教授,对中国从海外邀请而来作学术报告的外籍学者,也如此残酷,他们对本地才俊之无情,不问可知。

那么自 2006 年孙中山诞辰 140 周年,到 2011 年辛亥革命一百周年这五年来,"孙中山研究"这领域又有何发展?长期关心中国近代史研究和中国近代史教学的广州市中山大学哲学系退休教授袁伟时先生,在接受香港凤凰卫视采访时,畅谈辛亥革命一百周年的意义以及各种庆祝活动;他预言 2011 年 10 月在武汉举行的"辛亥革命一百周年国际学术研讨会",总的来说,又将是一场"面具舞会"。[55]

学术界以外的广大社会人士,对中国史学界又有何看法?一位自言"绝对不是学历史专业"[56] 的香港黄泥涌峡居民,由于关心中国的命运,而广阅中国近代史工作者的力作与译著;并在此基础上,以"七月流火"为笔名,写就《孙中山和他的女人们》(香港:环宇出版社,2011),为辛亥革命一百周年献礼。书成后

[55] 袁伟时:〈为什么纪念辛亥革命?〉,2010 年 9 月 26 日,香港凤凰卫视网,http://news.ifeng.com/special/history/xinhaigeming99/。

[56] 七月流火:《孙中山和他的女人们》(香港:环宇出版社,2011),第 378—390 页,"后记":其中第 381 页。

似乎感慨良多，故在"后记"中发挥一番：认为虽然"中国的社会科学专业繁多"，但"中国历史专业绝对是世界一流的"。为什么？

> 据理力争地吵架还算是有良心的，最可恨的是为了某种目的或某种需要而有意地歪曲历史和曲解历史，所谓"历史是个任人打扮的小姑娘"，就是这个意思。这确实是很要命的一件事，这样一搞，历史就成了一笔糊涂账，时间久了，是非真伪难辨雌雄，历史学就被搞残了。[57]

该作者的结论是：

> 我觉得历史系应该关门大吉，让对历史感兴趣的人自己去找书看。历史专业的老师都改行当历史图书馆的管理员，整理一下目录和索引之类的，如有造假就立即关进文字狱法办。[58]

此言固然失之于偏颇，然其偏颇之言，可视作部分香港人士对两岸三地历史工作者的极端不满，而应该受到充分重视。

至于大陆取消历史系的呼声，笔者在十年前已略有所闻；当时就有一位学稍有成而变得有些自大的年轻历史工作者，放下身段求笔者为历史系说句好话。笔者无言以对：能说些什么呢？

又至于台湾方面，上述那位在国际学术研讨会上批评报告人快要"走火入魔"的资深学者，据说是宝岛史学界的泰山北斗，影响所及，相信台湾史学界同仁心里最清楚。

历史作为一门社会科学，若得不到社会支持，是很难活下去的。试想，若父母都拒绝把孩子送到历史系读书，学生也拒绝修读历史课，历史系能不关门大吉？故取消历史系的呼声，应该被视为警钟大鸣！

---

[57]　同上书，第 379 页。
[58]　同上书，第 380 页。

总之，在上述人为因素影响下，"孙中山研究"能做出什么真正成绩？犹幸当局把 2006 年 11 月 6—9 日在中山市举行的"纪念孙中山诞辰 140 周年国际学术研讨会"做了现场录音，存广东省档案馆（笔者个人也藏有一份）。将来若有人矢志重新推动"孙中山研究"，可把该录音调出来分析，以了解病症所在，并寻求出路。此外，回顾下面两道引文，也许对将来推动"孙中山研究"有所帮助：

第一，孙中山的顾问、美国人林百克，在其《孙逸仙传记》的一段评论之中说：

> 若是孙文在登上那〔艘在 1879 年驶往夏威夷的〕船之时，早已像他的同胞那样存在着对外人的敌意和偏见，那么他绝不会从铁梁中得到这么深远的启发。年幼孙文的胸襟已很宽敞，以至他有这个宏量把中国与外国做一个真实的比较，并虚心承认他自己热爱的祖国原来是这么落后。比诸当时他的同胞们那种极度蔽塞与顽固的心理，则年幼的孙文那种开放与坦率的态度，真是世间罕有。[59]

第二，1895 年孙中山发动广州起义前夕，香港英文报章《德臣西报》的一篇社论说：时代不同了，中国正出现一线曙光：

> 有一批新型的知识分子出现了，由于他们长期与外国人生活在一起，所以见识与众不同。更由于他们不是现存制度的既得利益者，所以他们不会像传统知识分子那样埋没良心地，只顾自己仕途，而不管贫苦大众的死活。中国之亟须改革，是任何稍具头脑而又能独立思考的人都能看得出来的。问题是，中国要等到现在，才出现一批敢于提出改革的人。[60]

所谓新型知识分子的出现，其实自西学东渐就开始了。以本书所及为例，1883 年孙中山等在火奴鲁鲁成立的中西扩论会，1890 年孙中山等开始在香港聚集论政

---

[59]　Linebarger, *Sun Yat Sen and the Chinese Republic*, p. 107. 此段为笔者所译。另有译文见徐植仁译：《孙中山先生传》，第 97—98 页。

[60]　Editorial, *China Mail*(Hong Kong), 14 October 1895, p. 3, col. 6.

之"四大寇"，1891 年孙中山等在香港组织的教友少年会，1892 年春杨衢云、谢
缵泰等在香港成立的辅仁文社，1892 年秋孙中山到澳门行医时遇到的所谓 Young
China Party（少年中国党）等组织的成员，都是这些"新型的知识分子"。他们目
睹西方进步、祖国落后、人民疾苦，痛心疾首之余，不惜洒鲜血断头颅，也要促使
祖国"现代化"。无奈"传统知识分子"，仍然"埋没良心地，只顾自己仕途，而不
管贫苦大众的死活"。若我们把该社论中这句话，换成"传统知识分子"，仍然"埋
没良心地，只顾自己仕途，而不管'孙中山研究'的死活"，则这篇社论对于目前
"孙中山研究"领域的情况来说，仍是非常贴切，因为这些"传统知识分子"，无论
何时何地，若遇到新的证据与新的思维，马上本能地群起扑杀；这就难怪 2006 年
11 月 6 日的外国学者看得目瞪口呆，鸦雀无声地鱼贯离场。但时代不同了，虽然
1895 年孙中山发动广州起义前夕，很少听到中国人批评自己传统知识分子的声音，
但今天不少中华民族的年轻学子，已经公开声讨包括历史学在内的一些科目"假、
大、空"，可惜那些长期沉醉于"假、大、空"的老师们就是充耳不闻。

综上所述，可见先后英国、美国、日本、法国以至中国本土的有识之士，都
曾在 19 世纪末 20 世纪初，20 世纪末 21 世纪初，纷纷指出中国学术界，尤其是
中国史学界的"蔽塞与顽固"[61] 所造成的祸害。如何使其"现代化"，则有待国人
努力，社会监督，国际好友协助。

观诸西方史学的发展，则自有其盛衰之时。过去"神权"统治一切，有的只
是神学，自无史学可言。启蒙时代带来了实证史学，作为一门新兴学问，自 19
世纪开始，实证史学兴旺发达垂一百多年，踌躇志满之余，不思进取，反而严重
缺乏想象力，结果变得僵化与枯燥乏味。须知历史是人生的写照，人生是多姿
多彩的；干巴巴的历史，其实就是严重地脱离现实；难怪 20 世纪 70 年代出现
了"后现代"思潮，几乎摧毁了实证史学，以至有位实证史学家著书惊呼"历史
大屠杀"[62]。加上其他新兴的社会科学诸如社会学、人类学、心理学等激烈竞争，
历史学几乎没顶！犹幸实证史学自有坚强的生命力，坚强之处在其实证而不事

---

[61]　Linebarger, *Sun Yat Sen and the Chinese Republic*, p. 107.
[62]　Keith Windschuttle, *The Killing of History: How a Discipline is being Murdered by Literary Critics and Social Theorists* (Sydney: MacLeay Press, 1996).

"假、大、空"，故经过长时间与"后现代"思潮，以及其他新兴的社会科学专业的角力与良性互动后，取长补短，结果现在又重新兴旺发达起来。[63]

反观中国史学界，则虽然经历了五千多年的发展，至今仍是"君权"统治一切。无论何时何地，若有新生命呱呱落地，自命代表"君权"的所谓"正统"史学家，马上"杀无赦"，"宁枉无纵"，悲乎！

三、总 结

对实证史学来说，治史大致有两个层次。第一个层次是：历史工作者像侦探般，按照各种蛛丝马迹，"上穷碧落下黄泉"也要广泛搜集能搜集到的各种证据（包括反面证据），再把各式各样证据像拼图般比对，重建起一段有关历史。所搜集到的证据越是齐全，重建起来的历史就越接近史实。完成这道工序，对侦探来说，事情就完结：因为破了案，任务就完成了。

但对历史工作者来说，重建历史，并把其写出来，只是"叙述"，任务并未完成，因为还有第二个层次有待努力：即解释这重建起来的历史究竟有什么意义。如何解释？方法是把重建起来的历史进行分析、推理，探讨这段历史究竟说明了什么道理，并把这道理升华为理论，是为"立说"，成一家之言。就是说，侦探可能只满足于"叙述"及破案，历史工作者则要求在"叙述"及破案的基础上，进而"立说"。这就是侦探与历史工作者之间的基本分别。[64] 中国古圣贤也有"著书立说"之谚，可见光是"著书"仍不够，还必须"立说"。

本书立了什么"说"？一句话：中国需要"现代化"，这是中山先生走上革命道路最基本的动因，也是他毕生忘我地为革命而奉献的最高理想，更是他所领导辛亥革命之最终目标。见微知著，光从"治史"这一专业来说，其中的"孙中山研究"这领域，距离该理想与目标，还有多远？上述英国、美国、日本、法国以至中国本土的有识之士，跨越三个世纪所作之批评，应视作友好的鞭策。

---

[63] Richard Evans, *In Defence of History* (London: Grants Books, 1997).
[64] Robin George Collingwood (1889-1943), *The Idea of History* (Oxford University Press, 1st edition, 1945; Rev. edition, 1994).

中国传统知识分子对那些有选择地接受了西学的新型华裔知识分子的偏见，也不自今天始。那位曾经是孙中山亲密战友的章太炎，也免不了这种偏见。辛亥革命成功后，新成立的国民政府亟需一位临时大总统，章太炎即倡言若举总统，"以功则黄兴，以才则宋教仁，以德则汪精卫"[65]。黄兴与宋教仁均曾留日，但日本文化基本上还是华夏文化的延续，只有孙中山的正规教育几乎全是西学，这可能是造成章太炎这种偏见的关键原因之一。但结果国会仍然选举孙中山当临时大总统，总理一切。为什么？人民眼睛是雪亮的！章太炎大大地自讨没趣之余，最后干脆就想跑到印度出家当和尚去。他没有孙中山那种"无私奉献"的精神，结果沉溺于个人荣辱而不思报国，也只能有这种下场。

本书以及笔者其他有关孙中山的著述诸如《孙中山伦敦蒙难真相》[66]、《中山先生与英国，1883—1925》[67]、《孙逸仙在伦敦，1896—1897：三民主义思想探源》[68]等，均着重发掘、鉴定及分析史料，后果是叙事经常变得断断续续。为了向读者交代一个比较完整的故事，笔者渴望再接再厉，短期内开始钻研及撰写《孙文1866—1925：中国命运有所系焉》，以迎接 2016 年中山先生 150 冥寿。

与此同时，必须完成另一项写作计划，即出版拙著《鸩梦：第二次鸦片战争探索》中文版（增订本）。为什么？在 2010 年至 2016 年之间，笔者听了不少纪念辛亥革命一百周年的慷慨陈词，如雷贯耳；也读了不少激昂文字，深受教益。贯耳与教益之处，在于深感所听所闻，大都空洞无物；以至言者谆谆，听者藐藐，使笔者深刻地认识到，必须深层次地用汉语阐述两次鸦片战争，及其为中华民族带来的"百年耻辱"与苦难。

若没有这些耻辱与苦难，中国就没有"现代化"思潮。若中国没有"现代化"思潮，就没有我们所认识的孙中山。若没有我们所认识的孙中山，就没有我们所认识的辛亥革命。光谈辛亥革命，而忽略了追源溯始地把国难追溯到鸦片战争，就变成无根的浮萍。孙中山是在第二次鸦片战争后期的火烧圆明园六年之后

[65]　胡汉民：《胡汉民自传》，收入《中华民国开国五十年文献：开国规模》（台北：正中书局，1967），第 46 页。
[66]　台北：联经出版事业公司，1998 年繁体字版；上海：上海书店出版社，2004 年简体字版。
[67]　台北：学生书局，2005 年。
[68]　台北：联经出版事业公司，1998 年。

诞生的。他接受西方"现代化"思潮最久最深的香港，其中香港岛是在他出生前二十四年割让给英国的；其中的九龙半岛，是在他出生前六年割让给英国的。本书中心思想——孙中山如何走上革命的道路——之背后，正是"现代化"思潮。若不是为了"现代化"，则革命所为何事？

　　若两本拙著都能在孙中山先生 150 冥寿前后出版，也蛮有意思。

参考资料及书目

一、未刊及已刊档案资料

中国大陆

1. 两广总督谭钟麟奏稿，载中国第一历史档案馆编：《光绪朝朱批奏折》第 118 辑（北京：中华书局，1996），第 137—139 页。
2. 林一厂抄录国民党党史会工作人员钟公任《采访总理幼年事迹初次报告》，见《林一厂日记》，1944 年 2 月 9 日。该日记藏广州市中山大学。
3. 《孙氏家谱》，藏中山市翠亨村中山故居纪念馆。
4. 裕庚：〈出使日本大臣裕庚奏报到任呈递国书日期折〉，1895 年 9 月 1 日，载《清光绪朝中日交涉史料》（北平：故宫博物院，1932)，第 48 卷，第 4—5 页。

台北

1. 国史馆编纂：《中华民国建国文献、革命开国文献》，第一辑，史料一至五（台北：国史馆，1995—1999）。
2. 国史馆藏：国民政府训令，渝字第 319 号，1940 年 4 月 1 日，载《国民政府公报》（重庆：国民政府文官处印铸局，1940 年 4 月 3 日），渝字第 245 号，第 11 页。
3. 中国国民党党史馆藏香港西医书院资料。
4. 中国国民党党史馆藏郑子瑜：〈总理老同学江英华医师访问记〉，载望加锡《华侨日报》1940 年 1 月 26 日，剪报藏中国国民党党史会，档案编号 041·117。
5. 中国国民党党史馆藏钟公任：〈采访总理幼年事迹初次报告〉，1931 年 4 月 26 日。

香港

1. Central Government School (Queen's College): Hong Kong Government Reports, 1883-1896, deposited at the Public Record Office, Hong Kong [also available at Hong Kong Government Reports Online (1879-1941), Hong Kong University Libraries, http://lib.hku.hk/Digital Initiatives/Hong Kong Government Reports]:

    (a) Hong Kong *Legislative Council Sessional Papers*.

    (b) Hong Kong *Government Gazette*.

    (c) Hong Kong *Government Annual Reports*.

2. College of Medicine for Chinese, Hong Kong Legislative Council Sessional Papers 1896, Hong Kong University Libraries, http://lib.hku.hk/Digital Initiatives/Hong Kong Government

Reports/Sessional Papers 1896/College of Medicine.

3. "History and Records of the Diocesan Boys School, Part 3a — Year by Year (1860-1947), p. 29, year 1883, typescript, HKMS88-294, Hong Kong Public Record Office.

4. Hong Kong Annual Administrative Reports, 1841-1941, v. 2, 1887-1903. Edited by R.L. Jarman. Archive Editions, 1996.

5. Minute-book of the Court, College of Medicine for Chinese, in the Registrar's Office, University of Hong Kong.

6. Minute-book of the Senate, College of Medicine for Chinese, in the Registrar's Office, University of Hong Kong.

澳门

1. Arquivo Histórica de Macau: Arquivo de Santa Casa da Misericórdia.

2. Arquivo Histórica de Macau: L2333: IC-014 and IC-015, *Echo Macaense,* 25 July 1893-6 November 1895.

英国

1. Cantlie Papers deposited at the Wellcome Institute Library.

2. *Church Missionary Society Archive: Section I: East Asia Missions, Parts 10-14* (Marlborough Wiltshire: Adam Matthew Publications, 2002).

3. CO 129 British Colonial Office Records, deposited at the National Archives, London. FO 17 British Foreign Office Records: General Correspondence, China, deposited at the National Archives, London.

   FO 228 British Foreign Office Records: Embassy and consular reports, China, deposited at the National Archives, London.

   FO 371 British Foreign Office Records: General Correspondence, China, deposited at the National Archives, London.

4. Diaries of Lady Mabel Cantlie, in the custody of Dr James Cantlie.

5. London Missionary Society Records (deposited at the School of Oriental and African Studies, University of London):

   CWM/LMS, South China, Incoming letters 1803-1936, Box 11. (1887-1892); Box 12 (1893-1894); Box 13 (1895-1897).

   CWM/LMS, South China, Reports 1866-1939, Box 2 (1887-1897).

6. Musgrove Papers: BL Add.39168/138-141: Sun Yatsen's letters to G.E. Musgrove, deposited at the British Library.

7. Records of the College of Medicine for Chinese in Hong Kong, deposited at the Royal Commonwealth Society Library, Cambridge.

法国

1. *Archives of the Ministry of Foreign Affairs, deposited at the Ministry's building on the Quai d'Orsay* .
   (a) Correspondance politique, 1871-1896: série Chine.
   (b) Correspondance politique des consuls: série Chine, v. 14 Guangzhou 1895.
2. *National Archives: Section Outre-Mer, Papers of the former Ministry of the Marine and Colonies and the former Ministry of Colonies, deposited at the Pavillon de Flore.*
   (a) Indo-Chine Série A: Géneralités.
   (b) Indo-Chine Série B: Relations étrangères.

美国

1. Archives of the American Board of Commissioners.
   (a) ABC 16: Missions to Asia, 1827-1919. IT 3 Reel 260, 16.3.8: South China, Vol. 4 (1882-1899) Letters C-H: Hager. Charles Robert Hager: 3-320, deposited at the Houghton Library, Harvard University.
   (b) ABC 19: Mission to the Polynesian Islands, in which ABC 19.1, microfilm reel nos. 818-824 contains papers related to the Hawaiian Islands Mission for which the Rev. Francis Damond worked.
   (c) ABC 77.1 Box 30, ABCFM biographical files.
2. Iolani School Archives, Honolulu: Anon, "The Bishop's College School", *Daily Pacific Commercial Advertiser,* 31 July 1882, photocopy of a newspaper cutting, Archives of the Iolani School.
3. Punahou College Archives, Honolulu:
   (a) Catalogue of the Trustees, Teachers and Pupils of Oahu College (Honolulu: Printed at the *Hawaiian Gazette* Office, 1883), pp. 9-10.
   (b) Punahou College Ledger, 1881-1885 (mss), under the name Tai Chu, 19 June 18.
   (c) Punahou Alumni Directory Information Card, 1928 (typescript).
4. Yale Divinity School Archives.

二、中外报章

Central China Post 《华中邮报》

China Mail (Hong Kong) 香港《德臣西报》

Chinese Mail (Hong Kong) 香港《华字日报》

Daily Press (Hong Kong) 香港《孖喇西报》

Hong Kong Telegraph 香港《士蔑西报》

Kobe Chronicle 英文报纸《神户纪事报》

Macau Daily 《澳门日报》

South China Morning Post (Hong Kong) 香港《南华早报》

三、西文参考书目

Adamson, J.W. *English Education 1789-1902*. Cambridge: The University Press, 1930.

Anon, "A Knight of the People's Paradise", *Economist*, 16 June 2005.

Anon, "Civil Servant Wins Hong Kong Leadership Race", *Sydney Morning Herald,* internet news, 16 June 2005 at 7:15 p.m.

Anon, "Dr Charles R. Hager", *The Missionary Herald*, v. 113, no. 9 (September 1917), p. 397, cutting courtesy of Dr Harold F. Worthley of the Congregational Library, 14 Beacon Street, Boston, MA 02108, enclosed in Worthley to Wong, 26 August 2003.

Anon, "The Bishop's College School", *Daily Pacific Commercial Advertiser*, 31 July 1882, photocopy of a newspaper cutting, Archives of the Iolani School.

Arnold, Thomas. *Introductory Lectures on Modern History*. London: Longmans, Green and Co., 1874.

Arnold, Thomas. *Thomas Arnold on Education*: *A Selection from His Writings with Introductory Material by T.W. Bamford*. Cambridge University Press, 1970.

Bamford, T.W. *Thomas Arnold*. London, 1960.

Bergère, Marie-Claire. *Sun Yat-sen* (Paris, 1994), translated by Janet Lloyd. Stanford: Stanford University Press, 1998.

Boggs, Stephen T. *US Involvement in the Overthrow of the Hawaiian Monarchy*. Place and Publisher unclear, 1992.

Boorman, Howard L. ed. *Biographical Dictionary of Republic China*, 6vs. New York: Columbia University Press, 1976-1970.

Butt, Rudi. "Medical Services Development Timeline [in Hong Kong]", 29 November 2009, http://hongkongsfirst.blogspot.com/2009/10/medical-timeline-nineteenthcentury.html, viewed 27 May 2011.

Cantlie, Neil and George Seaver. *Sir James Cantlie: A Romance in Medicine*. London: John Murray, 1939.

Castle, William Richards. *American Annexation of Hawaii*. Honolulu, 1951.

Chandos, J. *Boys Together*. London, 1984.

Cheng, Chu-yuan. *Sun Yat-sen's Doctrine in the Modern World*. Boulder: Westview Press, 1989.

Chow, Tse-tsung. *The May Fourth Movement: Intellectual Revolution in Modern China*. Camb. Mass.: Harvard University Press, 1960.

Chung, Kung Ai. *My Seventy Nine Years in Hawaii, 1879-1958*. Hong Kong: Cosmorama Pictorial Publisher, 1960.

Cohen, Myron L. "The Hakka or 'Guest People': Dialect as a Socio-cultural Variable in Southeast China", in Nicole Constable ed. *Guest People: Hakka identity in China and Abroad*. Seattle: University of Washington Press, 1996, pp. 4-35.

Cohen, Myron L. *Kinship, Contract, Community and State: Anthropological Perspectives on China*. Stanford: Stanford University Press, 2005.

Cohen, Paul. *China and Christianity: The Missionary Movement and the Growth of Chinese Antiforeignism, 1860-1870*. MA.: Harvard University Press, 1963.

Cohen, Paul. *Discovering History: American Historical Writing on the Recent Chinese Past*. New York: Columbia University Press, 1984.

Collins, Edwin. "Chinese Children: How They are Reared—Special Interview with Dr Sun Yat Sen". *Baby: The Mothers' Magazine* (London), v. 10, no. 113 (April 1897), pp. 122-123.

Constable, Nicole ed. *Guest People: Hakka Identity in China and Abroad*. Seattle: University of Washington Press, 1996.

Corráin, Donncha Ó. "Women in Early Irish Society", in Margaret MacCurtain and Donncha Corráin eds. *Women in Irish Society: The Historical Dimension*. Dublin: Arlen House, 1978, pp. 1-13.

Davies, J. K. *Democracy and Classical Greece*. London: Fontana, 1978.

Department of Science and Art of the Committee of Council on Education. *Catalogue of the Education Library in the South Kensington Museum*. London: Her Majesty's Stationary Office, 1803.

Dougherty, Michael. *To Steal a Kingdom*. Waimanalo, HI: Island Style Press, 1992.

Etienne, Gilson. *History of Christian Philosophy in the Middle Ages*. New York: Random House, 1995.

Evans, Richard. *In Defence of History*. London: Grants Books, 1997.

Fairbank, John King. *China, A New History.* Camb., MA: Harvard University Press, 1992.

Featherstone, Rev. W. T. comp. *The Diocesan Boys School and Orphanage, Hong Kong.* Hong Kong: Ye Olde Printers, 1930.

Finnane, Rowena. "Late Medieval Irish Law Manuscripts: A Reappraisal of Methodology and Context". M.A. thesis, University of Sydney, 1991.

Fitch, Sir Joshua. *Thomas and Matthew Arnold and Their Influence on English Education.* London, 1897.

Forrest, W.G. *The Emergence of Greek Democracy: The Character of Greek Politics, 800-400 B.C.* London: Weidenfeld and Nicolson, 1966.

Fung, Allen. "Testing the Self-Strengthening: The Chinese Army in the Sino-Japanese War of 1895-1895", *Modern Asian Studies,* v. 30, pt 4 (October 1996).

Green, John Richard. *A History of the English People.* First published in England in 1874. Reprinted in New York: Harper & Brothers, 1879.

Gregor, A. James and Chang, Maria Hsia, "Wang Yang-ming and the Ideology of Sun Yat-sen", *The Review of Politics*, v. 42, no. 3 (July 1980), pp. 388-404.

Hager, Charles Robert. "Dr Sun Yat Sen: Some Personal Reminiscences", *The Missionary Herald* (Boston, April 1912), pp. 171-174.

Hughes, Thomas. *Tom Brown's Schooldays.* First published, 1857. Reprinted Bristol: Purnell, 1984.

Jen, Yu-wen, "The Youth of Dr Sun Yat-sen", *Sun Yat-sen: Two Commemorative Essays.* Hong Kong: University of Hong Kong Centre of Asian Studies, 1977, pp. 1-22.

Lee, Robert. *France and the Exploitation of China, 1885-1901: A Study in Economic Imperialism.* Oxford University Press, 1989.

Legge, James. *The Chinese Classics.* Originally published by Oxford University Press, Reprinted in Taipei by SMC, 1991.

Lembright, R. L., H. A. Myers, D. B. Rush and C. Yoon eds. *Western Views of China and the Far East: Volume 1, Ancient to Early Modern Times.* Hong Kong: Asian Research Service, 1982.

Leong, Sow-theng. *Migration and Ethnicity in Chinese History: Hakkas, Pengmin, and Their Neighbors.* Edited by Tim Wright. Stanford, Stanford University Press, 1997.

Linebarger, Paul. *Sun Yat Sen and the Chinese Republic.* New York, 1925. Reprinted, New York: ASM Press, 1969.

Linebarger, Paul. *The Political Doctrines of Sun Yat-sen.* Westport, Conn.: Hyperion Press, 1937 [320.951041/1].

Liverpool Echo. Liverpool.

Lo, Hui-min ed. *The Correspondence of G. E. Morrison,* v.1, 1895-1912. Cambridge: Cambridge

University Press, 1976.

Loden, Torbjorn. "Nationalism Transcending the State: Changing Conceptions of Chinese Identity", in Stein Tonnesson and Hans Antlov eds. *Asian Forms of the Nation*. Surrey: Curzon Press, 1996, Chapter 10.

Luke, Chan. *Sun Yat Sen—As I Knew Him: Memoirs of Luke Chan, Boyhood Friend of Sun Yat Sen*. Translator: Fu Wuyi. Beijing: China Heping Publishing House, 1986.

Lum, Arlene ed. *At Thy Call We Gather: Iolani School*. Honolulu: Iolani School, 1997.

Mack, E. C. and W. H. G. Armytage. *Thomas Hughes: The Life of the Author of Tom Brown's Schooldays*. London, 1952.

Marshall, H. E. *Our Island Story: A Child's History of England, with Pictures by A.S. Forrest*. London: T.C. and E.C. Jack, 1905.

McCrum, Michael. *Thomas Arnold Head Master*. Oxford: Oxford University Press, 1989.

Nelson, C.A., "Rev. C. R. Hager, M.D., D.D.", *The Chinese Recorder* (December 1917), newspaper cutting originally deposited in the United Church Board for World Ministries Library, now deposited in the Harvard Houghton Library, ABC 77.1, Box 30.

Newsome, D. *A History of Wellington College, 1859-1959*. London, 1959.

Oxford English Prize Essays. Oxford: D.A. Talboys, 1830.

Pascoe, C. F. *Two Hundred Years of the S.P.G.: An Historical Account of the Society for the Propagation of the Gospel in Foreign Parts, 1701-1900*. London: S.P.G. Office, 1901.

Pascoe, Charles Eyre ed. *Everyday Life in Our Public Schools: Sketched by Head-Scholars of Eton, Winchester, Westmnister, Shrewsbury, Harrow, Rugby, Charterhouse, to Which is Added a Brief Notice of St Paul's and Merchant Taylors' Schools, and Christ's Hospital, with a Glossary of Some Words in Common Use in These Schools*. London: Griffith and Farran, 1871.

Percival, A.C. *Very Superior Men*. London, 1973.

Pond, Rev. W.C. (San Francisco) "Christ for China", *American Missionary*, v. 22, no. 9 (1878), pp. 277-281.

Restarick, Henry Bond. *Hawaii, 1778-1920, from the Viewpoint of a Bishop; Being the Story of English and American Churchmen in Hawaii with Historical Sidelights*. Honolulu: Paradise of the Pacific Press, 1924.

Restarick, Henry Bond. *Sun Yat Sen: Liberator of China*. Preface by Kenneth Scott Latourette. New Haven, Connecticut: Yale University Press, 1931. London: Oxford University Press, 1931. Hyperion Press reprint edition, 1981, Westport, Connecticut.

Restarick, Henry Bond. *My Personal Recollections: The Unfinished Memoirs of Henry Bond Restarick, Bishop of Honolulu, 1902-1920*. Edited by his daughter, Constance Restarick

Withington. Honolulu: Paradise of the Pacific Press, 1938.

Ricci, Matteo. *China in the Sixteenth Century: The Journals of Matthew Ricci, 1583-1610*, translated by Louis J. Gallagher, S.J. New York: Random House, 1953.

Ride, Lindsay, "The Early Medical Education of Dr Sun Yat-sen", *Sun Yat-sen: Two Commemorative Essays*. Hong Kong: University of Hong Kong Centre of Asian Studies, 1977, pp. 23-31.

Roberts, J.A.G. "The Hakka-Punti War", Unpublished *D.Phil.* thesis, University of Oxford, 1968.

Russ, William Adam. *The Hawaiian Republic, 1894-1898, and Its Struggle to Win Annexation*. Selinsgrove, PA: Susquehanna University Press, 1961.

Sharman, Lyon. *Sun Yat Sen: His Life and Its Meaning*. New York, 1934.

Smith, Carl T. *Chinese Christians: Elites, Middlemen, and the Church in Hong Kong*. Oxford University Press, 1985.

Smith, Carl T. *A Sense of History: Studies in the Social and Urban History of Hong Kong*. Hong Kong: The Hong Kong Educational Publishing Co., 1995.

Soong, Irma Tam. "Sun Yat-sen's Christian Schooling in Hawaii", *The Hawaiian Journal of History* v. 31 (1997), pp.151-178.

Stanley, Rev. A. P. *The Life and Correspondence of Thomas Arnold*. London, 1890.

Stokes, Gwenneth. *Queen's College, 1862-1962*. Hong Kong: Standard Press, 1962.

Strand, David. An Unfinished Republic: Leading by Word and Deed in Modern China. Berkeley: University of California Press, 2011.

Sun Yat-sen. *Kidnapped in London*. Bristol: Arrowsmith, 1897.

Sweeting, Anthony. *Education in Hong Kong, Pre-1841-1941: Fact and Opinion*. Hong Kong: Hong Kong University Press, 1999.

Teng, Ssu-yu and John King Fairbank eds. *China's Response to the West*. New York: Atheneum, 1963.

Thompson, H. P. *Into All Lands: The History of the Society for the Propagation of the Gospel in Foreign Parts, 1701-1950*. London, 1951.

Trilling, L. *Matthew Arnold*. London, 1939.

Tsai, Jung-fang, *Hong Kong in Chinese History: Community and Social Unrest in the British Colony, 1842-1913*. New York: Columbia University Press, 1993.

Tse, Tsan-tai. *The Chinese Republic: Secret History of the Revolution*. Hong Kong: South China Morning Post, 1924. First publ. in serial form in the South China Morning Post, November 1924.

Villers, Ernest Gilbert. "A History of Iolani School", M.A. thesis, University of Hawaii, June 1940.

Wehrle, Edmund S. *Britain, China and the Antimissionary Riots, 1891-1900*. Minneapolis: University of Minnesota Press, 1966.

Windschuttle, Keith. *The Killing of History: How a Discipline is being Murdered by Literary Critics and Social Theorists.* Sydney: MacLeay Press, 1996.

Wist, Benjamin O. *A Century of Public Education in Hawaii October 15, 1840—October 15, 1940.* Honolulu: Hawaii Educational Review, 1940.

Witridge, A. *Dr Arnold of Rugby.* London, 1928.

Wong, John Y. *Yeh Ming-ch'en: Viceroy of Liang-Kuang, 1852-1858.* Cambridge University Press, 1976.

Wong, John Y. *Anglo-Chinese Relations, 1839-1860: A Calendar of Chinese Documents in the British Foreign Office Records.* Published for the British Academy by Oxford University Press, 1983.

Wong, John Y. "Chinese Attitudes Towards Hong Kong: An Historical Perspective", *Journal of the Oriental Society of Australia,* v. 15-16 (1983-1984), pp. 161-169.

Wong, John Y. "Three Visionaries in Exile: Yung Wing, K'ang Yu-wei and Sun Yat-sen, 1894-1911", *Journal of Asian History* (Otto Harrassowitz, Wiesbaden, West Germany), v. 20, no. 1(1986), pp. 1-32.

Wong, John Y. *The Origins of an Heroic Image: Sun Yatsen in London, 1896-1897.* Hong Kong; Oxford: Oxford University Press, 1986.

Wong, John Y. *Deadly Dreams: Opium, Imperialism and the "Arrow" War (1856-1860) in China.* Cambridge University Press, 1998.

Wu, John C. H. *Sun Yat-sen: The Man and His Ideas.* Taipei: Sun Yat Sen Cultural Foundation, 1971.

Yoon, Chong-kun. "Sinophilism during the Age of Enlightenment: Jesuit, *Philosophe* and Physiocrats Discover Confucus", in R. L. Lembright, H. A. Myers, D. B. Rush and C. Yoon eds. *Western Views of China and the Far East: Volume 1, Ancient to Early Modern Times.* Hong Kong: Asian Research Service, 1982.

Yu, Ying-shih. "Sun Yat-sen's Doctrine and Traditional Chinese Culture", in Cheng Chuyuan ed. *Sun Yat-sen's Doctrine in the Modern World* (Boulder: Westview, 1989), pp. 79-102.

四、中日文参考书目

安井三吉：〈支那革命党首领孙中山考〉，《近代》，第 57 期（1981 年 12 月），第 49—78 页。

澳门基金会、上海社会科学院编：《镜湖丛报》（澳门基金会、上海社会科学院联合出版，2000）。

澳门镜湖医院慈善会：《澳门镜湖医院慈善会会史，1871—2001》（澳门：镜湖医院慈善会，2001）。

澳门镜湖医院慈善会：《镜湖医院慈善会创办一百三十周年纪念特刊》（澳门：镜湖医院慈善会，2001）。

蔡尚思：〈五四时期"打倒孔家店"的实践意义〉，《纪念五四运动六十周年学术讨论会论文集》，一套三册（北京：中国社会科学出版社，1980），第470—485页。

陈春生：〈访问李纪堂先生笔录〉，载《辛亥革命史料选辑》（长沙：湖南人民出版社，1981），上册，第38—43页。

陈建华：〈孙中山与现代中国"革命"话语关系考释〉，载《"革命"的现代性——中国革命话语考论》（上海：上海古籍出版社，2000），第60—150页。

陈建明：〈孙中山与基督教〉，《孙中山研究论丛》，第五集（广州：中山大学出版社，1987），第5—25页。

陈建明：〈孙中山早期的一篇佚文——"教友少年会纪事"〉，《近代史研究》，总第39期（1987年第3期），第185—190页。

陈宁宁：〈家谱研究的历史和现状〉，http://big51.chinataiwan.org/zppd/YJCG/JP/200805/t20080529_651522.htm. Accessed on 7 June 2009.

陈三井：《中山先生与美国》（台北：学生书局，2005）。

陈少白：〈杨鹤龄之史略〉，载陈少白：《兴中会革命史别录》，转载于《中国近代史资料丛刊·辛亥革命》（上海：上海人民出版社，1981），第一册，第76—84页。

陈少白：〈四大寇名称之由来〉，载陈少白：《兴中会革命别录》，转载于《中国近代史资料丛刊·辛亥革命》（上海：上海人民出版社，1981），第一册，第76—84页。

陈少白：〈尤少纨之略史〉，载陈少白：《兴中会革命别录》，转载于《中国近代史资料丛刊·辛亥革命》（上海：上海人民出版社，1981），第一册，第79—81页。

陈少白：〈谢缵泰之略史〉，载陈少白：《兴中会革命别录》，转载于《中国近代史资料丛刊·辛亥革命》（上海：上海人民出版社，1981），第一册，第76—84页。

陈少白：《兴中会革命史要》，载《中国近代史资料丛刊·辛亥革命》（上海：上海人民出版社，1981），第一册，第21—75页。

陈树荣：〈孙中山与澳门初探〉，《广东社会科学》，1990年第4期，第28—36页。

陈树荣：〈孙中山与澳门〉，广东省《学术研究》，1996年第7期，第71—72页。

陈树荣主编、撰稿：《同善堂一百一十周年纪念册》（澳门：同善堂值理会，2002）。

陈锡祺：〈关于孙中山的大学时代〉，载陈锡祺：《孙中山与辛亥革命论集》（广州：中山大学出版社，1984），第35—64页。

陈锡祺：《同盟会成立前的孙中山》（广州：广东人民出版社，1957年初版，1981年重印）。

陈锡祺主编：《孙中山年谱长编》一套二册（北京：中华书局，1991）。

陈寅恪，〈冯友兰中国哲学史上册审查报告〉，载《金明馆丛稿二编》（上海：上海古籍出版社，1982）。

施白蒂著，姚京明译：《澳门编年史（十九世纪)》（澳门：澳门基金会，1998）。

施白蒂著，姚京明译：《澳门编年史（二十世纪，1900—1949)》（澳门：澳门基金会，1999）。

施白蒂著，金国平译：《澳门编年史（二十世纪，1950—1988)》（澳门：澳门基金会，1999）。

邓慕韩：〈调查访问材料〉，载中国国民党广东省党部编：《新声》第 18 期，1930 年出版；转载于孙中山故居纪念馆编：《孙中山的家世：资料与研究》（北京：中国大百科全书出版社，2001），第 109—112 页。

邓慕韩：〈孙中山先生传记〉，载《革命先烈先进诗文选集》（台北，1965），第三册，总第 1326—1327 页。

邓慕韩：〈乙未广州革命始末记〉，载《辛亥革命史料选辑》（长沙：湖南人民出版社，1981），上册，第 9—19 页。

方式光：〈评孙中山祖籍问题的争论〉，《南方日报》，1987 年 12 月 21 日；后转载于《东莞文史》第 26 期（1997 年 9 月），第 151—158 页；其后又转载于孙中山故居纪念馆编：《孙中山的家世：资料与研究》（北京：中国大百科全书出版社，2001），第 512—518 页。

方行、汤志钧整理：《王韬日记》（北京：中华书局，1987）。

费成康：〈孙中山和《镜海丛报》〉，载澳门基金会、上海社会科学院编：《镜湖丛报》（澳门基金会、上海社会科学院联合出版，2000），其中费序，第 1—10 页。

冯自由：《革命逸史》（上海：商务印书馆，1939 年初版；北京：中华书局，1981 年重版）。

冯自由：〈广州兴中会及乙未庚子二役〉，载《革命逸史》（北京：中华书局，1981 年重版），第四册，第 10—12 页。

冯自由：《华侨革命开国史》（台北：商务印书馆，1953 年重印），该书后来又收入《华侨与辛亥革命》（北京：中国社会科学出版社，1981）。

冯自由：〈孙眉公事略〉，载《革命逸史》（北京：中华书局，1981 年重版），第二册，第 1—9 页。

冯自由：〈孙总理信奉耶稣教之经过〉，载《革命逸史》（北京：中华书局，1981 年重版），第二册，第 9—18 页。

冯自由：〈兴中会四大寇订交始末〉，载《革命逸史》（北京：中华书局，1981 年重版），第一册，第 8—9 页。

冯自由：〈兴中会组织史〉，载《革命逸史》（北京：中华书局，1981 年重版），第四册，第 1—23 页。

冯自由：〈尤列事略〉，载《革命逸史》（北京：中华书局，1981 年重版），第一册，第 26—28 页。

冯自由：〈尤列事略补述一〉，载《革命逸史》（北京：中华书局，1981 年重版），第一册，第 29—33 页。

冯自由：〈尤列事略补述二〉，载《革命逸史》（北京：中华书局，1981 年重版），第一册，
　　第 33—41 页。

冯自由：〈郑士良事略〉，载《革命逸史》（北京：中华书局，1981 年重版），第一册，第
　　24 页。

冯自由：《中华民国开国前革命史》（台北：世界书局，1971 年再版）。

甘乃威：〈一间也不能拆！〉，香港《明报》，2004 年 11 月 5 日，第 D06 版。

高良佐：〈总理业医生活与初期革命运动〉，《建国月刊》（南京），1936 年 1 月 20 日。

高路加：〈中国家谱在文化史研究中的作用〉，《广州大学学报（社会科学版）》，第 1 卷，
　　第 2 期（2002 年 2 月），第 18—20 页。

高添强：〈国父被囚域多利监狱的谬误〉，香港《信报》，2004 年 11 月 3 日。

葛剑雄：〈家谱：作为历史文献的价值和局限〉，《历史教学问题》，1997 年第 6 期，第
　　3—6 页。

戈止曦：〈对"1894 年孙中山谒见李鸿章一事的新资料"之补正〉，上海《学术月刊》，1982
　　年第 8 期，第 20—22 页。

宫崎寅藏著，陈鹏仁译：《宫崎滔天论孙中山与黄兴》（台北：正中书局，1977）。

广东省档案馆编：《广东澳门档案史料选编》（北京：中国档案出版社，1999）。

桂崇基：〈中山先生见李鸿章〉，台北《传记文学》，第 42 卷第 6 期（1983 年 6 月 1 日），
　　第 48 页。

《汉语大词典》缩印本（上海：汉语大词典出版社，1997），上、中、下三卷。

濠江客（陈树荣）：〈孙中山在澳门设"孙医馆"〉，剪报，无日期，澳门仁慈堂博物馆郑志
　　魂先生藏。

郝平：《孙中山革命与美国》（北京：北京大学出版社，2000）。

何广棪：〈罗香林教授事略〉，载马楚坚、杨小燕主编：《罗香林教授与香港史学：逝世二十
　　周年纪念论文集》（香港：罗香林教授逝世二十周年纪念学术研讨会筹备委员会，2006）。

贺跃夫：〈辅仁文社与兴中会关系辨析〉，载陈胜粦主编：《孙中山与辛亥革命史研究：庆贺
　　陈锡祺先生九十华诞论文集》（广州：中山大学出版社，2001），第 21—39 页。

胡去非编，吴敬恒校：《孙中山先生传》（上海：商务印书馆，1928）；该书在 1968 年由台
　　湾商务印书馆重印。

胡去非：《总理事略》（上海：商务印书馆，1937）；该书曾由台湾商务印书馆在 1972 年再版。

胡守为：《岭南古史》（广州：广东人民出版社，1999）。

黄健敏：《翠亨村》（北京：文物出版社，2008）。

黄健敏：《孙眉年谱》（北京：文物出版社，2006）。

黄季陆：〈国父生辰考证的回忆〉，台北《传记文学》，第 11 卷第 2 期，1967 年 8 月号。

黄季陆：〈国父生辰的再考证〉，台北《传记文学》，第 11 卷第 3 期，1967 年 9 月号。

黄启臣：《澳门通史》（广州：广东教育出版社，1999）。

黄淑娉、龚佩华合著：《广东世仆制研究》（广州：广东高等教育出版社，2001）。

黄淑娉主编：《广东族群与区域文化研究》（广州：广东高等教育出版社，1999）。

黄淑娉主编：《广东族群与区域文化研究调查报告集》（广州：广东高等教育出版社，1999）。

黄彦、李伯新：〈孙中山的家庭出身和早期事迹（调查报告）〉，《广东文史资料》第 25 辑（广州：广东人民出版社，1979），第 274—290 页。

黄宇和：〈分析伦敦报界对孙中山被难之报道与评论〉，《孙中山研究》，第一辑（广州：广东人民出版社，1986），第 10—30 页。

黄宇和：〈改造中国：第二次鸦片战争、洋务运动、义和团〉，《九州学林》（香港城市大学和上海复旦大学合编），第 5 卷（2007），第 3 期（总第 17 辑），第 156—211 页。

黄宇和：〈跟踪孙文九个月、公私隐情尽眼帘〉，《近代中国》（台北：近代中国出版社，2003—2004），总第 152 期，第 93—116 页；总第 153 期，第 65—88 页；总第 154 期，第 3—33 页；总第 155 期，第 140—168 页；总第 156 期，第 167—190 页。

黄宇和：〈任重道远：孙逸仙成长之重要性及探索之重重困难〉，《纪念孙中山诞辰 140 周年国际学术研讨会论文集》（北京：社会科学文献出版社，2009），下卷，第 1125—1146 页。

黄宇和：〈三民主义伦敦探源雏议〉，载中国史学会编：《辛亥革命与 20 世纪的中国》，一套三册（北京：中央文献出版社，2002），上册，第 521—575 页。

黄宇和：〈微观研究孙中山雏议〉，《近代史研究》，总第 87 期（北京：中国社会科学院近代史研究所，1995 年 5 月），第 195—215 页。

黄宇和：〈孙逸仙澳门行医探索〉，《九州学林》（香港城市大学和上海复旦大学合编），第 6 卷（2008），第 2 期（总第 20 辑），第 104—171 页。

黄宇和：〈孙逸仙曾被囚香港域多利监狱？〉，《九州学林》（香港城市大学和上海复旦大学合编），第 4 卷（2006），第 1 期（总第 11 辑），第 291—325 页。

黄宇和：《孙逸仙伦敦蒙难真相：从未披露的史实》（台北：联经，1998）。

黄宇和：《孙逸仙伦敦蒙难真相》（上海：上海书店出版社，2004）。

黄宇和：〈孙逸仙，香港与近代中国〉，《港澳与近代中国学术研讨会论文集》（台北：国史馆，2000），第 149—168 页。

黄宇和：〈孙中山的中国近代化思想溯源〉，《国史馆馆刊》（台北：国史馆，1997 年 6 月），复刊第 22 期，第 83—89 页。

黄宇和：〈孙逸仙祖籍问题探索——孙氏是本地人（广府人）还是客家人？〉，《九州学林》（香港城市大学和上海复旦大学合编），第 7 卷（2008），第 1 期（总第 23 辑），第 101—191 页。

黄宇和：〈孙中山第一次旅欧的时间和空间的考订〉，载《孙中山和他的时代》（北京：中华书局，1990），下册，第 2298—2303 页。

黄宇和：〈孙中山伦敦被难研究述评〉，载《回顾与展望：国内外孙中山研究述评》（北京：中华书局，1986），第 474—500 页。

黄宇和：〈孙中山先生伦敦蒙难史料新证与史事重评〉，《中华民国建国八十周年学术讨论集》（台北：近代中国出版社，1991 年 12 月），第一册，第 23—63 页。

黄宇和：《孙中山在伦敦，1896—1897：三民主义思想伦敦探源》（台北：联经，2007）。

黄宇和：〈兴中会时期孙中山先生思想探索〉，《国父建党一百周年学术讨论集》（台北：近代中国出版社，1995），第一册，第 70—93 页。

黄宇和：〈叶名琛历史形象的探究——兼论林则徐与叶名琛的比较〉，《九州学林》（香港城市大学和上海复旦大学合编），第 2 卷 (2004)，第 1 期，第 86—129 页。

黄宇和：〈英国对华“炮舰政策”剖析：写在“紫石英”号事件 50 周年〉，北京《近代史研究》，1999 年 7 月，总第 112 期，第 1—43 页。

黄宇和：〈英国对孙中山选择革命的影响〉，载林家有、李明主编：《孙中山与世界》（长春：吉林人民出版社，2004），第 250—314 页。

黄宇和：〈英国造就了孙中山这位中国民主革命的领袖〉，载林家有、李明主编：《看清世界与正视中国》（长春：吉林人民出版社，2005），第 333—371 页。

黄宇和：〈中山先生伦敦蒙难新史料的发现与考订〉，《近代中国》（台北：近代中国出版社，1995 年 6 月、8 月、10 月），总第 107 期，第 174—195 页；总第 108 期，第 278—289 页；总第 109 期，第 49—72 页。

黄宇和：《中山先生与英国》（台北：学生书局，2005）。

霍启昌：〈几种有关孙中山在港策进革命的香港史料试析〉，载孙中山研究学会编：《回顾与展望：国内外孙中山研究述评》（北京：中华书局，1986），第 440—455 页。

霍启昌：〈孙中山先生早期在香港思想成长的初探〉，载《孙中山和他的时代》（北京：中华书局，1990），中册，第 929—940 页。

简又文：〈总理少年时期逸事〉，《国父文物展览会特刊》（广州：广东省立文献馆，1946），转引于《国父年谱》（1994 年增订本），上册，第 45 页，1886 年条。

姜义华：〈民权思想渊源——上海孙中山故居部分藏书疏记〉，载姜义华著：《大道之行——孙中山思想发微》（广州：广东人民出版社，1996），第 108—123 页。

姜义华：〈《镜海丛报》序〉，载澳门基金会、上海社会科学院合编：《镜海丛报》〔影印本〕（上海：澳门基金会、上海社会科学院联合出版，2000）。

郎擎霄：〈中国南方民族源流考〉，《东方杂志》(1933 年)，第 30 卷，第 1 期。

郎擎霄：〈中国南方械斗之原因及其组织〉，《东方杂志》(1933 年)，第 30 卷，第 19 期。

郎擎霄：〈清代粤东械斗史实〉，《岭南学报》(1935 年)，第 4 卷，第 2 期。

黎玩琼：〈谈谈道济会堂〉，载王志信编著：《道济会堂史》（香港：基督教文艺，1986），第

85—87 页。

李敖：《孙中山和中国西化医学》（台北：文星书店，1965）。

李伯新：《孙中山故乡翠亨》（香港：天马出版有限公司，2006）。

李伯新：《孙中山史迹忆访录》，中山文史第 38 辑（中山：中国人民政治协商会议广东省中山市委员会文史学习委员会，1996）。

李东尼：〈巨变将临：功过历史评说〉，《星岛日报》，2005 年 2 月 28 日，第 A19 版。

李恭忠：《中山陵：一个现代政治符号的诞生》（北京：社会科学文献出版社，2009）。

李剑农：《中国近百年政治史》，一套二册（湖南：蓝田师范学院史地学会，1942；上海：商务印书馆，1947）。

李金强：〈香港中央书院与清季革新运动〉，载李国祁主编：《郭廷以先生百岁冥诞纪念史学论文集》（台北：商务印书馆，2005），第 249—269 页。

李金强：《一生难忘：孙中山在香港的求学与革命》（香港：孙中山纪念馆，2008）。

李进轩：《孙中山先生革命与香港》（台北：文史哲出版社，1989）。

李欧梵：〈情迷澳门、回眸香江〉，香港《亚洲周刊》，2004 年 10 月 31 日，第 17 页。

李云汉编：《研究孙中山先生的史料与史学》（台北：中华民国史料研究中心，1975）。

李云汉：〈早年排满思想〉，载李云汉、王尔敏：《中山先生民族主义正解》（台北：台湾书店，1999），第 35—42 页。

李云汉、王尔敏：《中山先生民族主义正解》（台北：台湾书店，1999）。

梁观福：《孙中山北伐在韶关专辑——韶关文史资料第 34 辑》（韶关：中国人民政治协商会议广东韶关市委员会文史委员会，2008）。

廖迪生、张兆和：《大澳》（香港：三联书店，2006）。

廖书兰：《黄花岗岗外——〈党人碑〉与孙中山首次起义》（香港：商务印书馆，2009）。

林百克著，徐植仁译：《孙逸仙传记》（上海：民智书局，1926）。

林家有、李明主编：《孙中山与世界》（长春：吉林人民出版社，2004）。

林启彦：〈近三十年来香港的孙中山研究〉，载孙中山研究学会编：《回顾与展望——国内外孙中山研究述评》（北京：中华书局，1986），第 534—538 页。

林因美：〈大馆保卫战〉，香港《快周刊》，2004 年 9 月 28 日，第 60—63 页。

岭南大学孙中山博士纪念医院筹备委员会编：《总理开始学医与革命运动五十周年纪念史略》（广州：岭南大学，1935）。

刘家泉：《孙中山与香港》（北京：中央文献出版社，2001）。

刘清：〈研究孙中山的一篇重要文献——孙中山佚文"詹氏宗谱序"评介〉，《黄冈师专学报》，第 19 卷，第 2 期（1999 年 4 月），第 82—85 页。

刘蜀永：〈鸦片战争前淇澳居民反侵略斗争初探〉，载杨水生、刘蜀永编：《揭开淇澳历史之谜——1933 年淇澳居民反侵略斗争研究文集》（北京：中央文献出版社，2002），第 4—17 页。

刘晓春：〈族谱、历史、权力〉，http://www.xici.net/b301964/d16351502.htm。

龙寰：〈孙中山在澳门〉，载中国人民政治协商会议广东省中山市委员会文史委员会编：
　　《中山文史》总第 17 辑（中山：中国人民政治协商会议广东省中山市委员会文史委员
　　会，1989），第 15—16 页。

龙应台：〈香港，你往哪里去？〉，香港《明报》，2004 年 11 月 10 日，第 A4 版和第 D6 版。

陆灿：《孙中山公事略》（稿本，藏翠亨村孙中山故居纪念馆）。〔笔者按：该稿后来刊登于
　　《孙中山研究》第一辑（广东人民出版社，1986）。见下条〕

陆灿（遗著手稿），黄彦、李伯新整理：〈孙中山公事略〉，《孙中山研究》，第一辑（广
　　州：广东人民出版社，1986），第 332—372 页。

陆灿、泰勒（Betty Tebbetts Taylor）合著，傅伍仪译：《我所了解的孙逸仙》（北京：中国
　　和平出版社，1986）。

陆灿、泰勒（Betty Tebbetts Taylor）合著，黄健敏译：《我所认识的孙逸仙——童年朋友陆
　　灿的回忆》（北京：文物出版社，2011）。

陆丹林：〈总理在香港〉，载陆丹林：《革命史谭》（重庆，1944）。

陆天祥：〈孙中山在翠亨〉，《广东文史资料》第 25 辑：孙中山史料专辑（广州：广东人
　　民出版社，1979），第 454—459 页。该文后来收入李伯新：《孙中山史迹忆访录》，中
　　山文史第 38 辑（中山：中国人民政治协商会议广东省中山市委员会文史学习委员会，
　　1996），第 59—64 页。

罗家伦、黄季陆主编，秦孝仪增订：《国父年谱》，一套两册（台北：中国国民党中央党史
　　委员会，1985）。

罗家伦、黄季陆主编，秦孝仪、李云汉增订：《国父年谱》，一套两册（台北：国民党党史
　　会出版，1994）。

罗香林：《国父家世源流考》（重庆：商务印书馆，1942 年初版；台北：商务印书馆，1971
　　年再版）。

罗香林：〈国父家世源流再证〉，原载罗香林：《客家史料汇编》（香港：中国学社，1965），
　　转载于孙中山故居纪念馆编：《孙中山的家世：资料与研究》（北京：中国大百科全书出
　　版社，2001），第 341—348 页。

罗香林：《国父与欧美之友好》（台北：中央文物供应社，1979 年再版）。

罗香林：《国父在香港之历史遗迹》（香港：珠海书院，1971；香港大学出版社重印，
　　2002）。

罗香林：《国父之大学时代》（重庆：独立出版社，1945）。

罗香林：〈回忆陈寅恪师〉，《传记文学》（台北），第 17 卷第 4 期（1970 年 10 月号）〔总
　　101 辑〕，第 13—20 页。全文（图片除外）转载于张杰、杨燕丽合编：《追忆陈寅恪》
　　（北京：社会科学文献出版社，1999），第 97—111 页。

罗香林：《客家史料汇编》（香港：中国学社，1965）。

罗香林：《客家研究导论》（兴宁：希山藏书，1933）。

罗香林：〈评古层冰先生"客人对"〉，《北平晨报副刊·北晨评论及画报》，第 1 卷，第 16 期（1931 年 4 月 27 日）。

吕实强：《中国官绅反教的原因，1860—1874》（台北：中国学术奖助委员会，1966）。

马楚坚、杨小燕主编：《罗香林教授与香港史学：逝世二十周年纪念论文集》（香港：罗香林教授逝世二十周年纪念学术研讨会筹备委员会，2006）。

马兗生：《孙中山在夏威夷：活动和追随者》（北京：世界知识出版社，2003）。

茅家琦等著：《孙中山评传》（南京：南京大学出版社，2001）。

梅士敏：〈仁慈堂四百二十五年〉，《澳门日报》剪报，农历甲戌年三月初六（1994 年 4 月 16 日），第 13 版，澳门仁慈堂博物馆郑志魂先生藏。

梅士敏：〈孙中山先生在澳门〉，载中国人民政治协商会议上海委员会文史资料研究委员会编：《上海文史资料选辑》，第 57 辑（上海：上海人民出版社，1987）。

孟祥才：《梁启超传》（北京：北京出版社，1980）。

缪鑫正等编：《英汉中外地名词汇》（香港：商务印书馆，1977）。

莫世祥：〈孙中山香港之行——近代香港英文报刊中的孙中山史料研究〉，《历史研究》，1997 年第 3 期（总第 247 期），第 19—31 页。

莫世祥：《中山革命在香港，1895—1925》（香港：三联书店，2011）。

南雄珠玑巷人南迁后裔联谊会筹委会编：《南雄珠玑巷人南迁史话》（南雄珠玑巷丛书之一，广州：中山大学出版社，1991）。

南雄珠玑巷人南迁后裔联谊会筹委会编：《永远的珠玑——广东南雄珠玑巷人南迁后裔联谊会筹委会成立十三周年纪念特刊》（广州：羊城晚报出版社，2008）。

南雄县政协文史资料研究会、南雄珠玑巷人南迁后裔联谊会筹委会合编：《南雄珠玑巷南迁氏族谱·志选集》（南雄珠玑巷丛书之二，南雄文史资料第 15 辑，南雄，1994）。

倪俊明：《辛亥革命在广东》（广州：广东教育出版社，2001）。

潘光哲：〈诠释"国父"：以罗香林的《国父家世源流考》为例〉，《香港中国近代史学报》，第 3 卷（2005），第 57—76 页。

七月流火（笔名）：《孙中山和他的女人们》（香港：环宇出版社，2011）。

《千字文》，南北朝时梁国周兴嗣编。

钱实甫：《清季重要职官年表》（北京：中华书局，1959）。

乔菁华：〈拆掉国父遗迹〉，香港《明报》，2004 年 10 月 9 日。

乔菁华：〈六四吧关门〉，香港《明报》，2004 年 10 月 28 日。

秦力山：〈为《孙中山》序〉，转载于柴德赓等编：《中国近代史资料丛刊·辛亥革命》（上海：上海人民出版社，1981），第一册，第 91 页。

邱捷：〈翠亨村孙中山故居文物的社会史解读〉，《历史人类学刊》，第 4 卷，第 2 期（2006年 10 月），第 71—98 页。

邱捷、李伯新：〈关于孙中山的祖籍问题——罗香林教授《国父家世源流考》辨误〉，广州《中山大学学报（哲社版）》1986 年第 6 期。该文转载于孙中山故居纪念馆编：《孙中山的家世：资料与研究》（北京：中国大百科全书出版社，2001），第 439—463 页。

饶展雄、黄艳嫦：〈孙中山与香港琐记〉，载中国人民政治协商会议广东委员会文史资料研究委员会编：《广东文史资料》第 58 辑（广州：广东人民出版社，1988）。

《三字经》，南宋王应麟编。

桑兵：《孙中山的活动与思想》（广州：中山大学出版社，2001）。

尚明轩：《孙中山传》（北京：北京出版社，1981）。

尚明轩：〈孙中山〉，载李新主编：《中华民国史·人物传》，第五卷（北京：中华书局，2011），第 3351—3370 页。

尚明轩、王学庄、陈崧编：《孙中山生平事业追忆录》（北京：人民出版社，1986）。

邵元冲：〈总理学记〉，载尚明轩、王学庄、陈崧编：《孙中山生平事业追忆录》（北京：人民出版社，1986），第 320—324 页。

韶关文史委员会：《纪念孙中山诞辰 120 周年、北伐战争 60 周年专辑——韶关文史资料第8 辑》（韶关：中国人民政治协商会议广东韶关市委员会文史委员会，1986）。

射仲礼：〈族谱与宗族边界〉，《广西民族学院学报（哲学社会科学版）》，第 24 卷，第 6 期（2002 年 11 月），第 40—44 页。

沈仁发、罗湛华：〈抗战时期中共广东省委、粤北省委在乐昌活动的史迹〉，《乐昌党史》，2009 年，总第 38 期，第 58—61 页。

沈渭滨：〈1894 年孙中山谒见李鸿章一事的新资料〉，《辛亥革命史丛刊》，第一辑（北京：中华书局，1980），第 88—94 页。

盛永华、赵文房、张磊合编：《孙中山与澳门》（北京：文物出版社，1991）。

盛永华等：〈一个巨人的外向门户和活动舞台——图录《孙中山与澳门》导言〉，《广东社会科学》，1990 年第 2 期。

史扶邻著，丘权政、符致兴译：《孙中山与中国革命的起源》（北京：中国社会科学出版社，1981）。

史扶邻：〈孙中山与英国〉，载《孙中山和他的时代》（北京：中华书局，1990），上册，第411—419 页。

宋庆龄：《为新中国奋斗》（北京：人民出版社，1952）。

宋水培等编：《汉语成语词典》（成都：四川辞书出版社，2000）。

宋谭秀红、林为栋：《兴中会五杰》（台北：侨联出版社，1989）。

苏德用：〈国父革命运动在檀岛〉，《国父九十诞辰纪念论文集》（台北：中华文化出版事业委员会，1955），第一册，第 61—62 页。

孙穗芳：《我的祖父孙中山》（北京：人民出版社，1996）。

孙满编：《翠亨孙氏达成祖家谱》，转载于孙中山故居纪念馆编：《孙中山的家世：资料与研究》（北京：中国大百科全书出版社，2001），第 12—28 页。

孙满口述，祝秀侠笔记：〈恭述国父家世源流〉，载台北《广东文献》，第 12 卷，第 4 期（1982 年 12 月 31 日），第 30—33 页。

孙述宪：〈书评〉，香港《信报》，1991 年 9 月 7 日。

孙燕谋等编纂：《香山县左头孙氏源流考》（无出版社，1994）。

孙燕谋等编纂：《湘、赣、粤、桂孙氏族谱》（无出版社，1995）。

孙甄陶：〈国父家族历史尚待考证——读罗著《国父家世源流考》存疑〉，台北《传记文学》，第 38 卷，第 3—4 期（1981 年）。后来孙甄陶又以〈读罗著《国父家世源流考》存疑〉为题把稿子投香港的《新亚学报》，第十四卷（1984 年）。最后，该文收入孙中山故居纪念馆编：《孙中山的家世：资料与研究》（北京：中国大百科全书出版社，2001），第 351—367 页。

孙中山：〈复翟理斯函〉，载《孙中山全集》，第一卷（北京：中华书局，1981），第 46—48 页。

孙中山：〈革命尚未成功，同志仍须努力〉，1923 年 10 月 10 日。此联为孙中山 1923 年 10 月 10—16 日在广州举行的"中国国民党党员恳亲大会"所作的题词，后收录在《中国国民党恳亲大会纪事录》（广州，1924），第 333 页。有关考证，见余齐昭：《孙中山文史图片考释》（广州：广东省地图出版社，1999），第 222—224 页。

孙中山：〈革命思想之产生：1923 年 2 月 20 日在香港大学的演讲〉，载《国父全集》，第三册（台北：近代中国出版社，1989），第 323—325 页；《孙中山全集》，第七卷（北京：中华书局，1985），第 115—117 页。

孙中山：《国父全集》，第一至十二册（台北：近代中国出版社，1989）。

孙中山：《建国方略·孙文学说》，第八章"有志竟成"，《国父全集》，第一册（台北：近代中国出版社，1989）第 409—422 页；《孙中山全集》，第六卷（北京：中华书局，1985），第 228—246 页。

孙中山：〈揭本生息赠药单〉，载《孙中山全集》，第一卷（北京：中华书局，1981），第 6—7 页。

孙中山：《伦敦被难记》（中译本），转载于《孙中山全集》，第一卷（北京：中华书局，1981），第 49—86 页。

孙中山：〈民权主义第二讲〉，载《国父全集》，第一册（台北：近代中国出版社，1989），第 67—76 页；《孙中山全集》，第九卷（北京：中华书局，1986），第 271—283 页。

孙中山：〈民权主义第三讲〉，载《国父全集》，第一册（台北：近代中国出版社，1989），第 76—88 页；《孙中山全集》，第九卷（北京：中华书局，1986），第 283—299 页。

孙中山：〈民权主义第五讲〉，载《国父全集》，第一册（台北：近代中国出版社，1989），第99—113页；《孙中山全集》，第九卷（北京：中华书局，1986），第314—333页。

孙中山：〈民权主义第六讲〉，载《国父全集》，第一册（台北：近代中国出版社，1989），第113—128页；《孙中山全集》，第九卷（北京：中华书局，1986），第334—355页。

孙中山：〈拟创立农学会书〉，载《孙中山全集》，第一卷（北京：中华书局，1981），第24—26页。

孙中山：〈农功〉，载《孙中山全集》，第一卷（北京：中华书局，1981），第3—6页。

孙中山：〈批杨鹤龄函〉，载《孙中山全集》，第五卷（北京：中华书局，1985），第205页。

孙中山：〈三民主义与中国民族之前途——在东京《民报》创刊周年庆祝大会的演说〉，载《国父全集》，第三册（台北：近代中国出版社，1989），第8—16页；《孙中山全集》，第一卷（北京：中华书局，1981），第323—331页。

孙中山：〈上李鸿章书〉，原载上海《万国公报》，1894年第69、70期，转载于《孙中山全集》，第一卷（北京：中华书局，1981），第8—18页。

孙中山：《孙中山藏档选编》（北京：中华书局，1986）。

孙中山：《孙中山集外集》（上海：上海人民出版社，1990）。

孙中山：《孙中山全集》，第一至十一卷（北京：中华书局，1981—1986）。

孙中山：〈在广州岭南学堂的演说〉，载《孙中山全集》，第二卷（北京：中华书局，1982），第359—360页。

孙中山：〈致郑藻如书〉，载《孙中山全集》，第一卷（北京：中华书局，1981），第1—3页。

孙中山博士医学院筹备会编：《总理业医生活史》（广州：无日期）。

孙中山故居纪念馆编：《中国民主革命的伟大先驱孙中山》（北京：中国大百科全书出版社，2001）。

孙中山故居纪念馆编：《孙中山的家世》（北京：中国大百科全书出版社，2001）。

孙中山故居纪念馆编：《孙中山的亲属与后裔》（北京：中国大百科全书出版社，2001）。

檀山华侨编印社编：《檀山华侨》（火奴鲁鲁：檀山华侨编印社，1929）。

唐益连：〈孙中山与好友唐雄生平补遗〉，《珠海文史》，第五辑（珠海：中国人民政治协商会议珠海市委员会文史资料研究委员会，1987），第39—41页。

藤井升三：〈孙文与"满洲"问题——在反对帝国主义和"亚洲主义"之间〉，载《孙中山和他的时代：孙中山研究国际学术讨论会文集》，一套三册（北京：中华书局，1989），上册，第661—668页。

汪精卫：〈孙先生逸事〉，《岭东民国日报》，1925年11月18日，转载于《国父年谱》（台北：国民党党史会出版，1994），上册，第39页，1884年条。

王德昭：《从改革到革命》（北京：中华书局，1987）。

王德昭：《孙中山政治思想研究》（香港：商务印书馆，2011）。

王斧：〈总理故乡史料征集记〉，《建国月刊》，第五卷第 1 期，1931 年出版，转载于孙中山
　　故居纪念馆编：《孙中山的家世：资料与研究》（北京：中国大百科全书出版社，2001），
　　第 113—119 页。

王立新：《美国传教士与晚清中国现代化》（天津：天津人民出版社，1997）。

王立新：《基督教教育与中国知识分子》（福州：福建教育出版社，1998）。

王兴瑞：〈清朝辅仁文社与革命运动的关系〉，《史学杂志》（重庆），1945 年 12 月，第 1 期
　　第 1 号。

王允昌：《孙中山与澳门》（台北：御书房，2011）

王晓秋：〈评康有为的三部外国变政考〉，《北方评论》（哈尔滨师范大学学报），1984 年
　　第 6 期。

王志信编著：《道济会堂史——中国第一家自立教会》（香港：基督教文艺出版社，1986）。

韦成编：《翠薇村史简介》（2002 年手稿），翠微村委员会藏。

韦基舜：〈事实与真相：回应古物古迹办事处执行秘书吴志华先生；及高添强先生〉，香港
　　《信报》，2004 年 11 月 29 日，第 27 版。

韦基舜：〈孙中山面见李鸿章？〉，香港《明报》，2004 年 11 月 5 日，第 D06 版。

韦庆远：〈清初的禁海、迁界与澳门〉，载赵春晨、何大进、冷东主编：《中西文化交流与
　　岭南社会变迁》（北京：中国社会科学出版社，2004），第 345—370 页。

韦庆远、吴奇衍、鲁素编著：《清代奴婢制度》（北京：人民大学出版社，1982）。

吴培娟等编：《镜湖医院慈善会创办一百三十周年纪念特刊》（澳门：镜湖医院慈善会，
　　2001）。

吴剑杰等著：《孙中山及其思想》（武汉：武汉大学出版社，2001）。

吴伦霓霞：〈兴中会前期（1894—1900）孙中山革命运动与香港关系〉，载《孙中山和他的
　　时代》（北京：中华书局，1990），中册，第 902—928 页。

吴伦霓霞：〈兴中会前期（1894—1900）孙中山革命运动与香港的关系〉，《中央研究院近
　　代史研究所集刊》（台北，1990），第 19 期，第 215—234 页。

吴伦霓霞：〈孙中山早期革命运动与香港〉，《孙中山研究论丛》，第三集（广州：中山大学
　　出版社，1985），第 67—78 页。

吴伦霓霞：〈孙中山先生在香港所受教育与其革命思想之形成〉，香港《珠海学报》，第 15
　　期（1985 年），第 383—392 页。

吴伦倪霞等编：《孙中山在港澳与海外活动史迹》（香港：联合书院，1986）。

吴敬恒述，杨成柏编：《国父年系及行谊》（台北：帕米尔书店，1952）。

吴任华编纂，曾霁虹审阅：《孙哲生先生年谱》（台北：孙哲生先生学术基金会，1990）。

吴相湘：《孙逸仙先生传》（台北：远东图书公司，1982）。

吴晓红：〈陆皓东：为共和革命而牺牲者之第一人（6）〉，2011 年 1 月 26 日，中国共产党新

闻网, http://dangshi.people.com.cn/BIG5/85038/13820335.html, viewed 7 June 2011。

吴志华：〈认清楚历史、搞清楚事实：有关中区警署古迹的种种回应〉，香港《明报》，2004 年 11 月 12 日，第 D08 版。

喜嘉理：〈美国喜嘉理牧师关于孙逸仙总理信教之追述〉，载冯自由：《革命逸史》（北京：中华书局，1981），第二册，第 12—17 页。该文另目〈关于孙逸仙（中山）先生信教之追述〉而转载于《中华基督教会公理堂庆祝辛亥革命七十周年特刊》，第 5—7 页。又另目〈孙中山先生之半生回观〉而转载于尚明轩、王学庄、陈崧编：《孙中山生平事业追忆录》（北京：人民出版社，1986），第 521—524 页。

夏良才：〈论孙中山与亨利·乔治〉，载《孙中山和他的时代》（北京：中华书局，1989），中册，第 1462—1481 页。

夏东元：《盛宣怀传》（成都：四川人民出版社，1988）。

夏东元：《郑观应传》（上海：华东师范大学出版社，1981）。

香港建筑师学会问卷，题为〈保育中区古迹群公众意见调查〉，2004 年 9 月 14 日发行。

湘、赣、粤、桂孙氏理事会编：《湘、赣、粤、桂孙氏族谱》（无出版社，1995），孙燕谋先生家藏。

(1547)〔嘉靖〕《香山县志》，八卷，（明）黄佐纂修，〔出版地不详〕，〔出版者不详〕，嘉靖二十六年（1547）丁未；四册；16 开〔复印本，中山市图书馆藏，编号 K296.54 / 4424〕。

(1633)〔康熙〕《香山县志》，又名申志，十卷，（清）良翰纂修；欧阳羽文编辑，〔出版地不详〕，〔出版者不详〕，康熙十二年（1633）癸丑；五册；8 开〔复印本，中山市图书馆藏，编号 K296.54 / 5034〕。

〔雍正〕《重修香山县志》（雍正内府刻本），收入故宫博物院编：《广东府州县志：香山县志》，故宫珍本丛刊第 178 册，其中第 305—451 页（海南出版社，2001）〔广州市中山大学图书馆藏，编号 Z121.7/20/178-180; A1575841〕。

(1750)〔乾隆〕《香山县志》，又名暴志，十卷，首一卷，（清）暴煜修；李单揆，陈书撰，〔出版地不详〕，〔出版者不详〕，乾隆十五年（1750）庚午；七册；16 开〔印刷品原件，有虫蛀，未修复；中山市档案馆藏，编号 A/d.1/10〕。此书收入故宫博物院编：《广东府州县志：第十三册、（乾隆）香山县志》，故宫珍本丛刊第 178 册，其中第 305—451 页（海口：海南出版社，2001）〔广州市中山大学图书馆藏，编号 Z121.7/20/178-180; A1575841〕。

(1827)〔道光〕《香山县志》，又名祝志，八卷，（清）祝淮主修；黄培芳纂，〔出版地不详〕，〔出版者不详〕，道光七年（1827）丁亥；二册；8 开〔印刷品原件，有虫蛀，已修复；中山市档案馆藏，编号 A/d.1/25〕。

(1879)〔光绪〕《香山县志》，又名光绪志，二十二卷，（清）田明曜修；陈沣等纂，〔出版地不详〕，〔出版者不详〕，光绪五年（1879）已卯；十二册；16 开〔中山市图书馆藏，

编号 K296.54／6066〕。此书收入《续修四库全书》（上海：古籍出版社，1995），第 713
册，第 42—533 页〔中山大学图书馆藏，编号 121.7/4/713〕。

(1912)《香山县乡土志》，四册，无名氏纂修，无出版年份（约 1912）（中山市地方志编辑
委员会，1988 年 7 月影印出版）〔广州市中山大学图书馆藏，编号 K296.53/96-3〕。

〔宣统〕《香山县志续编》，又名民国志，又名厉志，十六卷，（清）厉式金主修；汪文炳、张
丕基总纂，〔出版地不详〕，〔出版者不详〕，民国十二年（1923）癸亥；六册；16 开〔线装，
中山市图书馆藏，编号 K296.54／7148〕。广州市省立中山图书馆（编号 K/25/8/[2]）及中山
市档案馆（编号 d1/38—43）均藏有该书线装原本。但是，台湾成文出版社在 1967 年
印行《中国方志丛书》并把该书作为第 111 号而影印发行时，却作了如下描述："据张
仲弼（修），民国九年刊本影印"。这种描述，既用张仲弼代替了厉式金，又把原出版年
份推前到民国九年即 1920 年，为何如此？按张丕基又名张仲弼，看该书之跋可知。又厉
式金为该书写了序下款所署年份是庚申（1920）。此外，厉式金在其序中说："予方再知
邑事，乃请张君独任之。"这些蛛丝马迹，均可以解释为何成文出版社做出如此误导的说
明。广州市中山大学图书馆被误导了，结果在目录上做了如下描述："《香山县志续编》，
张仲弼修（1920 年刊本，台湾成文影印本，1967）。编号 K29-51/5/1:111; A1431555。"

《香山县志续编》，张仲弼修（1920 年刊本，台湾成文影印本，1967）〔广州市中山大学图
书馆藏，编号 K29-51/5/1:111; A1431555〕。

谢重光：〈罗香林先生客家研究的贡献与局限〉，载嘉应学院客家研究所编：《客家研究辑
刊》，2007 年第 2 期（总第 31 期），第 80—85 页。

谢礼明总编辑：《澳门浸信教会立会九十五周年纪念特刊，1904—1999》（澳门：澳门浸信
教会，1999）。

新英汉辞典编写组：《新英汉辞典》，增订本（香港：三联书店，1975）。

许智伟：〈国父孙逸仙博士之教育思想及其在香港所受教育之影响〉，载《孙中山先生与辛
亥革命》（民国史研究丛书）（台北，1981），上册，第 315—330 页。

薛仲三、欧阳颐合编：《两千年中西历对照表》（上海：商务印书馆，1961）。

崖口村档案室编：《崖口村资料汇编》（石岐：中山市图片社，2007）。

杨拔凡、杨兴安著：《杨衢云家传》（香港：新天出版社，2010）。

杨惠芬：〈旧书函揭孙中山有妾侍〉，《星岛日报》，2002 年 9 月 14 日。

杨明哲：〈李鸿章与近代西方医学在中国的传播〉，载台湾桃源长庚大学《长庚人文社会科
学》，第 2 卷第 2 期（2009 年），第 299—340 页。

杨水生、刘蜀永编：《揭开淇澳历史之谜——1933 年淇澳居民反侵略斗争研究文集》（北
京：中央文献出版社，2002）。

叶夏声：《国父民初革命纪略》（广州：孙总理侍卫同志社，1948）。

佚名：〈300 人手牵手保中区警署古迹〉，香港《苹果日报》，2004 年 10 月 25 日，第 A6 版。

佚名:〈本澳新闻——镜湖耀彩〉,《镜海丛报》创刊号,1893 年 7 月 18 日,第 5 版,复印于澳门基金会、上海社会科学院编:《镜湖丛报》(澳门基金会、上海社会科学院联合出版,2000)。

佚名:〈赌风大炽〉,上海《申报》,1878 年 5 月 18 日;转载于广东省档案馆编:《广东澳门档案史料选编》(北京:中国档案出版社,1999)。

佚名:〈陆皓东〉,《华人基督教史人物辞典》,http://www.bdcconline.net/zhhant/stories/by-person/l/lu-haodong.php, viewed 7 June 2011。

佚名:《杨衢云略史》(香港:1927)。

佚名:〈照译西论〉,《镜湖丛报》,1893 年 12 月 19 日,第 1—2 版,载澳门基金会、上海社会科学院编:《镜湖丛报》(澳门基金会、上海社会科学院联合出版,2000),第 11—12 页。

佚名:〈中国大陆家谱收藏与研究概况〉,http://big51.chinataiwan.org/zppd/YJCG/JP/200805/t20080529_651473.htm. Accessed on 7 June 2009.

涌口村志编纂领导小组编:《涌口村志》(珠海:信印务广告中心,2006)。

尤曾家丽:〈尤列与辛亥革命〉(香港:香港大学硕士论文,2009 年 8 月),http://hdl.handle.net/10722/56579。

余齐昭:《孙中山文史图片考释》(广州:广东省地图出版社,1999)。

裕庚:〈出使日本大臣裕庚奏报到任呈递国书日期折〉,1895 年 9 月 1 日,载《清光绪朝中日交涉史料》(北平:故宫博物院,1932),第 48 卷,第 4—5 页。

袁鸿林:〈兴中会时期的孙杨两派〉,载《纪念辛亥革命七十周年青年学术讨论会论文选》(北京:中华书局,1983),上册,第 1—22 页。

曾昭璇、曾宪珊合著:《宋代珠玑巷迁民与珠江三角洲农业发展》(南雄珠玑巷丛书之三,广州:暨南大学出版社,1995)。

曾昭璇、曾宪纬、张永钊、曾宪珊编著:《珠玑巷人迁移路线研究》(广州:暨南大学出版社,1995)。

张国雄等编:《老房子:开平碉楼与民居》(南京:江苏美术出版社,2002)。

张家伟:《香港六七暴动内情》(香港:太平洋世纪出版社,2000)。

张磊、盛永华、霍启昌合编:《澳门:孙逸仙的外向门户和社会舞台》;英文书名是 Macau: Sun Yat-sen's gateway to the world and stage to society;葡文的书名是 Macau: Portal e palco por onde Sun Yat Sen ganhou acesso ao mundo (澳门:版权页未注出版社,1996)。

张笑川:〈潘光旦家谱学研究〉,《苏州科技学院学报(社会科学版)》,第 23 卷,第 2 期,第 105—109 页。

张永福:〈孙先生起居注〉,载尚明轩、王学庄、陈崧编:《孙中山生平事业追忆录》(北京:人民出版社,1986),第 820—823 页。

〔张〕咏梅、邹佩丛:〈孙中山怎么成了客家人?他后代好像没有……〉,http://tieba.baidu.

com/f?kz=192702217, accessed on Sunday 8 June 2008。

张玉法：《清季的革命团体》（台北：中研院近代史研究所，1975）。

张玉法：〈译介孙逸仙博士几篇英文传记资料〉，载李云汉编：《研究孙中山先生的史料与史学》（台北：中华民国史料研究中心，1975）。

张忠正：《孙中山博士与美国》（台北：文扬工坊制作中心，2004）。

赵令扬：〈香港史学家罗香林教授传〉，载马楚坚、杨小燕主编：《罗香林教授与香港史学：逝世二十周年纪念论文集》（香港：罗香林教授逝世二十周年纪念学术研讨会筹备委员会，2006），第10—15页。

郑照：〈孙中山先生逸事〉，载尚明轩、王学庄、陈崧编：《孙中山生平事业追忆录》（北京：人民出版社，1986），第516—520页。

郑子瑜：〈孙中山先生老同学江英华医师访问记〉，附录于郑子瑜：〈一页开国史料——记中山先生指示江英华密谋在穗发难书〉，台北《近代中国》，第61期（1987年10月31日），第110—114页。该〈访问记〉原以〈总理老同学江英华医师访问记〉之标题载望加锡《华侨日报》1940年1月26日。

钟徽祥：〈孙中山先生与香港——访吴伦霓霞博士〉，《人民日报》（海外版），1986年11月5日。

钟公任：〈采访总理幼年事迹初次报告〉〔1931年4月26日〕，原件藏台北中国国民党中央党史馆，转载于孙中山故居纪念馆编：《孙中山的家世：资料与研究》（北京：中国大百科全书出版社，2001），第120—124页。

钟工宇：〈我的老友孙中山先生〉（中译本），载尚明轩、王学庄、陈崧编：《孙中山生平事业追忆录》（北京：人民出版社，1986），第726页。

《中国农民战争史研究集刊》（上海：上海人民出版社，1981）。

中国人民政治协商会议珠海市委员会文史资料研究委员会编：《珠海文史》，第五辑（珠海：中国人民政治协商会议珠海市委员会文史资料研究委员会，1987）。

中国社会科学院近代史研究所编：《纪念五四运动六十周年学术讨论会论文集》，一套三册（北京：中国社会科学出版社，1980）。

《中华基督教会公理堂庆祝辛亥革命七十周年特刊》（香港：中华基督教会公理堂，1981）。

中山市地方志编纂委员会办公室：《香山县乡土志》卷十四，1988年按复印本影印出版。

中山市文化局编：《中山市文物志》（广州：广东人民出版社，1999）。

中山市地方志编纂委员会编：《中山市志》，上册（广州：广东人民出版社，1997）。

中山地质队编：《中山县矿产志》，1960。

中山市孙中山研究会编：《孙中山与香山相关人物集》（香港：天马图书有限公司，2004）。

中央社特稿：〈万世风范的国父〉，台北《新生报》，1965年11月11日。

周建新：〈深化客家研究的再思考：从罗香林及其《客家研究导论》谈起〉，载嘉应学院客家研究所编：《客家研究辑刊》，2007年第2期（总第31期），第130—134、138页。

《周易》，载《十三经》（广州：广东教育出版社，1995）。

朱裕超、魏生革：〈长缨在手缚苍龙、敢教日月换新天——写在乐昌峡水利枢纽工程大江截流之际〉，《乐昌党史》，2009 年（总第 38 期），第 56—57、61 页。

庄政：《国父革命与洪门会党》（台北：正中书局，1980）。

庄政：《孙中山的大学生涯》（台北：中央日报出版社，1995）。

《紫金各界人士纪念孙中山诞辰一百二十周年会刊》（1986 年 12 月编印）。

邹鲁：《乙未广州之役》，转载于《辛亥革命》，第一册，第 225—234 页。

邹佩丛：〈部分党史会成员对罗著的反应〉，载邹佩丛编著：《孙中山家世研究与辨析》（太原：山西人民出版社，2008），第 239—240 页。

邹佩丛：〈南地区族谱证明罗香林所谓"香山县东部迁界、复界说"并非事实〉，载邹佩丛编著：《孙中山家世研究与辨析》（太原：山西人民出版社，2008）。

邹佩丛编著：《孙中山家世研究与辨析》（太原：山西人民出版社，2008）。

邹佩丛：《孙中山家族源流考》，《中山文史》第 57 辑（中山：政协广东省中山委员会文史资料委员会，2005）。

邹佩丛、张咏梅：〈民国元年孙中山与亲人的左埗之行〉，http://www.minge.gov.cn/ chinese/pplrevo/unitedzine/18594.htm，accessed on Sunday 8 June 2008。

左丁山：〈保留古迹〉，香港《苹果日报》，2004 年 9 月 25 日，第 E6 版。

西汉对照表

Aberdeen Street（香港）鸭巴甸街

Alexander, Miss Mary 阿玛丽小姐（瓦胡书院预备学校老师）

Alice Memorial Hospital 香港雅丽氏医院

Alice Walkden 雅丽氏·沃克敦（何启之妻，英年早逝，何启创立雅丽氏医院以纪念之）

Allekoki 阿乐可基（火奴鲁鲁山水池）

American Board of Commissioners for Foreign Missions 美国纲纪慎会海外传道会，简称
    ABCFM

Anglo-Saxon 盎格鲁—撒克逊（民族）

Annual Missionary Service（伦敦传道会香港分会）传道周年礼拜

Argyle Street（香港）亚皆老街

Arnold, Thomas 托马斯·阿诺德（英国拉格比公学校长）

Arrow 亚罗号（巴夏礼借"亚罗号事件"挑动第二次鸦片战争）

Avenida do Almeida Ribeiro（澳门）亚美打利庇卢大马路，又名新马路

Avenida do Conselheiro Ferreira de Almeida（澳门）荷兰园大马路

Avenida Sidonio Pais（澳门）士多鸟拜斯大马路（国父纪念馆所在地）

Bache, Victor 维克托·巴克（檀香山兴中会华侨兵操队之丹麦教习）

Baker, Brookes Ono, *M.D.* 布鲁克斯·奥诺·贝克医学博士（1880—1881年任意奥兰尼学校
    校长）

Baldwin, Miss May 柏文美小姐（瓦胡书院预备学校老师）

Barker, Major-General Digby 伯加少将

Basel Mission 巴色传道会，又名崇真会

Bates Street 卑斯街（意奥兰尼学校所在地）

belligerent party 民主国家交战团体

Beretania Street（火奴鲁鲁）贝热坦尼阿街

Berger, Miss Augusta 白奥姑斯达小姐（瓦胡书院预备学校老师）

Bergère, Professor Marie-Claire（法国）白吉尔教授

Birmingham（英国）伯明翰

Bishop, Charles R. 查尔斯·比索（夏威夷王国1880年教育部部长）

Bismarck, Otto von 俾斯麦

Blue Valley 翠谷（林百克对翠亨村所在无名山谷之称呼，本书作者译为翠谷）

Bond, Charles 查尔斯·邦德（英国恶棍，在香港赶中国人离开公共长椅）

Bondfield, Rev. G. H. 邦菲尔德牧师（雅丽氏医院医务委员会辅助委员）

Bonham Road（香港）般含道

Brenan, Bryon 壁利南（英国驻广州领事）

Bridges Street（香港）必列者士街

British Israel 英以色列民族

Cameron, Major-General William Gordon 金马伦少将（曾以代理香港总督身份主持香港西医书院成立大会）

Cantlie, James, *M.A., M.B. F.R.C.S.* 康德黎医生（香港西医书院创办人）

Canton Christian College 广州岭南大学

Canton Hospital 广州博济医院

cathedral 大教堂，主教座堂

Chalmers, Rev. John, *M.A. LLD.* 湛约翰博士牧师（香港西医书院所寓雅丽氏医院主牧）

Charing Cross Hospital 伦敦查灵十字医院

charity hospital 慈善医院

China Mail 香港《德臣西报》

China Merchants' Steam Navigation Company 商办轮船招商局（香港，1872 年创办）

Chinese Mail 香港《华字日报》

Christian gentleman 深具基督精神的绅士

Christopher Patten 彭定康

Chun Mun-Him 陈满谦（音译，孙中山在意奥兰尼学校的同班同学）

Chung Kung Ai 钟工宇（孙中山在意奥兰尼学校的同班同学，曾被该校教师误为姓 Ai）

Church Missionary Society（英国）教会传道会

City Hall 香港大会堂

Clark, Abell 埃布尔·克拉克（1875—1880 年任意奥兰尼学校校长）

Clarke, Sir Fielding 菲尔丁·克拉克爵士（香港首席法官，香港西医书院名誉院长，出席 1892 年 7 月 23 日孙中山香港西医书院毕业宴会）

Colonial Secretary, Hong Kong 香港殖民地政府的辅政司（官职名，为香港总督首席副手）

Commercial Union of China Bond 中国商务公会股单

Conduit Road（香港港岛）干德道

confirmation 坚信礼

Congregational Church 纲纪慎会，又译公理会

contour 地势的高度与形状

Cook, Captain James 詹姆斯·库克船长（英国航海家）

Cousins, Rev. Dixon 狄克逊·卡曾斯牧师

Crick　克特（英国人，曾制造炸弹，帮助孙中山广州起义）

Cromwell, Oliver　奥利弗·克伦威尔

Crow, W. E.　卡特奥（香港西医书院职员）

Damon, Francis W.　芙兰·谛文

Damon, Samuel Cheney　塞缪尔·谛文（芙兰·谛文之父）

Darwin, Charles　达尔文（英国生物学家，1809—1882）

Darwinism　达尔文学说

David Sassoon and Sons Company　香港沙宣洋行

de Lamarck, Jean Baptiste　拉马克（法国生物学家，1744—1829）

deacon　会吏

Dennys, L. L.　丹尼斯（香港律师，康德黎医生好友，出席 1892 年 7 月 23 日孙中山香港西
　　医书院毕业宴会；1895 年广州起义失败后，曾劝孙中山尽快离开香港）

Dickens, Charles　查尔斯·狄更斯

Diocesan Home and Orphange [Boys]（香港）拔萃书室

Diocesan Home　拔萃书室（香港主教区学院）

Diocesan Native Female Training School　拔萃女子训练学校（成立于 1860 年，为拔萃书室前身）

Ducit Amor Patriae　尽心爱国

Duncan, Chesney　邓勤（香港《士蔑西报》1895 年主笔）

East Timor　东帝汶

Echo Macaense　澳门葡文报纸《澳门回声》

egotism　个人主义

Eichler, Rev. Ernst R.　艾希勒（伦敦传道会的德籍传教士）

Ewa　依瓦（瓦胡岛一山谷名，火奴鲁鲁以西，1879 年孙眉在此有牧场）

father figure　父亲的形象

Featherston, Rev. W. T.　费瑟斯顿牧师（香港拔萃男校前校长）

Fellow of the Royal College of Surgeons　英国皇家外科学院院士

Fernandes, Francisco　飞南第（葡萄牙人，又译费尔南德斯）

fete　游园会

Fort Street（火奴鲁鲁）堡垒街

Francis, J. J., *Q.C.*　弗朗西斯大律师（香港西医书院首任常务法律顾问）

Galahads, Sir　伽拉哈斯爵士（医学界名人）

General Fund　普通储备金

General Intelligence（香港中央书院）通识考卷

Gerlach, D., *M.D.*　格拉医生（香港西医书院教授）

Hotel Street（火奴鲁鲁）贺梯厘街

House Committee（雅丽氏医院）院务委员会

Humpherys, Mr J. D. 堪富利士先生（1888 年 3 月捐赠了奖学金予西医书院，孙中山曾以品学兼优连获此奖）

Igreja de S. Domingos 澳门板樟堂，又称玫瑰堂

Iolani College（火奴鲁鲁）意奥兰尼学校

Irwin, Dr J. O'malley 埃尔文医生（在天津为李鸿章夫人治病之西医，曾帮助香港西医书院教务长孟生医生探听李鸿章当该院庇护人的可能性）

Jardim Lou Lim leoc / Lou Lim leoc Garden（澳门）卢廉若公园

Jim Morse 吉姆·莫士

John King Fairbank 费正清

Jones, D. D. 琼斯（喜嘉理所聘传教助手，美国人）

Jordan, Gregory P., *M.B., M.R.C.S.* 佐敦医生（香港西医书院老师）

Kahului 茄胡雷（茂宜岛港口，又译架荷蕾、茄荷蕾。约 1881 年孙眉转到此处继续做生意）

Kailua（火奴鲁鲁）凯鲁阿

Kapena Falls 卡盆纳瀑布（孙中山在意奥兰尼学校读书时逢星期六下午前往游泳）

Kerr, Rev. Dr John 嘉约翰牧师医生（广州博济医院院长）

King David Kalakaua 加拉鸠阿（夏威夷国王，1874—1891 年在位）

King Kamehameha IV 卡米哈米哈四世（夏威夷国土，1855 -1863 年在位）

King Kamehameha V 卡米哈米哈五世（夏威夷国王，1863—1872 年在位）

King Street（火奴鲁鲁）京街

Kobe Chronicle 日本英文报纸《神户纪事报》

Kona 康纳（火奴鲁鲁地名）

Kuhn, Professor Philip 孔飞力教授（美国历史学家，哈佛大学退休教授）

Kula Ranch 菇剌牧场（孙眉在茂宜岛的牧场，旧译菇嚕）

Kung Kun 东莞（罗香林误为公馆村）

Lahaina 拉海纳（位于茂宜岛，1795—1843 年为夏威夷王国首都）

Largo do Senado 澳门议事亭前地

Leong Chew 梁钊（音译，孙眉把他在火奴鲁鲁的店买过来）

Letters Patent《英王制诰》

liberation theology 解放神学

Linebarger, Paul Myron Wentworth 林百克（1871—1938）

lithograph 石版

Lo Koon Wai 卢观伟（广州岭南大学教授，与陈序经推行全盘西化）

Lockhart, J. H. Stewart 骆克（孙中山就读的香港西医书院首任名誉司库，后来更在 1895 年继任为香港辅政司暨西医书院名誉院长。1892 年 7 月 23 日出席孙中山香港西医书院毕业宴会）

London Missionary Society 伦敦传道会，简称 LMS

Low, Eben 埃本·洛（孙中山在意奥兰尼学校读书时负责军训的英籍老师）

Lowrey, Mr F. J. 劳里先生（瓦胡书院预备学校老师）

Lugard Hall 卢吉堂（香港大学宿舍，现已拆除）

MacDonnell, Sir Richard Graves 麦当奴爵士（香港总督，1866—1872 年在任）

MacKenzie, Rev. Dr J. K. 马根济牧师医生（曾创建了天津第一所西医医院）

MacLeod, Marie Imelda 张芳玮（澳门历史档案馆 2006 年代馆长）

Makassar 望加锡（旧作 Macassar，印度尼西亚城市，历史上曾是整个东南亚的贸易中心）

Manson, Patrick, M.D., LLD. 孟生博士医生（孙中山就读的香港西医书院首任教务长，后因卓越贡献被誉为热带医学之父）

matron 学校的舍监

Maui Island 茂宜岛，又译毛伊岛

Maurice Freedman 莫里斯·弗里德曼

Medical Committee 雅丽氏医院医务委员会

medical missionary 医疗传教士，又称传教士医生

Meheula, Solomon 所罗门·美厚拉（意奥兰尼学校老师）

Merrill, Frank Wesley 慕驲（意奥兰尼学校英籍老师）

Mill's School (or Mills Institute) 火奴鲁鲁寻真书院（芙兰·谛文牧师所设）

mission hospital 传教医院

missionary 传教士

Moore, Miss Lulu 莫露露小姐（瓦胡书院预备学校校长）

Morse, Rev. Dr 莫尔斯牧师医生（台湾）

Mount Austin Hotel （香港）柯士甸山宾馆

Nuuanu Street （火奴鲁鲁）奴安奴街

Oahu College 瓦胡书院（又译奥阿厚中学，位于火奴鲁鲁）

Oahu Island （夏威夷）瓦胡岛

Oakland Seminary （美国加州）奥克兰神学院

Oceanic Steamship Company （夏威夷）远洋汽轮公司

Oceanic Steamship Company 远洋汽轮公司

Old Bailey Street 奥卑利街

Parkes, Harry 巴夏礼（1856 年英国驻广州代领事，刻意制造了"亚罗号事件"，趁清政府深受太平天国起义之苦时，发动了第二次鸦片战争）

Património da Santa Casa de Misericordia 仁慈堂物业

Peak Hospital 香港山顶医院（康德黎医生创立）

Pearce, Rev. Thomas W. 托马斯·皮尧士牧师

Pharmacia Popular（澳门）便民大药房

Pidgin English "洋泾浜" 英语

Piercy, Mr and Mrs 皮尔斯伉俪（拔萃书室）

preacher 宣教师

preaching hall 福音堂

Pricess Likelike 丽珂丽珂公主殿下

Prince Edward Road（香港九龙）太子道

procathedral 准座堂

Protestants 耶教新派教徒

pubilic school 公学

Queen Emma Lane 娥玛王后巷（位于火奴鲁鲁，140 号是华侨何宽家，同巷 157 号为李昌家）

Queen Emma Street（火奴鲁鲁）娥玛王后街

Queen Emma 娥玛王后（夏威夷国王卡米哈米哈四世之妻，1836—1885，1874 年竞选国王失利）

Queen's College, Hong Kong 香港皇仁书院

Reid, Thomas H. 黎德（香港《德臣西报》1895 年主笔）

Reserve Forces of Hong Kong 香港后备兵团

Restarick, Bishop Henry Bond 雷斯塔里克主教（火奴鲁鲁，1902—1920 年在任）

Review of the Times 上海英文报纸《万国公报》

Rhenish Mission（德国）礼贤传道会

Robinson, Sir Hercules 夏乔士·罗便臣爵士（香港总督，1859—1865 年在任）

Robinson, Sir William 威廉·罗便臣爵士（香港总督，1892—1898 年在任，任内出席 1892 年 7 月 23 日孙中山香港西医书院毕业宴会）

Roquete, Mr Francisco S.（澳门）罗结地先生

Royal Horticultural Society 英国皇家园艺协会

Royal Instructions 英国《皇家训令》

royal prerogative 君主特权

Rua das Estalagens（澳门）草堆街（1892 年孙逸仙的中西药局在此街 80 号）

Rua Domingos（澳门）板樟堂街

Strand Magazine, The《河滨杂志》

Strand, The（伦敦）河滨路

Sun Tai Cheong　孙帝象（1879 年孙中山在意奥兰尼学校的名字拼写）

Sun Tai Chui　孙帝象（1883 年孙中山在瓦胡书院预备学校的名字拼写）

Sun Tai Tseung　孙帝象（1884 年孙中山在香港中央书院的名字拼写）

Sun Tai-chu　孙帝象（1879—1883 年孙中山的同学钟工宇为其名字拼写）

Sün Tui-chew　孙帝象（1883 年孙中山在香港拔萃书室的名字拼写）

Sun Yatsen　孙逸仙（根据不同文献来源又写作 Sun Yat Sen, Sun Yat-sen）

Supplee, Thomas　托马斯·萨普利（1880 年意奥兰尼学校代理校长）

Surgeon-General　香港首席外科医官

Tholuck, Professor Friedrich A. G.　杜勒（已故德国神学家，其遗孀曾向芙兰·谛文传授神学）

Thomson, John C., *M.A., M.B., C.M.*　汤姆森牧师医生（孙中山在香港西医书院读书时香港雅丽氏医院院长）

Tong Phong　唐雄（孙中山在火奴鲁鲁意奥兰尼学校的同班同学）

Tse Kwok-cheong, Andrew　谢国昌（谢缵泰后人）

Tse Tsan-tai　谢缵泰

Union Church　香港基督教愉宁堂（现称佑宁堂，俗称大石柱堂）

United Society for the Propagation of the Gospel　（英国圣公会）圣经联合传道会

University Hall　（香港大学）大学堂宿舍

Vaccine Institute　香港疫苗研究所（康德黎医生创立）

Victoria College　维多利亚书院（前身为中央书院，后身为皇仁书院，1889—1894 年间称维多利亚书院）

Victoria Prison　域多利监狱

Voluntary Medical Staff Corps　（伦敦查灵十字医院）志愿军医队

Waterhouse Building　沃特豪斯楼（在火奴鲁鲁）

Watson Scholarship　屈臣奖学金（孙中山 1888—1892 年皆获该奖学金，基金由堪富利士先生 1888 年 3 月捐赠）

Wellcome Institute　（伦敦大学）韦尔科姆研究所

Wells, Herbert R.　韦尔斯（伦敦传道会的澳大利亚籍传教士）

Wesleyan Mission　美以美会，又称卫斯理会

Westminster　（英国）威斯敏斯特

Westminster Abbey　威斯敏斯特教堂，又译西敏寺

Whalley, Herbert F. E.　赫伯特·惠利（1882 年任意奥兰尼学校校长）

Willis, Bishop Alfred　韦礼士主教（英国圣公会夏威夷教区主教，意奥兰尼学校校监）

Wong Shak-Yen 黄硕仁（音译，意奥兰尼学校负责用汉语教导《圣经》的宣教师）

Wood, Dr Frances 吴芳思博士（英国汉学家）

wood-block 木雕版

Wright, George H. Bateson, *M.A.* 胡礼（中央书院第二任校长）

Yang, Quyun 杨衢云

Young, William, *M.D.* 杨威廉医生（孙中山就读的香港西医书院教授）

Zdenko Zlater 兹登科·兹洛特

索　引

1. 外名中译，先列中译名，括号内注明其外文原名。如：康德黎（James Cantlie）。
2. 外语报刊，括号内斜写其英文原名。如：《泰晤士报》（*The Times*）。
3. 汉语报刊，括号内列出其所附带的外文名字，但不用斜体。如：《万国公报》(Review of the Times)。原刊无外文刊名者不列。如：《新生报》。
4. 著名的汉语文章用单书名号来表示。如：〈上李鸿章书〉。

谢　辞

一、鸣谢读稿学人

本书部分书稿，曾蒙香港大学前校长王赓武先生、悉尼友好林硕彦先生、广州市中山大学人类学系黄淑娉先生和历史学系古代史专家胡守为先生、香港出版界前辈萧滋先生等提出珍贵意见。

香港中华书局黎耀强编审，多年来盛意拳拳约稿的诚意，感人肺腑。拙著之能赶上辛亥革命一百周年之际出版，很大程度是黎耀强先生真诚待人的结果。他为本书所付出的辛勤劳动，诸如耐心细致地读稿，提供恰当的修改建议，小心翼翼地编辑以及制图、设计、排版、印刷与装订等，皆尽心尽力，令人肃然起敬。为了赶时间，黎耀强先生收到本书初稿就开始排版了，此后笔者还不断地修改、订正与补充，黎先生皆以惊人的耐心与最大的宽容处理，笔者毕生感激。尤幸双方有共同语言：精益求精。后来时间实在紧迫，黎耀强先生邀请林立伟先生协助编辑工作；林立伟先生临危受命，至以为感。

本书部分章节初稿曾承《九州学林》出版，以期抛砖引玉；该刊编辑、香港城市大学范家伟博士曾为诸拙文之付出，至今感激。北京大学历史系谭皓同学，台北中研院近代史研究所陈三井前所长、吕芳上前所长，民族研究所黄树民所长；香港培侨中学校长招祥麒博士等，先后为拙稿部分章节校对文字。至于在研究过程中曾提供具体帮助的友好，则在本文个别地方鸣谢。由于提到的人名太多，教授、先生、大人、小姐等称呼，此后一概省略（特殊情况除外），敬请读者谅解。

二、鸣谢大陆友好

广东友协谢廷光前秘书长及广东省人民政府外事办公室的区少武副巡视员，曾先后指示其同仁为笔者联系广东省内笔者必须前往实地调查的地方诸如东莞的太平镇上沙乡和茶山镇圆头山乡孙家村，以便笔者在 2008 年 12 月 19 日顺利成行。又派员陪笔者在 2007 年 7 月 11 日前往翠亨村实地调查，在 2009 年 4 月 14 日再度派员陪笔者前往东莞县城、虎门要塞等地考察。区少武先生更亲自陪笔者在 2007 年 12 月 26 日于广州老城考察孙中山 1894 年至 1895 年行医的双门底圣教书楼和西关以及 1895 年广州起义据点之一的咸虾栏；又在 2008 年 2 月 10 日至 11 日陪笔者专程前往南雄珠玑巷和梅关古道进行实地考察孙中山的远祖南移路线和可能在粤北停留过的地方，以及安排笔者在同年 12 月再往考察及往乐昌县抗战时期中山大学的临时校址。区少武副巡视员是有心人，搜集了一幅 1895 年广州起义后不久由外国人绘成的地图，无私地借予笔者研究并在本书制图，造福学林，功德无量。

广东省档案局张平安副局长，为笔者联系广东省内笔者必须前往实地调查的地方，诸如紫金县城与该县境内各有关地方诸如忠坝镇的孙屋排，以及上义、塘凹等地，以便笔者在 2008 年 1 月 8 日至 9 日顺利成行。又派员陪笔者在 2006 年 4 月 6 日前往花都地区调查泥砖屋和该地客家人生活的情况。更亲自陪笔者在 2002 年 5 月专程往东莞考察，2004 年 2 月 19 日亲自陪笔者专程前往中山市翠亨村孙中山故居纪念馆做学术交流、翌日经新会前往开平市考察侨乡碉楼。至于开放广东省档案馆内所有有关档案予笔者钻研，以及为笔者联系同行诸如中山市档案局的高小兵局长、澳门历史档案馆的 Marie Imelda MacLeod（汉语译作张芳玮）代馆长等，不在话下。2009 年 7 月 16 日，还为笔者致长途电话予紫金县档案局龚火生局长，协助笔者申请《紫金各界人士纪念孙中山诞辰一百二十周年会刊》（1986 年 12 月编印）全文复印，以便笔者为第二章做最后定稿。

翠亨村孙中山故居纪念馆萧润君馆长，自从 2004 年 2 月 19 日承广东省档案局张平安副局长亲自介绍笔者与其认识，以及 2004 年 3 月 4 日广州市中山大学邱捷教授亲自带笔者往翠亨村与其加深认识后，就热情关怀笔者对孙中山的童年的研究。该馆所藏全部有关档案，都为笔者开放。甚至那些国家一级文物诸如翠亨孙氏《列祖生殁纪念簿》等原件，都破例让笔者戴上手套亲自观摩鉴定。此外，从 2006 年 3 月 4 日到 2009 年 2 月 18 日这接近三年的时间里，笔者频频跑翠亨村做实地调查，萧润君馆长都热情接待，派车接送派人陪同。他指示其同仁：不单陪同笔者在翠谷之内的大小村落诸如石门九堡、径仔萌、竹头园等地追寻各种族谱与口碑，还搀扶笔者攀爬高低山脉诸如五桂山、辇头尖山的竹高龙与皇帝田、谭家山的猪肝吊胆、后门坑的蝴蝶地与何氏坳、金槟榔山、黄草冈、马了郎等勘探墓碑。更指示其同仁陪伴笔者前往翠谷以东的崖口村（孙母杨氏之娘家），以北的南蓢墟（孙师程植生寓所）与左埗头村和涌口村（孙近祖停留过的地方），以西的三乡（孙中山曾在路上智擒拐匪），以南的外沙乡（孙妻卢慕贞之娘家）、淇澳岛（孙中山童年随外祖父往采生蚝）、翠薇乡（广州起义失败后清兵赶往抓孙中山的地方）以及外伶仃岛。甚至派车派人陪同笔者跨过虎门大桥越境前往东莞的上沙乡与圆头山孙家村；陪同笔者出境去澳门。为什么去澳门？因为笔者曾听过有人言之凿凿地说，孙中山的祖籍在澳门：理由是他爸爸孙达成曾往澳门谋生，娶了一名葡妇为妻，孙中山是混血儿。笔者不能姑妄听之，必须前往实地调查，当然结果证实又是一桩"查无实据"的案子。

"孙中山的祖籍在澳门"、"孙中山在澳门行医为名革命为实"等悬案，亦是有幸得到挚友热情帮忙才能破解。为了查明此案，笔者首先到澳门历史档案馆查阅原始档案。承该馆 Marie Imelda MacLeod 代馆长、熟悉葡萄牙文的阅览室职务主管朱伟成先生等热情帮助，事半功倍，证实皆"查无实据"。于是笔者改变策略，进行实地调查与广集口碑。首先是确定 1892 年至 1893 年间，孙中山在澳门行医时期所出没各地标诸如镜湖医院、草堆街中西药局、议事亭前地仁慈堂右邻写字楼等地方的具体位置，并进行地毯式的搜索，及采访知情人士诸如草堆街东兴金铺老板熊永华贤伉俪与澳门仁慈堂博物馆郑志魂先生。《澳门日报》陈树荣前副总编辑亦两次陪笔者实地调查。若孙中山果真是土生葡人而在香港医科毕业后回到澳门借行医从事革命，即使没有文献记载，也总该有口碑吧？结果连口碑也没有。最后，笔者决定遍查《澳门日报》所刊登的有关掌故，因为该报是澳门所有报章之中，报道有关掌故最多的。但几十年的《澳门日报》，浩瀚如海，从何着手？当时笔者长期旅居广州市中山大学紫荆园专家楼，有长途车直达边检出境到澳门，很方便。唯天天跑澳门，实在不是办法。于是恳请香港出版界的前辈萧滋先生想办法，萧滋先生介绍笔者予曾任《澳门日报》副总编辑的黄天先生。黄天先生转求《澳门日报》李鹏翥社长和陆波总编辑，并得到他们大力支持。经普查，结果又是"查无实据"。准此，可了下结论说，上述两宗悬案，皆属子虚乌有。澳门回归前后，不少澳门人拼命争夺孙中山这面牌子（见本书第七章）。看来有些澳门人甚至不惜把孙中山的祖籍、在香港谈革命、在广州干革命等也争过去。

紫金县人民政府及紫金县档案局接到广东省档案局的诚挚推荐后，热烈欢迎笔者在 2008 年 1 月 8 日至 9 日前往做档案钻研和实地调查。除了把馆藏有关文献诸如忠坝孙屋排《孙氏族谱》等全部预先调出来让笔者钻研以外，该县档案局龚火生局长更亲自陪笔者前往忠坝地区考察孙屋排、孙氏在忠坝的开基始祖友松公、始祖婆骆氏孺人以及其他有关墓碑，视察地望。更承黄必腾董事长，以同宗之谊，盛宴接待，让笔者在席上有机会悠闲细致地了解当地客家风土人情，广集口碑。钟振宇副县长又特别从河源市赶回紫金县城相会。后来笔者在回程时被紫金一批待业青年开无牌汽车从后硬碰企图勒索，又得钟振宇副县长及龚火生局长及时赶到解围。紫金当局似乎不断地暗中保护笔者，照顾之周，可谓无微不至。

韶关市人民政府前副秘书长李元林、南雄市王荣光常务副市长、南雄珠玑巷人南迁后裔联谊会衷玉华秘书长、广州市省立中山图书馆倪俊明副馆长，他们都支持笔者在广东的实地调查与档案钻研。

三、鸣谢海外友好

2002 年 12 月 15 日星期六，笔者飞香港，开始搜集中山先生在香港的有关资料。承母校香港大学当时的副校长程介明教授特许，让该校档案部的何太太把香港西医书院董事局和学术委员会的会议记录打字稿副本外借予笔者带回澳大利亚使用。又承当时历史系主任陈刘洁贞教授鼎力帮忙，为笔者提供各类有关刊物的复印件并代为寄往澳大利亚，让笔者在几天之内，完成了一般来说需要几个月才能办到的事情。两位学长对笔者的特殊照顾，有如及时雨。

同时，承香港大学建筑系龙炳颐教授介绍，俾笔者能两度亲访铜锣湾礼顿道 119 号（Corner of Leighton Road and Pennington Street, Causeway Bay, Hong Kong）中华基督教会公理堂（Congregational Church）的陈志坚牧师，盖该堂藏有孙中山在香港洗礼入耶教的记录。有谢陈志坚牧师赐予该堂印刷品，其中复印了孙中山洗礼记录。唯未获睹真迹，为憾。又访基督教合一堂（原名道济会堂）堂主任余英岳牧师。孙中山在香港念中学和西医书院期间，与道济会堂主牧王煜初牧师和该堂教友关系密切。笔者原希望从该堂记录中了解到一些情况，可惜未获睹任何原始文献。

从香港转飞广州，圣诞节就一如既往地在广东省档案馆中通过微弱的灯光凝视粤海关档案的第三代缩微胶卷。新年过后再转飞伦敦，农历新年也如过去一样在英国国家档案馆中度过。后来又转往伦敦大学亚非学院（School of Oriental and African Studies）的伦敦传道会（London Missionary Society）阅览档案。盖香港道济会堂的教众皆该会的华人教友也。承该档案部主任罗斯玛丽·西顿（Rosemary Seton）夫人多方帮助，节省了不少时间。伦敦大学的另一个机构——瓦刊医学史图书馆（Wellcome Institute Library for the History and Understanding of Medicine）藏有孙中山在西医书院考试的亲笔答卷和康德黎医生的手稿与打字稿，亦一并抄录或复印。大英图书馆东方部主任吴芳思博士多方帮忙，至以为感。接着到剑桥大学看皇家联邦图书馆（Royal Commonwealth Society Library, Cambridge）所藏有关香港西医书院的档案，承该馆主任特别关照，把笔者需要的东西提前复印，省了不少时间。

2003年1月31日又从英国回到广州看有关档案。翌日，中国政府即首次宣布萨斯疫情。笔者大有"十面埋伏"之慨。笔者的飞机票是订了2003年2月28日才飞回悉尼，必须当机立断：坐以待毙还是丢盔弃甲地赶快逃回澳大利亚？最后深感从天涯海角的澳大利亚飞往北半球的档案馆一次就很不容易，应该珍惜这难得的研究机会，于是决定留下来，天天仍然跑广东省档案馆，争分夺秒般研究。承该馆张平安副馆长特殊照顾，午休两小时闭馆期间，首先是差人为笔者往饭堂打饭，在隆冬时分能闻到香喷喷的热饭，比起笔者在英国国家档案馆时吃自备的冷饭和喝冰冷水龙头的水，对比太大了。草草吃过午饭，张平安副馆长又借我叠床，稍事休息，才花了一个小时，起来继续奋战。按规定读者不能在没有该馆工作人员视察下看档案，于是张平安副馆长又安排工作人员轮番特别为笔者值班。深情厚谊，毕生感激。此后多年，笔者每次到该馆科研，张平安副馆长都如此安排。若无这种特殊照顾，本书也无望赶上辛亥革命一百周年出版。

在华在英期间，坚持在晚上写作，惜进度有如蜗牛爬行。原因之一，是笔者只懂得用电脑汉语拼音的输入法：首先打入一个由一组英文字母组成的声音，荧屏上即出现九个汉字。若其中有笔者所需的汉字，则上上大吉。若没有，则把小老鼠移往九个汉字末端的箭头上一按，荧屏上再出现九个汉字，若其中包括有笔者所需的汉字，则上吉。若仍没有，则必须重新操作。当三番五次操作而仍未找到所需汉字时，眼睛已快掉下来了！匆忙间出现同音异字的情况极多，改不胜改，大大拖慢撰写速度。另一个原因，是笔者当时用以写作的是美国微软公司设计的英语系统，只是上面附加美式的汉语输入法而已。该美式的汉语输入法，所用词汇充满美国的价值观。当笔者用联想方法输入词组之如"故事"的汉语拼音词组时，荧屏上总是出现"股市"等字样；当笔者输入"借机"的汉语拼音词组时，荧屏上肯定出现"劫机"等字样，有力地体现了美国人在"九一一"事件之后的神经质；输入"鉴于"的汉语拼音词组时，荧屏上老是出现"监狱"等字样。这种由金钱、暴力、神经质与地狱所组成的词组以及其所代表的价值观，不断地互相纠缠不清，丝毫没有笔者梦寐以求的那种具古雅之风的汉语，反而徒增笔者的写作困难。这些晚上杰作，后来先部分挪用在《中山先生与英国》第二章，现在经整理修订后收入本书。

笔者把本书写作过程作如下比方：十多年来，笔者一面在日间研究，一面坚持在晚上写作，积累了大量日记、笔记、调查报告、腹稿、底稿、草稿、英文稿、中文稿等等，作为将来撰写本书时的基础，犹如抗日战争时游击队遍地开花。先完稿的部分诸如"祖籍问题"、"澳门行医"等，就投《九州学林》接受审查出版，以期抛砖引玉。到了真正撰写本书时，就像解放战争时自万叠重山之中召集大大小小的游击队，将其整编成正规军一样。这样做会出现不少问题：游击队一向独立作战，习惯了我行我素，现在要接受统一指挥，步调一致，山寨王全不习惯！当然还要填补不少重要空白。但若在研究期间，日间科研不顺利，晚上太疲劳而无法写作，本书也绝对赶不上辛亥革命一百周年出版。

2003年5月23日，世界卫生组织终于把中国从疫区的名单上除名。笔者马上向敝校申请7月寒假三周飞穗；2003年7月23日自广州转香港，又分秒必争地继续搜集史料。并再次承香港大学副校长程介明教授、历史系系主任陈刘洁贞教授，以及图书馆的郑陈桂英和张慕贞女士等鼎力帮忙，事半功倍。尤其难得的是，香港历史档案馆的许崇德先生，鉴于笔者分身乏术，无法再次亲到该馆搜集史料，而牺牲公余时间为笔者搜集、复印并把复印件亲自送到香港大学交笔者。笔者返回澳大利亚后，仍通过电邮不断请他帮忙，他亦欣然给予援手。深情厚谊，没齿难忘。香港历史档案馆当时的总馆长丁新豹博士暨同仁邱小金馆长和梁洁玲馆长，同样是通过电邮送来史料，至以为感。至于台湾中研院近史所的陈三井先生和吕芳上先生，以及友好林硕彦先生，亦多次应笔者所求，代购书籍和复印史料及时掷下，皆一并致谢。

　　2003 年 11 月 28 日到 2004 年 3 月 1 日之间，笔者先后再到广州、香港、美国和英国等地搜集原始材料。在香港期间，又承许崇德先生和陈刘洁贞教授帮忙、龙炳颐教授赐教。在哈佛大学期间，承孔飞力教授安排住宿、推荐予档案馆钻研喜嘉理牧师的文书，并就学术问题亲切交谈。正是喜嘉理牧师在 1884 年于香港为孙中山洗礼入耶教的。同时也钻研芙兰·谛文牧师父子文书，他们与孙中山在夏威夷就读的瓦胡书院关系密切。此后的 2004 年 12 月、2006 年 12 月和 2008 年 12 月，笔者重到哈佛大学看档案期间，孔飞力教授都热情接待，既邀请笔者做学术讲座，又赐盛宴。而耶鲁大学的史景迁教授也多次盛宴接待，促膝长谈之余，让本书结构更为紧凑，逻辑更为严密。

　　在纽约期间，多次承圣约翰大学李又宁教授邀请到该校做学术讲座，又赐盛宴。同样难能可贵的是：笔者每次访问纽约科研，阮祝能、姚雅穗贤伉俪及两位公子都把笔者从飞机场接到其府上暂住，至以为感。阮祝能先生原籍广东台山，同时又是虔诚的基督徒，笔者看过喜嘉理牧师在台山传教的有关文书时，若有不懂的地方，就向他请教。圣诞佳节，就在阮氏府上欢度。欢度的方式，是各自睡大觉，足不出户。谁在什么时候睡醒了，就分别到厨房随便弄点吃的。阮氏贤伉俪非常勤奋，一年到头勤劳不息，一周工作六天，星期日大清早驾车到位于纽约市中心的教堂参加礼拜，之后就整天留在教堂，义务为那些刚移民到纽约的华人教友教授英语。可以说阮氏贤伉俪是名副其实的一周工作七天，到了圣诞佳节时就睡足一日一夜来庆祝。贤伉俪提出这种别致的庆祝方式，正中笔者下怀，不禁欢呼！

　　自纽约飞伦敦，每次笔者到英国科研，母校牛津大学老同学、英国交通部常务次长斯蒂芬·希基（Stephen Hickey）博士及夫人珍妮特·亨特（Janet Hunter）教授，都从飞机场把笔者接到家里暂住，并腾出他们的书房让笔者休息，更在生活上给予无微不至的照顾，至以为感。另一位老同学安德鲁·普奇士（Andrew Purkis）博士也慨予咨询。也多次承已故康德黎爵士的孙子康德黎医生（已七十岁高龄）及夫人接到家里居住，并迎来新年。白天笔者安心阅读其祖母的日记，晚上就与康氏贤伉俪共同推敲笔者在白天看不懂的手迹，谁猜对了就赏一颗巧克力糖，其乐融融。日记中有不少药物的名称，康德黎医生都一一为笔者解答，乐哉！过去笔者研究孙中山伦敦蒙难时曾看过该等日记的 1896 年 10 月 1 日到 1897 年 7 月 1 日共九个月的日记，现在则必须看 1887 年至 1895 年间康德黎爵士在香港行医和教学时期共九年的日记。为了争取时间，一般来说笔者从清晨六时左右即悄悄地爬起来到客厅开始工作，过了半夜才休息。如此这般地蛮干，再次惹来伤风咳嗽。承康德黎医生亲自为笔者把脉开方，得以早日康复，幸焉！

2004 年 2 月再到广州，19 日承广东省档案局张平安副局长带笔者到中山市翠亨村孙中山故居博物馆与当地学者交流，让笔者对孙中山的家世又有了进一步了解。翌日张局长又应笔者要求，专程陪笔者往开平市，在该市档案馆同仁协助下，参观了塘口镇自力村和立园的碉楼。该等碉楼是曾经捐款予孙中山革命的美国华侨所建，不少同时也是要求美国基督教会派喜嘉理牧师到他们故乡广东四邑传教的美国华侨。

2004 年 4 月 18 日至 30 日，承澳大利亚社会科学院与中国社会科学院两院的交流协议资助笔者访问北京和上海的学者，就孙中山研究和其他学术问题交换意见。在中国社会科学院安排下，于北京则拜会了金冲及先生；北大则王晓秋、茅海建、王立新等教授；在清华则王宪明教授；在上海社会科学院则杨国强教授；在复旦则王立诚、朱荫贵、冯筱才等教授。

2004 年底笔者重访英美档案馆。牛津大学圣安东尼研究院的旧同窗、现任职于夏威夷大学东西研究中心的凯南·布雷齐尔博士，后来 2007 年在该大学邀请到凯瑟琳·安·麦克多诺（Kathleen Ann McDonough）女士为笔者助手，并按照笔者过去多次到夏威夷研究时所得线索，在夏威夷档案馆找到笔者所需原始文献。孙中山曾在夏威夷的意奥兰尼学校读书，其兄孙眉曾在夏威夷做生意及农牧。尤其重要的是，肯·布雷齐尔博士代笔者向旅居夏威夷的弗里曼夫人（Mrs Freeman）求得陆灿回忆录打字稿副本（Luke Chan, *Memoirs*, Typescript, 1948），于本书第四章甚派用场，益增公信力。

母校牛津大学 Rhodes House Library 的同仁，热情协助笔者钻研该馆所藏的韦礼士文书（Bishop Alfred Willis Papers）。孙中山曾在夏威夷读书的意奥兰尼学校，正是韦礼士主教所创办和主持。大英图书馆东方文献部主任吴芳思博士，把该馆所藏有关档案与图书资料，尤其是各种版本的《香山县志》预先调到阅览室，以便笔者在多次往该馆研究时，甫一到埗即能抓紧时间钻研。同时伦敦大学亚非研究院（SOAS）图书馆中文部主任谢蕙兴女士，2009 年 1 月 27 日协助笔者追查该馆所藏各种版本的《香山县志》；该馆特藏部同仁长期以来热情协助笔者钻研该馆所藏的伦敦传道会文书（London Missionary Society Papers）。孙中山曾在香港读书的西医书院，正是伦敦传道会属下的学府。

剑桥大学图书馆中文部主任艾超世先生，2009 年 1 月 21 日至 23 日及 2010 年 1 月 20 日至 22 日协助笔者追查该馆所藏各种版本的《香山县志》，并与笔者分享其研究地方志的心得。

2008 年与 2009 年笔者再度到香港研究时，感谢香港大学中文学院的赵令扬教授和马楚坚博士，与笔者分享他们对罗香林先生生平事迹的研究成果并赠送图书资料，以及不吝赐教。旧同窗麦振芳先生多次在红磡火车总站接笔者到香港大学冯平山图书馆并与笔者并肩查阅资料，又多次陪笔者实地调查和拍照。

2009 年 7 月 3 日，笔者蒙台北中研院近代史研究所陈永发所长盛情邀请，以拙稿第二章的部分章节做学术讲座。承在座的李云汉、张存武、陈三井等前辈，民族所的黄树民、历史语言所的何汉威，近史所的谢国兴、翟志成、叶其忠，政治大学的王文隆，澳大利亚驻台北办事处国际教育处孟克培（Nicholas McKay）处长等学者及大批博士研究生不吝赐教，均致由衷谢意。其中台湾高雄师范大学经学研究所的叶致均同学，在会后更两度来函切磋，澄清两点不够清晰之处。

在完稿但仍未定稿之 2011 年 6 月，英国人帕特里克·安德森（Patrick Anderson）先生来函询问 1895 年广州起义失败后孙中山如何逃出生天。笔者还未解决此问题，唯由于本书必须赶在辛亥革命一百周年前夕出版，故只在初稿中曰："孙中山尽管没有像尤列所说那样突围跃登上船，但他终于脱离险境而安全到达香港，却是事实。具体如何离开，则根据笔者目前所掌握的史料，并不足以说明其事，且留待后人跟进。"当时十万火急，争取提前完稿，只好这样写。唯安德森先生正在撰写电视剧本《孙中山伦敦蒙难》，而电视剧是以孙中山如何离开广州做开始。如此这般，就涉及国际关系与中华民族的体面：因为如此重大的问题，而华夏儿女（包括海外华裔）则至今仍未解决，脸皮往哪里搁？就像中国学术界过去没搞清楚孙中山如何走上革命道路而让法国学者白吉尔尽情讥讽中国学术界无能一样。兹事体大，不能以"留待后人跟进"敷衍了事，必须认真查个水落石出。于是搁下一切事务攻坚。经过三昼夜的苦战，终于在2011年7月1日星期五深夜破案，并补写进拙稿，为慰。在此，必须感谢安德森的鞭策。

本书观点纯属笔者个人愚见，与他人无涉。"谢辞"写得最迟，为本书殿后。撰写"谢辞"期间，收音机播出莫扎特临终前挣扎而写的《安息弥撒》。笔者本来就很爱听这音乐，待自己也愈来愈近临终时，似乎就愈能听出当时莫扎特写此音乐的心声！日夜兼程撰写本书，心力交瘁之余，肯定错漏百出，敬请读者鉴谅。

笔者在悉尼大学医务所暨悉尼大学附属医院，以及中山大学医务所暨中山大学附属医院，均是常客。感谢各位医师多年来的悉心诊治；尤谢中山大学医务所内科部的陈小曼医生在2004年7月的酷热天气下，骑自行车到紫荆园为笔者急救；物理治疗部的陈美云医生2005年至2011年长时间为笔者做物理治疗。香港的林巨成医生更是三番五次地救了笔者性命。

最后，容笔者鸣谢香港卫奕信信托慷慨支持本书部分研究经费，敝校悉尼大学长期在研究假期上，以及家人在精神上的全力支持。又谢已故的关晓峰老师之大弟子六十六岁的邓伟强先生为本书题词。此外，本书若缺少一位挚友的帮助，研究工作就根本没法展开，更无从撰写。事缘笔者蹲了几十年的档案馆和长期写作、教书和改卷子，腰痛难当本来已经没法顺利地坐飞机前往世界各地的档案馆，追踪原始文献了。承国泰航空公司朱董事国梁先生对笔者的挚诚关怀，多年来在飞机座位上特殊照顾，让笔者能平躺着寰宇飞行，笔者的学术生涯得以延续。再生之德，没齿难忘！此外，像其他在场的外国学者一样，目睹2006年11月6日"纪念孙中山诞辰140周年国际学术研讨会"上"文革"式的批斗，震撼非同小可；蒙五大洲各行各业的友好专家跟笔者共同分析研究，对于中国"现代化"的拦路虎有了进一步认识，并借本书把此珍贵知识留给后人，则感激之情，确实是非笔墨所能形容者。

黄宇和谨识
2011 年 6 月 23 日初稿于悉尼
2011 年 7 月 5 日二稿于悉尼
2011 年 7 月 28 日三稿于广州
2011 年 7 月 29 日四稿于香港
2011 年 8 月 8 日定稿于悉尼
2011 年 8 月 19 日"定稿后"于悉尼